국역 등암선생문집

배상룡 지음
박미경 옮김

한국국학진흥원

역자소개

박미경 朴媄敬

| 경력 |

경북대학교 중어중문학과 석사과정 졸업
경북대학교 중어중문학과 박사과정 졸업
한국국학진흥원 객원연구원(현)

| 역서 |

『서계선생일고』
『초간일기』(공역)
『유연당선생문집』(공역)
『만오선생문집』

| 논문 |

「'맹자'를 통해서 본 소식蘇軾과 대진戴震의 성정론性情論 비교와 그 의의」
「『동파서전東坡書傳』 연구」(박사학위논문)

13 영남선현문집 국역총서

국역 **등암선생문집**

인 쇄 2014년 6월 25일
발 행 2014년 6월 30일

발 행 인 김 병 일
발 행 처 한국국학진흥원
기 획 한국국학진흥원 고전국역팀

저 자 배상룡
번 역 박미경
해 제 김익재
교 열 김용환
교 정 이기훈, 남재주

주 소 경북 안동시 도산면 퇴계로 1997
전화번호 054-851-0700 · 0743
팩시밀리 054-851-0749
Homepage http://www.koreastudy.or.kr
E-mail master@koreastudy.or.kr
출판등록 2002년 3월 18일

편집 · 제작 도서출판 **영남사**
전화번호 (054) 854-5566~7
팩시밀리 (054) 854-5659

ISBN 978-89-6178-198-5 94810
ISBN 978-89-6178-098-8(세트)

정가 35,000원

본 도서는 경상북도 영남선현저술 번역사업비의 지원으로 발간되었습니다.

‖ 일러두기 ‖

1. 이 번역본은 『등암선생문집』(목판본 6권 4책)을 저본으로 하였다.

2. 한글 전용을 원칙으로 하였지만, 한자가 필요하다고 판단될 경우에 한자를 병기하였다. 단, 같은 단어가 인접해서 두 번 이상 나오는 경우에는 뒤의 한자를 생략하였다.

3. 운문의 경우 오른쪽에 원문을 부기하고, 번역에서는 한자를 생략하였다.

4. 각주의 한자 표기는 괄호쓰기를 원칙으로 하였지만, 경우에 따라서 원문을 그대로 노출하기도 하였다.

5. 한자 가운데 한글과 음이 다른 경우에는 대괄호[ ]로 표기하였다.

6. 관직명을 표기할 때, 한글은 관직에 따라 띄어 쓰고 한문은 붙였다. 예) 이조 판서吏曹判書

7. 본서의 원문은 말미에 영인하여 수록하였다.

8. 본서에서 사용된 부호와 그 의미는 다음과 같다.
   - 『 』: 책명
   - 「 」: 편명, 작품명
   - " " : 인용문이나 대화체
   - ' ' : 강조 표현이나 간접 인용문
   - · : 병렬형 단어의 중간 표시
   - …… : 중간 생략문

목차

애사哀詞

부賦

등암선생문집 제2권

서書

등암선생문집 제3권

묘표墓表

축문祝文

제문祭文

등암선생문집 제4권

잡저雜著

등암선생문집 제5권

부록附錄

등암선생문집 제6권

부록附錄

부록附錄

등암선생문집

해제

▸ 김익재

▌해 제

『등암선생문집藤庵先生文集』 해제

김익재*

1. 서언

『등암선생문집藤庵先生文集』(이하 『등암집』으로 약칭함)은 17세기에 성주를 중심으로 활동한 영남의 유학자 배상룡裵尙龍(1574~1655)의 문집이다. 배상룡은 자가 자장子章이고, 호는 등암藤庵이며, 본관은 성산이다. 조부는 사재감 정司宰監正을 지낸 배덕문裵德文이고, 아버지는 영남수군 절도사嶺南水軍節度使를 지낸 배설裵楔이며 어머니는 야성 송씨冶城宋氏로 송원宋源의 따님이다.

등암은 5세 때부터 학문을 익히기 시작하여 14세 때 향시에 합격하였으나 문과에 급제하지는 못했다. 그러던 중 임진왜란 말기인 1599년에 무함을 받아 아버지가 처형을 당하자, 삼년상을 마치고는 과거공부를 포기하고 오로지 학문에 정진하였다.

자신이 12세 때 집지한 한강 정구를 종신토록 존모하였으며, 스승을 위해 문집을 간행하고 서원을 건립하는 일에도 주도적으로 참여하였다.

한강 사후에는 등암이 18세 때 만났던 여헌 장현광을 스승으로 섬기면서, 병자호란 때 의병활동을 주도하기도 했다. 여헌이 죽자 역시 스승을 위한 서원을 건립하고자 노력했으나

---

* 경상대학교 남명학연구소 선임연구원

결실을 보지 못하고 1655년 향년 82세로 세상을 떠났다.

1725년에 성주 사림이 옛 뇌촌정사瀨村精舍 자리에 도천서원道川書院을 세우고 위판을 봉안했다가 1786년에 도천서원을 등암의 고향인 후포로 이건하였다.

2. 전기적傳記的 고찰

1) 가계와 생애

등암藤庵 배상룡裵尙龍은 1574년(선조 7) 경상도 성주星州 팔거현八莒縣 도촌리道村里에서 태어났다. 그의 집안은 대대로 성주 광대원촌廣大院村에 살았는데 등암의 증조부가 후포리後浦里로 이주하면서부터 후포리에 살게 되었다. 그런데도 등암이 도촌리에서 태어나게 된 것은 어머니가 도촌에 있는 친정으로 근친을 가서 등암을 낳았기 때문이다.

등암은 5세 때 조부 서암書巖 배덕문裵德文에게 글을 배우기 시작하여 6세 때 외종숙 송후창宋後昌에게 『통사通史』를, 7세 때 서암에게 『소학』을, 10세 때 『시경』과 『서경』을, 11세 때 육경六經을 배웠다.

12세 되던 해에 한강寒岡 정구鄭逑가 서암을 찾아 왔을 때 서암의 권유로 한강 문하에 들어갔다.

14세 때 향시에 합격하고, 15세 때 회시會試에 나아갔으나 합격하지 못하였다.

18세 되던 1591년 정월, 송씨 가문에 장가를 든 여헌旅軒 장현광張顯光을 처음으로 만났다. 이듬해에 임진왜란이 일어나자 등암은 전투에 참전한 아버지를 대신하여 가족들을 피신시킨 다음 7월에는 서암을 따라 전투에 참여하였다. 적산赤山 길목에 복병을 배치하여 반승叛僧 찬희贊熙를 죽였으며, 8월에는 화왕산성으로 들어가 곽재우郭再祐와 함께 왜적을 방어할 대책을 논의하였고, 『동고록同苦錄』을 지어 이때의 일을 남겼다고 하나 잃어버리고 전하지 않는다.

20세 때는 아버지를 따라 군대를 거느리고 나아가 왜적을 막았다. 이때 조부의 전략에 따라 아버지가 왜장 흑전구黑甸句를 쏘아 죽이는 공을 세우기도 했다.

21세 되던 해 가을에 아버지가 진주 목사로 이임되어 진주로 갔는데, 병사兵使 조대곤曺大坤이 등암에게 왜적을 막을 기무機務에 대하여 물어보기도 하였다.

22세 때는 곽재우·김천택金天澤과 함께 화왕산성을 지켰다.

24세 때 정유재란이 일어나자 아버지의 영문營門에 가서 군사軍事에 참여하였다.

25세 되던 해 가을에 서애西厓 류성룡柳成龍이 탄핵을 받았다는 소식을 듣고 단선시團扇詩를 지어 감회를 읊었다. 시의 내용은 다음과 같다.

상자에 둥근 부채 새로 막 넣어 두고	篋笥新藏團扇圓
추위와 더위를 하늘께 물어 보려네	欲將涼熱問蒼天
노새에 채찍질하여 남쪽 길 밟게 되면	鞭驢若踏南關路
귀향하는 감흥 맹호연보다 더 많으리	歸興應多孟浩然

26세 되던 1599년 3월 6일, 임진왜란 때 원균이 패전했던 해전에서 전투 중 도망쳤다는 이유로 아버지 배설이 처형당하였다. 위기에 당면하여 물러났다는 죄목이었다. 『등암집』에는 배설의 처형이 정인홍의 무함으로 인해 이루어진 일로 기록되어 있는데 내용을 대략 정리하면 다음과 같다.

원균이 수군을 거느리고 출전하였다가 왜적들에게 포위되어 순식간에 모두 전멸하게 되는 상황에 이르자 배설은 휘하의 부대를 거느리고 후퇴하여 호남에 정박하였다. 당시에 마침 수질水疾이 심하여 글을 올려 몸조리하기를 청하자, 신임 수군통제사 이순신李舜臣이 그의 배를 거두고 병 조리를 하도록 허락하여 물러났다. 그런데 전쟁이 끝난 후, 위기에 당면하여 물러났다고 정인홍이 무함하여 화를 당한 것이라는 내용이다.

하지만 『선조실록』에는 이 사건과 관련된 정인홍의 태도나 입장에 대해 기록된 바가 없어서 상세한 내용을 알 수는 없다. 좀 더 세밀히 살펴볼 필요가 있는 부분이다.

당시 여섯 살이던 아우 괴재愧齋 배상호裵尙虎가 집상執喪과 행소行素에 한결같이 등암을 따라 하다가 위독해지자 등암이 손가락을 잘라 피를 내어 그를 구원하였다. 이듬해에 한강과 여헌이 등암을 위로하는 편지를 보내왔다.

28세 되던 해 3월에 복을 마치자 조부에게 아뢰어 마침내 과거공부를 그만두고, 아버지의 죽음으로 인해 충격에 빠진 어머니와 조부는 물론, 아우 등 남은 가족들을 보살피느라 온 정성을 기울였다.

33세 되던 해 3월에 군자감 정軍資監正 신인서愼仁恕의 딸 거창 신씨居昌愼氏를 부인으로 맞이하였다.

37세 되던 해 봄에 아버지가 신원되었고, 조정에서 가선대부 호조 참판으로 추증하였다.

40세 때 고령 현감 허교許喬의 아들 허목許穆의 관례에 빈賓으로 갔다. 등암은 허목을 보고는 그가 큰 인물임을 알고서 심교心交를 맺었다고 한다.

1619년 46세 때 후금後金과 화의和議하자는 의논이 크게 확산되자 유생들과 함께 척화소청斥和疏廳을 설치하여 온 도의 사대부들과 함께 항소抗疏하여 극력 배척하려고 하였는데, 이이첨李爾瞻이 이미 상소하였다는 말을 듣고 그만두었다.

1620년 47세 되던 해 5월에 한강이 세상을 떠나자 심상心喪 3년을 지냈다.

1621년 겨울에 이서李紓·박명윤朴明胤·최항경崔恒慶·이전봉李天封·이육李堉 등과 함께 백매원百梅園에 모여 한강의 문집 교정과 간행의 일을 의논하여 결정하였다.

1624년 이괄李适이 난을 일으켰을 때, 관찰사 민성휘閔聖徽가 "경상도의 사민士民들이 향배를 관망한다."라는 장계를 올리자, 이에 반박하여 상주尙州에 소청疏廳을 마련하는 한편 의병을 일으키려고 하였으나 이괄이 주륙을 당하였다는 소식을 듣고 그만두었다.

1627년 정묘호란 때 여헌이 호소사號召使가 되자, 등암은 즉시 여헌의 막하로 달려가 군정軍政의 결정에 참여하고 초유문招諭文을 썼다. 격문이 각 고을에 도달하자 선비들이 앞다투어 떨치고 일어나 기일을 정하여 의병을 일으켰으나, 적이 물러났다는 소식을 듣고 병사를 해산하였다.

여름에 회연서원이 착공 6년 만에 완성되자, 여헌에게 봉안문奉安文을 청하여 9월 4일에 한강의 위판을 봉안하였다. 겨울에 한강의 『오선생예설五先生禮說』을 교정하였고, 채몽연蔡夢硯에게 「연보」를 편찬하는 일을 청하였으며, 또 이윤우李潤雨에게 편지를 보내 신흠申欽에게 「신도비명神道碑銘」을 청하도록 하였다.

1628년 55세 되던 해 봄에 동문의 제현과 함께 회연서원에서 한강의 문집을 간행하는 일을 시작하여 1629년 10월에 마쳤다.

1630년 57세 되던 해 정월에 한강의 「연보」를 교정 간행하였다.

1631년 58세 되던 해 봄에 무고를 받아 의금부에 나포되었는데, 참의 심연沈演의 도움으로 풀려났다.

1633년 60세 되던 해에 무흘정사武屹精舍를 중수하고 4월에 신도비를 세웠다.

1634년 5월에 여헌이 공조 판서工曹判書에 임명되자 부지암不知巖으로 달려가 축하하였다.

1636년 병자호란이 발발하자 성주에 의병이 일어나 전 승지 이언영李彦英이 등암을 추대하여 의병장으로 삼았다. 이듬해에 순찰사가 등암을 종사관從事官으로 삼아 이전李㙉·조정융曺挺融 등과 함께 조령을 넘으려고 하다가 남한산성이 함락되었다는 소식을 듣고 군대를 해산하였다.

9월에 영천(지금의 포항시 죽장면) 입암立巖의 만욱재晩勖齋에서 여헌이 세상을 떠났다. 12월에 여헌의 장례에 참여하였다.

1638년 65세 되던 해 봄에 수도산修道山으로 이사하였다. 1637년 이후로 청나라 조정의 연호를 쓰지 않으니 세상에서 '숭정처사崇禎處士'라고 불렀다 한다.

1639년 66세 때 인동仁同에 가서 여헌의 위판을 오산서원吳山書院에 봉안하였다.

1642년 69세 때 천곡서원川谷書院의 위차位次를 개정改正하는 고유문告由文을 지었다. 이해에 여헌을 천곡서원에 봉향하였는데, 위차가 잘못되어 추후 개정한 것이다.

1645년 72세 되던 해 12월에 장경우張慶遇·김경장金慶長·장학張𡼛 등과 함께 여헌의 문집 간행에 대한 일을 의논하여 결정지었다.

1649년 76세 되던 해 봄에 주자의 『경재잠집설敬齋箴集說』을 가지고 분주分註를 하여 「경재잠해敬齋箴解」를 지었다.

1654년 81세 되던 해 3월에 인동에 가서 조임도趙任道·장경우 등과 더불어 여헌을 모시는 서원을 세울 것을 의논하였다.

1655년 8월 28일에 후동後洞의 임시 처소에서 향년 82세로 세상을 떠났다.

1725년에 성주의 사림이 사뇌촌思瀨村에 도천서원道川書院을 세우고 위판을 봉안하였다. 도천서원은 바로 뇌촌정사의 옛터이다.

1786년에 사림들이 도천서원을 후포리의 옛터로 이건하여 위판을 봉안하고, 왼쪽에 아우 괴재 배상호를 배향하였다. 후포리는 바로 등암의 고향이므로 사당을 옮겨 세워 형제를 함께 모신 것이다.

2) 사우師友관계와 성학成學 과정

성주를 중심으로 향리에서 일생을 보낸 등암은 지역 문인들과 광범위한 교유를 맺었다. 제현들과 주고받은 서신과 창수시 및 만시 등이 그것을 증명하고 있다. 하지만 두드러지게 눈에 띄는 인물은 역시 한강과 여헌이라고 할 수 있다. 등암은 두 사람을 스승으로 모시면서 평생을 섬겼다.

등암은 12세 때 자신보다 31세가 많은 한강 문하에 입문한 이후 종신토록 끊임없이 그를 존모하며 따랐다. 아버지가 비명에 세상을 떠난 이후로 벼슬길에 나아갈 뜻을 접고 평생토록 한강 문하에서 학문을 익히면서 사림의 발전에 전념했다고 볼 수 있다. 등암과 한강의 관계를 정리한 아래 내용을 보면 등암이 한강과 얼마나 깊고 친밀한 관계를 유지했는지 짐작할 수 있다.

17세 때 『중용』과 『대학』을 직접 배웠고, 18세 때 『심경』에 대해 질문하는 한편 직접 모시고 통천通川으로 가다가 조령鳥嶺까지 가서 돌아오기도 하였다.

23세 때인 1596년에 오리梧里 이원익李元翼이 성주에서 군무회의를 열었을 때, 강원도 관찰사로 있던 한강이 참석차 성주로 왔는데, 이때 찾아가 만나기도 했다.

아버지가 사망한 이듬해인 1600년 5월에는 한강이 편지를 보내 등암을 위로하였다. 1601년 10월에는 경서언해經書諺解를 교정하다가 소를 올려 사직하고 횡성에 가서 지내던 한강에게 심부름꾼을 보내 안부를 여쭈기도 했다. 1602년 29세 되던 해 2월에는 호령狐嶺의 길가에서 한강을 맞이하였다.

1603년 3월에는 중씨仲氏 서천군西川君 정곤수鄭崑壽의 장례를 치르고 난 뒤 소를 올려 사직하고 물러나 목천木川에 살고 있던 한강에게 심부름꾼을 보내 위문하였다. 9월에는 목천에서 고향으로 돌아와 숙야재夙夜齋에서 강학하고 있던 한강을 뵈었다. 당시 등암은 "아버지의 상을 당한 때부터 천지 사이에 목숨을 연명하고 있으면서 충성을 하려 해도 할 길이 없고 효도를 하려 해도 미치지 못하고 있다. 만약 또 스스로 선생의 문정門庭에 발길을 끊는다면 생삼生三의 대의를 하나도 지키지 못하는 결과가 된다."라고 하며 드디어 나아가 한강을 모셨다. 한강도 크게 기대를 하며 일이 있으면 반드시 등암에게 맡겼다.

1604년 31세 되던 해 2월에 있었던 조부의 장례 때는 한강과 여헌이 직접 와서 조문하였다.

1606년에는 무흘로 가서 한강을 만나 『주자대전』을 강론했는데, 한강은 등암으로 하여금 새로 간행된 『주자서』 원고를 교정하게 하였다.

1607년 봄에 뇌촌정사를 완성하였고, 가을에는 당시 안동 부사로 있던 한강을 찾아가 문안을 드렸다.

1608년 8월에 회연檜淵으로 가서 당시 형조 참판으로서 휴가를 받아 고향으로 돌아와 있던 한강을 만났다.

1609년 8월에 한강의 처상妻喪에 나아가 위문하였고, 가을에는 제현들과 함께 무흘武屹에 들어갔다.

1610년 박이립朴而立이 한강의 「전은소全恩疏」를 공박하는 소장을 올리자, 여름에 온 도의 유생들과 함께 한강을 위한 「변무소卞誣疏」 소청을 마련하였다. 이때 등암은 원근의 선비들과 함께 궐 앞에 나아가 소장疏章을 올려 신변하였다. 10월에는 서사원徐思遠, 송원기宋遠器, 곽근郭赾 등과 함께 한강을 모시고 수도산을 유람하였다.

1611년 봄에 한강이 무흘산으로 가는 길에 모곡정사慕谷精舍를 찾아오자 등암이 한강을 모시고 무흘정사로 들어갔다. 이때 등암이 한강을 모시고 산천암山泉庵을 유람하였는데, 재사의 승려가 적고 재물이 모자라 한강을 모시는 것이 너무 소홀하여 등암이 걱정했다. 그때 한강이 "도에 뜻을 둔 선비는 이런 것을 근심하지 않는다."라고 하자 등암은 더욱더 스스로 곤궁한 것을 당연하게 여기면서 거친 음식을 먹고 낡은 옷을 입더라도 개의치 않았다.

7월에 회연초당檜淵草堂에 가서 한강을 뵙고 머물며 강학하였다. 당시 과거 시험 날짜가 임박하여 문하에 와 머물고 있던 자들이 모두 인사를 하고 떠나갔으나 등암만은 가지 않았다. 한강이 "어찌하여 혼자 여기에 있느냐?"라고 묻자, 등암이 "기해년 이후로 과거 공부를 그만두었습니다."라고 대답하였다. 한강은 한참 동안 탄식하며 안타까워하였다.

1612년 정월에 회연에서 노곡蘆谷으로 이사한 한강을 노곡우사蘆谷寓舍에 가서 뵈었다.

1614년 정월에 화재로 인해 불타버린 노곡을 찾아가 한강을 위로하였다. 당시의 화재로 인해 한강의 저술이 모두 불탔는데 오직 『심경발휘心經發揮』만 온전하였다고 한다. 여름에는 노곡에서 사수泗水로 이사한 한강을 찾아갔는데, 한강이 『오선생예설』을 고쳐 지으면서 모든 문인들에게 교열하여 베껴 쓰게 하자, 한 달 남짓 만에 비로소 돌아왔다. 10월에는 한강의 맏아들 초상에 조문하였다.

1615년 3월에 등암이 어머니의 상을 당하자, 4월에 한강이 편지를 보내 조문하였다. 5월에 어머니를 주현酒峴의 선영 아래에 장사지내면서 아버지의 묘를 옮겨 합장했는데, 예에 의심스러운 것이 있으면 모두 한강에게 질문하였다.

1616년 8월에 영주에 심부름꾼을 보내 한강의 안부를 여쭈었다. 당시 한강은 중풍 때문에 7월에 영주의 초정椒井에 가서 목욕을 하고 있었다. 어머니의 상을 당해서 아우가 집상執喪하느라 병이 위독해지자, 한강이 편지를 보내 걱정하기도 했다.

1617년 44세 되던 해 3월에 복을 마치자, 7월에 한강을 모시고 동래 온천에 갔다가 8월에 돌아왔다. 당시에 다음과 같은 시를 남겼다.

한가로이 배 띄운 낙동강의 가을	蘭舟閒泛洛江秋
선생님 모시고 멀리 유람 나왔네	忝對光風作遠遊
봉래산은 예로부터 영약이 많으니	蓬萊從古多靈藥

그것으로 백발을 홍안으로 바꾸리라 應取韶顏換白頭

겨울에 사양泗陽으로 가서 한강이 불러주는 대로 「전은소」를 썼다. 한강이 소장疏章을 쓰기 전에 등암에게 가부에 대해 의견을 묻자, 등암은 "인륜의 대의는 부지하지 않을 수 없습니다."라고 대답하였다. 등암은 한강이 불러주는 대로 쓰다가 간혹 격한 부분이 있으면 그때마다 "이 구절은 마땅히 다시 생각해야 할 듯합니다."라고 하였고, 한강도 그의 의견에 따라 즉시 고치곤 했다. 상소문이 완성되어 올리려고 하였는데, 유약柳瀹의 상소에 내하여 임금이 "미안하다."고 비답을 하여 올리지 않았다. 이 무렵에 한강이 퇴계의 예의답문禮義答問을 분류하여 두 편으로 만들고는 교열에 참여하게 하기에 여러 날 머물며 교정하고 돌아왔다.

1618년에는 아우와 함께 사양에 가서 한강을 뵈었다.

1619년 6월에 한강이 울산 초정으로 욕행浴行을 갔는데, 등암은 행차를 모시고 울산에 갔다가 7월에 먼저 돌아왔다. 8월에는 창원昌原 해산정海山亭에 사람과 말을 마련하여 보내어 한강을 맞이하였다.

1620년 47세 되던 해 정월 5일에 사양 지경재持敬齋에서 한강이 세상을 떠나자, 등암은 심상 3년을 지냈다. 4월에는 사양으로 가서 스승의 영구를 받들고 돌아와 숙야재 옆산에 반장하는 한편 유고를 수습하여 백매원에 보관하였다.

1621년 정월에는 한강의 소상小祥에 참여하였고, 겨울에는 이서·박명윤·최항경·이천봉·이육 등과 함께 백매원에 모여 한강의 문집 교정과 간행의 일을 의논하여 결정하였는데, 등암이 그러한 일들을 주관하였다.

1622년 봄에 사림이 최항경을 원장으로 삼고 등암을 보좌로 삼아 원근의 선비들과 함께 선생을 제향할 장소를 의논하여 결정하였다. 3월에는 대구에 가서 퇴계를 모신 연경서원硏經書院에 한강의 위판을 봉안하였다. 겨울에 최항경·이서·이천봉·이육·박명윤 및 동문의 여러 사람들과 함께 백매원에 모여 한강의 서원을 회연에 창건하였다.

1623년 여름에 원장 최항경·이서·박명윤·이천봉·이후경李厚慶·이육·이학李學 등과 함께 각자 한강의 『언행록』을 편찬하였다. 당시 원장 최항경이 등암에게 편지를 보내 동문 제현과 백매원에 모여 「언행록」을 짓고자 하기에 등암이 가서 평소 보고 들은 것을 기술하여 「언행록」을 만드니, 모두 30여 조항이었다. 6월에 한강의 증직으로 인한 치제致祭에 참석하였다.

1625년 봄에는 회연에 가서 서원 창건의 일을 도왔으며, 1626년 봄에는 한강의 문집을 편집하고 정리하였다.

1627년 회연서원이 완성되었기에 장현광에게 「봉안문」을 청하여 9월 4일에 한강의 위판을 회연서원에 봉안하였다. 겨울에는 한강이 지은 『오선생예설』을 교정하였다. 채몽연에게 편지를 보내 「연보」의 일을 청탁하고, 또 이윤우에게 편지를 보내 신흠에게 「신도비명」을 청탁하도록 하였다.

1628년 봄에 회연서원에서 등암의 주관으로 한강의 문집을 간행하는 일을 시작하여 이듬해 10월에 일을 마쳤다.

1630년 정월에 한강의 「연보」를 교정 간행하였다. 2월에는 거창으로 가서 한강의 신도비로 쓸 돌을 운반해왔다. 신도비를 세운 것은 무흘정사를 중수한 1633년의 일이다.

이후로 등암이 78세 되던 1651년까지도 회연서원에 알현하였다는 기록이 「연보」에 남아있으니, 한강에 대한 등암의 존모의식을 짐작하고도 남음이 있다 하겠다.

한강이 세상을 떠난 후 등암이 스승으로 섬겼던 인물은 여헌 장현광이다. 여헌은 등암보다 20세가 많은데, 등암이 18세 되던 해에 여헌이 등암의 외가 야성 송씨 집안으로 장가를 들면서 처음 만났다. 여헌은 그 자리에서 등암의 그릇을 알아보고 인정하면서 "공은 다른 날 필시 큰 선비가 될 것이오."라고 하였다.

1600년 5월에는 여헌이 편지를 보내 아버지의 상을 당한 등암을 위로하였다.

1606년 봄에 모원당慕遠堂으로 여헌을 찾아가 안부를 여쭙고 이틀 묵은 뒤 돌아왔다.

1610년에는 여헌이 모곡정사로 등암을 내방하였다.

1626년 봄에 한강의 문집을 편집하고 정리한 다음, 6월에 부지암에 가서 여헌을 뵈었다. 한강이 세상을 떠난 뒤 등암은 다시 여헌 문하에 나아가 가르침을 받으면서 한강을 모시던 것과 마찬가지로 섬겼다.

1627년에 정묘호란이 발발하여 여헌이 호소사號召使가 되자 등암을 불러 참모관參謀官으로 삼았는데, 등암은 즉시 막하로 달려가 군정軍政의 결정에 참여하였다. 당시 여헌이 등암에게 초유문招諭文의 초안을 잡으라고 했는데, 여헌이 "사람을 감동시켜 눈물을 흘리도록 하기에 충분하다."라고 하면서 즉시 모든 고을에 전하여 알리게 하였다. 하지만 출병하기 전에 전쟁이 끝났다는 소식을 듣고 해산하였다.

부지암에 가서 여헌에게 한강의 「봉안문」을 부탁하였다.

1630년 8월에 부지암으로 가서 여헌을 만났고, 1634년 5월에도 부지암으로 가서 당시 공조 판서에 임명된 여헌을 축하하였다.

1635년 가을에는 여헌이 있는 영천永川의 입암을 유람하였다.

1636년 병자호란이 일어나자 의병을 일으킨 여헌이 여러 번 편지를 보내 등암을 초청하였다.

1637년 정월에 순찰사가 등암을 종사관從事官으로 삼아 군대의 전략을 짜도록 하자, 등암은 이전·조정융 등과 함께 조령을 넘어 진격하려 하다가 남한산성이 함락되었다는 소식을 듣고 군대를 해산하고 돌아왔다.

7월에 영천의 입암에 가서 여헌을 뵈었다. 여헌이 남한산성의 소식을 듣자 그날로 선영에 하직하고 입암으로 은거하였다. 등암은 여헌을 뵙고 7월 보름날 저녁에 피세대避世臺를 유람한 후 여러 날을 머물렀다.

9월에 입암의 만욱재에서 여헌이 세상을 떠나자, 밤낮으로 말을 몰아 발상發喪을 하고 직접 습렴襲斂을 하였다. 10월에 영천으로 가서 여헌의 상여를 받들고 인동仁同으로 돌아왔다. 12월에 여헌의 장례에 갔다. 만사와 제문이 문집 속에 있다.

1639년에는 인동에 가서 여헌의 위판을 오산서원吳山書院에 봉안하였다.

1642년에는 천곡서원의 위차를 개정하는 「고유문」을 지었다. 이해에 여헌을 천곡서원에 봉향하였는데, 위차가 잘못되어 추후 개정한 것이다.

1654년 3월에 인동에 가서 여헌을 모시는 서원을 세울 것을 의논하였다.

3. 『등암집』에 대한 고찰

1) 간행경위

『등암집』의 간행 경위는 배홍모裵洪模가 쓴 글과 정교鄭墧가 쓴 발문에 대략 드러나 있는데 정리하면 다음과 같다.

등암의 출처와 행적에 대해 편년체로 기술한 자료가 고촌孤村의 종가에 있었으나, 언제 편집된 것인지는 알 수가 없었다. 문집 간행을 위해 후손들이 대대로 힘을 기울였으나 결실을 보지 못하고 있었다. 그러던 중 1858년에 성주 사림이 "선생의 문집이 아직도 간행되지 못한 것은 우리들의 책임이 아니겠는가?"라고 말하기에 이르렀다. 이에 후손들과 힘을 합쳐 도천서원에서 재원을 모아 판각을 하고 「연보」도 만들었다.

2) 문집의 개요와 내용

(1) 문집의 개요

『등암집』은 6권 4책으로 이루어져 있다. 제1책은 판심에 '등암선생연보'라고 적혀있는데, 실제로는 세계도와 연보를 비롯하여 「도천서원묘우상량문」, 「도천서원강당상량문」, 「도천서원봉안문」, 「상향문」, 「이건도천서원상량문移建道川書院上樑文」, 「후포이건시고유문後浦移建時告由文」, 「환안문還安文」, 「도천중건기道川重建記」 등 도천서원의 건립과 이건, 중건 내용으로 구성되어 있다.

제2책은 정재 류치명이 쓴 서문과 목차가 있고, 그 뒤로 권1과 권2가 있다. 권1에는 시, 애사, 부 등이 실려 있고, 권2은 서書로 이루어져 있다.

제3책은 권3과 권4로 이루어져 있다. 권3에는 묘표, 축문, 제문 등이 실려 있고, 권4는 잡저로 되어 있다.

제4책은 권5와 권6으로 이루어져 있다. 권5는 부록으로 「숭정처사등암배공묘갈명」, 「고처사등암배공묘지명故處士藤庵裵公墓誌銘」, 「처사등암배공행록」 등이 실려 있다. 권6은 제문과 만시 등으로 이루어져 있다.

(2) 문집의 내용

제1책에 실린 이세형李世珩의 「도천서원묘우상량문」은 등암의 효성과 심오한 학문 및 사우 간의 신의와 임진왜란 당시 창의했던 점을 거론하면서, 그를 기리는 사우祠宇가 영원히 지속되기를 바라는 내용으로 되어있다.

이 뒤로 이어지는 이복후李復厚의 「도천서원강당상량문」, 초은재草隱齋 이석경李石經이 쓴 「도천서원봉안문」과 「상향문」, 지애芝厓 정위鄭煒가 쓴 「이건도천서원상량문」, 「후포이건시고유문」, 가곡可谷 장경목張敬穆이 쓴 「환안문」, 수와樹窩 도명응都命應이 쓴 「도천중건기」 등도 주로 이와 유사한 내용으로 이루어져 있다.

제2책에 실린 정재 류치명의 「등암선생문집서」 역시 등암의 효성과 우애 및 학문과 사우 간의 의리를 언급하고 있는데, 특히 등암이 한강 정구와 여헌 장현광의 학맥을 이어가고 있음을 분명히 밝히고 있다.

제1권은 시, 애사, 부로 이루어져 있다. 시는 총 101수인데 그 중 1수는 「차가제이장운次家弟李章韻」의 원운을 붙인 것이기 때문에 순수한 등암의 작품은 100수이다. 그 가운데 만시가 63수를 차지하고 있기 때문에 순수하게 등암의 심경을 읊은 작품은 37수에 불과하다.

제일 첫머리에 실린 작품은 한강의 동래욕행東萊浴行에 동참했을 때 지은 시이다. 뒷부분에 모아 실은 만시挽詩에서도 한강에 대한 만시를 첫머리에 둔 것으로 보아, 등암과 한강의 돈독했던 사이를 강조하고자 하는 편찬자의 의도를 짐작할 수 있는 부분이라 하겠다.

등암의 시는 주로 평범한 주제를 다루고 있는데, 경물을 대하면서도 선비로서의 맑은 정신과 깨끗한 심성을 담담하게 그려내는 경향을 보이고 있다. 임진왜란과 병자호란을 거치는 동안 의병활동을 하면서 실제로 전투에도 참여했던 전력이 있음에도 남아의 기개를 펼치고 싶다는 웅건한 기상이라든가 구국의 충정을 드러내 보이는 굳센 의지의 표현은 그다지 보이지 않는다. 다만 아래에 인용한 「삼가 서낙재의 시에 차운하여 괴산 군수 이봉에게 주다[敬次徐樂齋韻 贈李槐山 逢]」라는 시에서 당시 생각의 일면을 읽어낼 수는 있지만, 그것도 자신의 실제 경험을 이야기한 것이 아니라 다른 사람의 삶에 빗대어 자신의 감회를 드러낸 것일 따름이다.

바다 건너 오랑캐를 단번에 무찌르려 할 적에　　跨海頑蛟擬一屠
기이한 책모 어찌 변장자에게 사양하였으랴　　奇謀何讓卞莊虞
일찍이 편리한 둔전의 계책 올려서　　便宜曾上屯田策
씩씩하게도 군량미 모을 계책을 세웠지　　矍鑠仍爲聚米圖
계책 세워 깃발 들면 수많은 왜적을 목 베고　　計定搴旗梟百越
시를 지어 창을 비껴 잡으면 삼소를 쓰러뜨렸네　　詩成橫槊倒三蘇
감옥에서 장성 지킬 장수 늙어간다 말하지 마소　　圄中謾老長城將
나를 알아주실 밝고 밝은 임금님이 계신다오　　知我昭昭白日孤

그에 비해 「상주로 가는 길에 눈을 만나다[商山途中逢雪]」라는 작품은 전투를 앞둔 장수로서 더욱 실질적인 자신의 감회를 읊은 것이다. 정묘호란 당시 장현광이 호소사가 되었을 때 등암은 참모관으로 있으면서 초유문의 초안을 잡은 적이 있다. 전쟁이 일찍 종결된 탓에 전투에 참여하지는 못했지만, 의병을 조직하여 출병을 준비하던 당시의 심경을 잘 드러내고 있다. 그러나 역시 용맹한 장수라기보다는 신중한 선비로서의 처신을 더 느끼게 하는 작품이라 하겠다.

세모에 상주로 가는 길	歲暮商山路
거센 바람에 사나운 눈보라	風饕虐雪飛
이 시기 멀리 가는 것 근심스러우니	此時愁遠役
세상일 너무나 위태롭구나	世事足危機
장한 뜻 가진 사람 지금 얼마나 남아 있나	壯志今餘幾
바로잡은 이는 옛날에도 드물었네	圖匡古亦稀
역참에서 한 자 길이 검에 기대어	郵亭憑尺劒
전쟁터로 말을 바삐 달려가네	促促啓戎騑

제2권은 전체가 서書로 이루어져 있는데, 온천욕을 떠난 한강에게 안부를 묻는 「한강 선생께 올리다[上寒岡先生]」와 병자호란이 발발했을 때 여헌에게 의병장이 되어줄 것을 요청하는 「여헌 장선생께 올리다[上旅軒張先生]」 등을 비롯하여 총 73편이다.

편지글도 등암의 교유관계나 당시의 일화를 엿볼 수 있는 중요한 자료이다. 편지글은 주로 일상적인 안부를 묻는 내용이 대다수를 차지하고 있다. 성리학적 주제를 놓고 토론한 글이라든지 시사時事를 논한 내용은 거의 없고, 그 중에는 한강의 문집 간행에 관련된 인물들과 주고받은 서신 몇 편이 눈에 띄는 정도이다.

제3책 권3은 5편의 묘표, 12편의 축문, 35편의 제문으로 이루어져 있다. 묘표는 등암의 조부인 배덕문을 비롯하여 친가 외가 인물들을 대상으로 지은 것이다.

권4는 잡저로 이루어져 있다. 「한강선생언행록」에는 등암이 한강을 모시고 배우는 과정에서 중요하다고 여겨지는 시기의 이야기들이 기록되어 있다. 그 밖에 「경재잠해」 및 「서경재잠해후書敬齋箴解後」, 「호소사통유문」 등이 실려 있다.

제4책 권5에는 허목이 쓴 「숭정처사등암배공묘갈명」, 장응일張應一이 쓴 「고처사등암배공묘지명」, 박진구朴震耇가 쓴 「처사등암배공행록」 등이 실려 있다.

권6에는 등암에 대한 제현의 제문과 만시가 실려 있다. 제문은 모두 18편이고, 만시는 총 68편이다.

이 뒤로 허목의 「개진기회록발開津期會錄跋」, 「부미옹서附眉翁書」가 있고, 정교의 발문과 류주목柳疇睦의 「경서등암배선생경재잠해후敬書藤庵裵先生敬齋箴解後」가 있으며, 1859년 3월 도천서원에서 처음으로 간행하였다는 간기刊記가 있다.

4. 결어 – 등암의 학문과 문집의 가치

등암의 학술적 면모는 76세에 지은 「경재잠해」에서 찾아볼 수 있다. 등암은 "경敬이란 한 마음의 주재主宰이자 모든 일의 근본이다. 일동일정一動一靜이 경에서 떠나지 않는다면 겉과 속이 바로잡혀 얼굴이 윤택하고 등이 두둑하게 된다."라고 하고는 주자의 『경재잠집설』을 가지고 분주分註를 하여 「경재잠해」를 지었다. 차례가 문란하지 않고 단락이 분명하여 처음 배우는 자들이 찾아 들어가기가 쉬웠다. 이와 관련하여 『등암집』에는 「경재잠해」와 「서경재잠해후」를 비롯하여 계당 류주목이 쓴 「경서등암배선생경재잠해후」 등이 있다.

한편 등암은 스승인 한강 정구에게 의심이 드는 예에 대해 물었고, 한강의 대표적 예학 저술인 『오선생예설』을 교정 편찬하는 일에 주도적으로 참여하였다. 그리고 집안의 상장례를 엄숙하게 거행하는 등 예서 편찬과 예 실행에도 독실한 면모를 보였다.

『등암집』은 17세기 성주 지역 사림의 동향을 이해하는 데 중요한 자료가 된다. 특히 저자인 배상룡은 벼슬하지 않은 포의布衣의 선비로서 한강 정구와 여헌 장현광을 스승으로 섬기면서 주변 인물들과 폭넓은 교유관계를 형성하였다. 이러한 사실은 그의 문집에서 볼 수 있는 적지 않은 편지글과 창수시는 물론 제문과 만시에서 여실히 드러난다.

등암이 벼슬길에 나아가지 않았기 때문에 역사에 기록된 사실은 거의 없지만, 그가 지은 『등암집』은 당시 성주 지역 사림의 동향을 살피는 데 아주 중요한 자료가 된다고 볼 수 있다.

등암선생문집

세계도 / 연보 / 부록

등암선생세계도藤庵先生世系圖

※ 본관은 성산星山(성주星州의 옛 이름)

1세世	2세世	3세世	4세世
위준位俊	**인익仁益**	**양메良袂**	**원서元舒**
고려벽상공신高麗壁上功臣	문하시랑門下侍郎	판전리判典理	좌복야左僕射

5세世	6세世	7세世	8세世
인경仁慶	**문적文迪**	**용성用成**	**진손晉孫**
흥안군興安君. 아들은 문적文迪과 무적武迪이다.	판추밀判樞密	추밀원사樞密院使	고려 말에 과거에 급제하였고 조선조에 공조 판서를 지냈다. 부인은 정부인貞夫人 옥산 장씨玉山張氏로 현감 중화仲和의 딸이다. 묘소는 성주星州 조곡租谷 건좌乾坐에 상하로 이어져 있다.
	무적武迪		
	삼한공신三韓功臣		

9세世	10세世	11세世	12세世
규規			
대사간大司諫			
구矩	**웅雄**	**치絺**	**윤후允厚**
안찰사按察使	아들은 치絺이다. 묘소는 성주 금파곡琴琶谷 송동松洞 장록長麓 간좌艮坐에 있다.	절충장군 경상좌수사 도만호折衝將軍慶尙左水使都萬戶이고 세 고을의 수령을 지냈다. 바람과 비를 가리지 못할 정도로 청렴결백함으로 이름났다. 부인은 농서 이씨隴西李氏로 소감少監 성晟의 딸이다. 묘소는 금물법방今勿法坊 주현酒峴 윗기슭 유좌酉坐에 합장하였다.	행 오포만호 부산진관行烏浦萬戶釜山鎭管이다. 부인은 의인宜人 신반 진씨新反陳氏이다. 묘소는 송동松洞 선영의 간좌艮坐에 합장하였다.

9세世	10세世	11세世	12세世
			윤첨允瞻 진사進士
현俔 진사進士			

13세世	14세世	15세世	16세世
백손伯孫 돈용교위敦勇校尉			
중손仲孫 부인은 금릉 정씨金陵鄭氏로 아로雅老의 딸이다. 묘소는 송동松洞 만호공萬戶公의 묘역 아래 간좌艮坐에 합장하였다.	**맹성**孟成 묘소는 금물법今勿法 분토곡粉土谷 칼 모양의 유좌酉坐에 있다. 부인은 인주 이씨仁州李氏로 석년碩年의 딸이다. 묘소는 금물법 대기곡大旗谷 말발굽 모양의 갑좌甲坐에 있다.	**주**綢 아들은 덕문德文이다. 자는 언화彦華이다. 경릉 참봉敬陵參奉을 지냈다. 부인은 공인恭人 농서 이씨隴西李氏로 세무世茂의 딸이다. 묘소는 주酒峴 만호공萬戶公의 묘역 아래 유좌酉坐에 합장하였다. 갈석과 상석이 있다.	**덕문**德文 자는 숙회叔晦, 호는 서암書巖이다. 문과에 급제하여 한성 서윤漢城庶尹을 지냈다. 원종이등공신原從二等으로 호조 참판에 추증되었다. 묘소는 송동松洞 만호공萬戶公의 묘역 오른쪽 간좌艮坐에 있다. 갈석과 상석이 있다. 부인은 정부인貞夫人에 추증된 선산 백씨善山白氏로 참군參軍 거추巨鰍의 딸이다. 묘소는 주현酒峴 참봉공參奉公의 묘역 아래 유좌酉坐에 있다.
종손終孫 부사정副司正			

17세世	18세世	19세世	20세世
설楔 자는 중한仲閑이다. 무과에 급제하여 경상도 좌우수사慶尙道左右水使를 지냈다. 원종일등공신原從一等功臣으로 호조 참판에 추증되었다. 부인은 정부인貞夫人에 추증된 야로 송씨冶爐宋氏로 충순위忠順衛 원源의 딸이다. 묘소는 주현酒峴 정부인貞夫人 백씨白氏의 묘역 아래에 합장하였다. 갈석과 상석이 있다.	**상룡**尙龍 자는 자장子章이고, 호는 등암藤庵이다. 선조 갑술년(1574)에 태어나 효종 을미년(1655)에 돌아가시니 향년 82세이다. 부인은 유인孺人 거창 신씨居昌愼氏로 군자감 정軍資監正 인서仁恕의 딸이다. 묘소는 금물법今勿法 아래 후리곡厚理谷 마을 뒤 해좌亥坐에 합장하였다. 갈석과 상석이 있다.	**세유**世維 부인은 현풍 곽씨玄風郭氏로 참봉參奉 이창以昌의 딸이다. 묘소는 선대 묘역 아래 해좌亥坐에 합장하였다.	**영휘**永徽 아들은 윤주胤胄이다. 부인은 서원 정씨西原鄭氏로 참봉參奉 유도惟燾의 딸이다. 묘소는 송동松洞 선영 오른쪽 해좌亥坐에 있다. 부인은 성산 여씨星山呂氏로 통덕랑通德郎 형징亨徵의 딸이다. 묘소는 주현酒峴 선영 아래의 유좌酉坐에 쌍분雙墳으로 있다.

17세世	18세世	19세世	20세世
		세면世綿	**영휘**永徽
		좌승지左承旨에 추증되었다. 부인은 숙부인淑夫人에 추증된 파평 윤씨坡平尹氏로 영남英男의 딸이다. 묘소는 분토곡粉土谷 윗기슭 유좌酉坐에 합장하였다.	출계出系
			중휘重徽
			아들은 윤석胤錫이다. 묘소는 주현酒峴의 안산案山 병좌丙坐에 있다. 부인은 월성 이씨月城李氏로 흔忻의 딸이다. 묘소는 송동松洞 오른쪽 기슭 축좌丑坐에 있다.
			석휘碩徽
			아들은 윤계胤啓와 윤길胤吉이다. 호는 겸옹謙翁이다. 묘소는 미래촌米來村 뒤 해좌亥坐에 있다. 부인은 성산 이씨星山李氏로 유진惟進의 딸이다. 묘소는 송동松洞 왼쪽 기슭 간좌艮坐에 있다.
			용휘用徽
			아들은 윤창胤昌이다. 호조참판에 추증되었다. 부인은 정부인貞夫人에 추증된 일선 김씨一善金氏로 번蕃의 딸이다. 묘소는 송동松洞 선영의 동쪽 축좌丑坐에 상하로 이어져 있다.
			도휘度徽
			아들은 윤기胤祺이다. 부인은 의성 김씨義城金氏로 팔화八和의 딸이다. 묘소는 송동松洞 선영의 왼쪽 간좌艮坐에 쌍분雙墳으로 있다. 부인은 일직 손씨一直孫氏로 부溥의 딸이다. 묘소는 후리곡厚理谷 선영의 안산案山 곤좌坤坐에 있다.

17세世	18세世	19세世	20세世
	상호尙虎	세안世安	성휘聖徽
	자는 계장季章이고, 호는 괴재愧齋이다. 선조 갑오년(1594)에 태어나 인조 임신년(1632)에 돌아가시니 향년 39세이다. 좌승지左承旨에 추증되었다. 부인은 숙부인淑夫人에 추증된 밀양 박씨密陽朴氏로 현감縣監 신信의 딸이다. 묘소는 명암방明巖坊 원흥촌元興村 왼쪽 유좌酉坐에 쌍분雙墳으로 있다. 신도비와 상석이 있다.	부인은 영동 김씨永同金氏로 진사進士 遼의 딸이다. 묘소는 주현酒峴 도만호공都萬戶公의 묘역 왼쪽 유좌酉坐에 합장하였다. 상석이 있다.	아들은 윤구胤久와 윤복胤復이다. 통덕랑通德郎이다. 부인은 성산 여씨星山呂氏로 효로孝老의 딸이다. 묘소는 전인촌全仁村 뒤 자좌子坐에 쌍분雙墳으로 있다.
		세위世緯	정휘正徽
		병조 참판에 추증되었다. 부인은 정부인貞夫人에 추증된 서하 노씨西河盧氏로 통덕랑通德郎 륜輪의 딸이다. 부인은 정부인에 추증된 밀양 박씨密陽朴氏 이민以敏의 딸이다. 묘소는 성주 북쪽 지남동指南洞 자좌子坐에 품자品字 형으로 있다.	아들은 윤선胤先이다. 자는 미숙美叔이고, 호는 고촌孤村이다. 사마시에 입격하고 문과에 급제하였다. 내직으로는 승지承旨에 제수되고, 외직으로는 의주義州·경원慶源의 수령이 되어 청백리로 이름이 드러났다. 미수眉叟 허선생許先生의 문하에서 배웠고 문장과 학업으로 당시에 이름났다. 유집遺集 5권이 있다. 부인은 정부인貞夫人에 추증된 흥양 이씨興陽李氏로 병조 좌랑兵曹佐郎 재용在容의 딸이다. 묘소는 지남동指南洞 선영의 묘역 아래에 같은 좌향으로 합장하였다.
			성휘聖徽
			출계出系

17세世	18세世	19세世	20세世
			원휘遠徽 아들은 윤대胤大이다. 통덕랑通德郎이다. 부인은 광주이씨光州李氏로 석晳의 딸이다. 묘소는 지남동指南洞 참판공參判公 묘역 오른쪽 기슭 임좌壬坐에 상하로 이어져 있다. 부인은 연안 이씨延安李氏로 호군護軍 진영震英의 딸이다. 묘소는 주현酒峴 마을 앞 전독산前獨山 갑좌甲坐에 있다.
			익휘益徽 아들은 윤천胤天이다. 진사進士이다. 묘소는 성주 서쪽 독용성禿用城 아래 자좌子坐에 있다. 부인은 의인宜人 연안 이씨延安李氏로 충순위忠順衛 석영碩英의 딸이다. 묘소는 성주 북쪽 성당동性黨洞 마을 아무 좌향에 있다.
			진휘晉徽 아들은 윤항胤恒이다. 진사進士이다. 묘소는 금물법今勿法 남령藍嶺 아래 해좌亥坐에 있다. 부인은 의인宜人 경산 이씨京山李氏로 생원生員 달신達新의 딸이다. 묘소는 금파방琴琶坊 전인성全仁城 서쪽 태복太卜터 묘좌卯坐에 있다.
건楗 자는 수부守夫이다. 선무랑宣務郎을 지냈다. 부인은 상산 김씨商山金氏이다. 묘소는 금산金山 왜유령倭踰嶺에 합장하였다. 갈석이 있다.			

등암선생연보藤庵先生年譜

명나라 신종 현황제 만력 2년 선조 7년 **갑술**(1574)

10월 6일 선생이 성주星州 팔거현八莒縣 도촌리道村里 집에서 태어나다.

선생의 집은 대대로 성주 광대원촌廣大院村에 살았는데, 선생의 증조인 참봉공參奉公이 후포리後浦里로 이주하였다. 어머니 송씨宋氏가 도촌道村에 있는 친정집으로 근친 가서 선생을 낳았다. 당시에 자색 구름이 지붕을 감돌면서 밤새도록 사라지지 않자, 사람들이 기이하게 여겼다.

3년 선조 8년 **을해**(1575) 선생 2세

4년 선조 9년 **병자**(1576) 선생 3세

5년 선조 10년 **정축**(1577) 선생 4세

두각頭角이 우뚝하고 남들보다 총명하여 식자들은 벌써 비범한 아이임을 알았다.

6년 선조 11년 **무인**(1578) 선생 5세

비로소 조부 서암공書巖公(배덕문裵德文)에게 수업을 하였다.

서암공이 『사략史畧』을 가르치는데, 처음부터 끝까지 한 번 읽고는 틀리지 않고 줄줄 외었다. 서암공이 일찍이 경계하기를 "역사는 모두 고인古人의 일이다. 훌륭한 것은 본받고 나쁜 것은 거울삼은 뒤에 진덕수업進德修業[1]의 도에 유익함이 있는 법인데 어찌 깊이 생각하지 않겠느냐."라고 하자, 선생이 대답하기를 "제 마음에 나름대로 선善이 있는데 어찌 역사책을 볼 필요가 있겠습니까!"라고 하며 책을 덮고 나가버렸다. 서암공이 웃으며 "이 아이는 온통 호방한 기상만 있구나."라고 하였다.

1) 진덕수업(進德修業) : 덕업을 진보시키고 학업을 닦는다는 뜻으로, 『주역(周易)』 「건괘(乾卦)·문언(文言)」에 나오는 말이다.

○ 가을에 외조모 박씨朴氏의 슬하에 가서 모셨다.

선생의 외조부 충순위忠順衛 송공宋公(송원宋源)은 일찍 돌아가시고 외조모 박씨가 과부로 지내며 후사가 없어서 선생이 외가에 가서 컸다. 외조모가 항아리에 곡식을 저장하려고 하는데 항아리 입구가 좁고 작아 곡식이 흩어지고 떨어져 잘 들어가지 않자, 선생이 헌 양모자陽帽子를 주워 항아리 입구에 거꾸로 꽂고 곡식을 그 속에 넣어서 한 톨도 떨어뜨리지 않으니, 외조모가 기특히 여기며 "누가 다섯 살 아이의 지략이 이 같을 줄 알았겠느냐."라고 하였다.

7년 선조 12년 **기묘**(1579) 선생 6세

외종숙 송후창宋後昌[2] 공에게서 『통사通史』를 수업했다.

선생이 외가에 있을 때 아침마다 반드시 일찍 일어나 세수하고 외종숙 앞에 가서 절하고, 읽은 책 외기를 마치고는 일과를 받았다. 종일 꼿꼿이 앉아 잠심하고 책을 읽다가 날이 저물면 절하고 나서 돌아갔다. 가을 겨울이 다 가도록 밤을 새워가며 책을 외며, 조금도 게으른 마음이 없었다.

8년 선조 13년 **경진**(1580) 선생 7세

봄에 외가에서 돌아와 조부 서암공에게 『소학』을 수업했다.

선생이 『소학』을 배우면서 기꺼이 꼼꼼히 읽으며 게을리하지 않고 부지런히 힘쓰니, 서암공이 기뻐하며 "전날 역사책을 읽을 때는 깊이 사색하려 하지 않더니 지금 이 책에 대해서는 힘써 음미하는 것은 어째서이냐?"라고 묻자, 선생이 "역사책은 징계하고 본받는 데 지나지 않지만 이 책은 모두 사람을 만들고 자기를 완성하는 방법을 담고 있으니, 감히 공경하지 않겠습니까?"라고 대답하였다.

9년 선조 14년 **신사**(1581) 선생 8세

봄에 도촌에 가서 외조모를 뵈었다.

이해부터 상례로 삼아서 늘 문안을 끊지 않았다.

○ 참판공이 벼슬살러 서울에 가 있어서 선생이 어머니와 조부모를 모셨는데, 효도와 봉양을 매우 지극히 하여 병이 있으면 근심이 낯빛에 드러나며 뭇 아이들과 장난도 치지 않았다.

---

2) 송후창(宋後昌) : 『금호선사선유도록(琴湖仙査船遊圖錄)』에 의하면 송후창의 자는 중유(仲裕)로, 배상룡보다 11살 위다.

서암공이 일찍이 출타하였는데 이웃의 노파가 마침 햇나물을 캐어 와서 바치니, 선생이 받아서 보관하였다가 서암공이 돌아오자 선생이 즉시 바치며 "아무개 노파가 바친 것입니다."라고 하였다.

10년 선조 15년 **임오**(1582) 선생 9세

11년 선조 16년 **계미**(1583) 선생 10세

사시四始[3]와 육체六體[4]의 글을 배웠는데, 책상 앞에 앉아 등불을 돋우며 읊조리기를 그치지 않았다.

12년 선조 17년 **갑술**(1584) 선생 11세

처음으로 육경六經을 배웠다.

의리에 대하여 터득하여 알게 된 부분이 있으면 그때마다 기뻐하며 먹는 것도 잊어버렸다.

13년 선조 18년 **을유**(1585) 선생 12세

8월에 처음으로 한강寒岡 정선생鄭先生(정구鄭逑)을 뵈었다.

당시 정선생이 서암공을 찾아와서 선생이 곁에서 모셨는데, 정선생이 그의 용모가 수려하며 행동이 차분한 것을 보고는 매우 아끼면서 독서를 권하였다. 서암공이 "제가 이 아이를 선생에게 부탁하고 싶습니다."라고 하자, 정선생이 흔쾌히 허락하였다. 선생은 정선생을 뵌 뒤로 개연히 도학을 연구할 뜻을 두어 일찍이 탄식하기를 "문장을 뒤져 글귀나 찾는다면 어찌 선비라고 일컫기에 족하겠는가. 널리 하늘과 인간이 하나의 이치임을 아는 것이 바로 우리들이 해야 할 사업이다."라고 하였다. 이에 경전을 독실하게 익혀 손에서 책을 놓은 적이 없었다.

14년 선조 19년 **병술**(1586) 선생 13세

다시 『논어』와 『맹자』를 읽었다.

선생이 일찍이 "『논어』와 『맹자』는 두 성인이 도를 전한 책이므로 아침저녁으로 익히고 연구해야

---

3) 사시(四始) : 풍(風)·소아(小雅)·대아(大雅)·송(頌)을 두고 하는 말로, 『시경(詩經)』을 가리킨다.

4) 육체(六體) : 전(典)·모(謨)·훈(訓)·고(誥)·서(誓)·명(命)을 두고 하는 말로, 『서경(書經)』을 가리킨다.

하며, 「향당鄕黨」 편과 호연장浩然章은 더욱더 사색하고 음미할 만하다."라고 하였다. 의심나는 곳이 있으면 그때마다 서암공에게 질정하고 쉼 없이 강론하였다.

15년 선조 20년 **정해**(1587) 선생 14세

8월에 향시에 입격하였다.

선생이 한편으로는 과거 공부를 하여 문장이 일찍 성취되어 어린 나이에 과거를 보았는데, 공보다 앞설 자가 없었다.

◑ 겨울에 자형 사옹楂翁 박명윤朴明胤과 함께 『주역』을 읽었다.

선생이 사옹에게 "삼대三代의 문장은 유창하고 풍만하여 기상이 숭상할 만하고, 송宋나라 제현諸賢의 문장은 앞 시대 성인의 깊은 뜻을 드러내어 밝혔으며, 한漢·당唐의 문장은 흠이 없지 않으니, 문장이 순후하고 흠이 있는 것은 세도의 성함과 쇠함에 따라서 오르내립니다."라고 하자, 사옹이 책상을 치며 "참으로 바른 말이다."라고 하였다.

16년 선조 21년 **무자**(1588) 선생 15세

2월에 회시會試에 나아갔다. 참판공을 경저京邸에서 뵈었다.

◑ 3월에 고향으로 돌아왔다.

◑ 가을에 『근사록』을 읽었다.

17년 선조 22년 **기축**(1589) 선생 16세

완의정사浣衣精舍에 들어가 『춘추』를 읽었다.

완의정사는 서암공의 서재이다.

18년 선조 23년 **경인**(1590) 선생 17세

설날 아침에 자형 박공을 따라가 정선생을 뵈었다.

◑ 2월에 조모 정부인貞夫人의 상을 당하였다.

◑ 4월에 조모 정부인을 송동松洞 선영 아래에 장사지냈다.

◑ 가을에 향시에 입격하였다.

○ 9월에 정선생을 찾아가 뵙고 『중용』과 『대학』을 청하여 배우고 열흘 남짓 머무르다가 돌아왔다.

○ 11월 동지에 스승을 찾아뵈었다.

해마다 설날과 동지가 되면 반드시 스승을 찾아뵈었다.

19년 선조 24년 **신묘**(1591) 선생 18세

정월에 여헌旅軒 장선생張先生(장현광張顯光)을 배알하였다.

당시 장선생이 송씨 가문에 다시 장가들었는데, 선생을 만나 이야기를 나누고는 매우 기뻐하며 "공은 훗날 필시 큰 선비가 될 것이네."라고 하였다.

◑ 2월에 회시에 응시하였다.

○ 서울에서 인재訒齋 최현崔晛을 방문하였다.

○ 3월에 고향으로 돌아왔다.

◑ 사창社倉에서 스승을 찾아뵙고 『심경』에 대하여 질문하였다.

◑ 11월에 스승을 모시고 통천通川으로 가다가 조령鳥嶺까지 가서 되돌아왔다.

◑ 『심경』을 읽었다.

20년 선조 25년 **임진**(1592) 선생 19세

「도등간검빈부挑燈看劒頻賦」를 지었다.

부는 문집 속에 있다.

○ 4월에 서암공을 모시고 향교에서 개강開講하였다. 멀리서 왜적이 산을 넘어 성주를 짓밟고 오는 것을 보고 서암공을 모시고 샛길을 찾아 집으로 돌아왔다.

서암공이 훈장의 책임을 맡아 제생들에게 강의하고 있었는데, 향교의 종이 들어와 고하기를 "왜적이 고개를 넘어옵니다."라고 하자 제생들이 뿔뿔이 흩어져 달아났으나 선생은 서암공을 모시고 샛길을 따라 바삐 돌아왔는데, 말다래가 땅에 떨어져서 선생이 주워 안장에 매었더니, 서암공이 "사태가 매우 급박하다. 어찌 말다래를 주울 겨를이 있느냐?"라고 하였다. 그러자 공이 대답하기를 "아무리 경황이 없는 중이라도 어찌 유실할 수 있겠습니까?"라고 하였다.

가동家童을 거느리고 수도산修道山 속으로 들어갔다.

참판공이 서울에서 돌아와 서암공을 보호하여 성주의 군막으로 달려가니, 선생이 홀로 집안의 장정들과 어른을 모시고 아이들을 데리고 산으로 피하여 들어갔다.

서울을 지키지 못하고 어가가 파천했다는 소식을 듣고는 관례를 치르자마자 산을 나와 의병을 모집했다.

선생이 왜적의 기세가 창궐한다는 소식을 듣고 분연히 산을 나와서 주도하여 의병을 일으키니, 서암공이 만류하여 "조祖·자子·손孫이 모두 종군하면 이 많은 식구는 누구에게 의지하느냐. 너는 게다가 나이가 어리니 우선 사태를 관망하다가 나가도 늦지 않을 것이다."라고 하자, 선생이 그제야 그만두었다.

◑ 서암공을 성주읍에서 뵈었다.

왜적이 경내에 가득하고 살육이 낭자하니, 선생은 서암공의 안부를 탐지하기 위하여 산길을 따라 적을 피하여 읍저邑邸에 도착하였다.

◑ 6월에 참판공을 광양光陽에서 뵈었다.

참판공이 어명을 받들어 바다에 있는 적을 막고 있었는데, 선생이 진중陣中으로 달려가 뵈었다.

우거하던 집으로 돌아왔다.

비록 몹시 혼란스러운 가운데서도 늙은 어머니를 봉양하는 데 힘과 정성을 다하였고, 맛있는 음식을 드리는 것도 평소보다 못하지 않았다.

◑ 외조모 박씨를 모시고 우거하던 집으로 돌아왔다.

당시 어머니가 친정 소식을 듣지 못하여 밤낮으로 부르짖으며 울자, 선생이 낮에는 숨어 있다가 밤에 길을 나서서 도촌 근처까지 가서 외조모를 찾아내어 모시고 돌아왔다.

◑ 7월에 서암공을 성주읍에서 뵈었다.

◑ 서암공을 따라 적산赤山의 길목에 복병을 배치하여 반승叛僧 찬희贊熙를 쳐죽였다.

당시 찬희가 수령 제말諸沫을 죽이고 왜적과 내응하므로 서암공이 선생에게 명하여 쳐 죽이게 하였다.

◑ 8월 22일에 참판공을 모시고 화왕산성으로 들어가 망우당忘憂堂 곽재우郭再祐를 뵙고 왜적을 방어할 대책을 논의하였다.

선생이 『동고록同苦錄』을 지었으나 잃어버려 전하지 않는다.

◑ 겨울에 후포後浦의 집으로 돌아왔다.

21년 선조 26년 **계사**(1593) 선생 20세

정월에 선산에 성묘하였다.

증조부의 묘비가 전란 중에 손상되어, 땅을 파고 묻어 두었다.

○ 7월 7일 참판공을 따라 군대를 거느리고 왜적을 막았다.

참판공이 왜장 흑전구黑甸句를 쏘아 죽인 이 일은 서암공의 전략에 따른 것이다.

○ 10월에 비로소 삼경三京(평양·한양·경주)이 수복되어 어가가 환궁하였다는 소식을 듣고, 서암공에게 나아가 축하하였다.

22년 선조 27년 **갑오**(1594) 선생 21세

봄에 동래東萊에 가서 참판공을 뵈었다.

당시에 참판공은 동래 현령이었다.

○ 4월에 서암공을 성주읍에서 뵈었다.

서암공은 성주의 제독提督으로 읍저邑邸에 머물렀는데, 목사가 막 서암공과 일을 의논하고 있다가 선생을 만나 이야기를 나누어 보고는 한참 동안 경탄하다가 이윽고 "참으로 세상에 드문 인물이다."라고 하였다.

○ 가을에 진주晉州에 가서 참판공을 뵈었다.

참판공이 진주 목사로 이임되어, 선생이 진주 관아에 나아가 뵈었다. 병사兵使 조대곤曺大坤이 선생을 보고 기이하게 여기며 "공은 천하의 기재奇才요."라고 하고는 왜적을 막을 기무機務에 대하여 물어보았다.

○ 8월에 선산에 성묘하였다.

23년 선조 28년 **을미**(1595) 선생 22세

망우忘憂 곽공郭公·사봉沙峯 김천택金天澤 공과 함께 화왕산성을 지켰다.

김공이 성 안에서 죽어 선생이 동향의 사람으로서 더욱 애통해하였다.

○ 선산善山에 가서 참판공을 뵈었다.

당시 참판공이 막 금오산성金烏山城을 쌓고 있었는데, 참판공을 도와 대책을 세웠으니, 이것이 바로 구택九澤을 파고 혜창惠倉을 설치한 것이다.

○ 여름에 경상도 우수영에 가서 참판공을 뵈었다.

왜놈이 다시 바닷길을 따라 대거 침략해 들어오니, 참판공이 수사로서 진해 바닷가에 머무르고 있었다. 선생이 진중에 나아가 뵈니, 참판공이 바다의 신에게 제사를 지내려고 하면서 선생에게 제문을 짓게 하였다. 제문은 문집에 있다.

7월에 돌아왔다.

비록 전란 중이지만 책을 덮지 않고 낮에는 사무에 응하고 밤에는 경전을 읽었다.

24년 선조 29년 **병신**(1596) 선생 23세

봄에 가묘家廟를 지었다.

선생의 집이 전란의 화재로 보존되지 못하였는데 이때에 비로소 옛 거처로 신위를 다시 모시느라 먼저 사당을 세운 것이다.

신주를 봉안하고 제사를 올렸다.

선생이 조상을 받드는 예를 행함에 있어 정성과 공경을 극진히 하여 날마다 반드시 새벽에 일어나 세수하고 사당에 참배하였고, 늘 제사 때가 되면 아무리 추운 겨울이라도 필히 목욕하고 재계를 하였으며, 제수는 직접 살펴서 정결하기에 힘써 늙어서도 그만두지 않았다.

○ 4월에 성주의 객관에 가서 스승을 맞이하여 뵈었다.

당시 스승이 강원도 관찰사로서 체찰사體察使인 상국相國 오리梧里 이원익李元翼의 막부에서 군무회의를 하려고 성주에 왔기에 선생이 가서 뵌 것이다.

25세 선조 30년 **정유**(1597) 선생 24세

왜적이 다시 일어나 삼남三南이 소란스러워지자 선생이 먼저 서암공의 막사에 나아가 안부를 여쭙고 다음으로 참판공의 영문營門에 가서 군사軍事에 참여하여 논하였다.

26년 선조 31년 **무술**(1598) 선생 25세

가을에 서애西厓 류선생柳先生이 탄핵을 받았다는 소식을 듣고 단선시團扇詩를 지었다.

시에 이렇게 말하였다.

상자에 둥근 부채 새로 막 넣어 두고	篋笥新藏團扇圓
추위와 더위를 하늘께 물어 보려네	欲將涼熱問蒼天
노새에 채찍질하여 남쪽 길 밟게 되면	鞭驢若踏南關路
귀향하는 감흥 맹호연보다 더 많으리	歸興應多孟浩然

27년 선조 32년 **기해**(1599) 선생 26세

3월에 참판공이 참혹한 화를 당하였다.

병사兵使 김경서金景瑞가 왜적과 서로 통하여 요시라要時羅의 말을 믿고 도원수都元帥 권율權慄에게 말하니, 권율이 통제사統制使 원균元均과 양남수사兩南水使에게 명하여 수군을 내어 왜적을 치게 하였다.

참판공은 그것이 속임수에 빠진 것인 줄 알고 불가함을 강력히 말하였으나 권율이 따르지 않고 싸우라고 독려하기를 그치지 않았다. 원균이 수군을 거느리고 출전하였다가 왜적들에게 포위되어 순식간에 전멸하였다. 참판공은 평소 장수와 사졸의 마음을 얻었기에 소속 부대를 거느리고 한편으로는 전투하면서 한편으로는 후퇴하여 호남에 정박하였는데, 우연히 수질水疾이 심하여 글을 올려 몸조리하기를 청하였다. 신임 수군통제사 이순신李舜臣이 그의 배를 거두고 병을 조리하도록 허락하였는데, 참판공이 떠난 뒤에 정인홍鄭仁弘이 도원수에게 말하여 위기에 당면하여 물러났다고 조정에 무함하여 마침내 화를 당한 것이다.

관을 모시고 남쪽으로 돌아왔다. 5월에 낙동강 하류에 임시로 매장을 하였다.

선생은 아버지가 비명에 가신 것을 애통해하며 물도 입에 대지 않고 상복도 벗지 않은 채 슬피 부르짖으며 목숨을 끊으려 하였다. 아우 괴재공愧齋公은 겨우 여섯 살이었는데, 집상執喪과 행소行素(슬퍼하여 고기를 먹지 않음)에 한결같이 선생이 하는 대로 따라 하다가 기혈이 손상되어 병이 위독하자, 선생이 손가락을 잘라서 피를 내어 아우를 구원하였다.

28년 선조 33년 **경자**(1600) 선생 27세

5월에 스승이 서울에 있으면서 편지를 보내 위로하였고, 장선생(장현광張顯光)도 편지를 보내 위문하였다.

○ 6월 의인왕후懿仁王后(선조비宣祖妃)가 승하하니, 교외에서 망곡望哭하였다.

29년 선조 34년 **신축**(1601) 선생 28세

3월에 복을 마쳤다.

선생이 3년 동안 눈물을 줄줄 흘리니, 몸이 수척하여 뼈만 남아서 목숨을 보전하지 못할 것만 같았다. 그러나 거의 위태롭다가 다시 살아나 능히 상제喪制를 마치니, 사람들이 모두 효성에 감응한 것이라고 말하였다.

서암공에게 아뢰어 마침내 과거공부를 그만두었다.

선생이 「육아蓼莪」 편[5]에 통감하여 세상에 뜻이 없어 두문불출하고 오직 어버이 봉양과 아우의

5) 「육아(蓼莪)」 편 : 『시경(詩經)』 「소아(小雅)·육아(蓼莪)」를 말하는 것으로, 부모가 돌아가신 뒤 생전에 효도하지 못한 슬픔을 노래한 시이다.

공부 지도만 하였다. 어머니는 참변을 당하고부터 슬픔으로 몸이 상하여 병이 들었는데, 한 해를 넘겨 병세가 더욱 무거워지니, 선생이 띠를 풀지 않고 변이 단지 쓴지를 맛보아 병의 차도를 살폈다. 비록 초야에서 궁핍하게 살면서도 맛있는 음식으로 봉양하는 것이 수령이 녹봉으로 모시는 것보다 못하지 않았으며, 세심하게 받들고 따르며 사랑과 공경을 갖추어 지극히 하였다. 서암공을 섬기면서 잠시도 곁을 떠나지 않고 그 뜻에 맞도록 힘썼으니, 서암공도 이에 힘입어 편안하였다. 괴재공과 같은 밥상에서 먹고 한 이불에서 잠잤는데, 어루만져 주는 정은 마치 어린아이를 돌보는 것과 같았다. 게다가 가르침에 더욱 부지런하여 잘못이 있으면 더러 회초리로 때리고는 또 아우가 아파하는 것을 가련히 여겨 그때마다 끌어안고 울었다. 괴재공이 일찍이 공부 과정을 빼먹자 선생이 눈물을 흘리며 "집안이 불행한 일을 당하여 내가 이미 집안일을 이어받았다. 집안의 희망은 오직 네게 달려 있는데 네가 지금 이렇듯 하니 내가 누구를 믿겠느냐?"라고 하자, 괴재공이 분발하여 학업에 힘써 드디어 성취하기에 이르렀다.

○ 10월에 심부름꾼을 보내서 횡성에 있던 스승에게 안부를 여쭈었다.

당시 스승은 당상관堂上官으로서 『경서언해經書諺解』를 교정하다가 소를 올려 사직하고 횡성에 가서 지냈다.

30년 선조 35년 임인(1602) 선생 29세

2월에 호령狐嶺의 길가에서 스승을 맞이하여 뵈었다.

스승이 충주 목사로서 휴가를 청하여 고향으로 돌아와서 편지를 보내와 안부를 물었다. 선생이 친상을 겪고부터 사람들과 어울리려 하지 않았으나, 이때 길가에 나아가 뵙자 스승이 그를 위해 안타까워하며 위무하는데 말투와 낯빛이 달라지기까지 하였다.

○ 조모 정부인貞夫人의 묘소를 주현酒峴의 선산 아래에 이장하였다.

31년 선조 36년 계묘(1603) 선생 30세

3월에 심부름꾼을 목천木川에 보내어 스승을 위문하였다.

당시 스승이 중씨仲氏 서천군西川君(정곤수鄭崑壽)이 죽어 장례를 치르고 나서 소를 올려 사직하고 물러나 목천에 살았다.

○ 9월에 숙야재夙夜齋에서 스승을 맞이하여 뵈었다.

당시 스승이 목천에서 고향으로 돌아와 생도들을 불러 모아 숙야재에서 강학했는데, 선생이 탄식하여 "아버지 상을 당한 때부터 천지 사이에 목숨을 연명하고 있으면서 충성을 하려 해도 할 길이 없고, 효도를 하려 해도 미치지 못하고 있다. 만약 또 스스로 선생의 문정門庭에 발길을 끊는다면 생삼生三(어버이·스승·임금을 똑같이 섬기는 것)의 대의를 하나도 지키지 못하는 결과가 된다."라고 하며 드디어 나아가 스승을 모셨다. 스승은 매우 큰 기대를 하며 일이 있으면 반드시 선생에게 맡겼다.

○ 스승이 막 『오선생예설五先生禮說』을 찬술하면서 선생에게 수집하고 교열하여 종류별로 분류하여 쓰게 하였는데, 선생이 여러 편을 편집하여 베껴 드리니 스승이 훌륭하다고 칭찬하였다.

○ 11월 동강東岡 김선생金先生(김우옹金宇顒)의 부음을 듣고 영위靈位를 설치하여 곡을 하고 중도에서 상여를 맞이하였다.

동강 선생은 청주淸州의 임시 거처에서 사망하였다.

○ 12월에 서암공의 상을 당하였다.

선생이 승중복承重服을 입으면서 한결같이 앞의 상과 같이 하였다.

32년 선조 37년 **갑진**(1604) 선생 31세

2월 조부 서암공을 송라동松羅洞에 장사지냈다.

제물을 올리고 축문을 고하는 것은 한결같이 『가례』를 따랐다.

○ 스승이 장선생과 함께 와서 조문하였다.

33년 선조 38년 **을사**(1605) 선생 32세

12월에 상을 마쳤다.

○ 각처에 있는 선산에 성묘하였다.

34년 선조 39년 **병오**(1606) 선생 33세

3월에 거창 신씨居昌愼氏를 부인으로 맞이하였다.

군자감 정軍資監正 인서仁恕의 딸이다.

○ 둘째 여동생6)을 찾아가 보았다.

둘째 여동생은 야성冶城 송광헌宋光憲의 부인이다. 일찍 과부가 되어 자식이 없어서 시댁에 의탁

---

6) 둘째 여동생 : 배상룡에게는 누이 셋이 있는데, 생원 박명윤(朴明胤)·참봉 송광헌(宋光憲)·유학 김즙(金檝)에게 각각 시집갔다.

하고 있었는데, 선생이 누이를 위해 노비를 넉넉하게 주어 의지할 수 있게 하였다.

○ 무흘武屹에 가서 스승을 뵙고 『주자대전』을 강론했다. 이어서 원고를 교정하라는 명을 받들었다.

새로 간행된 『주자서』에 잘못된 글자가 많아 스승이 문생들에게 한 차례 강독을 마치게 하고, 다시 원고를 교정하게 하셨다. 선생이 다른 책의 여러 곳에 나오는 것을 취하여 서로 참고하여 바로잡고 교열하니, 정선생이 칭찬해 마지않았다.

○ 봄에 모원당慕遠堂에 가서 장선생에게 안부를 여쭙고 이틀을 묵은 뒤 돌아왔다.

○ 5월에 아우 괴재공愧齋公과 함께 가서 스승을 뵙고 통독通讀에 참여했다가 돌아왔다.

스승은 전란 뒤에 고을의 자제들이 학문을 놓칠까 염려하여 통독하는 규칙을 마련하였다. 매월 초하루의 강회에 선생 형제가 가서 강석에 참여했는데, 스승이 괴재공을 앞으로 불러 "그대가 배자장裵子章의 아우인가?"라고 하고 『대학』을 익히게 하였는데, 구두가 분명하고 글을 읽는 소리가 낭랑하니, 스승이 선생에게 "그대에게 훌륭한 아우가 있구려."라고 하였다.

35년 선조 40년 정미(1607) 선생 34세

봄에 뇌촌정사瀨村精舍가 이루어졌다.

뇌촌은 무흘산武屹山 아래 회연檜淵 위에 있는데, 자연이 아름다웠다. 선생이 이곳에 집을 지어 스승에게 왕래하는 데 편하도록 하였다.

○ 가을에 안동부의 관아에 가서 스승에게 문안드렸다.

당시 스승이 안동 부사가 되었기에 선생이 관아에 가 안부를 여쭌 것이다. 「유상연정遊賞蓮亭」 시가 문집에 있다.

○ 하회[河隈]에 가서 서애 류선생을 조문하였다.

선생이 일찍이 류선생이 보살펴 준 은혜를 입어서 가 뵙고 싶어 했는데, 화산花山에 도착했을 때 류선생이 이미 사망하여 달려가 침문寢門에 곡하고 돌아왔다.

○ 11월 백천白川 이천봉李天封, 동호東湖 이서李籍가 뇌촌을 방문하였다.

선생이 두 사람과 함께 경전을 토론하다가 치국평천하治國平天下에 말이 미치자, 두 사람이 "가난 속에서도 만족하는 것은 우리들이 만년에 뜻을 더 둘 점이다."라고 하니, 선생이 "강절康節(소옹邵雍)이 40년을 낙수洛水 가에 살면서 스스로 안빈낙도安貧樂道한다고 말하면서도 일찍이 경국제세經國濟世의 마음을 간직하지 않은 적이 없었소. 그 시에 이르기를

술을 따를 땐 깊고 얕은 섭리가 있지만　斟有淺深存燮理
마실 때는 많고 적음 관계없이 경륜에 달려 있네　飮無多少繫經綸

라고 했으니, 자신의 뜻을 글로 써 내었다고 말할 만하오."라고 하였다. 그러자 두 사람이 "선비가 비록 궁한 처지에 있어도 현달해서 그 경륜을 베푸는 것에 대하여 잊지 않으니, 자장子章은 강절의 뜻을 얻었다고 할 만하오."라고 하였다.

36년 선조 41년 **무신**(1608) 선생 35세

정월에 모곡慕谷으로 이사하였다.

○ 2월에 선조가 승하하여 교외에서 망곡望哭하였다.

○ 8월에 회연檜淵에 가서 스승을 뵈었다.

당시 스승은 형조 참판으로서 휴가를 받아 고향으로 돌아왔다.

37년 광해군 원년 **기유**(1609) 선생 36세

8월에 스승 부인의 상에 나아가 위문하였다.

○ 가을에 제현들과 함께 무흘武屹에 들어갔다.

38년 광해군 2년 **경술**(1610) 선생 37세

봄에 조정에서 참판공을 신원하려는 의논이 있어 즉시 서울에 갔다.

서울의 사대부들이 선생이 왔다는 소식을 듣고 앞다투어 와서 안부를 물었다.

○ 2월에 승정원에서 논계하니, 신원을 특명하고 표창하여 가선대부嘉善大夫 호조 참판戶曹參判을 추증하였다.

서울의 여러 사람들이 선생의 효성에 감복하여 알건 모르건 간에 모두 한결같은 말을 함으로써 신원을 하고 추증을 받을 수 있었다.

선생이 증직의 직첩을 받아 받들고 고향으로 돌아와 분황제焚黃祭를 행하였다.

고을 사람들 중에 선생이 돌아왔다는 소식을 듣고 축하하는 자가 수백여 인이었다. 분황제를 마치고 선생 형제가 상床 앞에 서서 빗발처럼 눈물을 줄줄 흘리니, 보는 이들이 모두 탄식하였다.

○ 여름에 온 도의 유생들과 함께 스승의 「변무소卞誣疏」 소청을 마련하였다.

당시 고을 사람 박이립朴而立[7]이 스승을 무함하고 심지어 「전은소全恩疏」는 '임금을 무시한 것'이

라고 말하므로, 선생이 원근의 선비들과 함께 궐 앞에 나아가 소장疏章을 올려 신변伸辨하게 되었다.

○ 가을에 온 도의 유생들과 함께 「오현승무소五賢陞廡疏」를 올렸다.

우복愚伏8) 정선생鄭先生이 그 소장疏章을 지었다.

○ 8월에 향교에 가서 조정의 명으로 오현五賢을 동무東廡와 서무西廡에 배향하였다.

○ 10월에 낙재樂齋 서사원徐思遠, 아헌啞軒 송원기宋遠器, 성재省齋 곽근郭赾과 함께 스승을 모시고 수도산修道山을 유람하였다.

○ 겨울에 참판공의 묘소를 송동松洞 선영의 왼쪽으로 옮겼다.

○ 모곡정사慕谷精舍로 장선생이 내방하였다.

○ 오리梧里 이상공李相公에게 편지를 올렸다.

왕복한 편지가 문집에 있다.

39년 광해군 3년 **신해**(1611) 선생 38세

봄에 스승이 모곡정사慕谷精舍에 들렀다.

스승이 무흘산으로 가는 길에 정사에 들렀는데, 따르던 여러 사람들이 정사의 구조를 보고 웃으며 "누가 배자장이 경륜이 있다고 했던가? 문과 창을 낸 것이 어찌 이리도 법도에 어긋났을꼬."라고 하자, 스승이 "동쪽 들창은 어머니의 침실에 가깝고 북쪽 들창은 외조모의 방과 닿게 한 것이다. 치밀한 설계를 그대들이 어찌 알 수 있겠느냐."라고 하였다.

스승을 모시고 무흘정사武屹精舍로 들어갔다.

남추강南秋江(남효온南孝溫)과 김매월당金梅月堂(김시습金時習)의 사적을 논한 것이 문집에 있다.

스승을 모시고 산천암山泉庵을 유람하였다.

암자는 무흘정사의 곁에 있다. 남명南冥(조식曺植)이 뇌룡당雷龍堂과 천산재天山齋 등의 이름을 지은 뜻을 여쭈어 본 것이 문집에 있다.

---

7) 박이립(朴而立, 1577~?) : 자는 유중(柔仲), 본관은 고령(高靈)이다. 정인홍의 문인이다. 관찰사에게 정구가 자신을 해치려 할 뿐만 아니라 그의 전은설(全恩說)은 군주를 무시한 데까지 이르렀다는 주장을 폈는데, 이는 정구를 역모와 은근히 연결시켜 군주를 자극하고 향권(鄕權)을 장악하려는 기도였다.

8) 우복(愚伏) : 정경세(鄭經世, 1563~1633)의 호이다. 자는 경임(景任), 본관은 진주(晉州)이다. 1586년 문과급제, 예조 판서·이조 판서·대제학 등을 역임하였다. 경전에 밝았고, 특히 예학에 조예가 깊었다. 좌찬성에 추증되었고, 시호는 문장(文莊)이다. 저서로는 『우복집』·『상례참고(喪禮參考)』가 있다.

유람하는 김에 정사에 머물러 강학하였다.

재사의 승려가 적고 재물이 모자라 스승을 모시는 것이 너무 소홀하여 선생이 걱정하였는데, 스승이 "도에 뜻을 둔 선비는 이런 것을 근심하지 않는다."라고 하니, 선생이 이로부터 더욱더 스스로 곤궁한 것을 당연하게 여겨 비록 거친 음식을 먹고 낡은 옷을 입더라도 개의치 않았다.

○ 7월에 회연초당檜淵草堂에 가서 스승을 뵙고는 머물러 강학하였다.

당시 과거 시험 날짜가 가까워 문하에 와 머물고 있던 자들이 모두 인사를 하고 떠나갔으나 선생만은 가지 않았다. 스승이 "그대는 어찌하여 혼자 여기에 있느냐?"라고 하니, "저는 기해년(1599) 이후로 과거 공부를 그만두었습니다."라고 대답하여 스승이 한참 동안 탄식하며 안타까워하였다.

40년 광해군 4년 **임자**(1612) 선생 39세

정월에 노곡우사蘆谷寓舍에 가서 스승을 뵈었다.

당시 스승은 회연檜淵에서 노곡으로 이사하였다.

○ 10월에 외증조부 참군參軍 백공白公(백거추白巨鰍)의 묘소에 제사지냈다.

○ 외조부 충순위忠順衛 송공宋公의 묘소에 제사지냈다.

백공의 묘소는 경산慶山에 있고, 송공의 묘소는 팔거八莒에 있다.

41년 광해군 5년 **계축**(1613) 선생 40세

4월에 『합약요결合藥要訣』을 지었다.

잃어버려 전하지 않는다.

○ 약법藥法에 의하면 길한 날을 점치며 잡인을 금하고 백 번 단련한 정기를 모으면 완전한 단약으로 전환되니, 이는 우리 사람들이 학문을 하는 방법에 비유한 것이다.

○ 고령 현감 허교許喬 공이 그 아들 목穆의 관례를 치르면서 편지를 보내어 선생을 청하므로, 선생이 빈석賓席9)으로 갔다.

선생이 화보和父(허목許穆의 자)를 한 번 보고는 그가 원대한 포부를 성취할 인물임을 알고서 도서圖書를 주며 심교心交를 맺었다고 한다.

---

9) 빈석(賓席) : 빈이란 관례를 치르게 된 자에게 축사를 하는 자로서, 자식의 관례를 치를 때 붕우 중에 어질고 예를 잘 아는 사람을 가려서 정하였으며, 주인과 마주보는 곳에 자리한다.

○ 가을에 선영에 성묘하였다.

선생이 선대의 선영에 있어서는 가는 길의 멀고 가까움을 헤아리지 않고 해마다 봄가을에 직접 성묘하였다.

○ 겨울에 뇌촌정사瀨村精舍에서 『주역』을 읽었다.

선생이 집에 있으면서 아침 일찍 일어나고 밤늦게 잠자면서 종일 꿇어앉아 잠심하여 『주역』을 읽었는데, 흥이 날 것 같으면 읊조리며 스스로 좋아하여 영달에 대한 생각을 끊었다. 일찍이 「계사溪舍」 시를 지은 것이 문집에 있다.

42년 광해군 6년 갑인(1614) 선생 41세

정월에 스승에게 가서 노곡蘆谷의 화재를 위로하였다.

스승이 저술한 서적이 모두 화재로 타 버리고 『심경발휘心經發揮』만 온전하였다.

○ 성주 목사 권집權諿 공이 모곡을 내방하여, 시를 지어 사례하였다.

시에 이렇게 말하였다.

초라한 골목을 목사께서 찾아주시니	僻巷千旄訪
사립문에 산 햇살 저물어 가네	衡門山日殘
남은 고마움 어디에서 그리는가	餘光何處想
가을 달빛에 푸른 밤하늘 쳐다보네	秋月碧霄看

○ 여름에 사빈泗濱에 가서 스승을 뵈었다.

스승이 노곡蘆谷에서 사수泗水로 이사하니, 선생이 가서 뵈었다. 당시 스승이 막 『오선생예설』을 고쳐 지으면서 여러 문인들에게 교열하여 베껴 쓰게 하니, 선생이 한 달 남짓 만에 비로소 돌아왔다.

○ 10월에 스승에게 가서 맏아들의 상을 조문하였다.

○ 12월에 무흘에 들어갔다가 곧바로 청암사靑巖寺에 갔다.

「설후방사雪後訪寺」 시가 문집에 있다.

43년 광해군 7년 을묘(1615) 선생 42세

정월에 아우 괴재공이 관례를 올렸다.

고례古禮에 따라 삼가三加[10]의 의식을 대략 갖추었다.

○ 2월에 딸아이가 태어났다.

커서 사인士人 이유전李惟銓에게 시집갔다.

○ 3월에 어머니의 상을 당하였다.

선생은 노쇠해 가는 나이였지만 예를 더욱 엄수하여 장사를 치른 뒤에야 비로소 보리밥을 먹었으며, 삼년상을 마칠 때까지 그러하였다.

○ 4월에 스승에게 편지를 보내 조문하였다.

○ 5월에 어머니를 주현酒峴의 선영 아래에 장사지냈다. 참판공參判公의 묘소를 옮겨 한 묘소에 합장하면서 무릇 예에 의심스러운 것이 있으면 모두 스승에게 여쭈었다.

선생이 아우 괴재공과 함께 "빈소를 산지로 옮긴 뒤에도 시상尸床은 종전대로 설치해야 합니까?"라고 물으니, 스승이 "그렇다."고 하였다.

○ "여막에 거처하게 되면 부제祔祭에 지방紙牓을 마련하여 행합니까?"라고 물으니, 스승이 "부제는 산소에서 행하기 어려운 듯하다. 만일 시묘를 하려고 한다면 상례를 마치고 신주를 받들어 돌아오기를 기다렸다가 그 다음날 부제를 행해야만 하고, 부제를 행하기 전에는 아침저녁의 상식을 그만둘 수 없을 듯하다."라고 하였다.

○ "개장改葬의 절목節目은 『가례家禮』에 자못 자세치 않고 또 고사告辭가 없는데 어디에서 법도를 취해야 합니까?"라고 물으니, 스승이 "『가례의절家禮儀節』과 『가례』에 개장의改葬儀가 있으니, 참고해 볼 만하다. 내가 선비先妣의 상을 당해 선부군先府君의 묘소를 개장할 때 개장의를 대강 베껴 본상本喪(선비의 상을 말함)과 동시에 장례를 행했었는데, 절목이 꽤 자세하다."라고 하였다.

○ "파묘破墓(개장하기 위해 무덤을 파냄)를 하고 빈소를 설치한 뒤의 제의祭儀는 또한 어떻게 해야 합니까?"라고 물으니, 스승이 "구묘舊墓를 열어서 관을 꺼낸 뒤에는 한결같이 초상의 예대로 해야 한다. 그러나 기일에 앞서 시신을 빈소로 내와서는 안 되고, 때가 되면 묘소를 열어 하룻밤 묵고는 바로 행해야 한다."라고 하였다.

○ "빈소를 허무는 날 조전祖奠(발인 전에 도신道神에게 고하는 전)을 지내는 것을 이미 할 수 없다면 따로 고제告祭(사당에 고하여 제사지내는 것)하는 절차가 없습니까?"라고 물으니, 스승이 "『가례의절』과 『가례』에 반장返葬하는 절차가 있으니 참고해 볼 만하다. 그러나 지금은 예가 변했고 일이 다르니

---

10) 삼가(三加) : 관례를 행할 때 세 번에 걸쳐 관을 쓰는데, 이를 초가(初加)·재가(再加)·삼가라고 하며, 각각 치포관(緇布冠)·피변(皮弁)·작변(爵弁)을 쓴다.

따로 고유문을 지어 사유를 갖추어 고해야 할 듯하다."라고 하였다.

○ "발인할 때 어느 관이 앞서야 합니까?"라고 물으니, 스승이 "아마 부군의 관이 앞서야 할 듯하다."라고 하였다.

○ "개장에 시마복緦麻服을 입어야 하지만 지금 막 친상 중에 있다면 곡하며 뒤따를 때는 어떤 복을 입어야 합니까?"라고 물으니, 스승이 "무거운 쪽의 복을 입어야 하며, 선고先考를 매장할 때는 시마복을 입어야 한다."라고 하였다.

○ "함께 합장한 뒤에 우제虞祭는 병행할 수 없습니까?"라고 물으니, 스승이 "개장에는 다만 묘소에서 한 번의 우제를 지내고 선비先妣의 우제는 반곡返哭한 뒤에 행해야 한다."라고 하였다.

44년 광해군 8년 병진(1616) 선생 43세

8월에 영주榮州에 심부름꾼을 보내 스승의 안부를 여쭈었다.

당시 스승이 중풍을 앓아서 7월에 영주의 초정椒井에 가서 목욕하였는데, 심부름꾼을 보내 안부를 여쭌 것이다.

○ 아우 괴재공이 상을 치르느라 병이 위독해져서, 스승이 편지를 보내어 걱정하였다.

45년 광해군 9년 정사(1617) 선생 44세

3월에 복을 마쳤다.

○ 7월에 스승을 모시고 동래 온천에 갔다.

이 행차에는 문하의 여러 사람들이 모시고 뒤따랐는데, 낙동강에 이르러 고을 원이 모시고 가는 제현에게 시를 부치니, 제현은 각자 배 안에서 서로 화답하였다. 선생은 시에서 이렇게 말하였다.

한가로이 배 띄운 낙동강의 가을	蘭舟閒泛洛江秋
선생님 모시고 멀리 유람 나왔네	忝對光風作遠遊
봉래산은 예로부터 영약이 많으니	蓬萊從古多靈藥
그것으로 백발을 홍안으로 바꾸리라	應取韶顏換白頭

8월에 스승을 모시고 돌아왔다.

○ 겨울에 사양泗陽에 가서 스승을 뵈었다.

당시 낙재樂齋 서공徐公이 스승을 위하여 강실講室 몇 칸을 지었다. 문인들이 양식을 모으고 규칙을 세워 대략 진현관進賢館 도기到記11)의 예에 따라 음식상이 많은 사람을 으뜸으로 쳤는데, 오직 선생이 가장 많았다고 한다. 하루는 스승이 "내가 「전은소」를 올리려고 하는데 자네 생각은 어떤가?"라고 묻자, 선생이 "인륜의 대의는 부지하지 않을 수 없습니다."라고 대답하니, 스승이 즉시 선생에게 붓을 잡으라고 명하고는 입으로 상소할 말을 불렀다. 선생이 손을 멈추지 않고 쓰다가 간혹 격한 부분이 있으면 그때마다 "이 구절은 마땅히 다시 생각해야 할 듯합니다."라고 우러러 아뢰면, 스승은 즉시 고쳐 불렀다. 상소문이 완성되어 올리려고 하였는데, 유약柳瀹12)의 상소에 대하여 주상이 "미안하다."고 비답을 하였으므로 올리지 않았다.

○ 스승이 퇴계退溪 이선생李先生의 예의답문禮義答問을 분류하여 두 편으로 만들고는 문인들에게 강마하게 하였고, 또 교열에 참여하게 하여 선생이 여러 날 머물러 교정하고 돌아왔다.

46년 광해군 10년 **무오**(1618) 선생 45세

아들 세유世維가 태어났다.

○ 아우 괴재공과 함께 사양泗陽에 가서 스승을 뵈었다.

○ 가을에 아우 괴재공과 함께 『주자서절요朱子書節要』를 읽었다.

『절요』는 퇴계 이선생이 편집한 것인데, 스승이 학자들에게 이 책을 강독하게 하였다.

○ 괴재공이 이미 장가를 들고 나서도 선생이 직접 그 생계를 관리하였는데, 괴재공으로 하여금 알지 못하게 하고 오로지 학문에만 뜻을 두게 하였다.

47년 광해군 11년 **기미**(1619) 선생 46세

유생들과 함께 척화소청斥和疏廳을 설치하였다.

이해에 심하深河의 전역戰役13)에서 두 원수14)가 패배하자 조정으로부터 화의和議에 대한 의논이 크게 확산되었다. 선생은 울분을 그치지 않으며 온 도의 사대부들과 함께 항소抗疏하여 극력 배척

---

11) 도기(到記) : 성균관의 유생의 근만(勤慢)을 보기 위하여 식당에 들어간 수를 적던 장부이다.

12) 유약(柳瀹, 1580~1623) : 자는 약이(瀹而), 본관은 흥양(興陽)이다. 1613년 문과급제, 벼슬은 형조 정랑에 이르렀다. 정인홍(鄭仁弘) 등의 사주를 받아 폐모론을 주장하였다.

13) 심하(深河)의 전역(戰役) : 광해군 10년(1618), 명나라의 요청에 따라 강홍립(姜弘立)을 오도 도원수(五道都元帥)로 삼아 군대를 출동시킨 뒤 후금(後金)의 누르하치 군대와 전투를 벌인 일을 말한다.

14) 두 원수(元帥) : 도원수(都元帥) 강홍립(姜弘立), 부원수(副元帥) 김응서(金應瑞)를 말한다.

하려고 하였는데, 이이첨李爾瞻이 이미 상소하였다는 말을 듣고서 그쳤다.

○ 6월에 초정椒井으로 가는 스승의 행차를 모시고 울산蔚山에 갔다가 7월에 먼저 돌아왔다.

○ 8월에 창원昌原 해산정海山亭에 사람과 말을 마련하여 보내어 스승을 맞이하였다.

스승이 울산에 있으면서 선생에게 편지를 보내 "깊은 가을 바닷가에서 돌아가고 싶은 생각이 벌써 재촉하는구나. 그대들이 사람과 말을 마련하여 보내기를 기다려서 즉시 출발할 계획이다."라고 하니, 선생이 이육李堉 공과 함께 사람과 말을 갖추어 보내었는데, 스승이 해산정에 머물며 조리하느라 시기를 늦추어 아직 돌아오지 않았다.

목종 순황제穆宗純皇帝15) 48년, 광종 정황제光宗貞皇帝 태창泰昌 원년 광해군 12년 **경신**(1620) 선생 47세

정월 5일 사양 지경재持敬齋에서 스승을 곡하였다.

선생이 오랫동안 스승을 모시면서 타이르고 이끌어줌을 가장 많이 받아서 사일事一의 정성(임금과 스승과 어버이를 똑같이 모시는 정성)을 극진히 하였는데, 돌아가시게 되자 선생이 특별히 심상心喪 3년을 지냈다.

4월에 사양으로 달려가 선사先師의 영구를 받들고 가서 숙야재夙夜齋 옆 기슭에 반장返葬하였다.

상례와 장례의 의절儀節은 모두 『의례儀禮』를 따랐고, 장례를 마치고는 유고를 수습하여 백매원百梅園에 보관하였다.

○ 딸을 낳았다.

자라서 사인士人 김시수金是燧에게 시집갔다.

○ 신종황제神宗皇帝의 부음을 듣고 교외에 나가 곡하였다.

선생이 자질들에게 "우리나라가 오늘에 이르기까지 아버지가 아버지 노릇을 하고 자식이 자식 노릇을 할 수 있었던 것은 모두 성스런 천자께서 임진년·계사년에 다시 살게 해 주신 은혜 덕분이다."라고 하였다.

15) 목종 순황제(穆宗純皇帝) : 재위 기간이 48년인 명나라 황제는 만력(萬曆) 연호를 쓰는 신종 현황제(神宗顯皇帝)뿐이며, 목종(穆宗)의 시호는 장황제(莊皇帝)이고 시호가 순(純)이 되는 황제는 헌종(憲宗)이다. 또 신종의 뒤를 이어 왕이 된 황제가 광종이므로 신종 현황제가 되어야 할 듯하다.

희종 철황제 천계 원년 광해군 13년 **신유**(1621) 선생 48세

정월에 선사의 소상小祥에 갔다.

무흘의 산장山長으로서 제문을 지어 선사에게 제사를 올렸다.

○ 합천陜川에 들러 참의參議 강대수姜大遂를 방문하였다.

○ 부자연父子淵을 지나다 감개하여 지은 시가 있다.

선생이 일찍이 참판공을 모시고 이 못을 지나갔는데, 이때에 다시 지나게 되니 감개가 있어서 시를 지은 것이다.

생각난다 아버지께서 이 길 지나시던 때가	憶昔嚴君啓此行16)
높고 큰 깃발 세워 남쪽으로 출정하실 때였지	高牙大纛向南程
말 타고 다시 강가에 와 보니	匹馬重臨江上路
부자라는 못 이름에 목숨 탐한 것 부끄럽네	淵名父子愧貪生

○ 겨울에 이동호李東湖·박사옹朴樣翁·죽헌竹軒 최항경崔恒慶·이백천李白川·심원心遠 이육李堉 등의 제현과 함께 백매원百梅園에 모여 선사의 문집 교정과 간행의 일을 의논하여 결정하였다.

선생이 그 일을 주관하였다.

2년 광해군 14년 **임술**(1622) 선생 49세

봄에 원근의 선비들과 함께 선사를 제향할 장소를 의논하여 결정하였다.

사림은 최죽헌崔竹軒을 원장으로 삼고 선생을 부이副貳(보좌)로 삼아 그 일을 주관하게 하였다.

○ 3월에 대구大丘에 가서 스승의 위판位版을 연경서원研經書院에 봉안하였다.

퇴계 이선생의 사당에 배향한 것이다.

○ 겨울에 최죽헌·이동호·이백천·이심원·박사옹 및 동문의 여러 사람들과 함께 백매원에 모여 선사의 서원을 회연檜淵에 창건하였다.

당시 북인北人들이 실권을 장악하여 선비들의 의기가 꺾이고 좌절되었으나, 공은 확고부동하게 몸소 공사를 감독하였다.

---

16) 憶昔嚴君啓此行 : 문집 권1의 「강양의 부자연을 지나다가 감회가 있어서[過江陽父子淵有感]」에는 "憶昔嚴君此啓行"으로 되어 있다.

3년 인조 원년 **계해**(1623) 선생 50세

여름에 원장 최죽헌·이동호·박사옹·이백천·외재畏齋 이후경李厚慶·이심원·인암認庵 이학李壆과 함께 각자 선사의 『언행록言行錄』을 편찬하였다.

당시 원장 최공崔公이 선생에게 편지를 보내어 동문의 제현과 백매원에 모여 『언행록』을 짓고자 하였다. 선생이 모임에 가서 평소 보고 들은 것을 기술하여 『언행록』을 만드니, 모두 30여 조항이다.

○ 외조모 박씨가 사망하였다.

선생은 상례를 치르면서 예를 다하였고 외가의 선영 아래에 반장返葬하였다.

○ 6월에 선사의 증직贈職으로 인한 치제致祭에 나가서 참석하였다.

처음으로 이조 판서에 증직되었다.

○ 9월에 아들 세면世綿이 태어났다.

○ 회연檜淵에 가서 서원 창건의 일을 도왔다.

4년 인조 2년 **갑자**(1624) 선생 51세

2월에 아우 괴재공이 진사시에 입격하여 선생이 문희연聞喜宴을 베풀었다.

잔치를 마치고 나서 선생이 부모의 뜻을 회상하여 따로 농장을 주고, 또 처가에서 온 노비 한 명을 주면서 "진현관을 왕래할 때 그와 함께해라."라고 하였다.

○ 도내에 통유通諭하여 관찰사 민성휘閔聖徽의 죄를 낱낱이 지적하고 상주尙州에 소청疏廳을 마련하였다.

당시에 역적 이괄李适이 거병하여 궁궐을 범하여, 어가가 남쪽으로 거둥하였다. 모든 도에서 병사를 징발하였는데, 경상도 관찰사 민성휘가 장계를 올려 "경상도의 사민士民들이 향배를 관망한다."라고 하자, 선생이 온 도의 사민을 무고한 것에 분노하여 통유하고 회고回告하니, 그 글은 대략 이러하다.

> 신민이 불행하여 역적이 독을 푸니, 종묘사직이 파천하여 어가가 남쪽으로 거둥하게 되었습니다. 이러한 때에 모든 우리 도내의 사민들은 몸을 돌보지 않고 의리로써 떨치고 일어나 국난에 죽음을 각오하고 자나 깨나 참된 정성을 바치고 있음은 군왕께서 굽어보시는 바입니다. 그런데 관찰사 민성휘가 이 도를 "향배를 관망하여, 군대를 움직이기에는 형세상 어렵다."고 밀계를 올리기까지 하였습니다. 아! 비록 오랑캐가 준동하는 고을에 있더라도 오히려 차마 이러한 말로 헐뜯지는 못할 것인데, 더구나 영남에서이겠습니까? 평소 나라에

충성하고 군주를 사랑하여 도의道義로 격려한 것이 지금에 이르러 다 사라져버렸으니, 마치 연못과 구렁텅이에 굴러 떨어진 것만 같아 심장과 뼈가 다 아픕니다. 일제히 일어나 드러내어 밝히는 일이 하루가 급합니다.

원근에서 듣고 함께 통분하지 않는 자가 없어서 기일을 정하여 상주에 모여 한편으로는 글을 올려 치욕을 씻고, 한편으로는 의병을 일으켜 군왕을 구원하려고 하였는데, 역적 이괄이 주륙을 당하였다는 소식을 듣고 그제야 그만두었다.

○ 7월에 선사를 천곡서원川谷書院17)에 봉향하는 일로 관찰사에게 글을 올려, 조정에 장계를 올려서 요청하게 하였다.

처음에 선사를 천곡정사에 배향하려고 할 때 선비들의 의논이 장차 먼저 봉향을 한 뒤에 고유하려 하였으나 선생이 불가하다고 고집하였는데, 이때에 와서 선생이 동문의 여러 사람들과 함께 우암창牛巖倉(지금의 대구 칠곡 근처)에 가서 관찰사에게 글을 올려 조정에 장계를 올려서 아뢰기를 청하니, 관찰사가 허락하였다.

○ 10월에 천곡서원에 가서 선사의 위판을 봉향하였다.

도에서 올린 장계가 윤허를 받아 비로소 종향從享하게 된 것이다.

○ 부지암不知巖에 가서 장선생張先生을 뵙고 선사의 행장行狀을 부탁하였다.

5년 인조 3년 을축(1625) 선생 52세

봄에 회연에 가서 서원 창건의 일을 도왔다.

○ 9월에 성주의 객관에 가서 선시관宣諡官 김시양金時讓 공을 뵈었다.

조정에서 선사의 시호를 문목文穆으로 내렸는데, 김공이 이조 좌랑으로서 장차 회연에서 시호를 내리려고 하여 석담石潭 이윤우李潤雨 공에게 시호를 내리는 절차를 물었더니, 이공이 "배 처사裵處士 아무개가 한강의 문하에서 나이가 많고 덕이 있으며 예의에도 익숙하니 가서 물어볼 만합니다."라고 하였다. 김공이 고을에 도착하여 매우 간곡히 초청하니 선생이 가 뵈었다.

17) 천곡서원(川谷書院) : 경북 성주에 있는 서원이다. 정자·주자 및 김굉필·이언적을, 1623년 정구, 1642년 장현광을 봉향하였다.

6년 인조 4년 **병인**(1626) 선생 53세

봄에 선사의 문집을 편집하고 정리하였다.

○ 수암修巖 류진柳袗에게 편지를 보내 『서애선생문집西厓先生文集』을 인쇄하여 왔다.

○ 거창居昌에서 선생의 신도비 빗돌을 다듬어 왔다.

윤사술尹士述의 집에서 묵었다.

○ 6월에 부지암에 가서 장선생을 뵈었다.

선사가 돌아가신 뒤 선생은 다시 장선생의 문하에 나아가 가르침을 받아, 선사를 모시던 것과 마찬가지로 섬겼다.

○ 가을에 「계자문戒子文」을 지었다.

잃어버려 전하지 않는다.

7년 인조 5년 **정묘**(1627) 선생 54세

강홍립姜弘立의 난(정묘호란)으로 어가가 강화도에 들어가 장선생을 호소사號召使로 삼으니, 장선생이 선생을 불러 참모관參謀官으로 삼았는데, 선생이 즉시 막하로 달려가 군정軍政의 결정에 참여하였다.

○ 초유문招諭文의 초안을 잡았다.

장선생이 선생에게 격문의 초안을 잡게 하니, 선생이 붓을 당겨 그 즉시 썼다. 글은 모두 수천 글자로, 장선생이 보고는 "사람을 감동시켜 눈물을 흘리게 하기에 충분하다."라고 하고 즉시 모든 고을에 전하여 알리게 하였다. 그 글은 대략 다음과 같다.

> 아! 10년이나 틈을 엿보던 도적이 오늘에 멧돼지처럼 돌진하여 소란을 피우니, 의주義州와 안시安市의 높은 성루가 무너지고 부윤府尹과 순변사巡邊使와 열사烈士들이 죽었소. 관동의 여러 번진은 이미 바라만 보고도 무너지는 형세를 이루었고, 평양 이서는 바야흐로 승냥이와 호랑이의 터전이 되었소. 노인과 아이들이 무슨 죄가 있어 칼날에 피를 흩뿌리며, 아들과 딸들은 포로가 되어 모두 음산陰山[18]으로 끌려갔소? 도적의 세력은 날로 심각해지고 인심은 날로 흔들려서 도성을 옮겨 나라가 보존되기를 도모하니, 조정의 계책이 참으로 어쩔

18) 음산(陰山) : 음산산맥을 말하는 것으로 지금의 중국 내몽고 지역에 있다.

수 없는 상황에서 나왔소.

아! 경황없이 삼궁三宮(왕·대비·왕비)이 해문海門(강화도)으로 파천하니 2백 년 종묘사직이 외로운 섬 안에 의탁하여 있으며, 서울이 결딴나니 남녀는 어육魚肉이 되었소. 누군들 부모가 없으랴마는 도로에서 부축하고 이끌며, 누군들 부부가 없으랴마는 산곡으로 달아나고 숨으니, 다만 부섭傅燮19)의 신세처럼 살 곳을 찾을 길이 없게 된 것이 슬플 뿐이오. 생각건대 나라가 어렵고 위태로운 때에 돌아가 쉴 곳이 어디겠소? 오늘날의 국사國事는 지사智士가 아니라도 통곡할 일이오.

아! 생각건대 우리 동방은 땅이 비록 치우쳐 있고 작지만 의관과 문물의 성대함과 예악으로 교화하는 미덕으로 천하에 소중화小中華라고 칭송되어 온 것이 지금까지 천여 년에 이르렀소. 어찌 하루아침에 미친 도적에게 짓밟혔다고 해서 머리를 움츠리고 손을 거둔 채 한결같이 숨어 엎드려서, 군주와 어버이를 모두 잊어버린 처지에 놓일 수 있겠소? 운수에 관계되는 것은 비록 벗어날 수 없으나, 하늘은 순리를 도우니 이치로 보아 기필코 좋아질 것입니다. 더구나 우리 영남은 인재의 부고府庫이자 국가의 근본이오. 열성조께서 배양하시고 선현들께서 가르치신 바 집집마다 절의의 기풍이 있고 충효의 풍속이 전승되어 의리의 명성이 임진왜란에서 이미 드러났으니, 충분忠憤이 어찌 오늘날 사라졌겠소? 조정에서 영남에 기대하는 것이 가볍거나 작지 않소.

아! 본관本官은 본래 보잘것없는 사람으로서, 조정에서 벼슬자리나 차지하면서 경박하다는 비난이 오래 쌓여 왔소. 이미 군주를 바로잡고 시대를 구제하여 위태로운 재앙을 구원하지도 못한 데다 붓을 던져버리고 자청하여 오랑캐를 잡아오는 적개의 의리도 다하지 못하여, 영남 지역의 여러 군자들에게 죄를 지은 지가 참으로 이미 오래 되었소. 스스로 인심을 격동시키고 의병을 불러 모으기에 부족하다는 것을 알지만, 위태롭고 혼란한 때에 명을 받아서 의리상 감히 사양하지 못하고, 얼음물을 마시며20) 남쪽으로 와서 밤낮 애태우며 오직

---

19) 부섭(傅燮) : 자는 남용(南容)이고, 후한 때의 사람이다. 한양 태수(漢陽太守)로 있을 때 황건적이 북호(北胡)와 함께 한양을 포위하여, 아들 부간(傅幹)이 고향인 북지(北地)로 돌아가기를 권하자, 탄식하며 "내가 어디로 가겠는가? 나는 기필코 여기에서 죽으리라.[吾行何之 必死於此]"라고 하며 기를 좌우로 휘두르면서 진격하다가 전사하였다.(『後漢書』「傅燮傳」)

20) 얼음물을 마시며[飮氷] : 나랏일에 마음이 쓰이는 것을 뜻한다. 『장자(莊子)』「인간세(人間世)」의 "내가 오늘 아침에 사신으로 가라는 명을 받고는 속이 달아올라 저녁에 얼음물을 마셨다."라는 말에서 유래한다.

힘을 다하지 못할까 두려워하오. 믿는 것은 다 같이 이성彝性을 지니고 태어난 마음을 스스로 발휘하여 제공들이 배워온 능력을 쓸 기회가 바로 오늘에 있다는 것이오.

아! 여러분들이 평소 성현의 글을 읽으며 배운 것이 무엇이오? 나라의 형세가 위기에 처한 날에 만약 강개하고 발분하여 자신을 잊고 나라를 보위하지 않고 그저 수풀 사이에 들어가서 구차하게 살기를 구한다[21]면 명분과 의리에 있어 어떻게 되겠소? 만약 철기鐵騎가 꽉 들어차 온 나라가 짓밟힌다면 여러분들의 몸과 집안, 처자들이 과연 깨끗한 천지에서 홀로 목숨을 보전할 수 있겠소? 의리가 이와 같고 이해가 이와 같으니, 목숨을 던져 나라에 바치는 것은 손이 묶여 죽음으로 나아가는 것보다 오히려 낫소. 더구나 끝까지 의리를 다한다 해도 반드시 죽지는 않는 법이 아니오?

아! 그대 사대부와 부로父老와 백성들이여. 지존께서 진흙탕 속에 노숙한다는 소식을 차마 들을 수 있겠으며, 종묘사직이 파천했다는 소식을 차마 들을 수 있겠으며, 여러 대에 걸쳐 받은 은택을 차마 잊을 수 있겠으며, 의상이 오랑캐의 옷으로 바뀌는 것에 차마 무관심할 수 있겠소? 본관이 성상을 작별하던 날에 낭랑한 말씀으로 본도의 많은 선비들에게 촉망한 것이 정녕할 뿐만이 아니었으니, 비유하자면 부모가 물과 불 속에 있으면서 자식에게 구원을 바라는 것과 같았소. 이러한 때에 눈물을 뿌리며 소매를 떨치고 일어나지 않는다면 다시는 사람의 도리를 하지 못할 것이오. 원충갑元冲甲[22]은 일개 서생일 뿐임에도 향병으로써 홍건적을 크게 꺾으니, 명분이 바른 군대여서 사기가 왕성했소. 어찌 고금의 다름이 있겠소? 혈기가 있는 모든 이들은 각자 의로운 일을 보고 치솟는 용기를 다하고 같은 목소리로 호응하는 진심을 바치십시오. 향리에서 의병을 불러 모으고 무리들을 규합하여 관군과 협동하여 계책을 기다렸다가, 혹은 영남으로 통하는 길목을 차단하거나 혹은 분조分朝를 호위하십시오. 혹시라도 기가 꺾여 움츠러들어서 모집에 응하려 하지 않는 자가 있다면 힘써 깨우쳐

---

21) 수풀……구한다 : 신하가 되어 국난에 처해 구차하게 목숨이나 보존하려는 것을 말한다. 진(晉)나라 주의(周顗)가 패전한 뒤에 피난하라는 주위의 권고를 듣고는 "내가 대신의 자리에 있으면서, 조정이 결딴난 이 마당에 어떻게 다시 수풀 사이에서 구차하게 살려고 하면서, 밖으로 호월에 몸을 던질 수가 있겠는가.[吾備位大臣 朝廷喪敗 寧可復草間求活 外投胡越邪]"라고 말한 '초간구활(草間求活)'의 고사에서 유래한다.(『晉書』「周顗傳」)

22) 원충갑(元冲甲) : 향공진사(鄕貢進士)로서, 충렬왕 때 합단(哈丹)의 적군이 철령(鐵嶺)을 넘어 난입하자 각 고을이 소문만 듣고 다들 달아나 수비를 맡을 사람조차 없었는데, 보병 여섯 명으로 적을 물리친 이후 앞뒤로 열 번의 전투에서 적을 대패시켰다.(『高麗史』「世家·忠宣王」)

> 주시오. 두 번 세 번 깨우쳐 주어도 듣지 않는다면 이는 오랑캐가 되는 것도 달게 여기며 제발로 군주를 뒷전으로 하는 죄망에 들어가는 것이오. 대의가 있는 곳에는 자연히 떳떳한 형벌이 있는 법이오. 그러나 영남에 어찌 이런 사람이 있겠소? 저와 뜻을 함께 하는 모든 사람들은 진심으로 하는 이 말씀을 들으시오. 행재소에 계시는 군왕을 생각하고 눈물을 뿌리며 죽기를 각오한 마음으로 그대 무리에게 호소하노니, 함께 도적과 맞서는 데에 소중한 것은 의리인 만큼, 마땅히 취사선택할 바를 살펴서 개나 양 같은 나약한 마음을 타파하시오…….

○ 격문이 모든 고을에 도달하자 선비들이 앞다투어 떨치고 일어나 기일을 정하여 의병을 일으켰으나, 이윽고 적이 물러났다는 소식을 듣고 병사를 해산하였다.

○ 여름에 회연서원이 완성되었다.

서원 공사를 6년 만에 비로소 마쳤다. 당堂·실室·문門·무廡가 가지런하게 질서정연하였고, 원垣·장墻·계階·급級이 높낮이가 일정한데, 무릇 한 조각의 돌이나 한 장의 벽돌도 모두 선생이 점검하고 지휘하지 않은 것이 없었다고 한다.

○ 부지암不知巖에 가서 장선생을 뵙고 선생의 봉안문奉安文을 부탁하였다.

선사에 관한 모든 글은 장선생이 대부분 지은 것인데, 여쭙고 부탁할 일이 있을 적마다 사람들이 모두 선생에게 미루므로, 선생이 여러 번 왕래하면서 생각하고 있는 것을 모두 전달하고 사리를 분석하여 밝혀 의심스럽거나 모르는 것을 질정하니, 선생이 스스로 "장선생이 계발하고 격려해 주신 진지함은 정선생과 다름이 없다."라고 말했다 한다.

○ 9월 4일에 선생의 위판을 회연서원에 봉안하였다.

○ 겨울에 선사가 지은 『오선생예설』을 교정하였다.

○ 동문의 여러 사람들과 함께 투암投巖 채몽연蔡夢硯에게 편지를 보내 「연보年譜」의 일을 청탁하고, 또 석담石潭 이윤우李潤雨에게 편지를 보내 상촌象村 신흠申欽에게 「신도비명神道碑銘」을 청탁하였다.

숭정 원년 인조 6년 무진(1628) 선생 55세

봄에 동문의 제현과 함께 회연서원에서 선사의 문집 간행하는 일을 시작하였다.

원장 최죽헌崔竹軒이 교정과 간행의 일을 선생에게 부탁하므로, 선생이 그 일을 주관하였다.

○ 성주 목사 채유후蔡裕後 공의 「정완訂頑」23)에 대한 물음에 답하였다.

당시에 회연서원의 동재東齋·서재西齋에 「정완」과 「폄우砭愚」의 편액을 걸었는데, 목사 채공이

「정완」의 뜻에 이해하기 어려운 부분이 있다고 하므로 선생이 답장을 보내었다. 그 대략은 이러하다.

> 주자朱子가 한 번 확정한 논의가 준절峻截하여 범하기 어렵습니다. 그리고 우리나라 제현諸賢들의 해석도 이의가 없었습니다. 바라건대 새벽이나 한밤의 남는 시간에 특히 정밀하게 생각해 보시어 그 귀추를 다한 뒤에 다시 가르침을 주십시오.

2년 인조 7년 **기사**(1629) 선생 56세

10월에 간행하는 일을 마쳤다.

이동호李東湖에게 편지를 보내 이렇게 말하였다.

> 지금의 급선무는 서문을 청탁하는 것과 정본正本을 필사하는 일입니다. 부디 속히 오셔서 동지들을 권장하고 면려하여 순서대로 시행하여 일의 기회를 놓치지 않도록 해 주시기를 천만 번 지극히 바랍니다. 또 신본新本 중에서 안목이 밝은 자의 열람을 거친 것은 반드시 다시 한 통을 더 필사하여 둔 뒤에 정본을 필사할 수 있다고 합니다. 고명高明께서는 어떻게 생각하십니까?

○ 장공에게 회답하는 편지에 이렇게 말하였다.

> 먼저 인쇄한 1·2권은 비록 창준唱准[24]은 하였으나 어찌 꼭 정밀하다고 보장하겠습니까. 『심경발휘』의 제1장에서 체요體姚의 '요姚'를 '요堯'로 잘못 썼다고 합니다. 매번 『심경발휘』는 걱정할 것이 없다고 생각했는데도 오히려 이와 같습니다. 더구나 문집의 교정은 『심경발휘』만큼도 못한 것임이겠습니까. 모름지기 이러한 뜻으로 여러분들께 면려하시고 전집全集이

---

23) 「정완(訂頑)」: 횡거(橫渠) 장재(張載)가 지은 「서명(西銘)」의 본명이다. 그는 제자들을 가르치던 서원에 두 개의 창문을 동서로 내고 동쪽 창문에는 「폄우(砭愚)」라는 제목의 글을, 서쪽 창문에는 「정완(訂頑)」이란 글을 써서 걸었다가, 이천(伊川) 정이(程頤)의 지적을 흔쾌히 받아들여 「동명(東銘)」과 「서명」으로 바꾸었다.

24) 창준(唱准): 인쇄한 원고를 들고 한 사람은 큰 소리를 내어 읽고, 다른 사람은 또 다른 원고를 보면서 대교하는 것을 말한다.

인쇄되기를 기다렸다가 한 차례 일제히 모여 각자 정성과 힘을 다해 주시기를 지극히 기원합니다.

○ 이동호에게 이렇게 답하였다.

『심경발휘』의 글은 35판을 새기고 있으니, 문집은 스무 날 뒤에나 시작할 수 있습니다. 가장 절박한 것은 교감이 정밀하지 못한 것입니다. 번番을 서고 있는 여러 유생들은 조금 믿을 만하나, 어쩌겠습니까. 바라건대 즉시 오셔서 지적하여 주시어 후세에 전할 문장에 큰 착오가 없게 하십시오.

○ 백포柏浦 채무蔡楙에게 준 편지에 이렇게 말하였다.

선사의 연보는 지금 막 기일에 맞추어 이태시李泰始(이도장李道長)와 만나 마주 앉아 윤문을 하려고 합니다. 행여 그대와 일을 함께 할 수 있다면 얼마나 다행이겠습니까.

○ 최인재崔訒齋에게 준 편지에 이렇게 말하였다.

장인匠人이 사방에서 모여 와서 40명에 이르니, 접대하는 과정에 수응酬應하기가 매우 번다합니다. 쓰자마자 곧이어 교감하고 교감하자마자 새기니, 형세가 매우 바쁩니다. 향중鄕中의 선비들이 모두 과거 시험을 보러 가고 이태시는 지금 또 관직에 나아가게 되어, 서로 마주하여 교정할 사람이 없어서 이 때문에 마음 졸입니다.

3년 인조 8년 **경오**(1630) 선생 57세

정월에 선사의 연보를 교정, 간행하였다.

이동호에게 주는 편지에 이렇게 말하였다.

문집을 인쇄하고 나누어 주는 일은 매우 급박합니다. 만약 이때를 놓치면 어떻게 널리 반포할 수 있겠습니까. 각봉角峯도 3백 권의 종이를 보태 주어 인쇄한 것이 거의 50~60질에 이르니 이 또한 다행입니다.

○ 향교에서 의논하여 선사를 현풍玄風의 도동서원道東書院에 배향하려 한다는 소식을 듣고 편지를 보내어 제지하였다.

여작呂焯 공에게 주는 편지에 이렇게 말하였다.

> 지난번에 관인장官印匠25)을 얻게 되어 무흘武屹로 들여보내었으니 가까운 시일 내에 인쇄를 마칠 것입니다. 인쇄한 뒤에 회연서원으로 가져가서 창준을 하여 오자가 나오면 깎아서 고치려고 합니다. 존자尊者께서는 부디 이러한 뜻을 여러 사우士友들에게 통지해 주어 열흘쯤 문회文會를 열어 주시기를 간절히 바랍니다. 도동서원은 실로 우리 선사가 정성을 다해 창건하였던 곳인데, 지금 만약 승격해서 봉향하게 된다면 어찌 우리들의 큰 다행이 아니겠습니까. 다만 선사가 "사액서원賜額書院에 종사從祀하는 중대한 일은 절대로 지레 마음대로 거행해서는 안 된다."고 하신 말씀이 문답問答 속에 있으니, 말뜻이 매우 엄정합니다. 그대께서 아마 아직 살펴보지 않으신 듯합니다.

○ 2월에 거창에 가서 선사의 신도비를 운반해 돌아왔다.

성주 목사에게 일꾼을 부탁하고, 또 해인사의 승려를 빌려 창평산蒼坪山 아래까지 운반해 왔다.

○ 8월에 부지암정사에 가서 장선생을 뵈었다.

○ 9월 9일에 가야산伽倻山 상봉上峯에 올라 유람하였다.

시가 있다.

중양절에 가야산 제일봉에 오르니	九日伽倻第一峯
먼 하늘 아득하여 생각이 끝이 없네	長天不盡思無窮
예나 지금에나 높은 산 오른 곳에서	未知今古登高處
쾌활한 금회 누가 나만 하였으랴	快活襟懷孰似儂

○ 지나는 길에 심원당心遠堂 이공李公을 방문하였다.

---

25) 관인장(官印匠) : 관에서 인쇄를 맡은 장인을 말한다.

4년 인조 9년 **신미**(1631) 선생 58세

봄에 무고를 받고 의금부에 나포되었다.

선생이 평소 명망이 있자 역적의 수괴인 이인거李仁居[26]가 명성을 듣고 무고하였는데, 인재訒齋 최현崔晛과 함께 동시에 나포되었다.

○ 선생이 붙잡혔을 때 집안사람들에게 명하여 『오선생예설』 한 부를 가져다 짐 속에 넣게 하면서 이렇게 말하였다. "몇 년 전에 내가 허화보許和父(허목許穆)에게 주기로 약속하였다. 비록 죽을 처지에 이르렀지만 어찌 약속을 저버릴 수 있겠느냐?"

이윽고 석방되었다.

참의參議 심연沈演이 힘을 다해 풀려나게 했다고 한다.

○ 이부吏部 김진金振·세마洗馬 민응협閔應協이 와서 안부를 물었다.

선생이 돌아온 뒤에 편지로 인사하였다.

미수眉叟 허목許穆도 와서 문안하였다.

선생이 『오선생예설』을 그에게 주니, 허공이 감탄하여 "공과 같은 사람은 참으로 죽더라도 신의를 잃지 않는 사람이라 할 만합니다."라고 하였다.

○ 돌아오는 길에 상주에 도착했을 때 아우 괴재공과 함께 율포栗浦로 우복愚伏 정선생鄭先生을 방문하였다.

인사드리고 물러날 때에 정선생이 눈길을 보내며 "오래도록 용호龍虎의 명성을 듣다가 오늘에야 그 사람들을 만나보니 명성이 있는 사람치고 과연 헛된 이름의 선비가 없구나."라고 하였다.

5년 인조 10년 **임신**(1632) 선생 59세

6월에 인목왕후仁穆王后가 승하하니, 교외에서 망곡望哭하였다.

○ 7월에 동명東溟 김세렴金世濂과 함께 용연사龍淵寺에서 모여 『심경발휘』를 강론하였다.

당시에 김공은 현풍 현감이 되었는데, 회연檜淵의 사림에서 신도비명神道碑銘을 써 줄 것을 청하였다. 김공이 이참에 선생과 여러 장로長老에게 청하여 용연사에 모여 『심경발휘』를 강론하였는데, 여러 날 뒤에 마쳤다. 김공이 돌아가면서 감탄하여 "정선생이 남긴 가르침과 모범을 그대들에게서

26) 이인거(李仁居, ?~1627) : 익찬(翊贊) 벼슬을 지냈고, 강원도 횡성에서 반란을 일으켜 스스로 중흥대장(中興大將)이라 하고 관군을 소집하여 병기를 탈취하고 서울을 침범하려 하다가 원주 목사 홍보(洪寶)에게 잡혀 서울에서 사형을 받았다.

입증할 수 있겠소."라고 하였다.

○ 8월에 이심원李心遠이 선생에게 편지를 보내어 함께 진주晉州에 가서 비두겁[螭頭]을 운송해 올 것을 청하였는데, 선생은 아우 괴재공의 병이 위독하여 가지 못하였다.

○ 이달에 아우 괴재공이 죽었다.

괴재공의 병이 위독해지자 선생은 음식을 삼키지 못하고 잠을 잘 때에도 자리에 눕지 않았으며, 의약을 구하러 다니는 외에는 잠시도 그 곁을 떠난 적이 없었다. 매번 새벽닭이 울면 목욕하고 가묘에 들어가 눈물로 아버지와 어머니의 신위 앞에서 기도하며 자신이 대신 죽기를 청하였다. 아우가 죽게 되자 지나치게 애통해하였고, 상례와 장례를 치름에 있어서 정과 예를 모두 지극히 하였다.

6년 인조 11년 **계유**(1633) 선생 60세

무흘암武屹庵을 중수하였다.

무흘은 선사가 은거하여 덕을 닦으며 도를 즐기던 곳이다. 선생이 원장이 되었을 때 재사齋舍가 기울어 무너져서, 선생은 이에 옛 건물 구조보다 조금 넓혀서 증축하였다. 무릇 선사를 애호하는 도리에 있어서 최선을 다하지 않는 것이 없어서 비록 한 포기의 풀과 한 그루의 나무라도 선생이 심고 북돋우며 물 주지 않은 것이 없었다.

○ 4월에 선생의 묘소 아래에 신도비를 세웠다.

지휘하고 계획하는 모든 것은 대부분 선생의 공로였다.

○ 7월에 부인 신씨愼氏가 죽어서 9월에 송동松洞 서암공書巖公의 묘소 왼쪽에 장사지냈다.

7년 인조 12년 **갑술**(1634) 선생 61세

5월에 부지암정사에 가서 장선생을 뵈었다.

당시 장선생이 공조 판서에 임명되었는데, 선생이 그 집으로 달려가 축하하였다.

○ 6월에 백천白川 이공李公의 죽음에 곡하였다.

○ 윤8월에 석담石潭 이공李公의 죽음에 곡하였다.

○ 가을에 적산사赤山寺의 옛터를 유람하였다.

적산사가 무너진 뒤로 누각만이 우뚝 홀로 남아 있는데, 시를 지어 벽에 걸었으니 시의 내용은 이러하다.

이십 년 전 세속 밖에서 학문을 익힌 곳인데	象外藏修廿載前
바람과 달을 가두어 놓은 산천에 읍을 하네	籠羅風月揖山川
문장은 옥패를 이루어 봄 구름이 피어오르고	章成玉佩春雲靄
선약 달이는 금빛 제단에 도의 기운 온전하네	藥鍊金壇道氣全
늙은 말은 천 리 길의 고달픔에 상심하고	驥老自傷千里步
날개 꺾인 학은 공연히 하늘을 날고 싶어 하네	鶴摧空戀九臯翮
황량히 무너진 절에 옛 자취 찾아보니	荒凉廢寺尋陳迹
한창 시절에 지은 시가 지금 보니 부끄럽네	羞向題名憶盛年

8년 인조 13년 **을해**(1635) 선생 62세

봄에 동문의 여러 사람들과 함께 선사의 사당에 알현하였다.

이동호·박사옹·최관봉崔鸛峯과 함께 서원에 모여 이야기를 나누다가 돌아왔다.

○ 가을에 영천永川에 가서 입암立巖을 유람하였다.

입암은 여헌 장선생이 계시는 곳이다.

○ 12월에 인열왕후仁烈王后가 승하하여 교외에서 망곡하였다.

9년 인조 14년 **병자**(1636) 선생 63세

2월에 참판공의 묘갈을 세웠다.

「묘갈문」은 문집에 있다.

○ 3월 보름에 향교에 가서 문묘에 배알하였다.

○ 12월에 청나라 군대가 서울을 침범하니 어가가 남한산성으로 들어갔고, 팔도에 병사를 징집하니 성주의 의병이 선생을 추대하여 의병장으로 삼았다.

성주의 많은 선비들이 의병을 일으켜 왕을 호위하려고 향교에 모였는데, 전 승지 이언영李彦英 공이 선생을 추대하여 의병장으로 삼았다. 선생이 향리에서 앞장서 의병을 규합하고 군량과 무기를 거의 다 준비하였는데, 마침 질투하는 자가 있어 저지해서 선생이 그 사람에게 사양하고 산중으로 물러났다.

○ 장선생이 의병을 일으켜 여러 번 편지를 보내 선생을 초청하였는데, 선생이 아직 달려가기도 전에 순찰사 심연沈演 공이 문경聞慶에 있으면서 군서軍書를 띄워 선생을 부르므로, 선생이 길을 떠났다.

10년 인조 15년 **정축**(1637) 선생 64세

정월에 문경의 막부幕府에 도착하였다. 순찰사가 선생을 종사관從事官으로 삼아 군대의 전략을 짜도록 하였다.

선생이 위로는 순찰사를 보좌하고 아래로는 부대를 다스리니, 호령이 엄명하였고 군대의 위용이 정연하였다. 지례 현감知禮縣監 이전李坱·사군使君 조정융曺挺融과 함께 한 군막에 있으면서 진격하여 조령을 넘으려고 하다가 남한산성이 함락되었다는 소식을 듣고 마침내 군대를 해산하고 돌아왔다.

○ 심원당 이공의 죽음에 곡하였다.

제문이 문집에 있다.

○ 5월에 둘째 여동생의 죽음에 곡하였다.

송광헌宋光憲의 부인이다.

○ 7월에 영천의 입암에 가서 장선생을 뵈었다.

장선생이 남한산성의 소식을 듣고부터 그날 즉시 선영에 영영 하직하고 입암으로 돌아갔다. 입암은 동해 가까이에 있는데, 드디어 생애를 마칠 곳으로 삼았다. 7월 보름날 저녁에 직접 남여藍輿를 메고 피세대避世臺에서 모시고 유람하며 그 참에 여러 날 머물렀다. 돌아오는 길에 임고서원臨臯書院에 들러 참배하였다.

○ 8월에 순찰사 심연沈演 공이 모곡정사慕谷精舍에 내방하였다.

문경에서 돌아온 뒤로부터 여러 번 편지로 문안을 여쭙다가 이때에 내방한 것이다.

○ 9월에 입암의 만욱재晩勖齋에서 장선생의 죽음에 곡하였다. 성복成服을 하고 나서 곧장 평해平海로 향하였다.

선생은 장선생이 아프다는 소식을 듣고는 밤낮으로 말을 몰아 왔는데 겨우 수십 리를 남겨 놓고 부음이 왔다. 선생이 들어가서 거애擧哀하고 습렴襲斂을 직접 하였다.

○ 10월에 영천에 가서 장선생의 상여를 받들고 인동仁同으로 돌아왔다.

○ 12월에 장선생의 장례에 갔다.

만사와 제문이 문집에 있다.

○ 선교랑宣敎郞에 임명되었다. 이조吏曹가 도道의 천거를 받아 여러 차례 주의注擬[27]하였으나

---

27) 주의(注擬) : 관원을 임명할 때 먼저 문관은 이조, 무관은 병조에서 후보자 세 사람을 정하여 임금에게

끝내 비준을 받지 못하다가, 이때에 음직으로 낭관郎官 벼슬에 임명된 것이다.

○ 미수 허목이 모곡정사로 내방하였다.

허공이 영남으로 피난하면서 선생에게 들러 연로하고 덕 있는 분으로 섬기며, 반드시 '등암대장藤庵大丈', '등암도장藤庵道丈'이라고 불렀다고 한다.

인조 16년 **무인**(1638) 선생 65세

봄에 수도산修道山 속으로 이사하였다.

정축년(1637) 이후로 더욱더 세상을 피할 뜻을 두어 청나라 조정의 연호를 쓰지 않으니, 세상에서 '숭정처사崇禎處士'라고 불렀다 한다.

○ 투암投巖 채몽연蔡夢硯 공의 죽음에 곡하였다.

제문이 문집에 있다.

죽헌竹軒 최공崔公의 죽음에 곡하였다.

제문이 문집에 있다.

○ 아들 세유世維가 관례를 올렸다.

○ 12월에 서암공의 묘갈을 세웠다.

선생이 직접 「묘갈문」을 지었고, 그 글은 문집에 있다.

인조 17년 **기묘**(1639) 선생 66세

봄에 속리산俗離山을 유람하고 그 길에 다시 주흘산主屹山으로 가서 산 위에 올라가 바라보고 돌아왔다.

○ 가을에 지리산智異山을 유람하고 다시 진주晉州에 가서 촉석루矗石樓를 보았으며, 또 밀양密陽에 가서 영남루嶺南樓에 올랐다.

○ 인동에 가서 여헌 장선생의 위판을 오산서원吳山書院에 봉안하였다.

○ 완석浣石 이공李公을 조문하였다.

제문이 문집에 있다.

○ 각처의 선영에 성묘하였다.

해마다 돌아가며 성묘하여, 칠순이 된 뒤에도 그만두지 않았다.

올리는 일이다.

인조 18년 **경진**(1640) 선생 67세

정월에 조카 세안世安이 관례를 올렸다.

바로 괴재공의 아들이다. 겨우 관례를 치르고는 병이 매우 심해져서, 선생이 함창咸昌 의원 집으로 데리고 가서 직접 약을 달여 먹이다가, 한 달이 넘어서야 돌아왔다.

인조 19년 **신사**(1641) 선생 68세

봄에 예안禮安에 가서 도산陶山의 퇴계 선생 사당에 알현하고 그 길에 청량산淸凉山을 유람하였다.

○ 경주에 가서 옥산玉山의 회재 선생晦齋先生 사당에 알현하였다.

○ 7월에 이동호·박사옹과 함께 최죽헌의 계사溪舍에 가서 놀았다.

시가 문집에 있다.

그 길에 세 늙은이들과 함께 낙동강에 가서 놀았다.

배 안에서 최죽헌의 시에 차운하여 이렇게 말하였다.

쌍쌍의 백발노인이	兩兩白頭翁
가을 강에서 술잔 들었네	秋江把酒時
취하여 어울려 마냥 즐기니	陶然相得意
벼슬한 사람 부럽지 않네	應不羡龍夔

당시에 제공諸公의 나이가 모두 기로耆老여서 수염과 눈썹이 새하얀데, 덕을 숨기고 벼슬하지 않으며 강호에서 시를 읊조리니, 당시 사람들이 사호四皓[28]로 지목하였다.

○ 8월에 무흘에 가서 책을 보았다.

선생이 만년에 무흘과 입암 사이를 한가로이 노닐며 한강 선생과 여헌 선생의 유풍을 닮고 싶어 하였는데, 만약 훌륭한 손님이나 시 잘 짓는 사람을 만나면 짚신에 청려장을 짚고 손을 잡고 가서 돌아올 줄 모르고 호탕하게 마냥 읊조리며 즐겼다.

28) 사호(四皓) : 상산사호(商山四皓)에서 유래한 말이다. 상산은 섬서성(陝西省) 상현(商縣) 동쪽에 있는 산으로, 진(秦)나라 말기에 어지러운 세상을 피하여 동원공(東園公)·하황공(夏黃公)·녹리선생(甪里先生)·기리계(綺里季) 네 사람의 은자가 은거했는데, 모두 수염이 희었기 때문에 상산사호라고 불렀다.

인조 20년 **임오**(1642) 선생 69세

천곡서원의 위차位次를 개정改正하는 「고유문告由文」을 지었다.

이해에 여헌 장선생을 천곡서원에 봉향하였는데, 위차가 잘못되어 추후 개정한 것이다. 선생이 「고유문」을 지었다. 그 글은 문집에 있다.

○ 겨울에 간송澗松 조임도趙任道가 찾아왔다.

인조 21년 **계미**(1643) 선생 70세

3월 16일에 조간송과 기약하여 만나서 개진開津에서 뱃놀이를 하였다.

지난겨울에 함께 개진에서 만나자고 약속하였는데, 이때에 선생이 조카 세안, 생질 김시영金是瑩 및 사문斯文 정유도鄭惟燾와 함께 먼저 가서 기다리니, 조공과 사문斯文 조석이曺碩而와 만나 강에 배를 띄우고 술잔을 들어 서로 권하였다. 날이 저물고 빗방울이 약간 떨어지자 도동서원道東書院에 들어가 김선생金先生의 사당에 알현하였고, 그대로 머물러 묵었다. 찰방察訪 김대진金大振·진사進士 서홍거徐鴻擧·주부主簿 곽자고郭子固·참봉參奉 곽덕무郭德懋·상사上舍 곽자후郭子厚도 와서 만났다. 다음날 배를 타고 낙고洛皐까지 갔다가 곧장 개진으로 내려가서 각자의 길로 헤어졌다. 간송 조공이 그 일을 기록하였고, 미수 허공이 발문을 지었다.

○ 11월에 외증조부 참군參軍 백공白公의 묘갈을 세웠다.

참군공의 빼어난 풍모와 절조는 세상 사람들이 존경하는 바였으나 자손이 한미하여, 선생이 힘을 다해 비를 세우고 직접 「묘갈문」을 지었다. 그 글은 문집에 있다.

인조 22년 **갑신**(1644) 선생 71세

모곡정사로 돌아와서 지냈다.

○ 가묘를 옮겨 봉안하였다.

「고유문」이 문집에 있다.

○ 숙부 처사공의 묘갈을 세웠다.

처사공이 후사가 없어서, 선생이 오래 지나고 나면 그 자취가 사라질까 염려하여 힘을 다해 비석을 세우고 직접 「묘갈문」을 지었다. 그 글은 문집에 있다.

인조 23년 **을유**(1645) 선생 72세

12월 10일에 만회晩悔 장경우張慶遇·구암龜巖 김경장金慶長·남파南坡 장학張澩과 약속하여 대흥사大興寺에서 함께 만나 장선생의 문집 간행에 대한 일을 의논하여 결정지었다.

인조 24년 **병술**(1646) 선생 73세

2월에 증조부 참봉공의 묘갈을 세웠다.

참봉공의 「묘갈문」은 서암공이 직접 짓고 썼는데, 병란 중에 부러져 훼손된 것을 이때에 와서 다시 새 비석으로 고쳐 세웠다. 옛 비문을 모각摸刻하였는데, 한 점 한 획의 조그마한 착오도 없었다.

인조 25년 **정해**(1647) 선생 74세

5월에 내종숙內從叔 송후창宋後昌 공의 「묘갈문」을 지었다.

「묘갈문」은 문집에 있다.

○ 9월에 아들 세유世維와 세면世綿을 하산霞山으로 보내 허미수許眉叟에게 조문하였다.

허공이 남주南州에서 어머니의 상을 당했는데, 반장返葬하는 길이 양정陽亭을 지나가게 되어 선생이 회연서원 원장 박공구朴珙衢 공에게 편지를 보내 이렇게 말하였다.

> 허목許穆이 여러 날 전에 연천漣川에서 의령宜寧으로 상을 치르러 갔습니다. 그 벗에 대한 소문은 형께서도 대략 아시다시피 우리 선사를 지극한 정성으로 추모하는 자이니, 오갈 때마다 사당에 알현하기 위하여 길을 돈다는 것도 따지지 않고 반드시 공경을 다하였습니다. 우리들이 설령 평상시라고 하더라도 범범하게 볼 수 없는데 더구나 이렇게 어머니의 상을 당하였으니 차마 무관심할 수 있겠습니까. 뙤약볕을 쬐고 안개와 이슬을 맞으면서 천 리 길을 부르짖고 통곡하며 가니, 어찌 목숨을 부지할 수 있겠습니까. 제 생각에는 서원에서 부의賻儀를 약간 갖추어서 사람을 보내 위로한다면 사리에 합당하지 않을까 합니다. 게다가 본 서원의 앞길을 지나가게 되니 더욱 마음을 쓰지 않을 수 없습니다. 아량을 베푸시기를 지극히 바랍니다.

날짜가 되어 반장의 행렬이 하산으로 길을 잡았다는 소식을 듣고는 편지를 써서 부의를 하고, 두 아들을 보내 조문하게 하였다.

인조 26년 **무자**(1648) 선생 75세

손자 영휘永徽가 태어났다.

인조 27년 **기축**(1649) 선생 76세

봄에 「경재잠해敬齋箴解」를 지었다.

선생이 일찍이 "경敬이란 한 마음의 주재主宰이자 모든 일의 근본이다. 일동일정一動一靜을 경에서 떠나지 않는다면 겉과 속이 서로 바로잡혀서 얼굴이 윤택하고 등이 두둑하게 된다."라고 하고, 드디어 주자의 『경재잠집설敬齋箴集說』을 가지고 분주分註를 하여 「경재잠해」라고 이름을 지으니, 차례가 문란하지 않고 단락이 분명하여 처음 배우는 자들이 찾아 들어가기가 쉬웠다.

○ 가을에 오산서원吳山書院에 가서 배알하였다.

효종 원년 **경인**(1650) 선생 77세

사옹槎翁 박공朴公의 죽음에 곡하였다.

○ 둘째아들 세면世綿에게 명하여 외가의 선대 제사를 받들게 하였다.

선생이 집에서 외조모를 봉양했는데, 살아서의 봉양과 죽어서의 장사에 유감이 없게 하였고, 따로 사당을 마련하여 제사를 모시다가 이때에 와서 비로소 둘째아들 세면에게 명하여 주재하게 하였다.

효종 2년 **신묘**(1651) 선생 78세

손자 중휘重徽가 태어났다.

○ 회연서원에 배알하였다.

○ 동호東湖 이공李公의 죽음에 곡하였다.

효종 3년 **임진**(1652) 선생 79세

봄에 외조부 충순위忠順衛 송공宋公의 묘갈을 세웠다.

충순위공은 이미 후사가 없어서, 오래 지나면 그 자취가 전해지지 못할까 염려하여 선생이 힘을 다해 수호하고 직접 「묘갈문」을 지어 세웠다. 그 글은 문집에 있다.

효종 4년 **계사**(1653) 선생 80세

손자 석휘碩徽와 용휘用徽가 태어났다.

○ 집안사람들이 관례대로 수작壽爵을 받을 것을 청하였으나 그만두라고 명하였다.

선생이 만 80세가 되니, 관례에 의하면 응당 작위를 받아야 하기에 자질子侄들이 말을 하였는데,

선생이 웃으며 "내가 본래 벼슬에 뜻이 없었는데 하필 스스로 천작天爵[29]을 구하겠느냐?"라 하고, 이어서 자손들에게 경계하기를 "내가 죽은 뒤에 낭관 벼슬을 쓰지 말고 그저 '처사處士' 두 글자만을 써야 한다."라고 하였다.

효종 5년 **갑오**(1654) 선생 81세

3월에 인동에 가서 조간송·장만회 등의 제현과 함께 여헌 장선생을 모실 서원을 세울 것을 의논하였다.

효종 6년 **을미**(1655) 선생 82세

6월에 성주 목사 김종일金宗一 공에게 답장을 써서 다시 기우제를 지낼 것을 권하였다.

편지에 이렇게 말하였다.

> 타는 듯한 가뭄이 요즘 더 심하니, 삼가 생각건대 기우제를 벌써 관례대로 지내셨겠지만, 아직까지도 하늘의 마음을 돌리지 못하였으니, 목사께서 규벽圭璧의 탄식[30]을 면치 못하실까 염려됩니다. 선사는 관직에 있을 때 기우제를 지내도 비가 내리지 않으면 감히 편하게 지내지 못하고 두 번 행하고 다시 행하여 기어코 비가 내리고 나서야 그만두었으니, 지금 이러한 선사의 처사를 목사께 바랍니다.

○ 7월에 후동後洞으로 나가 거처하였다.

○ 8월 16일에 증조모 농서 이씨隴西李氏의 제사를 지냈는데, 새벽같이 일어나 제수를 살폈다.

---

29) 천작(天爵) : 원래는 하늘에서 내려 준 작위, 즉 덕이 충만하여 저절로 존귀하게 되는 것을 말하지만 여기에서는 80세가 넘는 관리와 90세가 넘는 백성에게 은전(恩典)으로 주던 벼슬을 말한다.(『孟子』「告子上」)

30) 규벽(圭璧)의 탄식 : 흉년이 든 것을 탄식한다는 말이다. 규벽은 흉년이 들었을 때 신에게 예물로 바치는 옥(玉)이다. 『시경(詩經)』「대아(大雅)·운한(雲漢)」에 "왕께서 말씀하기를 '아, 지금 사람에게 무슨 죄가 있습니까. 하늘이 환란을 내리셔서 기근이 거듭 이르기에, 신에게 제사를 거행하지 않음이 없으며, 이 희생을 아끼지 아니하고 규벽을 이미 모두 올렸음에도, 어찌하여 내 말을 들어주지 아니하십니까.'라고 하였다.[王曰於乎 何辜今之人 天降喪亂 饑饉薦臻 靡神不擧 靡愛斯牲 圭璧旣卒 寧莫我聽]"라는 말에서 유래한다.

○ 27일에 선생이 병들어 누워서, 약을 들이지 말라고 명하였다.

당시 성주 목사 김종일이 내방하여 선생과 태연히 이야기를 나누며 차를 마셨는데, 이 길로 밤새 신음하여 자제들이 약을 드리니, 손으로 그릇을 내저으며 마시려 하지 않았다.

○ 28일 인시寅時에 후동의 임시 처소에서 명을 거두었다.

흉보가 이른 곳마다 놀라고 애통해하지 않는 이가 없었다.

상을 치르는 데 한결같이 『의례』를 따랐다.

○ 9월 2일에 아들 세유와 세면이 관을 받들고 모곡정사에 돌아와 빈소를 차렸다.

조문객 중에 장례 행렬을 따른 자가 백여 인이나 되었다.

효종 7년 **병신**(1656)

2월 17일 병인丙寅에 후리산厚理山 해좌亥坐의 터에 장사지냈다.

부인 신씨의 묘소도 옮겨 합장하였다.

숙종 16년 **경오**(1690)

2월에 묘갈을 세웠다.

미수 허선생이 글을 짓고 전서로 썼다. 「묘갈문」은 문집에 있다.

영조 원년 **을사**(1725)

성주 사림이 사뇌촌思瀨村에 도천서원道川書院을 세우고 위판을 봉안하였으며, 영정은 감실에 모셨다.

도천서원은 바로 뇌촌정사瀨村精舍의 옛터이다.

정조 10년 **병오**(1786)

고장의 사림들이 도천서원을 후포後浦의 옛터로 이건하여 위판을 봉안하고, 왼쪽에 괴재 선생을 병향하였다.

후포는 바로 선생이 살던 옛 마을이므로 사당을 옮겨 세워 두 선생을 병향한 것이다.

부록附錄

도천서원 묘우 상량문道川書院廟宇上樑文

이세형李世珩31)

뛰어난 경치는 사람으로 인하여 가치를 더하니 이미 남은 향기가 사라지지 않고, 군자는 영원토록 더욱 드러나니 참으로 유풍을 숭상할 만하도다. 이러므로 선배가 머물던 곳은 반드시 후대에 제향하는 장소가 되도다. 깊이 생각건대 도천의 그윽한 곳은 실로 성주星州의 신령스런 땅이로다. 우뚝한 산과 기이한 봉우리가 좌우로 늘어서고, 만 겹의 붉은 노을이 앞뒤로 비치고, 맑은 물과 세찬 여울은 앞뒤로 휘두르고, 흰 모래밭이 십 리에 펼쳐졌도다. 앉아서 독용산禿用山을 마주하면 빼어난 산빛이 늘 책상에 들어오고, 누워서 가야산을 바라보면 맑은 이내가 문정門庭을 벗어나지 않도다. 이곳이야말로 참으로 아름답다고 할 만하니, 바로 큰 인물의 고반考槃32)에 알맞도다. 반곡盤谷33)의 샘과 토양은 달고도 비옥하여 우물 파서 마시고 밭 갈아서 먹으며, 상서湘西34)의 숲과 골짜기는 그윽하고 깊숙하여 나물 캐어 먹고 낚시하여 반찬을 만들 만하도다. 이끼가 낚시터에 끼니 부춘富春35)의 여울과

31) 이세형(李世珩, 1685~?) : 자는 초백(楚白), 본관은 광주(廣州)이고, 성주(星州)에 살았다. 1719년 생원시 입격하였다.

32) 고반(考槃) : 현자(賢者)가 세상을 피하여 은둔해 사는 즐거움을 뜻하는 말로, "고반이 시냇가에 있으니, 석인의 마음이 넉넉하도다.[考槃在澗 碩人之寬]"라고 한 데서 온 말이다.(『詩經』「衛風·考槃」)

33) 반곡(盤谷) : 당(唐)나라 이원(李愿)이 은거한 곳이다. 이원이 무녕 절도사(武寧節度使)가 되었다가 죄를 얻어 파직되자, 벼슬에 나가기를 즐거워하지 않고 처음 살았던 반곡에 돌아가 은거하였다.(『韓昌黎集』「送李愿歸盤谷序」)

34) 상서(湘西) : 악록산(嶽麓山)은 선화현(善化縣)의 서쪽으로 5리 떨어진 곳에 있는데 상강(湘江)과 마주보고 있으며 옛 이름은 녹산(麓山)이다. 그 산의 동쪽으로 상천이 가까이 있으며 서쪽 곁은 평야라 속된 생각을 없애려는 마음이 있는 사람들이 여기에 많이 모여들었다고 한다.(『湖廣通志』「山川志·長沙府」)

35) 부춘(富春) : 절강성(浙江省) 동려현(桐廬縣)에 있는 산 이름이다. 후한(後漢)의 광무제(光武帝)가 등

닮았고, 뽕나무와 삼대가 들판에 가득하니 무릉武陵[36]의 도화원 같도다. 생각건대 이 아름다운 산수가 비밀스레 감추어져 있는 것은 일찍이 어진 주인이 깃들어 계셨기 때문이라네. 등암 배선생은 덕행이 출중하고 효우는 타고 나셨네. 육아蓼莪의 슬픔 만난 것[37]을 애통해하여 마침내 사양하려는 뜻을 이루었고, 홀어머니 봉양에 정성이 깊어 스스로 길러준 은혜에 보답하려는 마음을 다하셨도다. 강굉姜肱[38]처럼 한 이불 덮으며 함께 기뻐하니 병을 간호하던 날 살을 베어 병을 낫게 하였고, 등유鄧攸[39]처럼 도타운 사랑으로 조카를 보살피니 어루만져 보살피던 때 반찬을 주었다네. 집에 거처하면서는 모범을 이루었고, 고을에 있으면서는 명성이 드러났네. 식견은 고금을 관통하니 옛 서적을 익혀 오묘한 뜻 탐구하였고, 학문은 연원이 깊으니 어진 문하에 들어 스승으로 모셨네. 회연檜淵에 옷깃을 여미어 지경재持敬齋와 명의재明義齋에서 가르침 받았고, 사빈泗濱에 책 상자 지고 찾아가 박문博文과 약례約禮의 가르침 친히 받았네. 제철 비에 적셔지듯 그 자질 순화되었고, 대도大道를 들어 그 재능 통달했네. 선생에게 '나를 일깨우는 자'[40]라는 칭찬 여러 번 받았고, 동문의 벗들은

극한 뒤로 그의 소년 시절 친구였던 은사(隱士) 엄광(嚴光)이 광무제의 간곡한 부름에도 거절하고 이곳에 은거하여 몸소 농사를 짓고 낚시질을 하면서 생애를 마쳤다.(『後漢書』「嚴光傳」)

36) 무릉(武陵) : 무릉도원(武陵桃源)의 약칭으로, 선경(仙境)을 뜻한다. 동진(東晉) 태원(太元) 연간에 무릉(武陵)의 한 어부가 시내를 따라 올라가다가 도화림(桃花林)의 선경을 만나 그곳에 들어가서, 일찍이 선대(先代)에 진(秦)나라 때의 난리를 피해 처자를 거느리고 들어와 대대로 살고 있다는 그곳 사람들로부터 극진한 대접을 받고, 수일 후에 그곳을 떠나 배를 얻어 타고 되돌아왔는데, 그 후로는 다시 그 도화림을 찾을 수가 없었다고 한 데서 온 말이다.(『陶淵明集』「桃花源記」)

37) 육아(蓼莪)의……것 : 『진서(晉書)』「효우전(孝友傳)」에, 왕부(王裒)가 그의 아버지가 죄 없이 죽게 된 것을 마음 아파하면서 은거하였는데, 학생들을 가르치면서 『시경(詩經)』「육아」의 "슬프고 슬프도다! 부모시여. 나를 낳으시느라 힘쓰고 수고하셨네.[哀哀父母 生我劬勞]"라는 내용을 읽을 때면 그때마다 세 번 반복해서 읽으며 늘 눈물을 흘리자 문인들이 「육아」 편 배우기를 그만두었다는 내용이 있다. 여기서는 배상룡의 아버지가 1599년 정인홍(鄭仁弘)의 무함으로 억울한 죽음을 당하여 애통해하였던 사실을 말한다.

38) 강굉(姜肱) : 후한(後漢) 때 형제간에 우애가 깊었던 사람으로, 우애가 매우 돈독하여 큰 이불과 긴 베개를 만들어서 형제가 함께 덮고 잤다는 고사가 있다.(『後漢書』「姜肱列傳」)

39) 등유(鄧攸) : 자는 백도(伯道)이다. 석늑(石勒)의 난 때 자기 아들과 조카를 데리고 피난하다가 사세가 급하여 둘을 다 살리기가 어렵게 되자, 일찍 죽은 아우의 자식을 살리고 자기 아들을 버렸던 고사가 있다.(『晉書』「良吏列傳」)

40) 나를……일깨우는 자[起余] : 『논어(論語)』「팔일(八佾)」에 공자가 복상(卜商)을 두고 "나를 일깨우는 자는 상이로구나. 이제야 함께 시를 말할 수 있겠구나.[起余者 商也 始可與言詩已矣]"라고 한 말

거의 '친구만 못하다'41)는 감탄을 하였네. 임진년 계사년에 일찍이 나라의 운수가 나쁜 때를 만나 앞뒤로 연이어 군대에서 중책을 맡았으나, 벼슬에는 관심이 없고 서가에는 책이 가득하였네. 나이 들수록 덕이 높아지니 마침내 노을 속의 일민逸民42)이 되었고, 가난해도 편안하고 궁해도 뜻이 굳어 이로부터 세속 밖에 고사高士가 되었네. 어느덧 시내와 산에 주인이 없어지니 그만 물거품처럼 꺼지고 없네. 아! 고상한 풍모를 따를 길 없는 세월이 얼마나 흘렀는가. 문득 아름다운 말씀 멀어진 지 벌써 여러 해가 되었네. 황량해진 산천은 예전의 모습 그대로이고 완연한 화상畵像은 속절없이 당시 모습 간직하였네. 이제 덕을 기르시던 유허를 찾아 비로소 영정을 모실 새 사당을 열었네. 장인이 훌륭하고 재목이 좋아서 갈고 깎는 재능을 다하니, 길한 날 좋은 때에 아름답고 큰 규모의 집을 갑자기 이루었네. 그 안에 들어가면 제도가 가지런하여 곁채가 있고 뜰이 있으며, 밖을 살펴보면 규모가 빽빽하여 우뚝하고 곧도다. 백 년의 성대한 사업을 이루니 한 시대의 많은 이들이 귀 기울이네. 덕스런 모습 아름다운 눈매는 따스한 가르침 받드는 듯하고, 여지와 파초실芭蕉實(바나나)은 엄숙한 제향의식 중단하지 않았네. 용마루와 지붕을 쳐다보니 감회가 일고, 남긴 영정 우러르니 공경하는 마음 일어나네. 장차 물가의 마름풀43) 올리는 객을 보겠고, 필시 채찍 잡기를 바라는 사람44)이 있으리라. 상량의 노래 부르며, 긴 들보 이에 올리네.

제물을 들보 동쪽으로 던지니	抛樑東
예전 누대 아스라이 시야에 들어오네	古臺莽蒼入望中
선사의 남은 자취 완연히 어제 같아	先師遺躅宛如昨
당시를 생각하니 한은 끝이 없네	追想當年恨不窮

에서 유래한다.

41) 친구만 못하다[不如] : 나의 뜻을 알아주는 벗에 대한 소중함을 말한다. 『시경』 「소아(小雅)·상체(常棣)」의 "아무리 형제가 있다 해도, 친구만 못하도다.[雖有兄弟 不如友生]"라는 말에서 유래한다.

42) 일민(逸民) : 학문과 덕행이 있으면서도 세상에 나서지 않고 민간에 파묻혀 지내는 사람을 말한다.

43) 물가의 마름풀 : 변변찮은 제수나 문장에 대한 겸사이다. 『시경』 「소남(召南)·채빈(采蘋)」은 대부(大夫)의 아내가 제사를 잘 받드는 것을 찬미한 시인데, 이로 인하여 마름풀은 제사를 뜻하는 말로 쓰인다.

44) 채찍……사람[執鞭之人] : 채찍을 잡는다는 것은 지극한 사모의 마음을 가진 것을 말한다. 안자(晏子) 같은 사람을 위해서는 그를 위해 말채찍을 잡는 일[執鞭]도 달갑게 여기겠다는 사마천(司馬遷)의 말이 있다.(『史記』 「管晏列傳論」)

제물을 들보 서쪽으로 던지니 拋樑西
무흘산의 푸른빛이 하늘과 나란하네 武山翠色與天齊
옛날 어진 이가 유유자적하던 곳에 昔賢杖屨優遊地
소나무 잣나무 아직 남아 만고에 쓸쓸하네 松栢猶存萬古悽

제물을 들보 남쪽으로 던지니 拋樑南
앞의 시내 곧 봉비담에 닿아 있네 前溪直到鳳飛潭
원천은 넘실넘실 끝없이 흐르고 源泉混混流無盡
물빛과 달빛이 거울 속에서 하나 되었네 水色月光一鏡涵

제물을 들보 북쪽으로 던지니 拋樑北
금오산 높디높게 봉우리 솟아 있네 金烏屹屹峯巒立
야은冶隱의 맑은 절개 백이숙제와 같아 冶翁淸節等夷齊
대의로 인륜을 부지해 세상에 모범 남겼네 大義扶倫留世式

제물을 들보 위로 던지니 拋樑上
등등한 높은 기세 만 천 길이나 되네 騰騰灝氣萬千丈
한가한 속에 세월이 오래 흘러 閒中日月舒而長
촌 늙은이의 격양가[45]만 들리네 但聽村翁歌擊壤

제물을 들보 아래로 던지니 拋樑下
산은 시내 에워싸고 물은 들을 둘렀네 山圍溪水水圍野
조용히 동정을 살펴보니 천기가 발동하는구나 默觀動靜發天機
묻노니 누가 어질고 지혜로운 자인가 借問誰爲仁智者

---

45) 격양가[歌擊壤] : 요임금 때에 한 노인이 배불리 먹고 흙덩이를 치며 불렀다는 노래로, 태평한 시대를 뜻한다.

삼가 기원하건대 상량한 뒤에 하늘과 땅의 신이 보우하셔서 신령스런 집이 엄숙하고 맑기를. 계절 따라 지내는 제향 길이 이어져 세대가 멀수록 사람들이 더욱더 우러르고, 풍경이 변함없어 물은 더욱 푸르고 산 더욱 높기를. 후생이 보고 느낄 곳이 여기에 있으니 사람들마다 앞 다투어 현자 되기를 바라는 뜻을 다하고, 사림이 사모할 장소가 있으니 고을에 덕을 숭상하는 풍속 이루어지기를. 한 사당에 남긴 모범 천년토록 법도가 되기를.

도천서원 강당 상량문道川書院講堂上樑文

이복후李復厚46)

삼가 살피건대 선현의 유풍이 아직 남아 있어 이미 영령을 모실 사당을 세웠으나, 후학이 예를 갖출 곳이 없어서 도를 강론할 장소를 지어야 했네. 몇 년이나 지을 겨를이 없다가 오늘에야 짓게 되었네. 삼가 생각건대 등암 배선생은 영남의 뛰어난 선비이고 한강 문하의 고제자였네. 왕부王裒처럼 육아蓼莪의 슬픔 지녀 벼슬할 뜻이 없었고, 중유仲由 같이 강직하고 과감한 자질로 더욱 절차탁마하셨네.47) 반드시 효제孝悌로부터 시작하여 인仁을 행하니 남들이 흠잡을 것이 없었고, 관례와 혼례에까지도 예를 다한 것은 공에게 여사였네. 아! 세상이 공을 버린 것이 아니라 실로 공이 세상을 피한 것이었네. 기이한 화초는 몇 번이나 나비 꿈48)을 자주 당겼던가. 푸른 안개 붉은 노을은 기쁘게도 군자의 풍모49)를

46) 이복후(李復厚, 1688~?) : 자는 형만(亨萬), 본관은 전의(全義)이고, 성주에 살았다. 1723년 생원시에 입격하였다.

47) 중유(仲由)……절차탁마하셨네 : 공자의 제자인 중유(자는 자로(子路))는 남이 자기의 허물을 말해 주면 기뻐하며 기꺼이 고치고, 자신을 반성하고 자신의 사욕을 이기는 데 마음을 두어 항상 미치지 못할까 염려하며 자수(自修)에 용감하였다.(『孟子』「公孫丑上」)

48) 나비 꿈[蝶夢] : 세상을 초월한 정신세계를 말한다. 장주(莊周)가 꿈속에서 나비가 되었는데, 자신이 장주인 줄도 알지 못하다가 얼마 뒤에 깨어나니 바로 장주였다. 이에 장주가 꿈에서 나비가 된 것인지 나비가 꿈속에서 장주가 된 것인지를 알 수가 없었다는 고사에서 유래한다.(『莊子』「齊物論」)

49) 군자의 풍모[豹資] : 숨어 살며 문덕(文德)을 닦는 군자의 풍모를 말한다. "남산에 흑표가 있는데 안

기를 만했네. 이에 이 한 골짜기를 살펴보시고 몇 칸 초가를 지으셨네. 적막한 산언덕은 이에 유유자적할 곳을 얻었고, 띄엄띄엄 밭이랑은 모두 은거할 생각을 끌어당겼네. 나이가 많아질수록 덕은 더욱 높아지니 용화처사龍華處士(조임도趙任道)가 백성들이 은택을 입지 못한다는 탄식을 일으켰고, 이곳에서 늙어 여기에서 생애를 마치니 미수 상공眉叟相公이 헤매는 길에서 의문을 여쭐 곳이 없다는 슬픔을 자아냈네. 참으로 덕과 행실이 남보다 아주 뛰어난 사람이 아니라면 어찌 노덕老德한 사람들이 이렇듯 공경하고 숭모하겠는가? 이에 고을 사람들의 허전한 감회가 오랠수록 더욱 깊어서 사당을 짓고 봉향하여 경건히 모시네. 다만 생각건대 흉년이 들어 재원은 떨어지고 일은 큰데 힘은 모자라서, 사당은 겨우 완성되어 비록 다행히 제향할 장소가 있으나 강당을 짓지 못하여 선비들이 돌아갈 곳이 없으니 어찌하나. 그러나 오히려 훌륭한 자손의 정성에 힘입어 조금 두서가 있어서, 다행히 식호정式好亭의 재목을 얻어다 이제야 번듯하게 완성하였네. 술은 술동이에 가득하고 곡식은 수레에 가득하니 일꾼들이 앞다투어 달려오고, 연장이 예리하고 먹줄이 똑바르니 목수들이 기이한 재주를 바쳤네. 이 또한 훌륭하지 않은가? 이에 기꺼이 사당을 지었으니, 그 계단은 높고 문은 가지런하네. 나는 듯한 집은 단청 빛발 흘러 회연의 물가와 통하고, 우뚝한 산봉우리는 푸르게 솟아 그 땅이 무흘산과 이어졌네. 많은 선비들이 강학할 곳을 얻어 기뻐하고, 찬란한 당무堂廡는 보고 들은 중에 견줄 곳이 적네. 이는 군자가 남긴 향기로 말미암음이고 또한 우리 고을이 덕을 숭상한 결과라네. 아! 이 당에 오르고 이 실室에 들어가면 어찌 보고 느끼는 마음이 없으랴. 의로써 학문을 익히고 글로써 벗을 모아서 마땅히 어질고 효성스런 행실을 본받아야 하니, 이를 생각지 않는다면 무엇 때문에 서원을 지었으랴? 짧은 송가頌歌를 지금 막 읊으며 긴 들보를 올리네.

제물을 들보 동쪽으로 던지니	抛樑東
무르익은 봄 산에 철쭉꽃 붉네	春半山中躑躅紅
아득히 당시 노니시던 곳을 생각하니	緬念當年遊賞地
묵은 등걸 남은 꽃에 아쉬움 끝이 없네	老査殘蘂恨無窮

개비가 7일 동안 내려도 사냥하러 나가지 않는 것은 그 털을 곱게 보존하여 문채를 이루기 위함이다.[南山有玄豹 霧雨七日而不下食者 欲以澤其毛而成文章也]"라는 말에서 유래한다.(『列女傳』「陶答子妻」)

제물을 들보 남쪽으로 던지니	抛樑南
시내에 흐르는 물 쪽빛보다 푸르네	一溪流水碧於藍
웅덩이 채우고 난 뒤 흘러가 쉼 없으니	盈科後進無時已
이에서 유래를 찾아보면 뜻을 알 수 있겠네	取此從來義可探
제물을 들보 서쪽으로 던지니	抛樑西
구름 뚫은 층층 산봉우리 하늘과 나란하네	拂雲層峀與天齊
만약 효와 의리의 높고 낮음을 겨룬다면	若將孝誼爭高下
수도산[50]이 높으나 효의孝義보다는 낮으리라	修道山高山反低
제물을 들보 북쪽으로 던지니	抛樑北
우물 파서 물 마시고 밭 갈아 밥 먹도다	鑿井而飮耕田食
마음을 편히 먹고 책 읽는 것 싫어하지 마소	安心講讀須無厭
분수 밖의 영예는 구하려 해도 얻지 못한다오	分外之榮求不得
제물을 들보 위로 던지니	抛樑上
채색한 한 폭의 초상이 남아 있네	丹靑一幅留遺像
은은한 빛 마치 직접 뵙는 것만 같으니	闇闇之色怳如覩
스승 모시고 가르침 받던 모습 아닌 것이 없네	莫是摳衣承諭獎
제물을 들보 아래로 던지니	抛樑下
푸른 밭두둑과 이랑에 앞 들이 풍요롭네	綠畦靑畝饒前野
발에 흙 묻고 손이 터도 그대는 아름다우니	足塗手坼君休矣

50) 수도산(修道山) : 경북 금릉에 있는 산이다. 임진왜란 때 가솔을 거느리고 수도산으로 피했다가 어가가 파천했다는 소식을 듣고는 관례를 치르자마자 산을 나와 의병을 모집했으나, 조부 서암공이 "조(祖)·자(子)·손(孫)이 모두 종군하면 온 식구는 누구를 의지하느냐."라고 만류하자 잠시 그만두었다. 그러나 서암공을 따라 적산(赤山)의 길목에 복병을 설치하여 반승(叛僧) 찬희(贊熙)를 쳐 죽이거나 참판공을 모시고 화왕산성으로 들어가서 망우당(忘憂堂) 곽재우(郭再祐)를 뵙고 왜적을 막을 대책을 논의하는 등, 배상룡은 효를 이유로 나라의 위급함에 관망한 적은 없었다.

고관의 문간을 분주히 다니는 것도 너무 우습다네	奔走侯門亦已哆

삼가 바라건대 상량한 뒤에는 신령께서 사당을 지키시어 효우의 풍속 일으키며, 사시사철 익히는 시례의 학문 강산과 함께 변함이 없게 하소서. 나는 듯한 처마를 쳐다보며 길이 보존하게 하소서.

도천서원 봉안문道川書院奉安文

이석경李石經51)

성산이란 한 지방은	星山一邦
예악이 융성한 곳이라	鄒魯之域
어진 선비 배출되어	儒賢輩出
문물이 찬란하네	文物彬赫
선생이 이곳에서	先生於此
감격 분발하여 일어나시니	感發興起
그 자질 중후하고	厚重其資
그 의지 확고했네	堅確其志
널리 알고 깊이 꿰뚫어	博識徹微
옥 같은 재주 출중하셨네	瓌才拔萃
뜻은 세상에 대한 취미 끊고	意絶外趣
몸은 내면의 수양으로 다스렸네	身勑內修
아버지께서 화를 만나시니	靈根禍嬰

51) 이석경(李石經, 1662~1732) : 자는 대징(大徵), 호는 초은재(草隱齋), 본관은 전주이고, 고령에 살았다. 1696년 진사시에 입격하였다.

부모님 생각에 마음 아파하였고	蓼莪痛糾
지극한 정성 다하여	至誠乃格
깊은 억울함 씻었네	深寃斯雪
자식 도리 능히 다하니	能盡子職
세상에 필적할 사람 드물고	世所罕匹
어머니께서 장수하시니	萱堂日永
자식 된 마음 애틋하고 독실했네	草心愛篤
맛있는 음식 갖추어 모시며	養具甘旨
아침저녁으로 예를 다하였고	禮勤昕夕
기쁜 낯빛으로 공경하며	怡色祗敬
뜻을 따라 어김이 없었네	順志無違
살아서의 모심 도리를 다하고	事生殫職
돌아가서의 영결 의례를 따랐네	送終遵儀
형제 사이에 의가 좋아	棣萼連枝
한 이불 덮고 같이 잤네	肱衾同床
살 베어 위독한 병 치유하고	割膚救危
가르침에 온갖 방법 다하였네	施教多方
드높은 우애는	友于之隆
사람 감동시키고 풍속 진작했네	感人振俗
조카를 보살핌에는	顧卹猶兒
아들의 갑절이었네	有倍己督
잠잘 때면 어루만져 품고	寢則撫懷
밥 먹일 때마다 정성을 주었네	饌每情畀
어머니 모심에 더욱 근신하여	奉母尤謹
갖가지 음식물 친히 마련했네	品需親備
재계에는 반드시 정결을 다하고	齋必致潔
제사에는 살아 계시듯 모셨지	祭必如在
자품 이미 타고난 데다	資旣得天
학문 또한 가르침을 따랐네	學亦由誨

책 상자 지고 스승께 가서	負笈師門
향기로운 가르침 받았다네	襲薰蘭室
의리의 공부에 힘써	工着義理
덕과 재주 이루었고	德成材達
모르는 것 여쭈어 바로잡으며	質疑就正
가르침 받아 마음에 새겼네	攀化服膺
사빈에 계신 스승의 뜰에서	淵庭泗濱
바른 법도를 따르니	循墨從繩
이름이 유림에 드러나고	名著儒林
명망이 동문에 높았네	望重同門
스승이 돌아가시기에 이르니	逮夫氷稼
하늘이 사문을 망하게 하셨네	天喪斯文
산이 무너진 것[52]처럼 슬퍼하고	慟纏山頹
담벽과 국그릇만 보아도[53] 사모하였네	慕切羹牆
서원을 세우니	院宇之設
어진 이의 숭모 더욱 드러났네	尚賢彌彰
나라의 운수가 일찍이 막혀	邦運曾否
난을 당한 것이 극심하였네	丁亂孔棘
의리를 잡고 군막에 나아가	仗義戎幕
계획에 참여해 전략 논하였네	參畫軍策
충성스런 마음 격렬하니	忠悃激烈
신하의 도리에 부끄럼 없었네	臣道無怍

52) 산이 무너진 것[山頹] : 스승이나 철인의 죽음을 말한다. 공자가 자신이 세상을 떠날 꿈을 꾸고 아침에 일찍 일어나 뒷짐을 지고 지팡이를 짚은 채 문 앞에서 한가로이 거닐며 노래하기를 "태산이 무너지겠구나. 들보가 부러지겠구나. 철인이 죽게 되겠구나.[泰山其頹乎 梁木其壞乎 哲人其萎乎]"라고 한 말에서 유래한다.(『禮記』「檀弓上」)

53) 담벽과 국그릇만 보아도[羹墻] : 늘 사모하는 것을 말한다. 요임금이 죽은 뒤에 순임금이 "앉아서 담장을 대해도 요임금의 모습이 보이고 국을 대해도 요임금이 보였다.[坐則見堯於牆 食則睹堯於羹]"라고 한 말에서 유래한다.(『後漢書』「李固傳」)

타고난 자질 우연이 아닌데 稟旣不偶
명은 어찌 그리도 어긋났던가 命何多舛
경륜 펼침 바라는 바가 아니라 蠖伸非願
거북처럼 은둔하기에 힘썼다네 龜藏是勉
산림에 자취 감추고 遁跡山林
천석에서 여유롭게 노닐었네 優遊泉石
편액을 등암이라 하여 扁藤號庵
숨어 지내는 뜻을 붙였네 寓懷潛伏
세상의 명리는 世間名利
뜬구름 보듯 하였고 視若浮雲
절조 지키며 본성 길러 守貞養眞
화려한 꾸밈을 배척했네 祛華斥紛
덕성[54]이 갑자기 어두워지니 德星忽晦
세월은 얼마나 흘렀던가 蓂筭幾經
향기로운 명성 사라지지 않아 芳聲不泯
사람들이 그 모습 그리워했네 人溯儀形
공론이 지금 일어나 公議今倡
사당을 세우기로 의논하였네 咨度建祠
살피건대 이 도천은 相此道川
무흘에서 발원했으니 源自武湄
산은 에워싸고 물은 돌아 흐르며 山擁水回
땅은 그윽하고 경치는 뛰어나네 地幽景奇
훌륭한 분께서 한평생 碩人平生
이곳에서 지내셨으니 棲息於斯
남긴 발자취 아직도 완연하여 遺躅尚宛

54) 덕성(德星) : 현인을 상징한다. 옛날에 경성(景星)·세성(歲星)을 덕성(德星)으로 삼았는데, 나라에 도가 있고 덕이 있으면 더러 현인(賢人), 즉 덕성이 출현한다고 여겼다.

남은 향기 움킬 만하네	餘馥可拾
터를 닦아 짓기 시작하니	拓基經始
점괘를 기다리지 않아도 잘 맞네	不俟筮協
공사가 끝나니	工役告訖
단청이 찬란하네	丹雘流彩
좋은 날에 영령을 모시니	涓吉妥靈
섬돌과 뜰이 밝고 깨끗하네	階庭明灑
선비들이 성대히 모여	章甫聯翩
공경하는 마음 일으키네	起敬起欽
이로부터 후학들은	自是來學
영원히 정성을 바치리	永世薦忱
삼가 정결한 제사를 차려	謹設精禋
경건한 마음으로 고유하네	用伸虔告
마치 덕스런 모습 뵙는 듯하니	怳攀德符
가만히 강림하시기를 바라네	竊冀來格

상향문常享文

이석경李石經

행실은 효우에 도타웠고	行敦孝友
공부는 학문에 전일했네	工專問學
남긴 모범 사람에게 있으니	遺範在人
영원토록 본받으리라	永世矜式

도천서원 이건 상량문[移建道川書院上樑文]

정위鄭煒55)

선현을 제사 모시는 예는 이미 오래니 사문斯文을 돌아보며 그리움 부치고, 도천道川에 제향하는 곳을 중수하니 지난 자취를 더듬으며 감회가 일어나네. 많은 선비들 매우 기뻐하니, 우리 도가 빛을 더했네. 공손히 생각건대 등암 어른은 덕행이 일찌감치 이루어지고 효우를 근본으로 삼았네. 육아蓼莪의 슬픔에 휩싸인 날에 소리 없이 눈물 흘리며 억울함을 씻었고, 아우로 인하여 근심이 깊던 때에 살을 베어 병을 치유하였네. 도 있는 스승께 나아가 질정을 받으니 사빈에서 때맞추어 내리는 비에 적셨고, 사문에서 가장 훌륭하여 회연에서 도의 근원을 연구하였네. 돌아보건대 재능과 자질이 원만하여 사우師友의 칭찬을 자주 받았고, 덕업이 더욱 높아지자 산처럼 높은 중망重望 있었네. 또한 괴재공愧齋公은 그 형에 그 아우였네. 덕 있고 재주 있어 일찍이 과거에 입격하니 명성과 칭송이 진현관에 널리 퍼졌고, 일찍이 학식을 꿰뚫어 통하였으니 집안의 법도를 이어받았기 때문이네. '괴愧'라는 한 글자를 재호齋號로 걸어 아침저녁으로 살펴보며 경계 삼더니, 마흔의 나이에 세상을 하직하여 평소의 지업志業을 채우지 못하였네. 저 냇가의 터를 보건대 일찍이 거처하시던 장소라네. 십 리의 향기로운 자취 산수에 남아 변치 않았고, 백 년의 끼친 향기 고금을 거쳐도 바뀌지 않네. 등암 어른 돌아가시자 이 터를 잡아 사당을 세웠으나, 중간에 시냇물에 무너져 갑자기 사당이 기울어졌네. 선배를 봉향하는 곳은 재앙을 만났다 하여 없앨 수 없으니, 후학들이 우러르고 의지할 방법을 어찌 또한 안정된 곳에서 얻지 않으랴. 이에 대대로 살던 고향을 살펴보고 서둘러 다시 터 잡는 의식을 행하였네. 아울러 사림이 함께 발의한 의논을 채택하여, 비로소 함께 봉향하는 예를 거행하였네. 형제의 위차位次를 예전대로 하니 이에 신神의 도리에 편안하게 되었고, 산천의 모습 오히려 새로워지니 인심도 잘 맞았네. 물력이 너무도 모자라더니, 비로소 새로 지은 사당을 보겠네. 규모가 크고 아름다워 사당의 규범이 엄숙하고, 우뚝하고 반듯하니 집의 제도가 질서정연하네. 전날의 사당 이름

55) 정위(鄭煒, 1740~1811) : 자는 휘조(輝祖), 호는 지애(芝厓), 본관은 청주(淸州)이다. 이상정(李象靖)과 최흥원(崔興遠)의 문인이다. 8대조 정구를 추모하여 숙야재(夙夜齋)를 지어서 자질들을 가르치며 학문 연마에 몰두하였다. 저서로는 『지애집』과 『가례휘통』이 있다.

그대로 두니 딴 곳에 터를 잡은 것이 무어 혐의스러우랴. 당시의 우애를 보는 듯하니 한 사당에 모신 것이 과연 다행스럽네. 군자의 덕의德誼와 문장文章을 어찌 감히 비슷하게나마 그려낼까마는 서원과 사당의 무너짐과 새로 지음은 대충이나마 전말을 기록해야 하네. 진실로 후세 사람들의 정성에 잘 맞으니, 훌륭한 칭송의 말이 없을 수 없네. 짧은 글을 지어 상량을 돕노라.

제물을 들보 동쪽으로 던지니	抛樑東
수도산 산빛이 구름 그림자에 있네	修道山光雲影中
십 리의 연하 예전 모습 그대로 있으니	十里煙霞依舊在
마치 광풍56)에 의지하여 거니시는 듯	怳疑鳩杖倚光風

제물을 들보 서쪽으로 던지니	抛樑西
한 가닥 가천은 길이 분명하네	一脉伽川道不迷
고요한 속 공부로 심성 함양하시던 곳	靜裏工夫涵養處
오동나무 밝은 달빛이 사람을 비추네	梧桐霽月向人低

제물을 들보 남쪽으로 던지니	抛樑南
비봉암 앞에 푸른 시내가 흐르네	飛鳳巖前有碧潭
백세의 연원이 이어져 있는 곳에서	百世淵源相接地
당시 모시던 운암이 눈에 선하네	依俙當日侍雲庵

제물을 들보 북쪽으로 던지니	抛樑北
그윽한 정원에서 복건 쓴 모습 상상하네	幅巾想像幽園側
농촌의 옛 마을 저 멀리 갯가에 있고	桑麻古里遙遙浦
수죽과 연화는 옛 풍경 그대로이네	水竹煙花依舊色

56) 광풍(光風) : 광풍제월(光風霽月)의 준말로, 맑은 인품을 형용한 말이다. 송(宋)나라 황정견(黃庭堅)이 「염계시서(濂溪詩序)」에서 주돈이(周敦頤)의 높은 인품과 탁 트인 흉금을 묘사하여 "흉금이 시원하기가 마치 맑은 바람에 달이 씻긴 듯하다.[胸中灑落 如光風霽月]"라고 한 말에서 유래한다.

제물을 들보 위로 던지니	抛樑上
높은 산 저기 있어 사람들 우러르네	高山在彼人瞻仰
형제가 한 방에 앉은 모습 의젓하니	弟兄一室坐儼然
신의 이치와 사람의 정을 다시 상상할 수 있네	神理人情還可想

제물을 들보 아래로 던지니	抛樑下
한 폭의 단청 맑은 바람에 씻은 듯하네	丹青一幅清風灑
온화한 기상에 화기로운 표정	溫溫之像誾誾色
단비에 고운 바람이 원기를 돋구네	甘雨和風元氣惹

삼가 기원하건대 상량한 뒤에는 군자의 도는 길어지고 스승의 은택은 멀리 가게 하소서. 엄숙히 봉향하여 세대가 멀어질수록 사람들이 더욱 존경하며, 사당을 잘 수호하여 도는 더욱 밝아지고 풍속은 더욱 두터워지게 하소서. 후생이 보고 느낄 곳이 있어서 사람들이 모두 현인이 되기를 바라며, 유림이 사모하는 마음 부칠 곳이 있어서 고장이 덕을 숭상하게 하소서.

후포로 이건할 때의 고유문[後浦移建時告由文]

선현의 영령을 모시는 것은	先賢妥靈
반드시 옛터에 하도다	必於故址
주자의 자양57)과	考亭紫陽
공자의 궐리58)에	夫子闕里

57) 자양(紫陽) : 자양산(紫陽山)을 말한다. 주자가 이곳에 학당(學堂)을 세웠던 까닭에 후인들이 주자를 자양이라 부른다.

58) 궐리(闕里) : 산동성(山東省) 곡부현(曲阜縣)에 있는 공자(孔子)가 탄생한 마을 이름으로, 거기서 공자가 제자들을 받아들여 가르쳤다.

남은 향기 아직 다 사라지지 않아　遺馥未沫
향기로운 자취 여전하다네　芳躅依然
돌아보건대 이곳 후포는　顧玆後浦
아름다운 명성 홀로 차지하니　美名獨專
산은 뒤에서 빼어나게 솟아 있고　山秀於後
물은 앞에서 아름답게 흘러가네　水麗於前
정기를 모은 지 백 년 만에　毓精百年
두 현인이 우뚝 태어났네　挺生二賢
대량의 횡거[59]요　橫渠大梁
숭안의 치당[60]이네　致堂崇安
도타운 행실 효성과 우애 있고　敦行孝友
훌륭한 자질 난형난제였네　兄難弟難
도통은 한강과 여헌[61]의 맥을 이었고　道承寒旅
덕행은 뭇 어진 이들이 추대했네　德推羣哲
몸은 초가에 칩거하며 지냈으나　身蟄草廬
마음은 심오한 옥실에 두었네　心存玉室
명나라가 멸망하고 나서는　大明旣晦
세상과 하직하고 벽지에 사니　謝世處僻
서산에 깃든 은나라의 해[62]이고　西山殷日

---

59) 대량(大梁)의 횡거(橫渠) : 횡거는 장재(張載, 1020~1077)의 호이다. 자는 자후(子厚)이다. 선조의 본적은 대량(大梁)이나 봉상(鳳翔) 미현(郿縣) 횡거진(橫渠鎭)으로 이사하여 호로 삼았다. 정호(程顥)·정이(程頤)의 외숙이며 북송오자(北宋五子)로 불린다. 관중(關中)에서 오래 강학을 했기 때문에 그 학파를 관학(關學)이라고도 부르는데, 이학(理學)의 네 가지 유파 중 하나이다.

60) 숭안(崇安)의 치당(致堂) : 치당은 호인(胡寅, 1098~1156)의 호이다. 자는 명중(明仲)이다. 숭안 사람으로 호안국(胡安國)의 조카이다. 금나라에 항거할 것을 주장하여 금나라와 화평을 맺자고 한 진회(秦檜)와 의견이 맞지 않았다. 저서로는 『독사관견(讀史管見)』과 『서고천문(敍古千文)』이 있다.

61) 여헌(旅軒) : 장현광(張顯光, 1554~1637)의 호이다. 자는 덕회(德晦), 본관은 인동(仁同)이다. 장순(張峋)에게 학문을 배웠고, 정구(鄭逑)에게 수학한 적이 있다. 1576년 재능과 행실이 드러나 조정에 천거되었다. 시호는 문강(文康)이다. 저서로는 『여헌집』·『성리설(性理說)』·『역학도설(易學圖說)』·『용사일기(龍蛇日記)』 등이 있다.

율리에 사는 진나라의 객[63]이었네	栗里晉客
도와 의리를 연마하여	道義相磨
뒷날 사람에게 모범되니	爲後人式
원근의 선비들이	遠近章甫
의논 모아 제향 올리네	合辭薦苾
생각건대 저 서원 터는	惟彼院基
오래도록 잡지 못하였지	久未卜吉
이에 고향을 살펴보니	爰相桑梓
점괘에 잘 맞았네	龜筮協從
좋은 계절 좋은 날 가려	簡辰擇吉
띠풀과 쑥을 베어내었네	誅茅剪蓬
현무성과 주작성이	玄武朱雀
좌우와 동서에 비치네	左右西東
산은 금오산과 이어져 있고	山連金烏
물은 회연과 닿아 있네	水接檜淵
게다가 거니시던 곳이라	矧逍遙地
공경히 모시기에 아주 알맞네	端合揭虔
도천의 큰 집을	道川大宇
이곳에 마련하니	于設于兹
산천은 빛을 더하고	山川增色
강단에는 검은 휘장 드리웠네[64]	講帷垂緇
등암과 괴재 어른은	藤老愧翁

62) 서산(西山)에……해 : 서산은 수양산(首陽山)을 말한다. 은(殷)나라의 백이(伯夷)·숙제(叔齊) 형제가 주(周)나라 무왕(武王)의 역성혁명(易姓革命)에 반대하여 수양산에 들어가 고사리를 캐어 먹다 죽은 일을 말한다.

63) 율리(栗里)에……객 : 율리는 진(晉)나라 도잠(陶潛)이 벼슬을 버리고 은거하던 곳이다.

64) 강단에는……드리웠네[講帷垂緇] : 검은 색은 선비를 상징하는 색깔이다. 휘장을 내리고 공부에 열중함을 말한다.(『藝文類聚』)

훈지[65]가 완연하네 宛其塤篪
어찌 아름답지 않으랴 豈不美哉
마치 옛 의표 보는 듯하네 如覩舊儀
천만 년이 지나도록 於千萬年
영원히 보존되소서 永世無虧

환안문還安文[66]

장경목張敬穆[67]

문목[68] 부자께서는 文穆夫子
우리 고장의 스승이시니 東魯吾州
이를 이어받아 덕을 이룬 이로 取斯成德
선생이 더욱 뛰어나셨네 先生其尤
자질은 확고하면서도 온화하고 質確而和
학문은 독실하면서도 넉넉하셨네 學篤而優
묘소의 잣나무에서 효성을 엿보겠고 枯栢孝哉
따뜻한 옷에서 우애를 알겠네 煖衣友于
정성은 분조를 돌리셨고[69] 誠回盆照

65) 훈지(塤篪) : 『시경(詩經)』 「소아(小雅)·하인사(何人斯)」의 “백씨가 질나팔을 불거든 중씨는 젓대를 분다.[伯氏吹塤 仲氏吹篪]”라는 구절에서 온 말로, 형제간의 우애를 뜻한다.

66) 환안문(還安文) : 임시로 다른 곳에 옮겼던 신주를 제자리로 다시 모실 때 고유하는 글이다.

67) 장경목(張敬穆) : 『만각재선생문집(晩覺齋先生文集)』 권1 「팔선동(八仙洞)」 시의 서(序)에 “可谷張敬穆”이란 내용이 있는데, 호는 가곡(可谷)이며, 만각재(晩覺齋) 이동급(李東汲, 1783~1811)의 생몰연대로 짐작컨대 1780년대에서 1800년대 중기 사이의 인물로 추측된다.

68) 문목(文穆) : 한강(寒岡) 정구(鄭逑)의 시호이다.

69) 분조(盆照)를 돌리셨고 : 동이를 머리에 이면 하늘의 해를 볼 수 없는 것처럼, 임금의 밝은 빛을 받지

학문은 형제가 나란히 스승께 나아가셨네	道聯衣摳
훌륭한 형에 훌륭한 아우	賢兄難弟
밖으로 성취하고 안으로 수양하셨네	外就內修
행실은 효행에서 나왔고	行出百源
의리는 가까운 사람들에까지 미치셨네	義逢傍流
회연에서 내면을 충실히 다졌고	實實淵上
유우[70]에서 스승을 높였네	隆師攸芋
도는 글로써 밝혀지고	道以書明
사적은 비석에서 찾겠네	蹟使碑求
가죽 띠[71] 매고 군막에 나아가	帶韋戎幕
당시에 나라를 같이 걱정하니	時同國憂
도를 수호한 공로 깊고	衛道功深
의를 부르짖은 계책 넉넉하였네	叫義策紓
효성을 미루어 충성을 다하였고	推孝及忠
한 가지 알려 주면 세 가지를 알았네	一事三隅
고장에서는 시귀[72]였고	鄕黨蓍龜
사림에서는 모범이었네	士林範模
백 년이 흐른 뒤 도천에서	百年道川
공론이 다시 부합하여	公議復孚
이에 아우를 봉향하니	爰躋季方
사랑하는 마음으로 함께 나아갔네	因心共趍

못한 채 깜깜한 어둠 속에 놓여 억울하게 된 것을 '분조(盆照)'라고 한다. 분조를 돌렸다는 것은 억울한 죄명을 뒤집어쓰고 있다가 사면을 받은 것을 뜻한다. 사마천(司馬遷)이 임안(任安)에게 보낸 글에 "동이를 머리에 이고서 어떻게 하늘을 바라볼 수나 있겠는가.[戴盆何以望天]"라는 말에서 유래한다. (『文選』 권41 「報任少卿書」)

70) 유우(攸芋) : 군자의 거처를 말한다. 『시경(詩經)』 「소아(小雅)·사간(斯干)」의 "비바람 들어오지 않고 새나 쥐가 없어진 집 바로 군자의 거처로다.[風雨攸除 鳥鼠攸去 君子攸芋]"라는 말에서 유래한다.

71) 가죽 띠[帶韋] : 가죽으로 만든 띠로서, 벼슬하지 않은 가난한 선비를 비유한다.

72) 시귀(蓍龜) : 점칠 때 사용하는 시초(蓍草)와 거북인데, 덕이 높고 명망이 있는 사람을 비유한다.

생각건대 이 옛 사당은	顧玆舊廟
생각이 모자라 잘못 지어졌네	慮欠枝捂
새로 지어 찬란히 빛나니	新搆有奕
사람들의 정성으로 고쳐 꾸민 것이네	輿誠改圖
먹줄 따라 재목 다루니	繩遵檜董
냇가의 넓은 터에 집이 우뚝 섰네	輪起川訏
이에 나아가 제향하니	迺趁丁享
성대한 의식 다시 거행되었네	縟儀更敷
높은 여산의 사당[73]처럼	似阜廬祠
이정과 주자와 나란하네	並二程朱
더구나 이 영정은	況是睟幀
영원히 남길 만하네	百世可留
위의는 어긋남이 없고	威儀不忒
가르침은 다시 받는 듯하네	警誨如酬
강산에는 정기가 어려 있고	河岳精凝
집에는 광휘가 넘치네	楝宇輝揄
이미 단술과 제물을 올렸으니	旣醴旣豆
아마 오셔서 기뻐하시겠지	庶格庶愉
오랜 세월을 두고	於萬斯年
아름다운 은혜 영원하소서	嘉惠孔悠

73) 여산의 사당[廬祠] : 송나라 주희(朱熹)가 지남강군(知南康軍)으로 임명되었을 때 여산(廬山)에 백록동서원(白鹿洞書院)을 중건하고 직접 강학을 하였는데, 뒤에 제생(諸生)들이 그를 기념하여 주자의 생사당(生祠堂)을 건립하였다. 사당은 주희의 요청으로 철폐되었고, 주희가 죽은 지 5년 뒤인 개희(開禧) 원년(1205)에 주돈이(周敦頤)·정이(程頤)와 주희를 강당에 합사하고 삼현사(三賢祠)라 불렀다.

도천서원 중건기[道川重建記]

도명응都命應[74]

도천서원은 새로 지은 것이 아니라 바로 복설復設한 서원이다. 이 서원이 이미 세워졌다가 훼철되고 나서 다시 세운 것은 등암과 괴재 두 선생이 도학을 강론하였던 터에 봉향할 장소가 없을 수 없기 때문이다. 아! 두 선생은 모두 문목공 한강 정선생의 문하에 입문하였는데, 성품과 자질이 뛰어나고 학문이 순수하고 바르며, 효성과 우애가 지극하고 돈독하여 고장의 모범이 되는 분들이다. 이러므로 모년 모월 모일에 고장 사람들이 공론으로 사뇌촌 동쪽 기슭에 사당을 세워 오로지 등암 선생을 봉향하였으니, 서원 이름을 도천이라고 편액한 것도 이로부터 비롯된 것이다. 그 뒤 몇 해 지나지 않아 나라의 법령에 구애되어 훼철되었으니, 사림의 개탄과 안타까움이 어떠하였겠는가? 다행히 우리 성상 병오년(1786) 겨울에 특별히 옛날의 금령을 풀어서 이 은전을 너그럽게 내리시므로, 유림 가운데 봉향할 만한 자는 봉향하지 않은 이가 없어서 중간에 훼철된 사원祠院이 대체로 다 복설되었다. 드디어 이해 섣달 봉강서원鳳岡書院에 새로 봉향하는 날, 고장의 사림과 도의 선비들이 공론을 발의하여 도천서원을 복설하기로 하고, 다시 괴재 선생을 함께 봉향하기로 하였다. 이에 서원의 터와 사당의 이름을 모두 예전 그대로 두고 집만 새로 지었으니, 이달 25일이 바로 그날이다. 이미 폐허가 된 터에 사당을 다시 세우고 이미 훼철되었던 곳에 제물을 다시 차리니, 후학들이 억울해하던 나머지에 사모함을 일으키는 마음이 새 사당에 처음 봉향하는 의식의 의미 때문만은 아니다. 아! 아름답구나, 선생이시여. 형제이자 사우師友로서 우애가 더욱 화목하도다. 제물은 풍성하고 덕음은 들리는 듯하도다. 저승의 길에 빛이 다시 비치고 사당의 모습이 다시 빛나게 된 것이 어찌 등암 어른만이 홀로 제향을 받던 날보다 더 낫지 않겠는가? 인산仁山[75]이 영원히 솟아 있고 도천道川이 마르지 않는다면 이 서원이 어찌 시종始終을 함께하지 않겠는가!

신해년(1791) 9월 상순에 후학 성산 도명응都命應이 외람되게도 삼가 기록한다.

---

74) 도명응(都命應, 1713~1791) : 자는 백응(伯膺), 호는 수와(樹窩), 본관은 성주이다.

75) 인산(仁山) : 성주 금산리(錦山里) 연산마을 뒷산이다. 성주 목사 교체시 이 산에서 교인(交印)하였다 하여 인산(印山), 인현산(印縣山)이라 하였으나 한강 정구의 묘소를 이장하고부터 인현산(仁賢山) 또는 인산(仁山)으로 불렀다.

지識

배홍모裵洪模

선조이신 등암 선생은 일찍이 한강 선생의 문하에 올라 조예가 매우 깊었으나, 자취를 구원丘園에 감추고 한평생 세상에 나가지 않았다. 미수 허선생이 그 묘지명에 "보배를 품고 세상을 피하여 살며 알아주지 않아도 후회하지 않았다."라고 하였으니, 이것이 선생의 큰 자취이다. 선생의 향년은 82세이니, 출처出處의 행적에 대해서는 편년체로 그 대략을 기술한 것이 고촌孤村의 종가에 있었으나 언제 편집한 것인지는 분명히 알지 못한다. 아! 여러 부형들이 모두 세상을 일찍 떠나고 나는 또 아는 것이 없으니, 집안에서 전해 오는 것에 대하여 어찌 상세하게 알 수 있겠는가? 더욱이 유집을 간행하는 일은 선대의 부형들께서 일찍이 힘을 다했음에도 아직까지 이루지 못하였으니, 선조의 아름다운 덕이 거의 묻히게 된 것을 늘 매우 안타까워하였다.

무오년(1858) 겨울에 성주의 사림이 본원本院에서 의논을 모아 "선생의 문집이 아직까지도 간행되지 못한 것은 우리들의 책임이 아니겠는가?"라고 하였다. 이에 본손과 함께 재원을 모으고 판각을 하여 연보年譜도 만들었으니, 이보다 더 큰 다행이 없다. 아! 이 일을 꾸려나가는 것이 옛날에도 부족한 것은 아니었지만 지금에 와서 실마리가 잡히니, 또한 때에는 만남이 있고 일에는 기다림이 있어서가 아니겠는가? 「세계도世系圖」는 책머리에 두었고, 또 '배裵'씨를 '배裴'씨로 한 까닭은 순조의 교지를 따른 것이라, 선조先祖 당시는 아직 그렇지 않았기 때문에 삼가 점획을 올려 '배裵'로 썼다. 상향문常享文·상량문上樑文·봉안문奉安文·이건문移建文 등도 책 끝에 붙여 후세로 하여금 참고할 바가 있게 하였다. 돌아보건대 이 어리석고 못난 내가 어찌 감히 말을 덧붙이겠는가. 선부형先父兄들께서 이루지 못한 뜻을 다행히 오늘날에 이루게 되었기에 이에 감히 분수를 넘는다는 것도 잊고 그 전말을 대략 서술한다.

7대손 홍모洪模는 삼가 기록한다.

등암선생문집

서

등암선생문집서藤庵先生文集序

성인이 말하는 '도'는 일상생활에서 벗어나지 않는다. 그러므로 당당한 자장子張과는 함께 인을 행하기 어려우나1) 선을 간직하여 믿음직한 악정자樂正子2)는 천하의 사람을 함께 하기에 넉넉하다.3) 어쩌면 외면을 꾸미는 데 힘쓰는 자는 내면을 다지지 못하나, 자기에게 둔 자는 선을 남에게까지 미루어 갈 수 있는 것이 아니겠는가. 옛날 한강寒岡4)의 문하에 등암 선생藤庵先生 배공裵公이 있었는데, 자신의 신조가 엄격하면서 남들과 선을 행하기를 좋아하고 군자의 기풍을 듣기를 기뻐하면서 인륜의 실천에 독실하였다.

집안의 불행을 당해서는 왕위원王偉元5)처럼 평생토록 애통해하였고6) 몸소 밭을 갈아

---

1) 당당한……어려우나 : 『논어』「자장(子張)」에 증자가 자장에 대하여 "당당하구나, 자장이여. 그와는 함께 인을 하기 어렵겠다.[堂堂乎張也 難與並爲仁矣]"라고 하였는데, 이는 겉만 꾸미는 데 치중하는 것을 두고 한 말이다.

2) 선을……악정자(樂正子) : 악정자가 노나라에서 정사를 잘 하자 맹자가 기뻐하였다. 호생불해(浩生不害)가 악정자의 사람됨을 물으니, 맹자가 "그는 선인(善人)이며, 신인(信人)이다."라고 하였다는 내용이 있다.(『孟子』「盡心下」)

3) 천하의……넉넉하다 : 악정자가 노나라에서 집정(執政)하자 맹자가 몹시 기뻐하니, 공손추(公孫丑)가 그 까닭을 물었다. 이에 맹자가 "그 사람됨이 선(善)하기 때문이다." 하였다. "선을 좋아하는 것으로 족합니까?" 하자, "선을 좋아하는 것은 천하를 다스리는 데도 넉넉하거늘 하물며 노나라 정도랴.[好善優於天下 而況魯國乎]" 하였다.(『孟子』「告子下」)

4) 한강(寒岡) : 정구(鄭逑, 1543~1620)의 호이다. 자는 도가(道可), 본관은 청주(淸州)이고, 이황(李滉)과 조식(曺植)을 스승으로 삼았다. 1563년 향시(鄕試)에 합격했으나 과거를 포기하고 학문 연구에 전념하였다. 시호는 문목(文穆)이다. 저서에 성리서로는 『심경발휘(心經發揮)』, 역사서로는 『역대기년(歷代紀年)』·『고금충모(古今忠謨)』·『치란제요(治亂提要)』, 문학서로는 『고금회수(古今會粹)』·『주자시분류(朱子詩分類)』 등이 있으며, 의학서로는 『의안집방(醫眼集方)』, 출산과 육아에 관련한 『광사속집(廣嗣續集)』 등이 있다.

5) 왕위원(王偉元) : 위(魏)나라의 왕부(王裒)를 말한다. 위원은 왕부의 자이다. 그의 아버지가 일찍이 진(晋)나라 문제(文帝)에게 살해되자, 그는 평생 서쪽을 향해 앉지 않아 진나라의 신하가 되지 않을 뜻을 보였다고 한다.(『太平御覽』「人事部」)

6) 집안의……애통해하였고 : 임진왜란 때 원균이 왜군에 포위되었을 때 아버지가 마침 수질(水疾, 뱃멀미)

어머니를 봉양하며 초목과 함께 썩어가는 것을 달게 여겼다. 아버지를 여읜 아우를 불쌍히 여겨 손가락에 피를 내어 목숨을 연장시켰으며, 눈물을 흘리며 가르침을 다하였으니, 그의 본성은 진실로 본래부터 깊었던 것이다. 스승의 문하에 나아가서는 덕행이 있으면서 문학問學이 뛰어났고, 예서禮書를 찬집纂輯하는 일에도 함께 참여하였으며, 또 주자가 지은 「경재잠敬齋箴」을 풀이하여 종지宗旨를 깊이 얻었다.

스승이 돌아가시자 한강 선생을 모시던 마음으로 다시 여헌旅軒 선생을 모시며 한결같이 존경하고 믿어서 학문하는 자의 선구가 되었으니, 이는 당시에 노숙老宿한 덕과 선한 품행이 겉으로 드러났기 때문이다. 돌이켜보건대 평생에 한을 품고 깊이 감추어 드러내지 않아서 세상에 알려지지는 않았으나 한 구역 도천道川[7]이 사림들의 숭배지가 되었으니, 그 일은 사람들을 감개시키기에 충분하다.

지금 그가 남긴 글이 이미 간행되었는데, 방계 후손 석일錫一[8]이 수백 리 길을 와서 서문을 부탁하였다. 스스로 생각건대 부족한 후생이 또 늙기까지 하여 감당할 수 없다고 사양하였으나, 석일 씨가 애써 부탁해 마지않았다. 그리고 생각건대 어려서부터 선생에 대해 익히 들어서 마치 직접 뵌 듯이 공경하여 온 지가 오래니, 책 끝에 나의 이름을 올리는 것도 다행스러워 드디어 선생의 훌륭한 인품을 사모하는 마음을 붙여 대략 서술한다.

완산完山 후예 류치명柳致明[9]이 삼가 짓다.

이 심하여 병을 조리하겠다고 권율(權慄)에게 청하였는데, 정인홍(鄭仁弘)이 사태가 긴박한 상황에서 물러나 몸을 사렸다고 무고(誣告)하여 죽음을 당한 사실을 말한다.(『藤庵集』「年譜」)

7) 도천(道川) : 성주(星州) 사뇌촌(思瀨村)에 있다. 『등암집』「연보」에 의하면, 1656년 뇌촌정사(瀨村精舍)의 옛터에 공을 기리는 도천서원(道川書院)을 지었다는 기록이 있다.

8) 배석일(裵錫一, 1813~1888) : 자는 문서(文瑞), 호는 부지암(不知庵), 본관은 성산(星山)이다. 성주(星州)에 살았고, 문인들과 선조들이 남긴 여러 가지 글을 지켰다. 저서로는 『부지암집』이 있다.

9) 류치명(柳致明, 1777~1861) : 자는 성백(誠伯), 호는 정재(定齋), 본관은 전주(全州)이다. 1805년 문과 급제, 참판을 역임하였다. 이황의 학통을 이어받아 경학·성리학·예학 등 여러 분야에 정통하여 학문적으로 큰 업적을 남겼다. 저서로는 『정재집』·『가례집해(家禮輯解)』 등이 있다.

등암선생문집

제1권

등암선생문집 권1

시詩

선생님을 모시고 봉래온천[1]으로 가다가 낙동강 배 안에서 명부 김중청[2]의 시에 화운하다[陪先生向蓬萊溫泉 到洛江舟中 奉和金明府 中清 韻]

정사년(1617)

한가로이 배 띄운 낙동강의 가을	蘭舟閒泛洛江秋
선생님[3] 모시고 멀리 유람 나왔네	忝對光風作遠遊
봉래산은 예로부터 영약이 많으니	蓬萊從古多靈藥
그것으로 백발을 홍안으로 바꾸리라	應取韶顔換白頭

1) 봉래온천(蓬萊溫泉) : 봉래(蓬萊)는 동래(東萊)를 말한다. 정구는 1617년 7월 20일 칠곡의 지암(枝巖)에서 출발하여 7월 26일 동래에 도착하였고, 8월 26일 동래를 출발하여 9월 4일 대구 사빈(泗濱)에 도착하여 45일간 온천욕을 다녀왔다.(『蓬山浴行錄』)

2) 김중청(金中淸, 1567~1629) : 자는 이화(而和), 호는 만퇴헌(晩退軒) 또는 구전(苟全), 본관은 안동이다. 1610년 문과급제, 전적·예조 좌랑·정랑·신안 현감·승지 등을 역임하였다. 저서로는 『구전집』이 있다.

3) 선생님[光風] : 광풍은 황정견(黃庭堅)의 「염계시서(濂溪詩序)」에서 "용릉의 주무숙은 인품이 매우 고상하고 가슴속이 깨끗해서 마치 온화한 바람과 맑은 달빛 같다.[春陵周茂叔 人品甚高 胸中灑落 如光風霽月]"라고 한 말뜻을 가져왔다. 일반적으로 훌륭한 인품을 뜻하는 말로 쓰이지만, 여기서는 인품이 훌륭한 스승을 두고 한 말이다.

무술년(1598) 가을 서애 류선생이 탄핵을 받았다는 말을 듣고 민해[4] 군의 시에 차운하여 안타까운 마음을 부치다[戊戌秋 聞西厓柳先生被劾 次閔君海 韻 以寓嗟惜之懷]

상자에 둥근 부채 새로 막 넣어 두고　　篋笥新藏團扇圓
추위와 더위를 하늘께 물어 보려네[5]　　欲將涼熱問蒼天
노새에 채찍질하여 남쪽 길 밟게 되면　　鞭驢若踏南關路
귀향하는 감흥 맹호연보다 더 많으리[6]　　歸興應多孟浩然

안동 연정에서 우연히 읊다[安東蓮亭偶吟]

한강 선생이 안동 부사로 있을 때[7] 짓다.

한낮에도 문 닫아 걸어 깊은 집 더 적막한데　　深院寥寥晝掩關
비 온 뒤의 푸른 이끼 온 뜰을 수놓았네　　蒼苔雨後滿庭斑
그나마 담장 너머 연꽃 있어 맑고 깨끗하니　　隔牆賴有荷花淨
맑은 향기 바람에 실려 작은 난간에 드네　　風送淸香入小欄

---

4) 민해(閔海, 1551~?) : 자는 광숙(光叔), 본관은 여흥(驪興)이고, 1583년 문과에 급제하였다.

5) 상자에……보려네 : 군주에게 버림받은 류성룡의 억울함을 하늘에 물어보겠다는 말이다. 한 성제(漢成帝)의 궁인 반첩여(班倢伃)가 시가에 능하여 총애를 받다가, 허 태후(許太后)와 함께 조비연(趙飛燕)의 참소를 받고 물러나 장신궁(長信宮)에 유폐된 태후를 모시고 시부를 읊으며 슬픈 나날을 보냈는데, 「단선(團扇)」 시를 지어서 여름철에는 사랑을 받다가 가을이 되면 버려지는 부채에 자신의 처지를 비유한 고사가 있다.(『漢書』「外戚傳下」)

6) 맹호연보다 더 많으리 : 당(唐)나라 때의 시인 맹호연이 장안에 있을 때 "못난 재주로 군주께 버림받았네.[不才明主棄]"라는 구절 때문에 현종(玄宗)이 "그대가 벼슬을 구하지 않은 것이지 내가 그대를 버린 적이 없건만 어찌하여 나를 무고하는가.[卿自不求仕 朕未嘗棄卿 奈何誣我]"라고 핀잔을 하며 내쳐진 뒤로 녹문산(鹿門山)에 은거하였다.

7) 한강……있을 때 : 한강 정구는 1607년 봄에 안동 부사에 제수되었다가 그해 겨울에 체직되었다.

이사야 경8)의 산촌 집에 들러서[過李士野 坰 山居]

산수를 좋아하는 고질의 벽 늙을수록 더하니　癖痼林泉抵死彌
작별에 앞서 훗날 만날 기약 늦을까 두려워 마소　臨分莫怕後期遲
산 속의 노인에게 간곡히 말하노니　丁寧寄語山中老
풍광을 이제부터 잘 보호해 주시게　風物從今好護持

배순룡9)을 추억하며[憶裴舜龍]

여태 근심과 슬픔을 함께하며 노닐었는데　憂慽年來共子游
어쩌다 중도에 이별의 시름을 안게 되었나　如何中道抱離愁
한밤의 산속 창가에서 잠 못 이루노니　午夜山囱眠不得
연꽃 핀 이 가을 온 집에 달이 밝구나　一軒明月碧荷秋

조공의 집 벽에 적다[題趙公壁上]

조공은 무인이다.

새벽에 자류마10) 꼴 먹여 앞 시내에서 씻기고　紫騮晨秣刷前溪
붉은 뿔활11) 새로 다루어 초가에 거네　騂角新調掛草廬

8) 이경(李坰, ?~?) : 자는 사야(士野), 호는 순백당(旬白堂), 본관은 전주이다. 김우옹(金宇顒)의 문인이다.
9) 배순룡(裵舜龍, 1588~?) : 자는 우경(虞卿), 본관은 성산(星山)이다. 1635년 진사시에 입격하였다.
10) 자류마[紫騮] : 검은 갈기에 붉은 색의 말을 말한다.
11) 붉은 뿔활[騂角] : 붉은 뿔로 만든 활을 말한다. 『시경』 「소아(小雅)·각궁(角弓)」에 "붉은 뿔로 만든 활이 반복을 잘하도다.[騂騂角弓 翩其反矣]"라는 말이 있다.

가을이 와도 바람서리 이른 줄도 모르고　秋來不覺風霜早
하늘을 우러러 모두성[12]을 보려 하네　爲看旄頭向太虛

강양의 부자연[13]을 지나다가 감회가 있어서[過江陽父子淵有感]

아버지께서 이 길 지나던 지난날 생각건대　憶昔嚴君此路行
높은 깃대 큰 깃발 세워 남쪽으로 오셨지[14]　高牙大纛向南征
필마로 다시 강가에 와 보니　匹馬重臨江上路
부자라는 못 이름에 삶이 부끄러워지네　淵名父子愧貪生

중구일 가야산 꼭대기에 올라 돌 위에 제하다[九日登伽倻山上峯題石上]

경오년(1630)

중양절에 가야산 제일봉에 오르니　九日伽倻第一峯
먼 하늘 아득하여 생각이 끝이 없네　長天不盡思無窮
예나 지금에나 높은 산 오른 곳에서　未知今古登高處
쾌활한 금회 누가 나만 하였으랴　快活襟懷孰似儂

---

12) 모두성[旄頭] : 28수(宿) 중 묘성(昴星)에 속하는 별 이름이다. 이 별이 떨어지면 적장이 죽는다고 한다. 여기서는 장수로서 적장을 죽이고 싶은 소망을 지니고 있음을 말한다.

13) 강양의 부자연[江陽父子淵] : 강양은 지금의 경남 합천(陜川)의 옛 이름이고, 부자연은 그곳에 있는 못의 이름이다.

14) 높은……오셨지 : 배상룡의 아버지는 1592년에 선산 부사(善山府使)로 있었다. 『등암집』 「연보」에 의하면, 왜란이 일어나자 배상룡이 이해 4월에서 6월 사이에 진중(鎭中)에서 아버지를 만났다는 기록이 있다.

적산사 벽의 시에 차운하다[次赤山寺壁上韻] 갑술년(1634)15)

우뚝한 누각 속세와 아득히 멀어	危樓迢遰迥塵寰
온갖 흥망 다 겪고도 마음 절로 한가롭네	閱盡興衰意自閒
백발에 우연히 찾아와 시 지어 벽에 쓰니	白首偶尋題壁處
못내 먼 바다에서 돌아온 신선인가 싶네	不堪遼海老仙還

해남 태수에게 드리다[贈海南太守]

동쪽 관청에 매화가 처음 피니	東閣梅初動
외진 지역에도 생기가 새롭네	偏邦生意新
맑은 향기 어찌 그리 멀리 퍼지는가	淸香如許遠
유람 지친 사람에게 이따금 와 풍기네	時襲倦遊人

명부 권사화 집16)이 부임한 처음에 시를 보내오고, 뒤에 또 나의 집을 방문하여 하룻밤 묵고 돌아갔기에 앞 시의 운을 차운하여 이별의 회포를 토로하다[權明府士和 諿 下車初寄詩 後又臨訪 經宿而歸 追步前韻 以瀉別懷]

초라한 골목을 목사께서 찾아주시니	僻巷干旄訪
사립문에 산 햇살 저물어 가네	衡門山日殘

15) 갑술년(1634) : 배상룡이 60세 때이다. 「연보」에 의하면 이해 가을에 폐허가 된 적산사에 들러 누각만 덩그러니 남은 것을 보고 시를 지었다는 내용이 있다. 적산사는 지금의 경북 성주에 있었다.

16) 권집(權諿, ?~?) : 자는 사화(士和), 본관은 안동이다. 『등암집』 「연보」에 의하면 권집이 1614년에 성주 목사로서 배상룡의 집을 방문한 기록이 있다.

남은 고마움 어디에서 그리는가 餘光何處想
가을 달빛에 푸른 밤하늘 쳐다보네 秋月碧霄看

배에서 최사행[17]에게 주다[18][舟中贈崔士行]

쌍쌍의 백발노인이 兩兩白頭翁
가을 강에서 술잔 들었네 秋江把酒時
취하여 어울려 마냥 즐기니 陶然相得意
벼슬한 사람[19] 부럽지 않네 應不羡龍夔

사뇌촌 냇가에 있는 집[20]에서 우연히 읊다[思瀨溪舍偶吟]

집은 현경 같고 솥은 냄비 같은데[21] 家如懸磬鼎如鍋

---

17) 최사행(崔士行) : 사행은 최은(崔穩, ?~?)의 자이다. 호는 관봉(鸛峯), 본관은 영천(永川)이다. 성주(星州)에 살았고, 아버지 최항경(崔恒慶, 1560~1638)과 함께 정구(鄭逑)의 문하에서 수학하였다.

18) 배에서……주다 : 이 시는 『등암집』 「연보」에 의하면 1641년(68세)에 지은 것으로, 가을에 이서·박명윤과 함께 정구의 문인인 최항경이 시냇가에 지은 집을 방문했다. 세 사람은 당시 모두 늙었으며 은거하여 벼슬하지 않았기에 사람들이 사호(四皓)라고 불렀다는 내용이 있다. 최항경이 지은 집은 오암정사(鰲巖精舍)라고 한다.

19) 벼슬한 사람[龍夔] : 순(舜)임금 때의 용(龍)과 기(夔)로서 널리 현사(賢士)를 가리키는데, 여기서는 벼슬하여 현달한 사람의 뜻으로 보았다.

20) 사뇌촌……집[思瀨溪舍] : 성주(星州)에 있다. 『등암집』 「연보」에 배상룡을 기리는 도천서원(道川書院)을 1656년 뇌촌정사(瀨村精舍)의 옛터에 지었다는 기록이 있는 것으로 보아 배상룡이 거처했던 곳으로 보인다.

21) 집은……같은데 : 현경(懸磬)은 『국어』 「노어상(魯語上)」의 "집이 달아 놓은 종과 같다.[室如懸磬]"라는 말에서 나온 것으로 텅 비어서 아무것도 없는 집을 말하고, 과(鍋)는 놋쇠로 만든 냄비 종류로

주리면 쑥 캐고 목마르면 흰 술[22] 마시네　　飢採蒿芹渴飮醝
비 온 뒤면 앞 시내 물소리 베개 가에 들리고　　雨後前溪來枕咽
가을 깊으면 먼 산이 주렴에 마냥 드네　　秋深遠翠入簾多
뉘라서 바다 바라보며 천년필을 잡아　　誰將望海千年筆
여항[23]의 십 리 연꽃을 그려낼까　　更寫餘杭十里荷
가난과 질병으로 오랫동안 시 짓지 못했으니　　貧病縈心詩久廢
오늘 저녁 한번 읊어봄도 나쁘지 않으리　　不妨今夕一吟哦

심원당 이육[24]의 시에 차운하다[次李心遠堂 堉 韻] 서문을 덧붙임

거처가 산속의 굴 같은 곳에 있어서 안개와 노을, 시내와 돌 사이에서 구속받지 않고 마음대로 산 지가 반백半百이 거의 넘어가는데도 산수를 좋아하는 고질의 벽癖이 늙을수록 심하다. 올해 중양절에 가야산 제일봉에 올라갔는데, 70~80세 된 동지들과 8~9세 된 동자들이 모두 나를 따라 가기를 원하였고 돌 위에 이름을 쓰려는 자도 10여 인 쯤 되었다. 그러나 이 유람에 우리 형이 없을 수 없기에 편지로 청하였는데, 형은 본래 선경仙境과 묵은 인연이 있어서 일찍이 보헌葆軒 이숙발李叔發 천봉天封,[25] 사또 전성지全性之 이성以性[26]과 함께 이 산에 유람하러 올라왔다가 거듭 출입이 금지되어 위태로울 뻔하다가 벗어났었다. 몸을 다칠지도 모른다는 의심[27]은 갑자기 풀기 어려우니, 이에

초라한 솥[鼎]을 비유한 말이다.

22) 흰 술[醝] : '사(醝)'는 흰 술로, 백사주(白醝酒)라고도 불린다. 『송서』 「왕현모전(王玄謨傳)」에 "오이장으로 가을 나물 만들고 흰 술로 겨울 추위 녹였다.[瓟醬調秋菜 白醝解冬寒]"라는 말이 있으니, 가난한 사람이 마시는 술이다.

23) 여항(餘杭) : 중국의 항주(杭州)를 가리키는 말이다. 십 리에 걸쳐 연꽃이 피어 있는 서호(西湖)는 경치가 빼어난 곳으로 유명하다.

24) 이육(李堉, 1572~1637) : 자는 사후(士厚), 호는 심원당(心遠堂), 본관은 완산(完山)이다.

25) 이천봉(李天封, 1567~1634) : 자는 숙발(叔發), 호는 백천(白川)·보헌(葆軒), 본관은 경산(京山)이다. 1601년 사마시에 입격하였다.

26) 전이성(全以性, 1578~1646) : 자는 성지(性之), 호는 운계(雲溪), 본관은 용궁(龍宮)이다. 1606년 문과에 급제하였고, 저서로는 『운계집』이 있다.

일행과 함께 지팡이를 내두르며 가볍게 올라가 구름을 뚫고 풍경을 내려다보며 곧장 상봉上峯에 올랐다. 떠오르는 해는 빛이 눈부시고 가을 하늘은 씻은 듯이 깨끗하였다. 가까이는 단풍이 갓 들어 촛불처럼 찬란히 빛나고, 멀리로는 실 먼지도 다 끊어져 사방으로 시야에 가림이 없으니, 눈에 보이고 마음에 드는 것이 한둘로 헤아릴 수 없었다. 돌아오는 길에 시냇가에 있는 형을 찾으니 우리들을 맞이하여 산속에서 얻은 것이 무엇인가 하고 물어보기에, 웃기만 하고 대답은 하지 않은 채 소매를 내저으며 작별하였다. 드디어 시 한 편을 지으며 약간의 서문을 덧붙여 대단하였던 신선의 유람을 자랑한다. 비록 과분한 아낌을 받았기 때문이기도 하지만 형의 훌륭한 마음과 고상한 운치 또한 더할 나위 없었다. 훗날 선경仙境을 찾을 때 함께 할 수 없으려나? 감히 고상한 운에 차운하여 한번의 웃음거리로 삼는다.

밀 칠한 나막신 흐릿한 돌길에 아주 맞으나	蠟屐偏宜石徑微
구름 뚫고 곧장 오르느라 다시 옷자락 걷어 올리네	穿雲直上更褰衣
개밋둑 같은 삼라만상 앞다투어 자태 뽐내고	蝗封萬象爭輸態
학 등에서 부는 바람 날아갈 듯하네	鶴背長風勢欲飛
과장하는 아름다운 시구가 없다면	不有誇張佳句作
뉘라서 아름다운 풍경을 붓으로 그려낼까	誰將好事彩毫揮
뒷날에라도 행여 손잡고 구경할 수 있다면	他年倘得聯裾賞
신선 세계의 신선과 함께하리라	紫府仙君願共依

27) 몸을……의심[垂堂之疑] : 지붕 처마 밑에 앉으면 기왓장이 떨어져 몸을 다칠 수도 있다는 경계로, 몸을 조심하라는 말이다.

또 심원당이 앞에 지은 시에 차운하다[又次心遠堂前韻] 서문을 덧붙임

생일에 빈주賓主의 자리를 마련하지 않는 것은 우리들이 견지하는 신조이기도 하지만[28] 마침 근심스런 일 때문에 형과 함께 근심을 해소하려 하였으나 바람과 눈이 번갈아 불어와 형이 오시지 못하고, 앞서 지은 시에 차운하여 시를 지어 내게 보냈다. 다행히도 내 마음이 후련해지는 것이 마주보고 한바탕 웃는 것과 같았다. 이에 또 남의 뛰어난 솜씨를 흉내 내어 돌보아 주신 사랑에 사례한다.

까마귀의 하찮은 반포의 정[29] 스스로 가련하니	自憐烏哺寸誠微
생일이 올 때마다 부모님 모시던 때가 생각나네	每到生辰憶彩衣
취하도록 권하는 어지러운 술잔 보기 싫어	勸醉厭看瓊斝亂
마음 여는 소중한 편지에 자주 의지하였지	開懷頻賴玉牋飛
시 빚도 아직 못 갚았는데 변방 소식 시름겨워	未遑詩債愁邊報
눈 위에서 채찍 휘두르며 읊조리기를 바라리라[30]	可望吟鞭雪上揮
깊은 회포 온갖 생각에 겨울밤은 길고	幽抱百端冬夜永
창 아래 등잔에 그림자가 어른거리누나	半囱燈火影依依

황헌중에게 주다[與黃憲中]

조물주가 나를 설산 앞으로 불러 주려나	天公容我雪山前
푸른 이끼 낀 바위 백석천을 둘렀네	蒼蘚巖周白石川

---

28) 생일에……하지만 : 생전에 부모님께 효도하지 못했음을 슬퍼하는 『시경』 「소아(小雅)·육아(蓼莪)」의 "슬프고 슬프다 부모여, 나를 낳으시느라 몹시 수고하셨다.[哀哀父母 生我劬勞]"라는 뜻을 새겨, 옛 선비들은 생일에 삼가고 조심하는 마음을 가졌다고 한다.

29) 반포의 정[烏哺] : 까마귀 새끼가 다 크고 나서 자기 어미에게 먹이를 물어다 먹이므로 반포조(反哺鳥)라고도 하는데, 자식의 효도를 뜻한다.

30) 채찍[吟鞭]……바라리라 : 음편(吟鞭)은 말이나 나귀 등에 탄 시인(詩人)의 말채찍을 말한다.

낮은 긴데 마을 터에 세속 일 드물고	晝永邨墟塵事罕
차 끓이는 연기 사라져 성령이 온전해지네	煙消茶竈性靈全
궁벽한 골목에 찾아오는 이 없어도 스스로 좋고	自甘窮巷無人訪
네거리의 호화스런 마차 부럽지 않네	不羨通衢駕鶴翩
행여 그대가 예서 늙어 죽기로 작정했다면	倘了吾君終老約
주씨 진씨[31])처럼 이로부터 여생을 보내세	朱陳從此送餘年

황헌중의 시에 차운하다[次黃憲中韻]

득과 실 슬픔과 기쁨을 그대와 나누니	得喪悲歡與子分
한평생 정의가 넓고 커서 끝이 없구려	一生情誼浩無垠
허약한 버들처럼 병 많은 이 몸 한탄하며	自嗟蒲柳常多病
향기 토하는 연꽃 같은 그대 깊이 부러워했지	深羨芙蓉政吐芬
봄이 다 간다는 수심 끝에 마음마저 적막터니	春盡愁邊思寂寞
작별 뒤에 온 시가 구절마다 향기 짙네	詩來別後句氤氳
푸른 버들 가는 풀에도 남은 향내 있으니	綠楊細草餘芳在
마주하여 한 잔 마실 기약 저버리지 마소	且莫相望負一醺

31) 주씨 진씨[朱陳] : 중국의 서주(徐州) 고풍현(古豐縣) 주진촌(朱陳村)에서 주씨(朱氏)와 진씨(陳氏) 두 성(姓)이 서로 혼인하면서 화목하게 살았다는 말이 있다.(『白樂天詩集』「感傷」)

눈 내린 뒤 청암사[32]를 찾아서[雪後訪青巖寺]

외로운 시름 달래고자 신선의 산을 찾으니 欲排孤悶訪仙山
의구한 산봉우리 모두가 좋은 모습이네 依舊峯巒摠好顏
바위에 쏟아지는 물소리 거문고 소리처럼 맑고 石瀉新澌琴韻淡
골짜기는 맑은 눈 간직하여 옥 술병처럼 차네 壑藏晴雪玉壺寒
제천[33]에게 예 마쳐도 향불 아직 피어오르는데 諸天禮罷香猶爇
복된 땅에 인연 많아 흥이 끝없네 福地緣多興未闌
한바탕 파원[34]에서 세월이 머무르니 一局巴園留歲月
인간 세상에 더디 돌아옴을 괴이쩍어 마소 人間且莫怪遲還

적산사 벽에 쓰다[題赤山寺壁上]

이십 년 전 세속 밖에서 학문을 익힌 곳인데[35] 象外藏修廿載前
바람과 달을 가두어 놓은 산천에 읍을 하네 籠羅風月揖山川
문장은 옥패를 이루어 봄 구름이 피어오르고 章成玉佩春雲靄
선약 달이는 금빛 제단에 도의 기운 온전하네 藥鍊金壇道氣全
늙은 말은 천 리 길의 고달픔에 상심하고 驥老自傷千里步
날개 꺾인 학은 공연히 하늘을 날고 싶어하네 鶴摧空戀九皐翩

---

32) 청암사(青巖寺) : 경북 김천시 증산면 평촌리 불령산(佛靈山)에 있는 사찰이다.

33) 제천(諸天) : 불교에서 법을 수호하는 여러 천신(天神)들을 가리킨다.

34) 파원(巴園) : 파군(巴郡)에 있는 귤원(橘園)으로, 신선세계를 가리키는 말이다. 귤 과원에서 귤을 수확하였는데, 그 중에 매우 큰 귤 하나가 남아 있어서 갈라 보니 그 속에 두 노인이 장기를 두고 있었다고 한다.(『蜀中廣記』「神仙記」)

35) 학문을 익힌 곳인데[藏修] : "군자가 배움에 있어서 마음에 품고 익히며 쉬고 한가히 지낸다.[君子之於學也 藏焉修焉息焉遊焉]"는 말에서 유래하여, 학문 또는 학문을 하는 장소의 뜻으로 쓰인다.(『禮記』「學記」)

황량하게 무너진 절에서 옛 자취 찾아보니 荒凉廢寺尋陳迹
부끄럽게도 예전 지은 시 한창 시절 떠올리네 羞向題名憶盛年

간송 조임도[36]를 추억하며[憶趙澗松 任道]

옛 친구의 집 낙동강 동쪽에 있지 故人家住洛江東
마음공부 근래에 얼마나 힘쓰셨나 心上年來幾用工
서책을 통하여 늘 성현을 대하고 黃卷聖賢常對越
온 나라 호걸들을 다 장악하였네 青丘豪傑盡摩籠
물은 넘실넘실 굽이쳐 흘러 근원이 아득하고 河臨滾滾淵源遠
산은 우뚝 바위를 껴안아 기상이 웅장하네 山擁巖巖氣像雄
함께 텅 빈 창가에 기대어 볼 날 언제려나 同倚虛囱何日是
의심나는 것 덤으로 가져가 깊은 연구의 바탕 삼으리 剩將疑難資研窮

죽헌 최항경[37]의 시에 뒤따라 짓다[追步崔竹軒 恒慶 韻]

스승 문하[38]에서 배울 때 형제처럼 지냈는데 絳帳遊從若弟兄

---

36) 조임도(趙任道, 1585~1664) : 자는 덕용(德勇), 호는 간송당(澗松堂), 본관은 함안(咸安)이다. 김중청(金中淸)·고응척(高應陟)·장현광(張顯光) 등에게 배웠다. 1614년에 문과에 급제하였다. 만년에 공조좌랑으로 임명되었으나 노병으로 사직하고 부임하지 않았다. 저서로는 『간송집』이 있다.

37) 최항경(崔恒慶, 1560~1638) : 자는 덕구(德久), 호는 죽헌(竹軒), 본관은 영천(永川)이다. 정구(鄭逑)의 문인이다. 1605년 생원시에 입격했으나 벼슬하지 않았다. 오암정사(鰲巖精舍)를 짓고 위기지학(爲己之學)과 궁행실천(躬行實踐)에 힘썼다.

38) 스승 문하[絳帳] : 강장은 붉은 비단으로 만든 휘장으로, 서당(書堂)이나 스승을 지칭한다. 후한(後漢) 마융(馬融)이 붉은 비단으로 휘장을 치고 생도들을 가르친 데에서 유래하였다.(『後漢書』「馬融傳」)

그대의 정밀하고 민첩함은 제생 중 으뜸이었지 似君精敏最諸生
젊은 시절 그대의 의기를 다들 추앙하였는데 青陽意氣多推許
백발로 늙은 나는 꾸짖는 평판이 많다네 白首衰頹足刺評
지난날의 자취는 아쉽게도 꿈만 같은데 往迹堪唏歔枕夢
새로운 시 다 짓고 나니 온통 정이 넘치네 新詩題罷滿篇情
서늘한 가을에 회연[39]에서 만나거든 凉秋淵上如相就
몸과 마음 거두어들여 옛길을 살펴보세 收拾身心閱舊程

삼가 서낙재[40]의 시에 차운하여 괴산 군수 이봉[41]에게 주다[敬次徐樂齋韻 贈李槐山 逢]

바다 건너 오랑캐를 단번에 무찌르려 할 적에 跨海頑蛟擬一屠
기이한 책모 어찌 변장자[42]에게 사양하였으랴 奇謀何讓卞莊虞
일찍이 편리한 둔전의 계책 올려서 便宜曾上屯田策
씩씩하게도[43] 군량미 모을 계책을 세웠지 矍鑠仍爲聚米圖

39) 회연[淵上] : 정구(鄭逑)가 1583년에 세워 제자들을 교육하던 회연초당(檜淵草堂)을 말한다.

40) 서낙재(徐樂齋) : 낙재는 서사원(徐思遠, 1550~1615)의 호이다. 자는 행보(行甫), 또 다른 호는 미락재(彌樂齋), 본관은 달성(達城)이다. 정구(鄭逑)의 문인이다. 청안 현감(淸安縣監)을 지낸 뒤로는 벼슬을 사양하고 후진 양성에 힘을 쏟았다. 저서로는 『낙재집』이 있다.

41) 이봉(李逢, ?~?) : 자는 자운(子雲), 본관은 한양(漢陽)이다. 정철·이항복·류성룡 등과 함께 학문에 힘써 문장가로 이름을 떨쳤으며, 임진왜란 때 조헌(趙憲)·정경세(鄭經世) 등과 의병을 규합, 적군의 후방을 교란하여 물리쳤다.

42) 변장자(卞莊子) : 춘추 시대 노(魯)나라 사람으로, 두 마리의 범이 서로 싸우는 것을 옆에서 보고 있다가 두 마리 범이 모두 기운이 빠지기를 기다려 힘들이지 않고 두 마리를 다 잡았다 한다.(『史記』 권70 「張儀傳」)

43) 씩씩하게도[矍鑠] : 건장하고 씩씩함을 뜻하는 말이다. 동한(東漢)의 마원(馬援)이 62세의 나이에도 불구하고 말에 뛰어올라 용맹을 보이자, 광무제(光武帝)가 "이 노인네가 참으로 씩씩하기도 하다.[矍鑠哉是翁也]"라고 찬탄했다는 고사에서 유래한다.(『後漢書』 권54 「馬援傳」)

계책 세워 깃발을 들면 수많은 왜적을 목 베고	計定搴旗梟百越
시를 지어 창을 비껴 잡으면 삼소[44]를 쓰러뜨렸네	詩成橫槊倒三蘇
감옥에서 장성 지킬 장수 늙어간다 말하지 마소	圄中謾老長城將
나를 알아주실 밝고 밝은 임금님이 계신다오	知我昭昭白日孤

서울에 도착하여 감회가 있어서[45][到京有懷] 경술년(1610)

이 생애의 반을 재주 감추고[46] 은거하다가	藏六荊門半此生
우연히도 한양성에 객이 되었네	偶然爲客洛陽城
큰길은 향기와 먼지가 뒤섞여 있고	周行雜沓香塵合
궁궐은 어렴풋이 채색 안개 띠고 있네	魏闕依微彩霧橫
공론은 바로 억울함을 신원하기 위해서이니	公議政由伸枉跡
호소하는 것이 밝은 시대에 치욕은 아니리	籲呼非爲耻時明
봄이 다한 남산에는 얼음 눈이 여전한데	南山春盡猶氷雪
시든 풀은 끝도 없이 다시 푸르러 오네	死草無緣再向榮

44) 삼소(三蘇) : 당송팔대가에 들어가는 북송(北宋) 때의 문장가로 소순(蘇洵)·소식(蘇軾)·소철(蘇轍) 삼부자를 말한다.

45) 서울에……있어서 : 『등암집』 「연보」에 의하면 배상룡이 37세 되던 해에 박이립(朴而立) 등이 정구를 모함하자 도내 유생들과 함께 상소하여 스승의 억울함을 해명하려는 일로 서울에 간 적이 있다.

46) 재주 감추고[藏六] : 거북이 위험한 경우를 당하면 머리와 꼬리와 네 발을 갑(甲) 속으로 오그려 들여서 재앙을 모면한다는 데서 나온 말로, 사람이 재지(才智)를 숨겨서 모해(謀害)를 면하는 것을 비유한다.

상주로 가는 길에 눈을 만나[商山途中逢雪] 정묘년(1627)47)

문경의 막부로 가던 때이다.

세모에 상주로 가는 길　歲暮商山路
거센 바람에 사나운 눈보라　風饕虐雪飛
이 시기 멀리 가는 것 근심스러우니　此時愁遠役
세상 일 너무나 위태롭구나　世事足危機
장한 뜻 가진 사람 지금 얼마나 남아 있나　壯志今餘幾
바로잡은 이는 옛날에도 드물었네　圖匡古亦稀
역참에서 한 자 길이 검에 기대어　郵亭憑尺劒
전쟁터로 말을 바삐 달려가네　促促啓戎騑

개산 류석48)의 시에 차운하다[次柳開山 碩 韻]

객이 떠난 맑은 시냇가에는　客散淸溪上
밤 깊어 북두성이 닿아 있네　更深星斗磨
산천의 돌아가는 길 까마득하니　山川歸路遠
바람 이슬 이별할 때 더 짙구나　風露別時多
세상에서 알아줄 이 몇이나 되나　處世相知幾
만난 자리에서 취하지 않고 어쩌리　逢場不醉何
창생의 바람이 크나크니　蒼生繫望重
거문고만 즐기지는 마세나　且莫聽琴歌

47) 정묘년(1627) : 『등암집』 「연보」에 의하면 배상룡이 54세 되던 해로, 정묘호란이 발발하자 인조(仁祖)가 강화도로 들어갔는데, 여헌(旅軒) 장현광(張顯光)이 배상룡을 불러 참모관(參謀官)으로 삼았으므로 막하(幕下)로 달려갔다.

48) 류석(柳碩, 1595~1655) : 자는 덕보(德甫), 호는 개산(皆山), 본관은 진주(晉州)이다. 1625년 문과급제, 강원 감사를 역임하였다. 개산(開山)은 개산(皆山)의 오기인 듯하다.

아우 계장[49]의 시에 차운하다[次家弟季章韻]

밤이 되어 그윽한 집 고요해지니	入夜幽軒靜
이유 없는 근심으로 견디지 못하겠네	閒愁不耐強
풍운이 아득히 휘몰아치니	風雲翻浩渺
북두성도 밝은 빛이 흔들리누나	星斗盪晶光
힘으로 먹고 사는 생애는 졸렬하고	食力生涯拙
명성을 좇는 세상맛은 냉담하네	求名世味涼
차라리 시대와 운명마저도	寧將時與命
저 푸른 하늘에다 부쳐 두리라	會付彼蒼蒼

원운을 부치다[附原韻]

초가집 세 칸 남짓하고	草屋三間許
거적문 겨우 두 자이네	蓬門二尺強
시골 방아 소리는 밤빛을 가르고	郵舂分夜色
산 이슬은 가을빛을 끌어당기네	山露引秋光
달이 나오니 빈 뜰이 희고	月出空庭白
바람이 부니 선잠에서 깨겠네	風生半枕涼
기나긴 생각에 잠 못 드는데	永懷眠不得
하늘은 다시 푸르기만 하누나	天宇更蒼蒼

49) 계장(季章) : 배상호(裵尙虎, 1594~1632)의 자이다. 호는 괴재(愧齋)이고, 정구(鄭逑)의 문인이다. 1624년 진사시에 입격하고, 성균관 장의를 지냈다. 좌승지 겸 경연참찬관(左承旨兼經筵參贊官)에 추증되었다.

이사야 경의 산속 거처를 들러서[過李士野 堈 山居]

으슥한 곳이라 승려 데려와 얘기하는데 境邃留僧語
휑한 처마는 달빛 받아 밝구나 簷虛伴月明
터를 다지고 돌을 옮기어 築場移石就
지붕 올리고 나무 베어내었네 架屋剪林成
안개 걷히자 산 모습 깨끗하고 霧捲山顔淨
바람 가벼워 계곡에 소리 울리네 風輕谷籟鳴
선경이 바로 여기에 있으니 靈源政在此
무엇하러 꼭 불로장생 배우랴 何必學長生

무흘재[50]에서 감회가 있어 함께 온 여러 사람들에게 보이다[武屹齋有感示同來諸君子]

지팡이 짚고 계시던 곳을 찾아오니 一策尋栖築
구름 낀 산이 좋은 모습 열어 주네 雲山開好顔
돌에는 일찍이 지은 시가 남아 있고 石留曾題品
소나무는 예전의 절개를 띠고 있네 松帶舊清寒
남기신 은택은 흘러흘러 끝이 없고 遺澤流無盡
학문 익히시던 자취 지워지지 않았네 藏修迹未刊
서로 전하며 애써 지켜오던 뜻을 相傳勤護意
여러분들에게 힘쓰기를 부탁하오 爲勉輩流間

50) 무흘재(武屹齋) : 정구(鄭逑)가 말년에 거처하던 장소로, 경북 김천 증산면 평촌리에 있다.

최사행의 「계사」 시에 차운하다. 2수[次崔士行溪舍韻 二首]

뛰어난 경치 하늘이 아낀 비경을 여니 選勝破慳秘
맑게 갠 창으로 푸른 물결 굽어보네 晴囱俯碧波
물 흐르는 곳엔 들판의 흥취 겸하였고 水郉兼野興
안개 낀 여울에는 나무꾼 노래 들리네 煙瀨聽薪歌
보이는 곳마다 모두 흥취 이는데 入眼皆成趣
어찌 별달리 쓰이는 마음 있으랴 關情豈有他
우리 네 늙은이[51] 남아 있으니 吾儕存四老
작심하고 높은 산 찾아가 보세 作意訪崇阿

선생님 문하에서 함께 학문 익혔고 絳帳同遊早
빈 배[52]로 바다 물결 헤치는 법 배웠네 虛舟學海波
고상한 성품은 증점의 흥취[53] 따랐고 雅操推點瑟
슬픈 곡조 세속의 가락[54] 부끄러워했네 苦調愧巴歌
얕거나 깊거나 조예는 다르지만 淺深殊所造
지향하는 바는 결코 다름이 없다네 趣向斷無他
참된 마음이 어우러져 하나가 되니 肝膽融爲一
별빛이 태아검[55]을 움직이네 星文動太阿

---

51) 네 늙은이[四老] : 『등암집』 「연보」에 의하면 배상룡·최항경·이서·박명윤 네 사람은 모두 늙어 눈썹과 머리가 모두 흰 데다 은거하며 벼슬하지 않아서 당시 사람들이 사호(四皓)로 불렀다고 한다.

52) 빈 배[虛舟] : 굳이 계교(計巧)를 부리며 살아가지 않고 텅 빈 마음으로 외물(外物)을 대하며 무심하게 지낸다는 뜻이다. 『장자』 「산목(山木)」의 "배를 타고 강물을 건널 때 어디에선가 빈 배가 와서 부딪치면, 비록 마음이 좁고 조급한 사람이라 하더라도 화를 내지 않는 법이다."라는 말에서 유래한다.

53) 증점의 흥취[點瑟] : 증점(曾點)의 맑고 깨끗한 경지를 말한다. 『논어』 「선진(先進)」에 "늦봄에 봄옷이 만들어지면, 관을 쓴 벗 대여섯 명과 아이들 예닐곱 명을 데리고 기수에서 목욕하고 무우에서 바람 쐰 뒤에 노래하며 돌아오겠다.[暮春者 春服旣成 冠者五六人 童子六七人 浴乎沂 風乎舞雩 詠而歸]"는 말이 있다.

54) 세속의 가락[巴歌] : 파인(巴人)의 노래라는 뜻으로, 세상에 유행하는 대중가요를 가리킨다. 송옥(宋玉)의 「대초왕문(對楚王問)」에 춘추 시대에 초(楚)나라에서 어떤 나그네가 「하리(下里)」와 「파인(巴人)」의 속요(俗謠)를 부르니 수천 명이 따라 불렀다는 말이 있다.(『文選』 「對問」)

사우헌에 쓰다[題四友軒]

사우라고 집 이름 지은 뜻　四友名軒意
누가 알리 이렇게 의미심장할 줄을　誰知此味長
황금 꽃(국화) 천하절색을 자랑하고　金葩誇國色
옥 바탕(매화) 하늘 향을 숨겨 두었네　玉質秘天香
잎 속에 용의 자태(난) 차갑고　葉裏龍姿冷
가지 사이에 학의 꿈(대나무) 서늘하네　枝間鶴夢凉
그대는 태고의 자취 좋아하니　吾君好太古
희황56)을 사모하기에 꼭 맞겠네　端合慕羲皇

당음의 시에 차운하다[次唐音韻]

떠돌며 산 지 몇 해나 되었나　浮生知幾許
세밑이 열흘 앞으로 다가왔네　徂歲一旬前
흰 눈은 텅 빈 처마에 흩날리고　白雪虛簷亂
푸른 등불은 한쪽 벽에 걸려 있네　青燈半壁懸
도가 궁하니 성대에 부끄럽고　道窮羞聖代
생각 깊으니 꽃다운 시절 아깝구나　心遠惜芳年
백발은 기다린 것이 아니건만　華髮非相待
귀밑에 까닭 없이 붙어 있구나　無端著鬢邊

---

55) 태아검[太阿] : 보검(寶劍)의 이름인데, 훌륭한 인물의 뜻으로 쓰인다. 춘추 시대에 간장(干將)이 자산(茨山)을 파고 철영(鐵英)을 가져다가, 용연(龍淵)·태아·공포(工布)라는 철검 세 자루를 만들었다 한다.(『越絶書』「外傳記·寶劍」)

56) 희황(羲皇) : 태고 시절의 삼황(三皇) 중 한 사람인 복희씨(伏羲氏)를 말한다.

이의보[57]의 「한죽당」 시에 차운하다[次李毅甫寒竹堂韻]

누가 두어 칸의 집을 지어　誰架數間屋
이 맑은 강 구비를 차지하였나　占此清江曲
어찌 빼어난 경치만 구경하며　豈徒玩勝槩
어찌 시야 끝까지 바라보기만 하랴　豈徒窮遠矚
예전 현인이 이곳을 들렀을 적에　昔賢過此地
광채가 환하게 초목에도 비추었다네　昭回光草木
그때는 한식이 가까워　伊時近百五
갓 녹아내린 찬 물결 출렁거렸네　新澌漾寒綠
산꽃은 봉오리 하늘거리고　山花動菩蕾
물가 풀은 갈대 사이에서 돋았네　渚草迸蘆荻
한가로이 흥을 읊조리니　悠然風詠興
거문고도 아니고 피리도 아니네　匪絲亦匪笛
자리 오른편의 미락옹[58]은　席右彌樂翁
청수한 모습 높은 하늘의 학이네　癯瘦九霄鶴
나를 불러 앞에 오라 하고는　呼我使之前
환한 얼굴로 본받으라[59] 권했지　開顏獎類鷔
행와[60] 중에 이곳이 가장 기이하니　行窩此最奇

---

57) 이의보(李毅甫) : 의보는 이심홍(李心弘, 1569~?)의 자이다. 호는 고촌(孤村)·죽봉(竹峯), 본관은 광주(廣州)이다. 정구(鄭逑)·장현광(張顯光)의 문인이다. 임진왜란 때의 기록인 『팔공산회맹록(八公山會盟錄)』과 『화왕성동고록(火旺城同苦錄)』 등을 참조해 보면 성주(星州) 웃갓[上枝] 시영천(時永川) 사람이다.

58) 미락옹(彌樂翁) : 서사원(徐思遠, 1550~1615)을 말한다.

59) 본받으라[類鷔] : 훌륭한 사람을 본받으려 노력하면 이루지 못해도 비슷한 풍모는 지닐 수 있다는 뜻이다. 후한(後漢)의 마원(馬援)이 조카 마돈(馬敦)에게 보낸 편지에서 "용술(龍述)은 신중하고 위엄 있는 사람이다. 따라서 그를 본받으면 행검(行檢) 있는 선비는 될 수 있으니, 이른바 '고니를 새기다가 못 이루더라도 집오리처럼 될 수는 있다[刻鵠不成 尙類鶩]'는 것이다."라고 한 말에서 유래한다. '鶩'은 '鷔'과 같은 글자이다.

60) 행와(行窩) : 훌륭한 사람의 거처를 본떠서 지은 집, 또는 그러한 별장을 말한다. 행와는 원래 소옹(邵

경치가 이보다 더 좋은 곳 없다네　景致更無敵
즐기는 것을 가장 먼저 하여　素賞所當先
일찍부터 부지런히 대나무 심었다네　勤勉早種竹
병오년(1606)[61] 죽취일[62]에 와서　騂馬竹醉日
성기고 곧은 대를 옮겨 심었지　爲來移疎直
한적한 숲의 두세 줄기　蕭森兩三莖
그 당시 잡은 터를 기록해 두었네　留記當年卜
은미한 음향 끊기고부터　一自微響輟
옛터에 구름이 깊이 쌓였네　舊地雲一脚
아름다웠던 일 누가 다시 말하리　勝事誰復論
산과 시내 오랫동안 가시에 덮였네　山谿久荊棘
이따금씩 옛 나루에서　時從古渡上
서글피 바라보니 눈 돌리지 못하겠네　悵望不轉目
학문의 맥 전수받은 석담자[63]를　傳鉢石潭子
우리들이 기꺼이 모시고 따랐네　我輩欣御僕
뜻을 이은 뛰어난 분[64] 있으니　繼志有騶虞

雍, 1011~1077)을 말하는데, 『송사』 「소옹전(邵雍傳)」에 "일 꾸미기 좋아하는 자가 별도로 소옹이 살고 있는 집과 비슷한 집을 지어서 그가 오기를 기다렸으니, 그 이름은 '행와'라고 하였다."라는 말이 있다.

61) 병오년[騂馬] : 성(騂)은 적색(赤色)이니 천간(天干)으로 병(丙)에 해당되고, 마(馬)는 지지(地支)로 오(午)에 해당되므로 배상룡이 33세 때인 병오년(1606)을 지칭하는 말이다.

62) 죽취일(竹醉日) : 음력 5월 13일로, 대나무를 옮겨 심는 최적의 날로 꼽힌다. 절개가 강해서 무척 까다로운 대나무도 이날만은 술에 취한 듯 정신이 몽롱해지며 나른해지기 때문에 옮겨 심어도 산다는 뜻으로, 그날을 죽미일(竹迷日)이라고도 한다.

63) 석담자(石潭子) : 이윤우(李潤雨, 1569~1634)를 말한다. 자는 무백(茂伯), 호는 석담(石潭), 본관은 광주(廣州)이다. 성주 출신으로, 정구(鄭逑)의 문인이 되었다. 1606년 문과급제, 담양 부사·경성 판관·공조 참의에 이르렀다. 저서로는 『석담집』이 있다.

64) 뛰어난 분[騶虞] : 추우는 모양이 백호(白虎)와 비슷한데 검정 무늬가 있으며, 꼬리가 몸보다 긴 짐승으로, 생물을 잡아먹지 않고 생풀을 먹지 않는다 하여 기린과 함께 인수(仁獸)로 알려져 있다. 뛰어난 인물을 비유한다.

집을 지어[65] 잘 배양하겠네	堂構謹埏埴
이에 작은 집을 지으니	玆焉營小堂
외로운 떨기 완연히 예전 같네	孤叢宛如昨
강산이 진실로 절경인 데다	江山固絶勝
하물며 이 아름다운 자취임에랴	況此遺芳躅
두 글자의 편액을 걸어 놓으니	扁名揭二字
참 마음의 독실함이 드러나네	露出誠心篤
나는 주인의 뜻을 아노니	吾知主人意
이름을 돌아보며 더욱 아끼겠지	顧名增愛惜
묻노니 나는 올해로 몇 년째인가	問我今幾年
다시 와서 심은 대나무 어루만지니	重來撫手植
지난 일이 늙은이의 회포 얽어매어	往事嬰老懷
갑자기 마음이 편안하지 않네	忽忽意不適
시 짓는 늙은이 나의 옛 벗이어서	詩翁吾舊遊
나보다 먼저 짓고 나에게 권하네	先我作詩勖
진덕수업[66]은 노년일수록 귀중하지	進修貴暮年
이러므로 「기욱」의 시[67]가 있다네	是以有淇澳

65) 집을 지어[堂搆] : 대대로의 가업을 계승한다는 뜻이다. 『서경』 「대고(大誥)」의 "그 아들이 기꺼이 집터를 닦으려 하지 않으니 하물며 기꺼이 집을 얽어 만들겠는가.[厥子乃不肯堂 矧肯構]"라는 말에서 유래한다.

66) 진덕수업[進修] : 도덕(道德)을 증진시키고 공업(功業)을 세우는 것을 말한다. 『주역』 「건괘(乾卦)·문언(文言)」의 "군자는 도덕을 증진시키고 공업을 세운다.[君子進德修業]"라는 말에서 유래한다.

67) 「기욱」의 시[淇澳] : 『시경』 「위풍(衛風)·기욱(淇澳)」을 말한다. 위 무공(衛武公)이 95세 때 지은 작품으로, 기초부터 단계를 밟아가며 학문과 덕을 닦자고 스스로 경계한 시이다.

상사 최은의 계사에 지어 주다[贈題崔上舍 䡵 溪舍]

자주自註 : 훌륭한 시의 운에 화답하면서 오로지 '사舍' 자로 운을 단 것은 정사가 눈앞에 있는데도 가 볼 수 없어서 이에 같은 글자로 여러 번 압운을 달아 멀리서 그리는 회포를 부쳤다.

내가 듣자니 최 상사는	吾聞崔上舍
절경을 골라 정사를 지었다지	選勝開精舍
물과 구름 서려 있는 곳이며	水雲之窟宅
물고기와 용이 머물러 있다지	魚龍所止舍
삼라만상의 기이한 산천들이	森羅萬象奇
조그마한 집을 에워싸고 있다네	環拱一畝舍
맑은 창가에 깨끗한 책상 놓고	晴囱淨几案
신명의 집을 수렴성찰[68]한다네	收省神明舍
조용히 내다보면 푸르른 풍경뿐	靜觀只麼青
굽어보면 쉬지 않고 흐르는 물이네	俯臨流不舍
경치와 취미가	景致與趣味
서로 잘 어울려 떼어놓지 못하겠지	相宜不相舍
한 줄기의 강물 위아래에 살고 있어	一水上下居
삼십 리의 거리도 되지 않는데	曾不容一舍
누가 붙잡고 만류하여	有誰錮而留
아직까지 가보지 못하였는가	尚未登公舍
화운을 구하며 훌륭한 시 주셨건만	求和投玉韻
화답하려니 못난 시 재주 부끄럽네	欲酬媿草舍
멀리서도 알겠네 집 단장 오래되어	遙知糚點久
뭇 꽃들이 집을 에워싸고 있을 것임을	羣芳栽繞舍
늙을수록 더욱 고결하고 곧으니[69]	幽貞老益彌

68) 수렴성찰(收斂省察) : '수렴'은 심신을 점검하고 단속하는 것을 말하며, '성찰'은 자신의 내면을 살피는 것을 말한다.

69) 고결하고 곧으니[幽貞] : '유정'은 『주역』 「리괘(履卦)·구이효(九二爻)」의 "정도를 밟고 가니 탄탄하다.

학문 익힘 버릴 수 있으랴	藏修其肯舍
병오년을 다시 떠올려 보면	仍思騂馬歲
산천암에서 서로 좇아 놀았지	相從山泉舍
배운 것은 깊이가 달랐지만	所學有淺深
귀중한 것 취미는 같았네	所貴同趣舍
짧은 오십 년 세월에	俯仰五十載
벗들은 모두 세상 버리고	輩流盡捐舍
오직 공과 내가 살아 있으니	唯餘公我在
하늘이 내버려 두어서라네	爲天度外舍
팔월의 마지막 정일은	仲秋季丁日
의관 갖추어 석채례 행하는 날	襟佩行菜舍
우리들 스스로 힘써야 하기에	吾儕須自勉
병을 무릅쓰고 재사에 달려갔건만	強疾赴齋舍
우러러보매 슬픈 감회만 깊었느니	瞻仰感愴深
영령께서는 우리를 버리고 가셨네	英靈其我舍
대화한 말은 옛 이야기가 되고	對說舊所聞
이름만 써서 학사에 남겼네	書名留學舍
조물주의 잗다란 시샘을	屑屑小兒猜
공께서는 내려놓기 바라오	願公姑是舍

마음이 조용하고 안정된 사람이라야 바르고 곧으며 길하리라.[履道坦坦 幽人貞吉]"라는 말에서 유래하는데, 고결하고 굳고 곧은 절조를 뜻한다.

황헌중의 시에 차운하다. 2수[次黃憲中韻 二首]

인간 세상 오십 년에	人間五十年
그대와의 정의 어찌 그리 지극하였던가	與君情何極
옛 보검으로 간담을 비추어보고[70]	古劒照肝膽
새 시편으로 흉금을 털어놓았네	新篇攄胷臆
금옥 같이 은근하고 좋은 말로	慇懃金玉音
고독한 나를 얼마나 위로하였던가	幾多慰窮獨
작은 시냇가 이웃에 터를 잡아	卜鄰小溪頭
분수에 맞게 오두막집 세웠네	任分營圭蓽
번화한 세상일들	繁華浮世事
모두 지난 세월에 부쳤네	渾付烏過目
땅은 처사가 거처하기에 알맞고	地合處士居
샘은 시인의 가슴을 적시기에 좋았네	泉宜詩肺渴
밝은 달밤에 외로이 거문고 타니	孤桐月明中
옛 곡조이지 새 곡조가 아니라네	古調非新曲
일찍이 지기[71]로 허여해 주어	峩洋早推許
사람의 마음 조심스럽게 하였지	令人意踧踖
아이들이 조금 자라고 나면	兒童稍長成

70) 옛……비추어보고 : 두 사람의 마음이 잘 맞는 것을 비유한 말이다. 보검은 장화(張華)가 예장(豫章)의 점성가(占星家) 뇌환(雷煥)에게 물어서 발굴한 보검인 용천검(龍泉劍)과 태아검(太阿劍)을 말한다. 장화가 주살되고 나서 용천검의 소재가 알려지지 않았고, 태아검 역시 뇌환이 죽고 나서 그 아들이 차고 다니다가 연평진(延平津)을 지날 때 칼이 물속으로 뛰어들어갔는데, 잠수부를 시켜 찾아보게 한 결과 칼은 보이지 않고 두 마리 용이 사라지는 것만을 보았다는 전설에서 유래하여, 서로의 마음이 통하는 것을 비유한다.(『晉書』「張華傳」)

71) 지기[峩洋] : 전국 시대에 거문고를 잘 탔던 백아(伯牙)와 연주 소리의 의미를 잘 이해하였던 그의 친구 종자기(鍾子期)가 있었는데, 백아가 높은 산[高山]을 생각하며 연주하면, 종자기가 듣고서 "좋다, 높고 높은[峨峨] 것이 마치 태산(泰山) 같구나."라고 하였으며, 또 흐르는 물[流水]을 생각하며 연주하면, 종자기가 듣고서 "좋다, 넓고 넓은[洋洋] 것이 마치 강하(江河) 같구나."라고 하였다는 고사에서 유래한다.(『列子』「湯問」)

고달픔을 벗어날까 하였지　　庶免勞筋骨
평생 애써 노력한 것은　　平生所孜孜
묵은 서책과 낡은 편지　　陳篇與殘牘
맛있는 음식처럼 좋아하여　　芻豢已成癖
주림과 추위에도 아랑곳 않았네　　飢寒不自抑
저 멀리 고금의 일 생각하니　　悠悠今古事
낱낱이 마음속에 다 떠오르네　　歷歷方寸悉
높은 갓 쓰고 학도들을 가르칠 때　　峩冠講學徒
누가 그대만큼 뜻이 독실했던가　　孰如君意篤
나는 지금 쇠약하고 늙어　　我今衰且老
책 읽기를 접은 지 오래라오　　書史廢涉獵
거센 아이는 배와 밤이나 좋아하고72)　　驕兒愛梨栗
글 읽어도 마음은 홍곡73)에 있다네　　讀書志鴻鵠
집 가까이 산수 외진 곳에　　住近山水隈
등과 칡이 뒤엉켜 에워싸고　　繞屋雜藤葛
자주 들르는 사람도 없어　　無人勤來過
깊숙한 골목에 수레 자취 끊겼네　　深巷絶車躅
얼굴을 아는 것은 새와 물고기이고　　識面是禽魚
믿음 지키는 것은 바람과 달이라네　　有信唯風月
그리는 정 있음으로 해서　　賴有戀戀情
세월 따라 간격이 없었네　　時月無間隔
서로 마주하면 또 무엇하랴　　相對亦何爲
득실에 대하여는 생각을 잊었는데　　忘懷於得失

---

72) 배와……좋아하고 : 도잠(陶潛)의 「책자(責子)」에 "막내 자식 통은 9살이 되어도, 다만 배와 밤만 달라고 하네.[通子垂九齡 但索梨與栗]"라고 한 말에서 유래한다.

73) 홍곡(鴻鵠) : 딴생각을 하는 것을 말한다. 『맹자』 「고자상(告子上)」의 "바둑을 잘 두는 혁추(奕秋)가 두 사람에게 바둑을 가르치는데, 한 사람은 마음을 다해 배우고 한 사람은 날아오는 홍곡을 활로 쏘아 맞출 것을 생각한다면, 비록 함께 배운다 하더라도 그와 같지 못할 것이다."라는 말에서 유래한다.

뭇 아이들은 지각이 있으니	羣孩有知覺
가르침은 그대가 맡아야지	敎誨君任責
머지않아 책 상자 지고	近當負書笈
날마다 그대를 뵙게 되리	晴囱日參謁
내 아이가 바로 그대 아이이니	吾兒卽君兒
회초리 들어 많이 깨우쳐 주시오	箠楚須用百

부럽구나 그대의 고운 시상	羡君詩思姸
봄 구름 피어나듯 아주 섬세하네	春雲生微極
몽당붓을 마음대로 휘둘러	破筆自應手
어려운 운도 능란히 요리하지	强韻能隨臆
주흥은 늙어서 다시 짙어만 가고	酒興老更濃
시궁[74]은 지금 세상에서 혼자이네	詩窮今世獨
옥 같은 시편 몇 번이나 화답 요구하니	瓊章累求和
높은 누각에 초가집[75]이네	岑樓並竇蓽
글자마다 모두 남달라[76]	字字皆穎脫
얼마나 눈을 닦고 보았던가	幾多揩病目
앓던 머리가 그만 다 낫고	頭風便覺痊
무더위와 목마름이 씻은 듯 사라졌네	當暑滌煩渴

---

74) 시궁(詩窮) : 송(宋)나라 구양수(歐陽脩)의 「매성유시서(梅聖兪詩序)」의 "시가 사람을 궁하게 만드는 것이 아니라, 사람이 궁해진 뒤에야 시가 멋들어지게 되는 것이다.[非詩能窮人 殆窮者而後工也]"라는 말에서 유래한다.

75) 높은 누각에 초가집[竇蓽] : '두필'은 규두필문(圭竇蓽門)의 준말로, 규두는 홀(笏)처럼 생긴 담장으로 미천한 사람의 집 문을, 필문은 사립으로 짠 문으로 집이 누추한 것을 지칭하는데, 모두 초라한 집을 말한다.

76) 남달라[穎脫] : 뛰어난 재질을 말한다. 전국 시대 평원군(平原君)의 식객(食客)이었던 모수(毛遂)가 "진작에 나를 주머니 속에 들어가 있게 하였다면, 송곳 끝이 삐져나오는 정도가 아니라, 송곳 자루 전체가 튀어나왔을 것이다.[使遂早得處囊中 乃穎脫而出 非特其末見而已]"라고 한 말에서 유래한다.(『史記』 권76 「平原君虞卿列傳」)

어찌 넉넉한 시재만 자랑거리랴	豈但誇詩富
애오라지 속내를 드러내었네	聊爲露心曲
겁에 질려[77] 화답할 줄을 모르니	怯膽不知報
사례를 하려 해도 한층 더 움츠러드네	欲謝增踧踖
그대는 보시게나 세상 아이들을	君看世上兒
경박하게 공명만을 쫓는 체질이라네	輕薄功名骨
끊임없이 오간 글도	雪片往來書
모두 쓸데없는 서신 되었네	摠是空函牘
억지로 말하고 웃으니	詡詡強言笑
마음이 끝내 우울하네	方寸終掩抑
어찌 적막한 한편에서	豈如寂寞邊
정다운 마음 다 묻는 것만 하랴	勤問情意悉
청년 시절 맑은 물 같이 사귀었고	青年淡水交
늙어서는 우의가 더욱 돈독하였지	白首誼彌篤
게을러빠진 나는 여전히 쓸모없으니	踈慵仍濩落
속임수의 사냥마저 다 잊어버렸네[78]	詭範渾忘獵
게다가 또 고질병에 걸리어	况又嬰疢疾
한가로이 앉아 나는 고니나 세네	閒坐數鴻鵠
분수에 맡겨 마음 가는 대로 만족하면서	任分隨意足
더우면 칡옷 입고 추우면 갖옷 입네	寒暑一裘葛

77) 겁에 질려[怯膽] : 상대방의 뛰어난 문장을 칭찬하는 말이다. 한유(韓愈)의 「수사문노사형운부원장망추작(酬司門盧四兄雲夫院長望秋作)」에 상대방의 뛰어난 문장을 칭찬하면서 “아, 나 소생은 굳센 동반을 만났으니, 담이 겁에 질려 용기가 변한 것 신명이 살펴 알리라.[嗟我小生值强伴 怯膽變勇神明鑒]”라고 하였다.

78) 속임수의……잊어버렸네 : 되지 않는 글도 잊어버리고 못 짓는다는 뜻이다. 『맹자』 「등문공하(滕文公下)」에 말을 잘 모는 왕량(王良)이란 사람이 조간자(趙簡子)의 행신(幸臣) 해(奚)를 태우고 말을 법대로 몰자[範我馳驅], 해가 온종일 짐승 한 마리도 잡지 못하고는 왕량을 일러 천하의 천공(賤工)이라고 했다가, 그 후에 왕량이 다시 해를 태우고 고의로 말 모는 법도를 지키지 않고 짐승을 속여서 만나게 해 주자[詭遇], 해가 하루아침에 짐승을 열 마리나 잡고는 왕량을 일러 천하의 양공(良工)이라 하고, 왕량을 자기 어자(御者)로 삼고자 하였다는 고사에서 유래한다.

오직 하나의 좀인 것 부끄러우니	唯慚一大蠹
선현이 남긴 자취 마냥 저버렸네	浪負前賢躅
여러 아이들 학문이나 권하면서	諸兒勸之學
그저 세월이나 보내야지	徒能玩日月
예로부터 부지런하냐 않으냐에 따라	自古勤不勤
어리석음과 지혜로움이 나뉘었지	愚智從此隔
모두가 명에 달려 있으니	莫非有命存
득실은 묻고 싶지 않네	不欲問得失
통달한 사람의 말은 듣지 않고	不聞達人語
도리어 도연명의 꾸짖음79)을 비웃네	反笑淵明責
그리운 마음은 가을이 다시 괴로우니	相思秋更苦
그대가 늦다면 내가 마땅히 찾아가야지	君遲我當謁

한강 선생을 애도하는 만시. 2수[寒岡先生挽 二首]

하늘이 인문80)을 위해 큰 선비 내리시니	天爲人文降大儒
끊어진 도학의 길 열어 정주를 따르셨네	抽關絶學踵程朱
자품은 순수하고 온전한 데다 온량함을 곁들였고	資全純粹溫良竝
공부는 성명에 나아가 경의를 함께 하셨네81)	工造誠明敬義俱

79) 도연명의 꾸짖음[淵明責] : 도연명(陶淵明)의 「책자(責子)」를 두고 한 말이다.

80) 인문(人文) : 예악의 교화를 가리킨다.

81) 공부는……하셨네 : '성명(誠明)'은 『중용』의 "성실함으로부터 밝아짐을 성이라 하고, 밝음으로부터 성실해짐을 교라 하니, 성실하면 밝아지고, 밝아지면 성실해진다.[自誠明謂之性 自明誠謂之教 誠則明矣 明則誠矣]"라는 말에서 유래하는데, 지극히 정성스러운 마음과 온전한 덕성을 말한다. '경의(敬義)'는 『주역』 「곤괘(坤卦)·문언(文言)」의 "군자는 경으로 마음을 곧게 하고, 의로 일을 바르게 하니, 경과 의가 확립되면 덕이 외롭지 않다.[君子敬以直內 義以方外 敬義立而德不孤]"라는 말에서 유래하는데, 마음속으로는 공경하고 일을 처리할 때에는 의롭게 하는 것을 말한다.

뭇 어리석은 자들의 모범으로 『예설』[82]을 엮고 儀範羣蒙編禮說
만고의 강상 바로잡아 충성의 계모 우뚝 세우셨네 綱常萬古抗忠謨
홍교가 한 번 끊어지자[83] 해와 달과 별이 어두워지니 虹橋一斷三精瞀
노둔한 자질 어디에서 다시 어리석음 깨우칠까 魯質從何更砭愚

반평생 가르침 받들며 외람되게도 모실 적에 半生將命猥承顔
나의 외로움과 미련함을 가엾게 여기셨지요 矜我孤危悶我頑
행할 수 있는 것으로 가르침 펼치고 就所可行施敎術
증상에 따라 영약을 처방해 주셨지요 隨其病處試靈丹
밝은 창가에서 예를 강하실 때 오피궤[84] 받들고 晴囱講禮操烏几
밤 장막에서 등불 돋우며 한가히 모셨지요 夜帳挑燈侍燕閒
언덕 위의 푸른 소나무와 연못가의 대나무 岡上蒼松淵上竹
돌아가시고 난 뒤 흐르는 눈물 어이 견디리오 百年經過詎堪潸

석담 이윤우를 애도하는 만시[挽李石潭 潤雨]

남극성과 문창성[85]이 반짝반짝 높이 빛나더니 南極文星燦燦高
선현이 남기신 복으로 영재가 태어났네 昔賢遺慶挺英豪
재주는 비단옷이 삼천 장이고 才華錦衣三千丈
지망은 영주의 열여덟 무리[86]였네 地望瀛洲十八曹

82) 『예설(禮說)』 : 정구가 편찬한 『오선생예설(五先生禮說)』을 말한다.

83) 홍교가 한 번 끊어지자 : 도의 전승이 끊어진 것을 뜻하는 말이다. 주자의 시 「구곡도가(九曲棹歌)」의 "홍교가 한 번 끊어지자 소식이 없으니, 만학천봉이 푸른 연기로 잠겨 있네.[虹橋一斷無消息 萬壑千峯鎖翠烟]"라는 구절에서 유래한다.

84) 오피궤(烏皮几) : 앉을 때 몸을 기대는 작은 안석(案席)으로, 검은 염소 가죽으로 장식한 것이다.

85) 남극성과 문창성[南極文星] : 남극성(南極星)은 장수(長壽)를 상징하는 별이고, 문창성(文昌星)은 문곡성(文曲星)이라고도 하는데, 문운(文運)을 맡은 별이다.

야대87)가 깊어질수록 어촉88)을 나누어 주셨고 夜對更深分御燭
새로 짓는 글 막 마치자 궁포를 덮어 주셨네 新詞草罷覆宮袍
하늘은 어찌 이리 군민의 사업89)에 인색한가 君民事業天何嗇
창생들이 훌륭한 분에게 기댈 길 다시 없네 無復蒼生倚俊髦

감호 여대로90)를 애도하는 만시. 2수[挽呂鑑湖 大老 二首]

신임년91)의 과거에 연이어 합격하여 辛壬之年科第聯
평탄하나 험난하나 마음 온전하였지 備經夷險兩心全
주고받은 의기투합의 말 마음에 새겨 두었으니 往復蘭言銘肺腑
한 가닥 숨 남아 있는 동안 어찌 잊을까 如存一息敢忘旃

---

86) 열여덟 무리 : 당 태종(唐太宗)이 문학관(文學館)을 열어 방현령(房玄齡), 두여회(杜如晦) 등 18명을 뽑아 특별히 우대하고 번(番)을 셋으로 나누어 교대로 숙직하며 경전을 토론하게 하였는데, 이를 세상 사람들이 등영주(登瀛洲)라 하여 신선이 산다는 전설상의 산인 영주(瀛洲)에 오르는 것에 비기며 영광으로 여겼다.

87) 야대(夜對) : 임금이 밤중에 신하를 불러 경사(經史)에 나오는 고금(古今)의 치란(治亂)에 관하여 대강(對講)을 하게 하던 경연(經筵)을 말한다.

88) 어촉(御燭) : 임금이 하사한 초를 말한다.

89) 군민의 사업 : 요순군민(堯舜君民)의 사업을 말한다. 탕(湯)이 세 번이나 사람을 보내 초빙하자 이윤이 "내가 초야에 묻혀 이대로 요순의 도를 즐기는 것보다 내 차라리 이 임금을 요순과 같은 임금으로 만드는 편이 낫지 않겠으며, 내 차라리 이 백성을 요순의 백성으로 만드는 편이 낫지 않겠으며, 내 자신이 직접 그러한 치세(治世)를 보는 편이 낫지 않겠는가."라고 한 말의 의미이다.(『孟子』「萬章上」)

90) 여대로(呂大老, 1552~1619) : 자는 위수(渭叟)·성우(聖遇), 호는 감호(鑑湖), 본관은 성산(星山)이다. 1583년 문과에 급제하였다. 임진왜란 때 권응성(權應星)과 함께 금산에서 의병을 일으켜 적을 격파하고 군량을 관장한 공으로 지례 현감·예조 및 병조 좌랑·대구 판관·사헌부 지평·합천 군수 등을 지냈다.

91) 신임년(辛壬年) : 여대로는 임오년(1582)에 진사시에 입격하고, 계미년(1583)에 문과에 급제한 전력만 확인되고 있다. 임오년 한 해 전이 신사년이니, 연도의 착오가 있으나 어느 쪽이 맞는지 알 수 없다.

공에게 어찌 시운을 잘못 만났다 말하랴	公於時命敢云愆
사품의 벼슬에 일흔의 수 누렸으니	四品之班七十年
명구의 터 잡은 것은 지수[92] 물려받아서요	占勝名區仍智水
문원을 빛낸 것은 청전[93]을 이어받아서였네	蜚英文苑襲青氈
이무기와 자벌레의 사림과 구부림[94]은 시운에 걸려서요	虬蟠蠖屈知關運
난새와 고니의 우뚝[95]함은 하늘이 점지해서라네	鵠峙鸞停已定天
경박한 풍속의 헐뜯음도 공에게는 미치지 않았으니	薄俗齒牙曾莫及
아마 웃음을 머금으며 황천길을 가시겠지	想應含笑到黃泉

이심득[96]을 애도하는 만시[挽李心得]

우리 고을의 으뜸이요 문하의 어른이니	首吾鄕黨丈吾門
평범하게 나이만 많으신 것은 아니라네	不啻尋常以齒尊
어려서부터 따라 배워 백발이 되었으니	丱角從遊成皓白
녹봉[97]의 묵은 자취 어찌 말하리	鹿峯陳迹詎堪言

92) 지수(智水) : "어진 사람은 산을 좋아하고 지혜로운 사람은 물을 좋아한다.[仁者樂山 知者樂水]"라는 말에서 유래한다.(『論語』「雍也」)

93) 청전(青氈) : 가전(家傳)의 구물(舊物) 또는 조상의 세업이란 뜻이다. 왕헌지(王獻之)가 서재에 들어온 도둑에게 "청전은 우리 집에 대대로 전해온 물건이니, 그것만은 놓아두어야 한다.[青氈 我家舊物 可特置之]"라고 하자 도둑이 놀라서 그대로 달아났다는 고사에서 온 말이다.(『晉書』「王獻之傳」)

94) 이무기와……구부림[蠖屈] : 사람이 때를 만나지 못하여 아랫자리에 있음을 비유한다.

95) 난새와……우뚝 : 뛰어난 자손들을 비유하는 말이다. 한유(韓愈)의 「전중소감마군묘명(殿中少監馬君墓銘)」에 "물러나 소부(少傅)를 보매 푸른 대 푸른 오동에 난새와 고니가 우뚝 선 듯하였으니, 능히 그 가업을 지킬 만한 이였다.[翠竹碧梧 鸞鵠停峙 能守其業者也]"라는 말이 있다.(『古文眞寶後集』)

96) 이심득(李心得, ?~?) : 자는 자행(子行), 본관은 광주(廣州)이다. 칠곡(漆谷) 상지(上枝)에 살았다. 임진왜란 때 곽재우(郭再祐)와 함께 의병을 일으켜 왜적을 토벌하였다.

97) 녹봉(鹿峯) : 1561년 성주 목사 황준량(黃俊良)과 교수(教授) 오건(吳健) 등이 중심이 되어 팔거현(八莒縣, 지금의 칠곡)에 녹봉정사(鹿峯精舍)를 지었다.

김명숙 호철98)을 애도하는 만시. 2수[挽金明叔 好哲]

죽은 아우99)와 그대는 같은 해에 났으니 亡弟與君同歲生
만나서 얘기 나누면 둘 다 나이 잊었네 逢場談話兩忘形
황천에서 모이자는 말 빈말이 아니니 九原會合非虛說
노쇠한 늙은이 죽지 못한 심정을 전해 주게나 爲報衰翁未死情

어린 나이에 고종형의 집에 장가들어 弱齡來聘表兄家
혼례 자리에서 사람마다 새신랑 훌륭하다 하였지 人道巹筵新甫嘉
빼어난 문장은 집안의 세업을 전수받았으나 文苑蜚英傳緒業
고향에 은거하며 영욕의 분란 싫어하였네 丘原蟠蟄厭紛挐
성광100)이 형산옥101) 감춘 것을 누가 알랴 醒狂誰識韜荊玉
꿈속에서도 벽의 뱀이 괴로워102) 너무 아파하였네 片夢偏傷惱壁蛇
좋은 정의 슬픈 만사에 담아 말하려니 情好欲憑哀挽說
깊은 슬픔 짧은 글로 어떻게 다 말하랴 深悲其柰短章何

---

98) 김호철(金好哲, 1594~1639) : 자는 명숙(明叔), 호는 괴정(槐亭), 본관은 상산(商山)이다. 상주(尙州)에 살았고, 정구(鄭逑)의 문인이다. 1633년 문과급제, 교서관 정자를 지냈다.

99) 죽은 아우 : 배상룡의 아우 배상호(裵尙虎)는 39살로 요절했다.

100) 성광(醒狂) : 오만하게 세상을 보는 사람, 즉 재능을 지닌 사람을 말한다. 한(漢)나라 개관요(蓋寬饒)가 강직한 사람으로, 당시의 귀족인 허백(許伯)의 새집 낙성식에 갔다가 허백이 직접 술을 따르자, 개관요가 "나에게 술을 많이 따르지 마십시오, 나는 주광입니다.[無多酌我 我迺酒狂]"라고 하니, 승상(丞相) 위후(魏侯)가 웃으면서 "차공(개관요의 자)은 깨어 있으면서도 미쳤는데 술이 무슨 필요 있겠소.[次公醒而狂 何必酒也]"라고 한 말이 있다.(『前漢書』「蓋寬饒傳」)

101) 형산옥[荊玉] : 형산(荊山)의 옥, 즉 화씨벽(和氏璧)으로, 뛰어난 재주를 말한다. 춘추 시대 초(楚)나라 사람 변화(卞和)가 진귀한 옥돌을 초왕(楚王)에게 바쳤다가 임금을 속인다는 누명을 쓰고 두 차례나 발뒤꿈치를 베이는 형벌을 당했으나 끝내는 진가(眞價)를 인정받고서 천하제일의 보배인 화씨벽(和氏璧)을 만들었다는 고사가 있다.(『韓非子』「和氏」)

102) 벽의 뱀에 괴로워 : 동진(東晉) 때 악광(樂廣)이 친구와 술을 나눌 적에 벽에 뱀 모양을 조각하여 칠해 놓은 각궁(角弓)을 놓았는데, 그것이 친구의 술잔 속에 비치어 친구가 뱀이 술잔 속에 든 줄 알고 마음이 섬뜩하여 병이 들었다 한다.(『晉書』「樂廣傳」)

상사 이중형[103]을 애도하는 만시[挽李上舍 重亨]

그대는 어찌 이리 인간세상 서둘러 버리셨나	君何忙遽棄人間
맑은 풍도 추억하자니 늙은이 눈물 흐르네	追想淸標老淚潸
어진 이 장수하지 못하니 천리가 어긋난 것 아닌가	不是壽仁天理爽
우리만이 인색한 저 하늘의 피해를 너무 입었네	吾儕偏被彼蒼慳

안협 현감 김행가[104]를 애도하는 만시[挽金安峽 行可]

고상한 마음과 넓은 도량 세상에 보기 드문데	高情雅量世難窺
한 번 산속 정자에 누운 지 얼마였던가	一臥山亭問幾時
공처럼 독실한 풍채가 있지 않았다면	不有似公風彩篤
고금에 누가 그 집안에 어울리는 사람이라 하랴	古今誰道稱家兒

운암 김주[105]를 애도하는 만시[挽金雲巖 輳]

큰 시축 쓴 것은 할아버지 따라서였지	大軸頻題吾祖從
맑고 빛나는 눈동자 가업[106] 잇기에 걸맞았네	星眸瞭朗稱箕弓

103) 이중형(李重亨, 1595~1643) : 자는 자회(子會), 호는 이락당(二樂堂), 본관은 성주이다. 성주에 살았고, 정구(鄭逑)의 문인이다. 1624년 생원시에 입격하였고, 병자호란 때 의병을 일으켰다.

104) 김행가(金行可, ?~?) : 자는 시회(時晦), 본관은 의성이다. 김우옹(金宇顒)의 조카이고, 현감을 지냈다. 『한강집(寒岡集)』「김동강(金東岡) 우옹(宇顒)에 대한 제문」을 참조하라.

105) 김주(金輳, 1564~1636) : 자는 지원(志遠), 호는 운암(雲巖), 본관은 해평(海平)이다, 성주 출신이다. 1624년 문과급제, 춘추관 기주관을 지냈으며, 저서로는 『운암집』이 있다.

106) 가업[箕弓] : 대대로 전하는 가업(家業)을 잇는 것을 뜻한다. 『예기』「학기(學記)」의 "훌륭한 대장장

때를 기다리는 표범 남산의 안개 속에 숨었다가107) 竢時豹隱南山霧
운을 탄 붕새 되어 북해의 바람 차고 날아올랐지 乘運鵬摶北海風
훌륭한 모범 세상의 상서가 되기를 기다렸건만 佇看羽儀爲世瑞
끝내 뇌봉108)에만 은택 미치고 말았네 竟敎膏澤止雷封
인간 세상 어디에서 이 심정 토로하여 볼까 人間何處開心曲
새 무덤 바라보며 곡하니 한스러움 끝없네 哭望新阡恨不窮

판관 한흠109)을 애도하는 만시[挽韓判官 欽]

오이와 칡처럼110) 어릴 적부터 서로 따르며 瓜葛相從自妙齡
그 당시 나는 자형인 줄 몰랐었지 吾時不識是姻兄
남의 후사로 들어가 세 아들 잘 길렀고 爲人之後三男秀
아내와 화목하며 여든까지 사셨네 宜室于茲八袠亨
재주 모자라는 것이 편안한 신세에 무어 나쁘랴 才短何妨身世逸
집은 가난해도 술동이 가득한 것을 기뻐했네 家貧猶喜酒罇盈
생사를 서로 슬퍼한 지 열흘이 겨우 지났는데 相憐生死旬纔涉
부음 들으니 늙은이의 마음 너무 아프네 聞訃偏傷白首情

이의 아들은 반드시 갖옷 꿰매는 법을 배우고, 훌륭한 궁인(弓人)의 아들은 반드시 키 만드는 법을 배운다.[良冶之子 必學爲裘 良弓之子 必學爲箕]"라는 말에서 유래한다.

107) 때를……숨었다가 : 표범이 산속에 가만히 숨어 있는 것처럼, 산림에 칩거하여 때를 기다렸다는 말이다. 남산의 검은 표범이 자신의 털 무늬를 아름답게 보존하기 위해서, 무우(霧雨)가 계속된 7일 동안 먹을 것이 없어도 가만히 머물러 있기만 하고, 산 아래로 내려가서 먹을 것을 구하려 하지 않았다는 남산현표(南山玄豹)의 고사에서 유래한다.(『列女傳』「陶答子妻」)

108) 뇌봉(雷封) : 지방 작은 고을의 수령을 뜻한다. 보통 사방 100리 정도 되는 고을이 현(縣)이 되는데, 천둥이 치면 그 소리가 100리쯤 진동한다 하여 현령을 뇌봉이라고 하였다.(『漢書』「百官公卿表上」)

109) 한흠(韓欽) : 배상룡의 아우인 배상호의 둘째 사위이다.

110) 오이와 칡처럼[瓜葛] : 오이와 칡은 모두 덩굴성 식물로, 이리저리 연이어 인척 관계가 있는 것을 뜻한다.

완정 이언영111)을 애도하는 만시[挽李浣亭 彦英]

슬퍼도 너무 슬퍼 말라며 짧은 글 짓자니	愴莫深悲寫短篇
공을 잘 아는 나이지만 글로 쓰기 어렵네	知公唯我狀公難
가슴에는 바다 같은 기세 간직하고	胷中吐納滄溟勢
손으로는 조화옹의 권능 망라하였지	手下牢籠造化權
재산 모은 도주공112) 부를 위한 것 아니었고	治產陶朱非爲富
해학 일삼는 동방삭113) 어찌 신선 구하였으랴	滑稽方朔豈求仙
사간원의 짧은 한 말에 공의 대단함 알 수 있으니	薇垣片語爲公盛
우물에 앉아서 하늘을 보듯 하지 마시게나	且莫將天坐井看

죽헌 최항경을 애도하는 만시[挽崔竹軒 恒慶]

아흔까지 장수하시리라 기약했건만	眉壽遐期九十齡
어찌하여 옥황상제의 뜰로 바삐 가셨나	如何催赴紫皇庭
젊어서는 황학루에 올라 시구를 짓더니	早登黃鶴題詩句
늙어서는 청우114) 좇아 도경을 읽었네115)	晚逐青牛點道經

---

111) 이언영(李彦英, 1568~1639) : 자는 군현(君顯), 호는 완정(浣亭), 본관은 벽진(碧珍)이다. 칠곡 석전(石田)에 살았고, 정구와 장현광의 문인이다. 1603년 문과급제, 전적·호조 좌랑·정언을 역임하였다. 광해군 때 간관(諫官)으로서 모후(母后)를 폐하자는 의론과 영창대군의 억울한 죽음에 소를 올렸다가 삼사(三司)의 탄핵을 받아 10년 동안 벼슬길이 막혔다. 1623년 인조반정으로 소환되어 직강·사예 등을 역임하고, 이괄(李适)의 난과 정묘호란에 왕을 호종하였다.

112) 도주공[陶朱] : 춘추 시대 월왕(越王) 구천(句踐)의 신하 범려(范蠡)의 변명(變名)으로, 화식(貨殖)에 뛰어난 재질을 발휘하여 세 번이나 천금(千金)을 소유한 부자가 되었다.(『史記』 권41 「越王勾踐世家」)

113) 동방삭[方朔] : 『광박물지(廣博物志)』에 "곡희자(谷希子)는 도술을 익혀 신선이 되었는데 동방삭(東方朔)이 그를 스승으로 모셨다."라는 말이 있다.

114) 청우(青牛) : 신선을 말한다. 노자(老子)가 만년(晚年)에 청우거(青牛車)를 타고 함곡관(函谷關)을

사관에서는 벌써 고사전을 쓰고 史館已書高士傳
고을에서는 오히려 덕성정을 우러르네 鄕閭猶仰德星亭
육 년이나 회연에서 심력을 같이 하였기에 六年淵上同心力
떠올리자니 늙은이 눈물 감당하기 어렵네 追憶難堪老淚零

-회연에서 심력을 같이하였다는 것은 서원 건립[116]의 일을 말한다.-

절도사 문희성[117]을 애도하는 만시. 2수[挽文節度 希聖 二首]

우람한 체구에 제비 턱과 호랑이 머리 軀幹魁梧燕虎姿
나라에 몸 바치니 가장 어려운 때였네 許身王國際艱危
북교[118]에서의 충성은 중국과 오랑캐에게 알려지고 心丹北窖華夷聞
남주[119]에서의 위명은 초목도 다 알았네 威著南州草木知
감춘 재능[120] 세상사 가벼이 말하지 않고 韜養不輕談世務

지나 서역(西域)으로 들어갔다는 고사에서 유래한다.

115) 도경을 읽었네[點道經] : 도경(道經)에 권점을 찍었다는 말로, 당(唐)나라 때 신선(神仙)을 매우 좋아했던 고변(高駢)의 「보허사(步虛詞)」에 "청계산 도사를 사람들은 알지를 못하니, 하늘을 오르내리는 학 한 마리뿐이로다. 동굴 문 깊이 잠기고 푸른 창은 춥기만 한데, 이슬방울로 주묵 갈아 『주역』에 권점 찍노라.[靑溪道士人不識 上天下天鶴一隻 洞門深鎖碧窓寒 滴露研朱點周易]"라고 한 데서 온 말이다.

116) 서원 건립 : 『등암집』 「연보」에 의하면 배상룡이 49세에 최죽헌(崔竹軒)과 이동호(李東湖)·이백천(李白川)·이심원(李心遠)·박사옹(朴槎翁) 등 동문 제현과 백매원(百梅園)에 모여 선사(先師)의 서원을 회연(檜淵)에 창건했다고 한다. 경북 성주군 수륜면에 있는 회연서원을 두고 하는 말이다.

117) 문희성(文希聖, 1576~1643) : 자는 경수(敬修), 본관은 남평(南平)이다. 1594년 무과급제, 1597년 정유재란 때 공을 세웠다. 전주 영장(全州營將)·경상 우수사·부산 첨사·경상 좌수사·남한산성 별장 등을 역임하였다.

118) 북교(北窖) : 광해군 때 방어사로서 강홍립(姜弘立)을 따라 요동 싸움에 출전했던 것을 가리킨다.

119) 남주(南州) : 남주는 전주를 가리키니, 전주 영장으로 있었던 것을 가리킨다.

120) 감춘 재능[韜養] : 도양은 도광양회(韜光養晦)의 준말로, 재능을 감추고 밖으로 드러내지 않는 것을 말한다.

식견이 뛰어나 시의를 잘 알았네	揣摩偏長識時宜
절도사의 자리 좌천은 아니지만	高牙大纛非爲屈
뛰어난 재주 반도 펼치지 못해 아쉽네	猶惜雄才半未施

형과 나의 두 집에 형과 나만 남았기에	兄我兩家兄我遺
형은 영달을 잊고 나는 어리석음 잊자며	兄忘榮顯我忘愚
기쁜 얼굴로 술 마시며 농담하였는데	含盃嘲謔青生眼
백발에 눈물 닦으며 흐느껴 울겠네	拭淚歔唏白滿鬚
충효 함께 우뚝하고 생사는 순리이나	忠孝竝隆生死順
한 번 흩어지니 떠나는 자 남은 자 모두 외롭구나	飛沉一散去留孤
새로 생긴 무덤에서 슬픈 마음 어떻게 다하랴	新阡白馬情何極
아롱진 상여 줄 저승길 모퉁이에서 머뭇거리겠지	彩紼應遲祖道隅

낙촌 이도장[121]을 애도하는 만시[挽李洛邨 道長]

설월 같은 정신에 금옥 같은 자태	雪月精神金玉姿
일찍부터 훌륭한 이 따라 많은 은덕 입었지	早從蘭室奉纏徽
연이은 춘추필법[122] 앞 시대의 자취 따랐고	連修袞鉞追前武

121) 이도장(李道長, 1603~1644) : 자는 태시(泰始), 호는 낙촌(洛邨), 본관은 광주(廣州)이다. 정구·장현광의 문인이다. 1630년 문과급제, 1636년 병자호란이 일어나자 왕을 호종하여 남한산성에 들어갔으며, 1638년 이조 좌랑으로 있을 때에 청나라에서 요청해 온 군사의 파견을 앞장서서 막았다. 승문원 주서를 지낸 적이 있다.

122) 춘추필법[袞鉞] : 역사를 서술할 적에 공자의 춘추필법(春秋筆法)을 본받아서 한 글자로 포폄(褒貶)을 가하며 정확하게 비평하는 것을 말한다. 『태평어람(太平御覽)』 「복장부 7(服章部七)」에 "『곡량전(穀梁傳)』의 서문에, '한 글자로 칭찬하셨으니 그 상은 화곤보다도 나았고, 한마디 말로 비판하셨으니 그 벌은 부월보다도 무서웠다.' 하였다.[穀梁傳序曰 一字之褒 賞逾華袞 片言之貶 誅深斧鉞]"라는 말이 나온다.

곧바로 이조를 관장하여 물정의 적의에 맞추었네 旋掌銓衡稱物宜
희망이 창생에게 매였으니 사람들 북두처럼 우러렀고 望繫蒼生人仰斗
명성이 대궐에서 높았으니 태평성대 시기였네 名高靑瑣鳳儀時
남녘 땅에서 상여의 소갈병123)으로 일어나지 못하니 漳濱不起相如病
눈물 타서 짓는 시 슬픔이 끝이 없네 和淚題詩不盡悲

참봉 정유숙124)을 애도하는 만시[挽鄭參奉 惟熟]

활짝 트인 흉금에 우람한 자태 坦豁襟懷岐嶷姿
풍류는 그 집안에 걸맞다고 말하셨네 風流人說稱家兒
앞자리에서 아장아장 걸을 때 안아주셨고 踉蹡几席曾提抱
가난한 오두막에서 병 앓았을 때 돌봐주셨네 疾病窮廬賴護持
눈 덮인 산 서재에서 등불 밝힌 밤이요 雪滿山齋燈火夜
맑은 바람 부는 회연서원 꽃이 질 때였네 風淸淵院落花時
우뚝한 명분과 의리 지금 어디에 우러를까 嵩崙分義今何仰
위로는 사문을 아래로는 나를 위해 통곡하네 上爲師門下哭私

---

123) 상여의 소갈병[相如病] : 서한(西漢)의 사부가(辭賦家)인 사마상여(司馬相如)가 소갈병(消渴病)이 있었다는 데서 유래한다. 소갈은 오늘날의 당뇨에 해당한다.

124) 정유숙(鄭惟熟, ?~?) : 본관은 청주(淸州)이다. 정구(鄭逑)의 손자이다. 인조 때 효행으로 천거되어 선원전 참봉(璿源殿參奉)을 지냈다.

하동 부사 여작[125]을 애도하는 만시[挽呂河東 焯]

성주의 대성이자 높은 관작[126]의 집안	爲星大姓職方流
가학을 계승한 데다 재주와 학문 넉넉했네	詩禮傳承才學優
보좌들이 청렴하니 풍채가 아름답고	佐幕澄淸風彩動
수령[127]이 부지런히 보살피니 칭송이 남았네	佩銅勤撫頌聲留
칠순이 아직 멀었는데 하늘이 어찌 앗아가는가	七旬尙遠天何奪
삼품 벼슬 비록 높으나 경륜은 다 펴지 못했네	三品雖崇刃未游
듣건대 집안 자손들 품행이 독실하다니	聞有庭蘭操行篤
면면한 가업을 대대로 이어 가겠네	可緜家緖世箕裘

감찰 김효가[128]를 애도하는 만시[挽金監察 孝可]

만나는 자리의 담소 서로가 자신을 잊으니	逢場言笑兩忘形
순진한 사랑 세속의 때를 벗어났지	愛是眞醇脫俗情
일찍 수령에 나간 것은 어버이 봉양 때문이요	早佩銅章緣養志
늙어 오부[129]에 오른 것은 시대를 밝히기 위함이셨네	晩登烏府爲時明

---

125) 여작(呂焯, 1586~1652) : 자는 회중(晦仲), 호는 호계(虎溪), 본관은 성산(星山)이다. 성주에 살았고, 정구의 문인이다. 1624년 문과급제, 부사·삼조(三曹)의 좌랑과 통례원 상례·충청 도사·하동 부사 등을 역임하였다.

126) 높은 관작[職方] : 『예기』 「곡례하(曲禮下)」에 "오관(五官)의 장(長)을 백(伯)이라고 하는데, 이가 직방(職方)이다."라고 하였는데, 임금의 관리를 말한다.

127) 수령[佩銅] : 동장(銅章)을 찼다는 말인데, 동장은 수령이 차는 관인(官印)이다.

128) 김효가(金孝可, 1578~1653) : 자는 공계(公繼), 호는 졸정(拙亭), 본관은 의성이다. 아버지는 김우옹(金宇顒)이며 생부(生父)는 우용(宇容)이다. 성주에 살았고, 정구·장현광의 문인이다. 음사(蔭仕)로 사헌부 감찰·괴산 현감을 역임하였다. 유집이 있다.

129) 오부(烏府) : 사헌부를 말한다. 한(漢)나라 어사부(御史府) 앞에 줄지어 서 있는 잣나무 위에 항상 수천 마리의 들까마귀가 몰려와 앉아 떠들어대다가 날아가곤 하여 이를 조석오(朝夕烏)라 하였다.

가학을 계승하니 집안 법도 멀리 가고　傳承詩禮庭規遠
높은 대문 큰 집에 세업이 영화롭네　高大門閭世業榮
아름다운 산수를 뒤따르며 노닐려던 소원　勝水佳山追賞願
이 생애에서 못 이루었으니 다음 생에서나 이루어야지　今生未卜卜他生

동호 이서130)를 애도하는 만시[挽李東湖 舒]

스승님을 따라다닌 반평생 동안　絳帳追隨度半生
공은 나를 뜻이 높다131)하고 나는 형님으로 높였지　公推狂斐我尊兄
집안은 가학이 전승되어 유풍이 도타웠고　家傳詩禮風流篤
학문은 정심한 경지에 이르러 식견이 밝았네　學到精深識見明
작은 녹봉에 허리 굽히려던 오랜 계획 버리고　寸祿折腰違宿計
강호에서 뜻대로 지내며 처음 맹세 지키셨네　江湖肆志保初盟
팔십육 년이 장수 아닌 것은 아니지만　八十六年非不壽
모범되는 분이 돌아가시어 가장 마음 아프네　典刑墜地最傷情

혹은 오대(烏臺)라고도 하였다.(『漢書』「朱博傳」)

130) 이서(李舒, 1566~1651) : 자는 이직(以直), 호는 동호(東湖), 본관은 광산(光山)이다. 고령에 살았고, 정구의 문인이다. 1605년 진사시에 입격, 황산 찰방에 임명되었다. 이후 향리로 돌아가서 벼슬에 뜻을 버리고 후진 교육에 힘을 썼다. 저서로는 『동호집』이 있다.

131) 뜻이 높다[狂斐] : 『논어』「공야장(公冶長)」에 "돌아가리라! 돌아가리라! 우리 고장의 자제들이 뜻은 크나 일에는 등한하여 찬란히 문장을 이루었을 뿐 그것을 마름질할 줄 모르도다.[歸與歸與 吾黨之小子狂簡 斐然成章 不知所以裁之]"라고 하였는데, 주희의 『논어집주(論語集註)』에 "광간(狂簡)은 뜻은 크지만 일에 등한한 것이고, 비(斐)는 문채 있는 모습이다.[狂簡 志大而略於事也 斐 文貌]"라고 하였다.

절도사 류승서[132]를 애도하는 만시[挽柳節度 承緖]

처음 만났을 때부터 유독 존중해 주셨기에	推許偏蒙接面初
깊은 정 나눌 적마다 서로 흉금 털어놓았네	每叨幽款兩襟虛
가통을 이어 군주 허물을 바로잡으려 했고	論思補闕家傳緖
세상이 어지러운 끝에 강개하여 장수[133]되셨네	慷慨登壇世亂餘
지위는 횡금[134]에 드러났으나 선비에게 몸을 낮췄고	位顯橫金猶下士
뜻은 명검[135]에 두었으나 다시 서책을 보았네	志存鳴劒更看書
설산의 경중[136]을 누군들 애통해하지 않으랴	雪山輕重人誰痛
붉은 명정 무덤으로 가는 것을 견디지 못하겠네	不耐丹旌向舊墟

132) 류승서(柳承緖, ?~?) : 선조 때에 선전관(宣傳官), 광해군 때에 훈련 도정(訓鍊都正)과 경상 좌수사를 지냈으며, 인조 때까지 벼슬한 기록이 있다.(『朝鮮王朝實錄』·『承政院日記』)

133) 장수[登壇] : 대장이 됨을 말한다. 한왕(漢王)이 한신(韓信)을 대장으로 삼을 때에 소하(蕭何)의 권유로 단을 쌓고 예를 갖추어 임명한 고사에서 나온 말이다.(『史記』「淮陰侯傳」)

134) 횡금(橫金) : 지위가 높은 분이었다는 뜻이다. 횡금은 송나라 때 관리의 품계의 높낮이를 표시하던 허리띠와 모자이다.

135) 명검(鳴劍) : 칼을 말한다. 전욱(顓頊)이 썼다는 화영(畫影)이라는 보검을 말하는데, 그 방향을 가리키기만 해도 승리를 거두었고, 칼집 속에 넣어두면 용호(龍虎)의 울음소리를 냈다고 한다.(『王芝堂談薈』 권27「畫影劍」)

136) 설산의 경중[雪山輕重] : 훌륭한 이가 죽었음을 말한다. 두보(杜甫)가 엄무(嚴武)를 애도한 시인 「증좌복야정국공엄공무(贈左僕射鄭國公嚴公武)」에 "공이 오시매 설산의 비중이 무거워졌고, 공이 떠나시매 설산의 비중이 가벼워졌네.[公來雪山重 公去雪山輕]"라는 구절이 있다.

월간 이전137)을 애도하는 만시[挽李月澗 埏]

생각난다 스승님 모시고 사문에 있던 날이	憶曾將命在師門
처음 뵌 모습 순수하고 온화하였지	初接容光粹更溫
신선 세계 뛰어난 절경 찾아 도기에 참여했고	探勝仙區參道氣
군막에서 병사兵事를 담론하며 고명한 말씀 들었네	談兵戎幕聽危論
길이 멀고 막혀 오랫동안 떨어져 지냈으나	阻脩地步離違久
풍도를 공경히 그리며 자나 깨나 마음에 간직하였네	欽想風操寤寐存
남극의 수성 이제 빛이 어두워졌으니	南極壽星今晦彩
달존138)의 맑은 향기를 어디에서 맡을까	達尊何處挹清芬

용궁 현감 이대규139)를 애도하는 만시[挽李龍宮 大圭]

따라 노닐며 배운 지는 오래지 않으나	追遊薰襲不多辰
심오한 말씀 들을 때면 진한 술 마시는 듯하였지	嘗接微言若飮醇
청아한 흉금 정도正道 함양을 알겠고	疎雅襟期知養正
향기로운 풍모 천진함을 보았네	氤氳風味見天眞

---

137) 이전(李埏, 1558~1648) : 자는 숙재(叔載), 호는 월간(月澗)·목재(睦齋), 본관은 흥양(興陽)이다. 임진왜란 때 의병을 일으켜 왜군과 싸웠으며, 평안도 찰방과 지례(知禮) 현감을 지냈다. 이준이 백화산(白華山)에서 왜군과 싸우다 병으로 죽게 되었을 때 형 이전이 죽음을 무릅쓰고 동생 이준을 업고 전장을 빠져나와 생명을 건지게 했다는 내용이 「형제급난도(兄弟急難圖)」에 적혀 있다. 저서로는 『월간집』이 있다.

138) 달존(達尊) : 삼달존(三達尊)을 말한다. 『맹자』 「공손추하(公孫丑下)」에 "천하에 달존이 세 가지인데, 작(爵)과 연치(年齒)와 덕(德)이다.[天下有達尊者三 爵一齒一德一]. 조정에서는 덕만한 것이 없고, 고을에서는 연치만한 것이 없고, 세상을 돕고 백성을 기르는 데는 덕만한 것이 없다.[朝廷莫如爵, 鄕黨莫如齒, 輔世長民莫如德]"라고 하였다.

139) 이대규(李大圭, ?~?) : 자는 혼성(混成), 본관은 경주(慶州)이다. 용궁 현감을 지냈다.(『商山志』)

집안 학문 잘 이어 효성 온전히 하였고　　能緜詩禮爲全孝
벼슬 그만두고 어진 이의 장수 누렸네　　早謝簪纓享壽仁
문안 편지 보내려는데 흉한 소식 오니　　思致問書匈聞至
내세의 어느 날에 이 회포를 말해볼거나　　他生何日此懷陳

방백 목성선[140]을 애도하는 만시[挽睦方伯 性善]

호는 남간南澗이다. 감영에 도착한 지 오래지 않아 갑자기 죽었다.

맑은 정치하려던[141] 계획 벌써 어긋났구나　　攬轡澄淸計已差
북망산 가는 붉은 명정을 차마 보랴　　丹旐忍看度岷巴
대궐에 부음 아뢰자 도성 사람 눈물 흘리고　　九重訃聞都人泣
삼남에 은혜 깊어 촌 아낙도 머리 푸네　　三路恩深野婦髽
사립문에 찾아오신 날 얼마나 기뻤던가　　弭節華門忻有日
상자에 남아 있는 편지 아쉬움 끝이 없네　　留書塵篋恨無涯
아름다운 행실에 대해 애도의 말을 하려니　　欲將懿行哀詞述
비천한 몸이 귀하신 분의 만사를 어떻게 지으랴　　卑賤其如誄貴何

140) 목성선(睦性善, 1597～1647) : 자는 성지(性之), 호는 병산(甁山)·남간(南澗), 본관은 사천(泗川)이다. 1624년 문과급제, 1647년 전라 감사로 있었을 때 치적을 인정받았고, 남쪽지방이 불안해지자 경상도 감사로 제수되어 그곳에 도착한 뒤 곧 죽었다.

141) 맑은 정치하려던[攬轡澄淸] : 처음 부임하면서 난정(亂政)을 쇄신하여 세상을 맑게 하려는 뜻을 품는 것을 말한다. 후한(後漢)의 범방(范滂)이 혼란스러운 기주(冀州)의 안찰사(按察使)로 떠나면서 세상을 맑게 다스리려던 뜻을 품었던 고사에서 유래한 성어이다.(『後漢書』 권57 「黨錮列傳·范滂傳」)

상사 강정보 첩을 애도하는 만시[挽姜上舍淨甫 諜]

아름답고 뛰어난 자태 어려서부터 그랬었고	玉潤英儀動妙齡
성균관의 느린 발걸음 큰 날개 펼쳤네	芹宮緩步展鴻翎
명리 좇는 많은 갈림길 누구를 따라 정할까	名場多歧跟誰定
명예의 미끼 따라 분주한 것 일찌감치 알아보았네	香餌紛趨見早明
산수를 마냥 즐기며 편안히 쉬니	恣意溪山怡偃息
세전의 가학에 맑은 복을 누리셨네	傳規詩禮享淸禎
이종 간의 정분을 공은 잘 알겠지	姨私投分公能想
애도가 세 번 쓰려니 감정을 견디지 못하겠네	哀挽三題不耐情

-당시 권력을 잡고 있는 자가 끌어들이려 했지만 끝내 따르지 않으셨다. 내가 그 일을 존경하고 탄복한 적이 있기 때문에 함련頷聯[142]에 언급한 것이다.-

영해 부사 도신수[143]를 애도하는 만시[挽都寧海 愼修]

젊은 나이에 학문의 바다에서 파란을 일으키고	妙齡文海湧波瀾
두 번이나 향시와 문과 급제하였네	丹桂紅蓮摠再攀
높은 명망 군주를 보좌하리라 기대하였고	雅望九天期補拾
어진 사랑 세 고을 백성을 잘 다스렸네	仁恩三府牧疲殘
형제의 우애는 현달한 뒤에 더욱 빛났고	棣萼增輝登顯後
난초 향기 생시에도 사후에도 끊어지지 않네	蘭芳不替死生間
죽은 아우의 벗이 다 떠난 것 가장 마음 아팠으니	最傷亡弟交遊盡
누가 믿어 주랴 당시의 벗 사귐이 반듯했음을	誰信當年取友端

---

142) 함련(頷聯) : 여덟 구(句)로 된 율시에서 셋째 구절과 넷째 구절을 말한다.

143) 도신수(都愼修, 1598~1651) : 자는 영숙(永叔), 호는 지암(止巖), 본관은 성주이다. 서사원(徐思遠)에게 역학(易學)을 배웠으며, 정구(鄭逑)의 문하이기도 하다. 1627년 문과급제, 영해 부사를 지냈다. 달성의 용호서원(龍湖書院)에 배향되었다.

내종숙 송후창[144]을 애도하는 만시. 2수[挽內從叔宋 後昌 二首]

친하기는 숙질간이고 의리로는 스승 되어　親爲叔姪義爲師
못난 자질로 외람되게 가장 인정받았네　猥以愚蒙最辱知
학문 닦으시던 날 훌륭한 가르침 오래 받았고　英誨久承涵濇日
혼란하던 시절 깊은 은혜 너무 많이 입었네　深恩偏賴板蕩時
좋은 시대의 큰 인재 되리라 다 함께 기대했는데　咸期瑞世邦家彦
어찌 생각이나 했으랴 상제가 불러갈 줄을　詎意勻天上帝悲
흐르는 눈물 잠시 훔치니 위로가 되는구나　血淚暫揮頗用慰
훌륭한 자손 잘 성장해 가학을 전할 수 있겠네　庭蘭芽茁可傳詩

눈 내린 창가에서 학문을 익히어　游藝雪囱下
성균관 안에서 이름을 떨쳤네　蜚英槐市中
집이 가난해 강굉의 이불[145] 차가웠고　家貧姜被冷
때가 늦어 벼슬길은 궁하였네　時晏阮途窮
벗들은 삼월[146]을 슬퍼해도　交友憐三刖
온화한 성품 끼니를 걱정 않았네　天和任屢空
이제 백벽[147]을 묻어버리니　今來埋白璧
목메어 눈물 흘려도 따를 길 없네　哽塞涕無從

---

144) 송후창(宋後昌, 1563~1601) : 배상룡의 외숙이다. 자는 중유(仲裕), 호는 고촌(孤村), 본관은 야성(冶城)이다. 칠곡(漆谷) 도촌(道村)에 살았고, 김우옹(金宇顒)의 문인이다. 효성과 우애가 있었으며 성품이 엄정하면서도 자애로웠다고 한다.

145) 강굉의 이불[姜被] : 동한(東漢)의 강굉(姜肱)이 우애가 좋아 두 아우와 같은 이불을 덮고 자면서 계모(繼母)의 마음을 위로해 주었다는 고사가 있다.(『後漢書』 권83 「姜肱傳」)

146) 삼월(三刖) : 참된 가치를 인정받지 못하는 것을 뜻한다. 춘추 시대 초(楚)나라 변화(卞和)가 형산(荊山)에서 옥돌을 얻어 여왕(厲王)에게 바쳤다가 왼쪽 발을 잘리고, 무왕(武王)에게 바쳤다가 다시 오른쪽 발을 잘린 뒤, 세 번째로 문왕(文王)에게 바쳐 진가(眞價)를 인정받았던 고사가 전한다.(『韓非子』 권4 「和氏」)

147) 백벽(白璧) : 희고 티 없는 옥으로, 상대방을 미화한 말이다.

첨지 송원도를 애도하는 만시. 2수[挽宋僉知 遠度 二首]

대를 이어온 우리 집안의 정분	投分吾家祖子孫
서로의 공경과 의리 높은 산과 같았네	相將敬義等嵩崙
시국이 위태로워 간과를 함께 잡고	時危共事干戈際
집안 무너지니 유독 보살핌 받았네	家破偏蒙眷顧恩
좋은 계절 몇 번이나 기다렸던가	杖屨幾廻佳節待
술잔을 자주 맞잡고 옛 정을 나누었지	壺觴頻對舊情論
남은 인생 갑자기 의지할 곳 잃으니	殘生遽失依歸地
새 묘소에서 상여 줄 잡고 한을 삼키겠네	執紼新阡恨剩呑

고향에서 유유자적한 칠십 년 세월	自放丘原七十年
의젓하신 풍도가 더욱 우뚝하셨네	凝然風度更軒然
평생 이불 같이 덮은 우애 강씨 집처럼 아름다웠고	平生共被姜家美
국난을 구제하려는 마음 칠실148)처럼 훌륭하였네	搶攘圖匡桼室賢
옥관자의 높은 벼슬 만년의 영광이요	頂玉崇班榮暮景
낚시질하는 즐거운 흥 한가로운 휴식이었네	垂竿佳興供閒眠
이제부터 당 앞의 대나무를 차마 지나가랴	從今忍過堂前竹
굽이진 골목에 쓸쓸히 안개만 처량하네	巷曲凄凉只冷煙

148) 칠실(桼室) : 칠실(漆室)이라고도 하는데, 국사를 걱정하는 마음을 나타내는 겸사이다. 춘추 시대 노(魯)나라의 칠실이란 읍(邑)에 사는 과년한 처녀가 자신이 시집가지 못하는 것은 걱정하지 않고 임금이 늙고 태자가 어린 것을 걱정하여 기둥에 기대어 울자, 이웃집 부인이 비웃으며 "이는 노나라 대부가 할 근심이니 그대가 무슨 상관인가?"라고 하였다.(『列女傳』 권3 「漆室女」)

주부 송윤을 애도하는 만시[挽宋主簿 玧]

젊은 날 공보다 아드님을 더 잘 알아　少日多公英胤知
공의 부친 찾아뵈며 공도 뵈었네　拜公春府暨公儀
연못가 마루에서 금서 대하는 모습 고요했고　堂臨蓮沼琴書静
대문 앞 꽃핀 언덕에는 자취 느긋하셨네　門對芳堤杖屨遲
궁달은 까닭이 있으니 어찌 애를 쓰랴　窮達有由寧下力
시비는 일정함 없다며 시론時論에 맡기셨네　是非無定任隨時
삼십 년도 안 되어 삼대를 조문하니　曾未卅年三世哭
좋던 옛정 떠올라 슬픔을 견딜 수가 없구나　追思情好可堪悲

송발[149]을 애도하는 만시[挽宋潑]

달빛이 빛나던 계미년(1643) 가을에　桂影交輝癸未秋
그 우정 생각날 적마다 눈물이 먼저 흐르네　每思前好涕先流
호랑이 골격에 뜻이 원대해 붓 내던지고 장수 되었고　虎頭志遠初投筆
원숭이 팔에 재주 웅대하여 배를 뒤엎을 기세였네　猿臂才雄勢汰舟
훈업은 시대에 부응하여 힘을 들여 이루었고　勳業應時容力取
전쟁이 늙음을 재촉하여 초가로 물러나 쉬었네　兵戈催老退廬休
쓸쓸한 산 빈 창가에 쇠약한 몸 편안히 쉬니　寒山虛牖安衰朽
하늘 향하여 후가 되지 못한 것[150] 탄식하랴　肯向蒼蒼歎不侯

---

149) 송발(宋潑) : 『여헌집(旅軒集)』에 만호(萬戶), 조선왕조실록에 인의(引儀)의 벼슬을 한 기록이 보인다.

150) 후(侯)가……것 : 이광(李廣)이 한(漢)나라의 대표적인 명장(名將)으로서, 그의 부하들은 군공(軍功)으로 봉후(封侯)된 이가 많았으나 유독 이광 본인은 흉노(匈奴)를 정벌한 공이 남달리 혁혁했지만 도리어 봉후가 되지 못한 고사를 말한다.(『前漢書』 권54 「李廣傳」)

이일민 안민을 애도하는 만시[挽李逸民 安民]

작은 시냇가를 조금 잡아 그윽이 살면서	幽棲分占小溪邊
어려서부터 늙을 때까지 따르며 지냈네	丱角相從到暮年
산사에서 등불 켜고 함께 공부하고	山寺懸燈同講習
글방에서 붓 적시어 같이 연마하였지	文堂濡筆共磨研
기한과 질고에 지극히 돌보아 주셨고	飢寒疾苦周旋至
험난하고 어려운 일 너무 잘 보살펴 주었네	險阻艱難眷救徧
칠십 년의 인간세상 장수한 것은 맞지만	七十人間非不壽
그대의 어짊과 후덕함 생각하니 하늘이 원망스럽네	憶君仁厚怨蒼天

장덕우 현도151)를 애도하는 만시[挽張德優 顯道]

고향에서 함께 태어나 나보다 십 년 어른	生竝桑鄉長十春
인척으로 맺어져 아름다운 기풍 이어받았네	幸聯藤葛襲芳塵
풍류는 소박하고 고아하며 규모는 치밀하였고	風流簡古規模密
품행은 단아하고 방정하며 기미는 순수하였네	行誼端方氣味淳
강석에서 모신 것은 덕을 숭상해서요	丈席折旋緣尚德
초라한 집에서 맞이한 것은 어진 이와 친하고자 해서였네	小窩迎接爲親仁
칠순까지 복을 길러 후손 위한 사업 많이 남겼으니	七旬毓慶貽謨厚
훌륭한 자손들 적선의 보답 누리는 것을 지켜보겠네	佇看寧馨食善因

151) 장현도(張顯道, 1563~1634) : 자는 덕우(德優), 호는 월포(月浦), 본관은 옥산(玉山)이다. 장현광(張顯光)의 종제(從弟)이며 정구(鄭逑)의 문인이다. 이조 참판에 증직되었다.

상사 여희필[152]을 애도하는 만시[挽呂上舍 姬弼]

꿋꿋하고 과감하며 반듯한 천성 온전히 타고나	強果端方稟得全
훌륭한[153] 몸가짐 어려서부터 드러났네	碧梧文彩動髫年
일찍이 벼슬길에 올라 선비의 모범 기대하였는데	早期雲路儀時彦
곧바로 선계에서 세상 도피한 어진 이 되었네	旋作仙區避世賢
서적을 두루 통하니 학문은 깊고도 멀고	書籍貫穿工邃遠
지란 같은 자손 길러내 경사가 이어졌네	芝蘭栽養慶聯翩
살아서 순응하고 죽어서 편안한[154] 그대 같은 이 드무니	死生寧順如君少
돌아가 선공을 뵙게 되면 마음 다시 편안하리라	歸拜先公更坦然

퇴은 김즙[155]을 애도하는 만시[挽金退隱 檝]

조용하고 외진 촌락에서 낮에도 문을 닫고	寥寂窮郁晝掩門
빈 방의 맑은 도심[156] 시끄러움과 단절하였네	白生虛室絶紛喧

152) 여희필(呂姬弼, 1584~?) : 자는 가회(嘉會), 호는 도암(道岩), 본관은 성산(星山)이다. 1613년 진사시에 입격하였다. 향리에 은거하며 후진 양성으로 낙을 삼았고, 맑은 이름을 후세에 남겼다. 호조 참의에 증직되었다.

153) 훌륭한[碧梧] : 아름다운 재덕(才德)이나 뛰어난 몸가짐을 비유한다. 한유(韓愈)의 「전중소감마군묘명(殿中少監馬君墓志)」에 "물러나 소부를 뵈니, 푸른 대나무와 푸른 오동나무에 난새와 고니가 우뚝 선 듯하였으니, 능히 그 가업을 지킬 수 있는 분이었다.[退見少傅 翠竹碧梧 鸞鵠停峙 能守其業者也]"라는 말이 있다.

154) 살아서……편안한[死生寧順] : 장재(張載)가 지은 「서명(西銘)」의 "살아서는 내 하늘에 순응하고, 죽어서는 내 편안하리라.[存吾順事 沒吾寧也]"라는 말뜻에서 가져왔다.

155) 김즙(金檝, 1575~1639) : 자는 공제(公濟), 호는 퇴은(退隱), 본관은 의성이다. 성주에 살았고, 정구의 문인이다. 덕천서원(德泉書院)에 제향되었고, 문집이 전한다.

156) 빈 방의 맑은 도심[白生虛室] : 이른 새벽에 정신이 맑아 도심(道心)이 절로 생겨난다는 뜻으로, 『장자』「인간세(人間世)」의 "저 뚫린 벽을 보면 빈 방 안에 흰빛이 있고, 거기에는 길한 징조가 깃들어

책을 보아 깊이 음미하니 이치가 숨김없고 看書玩索理無隱
사람과 일에 세심히 대처하여 번거롭지 않았네 處物精詳事不煩
거친 밥과 나물국도 노병에 기쁘고 蔬食菜羹怡老病
오래되고 좀먹은 책으로 손주들 가르쳤네 陳篇蠹簡育兒孫
금슬의 기쁨 서른여섯 해를 누렸으니 瑟琴歡樂垂三紀
어찌 하늘 향해 원망의 말을 하랴 肯向蒼天致怨言

송암 김축157)을 애도하는 만시[挽金松菴 軸]

송재에서 일찍이 그 모습 뵈었는데 松齋曾我接儀刑
손꼽아 세어 보니 육십 년이나 되었네 屈指如今六十齡
할아버지 앞에서 훌륭한 문장 처음 따라 썼고 草賦金聲參大父
선생님 모시고 선한 집안의 덕 물려받았네 襲薰蘭室御先生
얼음 같은 지조 스스로 보존해 세속의 티 없었으니 冰操自保無塵態
봉황의 풍채 누가 이어받아 대마다의 복을 지으려나 鳳彩誰因作世禎
돌아가신 뒤 다행히도 훌륭한 외손158) 두어 身後幸留賢宅相
영구를 좋이 모셔다 가성159)에 장사하네 好扶靈櫬祔佳城

있다.[瞻彼闋者 虛室生白 吉祥止止]"라는 말에서 인용한 것이다.

157) 김축(金軸, 1563~?) : 자는 행원(行遠), 호는 송암(松菴), 본관은 해평(海平)이다. 『한강집』의 「김행원(金行遠)에게 답함」을 볼 때 정구(鄭逑)의 문인이다.

158) 외손[宅相] : 진(晉)나라 위서(魏舒)가 어려서 외가인 영씨(寧氏) 집에서 자랐는데, 그 집터의 미래를 점친 자[相宅者]가 "장차 귀한 외손이 나오게 될 것이다."고 예언했으며 위서가 나중에 사도(司徒)의 지위에까지 올랐다는 고사에서 비롯되어, 외손의 뜻으로 쓰인다.(『晉書』 권41 「魏舒傳」)

159) 가성(佳城) : 분묘를 말한다. 『서경잡기(西京雜記)』에 나오는 말로, 한(漢)나라 등공(滕公)이 말을 타고 가다가 동도문(東都門) 밖에 이르자 말이 울며 앞으로 나아가지 않고 오랫동안 발을 굴러서, 사졸(士卒)을 시켜 땅을 파 보니 깊이 석 자쯤 들어간 곳에 석곽(石槨)이 있고, 거기에 "가성이 울울하니, 삼천 년 만에야 해를 보도다. 아! 등공이여, 이 집에 거처하리라.[佳城鬱鬱 三千年 見白日 吁嗟滕公居此室]"라는 글이 새겨져 있었다는 데서 유래한다.

송사순 충언을 애도하는 만시[挽宋士順 忠言]

일찍이 을유년(1585) 겨울부터 서로 사귈 때	從遊曾自碧雞冬
그대는 열네 살 나는 열두 살이었다네	十四公年十二儂
젊어서의 대화에는 정의情誼가 좋았건만	然諾青陽多意氣
아쉽게도 백발로 쇠약하고 늙어 버렸네	嗟憐素髮任龍鐘
끝없는 이 세상에 누구와 교칠160) 맺을까	悠悠此世誰膠桼
쇠락한 남은 생애 벗161)을 잃어버렸네	落落生平失蚷蛩
해로가162)로 그대 숨은 덕을 노래하자니	欲向薤歌歌隱德
맑은 덕을 못난 시로 형용하지 못하겠네	清修不敢惡詩容

김근보 정직163)을 애도하는 만시[挽金勤甫 廷稷]

서로 놀리고 즐거워하고 다시 아껴 주며	相嘲相謔更相憐
지금까지 앞뒤로 육십 년 세월입니다	首尾如今六十年

160) 교칠(膠桼) : 부레풀과 옻칠처럼 불가분의 긴밀한 관계를 뜻하는 말인데, 보통 교분이 두터운 우정을 가리킬 때 쓴다.

161) 벗[蚷蛩] : 거공은 짐승의 이름인 공공거허(蛩蛩距虛)의 약칭이다. 이 짐승은 하루에 천 리를 달릴 수 있으므로, 앞발은 짧고 뒷발만 길어서 잘 달리지 못하는 궐(蟨)이라는 짐승이 항상 공공거허가 좋아하는 감초(甘草)를 가져다 그에게 먹여 주고 위급한 때를 당하면 공공거허의 등에 업혀서 위기를 면하곤 한다는 고사에서 온 말이다. 정의(情誼)가 친밀하여 서로 의존하는 벗을 비유한다.(『呂氏春秋』 권15 「不廣」)

162) 해로가[薤露] : 해(薤)는 부추 종류인데, 사람의 목숨이 부추 잎에 맺힌 이슬처럼 쉽게 소멸된다는 뜻에서 나온 말로서, 해로가(薤露歌)는 악부에 나오는 「상화곡(相和曲)」의 이름으로 고대의 만가(輓歌)이다. 초나라 송옥(宋玉)의 「대초왕문(對楚王問)」에 "양아곡과 해로곡을 노래하자 나라 안에서 그것을 이어 창화(唱和)하는 자는 수백 명이었다.[其爲陽阿薤露 國中屬而和者 數百人]"라는 말이 있다.

163) 김정직(金廷稷, ?~?) : 자는 근보(勤甫)이고, 배상룡의 사우(師友)인 김이겸(金以謙, 1599~?)의 아버지일 것으로 추정된다.

형화[164] 번성하여 형제 즐거움 온전하고　荊樹繁英全至樂
가정의 법도 있어 가장 잘 전하셨습니다　家庭儀範最能傳
나이 잊고 바둑 두며 시간을 보내고　忘形對局移簷影
즐거이 물고기 낚아 함께 요리하였습니다　取適抽腥共竈煙
아들 손자 있어 남은 복 멀리 가리니　有子有孫餘慶遠
장수하지 못하셨다고 하늘에 따지지 마소서　莫將仁壽詰蒼天

이효백 선계[165]를 애도하는 만시[挽李孝伯 善繼]

그대와 나는 같은 갑술년(1574)에 태어나　君我共生甲戌歲
칠순 동안 이 세상에 한가한 사람으로 살았네　七旬浮世作閒民
공부하는 데 힘들여 우둔함 고치기 좋았고　下工著力宜醫魯
일을 만나 마음 써서 가난 내쫓을 수 있었네　當事勞心可逐貧
부귀는 하늘에 달렸다며 세상 근심 잊고　富貴在天忘世慮
새와 물고기의 좋은 경치에 천진함 맡겼네　禽魚多勝任吾眞
조물주가 사심이 없다는 것을 알겠노니　亦知造物無私意
고을이 효우하는 사람이라 칭하는 것을 믿겠네　許辦鄕稱孝友人

164) 형화[荊樹] : 자형화(紫荊花)는 곧 상체화(常棣花)를 말하는데, 꽃이 서로 뭉쳐 피므로 형제에 비유한다.

165) 이선계(李善繼, 1574~?) : 자는 효백(孝伯), 본관은 성주이고, 이중형(李重亨, 1595~1643)의 아버지이다.

첨지 송광범[166]을 애도하는 만시[挽宋僉知 光範]

옥관자 달고 한가히 지낸 많은 세월	頂玉居閒歲月多
시냇가의 초가집 산 중턱에 있었네	臨溪茅舍枕山阿
물고기 잡아 회를 치니 눈발처럼 가늘고	抽腥斫膾爭飛雪
손님 남아 바둑 두니 도낏자루 썩었네[167]	留客圍棊幾爛柯
봉황의 짝 일찍 떠나 살아 있음이 슬펐으나	雙鳳早違悲在世
외로운 난초 빼어나 가업 전할 기쁨 있네	孤蘭特秀喜傳家
순수한 기미 지닌 공 같은 이 드물리라	眞醇氣味如公少
평생을 말하려도 늙은이 눈물 어찌하랴	欲說平生老淚何

박군수 문영[168]을 애도하는 만시[挽朴君秀 文楧]

산음의 산수 동남 지방에서 가장 좋아	山陰山水最東南
맑은 기운 태워 좋은 사람 탄생시켰네	淑氣扶輿降好男
청영한 정신은 거울처럼 밝고	清瑩神精明似鏡
온순한 풍도는 단술같이 맛났네	溫醇風旨味如酣
금란 같이 두터운 우정 어려움을 함께 겪었고	金蘭誼重艱危共
스승님 모시는 정성 깊어 문답에 참여하였네	宗匠誠深答問參
늪이 내가 못 되었고 어진 이 장수 못했으니	澤不爲川仁不壽
하늘에 따져보아도 저 하늘은 말이 없네	詰天其柰老天喑

166) 송광범(宋光範, 1564~1635) : 본관은 야성(冶城)이다. 성주에 살았고, 임진왜란에 군공을 세워 첨지중추부사를 제수받았다.

167) 도낏자루 썩었네[爛柯] : 세월이 가는 줄 모르는 것을 말한다. 진(晉)나라 왕질(王質)이 산에서 나무를 하다가 몇 명의 동자(童子)가 바둑을 두며 노래하는 것을 구경하였는데, 얼마 뒤에 왜 안 가느냐는 동자의 말을 듣고 일어서려 하니 도낏자루가 모두 썩어 있었고, 산을 내려와 보니 아는 사람들이 모두 죽고 없었다는 고사가 있다.(『述異記』 卷上)

168) 박문영(朴文楧, ?~?) : 자는 군수(君秀), 호는 용호(龍湖), 본관은 반남(潘南)이다.

이인중 기서를 애도하는 만시[挽李仁仲 麒瑞]

중형의 맑은 품격에 향기 오래 쐬었지 賢仲淸標久襲薰
공과 시의時義 익히 앎을 어찌 말로 하랴 公時相熟豈須言
꽃물결 비단처럼 일렁이는 곳에서 물고기 낚고 紅流漾錦抽銀尺
향기로운 풀 깔개 삼아 행화촌에서 취하였지 芳草成茵醉杏邨
지난 일 말하자니 여한이 남는구나 往事說來餘恨在
노년이 다가올수록 옛정만 남아 있네 殘年逢著舊情存
새 분묘 바라만 보며 영결을 못하니 新阡入望違牽紼
평생을 추억하며 늙은 눈물만 흘리겠네 追念生平老涕紛

이경보 선립[169]을 애도하는 만시[挽李敬甫 善立]

그대와의 좋은 우정 어찌 말로 하랴 與君情好豈須言
진심으로 친한 것이지 겉만 존경한 것 아니었네 直置心親無外尊
동이 술로 마냥 즐기며 세태를 잊고 罇酒歡悰忘世態
수운의 풍미를 어촌에서 함께하셨네 水雲風味共漁邨
외람되이 이난[170]에 부쳐 닭처럼 엎드린 것이 부끄럽고 雙難猥寄慚雞伏
몸소 덕을 쌓아 남긴 복 집안 영달에서 입증되네 餘慶躬修驗駟門
아름다운 계절 좋은 유람 다시 하기 어려우니 佳節勝遊難可再
애도시 쓰려 해도 넋이 더 나가버리네 欲題哀挽剩銷魂

169) 이선립(李善立, 1584~1628) : 『회연급문제현록(檜淵及門諸賢錄)』에 의하면 자는 사우(士優), 본관은 전주로, 양녕대군(讓寧大君)의 후손이다.

170) 이난(二難) : 왕발(王勃)의 「등왕각서(滕王閣序)」에 현사(賢士)와 가빈(嘉賓)을 두고 '이난'이라고 한 말이 있다.

이자징 기정을 애도하는 만시[挽李子徵 基禎]

뛰어난 문채 어릴 적부터 알려져	碧梧文彩動髫齡
명가의 명성을 이었다고 사람들 말하네	人道名家繼有聲
단아한 자태는 품격이 남달랐고	端雅姿容殊標格
청아한 담소는 정신이 드러났네	清佳談笑露神精
붕새의 날개 달고 남쪽 바다 날아오르려	擬將鵬翮圖南海
부지런히 새벽닭 우는 창가에서 경전을 외었네	勤向雞囱誦聖經
듣자니 난초 같은 자손 훌륭하다지	聞說蘭孫眉目秀
뜰 밑을 영영 떠나도 눈은 감겠네	長辭庭下想應暝

충의 김희백을 애도하는 만시[挽金忠義 希百]

훈벌의 그대 집안 깃발이 빛나는데	乃家勳閥旂常炳
은전으로 허락한 유유자적 평생을 보존하였네	恩許優遊保始終
세상이 어지러우니 모책 모자람이 무어 나쁘랴	世亂何妨謀策拙
집이 가난해도 술동이 비는 것 두렵지 않았네	家貧不怕酒罇空
땅은 뽕나무 대추나무 잘 자라며 터가 넓고	地宜桑棗邨墟迥
사람은 새랑 물고기랑 익숙하여 야흥이 짙네	人慣禽魚野興濃
아흔 셋의 나이로 맑은 복 누리셨으니	九十三年清福享
인간 세상에 우리 신선 어른 다시 있으랴	人間復有我仙翁

정백후 전171)을 애도하는 만시[挽鄭伯厚 塈]

지난날 선친께서 그대 할아버지와 함께　　先人昔與尊王父
가까이 거창과 합천에서 병풍처럼 의지하였지　　居陝相連堡障同
나는 정성은 모자라나 좋은 우의를 따랐고　　我乏悃誠追分好
그대는 의기가 높아 어리석은 나를 일깨웠네　　君多意氣起昏庸
오원172)에 자주 따라가 청금 뒤에 섰고　　頻從吳院青衿後
입암 서재173)에서 마주 대하여 난실 안에 들어갔네　　共對巖齋蘭室中
온 나라 사람의 바람 의탁할 곳 없구나　　海內心期無處託
보잘것없는 제수 고인의 풍채에 부끄럽네　　綿雞深愧古人風

슬곡 이난귀174)를 애도하는 만시[挽李瑟谷 蘭貴]

삼현175)의 바른 행실 사림이 존숭했고　　三賢誼行士林尊

---

171) 정전(鄭塈, 1591~?) : 자는 경휴(景休), 본관은 오천(烏川)이며, 영천 입암에 살았다. 장현광(張顯光)의 문인이자 장현광과 도의로 사귀었던 수암(守菴) 정사진(鄭四震)의 아들이며 심곡(深谷) 장제원(張悌元)의 사위이다. 『여헌집』에 장현광과 주고받은 문답이 몇 차례 나오는 것으로 보아 장현광의 문인으로 추측된다.

172) 오원(吳院) : 구미 인동(仁同)의 오산서원(吳山書院)을 말한다. 1574년에 창건되었으며, 길재(吉再)의 위패를 모셨다. 1609년에 사액서원이 되었다.

173) 입암 서재[巖齋] : 『여헌집』의 「입암(立巖)에 대한 설」을 보면, 영천(永川)의 입암(立巖)에 장현광의 여러 친구들이 함께 경영하여 작은 집을 지어 주었는데, 정전(鄭塈)은 그 중 한 사람으로 나온다.

174) 이난귀(李蘭貴, 1584~1644) : 자는 자형(子馨), 호는 슬곡(瑟谷), 본관은 광산(光山)이다. 이홍량(李弘量)의 아들이고, 정구(鄭逑)의 문인이며, 이명룡(李命龍)·이명(李命)·이난미(李蘭美) 등과 함께 도학의 일가(一家)를 이루어 영남 유림에서 사론(士論)을 이끈 화족(華族) 중 한 명이다. 저서로는 『슬곡집』이 있다.

175) 삼현(三賢) : 이수(李樹)의 아들인 용재(容齋) 이홍기(李弘器, 1531~1582), 육일헌(六一軒) 이홍량(李弘量, 1531~1592), 모재(茅齋) 이홍우(李弘宇, 1535~1594)를 말한다. 아버지를 일찍 여의고도 효성과 우애가 뛰어나 영남삼용(嶺南三容)으로 불리었고, 뒤에 영남 유림이 뜻을 모아 삼형제의 고결

육일헌의 맑은 수양 가장 많이 들었네	六一淸修最飽聞
거문고와 피리의 풍류 순박한 고풍 남아 있고	梧竹風流存古朴
서책 속의 공부 봄 구름이 피어났네	簡編功力動春雲
몇 번이나 예원에서 원대한 포부 펴려 하였던가	幾從藝苑圖鯤海
발길 돌려 명구를 잡으니 사문[176]이 높이 솟았네	旋卜名區高駟門
함께 어울리던 옛 벗들 모두 죽어가	同隊舊要零落盡
이 생애 남은 날을 누구와 어울리나	此生餘日與誰羣

반월당 김종효[177]를 애도하는 만시[挽金伴月堂 宗孝]

그대 집안의 공렬 널리 알려져 있는데	乃家功烈在旂常
세상의 뛰어난 호걸이 기쁘게도 다시 나왔네	世挺人豪喜再昌
산수에 해 길어 풍류가 도타웠고	林泉日永風流篤
골목의 대문이 높아 복록이 성대하셨네	閭巷門高福履將
땅은 훌륭한 분들과 가까워 낙사[178]에 알맞고	地近蘭薰宜洛社
덕은 벗들의 도움 받아 어진 고을에 부합하네	德資麗澤合仁鄕
팔십 년 세월이 오히려 꿈만 같은데	八十年光還似夢
작은 당에 어쩌면 다시 연꽃 향기 쐬게 될까	小堂那復襲荷香

한 생애를 기리고자 회연서원(檜淵書院)과 향현사(鄕賢祠)에 봉향하였다.

176) 사문(駟門) : 높은 수레와 네 마리가 끄는 말이 출입할 만한 대문으로, 영달한 집을 말한다.

177) 김종효(金宗孝, ?~?) : 호는 반월당(伴月堂), 본관은 의성이다.

178) 낙사(洛社) : 북송(北宋) 시대에 문언박(文彦博)이 사마광(司馬光) 등 13인의 노인을 모아 만든 낙양기영회(洛陽耆英會)가 있는데, 낙사는 낙동강 연안 지역 사람들이 이를 본받아 만든 모임이다. 1566년 노기(盧麒)·정국성(鄭國成)이 병인년 낙사계(洛社契), 1578년 무인년 낙사계를 조직하였으며, 1599년 두 계를 송량(宋亮)이 합사(合社)하여 지금 경북 상주(尙州)의 대계(大契)로 발전시킨 바 있다.

박군신179)을 애도하는 만시[挽朴君信]

그대 집안 평소 나의 집과 친하여　君家素與我家親
이웃일 뿐도 아니요 인척일 뿐도 아니었네　不但鄕鄰不但姻
백발 되어 서로 찾으니 정이 다시 친밀하여　皓首相尋情更密
반갑게 마음 여니 나눈 대화 더욱 도타웠네　青眸兩豁話彌諄
경치 좋은 곳을 어찌 삼공의 낙과 바꾸랴　名區肯換三公樂
맑은 복 누린 팔순 어진 이에게 꼭 맞네　清福端宜八袠仁
살아서 순응하고 죽어서 편안함을 어찌 바랐으랴　安順始終奚所望
넉넉한 가문의 사업 훌륭한 자손들에게 맡겼네　剩將門業屬蘭孫

여회원 훤을 애도하는 만시[挽呂晦遠 烜]

관작이 면면히 이어지고 대대로 어진 이 있어　簪組緜緜世有賢
집안의 명성 직방씨180)의 전기에 실려 있네　家聲載在職方傳
치여181)의 성대한 가업 선대의 유업을 따랐고　菑畬盛業追前緒
형체의 번화한 꽃 혜련182)과 같았네　荊棣繁華共惠連

179) 박군신(朴君信) : 군신은 박정번(朴廷璠, 1550~1623)의 자이다. 호는 학암(鶴巖), 본관은 고령(高靈)이다. 박택(朴澤)의 아들로, 소년기에 무예를 좋아하고 절제 없이 지내다가 박성(朴惺)의 책망을 듣고 배상룡에게 학문을 배워 문사(文士)가 되었다. 생모와 양모를 극진히 봉양하고 행검(行檢)이 독실하여 많은 사람들로부터 칭송을 받았다. 임진왜란 때 창의하여 곽재우(郭再祐)와 김면(金沔)의 진영을 왕래하며 군공을 세웠으며, 문연서원(文淵書院)에 제향되었다.

180) 직방씨[職方] : 직방씨(職方氏)는 『주례』에 나오는 하관(夏官)의 하나로, 각 지방의 일을 맡아 보는 관직이다. 직방씨의 기록이란 곧 각 지방의 지리와 풍토·인문에 관한 기록이다.

181) 치여(菑畬) : 묵은 밭을 갈아서 농사를 짓는 것인데, 학문 연구를 비유하여 말한다. 한유(韓愈)가 그의 아들에게 글 읽기를 권하면서 지은 시 「부독서성남(符讀書城南)」의 "경훈을 치여로 삼아라.[經訓乃菑畬]"라는 말에서 유래한다.

182) 형체의……혜련(惠連) : 형체는 자형화와 상체화로, 형제를 비유한다. 혜련은 진(晉)나라 사혜련(謝惠

일 처리 성실 근면하여 향당이 힘을 입었고	理事誠勤鄕黨賴
자손 위한 원대한 계획 후손에게 이어졌네	貽謨宏遠後昆延
뛰어난 맏아들 천양[183] 늦다고 탄식 마소	莫歎英胄穿楊晩
급제의 연꽃이 저승을 위로하는 것 지켜보리라	佇看天花慰九泉

수재 곽의창[184]을 애도하는 만시[挽郭秀才 宜昌]

선생님께 함께 배우던 그대 아버지가 기억나네	丈席聯裾憶令尊
만년에 인척이 되어 훌륭한 덕에 젖었지	晩因姻好襲芳薰
품행은 진실하여 가법을 전하였고	履操眞實傳家行
도량은 넓어서 세상 어지러움 벗어났네	器度恢奇脫世紛
향중의 의논 일치하여 돌에 새겨 행적 남기었고	議合鄕中留石刻
죽은 뒤 남은 복에 어진 자손 잘 크네	慶餘身後毓蘭蓀
어린 나이로 어버이 상에 몸 손상한 일 차마 말하랴	幼齡致毁吾堪說
슬픈 만사 써 오니 넋이 갑절로 끊어지네	哀挽題來倍斷寬

-죽은 아우 상호尙虎도 여섯 살에 상을 치르면서 거의 죽을 뻔하였다. 실로 행실이 그대와 같아 만사의 끝에 그것을 언급하였다.-

---

連)을 말하는데, 10세에 능히 글을 지었다고 하며, 문장이 뛰어난 것을 말한다.

183) 천양(穿楊) : 과거에 급제함을 말한다. 초(楚)나라에 양유기(養由基)라는 사람이 있었는데, 활을 잘 쏘아서 백 보 떨어진 거리에 있는 버들잎을 활로 쏘아 백발백중하였다고 한 데서 유래한다.(『戰國策』 권2 「西周策」)

184) 곽의창(郭宜昌, ?~?) : 현풍(玄風)의 유생이다. 곽유창(郭愈昌)·곽의창(郭宜昌) 형제는 5세에 부친상을 당하자 식음을 전폐하는 등 지극한 효성으로 마을 사람들을 감동케 하였다. 이 사실이 조정에까지 전해져 형제 모두에게 장원서(掌苑署)의 별검(別檢)을 추증하여 정려(旌閭)하였다고 한다.

우회부 달해185)를 애도하는 만시[挽禹會夫 達海]

일찍이 그대 아버지께서 나를 알아주셨는데	曾我受知先令公
지난 우호를 함께 따라 한가히 이야기 나누었네	共追前好話從容
자상한 품성은 경박한 습속과 아주 달랐고	慈詳資質殊浮俗
빼어난 정신은 병든 나를 일으켜 주셨네	穎秀神精起病儂
뛰어난 문장 솜씨 무리들보다 뛰어났고	草賦金聲諸輩迥
훌륭한 자손186)들 뜰에 가득하네	蘭滋玉樹滿庭崇
연전의 서원 모임에서 훌쩍 작별하더니	年前院會翻成訣
완연한 목소리와 모습 한 조각 꿈속 같구나	宛爾音容片夢中

황헌중을 애도하다[哭黃憲中]

그대 턱에 수염이 갓 나고 내 뺨 붉을 때	髭始君頤我頰紅
벽유당187) 아래에서 서로 사귀었지	碧油幢下兩相從
중간에 변고 당하여 그대 도움 크게 입었고	中罹變故偏多賴
만년에 고생할 때도 다행히 몸을 보전하셨네	晚喫酸辛幸保躬
강운188)을 자주 보내와 시 빚이 쌓였고	強韻疊來詩債積

185) 우달해(禹達海) : 자는 회부(會夫), 호는 학포(學圃), 본관은 단양(丹陽)이다. 서사원(徐思遠)·이언영(李彦英)·이윤우(李潤雨)의 문인이다. 선교랑(宣敎郞)을 지냈다.(『樂齋集』·『慕堂集』·『浣亭集』)

186) 훌륭한 자손[蘭滋玉樹] : 『진서(晉書)』 「사현열전(謝玄列傳)」에 사현(謝玄)의 숙부 사안(謝安)이 사현의 기량(器量)을 중하게 여겨 "무엇을 원하느냐."라고 물었더니, 현이 "지란(芝蘭)·옥수(玉樹)가 뜰에서 나듯 사씨 집안에 훌륭한 자제가 나게 하는 것입니다.[譬如芝蘭玉樹 欲使其生於階庭耳]"라고 말한 데서 유래한다.

187) 벽유당(碧油幢) : 푸른 휘장을 두른 장수의 수레로, 장수 또는 막부를 가리킨다.

188) 강운(强韻) : 험운(險韻)과 같은 말로, 생소하고 잘 쓰지 않는, 시를 지어내기가 무척 어려운 운자(韻字)라는 뜻이다.

좋은 붓 휘두르매 시 부르기 바빴네	彩毫揮動口呼窮
영남 호남의 갈림길에서 안타까운 작별하니	嶺湖路上銷魂別
언제 다시 술동이 앞에서 현리玄理를 설파하랴	那復罇前說破空

－'벽유당하碧油幢下'는 돌아가신 수사공水使公의 막하에 있었음을 말한 것이다.－

여시회 희좌를 애도하다. 2수[挽呂時會 姬佐 二首]

어릴 적부터 풍모와 골격이 남달라	弱齡風骨奇
사람들은 집안에 걸맞는 아이라 하였지	人說稱家兒
혼탁한 세상은 해학으로 웃어 넘기고	濁世詼諧玩
고상한 마음은 짧은 시로 알려 주었네	高情短律知
수양한 정신은 자연 속에서 심오해졌고	頤神泉石邃
면면히 이어온 학문은 마을에서 우뚝했네	緜業里門巍
파도치는 드넓은 호수 끝까지 바라보노니	極目湖波濶
비음정189)에서 어느 날에나 돌아오려나	飛吟幾日歸

서로 만나 단 한 번 웃었을 뿐	相逢但一笑
깊은 진심은 말하지 못하였고	不將幽悃說
서로 생각하며 한 통 서신도 없었으나	相憶無一書
갈수록 정의가 도타움을 알게 되었네	轉覺情誼篤
진정한 마음 남김없이 토로하였으니	肝膽洞相照
교칠이란 말 도리어 속되구나	桼膠語還俗
대대로 교분 깊다는 것 알아서이지	亦知世分深

189) 비음정[飛吟] : 신선이 되었다는 말인데, 여기서는 상대방의 죽음을 말한다. 당나라 때 여동빈(呂洞賓)이 경사(京師)에 와서 과거에 응시했는데, 악양(岳陽)의 비음정(飛吟亭)에서 종리(鍾離)라는 노인을 만나 신선이 되는 비결을 받고는 경사에 다시는 돌아가지 않았다고 한다.(『鶴林玉露』 권1)

마음이 잘 맞았을 뿐만 아니었네 不啻心契合
풍상 속에도 건강할 줄 알았는데 風霜謂自保
삶과 죽음으로 갑자기 나뉘어졌네 幽明遽爾隔
애써 애사를 쓰려 하니 強欲寫哀詞
누가 이 늙은이의 마음을 알랴 誰會此老臆

도해중 성유[190]를 애도하는 만시[挽都諧仲 聖兪]

형처럼 덕을 숭상한 이 몇이나 되랴 尚德如兄幾
이천이 계셨고 사빈이 계셨다네[191] 伊川又泗濵
자상하여 가르침 받는 것이 치밀하고 安詳承誨密
민첩하여 배우는 공부가 새로웠네 精敏著工新
힘 있는 필법에서 바른 마음 알았고 鐵畫知心正
얼음 같은 지조에서 참된 성품 보았네 冰操見性眞
교유하면서 허여해 주었던 뜻을 從遊推許意
어찌 짧은 글로 다 말할 수 있으랴 那可短章陳

190) 도성유(都聖兪, 1571~1649) : 여기서 자가 해중(諧仲)으로 나와 있으나 원래 도성유의 자는 정언(廷彦)이다. 호는 양직당(養直堂), 본관은 성주이고, 정구(鄭逑)·서사원(徐思遠)의 문인이다. 해중(諧仲)이라는 자를 가진 사람으로는 도여유(都汝兪, 1574~1640)가 있는데, 그의 호는 서재(鋤齋), 본관은 역시 성주이며 역시 정구·서사원의 문인이다.

191) 이천(伊川)이……계셨다네 : 이천(伊川)은 형 정호(程顥)과 아울러 '이정자(二程子)'라 불리며 정주학(程朱學)의 창시한 북송의 성리학자 정이(程頤)의 호이고, 사빈(泗濱)은 원래 공자가 제자들을 가르치던 사수(泗水)에서 온 말인데 여기서는 한강 정구를 말한다. 정구는 노곡정사(蘆谷精舍)가 불에 탄 뒤 지금의 대구시 칠곡 사수동에 위치한 사빈으로 이사하여 사양정사(泗陽精舍)를 짓고 강학을 하였다.

김양숙 대정192)을 애도하는 만시[挽金養叔 大鼎]

시 명성에 일찍부터 그대 좋아하여	愛子詩聲早
알고 지낸 지 사십 년이 지났네	相知四十春
나이는 겨우 한 살 더 많고	年纔一歲長
다행히도 가까운 이웃에 살았지	地幸兩鄕鄰
인척으로 집안이 이어진 뒤로	瓜葛連家後
아름다운 그대 서신 자주 읽었네	蘭書入眼頻
지난날들 추억해 보지만	追憐經過日
옛 풍도 대할 길 없네	未接舊風神

이사윤 숙193)을 애도하는 만시[挽李士潤 埱]

숲속 정자에 오를 때마다	每到林亭上
백씨 중씨 함께 있는 것 부러웠네	多君伯仲居
꽃받침 이어 있으니 진씨194) 정원의 꽃이고	蔕連陳苑圃
책상을 마주하니 사씨195) 집의 문사들이었네	牀對謝襟裾
학설을 모아 함께 교열하였고	輯說同參證
사당을 지어 같이 해소196)를 올렸네	刱祠共薤蔬

192) 김대정(金大鼎, ?~1601) : 자는 양숙(養叔)이다. 1572년 무과급제, 1592년 임진왜란 때 연안성(延安城)을 굳게 지킨 무신으로, 이때의 전공으로 가선대부(嘉善大夫)에 올랐다.

193) 이숙(李埱, 1580~?) : 자는 사윤(士潤), 호는 산거재(山居齋), 본관은 전주이다. 고령에 살았고, 정구와 김우옹의 문인이다.

194) 진씨[陳] : 훌륭한 자식을 말한다. 후한 말 진식(陳寔)에게 아들 둘이 있었는데, 그가 자신의 아들을 평하며 "원방은 형이 되기 어렵고 계방은 아우 되기 어렵다.[元方難爲兄 季方難爲弟]"라고 하였다.

195) 사씨[謝] : 남조(南朝) 송(宋)나라의 사영운(謝靈運)과 사혜련(謝惠連)은 종형제 간으로 모두 시를 잘하였다.

장수는 못하였으나 남긴 복 원대하니	壽慳餘慶遠
못다 누린 복 자손에게서 지켜보리	食報佇畱畬

이중미 수언을 애도하는 만시[挽李重美 秀彥]

훌륭한 성씨는 성산에서 으뜸이고	大姓星山最
이름난 가문은 목군197)에서 우뚝하였네	名門木郡巍
어진 이를 존숭하여 스승께 나아갔고	尙賢趨丈席
형제간에 우애로워 훈지를 불었네	湛樂吹塤篪
순박한 풍류는 돈독하였고	古朴風流篤
진솔한 취미는 기특하였네	眞醇意味奇
짧은 애사를 짓자니 괴로워	短促哀詞苦
슬픔을 다 말하지 못하겠네	休陳不盡悲

충의 이장원198)을 애도하는 만시[挽李忠義 長源]

수성은 상서로운 빛으로 싸여 있고	壽星纏瑞彩
맑은 복으로 장수를 누렸네	淸福享遐齡

196) 해소(薤蔬) : 부추나물이다. 해소를 올린다는 것은 석채례(釋菜禮)로서 소나 양 따위의 희생(犧牲)을 생략하고, 채소 따위로 약식으로 간소하게 선성(先聖)·선사(先師)에게 지내는 제사를 말한다.

197) 목군(木郡) : 대목군(大木郡)·소목군(小木郡)으로, 경북 성주에 있던 옛 지명이다.

198) 이장원(李長源, 1560~1649) : 호는 초당(草堂), 본관은 연안(延安)이고, 김천(金泉)에 살았다. 7세 때 모친상을 당하여 시묘하되 3년을 흰죽만 먹고 예에 어긋남이 없었으며, 임진왜란에는 부친을 업고 삼성암으로 피난하니 두 호랑이가 항상 따르며 호위하듯 하였다고 한다. 선조 때 충무위 부호군(忠武衛副護軍)에 임명되었고, 첨정(僉正)에 증직되었다.

드러난 공적 세상에 기록되고 世記旂常績
효우의 명성 집안에 전해지네 家傳孝友聲
산수는 편안히 쉬기에 알맞아 水雲宜偃息
낚시하며 한가한 마음 내맡겼네 漁釣任閒情
인척간의 대화가 문득 떠올라 却憶行間話
까닭 없이 늙은이 눈물 쏟아지네 無端老涙傾

유경망 원[199]을 애도하는 만시[挽兪景望 遠]

평소의 정의 서로 도타웠는데 素與情相款
우리 집안과 또 인연을 맺었네 寒門又結緣
인을 행하여 몇 목숨을 살렸던가 行仁全幾命
가업 받들어 끝내 많은 현사 배출했네 承業竟多賢
거문고와 술로 생애를 만족하니 琴酒生涯足
전원의 고요한 맛을 독차지하였네 田園靜味專
흐르는 세월 속에 큰 꿈[200]을 놀라 깨니 光陰驚大夢
봄 거리에서 안개처럼 수심이 이네 春巷起愁煙

199) 유원(兪遠, ?~?) : 자는 명보(明普), 호는 사미(四美), 본관은 창원(昌原)이다. 성주에 살았고, 학문이 깊고 행실이 독실해서 선비들의 추중을 받았다. 경망(景望)은 유원의 또 다른 자인 듯하다.

200) 큰 꿈[大夢] : 인생을 비유한 말이다. 『장자』 「제물론(齊物論)」의 "깨어난 뒤에 그것이 꿈인 줄 알고, 크게 깨어난 뒤에 그것이 큰 꿈인 줄 안다.[覺而後 知其夢也 且有大覺而後 知此其大夢也]"라는 말에서 유래한다.

수재 이곤형을 애도하는 만시[挽李秀才 坤亨]

재능과 행실 어려서부터 드러나	才行髫齡著
명문가 집안에 다시 인물이 났네	名門復有人
삼여[201]에 독서하던 날	三餘黃卷日
한 그루 -원문 빠짐-	一樹-缺-

백천 이천봉[202]을 애도하는 만시[挽李白川 天封]

천구[203]는 다듬지 않아도 절로 순수하고 온화하듯	天球不琢中粹溫
산하의 맑은 기운 저절로 타고 태어났네	自得山河淸淑氣
남다른 풍류 어린 시절부터 대단하였지	風流藉甚童丱日
파란 새싹 금빛 망울 세상에 드문 상서였네	翠茁金苞稀世瑞
처음 배울 적부터 몇 길의 담장[204]에 의지하여	發軔曾依數仞牆
부전[205]으로 방원을 다듬어 큰 그릇이 되었지	斧纏方圓眞偉器
옷자락 추어올려 선생님 공손히 모시고	折旋摳衣函丈間

201) 삼여(三餘) : 위나라 동우(董遇)가 말한 글을 읽기에 가장 좋은 세 가지 여가(餘暇), 즉 해의 나머지인 겨울[冬], 날의 나머지인 밤[夜], 때의 나머지인 장맛비[陰雨]를 말한다.

202) 이천봉(李天封, 1567~1634) : 자는 숙발(叔發), 호는 백천(白川), 본관은 경산(京山)이다. 1601년 사마시에 입격하였고 형 천배(天培)와 함께 정구(鄭逑)를 사사했다. 1627년 정묘호란 당시 성주에서 의병을 일으켰고, 그 공으로 관직에 제수되었으나 나가지 않았다. 이듬해 금부 도사에 제수되었다.

203) 천구(天球) : 옥 이름으로, 종묘(宗廟)의 보기(寶器)이다. 『서경』「고명(顧命)」의 "대옥과 이옥, 천구와 하도가 동서에 있다.[大玉夷玉天球河圖在東序]"라는 말에서 유래한다.

204) 몇 길의 담장 : 큰 스승을 가리킨다. 자공이 공자를 평하여 "대궐의 담장에 비유하면 나의 담장은 어깨에 미친다. 그래서 집안의 좋은 것들을 들여다볼 수 있거니와, 부자(夫子)의 담장은 여러 길이 된다. 그래서 그 문을 얻어 들어가지 못하면 종묘(宗廟)의 아름다움과 백관(百官)의 많음을 볼 수가 없는 것이다."라고 한 데서 유래한다.(『論語』「子張」)

205) 부전(斧纏) : '부'는 자귀이고, '전'은 먹줄이니, 자귀로 깎고 먹줄로 재듯이 사람을 가다듬는다는 뜻이다.

남긴 경서 강마하여 깊은 뜻 탐구하였네	講磨遺經探奧旨
이룡[206]이 어찌 진흙 속에 묻혀 있으랴	驪龍豈宜混泥塗
푸른 연뿌리 일찌감치 가을 강가에서 꺾었네[207]	碧藕早折秋江汜
때 묻은 갓끈을 다 씻고 초복[208]으로 돌아오니	濯盡塵纓返初服
부귀로도 평소 소신 바꾸기 어려웠네	富貴難能移素履
내가 세상에 살아온 지 육십 년 동안	我生於世六十秋
함께 지낸 많은 사람들 그저 좋다고만 하였지	與遊者衆徒唯唯
형작을 비교 않고 단형을 더럽혔고[209]	不較螢爝汚丹衡
뒤늦게 조랑말 채찍질하여 화류마[210]를 뒤따랐네	晩策款段隨驊驥
나약한 나를 일으켜 세워 고질병을 고쳐 주니	立我之懦砭我痼
진심으로 친애한 것이 한둘이 아니었네	且寘心親無一二
화산의 남쪽과 북쪽에 서로 나뉘어 사니	華山南北許相分
늘그막의 좋은 이웃 참으로 다행이었네	暮境芳鄰眞幸耳
누가 생각했으랴 이 사람이 이 세상 싫어할 줄	孰意斯人厭斯世
운수에 성쇠 있다는 이치 믿기 어렵네	數有盈虛理難恃
유림의 뿌리가 벌써 뒤흔들렸으니	儒林根柢已搖蕩
안타깝구나 아름다운 말씀 누가 다시 말해줄까	痛惜徽音誰復理
뜰에 가득한 자손들 모두가 준수하니	寶樹盈庭摠蘭玉
면면한 가업 후사에게 이어지겠네	緖業緜緜垂後祀

206) 이룡(驪龍) : 보배롭고 귀한 사람이나 물건을 뜻한다. 『장자』 「열어구(列禦寇)」의 “천금의 진주는 반드시 구중의 깊은 못 이룡의 턱 밑에 있다.[夫千金之珠 必在九重之淵 而驪龍頷下]”라는 말에서 유래한다.

207) 푸른……꺾었네 : 푸른 연뿌리는 신선이 먹는 것인데, 여기서는 소과에 입격한 것을 말한다.

208) 초복(初服) : 처음에 입던 옷이니, 곧 과거를 보기 전을 말한다. 굴원(屈原)의 「이소(離騷)」에 “물러가 다시 나의 초복을 손질하리.[退將復修吾初服]”라는 구절이 있다.

209) 형작(螢爝)을……더럽혔고 : 형작은 반딧불과 횃불이다. 모두 희미한 빛으로, 능력이 모자란 것에 대한 겸칭이다. 단형(丹衡)은 태양으로, 뛰어난 능력을 뜻한다.

210) 화류마[驊驥] : 주(周)나라 목왕(穆王)이 탔다는 팔준마(八駿馬)의 하나로, 일반적으로 준마(駿馬)를 뜻한다.

가을바람에 수운향[211] 너머로 흰 상여 줄 잡으니	秋風素紼水雲外
아득한 세상일 영영 그만이구나	世事茫茫長已矣
동서남북 사방으로 떠도는[212] 백발노인	東西南北白頭翁
낙동강 끝없는 물가에서 눈물 흘리네	灑涕洛江無限水

도해보 응유[213]를 애도하는 만시[挽都諧甫 應兪]

계미년 가을 진사시에 함께 입격하였고	癸未之秋科目同
선세의 교분은 화산 숭산처럼 높았네	先世分誼齊華嵩
갑술 을해[214]에 태어나 진사시에 나란히 입격하고	甲乙之生蓮榜聯
두 아우의 좋은 우정은 벗과 같았네	兩弟情好如蚷蛩
나는 또 형과 같은 해에 태어나	我又與兄一歲生
형은 생일로 따져 나에게 형이라네	兄以日月兄於儂
관계를 떠나고 인척을 떠나서	不緣連派不緣姻
만나기만 하면 간담이 통하는 것을 느꼈네	相對但覺肝膽融
형 집안의 여러 종반은 따를 수 없으니	兄家羣從不可當
덕을 숭상하고 어진 이 존경하는 성의 융숭했지	尙德尊賢誠意隆
이천과 사수의 물가	伊川之上泗水邊
난실 안에서 토론하고 연마하였지	討論磨礲蘭室中

211) 수운향[水雲] : 물과 구름이 있는 산수가 뛰어난 곳을 말한다.

212) 동서남북 사방으로 떠도는[東西南北] : 『예기』 「단궁상(檀弓上)」의 "지금 나는 동서남북으로 정처 없이 떠돌아다니는 사람이다.[今 丘也 東西南北之人也]"라는 공자의 말에서 유래한다.

213) 도응유(都應兪, 1575~1639) : 자는 해보(諧甫), 호는 취애(翠崖), 본관은 성주(星州)이고, 정구(鄭逑)의 문인이다. 진사시에 입격하고, 1624년 이괄(李适)의 난에 의병을 일으켰으며, 1627년 정묘호란에는 소모장(召募將)이 되어 정경세(鄭經世)를 도왔다. 저서로는 『취애집』이 있다.

214) 갑술 을해[甲乙] : 배상룡은 갑술년(1574)에 태어났으니, 그의 생년으로 미루어 볼 때 을해년은 1575년으로, 1살 차이가 나는 사이임을 알 수 있다.

기린이 어찌 땅 위를 걸어다니랴	文麟豈宜地上行
곧바로 성균 진사에 올라 대궐에 알려지고	旋登國庠通旌宮
성균관[215]의 명성 일시에 자자하여	芹宮聲譽藉一時
지척의 청명[216] 구름 뚫고 날아올랐네	咫尺青冥雲翮冲
세태가 혼탁하고 세로가 험악하자	風塵澒洞世路巇
가던 길 수레 돌려 초심을 따랐네	復路旋車初服從
집안의 훌륭한 명성 아우에게 전해 주어	家聲付與季難傳
효도의 당전에 형제 우애 깊네[217]	彩舞堂前常棣濃
인간 세상의 득실을 어찌 차마 말하랴	人間得喪可忍言
형제[218] 잃은 아픔으로 원통함이 끝이 없네	痛纏鴒原冤不窮
부모 잃은[219] 뒤 늙은 목숨 부지하고 있으니	衰遲線喘草土餘
온갖 근심 마음속에서 일어나는 것 어쩌랴	其柰百慮從中攻
청하의 기특한 기운 긴 밤에 들어오고[220]	青霞奇氣入脩夜
습한 구름에 한을 품으니 하늘이 아득하네	濕雲帶恨天夢夢
생각건대 나만 홀로 아직 세상에 남아서	顧我奇隻尚在世

215) 성균관[芹宮] : "반수(泮水)에서 즐김이여, 미나리를 캐노라.[思樂泮水 薄采其芹]"라는 구절이 『시경』「노송(魯頌)·반수(泮水)」에 있는데, 노 희공(魯僖公)이 반궁(泮宮)을 짓는 것을 찬송한 것이다. 후세에 제후(諸侯)의 태학(太學)을 근궁(芹宮)이라 하였다.

216) 청명(青冥) : 높은 하늘 위의 선경과 같은 제왕의 궁정(宮廷)을 말한다.

217) 효도의……깊네 : 채무(彩舞)는 색동옷을 입고 춤을 추는 것으로, 늙은 나이임에도 어버이에게 효도를 하는 사람을 비유한다. 『소학』「계고(稽古)」의 "노래자가 효성으로 어버이를 섬겨 70세의 나이에도 어린아이의 놀이를 하며 색동옷을 입었다.[老萊子 孝奉二親 行年七十 作嬰兒戲 身著五色斑斕之衣]"라는 말에서 유래한다. 상체는 형제들끼리 우애 있게 지내는 것을 말한다. 『시경』「소아(小雅)·상체(常棣)」의 "상체의 꽃이여, 악연히 빛나지 않는가. 무릇 지금 사람들은, 형제만 한 이가 없느니라.[常棣之華 鄂不韡韡 凡今之人 莫如兄弟]"라는 말에서 유래한다.

218) 형제[鴒原] : 『시경』「소아(小雅)·상체(常棣)」의 "척령이 언덕에 있으니, 형제가 급난을 구제하네.[脊令在原 兄弟急難]"라는 말에서 유래한다.

219) 부모 잃은[草土] : 친상(親喪)을 당한 것을 말한다. 상을 치르는 자는 거적에서 잠을 자고 흙덩이를 베기 때문에 하는 말이다.

220) 청하의……들어오고 : 강엄(江淹)의 「한부(恨賦)」에 "짙은 청하의 기특한 뜻, 긴 밤에 들어와 밝지 않네.[鬱青霞之奇意 入修夜之不暘]"라고 한 말이 보인다.

동쪽 남쪽으로 쑥대처럼 떠돌아다니네　漂泊東南隨轉蓬
만나는 자리마다 다행히 서로 흉금을 텄지　逢場幸辦兩襟開
서로 조용히 너그러운 위로 얼마나 많았던가　寬譬幾多相從容
평소에 말하고 웃던 것이 어제 같으니　平生言笑宛如昨
목석이 아니라면 마음 견디기 어렵네　倘非木石難爲衷
들뜨고 시끄러운 세상 앞 다르고 뒤 다르니　浮囂斯世面背殊
눈 들어 어느 곳에서 기쁜 마음 열랴　擧目何處開歡悰
남은 생애 며칠이라고 서로 만나지 못하였나　餘生幾日不相從
절구에 짓찧는 듯한 늙은이 마음 견디지 못하겠네　不任老懷擣如舂

암곡 도세순[221]을 애도하는 만시[挽都巖谷 世純]

그대와 나는 같은 갑술년에 태어나　君我之生同甲戌
팔순의 인간세상 함께 살았네　八旬人世共偃息
그대는 의젓한데 나는 잔약하고 용렬했고　君能凝靜我孱劣
나는 포류 같은데 그대는 송백 같았네　我是蒲柳君松柏
내가 일찍 죽어 그대를 슬프게 할 줄 알았지　自意朝露使君悲
슬픈 만사를 내가 지을 줄은 생각 못하였네　不料哀詞令我綴
그대 집 처음 팔거[222]에 들어온 뒤　唯君家世始八莒
드러난 사람 훌륭한 선비 대대로 끊이지 않았네　聞人佳士代不乏
그대의 형제들 앞뒤를 이어 일어났고　君之昆弟接武起
그대의 자질은 순수하고 또 진실했네　君資眞醇又信實

221) 도세순(都世純, 1574~1653) : 자는 후재(厚哉), 호는 암곡(巖谷), 본관은 성주이다. 성주에 살았고, 정구의 문인이다. 문집 『암곡일고(巖谷逸稿)』에 실린, 임진왜란 당시의 피란 생활을 기록한 「용사일기(龍蛇日記)」가 유명하다.

222) 팔거(八莒) : 조선 시대 경상도의 한 현으로, 지금의 대구 칠곡을 말한다.

집안에서의 몸가짐은 평안하고 너그러웠고	居家制行主平恕
고장에서의 지론은 공평하고 정직하였네	處鄕持論務公直
내키는 대로 글씨 써도 필획이 반듯했고	信手使筆筆畫正
입에서 나오는 대로 시를 써도 시상이 빼어났네	率口題詩詩思逸
전란 뒤 천곡서원을 중건할 때에	川院重營兵燼餘
집사는 꼭 재간과 도량이 있어야 하는데	執事要須有才局
일 처리는 능숙하고 회계는 정확하였으니	料量能平會計當
끝까지 선현의 영령 편히 모신 것 누구의 힘이랴	卒妥先賢是誰力
학문은 성에 차지223) 않고 뜻도 다 펴지 못하여	學未充量志未究
선생과 어른들이 모두 탄식하며 아까워하였네	先生長者皆嗟惜
온축한 경륜 빛 보지 못했어도 덕 쌓아 복 길렀으니	蘊蓄不耀毓餘慶
그 근기 어찌 면면히 후손에게 끼치지 않겠는가	豈無根基緜貽厥
뜰에 가득한 자손들 준수하고 훌륭하니	滿庭蘭玉秀而朗
맑은 복의 넉넉함 세상에 짝할 이 없네	淸福之綏世無匹
만년에 작은 집 지어 천명을 마음껏 즐기며	晩開小窩樂天放
붉은 꽃 흰 꽃 섞어 심었네	雜蒔花卉交紅白
생각건대 나는 형제간의 정분으로 사귀어	顧余投分弟兄間
그대가 동갑 중에서 가장 정이 깊었네	君爲同庚情最密
나의 모자람 늙을수록 더하여 이를 어여삐 여기며	憐我踈迂老益彌
매번 농담을 통하여 절실하게 바로잡아 준 적 많았네	每因談謔多規切
중년에는 내게 한 권의 책을 주었으니	中年投我一部書
바로 경산224)의 사적에 관한 것이었네	乃是京山之事蹟
민속을 종횡으로 엮어 권계하여 주고	縱橫民俗示勸戒

223) 성에 차지[充量] : 『장자』 「소요유(逍遙遊)」에 "쥐가 하수(河水)를 들이마신다 해도 배를 채우는 데에 지나지 않는다.[鼠飮河 不過滿腹]"라고 하였으니, 자신의 능력만큼 학문을 성취함을 가리킨다.

224) 경산(京山) : 성주(星州)의 옛 이름이다. 김주덕(金周德)이 쓴 「묘도비명(墓道碑銘)」에 장현광의 명을 받아 『경산지(京山志)』를 편찬했다는 기록이 보인다.(『巖谷逸稿』)

고금을 통틀어 빠뜨린 것이 없었네	出入今古無遺失
자세하면서도 복잡하지 않고 질박하면서도 저속하지 않아	詳而不雜質不俚
일을 기록하는 체제와 법도가 모두 갖추어졌네	盡得記事之體法
다른 날에 민요를 채집하게 된다면	他辰如有採風謠
이 책이 어찌 끝내 묻힐 수 있겠는가	此書豈容終湮沒
쇠약해진 이래로 둘 다 출입을 삼가서	自從衰替兩閉門
서로 간에 소식과 만남이 멀어졌네	彼此音容如海隔
내가 말하였지 중간에 작은 고개가 있고	我言中間有小嶺
고개 위 외로운 나무 산 정취 넉넉하니	嶺上孤樹山趣足
좋은 계절이면 둘이 서로 만나	趁得佳辰兩相就
답답하고 깊은 정을 한꺼번에 풀어보자고	鬱陶深情期一滌
어찌 알았으랴 흉한 부음 갑자기 내게 와서	那知訩訃忽報我
여러 해를 만나지 못한 채 사별을 할 줄	積歲離違仍死別
여생에 나는 다시 누구에게 의탁하나	餘生未契更誰托
말없이 세어 보니 인간에 나만 홀로 남았네	默數人間形影隻
앞서거니 뒤서거니 모두 다 떠날 줄 잘 아노니	極知前後同歸盡
날거나 가라앉거나 끝내는 반드시 합할 것 알겠네	亦知飛沈終必合
서로 알고 지내던 사람들 샛별처럼 눈에 선하니	眼中相識似晨星
이 세상을 오래 볼수록 도리어 슬프구나	久視此世還可慽
천 갈래의 마음 실마리를 어찌 다 말하랴	千般心緖說豈盡
애오라지 평생을 서술하여 영결하노라	聊敍平生爲永訣

졸재 정추225)를 애도하는 만시[挽鄭拙齋 錘]

그대는 나보다 한 살이 많은데　一歲君先我
이 세상에서 사십 년을 살았네　人間四十春
선조의 유업 훈장이 빛나고　旂常先業炳
시례의 가학 집안이 환하네　詩禮乃家彬
서대226)는 집안의 빼어난 상서요　書帶抽庭瑞
문린227)은 세상에 드문 보배였네　文麟曠世珍
단정하고 방정한 천성 온전히 타고나　端方全稟受
온화하고 우아한 정신을 함양하였네　溫雅蘊精神
스승님 일찍이 찾아뵙고 의귀하여　絳帳依歸早
선비들과 새로이 절차탁마하였네　青襟琢磨新
스승님 문하에서 공손히 모시며　折旋函丈下
성현의 진리를 탐구하였네　探賾聖賢眞
명리의 자리는 여사로 넘기고　餘事名場過
정력을 다하여 실천 공부 따랐네　專精實地循
남다른 자태 탈렵228)을 기약하며　殊姿期脫鬣
같은 무리 중에 뛰어나리라 여겼네　同隊擬超鱗
황헌229)은 어찌 그리 일찍 죽었으며　黃憲年何促

225) 정추(鄭錘, 1573~1612) : 자는 평보(平甫), 호는 양졸재(養拙齋), 본관은 동래(東萊)이다. 정구(鄭逑)를 스승으로 섬겨 성리학을 닦아 학문과 기예가 깊은 경지에 이르렀고 동문의 선비들이 서로 추중했다.

226) 서대(書帶) : 서대초(書帶草)의 준말로, 한(漢)나라 정현(鄭玄)의 문인들이 책을 묶었다는 풀 이름이다.

227) 문린(文麟) : 문장이 기린 같이 뛰어난 것을 뜻한다.

228) 탈렵(脫鬣) : 훌륭한 인물이 되는 것을 말한다. 이백(李白)의 「대붕부(大鵬賦)」에 "북명에 물고기가 있는데 나는 그 물고기가 몇천 리나 되는지 모른다네. 그 이름을 곤이라고 하는데 화하여 대붕이 된다네. 혼돈에게 물어보니 해도에서 등지느러미를 벗고 천문에서 깃털을 펼쳤다 하네.[北溟之有魚 吾不知其幾千里 其名曰鯤 化成大鵬 質疑胚渾 脫鬐鬣於海島 張羽毛於天門]"라는 말이 있다.

229) 황헌(黃憲) : 동한(東漢)의 고사(高士)로, 자는 숙도(叔度)이고, 48세에 죽었다. 곽태(郭泰)가 "숙도는 질펀히 드넓어 마치 만 이랑 물결과 같아서, 맑게 한다고 해서 맑아지지 않고 흐리게 한다고 해서

안회는 학문을 다 이루지 못하였나230)　　顏回學未臻
집안 명성 네 명에게 있었는데　　家聲四鳳在
가문의 업은 아우231)가 이었다네　　門業季方因
하늘이 세상을 울린 인재 빼앗아가니　　天奪才鳴世
사람들은 이웃까지 빛내 주던 덕을 그리워하네　　人思德照鄰
눈 내린 산봉우리 평소 감상하던 자취 남아 있고　　雪峯留素賞
얼음 낀 골짜기에 청빈하던 삶이 완연하네　　冰壑宛清貧
마주보며 문장을 논하던 날과　　識面論文日
마음을 알아주고 가르침 듣던 때에　　知心聽敎辰
그대의 높은 마음은 모자란 나를 아껴 주었고　　高情憐鄙拙
나의 편협한 성품은 그대의 진솔함을 사랑하였네　　偏性愛眞醇
회연에서 선생님 모시던 저녁과　　淵上攜裾夕
산중에서 함께 이불 덮던 밤에　　山中共被晨
간절한 권면232) 뜻이 맞아서이고　　切偲緣契合
담소와 해학 정이 깊어서였네　　談謔爲情親
미련 없이 이 세상 훌쩍 떠나서　　脫略違斯世
그대로 한 생애를 마쳤네　　仍依畢此身
난초 향기 어쩌면 다시 쐬어 볼까　　蘭薰那復襲
지초의 집 이제는 묻혀 버리니　　芝宇自茲堙
곡구에는 방문하던 길 끊어지고　　谷口叅尋斷

흐려지지 않는다.[叔度汪汪若千頃陂 澄之不清 淆之不濁 不可量也]"라고 평하였다.(『後漢書』 권83 「黃憲列傳」)

230) 안회(顏回)는……못하였나 : 안회는 공자의 가장 뛰어난 제자였으나 일찍 죽었다. 정추가 훌륭한 자질을 지니고 있었지만 일찍 죽어 지극한 경지에 이르지 못했음을 비유한 말이다.

231) 아우[季方] : 동한(東漢) 때 진식(陳寔)에게 뛰어난 두 아들이 있었는데, 형인 진기(陳紀)는 자가 원방(元方)이었고, 아우인 진심(陳諶)은 자가 계방(季方)으로, 모두 문장의 재주가 있어서 사람들이 난형난제(難兄難弟)라고 하였다.

232) 간절한 권면[切偲] : 『논어』 「자로(子路)」의 "붕우간에는 간절하고 자상하게 권면하며, 형제간에는 화락해야 한다.[朋友 切切偲偲 兄弟 怡怡]"라는 말에서 유래한다.

산음에는 꿈이 잦았네　山陰夢寐頻
아양곡 오늘 이후로　峩洋今日後
연주하련들 누가 다시 들어주랴　欲奏更何人

이무보 문우[233]를 애도하는 만시[挽李茂甫 文雨]

생각나누나 열 살 때의 일이　憶我年十歲
내숙을 따라 산당에 갔었지　山堂隨內叔
그 당시 선비들 많았고　于時盛襟佩
총각은 대여섯 있었네　丱角有五六
형의 나이는 열두 살　兄年亦十二
정신과 풍도가 남달랐네　神情殊標格
글씨는 왕희지를 배워　學書王右軍
자획이 쇠를 구부려 놓은 것 같았네　字畫如屈鐵
같은 대열에 끼어 노닐며　忝作同隊遊
어린 마음에 사랑과 기쁨만 알았네　童心知愛悅
기쁜 정 나눈 지 얼마였던가　歡情曾幾何
낙동강이 남북으로 떼어 놓았네　洛水分南北
이십 년의 상란 뒤에는　廿載喪亂後
얼굴빛 다 같이 예전 같지 않았네　酡顔摠非昔
스승님 문하에서 다시 만나　重逢絳帳下
마주보고 오래 오열하였네　相對久嗚咽
다행히 돌아가 의지한 곳이 같아서　幸同依歸地

233) 이문우(李文雨, ?~?) : 자는 무보(茂甫), 호는 우옹(迂翁), 본관은 광주(廣州)이다. 석담(石潭) 이윤우(李潤雨)의 아우이다.

어깨를 나란히 하여 스승님 모셨네　比肩趨丈席
책상을 이어 놓고 고서를 읽고　連牀閱古書
절선234)을 하며 강습을 서로 도왔네　折旋資講習
많은 선비들 다 뛰어났으나　多士盡才俊
그 중에서 가장 사랑 받았네　最見披悃愊
좋은 일은 자상하고 정답게 말하지만　盛事說婉孌
대담한 심장은 크고 넓어 놀라게 하셨네　壯心驚濩落
서로 함께 아침저녁으로　相將費朝曛
우정을 다지고 농담을 즐겼네　磨戛兼諧謔
사람의 일이 어찌 영원할 수 있으랴　人事安可恒
사양235)에 슬픈 메아리 울렸네　泗陽悲響輟
헤어지고 만남은 기수에 달려 있지만　離合固有數
오고감은 여전히 끊이지 않았네　來往仍不絶
그대는 나를 맞아 청암을 방문하고　邀我訪青巖
나는 그대 이끌고 백록동을 찾았네　攜君尋白鹿
연하 속에 신나는 흥취 일으키고　煙霞動高興
천지 사이에 지는 해 바라보았네　偃仰望日夕
산 집의 창가 밤기운 상쾌하여　山囱夜氣爽
고상한 노래 때때로 불렀네　雅歌有時發
옛 곡조는 높고도 맑아　古調聲激越
세상 근심 씻어내게 하였네　令人塵慮滌
나를 위해 시 상자를 열어 보이니　爲我啓詩篋
주옥 같은 글들이 몇 축이나 되었네　瓊琚聯數軸
강호를 유람하며 지은 시들　遊觀湖海作
만년에 와서 더욱 뛰어났네　晩來尤穎脫

---

234) 절선(折旋) : 꺾어가고 돌아가는 것으로, 예절 있는 동작을 말한다.
235) 사양(泗陽) : 한강 정구를 가리킨다. 정구가 사빈(泗濱)에 있었기에 이르는 말이다.

이따금 흠을 지적하면 往往指瑕疵
나에게 시를 모른다 하였네 謂我詩不識
마주하여 너와 나를 잊으니 相對兩忘情
세상일 뜬구름과 같았네 世累浮雲薄
말세의 사람들 사귐 末路論交地
앞뒤가 너무 다르니 面背多殊色
형과 나의 한결같은 마음 兄我一片心
고금에 얻기 쉽잖으리 在古不易得
높은 재주는 무리에서 뛰어나고 高才出流輩
우아한 지조는 선을 장려할 만하였네[236] 雅操可激濁
과거에서 매번 실패를 하니 禮圍每蹭蹬
밝은 시대에 이름이 기록되지 못하였네 明時不收錄
누가 말했나 어진 자 장수한다고 孰云仁者壽
예순을 겨우 넘겼네 甲子才一易
모두 하늘이 한 짓이지만 莫非天所爲
형은 마음이 달갑지 않으리 兄應意不屑
형의 집은 형제가 많아 兄家盛棣華
평소 지극한 즐거움 있었네 平生有至樂
형의 집은 뛰어난 자손 많아 兄家多寶樹
뜰 앞에 의젓이 열을 이루었네 庭前儼成列
두 사위 수려하고 준수하여 雙郞秀而朗
맑은 얼음 흰 옥과 같아 淸冰與白玉
병간호와 상례와 장례에 藥餌與喪葬
시종 흠이 없었네 始終無欠缺
조물주가 형을 대하는 뜻 物兒待兄意

236) 선을……만하였네[激濁] : 악을 배척하고 선을 장려한다는 뜻이다. 『시자(尸子)』 「군치(君治)」에 "물에는 네 가지 덕이 있는데……맑은 물을 끌어들이고 탁한 물을 흘려보내어 찌꺼기를 제거하는 것은 의(義)이다."라고 하였다.

이러하니 만족타 할 만하네　至此亦云足
나는 몇 년 전부터　我自數年來
아우가 병들어 있어　弟病彌年月
약을 구하느라 분주하여　奔走求醫治
잠시도 쉴 틈이 없었네　片時無休歇
형의 몸에 작은 병 있다고 들었으나　聞兄有微病
심각해질 것은 생각 못하였지　不謂便沈劇
때때로 의원에게 물어보니　時向醫家問
의원이 치료하기 어렵다 하였네　醫說難醫疾
형이 계신 곳에서 사람이 와　人自兄邊來
만나고 싶어 한다고 하였지　願言見面目
봄날 밤 함께 누워 이야기 나눈 것이　春宵連枕話
영원한 이별일 줄 생각이나 하였으랴　豈意是永訣
병든 아우는 끝내 일어나지 못하고　病弟竟不起
한 가닥 남은 숨이 가냘프다네　煢煢餘一息
관청에서 그대 조카를 만나니　公廨見阿咸
근심스런 기색이 눈가에 있어　憂色在眉睫
형의 병세 위급한 줄 알았지만　知兄病已急
도와줄 수 없으니 어찌하랴　其柰無羽翼
집으로 돌아온 지 열흘이 못 되어　還棲未旬餘
형께서 벌써 가셨다고 들었네　聞兄已就木
울음 삼키며 억지로 진정하니　呑聲強自抑
슬픈 눈물 가슴에 흘러내리네　哀淚點胷臆
멀리서 알겠네 몇 그루 매화나무　遙知數株梅
언 꽃잎 막 터지려는 것을　凍唇應欲坼
온 책상에 책이 흩어져 있고　一牀散漫書
쓸쓸히 먼지로 덮혔네　寥寂塵埃沒
빙학 같이 완연한 정신　冰壑宛精神
설월처럼 새하얗게 밝았지　雪月餘虛白

또렷이 눈앞에 있는 것만 같아	瞭然在目前
오장이 절로 찢어지는 듯하네	自爾五內裂
인생이 이러한 즈음에 이르렀으니	人生到此際
푸른 하늘 어찌 끝이 있으랴	蒼天曷有極
이제부터 가을비 내리는 밤에	從今秋雨夜
오동에 떨어지는 빗소리 차마 들으랴	忍聽梧桐滴

– 내숙內叔은 내종숙內從叔인 송후창宋後昌 공이다. 쌍랑雙郎은 이유석李惟碩과 장해張褢이다. 오동적梧桐滴은 이공李公이 늘 '동우적桐雨滴'이라는 시를 읊었기 때문이다. –

이성백 현룡237)을 애도하는 만시[挽李誠伯 見龍]

호는 죽포竹圃이다.

성주 이씨는 성주 다섯 대성 중 하나	星李大姓五
그 중에서도 공의 조상이 으뜸이라네	公祖居第一
사람에게 끼친 공덕이 깊어	功德入人深
곡식 가지런히 차려 제사 받들었네	祀典齊土穀
선대의 아름다움 오랠수록 면면하여	前徽久猶緜
청렴한 가문으로 향읍에 널리 알려졌네	淸門布鄕邑
중엽에 고양 땅에 거주하게 되면서	中葉住高陽
이름난 사람이 대대로 끊이지 않았으니	聞人代不乏
옥산238) 대부의 행실은	玉山大父行

237) 이현룡(李見龍, 1580~1654) : 자는 성백(誠伯), 호는 죽포(竹圃), 본관은 성산(星山)이다. 고령(高靈)에 살았고, 정구(鄭逑)의 문인이다. 1635년에 생원시에 입격하였다. 1627년 홍다시(洪多時)의 난과 병자호란 때 창의하였으며, 오위사정·별제·주부를 역임하였다. 이경석(李景奭)의 추천으로 인조의 셋째 아들인 인평대군(麟平大君)의 사부(師傅)가 되었고, 군위(軍威)·대흥(大興)·유화(儒化)의 현감을 역임하였다.

238) 옥산(玉山) : 이기춘(李起春, 1541~1596)을 말한다. 옥산은 그의 호이다. 자는 계욱(季郁), 본관은

청수함으로 선비의 모범이었네	淸修士矜式
공이 이에 그 발자취 이으니	公爰接武起
어린 시절부터 아름다운 명성 있었네	芳聲自丱角
일찍이 대현의 문하에 올라	早登大賢門
발길에 정착처가 있었네	跟脚有定著
어찌 쓸모없는 포계[239]가 되랴	豈宜徒匏繫
오조[240]를 명발[241]에서 시험하였네	鰲釣試溟渤
인생의 부침은 운수에 달린 것이라	升沈自關數
반평생 우슬[242]에 맡기더니	半世任竽瑟
늘그막에 다시 분발하여	桑楡更奮翼
태액에서 연꽃을 잡았다네[243]	太液攀蓮萼
나라가 교육을 중시하니	國家重敎導
발탁이 숙덕[244]으로 돌아갔네	掄擇歸宿德

성산이다. 정구(鄭逑)·청휘당(晴暉堂) 이승(李承)·모재(茅齋) 이홍우(李弘宇) 등 당세 명현과 교유하였다. 세상에서 이들을 낙강칠현(洛江七賢)이라 불렀다.

239) 포계(匏繫) : 움직이지 않고 매달려 있는 뒤웅박으로, 당시에 쓰이지 못하는 사람이나 무용지물을 말한다. 『논어』 「양화(陽貨)」의 "내가 어찌 뒤웅박처럼 한곳에 매달린 채 먹지도 못하는 그런 사람이 되어야 하겠는가.[吾豈匏瓜也哉 焉能繫而不食]"라는 말에서 유래한다.

240) 오조(鰲釣) : 남아의 경륜이나 포부를 비유한다. 발해(渤海) 동쪽에 대여(岱輿)·원교(員嶠)·방호(方壺)·영주(瀛洲)·봉래(蓬萊)의 다섯 신산(神山)이 있었는데, 이 산들이 조수(潮水)에 밀려 표류하며 정착하지 못하자, 천제가 이 산들이 서극(西極)으로 표류할까 염려하여 처음에 '금색의 자라[金鼇]' 15마리에게 이 산들을 머리에 이고 있게 함으로써 비로소 정착하게 되었는데, 뒤에 백룡국(伯龍國)의 거인이 단번에 이 중 여섯 마리의 자라를 낚아갔다는 데서 유래한다.(『列子』 「湯問」)

241) 명발(溟渤) : 큰 바다를 말하는데, 뛰어난 재주를 갖춘 사람들이 모여든 과거 시험장을 비유한다.

242) 우슬(竽瑟) : 학문과 문장은 뛰어났으나 시류(時流)에 영합하지 못하여 출세하지 못함을 비유한 말이다. 제나라 왕이 우(竽)를 듣기를 좋아했는데, 제나라에 와서 벼슬을 구하는 사람이 슬(瑟)을 가지고 왕성(王城)의 성문 앞에서 3년을 연주했으나 결국 들어갈 수 없었다. 이에 객이 꾸짖기를 "왕은 우를 좋아하는데 그대는 슬을 타니, 슬은 비록 잘 타지만 왕이 좋아하지 않으니 어떻게 하리요.[王好竽而子鼓瑟 瑟雖工其 如王不好何]"라고 하였다는 고사에서 유래한다.(『古文眞寶』 「答陳商書」)

243) 태액(太液)에서……잡았다네 : 태액은 한나라 궁궐에 있던 태액지(太液池)로, 궁궐을 비유하며 전시(殿試)를 의미한다. 연(蓮)은 연방(蓮榜), 즉 생원과(生員科)·진사과(進士科)의 향시(鄕試)·회시(會試)에 합격한 사람의 이름을 적은 명부(名簿)에 들었다는 뜻으로, 과거 급제를 의미한다.

공은 당시 으뜸으로 뽑히니	公時膺首選
극해245)하고 너그러우면서도 엄격하였네	克諧寬而栗
이윽고 백 리246)를 맡게 되자	俄承百里寄
고통 받는 백성들 따뜻이 어루만졌네	煦濡撫殘疾
칠 년 간 여유 있게 다스린247) 나머지	七載游刃餘
맑은 교화와 은택을 끼치었네	清風兼惠澤
이는 곧 공의 일부분인데	玆乃彪一斑
어찌 공에 대하여 말할 거리가 되랴	奚足爲公說
바야흐로 암울한 때를 당하여	方當晦昧日
선비의 기개 거의 사라지며	士氣幾熄滅
벼슬과 녹봉에 유혹되고	爵祿之所誘
위협과 화복에 떨었네	威禍從而怵
일시의 선비들이 바람에 쓰러지듯	風靡一時士
저도 몰래 욕망에 빠져들었네	墊溺不自覺
공 역시 초나라 사람248) 속에서	公居衆楚間
온갖 계략으로 입묵249)에 빠졌지만	百計援入墨
확고한 태도로 못들은 체하며	凝然若無聞
흔들리지 않고 자극되지도 않았네	不撓又不激

244) 숙덕(宿德) : 나이 많고 덕이 있는 자를 말한다.

245) 극해(克諧) : 효도로 잘 화합했음을 말한다. 『서경』 「우서(虞書)·요전(堯典)」에 사악(四岳)이 순임금을 추천하여 “그는 효도로 잘 화합하였습니다.[克諧以孝]”라고 한 말에서 유래한다.

246) 백 리(百里) : 한대(漢代)에 현 관할의 범위로, 한 고을이나 지방의 수령이 된 것을 말한다.

247) 여유 있게 다스린[游刃] : 정사를 잘 다스림을 뜻한다. 포정이 문혜군(文惠君)을 위해 소를 잡는데, 소 잡는 솜씨가 매우 뛰어나 문혜군을 감탄하게 하였다. 포정이 소 잡는 도(道)를 말하면서 “두께가 없는 칼을 두께가 있는 틈새에 넣으니, 널찍하여 칼날을 움직이는 데에 있어 반드시 여유가 있습니다.[以無厚入有間 恢恢乎其於遊刃必有餘地矣]”라고 한 말에서 유래한다.(『莊子』 「養生主」)

248) 초나라 사람[衆楚] : 사방에 적대하는 사람이 있는 것을 뜻한다. 초(楚)나라 항우가 해하에서 한(漢)나라 유방의 군사에 포위되어 있을 때 한나라 쪽에서 들려오는 초나라 노래를 듣고 초나라가 이미 한나라의 손에 들어갔다고 생각하고 낙담했던 고사에서 유래한다.

249) 입묵(入墨) : 입묵은 먹물로 이마에 글을 새겨 넣는 형벌을 말하는데, 여기서는 죄를 씌운다는 의미이다.

하루아침에 먹구름이 걷히자 一朝氛翳豁
끝내 본래의 소신을 보존하였네 終能保初服
공이 온축한 바를 뒤밟아 보니 跡公之所蓄
내면은 온통 한 마디 무쇠였네 中心一寸鐵.
세상에 그 힘을 발휘하였다면 其於世用力
성취는 쉽게 헤아리기 어려웠네 所就未易測
부질없는 영화 일찌감치 사양하니 浮榮又早謝
풍격은 천 길처럼 높았네 風致高千尺
거문고와 서책으로 만년을 보내며 琴書供暮年
훌륭한 자손에게 가업 전하였네 蘭玉傳世業
선현에게 후손이 있으니 昔賢有後嗣
우리들은 외롭지 않네 吾儕不孤隻
살아서는 순응하고 죽어서 편안하여 生順而死安
처음에서 마지막까지 흠이 없었네 始終無欠闕
동문이면서 취미도 같아 同門又同趣
담담한 물처럼 우의가 친밀하였고 淡水契誼密
급하고 어려움을 말할 적마다 每說際急難
온 식구가 기대고 싶어 하였네 百口期相托
몇 해 전 다시 손을 잡았을 때 年前重握手
기쁜 표정이 두 눈에 들었지 喜色浮兩睫
한 이불에서 이틀 밤을 잠자며 聯衾成信宿
새벽까지 함께 우정을 나누고 達曙同磨戛
떠날 때 차마 작별하지 못하여 告歸不忍別
멀리 청천의 굽이까지 전송하였네 遠送晴川曲
산을 돌며 그대 보이지 않아 山回不見君
시야에서 사라져도 정은 끝이 없었네 目斷情無極
다시 만나자고[250] 뒷날을 기약하였는데 簪盍有後期
한 번의 작별이 영원한 이별 되었네 一別成永訣
발인이 두어 밤 밖에 남지 않으니 遠日隔數夜

차디찬 날씨에 마음 갑절 아프네	寒天倍愴莫
영남은 공의를 숭상하니	南中尙公議
얼마나 많은 이들이 고매한 자취 우러를까	幾多仰高躅

250) 만나자고[簪盍] : 잠합은 벗들끼리 만나는 것을 뜻한다. 『주역』 「예괘(豫卦)」의 “의심하지 않으면 벗들이 빨리 모일 것이다.[勿疑 朋盍簪]”라는 말에서 유래한다.

애사哀詞

이사후251)에 대한 애사[李士厚哀詞]

슬프구나　噫嘻
하늘이 그대를 낸 것은 비록 늦었으나　天之生子也雖晚
오히려 문운이 막 형통할 때였네　尙及文運之方亨
아! 우리 두 선생께서 앞장서 인도하시니　繄我兩先生倡道
좇아서 배운 이들 일시의 영재였네　從之遊兮一時人英
돌아가신 그대 부친께서 가장 존중 받았으니　先君子最見推重
옥처럼 온화하고 난초처럼 향기로웠네　玉之溫兮蘭之馨
추우가 태어남이여 추우로다　騶虞生兮騶虞
골격이 빼어나고 정신은 맑았네　風骨秀兮神精淸
어릴 적 지각이 있을 때부터　自孩提之有識
가정에서 단정한 가르침 받았네　蒙養端於家庭
이윽고 훌쩍 두각을 나타내니　俄頭角之頎然
천리마에 붙어 먼 길 달렸네　爰附驥於長程
삼천 삼백252)의 거동과　三千三百之儀
『시경』과 『서경』에 대하여　四始六體之經
자상한 가르침 이르는 곳마다 환하였고　耳提面命兮觸處洞然
입으로 외고 마음으로 이해하여 막힘이 없었네253)　口誦心解兮易於建瓴

251) 이사후(李士厚) : 사후는 이육(李堉, 1572~1637)의 자이다.

252) 삼천 삼백(三千三百) : 예의 있는 거동을 말한다. 『중용』에 '예의(禮義) 3천, 위의(威儀) 3백'이라고 하였는데, 원래는 예의의 소절(小節)을 말하지만 여기서는 『예기』·『의례』 등의 예서를 말한다.

253) 막힘이 없었네[易於建瓴] : 건령은 건령수(建瓴水)의 준말인데, 병의 물이 쏟아지듯 높은 데에서 쏟

널리 듣고 잘 기억하는 자질에다	以博聞強記之資
끝까지 찾아내는 정밀함을 겸하였고	兼究極採剔之精
천고의 역사에 학식이 풍부하고	千古史學之富
삼한의 전고를 잘 알았네	三韓典故之盛.
우뚝함을 내면에 지니고 있어	磊落載腹兮
찬란하기 하늘의 밝은 별 같았네	燦燦如霄漢明星
밝은 달 좋은 밤에 서로 따르며	相從於皓月良宵
물가 정자 창가에서 편히 마주앉아	塊對於水榭風欞
흉금을 열고 들어보면	開襟試聽兮
귀가 솔깃하고 마음은 상쾌하였으며	耳聳神爽
묵은 병 시원스레 사라져	沈痾快袪兮
숙취에서 별안간 깬 듯하였지	宿醉頓醒.
유림의 아망 사람들을 움직이고	儒林之雅望動人
양옥의 성가 여러 성과 맞바꿀 보배였네254)	良玉之聲價連城
귀의할 곳이 있으니	依歸有所
헛된 명성은 헌신짝이었네	弊屣浮名
한 구역의 밝은 햇살에	一區晴暉
네 마리 봉황255)이 함께 울었네	四鳳齊聲
진가256)가 화목하니	陳家雍穆兮

아져 흐르는 물이다. 거침없는 형세를 비유할 때 쓰인다.

254) 맞바꿀 보내였네 : 연성벽(連城璧)의 준말로, 전국 시대 때 진(秦)나라 소왕(昭王)이 조(趙)나라 왕에게 15성(城)과 맞바꾸자고 청한 화씨벽(和氏璧)으로, 진귀한 물건을 가리키는 말로 쓰인다.(『史記』 권130 「廉頗藺相如傳」)

255) 네 마리 봉황[四鳳] : 자식과의 영원한 이별을 뜻하는 말이다. 『공자가어』 「안회(顔回)」의 "환산(桓山)의 새가 네 개의 알을 낳았는데, 날개가 다 자라 사해로 나뉘어 떠나가게 되자, 그 어미 새가 슬피 울며 보내었다.[桓山之鳥 生四子焉 羽翼旣成 將分於四海 其母悲鳴而送之]"라는 말에서 유래한다.

256) 진가(陳家) : 강주(江州, 지금의 구강(九江)) 진포(陳褒)의 집안은 가족이 700명이나 되었는데, 식사할 때마다 넓은 자리를 펴서 어른과 아이가 차례대로 앉아 함께 밥을 먹었다. 그들의 화순함과 우애에 감동하여 그 집에서 기르는 개 100여 마리도 한 우리에서 밥을 함께 먹으며, 한 마리라도 오지 않으면 모든 개들이 밥을 먹지 않았다는 고사가 있다.(『小學』 「善行」)

채소밭 오이 꼭지 연이어졌고257)	蔕連圃瓜
강굉의 이불 기쁘니258)	姜被怡愉兮
자형화 만발하였네	華滿紫荊
사람들은 집안 잘 다스림을 칭찬하지만	人或稱在家之政
실은 학문의 익힘을 통해 온 것이라네	實從學問中來
이것은 여사이니	此是餘事
어찌 심정을 다 말한 것이랴	奚足盡情也哉
사랑은 만물을 이롭게 할 수 있고	仁可以利物
은택은 시내처럼 흐를 수 있었다네	澤可以爲川
군평이 세상 버리니	君平棄世兮
세상도 군평을 버렸네259)	世棄君平
그러나 시국이 위급한 때에는	然時事危急之日
가슴 아파하고 분개하며	痛鬱憤懣
잠자는 것도 잊고 먹지도 않아	忘寢廢食
병을 치유할 수 없게 되었으니	病不可爲
나라에 대한 의리를 중히 여겨서	則得非宗國義重
자신도 몰래 몸을 해친 것이 아니겠는가	不覺傷生者歟
만약 그대가 일찍 역량을 펼쳐서	使吾子早得陳力
온축을 다 펼 수 있었다면	展盡底蘊
시대의 지주가 되고	爲時之楨

257) 채소밭……연이어졌고[蔕連圃瓜] : 외와 칡의 덩굴이 뻗어서 서로 얽혀 있듯 서로 엮여 있는 친인척 관계를 뜻한다. 한(漢)나라 채옹(蔡邕)의 「독단(獨斷)」에 "무릇 선제(先帝) 및 선후(先后)와 과갈(瓜葛)의 관계가 있는 이들은 모두 모였다."라고 한 말에서 유래한다.

258) 강굉의……기쁘니 : 강굉(姜肱)처럼 형제간에 우애가 있었음을 말한다. 원문의 '강피'는 『후한서(後漢書)』「보일(補逸)·강굉(姜肱)」에 나오는 고사로, 동한(東漢)의 강굉이 두 아우와 함께 한 이불을 덮고 자면서 계모(繼母)의 마음을 위로해 드렸다는 고사를 말한다.

259) 군평(君平)이……버렸네 : 한나라 엄군평(嚴君平)이 학식과 포부를 가지고 세상에 나오지 아니하고 점치는 것을 생계로 삼았는데, 당나라 시인 이백(李白)은 일찍이 「군평기기세(君平旣棄世)」라는 시를 지어 "군평이 세상을 버리니 세상도 군평을 버렸다.[君平旣棄世 世亦棄君平]"라고 하였다.

국가의 빛이 되며	爲國之光
자신을 돌보지 않고	不有其身
배운 바를 저버리지 않았을 것이 분명하네	不負所學也明矣
지위는 그의 덕을 드러낼 수 없었고	位無以顯其德
수명은 그의 어짊에 걸맞지 않았네	壽不得稱其仁
이미 정해진 천명에 기대할 것은	已定之天其可期
후손들이 영달하는 일이네	於後昆之榮也夫
고검이 날아 흩어지니260)	古劒飛散兮
백아의 거문고 소리 끊어지고	牙琴聲斷
노래로 슬픔을 서술하니	歌以敍悲兮
슬퍼서 문장을 이루지 못하겠네	悲不成章

김이간 두261)에 대한 애사[金而幹 枓 哀詞]

변화가 옥덩이 때문에 우니262)	卞和泣璞兮
사람들은 그를 억울하다고는 하나	物論稱其屈
나는 그대를 위해 안타까워하지 않네	吾不爲君惜
동야가 재능을 인정받지 못하여263)	東野不育兮
벗들은 슬프다고 하나	親舊以爲慽

260) 고검이……흩어지니 : 죽음을 말한다. 진(晉)나라 장화(張華)와 뇌환(雷煥)이 용천(龍泉)과 태아(太阿)의 두 보검을 소유하고 있었는데, 그들이 죽고 나서 두 보검이 절로 연평진(延平津) 속으로 날아 들어가서 두 마리 용으로 바뀐 채 유유히 모습을 감췄다는 전설이 있다.(『晉書』 권36 「張華傳」·『拾遺記』 권10)

261) 김두(金枓, 1590~?) : 자는 이간(而幹), 본관은 의성이다. 성주에 살았고, 1624년 생원시에 입격하였다.

262) 변화가……우니[卞和泣璞] : 권1 주 146) 참조.

263) 동야가……못하여 : 동야(東野)는 당(唐)나라 때 시인 맹교(孟郊)의 자이다. 맹교는 뛰어난 재주가 있음에도 46세가 되어서야 과거에 급제하였는데, 찌든 가난으로 그의 아내와 세 아들이 요절하는 등 인생이 매우 고달팠었다. 맹교는 김두를 두고 한 말이다.

나는 그대를 위해 곡하지 않는다네	吾不爲君哭
백발의 홀로 남은 어버이 의지할 곳 없이	白髮偏親更無托
생사로 이별하게 되니	生離死別兮
이 한을 끝내 어찌 다할까	此恨終何極
아!	嗚呼
내 아우도 차마 나와 이별하였으니	余季亦忍與我別
저승에서 지금 눈을 감지 못하리	九原今應不瞑目
저승에서 행여 예전처럼 함께 지내게 되면	冥途相從倘如昔
백발의 외로운 짝이	爲報白首孤隻
아직까지 구차히 살고 있다고 전해 주시게나	尙能偸一息

송여달 광택에 대한 애사[宋汝達 光宅 哀詞]

진솔하고 공정한 성품은	眞醇公直之性
천품에서 나왔고	出於天資
온공하고 검소한 행실은	溫恭儉素之行
집안 법도에서 얻었네	得之庭規
오래된 거문고는 줄이 없어도	古琴無絃兮
태고의 아름다운 소리 머금었고	含太古之徽音
훌륭한 옥은 박옥으로 있어도	良玉在璞兮
세상에 드문 아름다움 간직하였네	蘊稀世之奇珍
백발이 되도록 교유하면서	白首從遊兮
이 세상의 교묘한 속임수 잊었는데	忘此世之巧幻
이제는 그만이구나	今焉已矣.
내 마음 칼로 베는 듯하니	我懷如割兮
누구에게 말해볼거나	向誰陳

부賦

등불 심지 돋우며 검을 자주 보다[挑燈看劍頻][264]

17세에 지었다.

남관[265]의 외로운 그림자	南冠隻影
북교[266]에서 몇 년을 지냈나	北窖幾載
정기의 노래 끝나니	歌闋正氣
좋은 일도 꿈속이었네	夢裏好事
한 등잔의 꺼져 가는 불 돋우며	挑一缸之殘燄
삼 척의 싸늘한 칼날 어루만지네	撫三尺之寒鍔
슬픈 눈물 흩뿌리며 자주 돌아보고	揮危涕而亟顧
영웅의 위엄 다시 떨치기 바라네	冀雄威之再拂
태어나자 어려운 세상을 만나니	生丁鞠訩
우리보다 먼저도 아니네[267]	不自我先

264) 등불……보다[挑燈看劍頻] : 남송(南宋) 말기의 충신 문천상(文天祥)의 시 「해상(海上)」에 나오는 구절이다.

265) 남관(南冠) : 남관은 원래 초나라의 관을 말하는데, 죄수를 가리키는 말로 쓰인다. 『좌전』 「성공(成公)」 9년의 "진후(晉侯)가 군부(軍府)를 순시하다가 종의(鍾儀)를 보고서 유사(有司)에게 '남관(南冠)을 쓴 채 묶여 있는 자가 누구냐?'라고 물으니, 유사가 '정인(鄭人)이 잡아 바친 초수(楚囚)입니다.'라고 대답하였다."라는 말에서 유래한다.

266) 북교(北窖) : 한나라 무제(武帝) 때 중랑장을 지낸 소무(蘇武)를 말한다. 흉노(匈奴)에 사신으로 간 소무는 흉노의 선우(單于)가 갖은 협박을 하는 데도 굴하지 않고, 큰 구덩이 속에 갇혀서 눈을 먹고 가죽을 씹으면서 지낸 고사가 있다.(『前漢書』 권54 「蘇武傳」)

267) 우리보다 먼저도 아니네[不自我先] : 어지러운 세상에 태어났음을 탄식하는 말이다. 『시경』 「소아(小雅)·정월(正月)」과 「대아(大雅)·첨앙(瞻卬)」의 "우리보다 먼저도 아니며, 우리보다 뒤도 아니로다.[不自我先 不自我後]"라는 말에서 유래한다.

협마[268]에 향불 사라지자[269]	夾馬香殘
속저[270]의 운세 다하였네	屬猪運訖
예조[271] 이백 년의 판도[272]를 다 싸말아서	捲藝祖二百年版圖
수천 리 밖 되놈의 전성[273]에 내주었네	輸羯奴數千里氈城
외로운 신하[274] 만 번의 죽을 고비 겪고 살아남아	孤臣萬死而一生
몇 가닥 백발만 남아 있네	餘數莖之白髮
민해[275]를 길이 작별하고	長辭閩海
멀리 연나라 감옥으로 가게 되었네	遠赴燕獄
죽다 살아남은 포로의 실오라기 목숨	孱俘縷命
오래도록 목숨 연명하였지	久延視息
새벽녘의 샛별[276]이 되니	作晨星之長庚

268) 협마(夾馬) : 하남성(河南省) 낙양(洛陽)의 동북쪽에 있는 지명으로, 송나라 태조 조광윤이 태어난 곳이다.

269) 향불 사라지자[香殘] : 송나라 태조 조광윤을 제사지내는 향불이 사라진 것으로, 송나라의 멸망을 말한다.

270) 속저(屬猪) : 송(宋)의 별칭이다. 후주(後周)의 부마(駙馬) 장영덕(張永德)이 방사(方士)들을 맞아들였는데, 어떤 이인이 "참된 주인[眞主]이 이미 나왔습니다."라고 하자, 영덕이 "그 사람이 누구요?"라고 하니 "공은 자흑색(紫黑色)의 해년(亥年)에 해당하는[屬猪] 사람으로서 잘 싸우는 이를 보면 잘 대우하시오."라고 하였다. 장영덕이 뒤에 태조를 보고 그가 영특함을 알고 나이를 물으니 곧 해년(亥年, 정해년)이어서, 힘을 다해 따랐다는 고사에서 유래한다.(『說郛』 권16下 「王文正筆錄」)

271) 예조(藝祖) : 문덕(文德)을 소유한 시조(始祖)라는 뜻으로, 『서경』 「순전(舜典)」에 나오는 말인데, 보통은 송(宋)나라 태조를 가리키는 말로 쓰인다.

272) 판도(版圖) : 판(版)은 호적을, 도(圖)는 지도를 말하는데, 강역(疆域)·영토(領土)의 뜻으로 쓰인다.

273) 전성(氈城) : 북방 유목민들의 거처로 털가죽으로 만든 천막이 모여 있는 곳을 말하는데, 흔히 오랑캐들의 도성을 뜻하는 말로 쓰인다.

274) 외로운 신하[孤臣] : 문천상(文天祥)을 말한다. 송(宋)나라 충신으로, 자는 송서(宋瑞), 호는 문산(文山)이며, 시호는 충렬(忠烈)로 신국공(信國公)에 봉해졌다. 남송이 멸망한 뒤에도 잔병(殘兵)을 모아 싸웠으나 원병에게 패배하여 포로로 잡혀 연경(燕京)에서 3년 동안 구금되었다. 원 세조(元世祖)가 벼슬하도록 간절히 권하였으나 끝내 거절하고 사형당하였다. 감옥에 갇혀 있을 때 오언시(五言詩) 「정기가(正氣歌)」를 지어 자기의 뜻을 나타내었다.(『宋史』 권418 「文天祥傳」)

275) 민해(閩海) : 문천상이 송나라 마지막 임금인 소제(少帝)가 있는 민(閩) 땅으로 가서 근왕(勤王)한 사실이 있는데, 민 땅으로 가기 위해서 소제가 바다를 통해 배를 타고 민 땅으로 들어갔으므로 이르는 말이다.

276) 샛별[長庚] : 금성(金星)의 별칭으로 계명성(啓明星)이라고도 하는데, 저녁과 새벽 무렵 서쪽 하늘에

빈 산의 늙은 잣나무 같구나	等空山之老柏
멱라수를 떠 마시고 수양산 고사리 캐니[277)]	酌汨羅兮採首陽
죽기 전에 얼마나 노고를 바칠까	奠幾勞於未死
흰 해는 홀연히 서쪽으로 지고	白日忽其西匿
검은 바람이 북쪽에서 불어왔네	黑風吹兮北起
철마의 먼지 가라앉고	鐵馬塵歇
금가 소리 요란하네[278)]	金笳聲聒
긴긴 밤 남은 해에	長夜剩年
기운 달 희미하게 비치네	缺月射白
하늘을 찌르는 충성의 울분을 품고	懷丹憤之干雲
벽을 비추는 푸른 등불을 짝하였네	伴青燈之照壁
홀로 잠 못 들어 뒤척이니	獨無寐而輾轉
누가 나의 마음 알아주랴	誰會余之腷臆
허리춤의 날카로운 보검[279)]과	腰間蓮鍔
간담 속의 충성스런 마음[280)]	肝膽舊物
기세는 무지개 토해내고	氣吐虹霓
억울함은 북두성 가로지르네	冤橫斗牛
부질없이 우는 갑 속의 검을 달래며	弔匣中之空鳴
시름겨워 메마른 눈동자를 닦노라	揩攢愁之枯眸
서릿발 같은 칼날 낡아도 녹슬지 않고	霜釯老而未蝕

서 가장 밝게 빛나는 별이다.

277) 멱라수를……캐니 : 멱라수(汨羅水)는 망해가던 초나라의 애국 시인인 굴원(屈原)이 물에 몸을 던져 죽은 곳이다. 수양산(首陽山)은 은나라의 충신인 백이(伯夷)와 숙제(叔齊)가 주나라의 곡식을 먹지 않겠다며 들어가서 고사리를 캐어 먹다가 죽은 산이다. 멱라수와 수양산은 모두 망해가는 나라의 충신의 행적을 애도하는 말이다.

278) 철마의……요란하네 : 철마는 전장을 달리는 말이고, 금가는 북방 민족의 악기인 호드기이다. 전쟁이 끝나고 원나라의 승리로 호드기 소리가 요란함을 말한다.

279) 날카로운 보검[蓮鍔] : 연꽃 모양의 무늬를 한, 칼끝이 날카로운 보검을 말한다.

280) 마음[舊物] : 국가가 예로부터 지니고 있는 기업(基業), 옛날의 전장제도(典章制度) 등을 뜻하는 말이다.

연화의 보검은 오래 되어도 무디지 않네　華鍔古而不澁
싸늘한 빛 밝게 빛나니　寒光照耀
용을 벨 수 있고　可以屠龍
장한 기개 드높으니　壯氣動躍
종을 자를 수 있네　可以制鐘
등불 돌려 자주 비추어 보며　回燈頻照
몇 번이나 주시하였던가　幾番注目
어루만지고 또 어루만지며　手之撫之
탄식하고 안타까워하네　以歎以惜
진정 몰랐네 백 번의 싸움 끝에도　實不料百戰之餘
나와 네가 아직 남아 있을 줄을　吾與爾而尙存
손바닥에 침 뱉어 검을 한 번 휘둘러서　欲唾手而一揮
하늘 덮은 요사스런 기운 속 시원히 베고 싶네　豁翳天之妖氛
몸이 벌써 얽매여 있으니281)　身旣在於縲絏
누가 나에게 날개를 달아 주랴　孰畀予以羽翼
네가 한창 때에는　仗爾當年
부질없이 하늘 버티고자 하였지　謾意撑天
십 년을 부지런히 갈아　勤十年磨
한 사람 대적하기를 바랐네282)　幾一人敵
두보가 공동산에 의지하였던 것을 본받고283)　效杜子崆峒之倚

281) 얽매여 있으니[縲絏] : 누(縲)는 검은 줄이고, 설(絏)은 얽는다는 뜻으로, 죄인을 묶는 포승(捕繩)이다. 여기서는 얽매여 있음을 말한다. "비록 감옥 안에 있으나 그의 죄가 아니다.[雖在縲絏之中 非其罪也]"라는 말에서 유래한다.(『論語』「公冶長」)

282) 한 사람……바랐네 : 병법을 익히는 것을 말한다. 항우가 "글은 성명이나 기록하는 데 족할 뿐이고, 검은 한 사람만을 상대하는 것이니 배울 가치가 없다. 나는 만인을 상대하는 법을 배우고 싶다.[書足以記名姓而已 劍一人敵 不足學 學萬人敵]"고 말하고는 병법을 배웠다는 말에서 유래한다.(『史記』 권7「項羽紀」)

283) 두보(杜甫)가……본받고 : 당나라 시인 두보가 안녹산의 반란 때에 지은 「세병마(洗兵馬)」라는 시의 "황제의 위엄 해대를 맑게 했음은 기쁘지만, 천자께서 공동산으로 파천한 일 늘 생각해야지.[已喜皇

우허가 공을 세우려 했던 마음에 비겨 보네[284]　擬虞公盤錯之別
여유롭게 칼을 놀려　庶游刃之恢恢
단번에 오랑캐 소탕하려 했지　快一埽於蠻貉
그만이구나　已焉哉
하늘이 재앙 뉘우치지 않아　天不悔禍
요사스런 별이 갑자기 남극에 떨어지니　妖星忽墜於南極
육수부가 황제를 업고 물속으로 들어가고[285]　陸負帝沈
장세걸이 또 물에 빠져 죽었다네[286]　張又及溺
초나라 죄수[287] 외로운 신하　楚囚孤臣
계문[288]의 고각 소리에　薊門一角
신물[289]을 당겨 보지만 헛되이 늙어가니　挽神物而虛老
부질없이 소매 속에서 절로 우는구나　空自吼於袖裏
가물거리는 등불 돋우어 보나 이미 다 꺼져　挑殘燈兮旣盡
애오라지 기둥을 치며 탄식하노라　聊擊柱而發噫

威淸海岱 常思仙仗過崆峒]"라는 내용을 차용한 것이다.

284) 우허(虞詡)가……비겨 보네 : 후한(後漢)의 우허가 "반근착절의 상황을 만나지 않는다면 칼이 예리한지 무딘지 분간할 수가 없으니, 지금이야말로 내가 공을 세울 마지막 기회이다.[不遇盤根錯節 無以別利器 此乃吾立功之秋]"라고 말한 뜻을 가져왔다.(『後漢書』 권5 「孝安皇帝紀」)

285) 육수부가……들어가고 : 육수부(陸秀夫)의 자는 군실(君實)로, 송(宋)나라의 충신이다. 원나라와의 싸움에서 1279년 애산(厓山)이 함락되자, 수부가 처자를 먼저 바다 속으로 몰아넣은 다음, 단종(端宗)의 뒤를 이어 등극한 9세의 송나라 마지막 황제를 업고 바다로 뛰어들어 죽은 사실을 말한다.(『宋史』 「陸秀夫傳」)

286) 장세걸(張世傑)이……죽었다네 : 문천상(文天祥)·육수부(陸秀夫)·장세걸은 애해(崖海)의 삼충(三忠)으로 불리는데, 어린 황제가 물에 빠져 죽었다는 소리를 듣고는 더 이상 어찌할 수 없음을 탄식하며 물에 빠져 죽었다.(『宋史紀事本末』 권28 「二王之立」)

287) 초나라 죄수[楚囚] : 진(晉)나라에 포로로 잡혀가서 거문고로 초나라 음악을 연주하며 고향을 그리워한 종의(鍾儀)의 고사에서 유래한다. 나라가 위태한 상황에서 더 이상 어찌 할 수 없이 딱한 처지에 빠져 있는 사람을 가리키는 말로 쓰인다.(『春秋左傳』 「成公 9년」)

288) 계문(薊門)의 고각 소리 : '계'는 지금의 북경 서남쪽에 위치한 지명으로, 계문은 계주의 성문을 말한다.

289) 신물(神物) : 보검(寶劍)을 말한다. 이백(李白)의 「양보음(梁甫吟)」에 "장화의 두 자루 용검은 신물이라 합쳐질 때가 있네.[張公兩龍劍 神物合有時]"라는 말이 있다.

등암선생문집

제2권

등암선생문집 권2

서書

한강[1] 선생께 올리다[上寒岡先生]

당시 한강 선생이 영주[2]의 초정椒井에서 목욕하였다.[3]

지금 초가을 날씨에 몸조리는 잘하고 계십니까. 상중의 구구한 마음을 너무 견딜 수 없습니다. 발인[4]하는 날을 아직 정확히 잡지 못해 안부를 여쭙지 못하니, 서운한 저의 마음을 더욱더 말씀드릴 수 없습니다.

날씨가 점점 서늘해지고 하늘도 맑게 개었습니다. 목욕하시기가 편리하여 증세가 좋아지셨으리라 생각합니다. 우러러 기원하는 마음 하루도 간절하지 않은 적이 없습니다.

저 상룡은 삼가 선생님의 자애를 입어 모진 목숨을 그런대로 부지하고 있습니다. 그러나 병든 아우의 증세는 날로 위중해져서 한 숟가락의 밥도 먹지 못하고 한 시각의 잠도 편히 자지 못하며 번민과 허열虛熱이 나날이 더해지고 있으니, 마주앉아 슬피 부르짖으며 어찌 할 바를 모르겠습니다. 선생님께서 돌아오시는 행차는 언제쯤입니까. 길이 그다지 멀지

---

1) 한강(寒岡) : 정구(鄭逑, 1543~1620)의 호이다. 자는 도가(道可), 본관은 청주(淸州), 시호는 문목(文穆)이다.

2) 영주[榮川] : 영천(榮川)은 오늘날 경북 영주(榮州)의 옛 이름이다.

3) 당시……목욕하였다 : 『등암집』 「연보」에 의하면 44세(1617년) 7월에 있었던 일로, 정구가 당시에 풍비(風痺)를 앓아 이 행차가 있었다고 한다.

4) 발인[軔發] : 한 해 전에 있었던 모부인의 상을 말하는 것으로 여겨진다.

않은 데도 종들이 흩어지고 죽어서 성심껏 찾아뵙고 안부를 물을 수가 없으니, 매우 죄스럽고 한스럽기만 합니다.

이 나머지 드릴 말씀은 상중이어서 다 말씀드리지 못하겠습니다.

여헌[5] 장선생께 올리다[上旅軒張先生]

나랏일이 망극하여 차마 들을 수 없어서 기가 막히게 하는데 무슨 말씀을 드리겠습니까. 삼가 생각건대 우려로 가슴이 미어질 즈음에 건강은 좋으시고 기거가 복되신지요. 삼가 그리운 마음이 갑절이나 절실합니다.

저는 간행 일은 다 마쳤고, 향장鄕將도 적합한 사람을 얻었으나 예전의 참좌參佐를 편의대로 물리칠 수 없다고 하니, 정의情誼로 보나 의리로 보나 나아가야만 할 듯합니다. 그러나 일찍이 두 마리의 말이 있던 것을 한 마리는 서숙庶叔이 타고 갔고 한 마리는 바다 쪽으로 가서 아직 돌아오지 않았습니다. 그래서 바삐 가지 못하니 서글픈 마음만 더해집니다.

향교에서 막 선생께서 보낸 앞뒤 통유문通諭文을 보니 대의를 이미 창도하였고 절목도 상세합니다. 그러나 생각건대 변란이 갑작스레 생기고 명령이 막히고 끊겨서, 비록 조정의 분부가 정묘년(1627)의 사례와 같이 호소사號召使의 임명은 아직 있지 않으나 이미 모든 읍들의 의병장을 정하였으니, 어찌 한 도의 통섭統攝이 없을 수 있겠습니까. 호령號令은 어디로부터 나오며 논품論稟은 어디로부터 결정하겠습니까. 가만히 생각건대 선생께서는 성상께서 지우知遇로 여겨 주시는 융숭한 은혜를 입고 온 도 사림의 추앙을 받고 있으므로, 이처럼 어렵고 걱정스러운 때를 당하여 무거운 책임을 끝까지 사양할 수는 없을 듯합니다.

그러나 허다한 기의機宜[6]를 어찌 스스로 다 담당하겠습니까? 만약 좌도와 우도에서 지위와 명망이 있는 사람을 아주 잘 선택하여 일을 나누어 맡긴다면 저들이 어찌 사양하겠으며, 선생께서 처신하는 도리도 다하는 것이 아니겠습니까. 생각건대 이 조치는 이미

5) 여헌(旅軒) : 장현광(張顯光, 1554~1637)의 호이다. 자는 덕회(德晦), 본관은 인동(仁同), 시호는 문강(文康)이다.

6) 기의(機宜) : 현재의 정세를 객관적으로 파악한 뒤에 취하기에 바람직하다고 여겨 강구한 대책을 말한다.

마음속으로 짐작하고 계시겠지만 감히 숨기거나 침묵하지 못할 것이기에 이렇게까지 번거롭게 하는 것입니다. '생각한 것이 있으면 반드시 아뢰는' 정성에서 나온 것이오니, 굽어 살펴 주시기 바랍니다.

바다로 보낸 말이 돌아오거나 다른 말을 빌리게 되면 며칠 뒤에 나아가 뵈올 계획입니다.

-'예전의 참좌參佐'란 정묘호란 때에 여헌 선생이 호소사에 임명되면서 선생(배상룡)을 참좌로 삼았던 일을 말한다.-

여헌 선생께 올리다[上旅軒先生]

남쪽의 군사軍事가 또 불리하고 시사時事도 한결같이 망극하니, 다시 무어라 말씀드리겠습니까. 삼가 생각건대 이러한 즈음에 건강은 좋으신지요. 구구한 사모의 마음이 간절합니다.

한번 나아가 조용히 모시고 싶은 염원은 하루 이틀이 아니나, 처음에는 타고 갈 말이 없었고 이어서 감기를 앓았습니다. 그저께 비로소 말을 빌리게 되어 나아갈 생각이었으나 서숙庶叔께서 전쟁터로 가셔서 돌아가셨다는 소식도 있고 살아 계신다는 소식도 있습니다. 숱한 상을 겪고 나서 오직 이 숙부에게만 의지하였으니, 하찮은 저의 목숨은 아쉬울 것이 없으나 골육 간의 절박한 아픔은 끝이 없습니다. 이에 또 계획을 멈춘 채로 정확한 소식을 기다리고 있습니다. 새 거처는 대충 완성되었으나 큰길 곁인데다 읍과도 가깝고 또 가솔을 다 이끌고 돌아왔으니, 이 사이의 궁색하고 근심스런 상황을 어찌 말로 다 하겠습니까.

지난번에 지어 보라고 하신 서문은 초고를 두 장으로 써서 삼가 봉해 올립니다. 이전에 드린 『역대기년歷代紀年』[7]은 유고가 들어 있는 상자 속에 함께 간직하고 싶으니, 보내주시기를 삼가 바랍니다.

나머지 사연은 나아가 뵈올 때를 기다리며 우선 이만 줄입니다.

---

7) 『역대기년(歷代紀年)』: 한강(寒岡) 정구(鄭逑)의 저술이다.

완평 이 상국[8]께 올리다[上完平李相國]

봄 날씨가 아직 차갑습니다. 삼가 생각건대 대감의 건강은 계절에 맞게 좋으시겠지요. 다시 삼가 생각건대 산속의 집이 엉성하여 추우실 터인데 어떻게 보내시는지요. 구구한 연모의 마음이 나라를 위하거나 세도世道를 위한 것만이 아닙니다.

소생은 특별한 보살펴 주심을 받아서 물러나 궁벽한 초가에서 지내게 되었으니, 저의 다행스러움을 어찌 말로 다하겠습니까. 일찍이 서울에 머무를 때에 여강驪江의 물가로 나아가 찾아뵙고 이어서 평소 흠모하던 염원을 이루고 싶었습니다만, 위태롭게 매인 몸이 형세가 자유롭지 못하여 끝내 존안尊顔을 뵙지 못하였으니, 다만 이 몸이 가까이서 모실 길이 없는 것이 아쉬울 뿐입니다.

『예설禮說』 한 질을 삼가 올립니다.

나머지 말씀은 나라를 위하여 더욱 보중하시어 아래에서 태산처럼 우러르는 정성에 부응해 주시기를 기원한다는 것입니다.

민이정 여진[9]에게 주다[與閔而靜 汝鎭]

동해에서 작별한 뒤로 소식이 아득합니다. 며칠이나 관북關北에서 아침저녁으로 즐겁게 모시었으며 어느 때에 서울에서 조용히 강마하였던가요. 당신에게 쏠리는 늙은이의 그리운 마음 놓이지 않습니다.

저는 노쇠한 병이 날로 더 심해 말할 만한 것이 없습니다. 당신의 백씨伯氏는 지금 한

8) 이 상국(李相國) : 완평부원군(完平府院君) 이원익(李元翼, 1547~1634)을 말한다. 자는 공려(公勵), 호는 오리(梧里), 본관은 전주(全州)이다. 1569년 문과급제, 영의정을 지냈다. 시호는 문충(文忠)이고, 저서로는 『오리집』이 있다.

9) 민여진(閔汝鎭, ?~?) : 허목(許穆)의 『미수기언(眉叟記言)』 「우찬성(右贊成) 죽천(竹泉) 이공(李公)의 묘지명(墓誌銘)」에 "지금 의빈부(儀賓府) 도사인 민여진"이라는 글과, 윤휴(尹鑴)의 『백호전서(白湖全書)』와 조익(趙翼)의 『포저집(浦渚集)』에 각각 나오는 것으로 보아 16~17세기 초의 인물로 보인다.

지방에 머무르고 있어도 오히려 만나기 어렵다는 탄식이 나오는데, 더구나 당신은 멀리 하늘 한 녘에 있음이겠습니까. 선계仙界에서 읊조리며 감상하고 등불 아래서 시를 논하던 일을 저의 여생 어느 때에 다시 할 수 있을는지요. 종이를 대하여 글을 쓰려니 절로 눈앞이 아득합니다.

개산[10] 류석에게 답하다[答柳開山 碩]

두 곳에서 정신이 서로 통하는 것은 언어와 문자의 밖에 있으나, 종이 가득 써 보내 주신 편지가 사연이 하도 간절하여, 공경히 음미하다가 마음이 취하여 무어라고 감사의 답장을 드려야 할지 모르겠습니다. 성곽 밖의 가을 날씨는 맑은데, 동서로 오랫동안 떨어져 있었습니다. 생각건대 어버이를 모시는 여가에 서적으로 즐기고 계시겠지요. 그 풍모를 생각할 때 반성을 하게 합니다. 저는 가난과 질병 속에서 형제가 마주하여 분수대로 사는 것이 진실로 하나의 다행입니다. 세세한 일들을 어찌 다 말하겠습니까. 다만 몸을 아끼시고 더욱 힘써서 멀리 있는 저의 정성에 부응하여 주시기를 바랍니다.

세마 민응협[11]에게 주다[與閔洗馬 應協]

자나 깨나 그리던 나머지 걱정과 기쁨으로 마음이 불안한 즈음에[12] 만나 뵙고 나니 작별한 서글픔을 자못 견딜 수 없습니다. 어버이를 모시고 지내시는 안부는 계절 따라 좋으

---

10) 개산(開山) : 개산(皆山)의 오기인 듯하다.

11) 민응협(閔應協, 1597~1663) : 자는 인보(寅甫), 호는 명고(鳴皐)·창주(滄洲), 본관은 여흥(驪興)이다. 1633년 문과급제, 대사성·대사헌·병조 참판 등을 역임하였다.

12) 걱정과……즈음에 : 1859년에 간행한 판본에는 '憂喜悄悅之際'라고 되어 있고, 1799년에 간행한 판본에는 '憂喜悄悅之餘'라고 되어 있다. 여기서는 1859년 판본에 따라 번역하였다.

시겠지요. 멀리서 위로되는 마음 더욱 간절합니다. 저는 살아서 옛집으로 돌아왔으니 성상의 은혜가 바다와도 같습니다. 비록 몸이 백 개가 된들 어찌 만분의 일이라도 보답할 수 있겠습니까. 천 리 밖에 떨어져 있어서 다시 대할 길이 아득하여, 편지를 쓰자니 할 말을 잊어서 저의 늙은 회포를 다 쓰지 못합니다.

천조 김진13)에게 주다[與金天曹 振]

신미년(1631)에 선생이 남의 무함을 받아 체포되어 서울로 갔으나 즉시 풀려나서 집으로 돌아온 때이다.

생사가 막 판가름 난 끝에 저를 찾아와 주셔서 내내 감사하고 우러르는 마음이 오래 되어도 여전합니다. 이즈음 가을 더위에 건강은 계절 따라 매우 좋으시겠지요. 위로되는 마음이 더욱 간절합니다.

저는 성상의 은혜가 망극하여 그런대로 잘 살아가고 있으나, 여생을 꼽아 보니 보답할 길이 없어서 그저 조심스러울 뿐입니다. 저의 아우는 오랜 질병 속에서도 옛 친구들을 잊지 못하여 과거 길에 서울로 올라갔으니, 아마 당신이 마주하여 탄식하고 안타까워할 것입니다. 서울은 지방과의 거리가 멀어서 다시 만나려 해도 방편이 없으니, 오직 당신이 지방관이 되어 남쪽으로 오셔서 저의 집을 방문하여 주시기만을 바랍니다.

---

13) 김진(金振, 1603~1669) : 자는 군옥(君玉), 호는 낙봉(駱峰), 본관은 안동이다. 1635년 문과급제, 전랑·검상·사인을 역임하고 황해도 관찰사를 지냈다. 이 편지는 『등암집』 「연보」에 의하면 김진이 이조참의를 지낼 때 보낸 것으로, 배상룡이 무고를 받아 의금부에 갇혔을 때 문안을 온 것에 대해 답례를 한 것이다.

군위 현감 홍전[14]에게 답하다[答洪軍威 瑱]

아우가 죽던 날 병세를 묻는 편지가 와서 너무나 비통하였습니다. 지금 또 멀리서 위장慰狀을 보내 주시고 부의를 보내시니 지극한 슬픔을 더욱 견딜 수 없습니다. 저 상룡은 쌓인 재앙이 끝이 없어서 흰 머리의 죽을 나이에 한창 강장하던 아우를 갑자기 잃었습니다.[15] 10살의 고아가 상복을 끌며 울부짖으니 차라리 깜박 죽어서 지각도 없고 싶으나 그것도 되지 않아서, 먹는 것은 점점 배부르기를 구하고 잠자는 것도 편안하기를 바랍니다. 이로부터 생사가 나뉘니 애타게 울부짖은들 어찌하겠습니까.

늦가을 날씨는 점점 추워지는데 정사를 보시는 안부는 편안하시겠지요.

길이 그다지 멀지 않으니 장례 때가 아니면 다른 날에라도 한 번 오셔서 곡哭하여 주시겠습니까? 서로 붙잡고 울부짖은 나머지에 마치 원빈元賓[16]을 만난 듯할 테니, 다행을 그 어떤 말로 표현할 수 있겠습니까. 장지葬地를 아직 잡지 못하여 장례 시기도 아직 확정짓지 못했으나, 다음 달 10일에서 20일 사이를 넘지 않을 것입니다.

수암 류진[17]에게 답하다[答柳修巖 袗]

당시 합천 군수였다.

일부러 심부름꾼을 시켜 보낸 편지를 받아서 살핀 바, 차가운 봄 날씨에 정무를 보시는 안부가 계절을 따라 매우 복되시다니 우러러 위로되는 마음 지극합니다.

---

14) 홍전(洪瑱, 1595~?) : 자는 경미(景美), 본관은 남양(南陽)이다. 1637년 문과에 급제하였다.

15) 아우를 갑자기 잃었습니다 : 배상룡의 아우 배상호(裵尙虎, 1594~1632)는 배상룡이 59세 때에 39세의 나이로 사망하였다.

16) 원빈(元賓) : 당나라 한유(韓愈)의 제자 이관(李觀)의 자인데, 여기서는 벗을 의미한다. 한유의 「답이수재서(答李秀才書)」의 "원빈이 그리워도 만날 수가 없으니, 원빈과 함께 어울렸던 사람만 봐도 원빈을 만난 것 같다.[思元賓而不見 見元賓之所與者 則如元賓焉]"라는 말에서 유래한다.

17) 류진(柳袗, 1582~1635) : 자는 계화(季華), 호는 수암(修巖), 본관은 풍산(豊山)이다. 류성룡(柳成龍)의 아들이다. 1610년 사마시에 입격하였고, 고관대작을 역임하지는 않았지만 세신(世臣)의 후예답게 깨끗하고 성실하게 생애를 보냈다. 저서로는 『수암집』이 있다.

상룡은 지난겨울에 죽은 아우의 장사를 치르고도 여태껏 인간 세상에 온전히 살아 있습니다.

대부군大府君 상공相公[18]의 유집遺集이 세상에 널리 전해져서 사문斯文의 법이 되고 있으니 오도吾道의 다행스러움을 어찌 말로 할 수 있겠습니까. 아우가 죽은 뒤로 질병이 거듭나서 베개에 엎어진 채 아무것도 모르며 아침저녁 죽기만을 기다리니, 실로 서책을 펼쳐볼 기분이 나지 않아서 죽기 전에 그만 팽개쳐 두고 싶은 생각이 간절합니다. 종이는 사서 보냈으나 거칠어서 마음에 들지 않습니다. 만약 정품精品으로 바꿀 기회가 있다면 나은 것으로 가려 주시기를 바랍니다. 책을 도련하고 표지를 꾸미는 일도 유념하셨으면 합니다.

조용히 좋은 가르침을 들을 길이 없으니, 세의世誼를 생각할 때 부끄럽고 안타까움이 실로 깊습니다.

다만 만 배 진중하시기를 빌 뿐입니다.

서윤 도경유[19]에게 주다[與都庶尹 慶兪]

벼슬 없이 한가로이 지내시다가 발탁되어 관방關防의 중지重地에 특별히 높이 제수되시니, 존좌尊坐께서 감격하여 분발하는 지극한 마음을 어떻게 견디시는지요. 그러나 생각건대 부모님의 연세가 높아 멀리 변방으로 가시려면, 효성스런 심정이 망극하실 것입니다. 그러나 충과 효는 다 같이 온전할 수 없고, 은혜와 의리에는 더 무거운 쪽이 있으니, 이러한 때에 존좌께서 어찌 사정私情을 돌아볼 겨를이 있겠습니까. 지난날 취중에 한 말은 본래 당신에게 기대한 말이 아니어서, 매번 간절히 마음에 걸립니다.

유약하고 해이한 것은 진실로 말할 것이 없으나 엄하고 모진 것이 어찌 도리에 합당하겠습니까. 즐거움과 괴로움을 함께하고 형벌과 상을 분명히 하며, 백성을 인애仁愛로 결속

18) 대부군(大府君) 상공(相公) : 서애 류성룡을 말한다.

19) 도경유(都慶兪, 1596~1636) : 자는 내보(來甫), 호는 낙음(洛陰), 본관은 성주(星州)이다. 정구(鄭逑)·서사원(徐思遠)의 문인이다. 1624년 사마시에 입격하였고, 정묘호란 때 호남으로 세자를 호종하였으며, 난이 끝난 뒤 금부도사·평양 서윤 등을 역임하였다. 저서로는 『낙음집』이 있다.

하고 충의忠義로 격려하신다면, 저절로 윗사람을 보호하려고 끓는 물과 불 속으로 달려갈 수 있을 것입니다. 오직 엄격함만을 너무 중시한다면 성공할 수 있겠습니까. 존좌의 변화무쌍한 수완은 보통 사람의 생각으로는 헤아릴 수 없으나, 대사大事를 당하여 멀리 작별하게 되어서 감히 이처럼 충고하는 것입니다. 행여 기억해 주신다면 천 리 먼 곳에서 어찌 마주 대하는 것과 같을 뿐이겠습니까.

조藻[20]는 감기를 오래 끌어 가슴이 막히고 가래가 끓어서 증세가 위중합니다. 모래가 기일忌日임에도 감히 곡하며 제사 지낼 엄두를 내지 못하니, 제가 죽기 전에는 우환이 그칠 날이 없을 것입니다.

나머지는 나라를 위해 스스로 진중하시기를 바란다는 것입니다.

김해 부사 류승서에게 주다[與柳金海 承緖]

상룡은 재앙이 차고 쌓여서 사람이 죽어 나가고 있습니다. 올해 5월에 이름이 조藻라고 하는 서제庶弟가 세상을 버렸고, 7월 초에 또 아내의 상을 당하게 되니, 비통하여 가슴이 찢어져 빨리 죽지 못하는 것이 한스럽습니다.

지금 초겨울에 영감의 안부는 계절 따라 매우 복되시겠지요. 우러러 그리운 마음은 슬픔 속에서도 다름없습니다.

가을에는 멀리서 안부를 물어 주시고 아울러 부채를 보내 주어서 매우 감사하였습니다. 상룡은 세 집이 따로 살며 고생스러움을 견디지 못하여, 아내의 빈소를 선산 곁으로 옮겨 간소하게 매장할 계획입니다. 그러나 여러 벗들이 모두 터가 좋지 못하다고 하고 또 매우 거리끼는 일이 많아 장차 얕은 땅에 묻고 겨울을 나는 신세를 면치 못하게 되었으니, 이곳에서의 비통하고 민망한 제 마음은 다 말할 수가 없습니다.

이번에 찾아간 류득신柳得新[21] 군은 40년 동안 은거하며 지내 온 옛 친구입니다. 살 곳을

20) 조(藻) : 배상룡의 서제(庶弟) 이름이다.

21) 류득신(柳得新, ?~?) : 자는 시중(時仲), 본관은 문화(文化)이다. 1618년 생원시에 입격하였다.

잃고 이리저리 떠돌아다니다가 영감이 다스리는 경내에 의탁해 살고 있으니, 백성을 안착시켜 살게 하는 정책을 이 사람이 아니고 누구에게 먼저 쓰겠습니까. 그리고 그 사람은 일찍이 각 지역을 두루 유람하여 경치 좋은 곳을 잘 알고 있으며, 또 장자長者에게 알려 드릴 만한 좋은 견문이 없지 않습니다. 관아에서 정무를 마치고 물러난 틈에 늙고 추하다고 하여 멀리하지 마시고, 자리를 내어주고 그 말을 들어 보신다면 벼슬살이 중에도 한가한 흥취를 가지는 데 도움이 될 것입니다. 한번 시험해 보시기를 바랍니다. 많은 사연을 어찌 다 말할 수 있겠습니까. 오직 바닷가 고을의 섣달 추위에 정무를 보시는 안부가 매우 좋으시기를 빌 뿐입니다.

호주 채유후22)에게 답하다[答蔡湖洲 裕後]

양매楊梅(소귀나무)가 피려고 하는데 외로운 백성이 복이 없어서 그리워하는 마음은 계절따라 함께 새롭습니다. 이제 멀리서 보내 주신 고마운 편지를 받아서 살핀 바, 봄 날씨가 아직도 쌀쌀한데 기거가 매우 복되시다니 감사하고 위로되는 마음을 견딜 수 없습니다.

저는 새해 초에 비로소 합장[祔葬]23)을 하고 슬픈 마음으로 날을 보내고 있습니다.

말씀하신 「정완訂頑」에 대한 의문은 서로 진보하게 해 주시는 것이라 매우 고맙습니다. 그러나 심신이 흐려져서 정신을 집중하지 못하고, 또 서책이 드물어서 널리 연구할 길이 없으니, 호의를 저버린 부끄러운 마음을 어떻게 다 말씀드리겠습니까. 그러나 우선 여러 책에 흩어져 나오는 것들로 살펴보면 주자朱子가 한 번 확정한 논리는 준엄하여 범하기 어려워 우리나라 제현諸賢들의 경해經解도 이의가 없었습니다. 행여 새벽이나 한밤의 남는 시간에 특별히 정밀한 생각을 가하여 그 귀추歸趨를 다 이해하신 뒤에 다시 가르침을 주신다면 천 리의 먼 곳에 떨어져 있더라도 어찌 직접 대하는 것과 같지 않겠습니까.

---

22) 채유후(蔡裕後, 1599~1660) : 자는 백창(伯昌), 호는 호주(湖洲), 본관은 평강(平康)이다. 1623년 문과에 급제하였고, 문재(文才)가 뛰어났으며, 시호는 문혜(文惠)이다. 저서로는 『호주집』이 있다.

23) 합장[祔葬] : 『등암집』 「연보」에 의하면, 1615년에 모부인(母夫人)을 주현(酒峴)의 선영에 장례지내고 부친인 참판공(參判公)의 묘소를 옮겨 함께 합장하였다.

『예설禮說』 한 질을 감히 올립니다. 나머지는 쉬지 않고 부지런히 힘쓰셔서 기대하고 바라는 성의에 부응해 주시기를 삼가 빕니다.

이심원당[24]에게 답하다[答李心遠堂]

오랫동안 왕래가 끊겨서 몹시 그립던 차에 심부름꾼을 시켜 보내 주신 안부 편지를 받아서 살핀 바, 형께서 잘 지내신다니 위로됨이 만 배나 됩니다. 저는 상기祥期가 멀지 않으니 저절로 슬퍼집니다. 산속으로 들어가는 일은 우연이 아니고 평소에 계획한 것이긴 하나 움직이기 어려운 형편은 높은 새재의 험난함만이 아니니 어찌겠습니까.

지난번에 보내드린 『소재집穌齋集』 14권은 오산서원吳山書院[25]에서 소장하고 있던 것이고, 『황산곡집黃山谷集』[26] 몇 권은 최 원장崔院長의 것이며, 전질을 갖추지 못한 『좌전左傳』·『남화경南華經』·서씨徐氏[27]의 『침구대전鍼灸大全』은 문 영흥文永興의 책이고, 전질을 갖추지 못한 『주역周易』 7권은 제가 소장하고 있던 것입니다. 전해 오던 책 목록은 모두 돌려보내어 기록하도록 해야 하나 아직까지 서재에 남겨 둔 것은 새 원장이 보도록 하려고 해서입니다. 바라건대 형께서 직접 보시고 나서 돌아가시는 날에 함께 보자기에 싸서 보내되, 『산곡집』은 서원에 남겨 두고 그 나머지는 저에게 보내라고 명하심이 어떠할지요. 또 문서는 사상泗上에서 써 온 것은 무백茂伯(이윤우李潤雨) 형의 글씨이고, 천곡川谷에서 써온 것은 김 무안金務安의 글씨이며, 병·경년丙庚年의 화재 뒤에 합쳐서 쓴 것은 영감 아우의 글씨입니다. 만약 형과 마주앉아서 꼼꼼히 읽어본다면 하나의 유쾌한 일이 충분히 되겠으나, 내가 갈 수가 없으니 매우 아쉽습니다.

---

24) 이심원당(李心遠堂) : 심원당은 이육(李堉, 1572~1637)의 호이다.

25) 오산서원(吳山書院) : 경북 구미시 오태동에 있던 서원이다. 1574년에 지방 유림의 공의로 길재(吉再)의 충절과 학행을 추모하기 위해 창건하였고, 1609년에 '오산(吳山)'이라고 사액되었다.

26) 『황산곡집(黃山谷集)』 : 산곡은 북송 때의 시인인 황정견(黃庭堅, 1045~1105)의 호이다. 자는 노직(魯直)이고, 강서시파(江西詩派)의 대표 시인이다.

27) 서씨(徐氏) : 명(明)나라 서봉(徐鳳)을 말한다.

저현猪峴은 비록 시내가 불어나서 길이 막히는 일은 없겠으나 수초水草가 우거진 비탈진 길에 모자를 쓰고 도롱이를 걸치고 간다는 것은 아끼는 형께서 감당할 수 있는 일이 아닙니다. 형께서는 어찌하여 다시 훗날을 기다려 평탄한 길로 오시려 하지 않습니까. 보름 뒤에 택장澤庄을 갔다 오고 싶은데 형의 행차가 혹시라도 이때와 상치되지 않는다면, 흰 돌과 맑은 시내에 함께 지팡이 짚고 나막신을 신게 될지 어찌 알겠습니까.

동명 김세렴28)에게 답하다[答金東溟 世濂]

당시에 현풍 현감玄風縣監이었다.

시원스럽게 툭 트인 절에서 함께 만나 자리를 가까이 하고 나란히 앉아 학문의 실마리를 강론한 일은 실로 다시 얻기 어려운 행운이었습니다. 그러나 쇠퇴한 몸이 오래 머무르기 어려워서 겨우 이틀 밤 머무르고 훌쩍 작별해서, 미련함을 깨우쳐 주고 나약함을 일으켜 세워 준 유익함이 작별한 뒤에 갑절 더 느껴집니다. 지금 또 특별히 심부름꾼을 보내어 진지하게 위로의 말씀을 해 주시니 스스로 돌이켜볼 때 천박하고 용렬한 제가 어떻게 이러한 대우를 받겠습니까. 감사한 나머지 갈수록 더 부끄럽고 두렵습니다.

신도비神道碑는 다가오는 초봄에 세울 계획입니다. 혹시라도 다시 와 주신다면 저희들의 다행스러움이 어떠하겠습니까. 『심경발휘心經發揮』29) 신간은 당신의 부탁 때문에 바쁜 가운데 틈을 내어서 인출하여 보내오니, 한가한 겨를에 마음으로 읽으셔서 기대하는 바람에 부응하여 주신다면 다행이겠습니다.

-김세렴金世濂 공이 문필로 명성이 있어서 한강 선생의 신도비를 써 줄 것을 청하였으므로 용연사龍淵寺에서 작별한 뒤 이 편지를 썼다.-

---

28) 김세렴(金世濂, 1593~1646) : 자는 도원(道源), 호는 동명(東溟), 본관은 일선(一善)이다. 1616년 문과급제, 사헌부 집의로 있을 때 공신 이귀(李貴)가 이조 판서로 자천하는 방자함을 왕에게 아뢰다가 왕의 뜻을 거슬러 1634년 현풍 현감으로 좌천되었다. 저서로는 『동명집』·『동명해사록(東溟海槎錄)』 등이 있다. 『등암집』 「연보」에 의하면, 이 서신은 그 당시에 주고받은 것이다.

29) 『심경발휘(心經發揮)』 : 정구(鄭逑)가 진덕수(眞德秀)의 『심경』에 제가의 설을 첨가하여 그 뜻을 적은 책으로, 1603년에 동주자본(銅鑄字本)으로 간행되었다.

이동호[30]에게 답하다[答李東湖]

앞뒤로 보내 주신 고마운 편지는 모두 벌써 받아 보았습니다. 다시 살핀 바, 요즈음 지내시는 형편이 좋으시다니 구구한 마음 위로가 됩니다. 저는 일을 시작하는 즈음에 닥치는 곳마다 옹색하여 허다한 사무를 처리할 수가 없으니 크게 탄식한들 어찌하겠습니까.

일찍이 사 모은 소금은 행여 서원 앞까지 운송해 올 수 있다면 급한 대로 쓰임에 보태어 쓸 수 있으나, 쌀과 베도 역시 공급해야 됩니다. 지금의 급선무는 오직 서문을 청하는 것과 정본正本을 쓰는 것입니다. 그러나 한더위가 멀지 않고 가을철의 과거도 가까워 오는데, 만약 이처럼 지연시킨다면 초가을 과거 뒤까지 기다려야 하니, 인사人事가 지금만도 못하게 될지 어떻게 알겠습니까. 부디 속히 향교와 서원에 가셔서 동지들을 권면하여 순서대로 거행하여 일의 기회를 놓치지 않도록 하여 주시기를 천만 번 지극히 바랍니다.

또 신본新本은 안목이 있는 이의 열람을 거치고 나면 반드시 다시 한 통을 쓰고 그 뒤에야 정본正本을 쓸 수 있다고 합니다. 고명高明께서는 어떻게 생각하십니까. 만약 글자와 줄, 줄과 편의 사이에 성김과 촘촘함, 남음과 모자람의 잘못이 없지 않다면 다시 써야 한다는 말은 매우 정당한 듯합니다. 부디 헤아려 주시기 바랍니다. 일찍이 『소재집穌齋集』의 초간본을 본 바 모양새를 갖추지 못하였습니다. 그러므로 사또 강복성康復誠[31])이 성주에 부임하였을 때 다시 활자본으로 인쇄하였고, 또 『백사집白沙集』을 임영臨瀛(강릉江陵)에서 처음 간행하였으나, 세상에 유포할 수 없어서 진양晉陽(진주)에서 다시 판각하였으니, 이는 모두 판각하는 데만 급하여 심력을 다하지 않은 결과입니다. 어찌 오늘날 우리들이 크게 조심하고 각별히 생각해야 할 점이 아니겠습니까.

이 밖의 자세한 이야기는 만나 뵙고 말씀드릴 때를 기다리겠습니다.

---

30) 이동호(李東湖) : 동호는 이서(李箬)의 호이다.

31) 강복성(康復誠, 1550~1634) : 자는 명지(明之), 호는 죽간(竹磵), 본관은 신천(信川)이다. 1579년 사마시에 입격하였고, 성주 목사를 지낸 적이 있다. 저서로는 『죽간집』이 있다.

이동호에게 답하다[答李東湖]

연이어 고마운 편지를 받아서 살핀 바, 날씨는 찬데 지내시는 형편이 좋으시고 또 몇 조목의 조심스런 질문을 받으니, 몹시 그립던 나머지 위로되고 후련한 마음을 어찌 말로 다 하겠습니까. 『심경발휘』는 벌써 21판을 새겼고 지금 막 35판을 새기고 있습니다. 이로 미루어 계산한다면 문집은 스무날 뒤에나 시작할 수 있고, 『심경발휘』는 그믐 전에 마칠 것입니다. 문집은 연보年譜와 합치게 되면 『심경발휘』의 두 배 반이 되니, 날짜는 이에 따라 계산할 수 있으나 그 중 가장 절실히 고민되는 것은 교감이 정밀하지 못하다는 것입니다. 비록 간행은 할 수 있다 하더라도 완벽한 책이 되리라고 어떻게 보장하겠습니까. 번番을 서고 있는 여러 유생들이 완벽한 책을 만드는 데는 전혀 뜻을 두지 않고 있으니, 억지로 그들에게 수정을 보게 한다면 대충 읽어 넘겨서 믿을 수가 없으니, 어쩌겠습니까.

전생全生이 문집을 베낀 지가 지금 여러 날이 됩니다. 그리고 수권首卷의 시편詩篇은 이때까지 아직 산정刪定하지 못하였기 때문에 제2권의 소차疏箚와 부록 권을 먼저 베끼고 있으나, 옛 법식에 집착하여 앞뒤의 순서가 전혀 없습니다. 어찌 안목 있는 자를 찾아서 비평을 받아 보는 절차가 없을 수 있겠습니까. 더욱 아쉬운 것은 처음에 누군가의 의논을 따르지 않은 것입니다. 큰 틀의 사세는 대충 처리하면 두서가 잡힐 듯하나, 정밀을 기해야 할 부분에 있어서는 함께 의논할 길이 없으니, 걱정되고 고민되어 크게 탄식할 뿐입니다.

또 장인匠人이 일을 시작하는데 앞서는 사람과 뒤떨어지는 사람이 있고, 둔하고 민첩함이 또 각각 달라서, 뒤떨어진 사람은 아직 일을 마치지도 못하였는데 앞선 사람은 다시 시작하니, 문집은 몇 달 뒤면 마칠 듯합니다. 연보는 정월 초에 시작해야 하나, 지금까지 탈고를 하지 못해서 이것이 우려스럽습니다.

최 관찰사가 전에 보낸 본은 즉시 등사하게 하였으나 지금까지 완전히 끝내지 못하였습니다. 바라건대 초례醮禮가 지난 다음 날 즉시 오시어 지적하여 주셔서 후세에 전할 문장에 큰 착오가 생기는 일은 없게 해 주십시오.

이동호에게 답하다[答李東湖]

날씨가 전에 비해 몹시 춥습니다. 삼가 생각건대 고요히 지내시는 안부는 계절 따라 복되시겠지요. 지난번 고마운 답장을 받으니 갖추어 보살펴 주시는 은혜에 지금까지 감사한 마음 간절합니다.

저는 살 곳을 잃고 떠돈 지 이제 10년이 되었습니다. 갖가지 어려움과 고달픔은 아쉬워할 것이 없으나, 가묘家廟가 멀리 떨어져 있어서 심정이 망극하여 날로 걱정되고 두려울 뿐입니다. 편안하게 머무를 수 있는 곳을 얻기를 바랍니다만, 고비마다 장애가 생기어 끝이 없으니 이 사이의 절박한 마음은 말로 다 표현하기 어렵습니다.

문집을 인쇄하여 나누어 주는 일은 매우 긴요합니다. 만약 이때를 놓친다면 어떻게 널리 유포할 수 있겠습니까. 저의 아이가 근간에 포산苞山(현풍玄風)에 갔다 올 계획이 있어서 그 아이에게 들러서 찾아뵙고 저를 대신하여 전달하게 하고 싶었으나, 그 아이가 가는 것이 쉽지 않을 듯하여 서원 사람을 시켜서 빨리 해야 한다는 뜻을 알리는 것입니다. 형께서 만약 선뜻 승낙하지 않으신다면 저도 다시는 사문의 일에 대해 말씀드리지 않겠습니다. 각봉角峯도 3백 권의 종이를 보태어 주어 인쇄한 것이 거의 50~60벌에 이르니 이 또한 하나의 다행입니다.

인재 최현32)에게 답하다[答崔訒齋 晛]

지난번 고마운 편지를 받아서 삼가 살핀 바, 겨울 추위에 영감의 체후가 계절 따라 매우 편하시다니 멀리서 위로되는 구구한 마음을 견딜 수 없습니다.

간행하는 일은 처음에 각수刻手를 대충 모아 조용히 나무에 새기면서 왕래하며 여쭙고

32) 최현(崔晛, 1563~1640) : 자는 계승(季昇), 호는 인재(訒齋), 본관은 전주(全州)이다. 정구(鄭逑)·고응척(高應陟)의 문인이다. 임진왜란 때 의병을 일으켰고, 1598년 그 공으로 원릉 참봉(元陵參奉)이 되었다. 1606년 문과급제, 1608년 예문관 대교에 제수되었다. 시호는 정간(定簡)이고, 저서로는 『인재집』이 있다.

의논할 생각이었습니다. 그러나 장인이 사방에서 많이 모여들어 40명에 이르니, 접대하는 즈음에 수응酬應하는 것이 매우 번다하고, 쓰자마자 곧바로 교감하고 교감하자 곧바로 새기니, 형세가 매우 바쁩니다. 시편과 연보 두 본은 지금에야 비로소 써 올리니, 성실하지 못하고 민첩하지 못하여 부끄러움과 아쉬움이 교차합니다. 모든 갖추어야 할 도구들은 대략 계획이 섰으나, 향중의 선비들이 모두 과거 시험을 보러 가고 이태시李泰始(이도장李道長)는 지금 또 관직에 나아가니, 서로 마주하여 교정할 사람이 없습니다. 비록 간행할 수는 있겠으나, 완벽한 책이 된다고 어떻게 보장하겠습니까. 이 때문에 마음이 졸이고 걱정이 됩니다.

장자유 이유[33]에게 답하다[答張子裕 以兪]

고마운 편지를 받아 보니 후련한 마음 그지없습니다. 편지를 살핀 바, 재계를 마치고 많이 복되시다니 더욱 한없이 위로됩니다. 저는 영천永川에서 돌아온 뒤에 죽은 누이[34]의 봉묘封墓를 짓느라 날마다 근심하고 허둥대니, 매우 민망합니다. 문집을 교정하는 일은 이전에 벌써 부탁을 하시고 지금 또 거듭 부탁하시니, 사문을 위하는 당신의 지극한 성의에 깊이 감탄됩니다. 시의 부록 편은 박자룡朴子龍[35]의 처소에서 지금까지 돌아오지 않았습니다. 어찌 그가 우연히 내버려두고 도외시하는 것이겠습니까. 필시 이이직李以直[36] 형과 마주하고 평론하여 확정지으려고 해서 그러한 것일 겁니다. 그러나 여기에서 심부름꾼 한 명을 일부러 보내어 애써 바라는 뜻을 전하지 않을 수 없어서 이에 몇 줄 썼습니다. 전해 주시기를 바랍니다. 즉시 시행하시는 것이 어떻겠습니까.

---

33) 장이유(張以兪, 1598~?) : 자는 자유(子裕), 본관은 인동(仁同)이고, 성주에 살았다. 1633년 생원시에 입격하였다.

34) 죽은 누이[亡妹] : 배상룡에게는 3명의 누이가 있는데, 『등암집』 「연보」에 의하면 1637년에 죽은 누이는 그 중 둘째로, 송광헌(宋光憲)의 부인이다.

35) 박자룡(朴子龍) : 자룡은 박공구(朴珙衢, ?~?)의 자이다. 박공구에 대한 소개는 아래의 「기옹 박공구에게 주다[與朴畸翁 珙衢]」에 상세하다.」

36) 이이직(李以直) : 이직은 이서(李紓)의 자이다.

그리고 먼저 인쇄한 1·2권은 처음에 비록 창준唱准[37]은 하였으나 어찌 꼭 정밀하다고 보장하겠습니까. 요즈음 채형蔡兄의 편지를 보니 『심경발휘』의 제1장에서 체요體姚의 '요姚'를 '요堯'로 잘못 썼다고 합니다. 본전本傳에는 비록 보이지 않으나 문세로 볼 때 오류임이 의심 없습니다. 매번 『심경발휘』는 걱정할 것이 없다고 생각하였으나 제1장이 오히려 이와 같습니다. 더구나 문집의 교정은 『심경발휘』에도 못 미침에야 어쩌겠습니까. 이것이 어찌 연로하신 집사들의 근심일 뿐이겠습니까. 당신께서는 부디 이러한 뜻으로 윗분 여러 군자들께 면려하시고 전집全集이 인쇄되어 나오기를 기다렸다가 한 차례 모두 모여서 각자 정성과 힘을 다해 주시기를 거듭 빕니다.

하정下丁의 향사 뒤에 이어서 문회를 여는 것은 아주 좋습니다. 종이는 한 건의 인쇄에는 걱정되지 않으나, 흩어진 판을 모으고 모은 판으로 인쇄하는 것이 어쩌면 열흘과 보름의 시간으로는 모자랄 것 같아서 이것이 걱정되고 고민됩니다.

빨리 만나 검토할 길이 없어서 편지를 쓰려니 다만 간절히 그리울 뿐입니다.

여 하동[38]에게 주다[與呂河東]

날씨가 점점 더워지는데 삼가 생각건대 건강이 계절 따라 매우 좋으시기에 구구한 마음이 매우 위로됩니다. 문집을 인쇄하여 나누어 주는 일은 줄곧 지연되고 있으니 고민되고 한탄스러움을 어찌 말로 다 하겠습니까.

지난번에 관인장官印匠[39]을 얻게 되어 무흘武屹로 들여보내었으니 근간에 인쇄를 마치게 될 것입니다. 인쇄한 뒤에 회연서원檜淵書院으로 가져가서 창준하여 오자가 나오면 지본紙本을 지우고 고쳐서 나누어 보내고자 합니다. 존좌尊坐께서 부디 이러한 뜻을 여러 사우士友에게 통보하여 알려 주어서, 열흘 뒤쯤 문회를 열 토대를 만들어 주시기를 매우 간절히 바랍니다.

---

37) 창준(唱准) : 인쇄한 원고를 들고 한 사람은 큰 소리로 읽고, 다른 사람은 또 다른 원고를 보면서 대교하는 것이다.

38) 여 하동(呂河東) : 하동 부사인 여작(呂焯)을 말한다.

39) 관인장(官印匠) : 관에서 인쇄를 맡은 장인을 말한다.

또 서원의 사람이 회문回文을 가지고 다시 왔다가 그냥 돌아가게 되어 물으신 말씀을 저버렸으니 너무나 죄송스럽습니다. 도동서원道東書院은 실로 우리 선사先師께서 정성을 다해 창건한 곳입니다. 이번에 만약 봉향하여 향사를 지내게 된다면 어찌 우리들의 큰 다행이 되지 않겠습니까. 다만 선사께서 "사액서원賜額書院에 종사從祀하는 중대한 일은 절대로 지레 함부로 거행해서는 안 된다."고 하신 말씀이 「문답問答」 속에 있어 말뜻이 매우 존엄한데, 당신께서 미처 살펴보지 못하신 듯합니다.

수응하는 과정에 의심스럽고 어려운 부분이 있어서 먼저 인쇄한 교정본에 표지를 붙여 보내 드리오니, 행위가 참람한 듯하여 한결 더 조심스럽습니다.

낙촌 이도장에게 주다[與李洛邨 道長]

새봄에 생각건대 건강이 더욱 좋으시기에 구구한 마음 위로됩니다. 저는 오랫동안 당신을 만나지 못한 것이 늘 하나의 아쉬움이었는데, 지금 또 소명召命을 받게 되셨군요. 비록 평소 기대하고 바라던 바이기는 하나, 멀리 떨어져 궁금한 회포는 저절로 견딜 수가 없습니다.

조야朝野의 바람이 참으로 적지 않은데, 당신께서는 장차 무엇으로 답하시겠습니까. 이처럼 어려운 날에 어찌 남다른 대단한 사업이 있겠습니까. 이를테면 조치가 정당하고 논의가 공정하다면 또한 인심을 복종시키고 지금의 기대를 만족시키기에 충분할 것입니다. 이는 실로 당신에게는 그다지 힘들이지 않아도 할 수 있는 일일 것이어서 감히 충고하고 축원하는 것입니다. 모두가 서로 아끼는 마음이 지나쳐서가 아니겠습니까.

나머지는 가시는 길에 신의 도움을 받아 늙은 저의 마음에 부응해 주시기를 다시 비는 것입니다.

곽덕무 이창[40]에게 주다[與郭德懋 以昌]

연이어 살피건대 기거는 신의 도움이 있으시겠지요. 길례吉禮를 올리신다니 매우 좋아서 위로되는 구구한 마음이 평소의 백 배나 됩니다.

저는 한질寒疾이 지루하게 끌어서 의식 없이 엎드려 있은 지가 여러 날입니다. 오늘은 선조의 기일이어서 새벽에 잠시 일어나 제수를 살펴보다가 그만 덧나서 고민이 끝이 없습니다.

보내신 매화 떨기는 오랫동안 죽거나 살거나 내버려 두었는데, 오늘 흰 꽃은 더욱 희고 푸른 줄기는 더욱 푸르니 온전히 살아나기를 기대할 수 있습니다. 어찌 늙고 모자란 제가 꽃과의 연분이 있어서 그런 것이겠습니까. 실로 생각하여 주시는 정의의 진지함 때문이겠지요. 더욱 감사드립니다. 그 고결하고 곧은 절조와 소담하고 청아한 운치는 비록 감히 엄연히 마주하여 만에 하나도 맡지는 못하나, 한때 즐겨 완상하고 어루만져 기뻐하며 늘그막의 아득한 회포를 부치는 보람은 그다지 작지 않습니다.

형의 집은 머지않아 혼사를 마칠 것이나, 저는 아득히 끝이 보이지 않으니, 늙고 병든 회포가 없을 수 없습니다. 바라는 것은 가통의 온전함과 가훈의 아름다움에서 벗어나지 않는 것이나, 이 역시 쉽지 않습니다. 형께서는 저의 심정을 상상할 수 있을 것입니다.

갖가지 깊숙한 마음은 병으로 누워 부르짖느라 이만 줄입니다.

도해중[41]에게 주다[與都諧仲]

매서운 날씨에 건강은 계절 따라 더욱 좋으시겠지요. 궁금함이 갑절로 더합니다. 저는 쇠로함이 날로 심하고 피곤함이 날로 더해 새해를 맞이한 흥미가 전혀 없습니다.

---

40) 곽이창(郭以昌, 1590~1654) : 자는 덕무(德懋), 호는 모현재(慕賢齋)이다. 배상룡의 맏아들인 배세유(裵世維)가 곽이창의 사위이다.

41) 도해중(都諧仲) : 해중은 도여유(都汝兪, 1574~1640)의 자이다. 호는 서재(鋤齋), 본관은 성주(星州)이다. 정구(鄭逑)·서사원(徐思遠)의 문인이다. 이괄의 난 때에 손처눌(孫處訥)과 함께 향병(鄕兵)을 모집하여 난을 평정하는 데 공을 세웠으며, 병자호란 이후에는 산림에 묻혀 후학을 양성하는 데 힘을 쏟았다.

낙재樂齋(서사원徐思遠)가 선사先師께 올린 편지 한 폭을 무흘武屹의 책 상자 속에서 보고 잘 간직한 지 오래입니다. 아마 여러분들께서 유고를 모으리라 여겨져 감히 봉해 올립니다. 내용이 평범한 안부 편지가 아니니, 원집의 앞부분에 넣으신다면 다행이겠습니다.

어떻게 하면 만나 뵙고 격조한 노회老懷를 풀겠습니까. 편지를 쓰려니 갑절로 서글픕니다.

박덕후 경응42)·덕여 선응43)·덕일 길응44)에게 주다[與朴德後 慶應 德餘 善應 德一 吉應]

덕후德後가 남쪽으로 오던 날에 서로의 거리가 겨우 30리였음에도 제가 뵙지를 못해 지금까지도 너무나 서운합니다. 덕여德餘는 강가의 별장에서 지내는 재미가 봄을 맞아 더욱 좋으시겠지요. 덕일德一은 요즈음 어느 관서에서 일하고 있습니까.

아울러 생각건대 휘일諱日이 가까워 오니, 재사에서 세 분이 함께 기거하시며 먼 조상을 사모하는 정성이 평소보다 유다르겠습니다. 저는 노병이 갈수록 심하고 우환이 날로 더합니다. 서로 아끼는 사이에 무슨 할 말이 있겠습니까.

조카아이는 이제 벌써 성인이 되었으나 아직까지도 찾아뵙지 못해 인정과 사리에 마음이 편치 않습니다. 이에 제삿날에 감히 나아가 뵙게 하려고 하나 아직도 갈 수 있을지가 확실치 않으니 이것이 염려스럽습니다. 죽을 고비를 겪은 끝에 기르다 보니 오직 목숨을 연명하고 몸이 장성한 것만으로도 다행으로 여겼습니다. 말과 소에게 옷을 입힌 것과 같지나 않겠습니까. 둘째 아이는 지난겨울에 역시 성가成家를 하였으나 함께 가 뵙지 못해 매우 아쉽습니다.

---

42) 박경응(朴慶應, 1584~1663) : 자는 덕후(德後), 호는 일옹(一翁), 본관은 밀양(密陽)이다. 박신(朴信)의 아들이고, 그의 아우로는 박선응(朴善應)·박길응(朴吉應)이 있다. 1609년 생원시에 입격, 병자호란 때 금오랑(金吾郞)의 신분으로 왕을 남한산성으로 모시는 책임을 맡았다. 배상룡의 아우인 배상호(裵尙虎)가 박신(朴信)의 딸과 혼인하였으니, 박경응 형제는 배상룡과 사돈 간이다.

43) 박선응(朴善應, ?~?) : 자는 덕여(德餘), 호는 창강(滄江), 본관은 밀양이다. 첨지중추부사를 지낸 박경응(朴慶應)의 아우이다. 학행이 뛰어나서 교관(敎官)에 제수되었으나 나아가지 않았다.

44) 박길응(朴吉應, 1598~?) : 자는 덕일(德一), 호는 진정재(眞靜齋), 본관은 밀양이다. 이안눌(李安訥)·장현광(張顯光)의 문인이다. 1634년 문과급제. 세자 보덕·승정원 승지를 역임하고 참판에 이르렀다.

박덕후에게 답하다[答朴德後]

일찍이 안부 편지를 받은 바, 내용이 간절하고 진지하며 글에 미진한 것이 없는 데다 이어서 시를 적어 주시어 종이에 가득한 정성이 가슴 깊이 사람을 감동하게 합니다. 우러러 두터운 호의를 생각하니 답장을 쓰려 해도 할 말이 없습니다. 궁금한 마음이 더욱 간절합니다. 이에 생각건대 조용히 지내시는 체후는 계절에 맞추어 더욱 좋으시겠지요. 덕일德一 영공은 해읍海邑에 다시 누워 계시고, 맏아드님은 호우湖郵(금정 찰방金井察訪)가 되셨으며, 둘째 아드님이 나란히 과거에 급제하셨으니, 모두가 노형老兄께서 선한 복을 부른 결과입니다. 매번 노형을 위해 한없이 축하드립니다.

저는 쇠로함이 더하고 질병이 서로 이어지는 데다 요즈음 또 천연두가 두려워서 가족을 이끌고 임시 거처에서 지내다 보니 갖가지 어렵고 고달픔을 그대로 견디고 있습니다. 훌륭한 시를 읊조리고 나서 마음은 차운하여 사례하고 싶으나 시상이 고갈되어 아무리 찾아보아도 짓지 못하고 있습니다. 옛사람이 이른바 "세상에 살면서 민첩하지 못하면 마땅히 지하에서 보답해야 된다."라는 말이 참으로 저를 두고 한 말입니다. 그러나 어떤 때에 부질없이 읊조리다 보면 감정과 시가 서로 맞아서 이 몸이 천 리 밖에 멀리 떨어져 있다는 것도 모르겠으니, 받은 고마움이 어찌 많은 재물과 비교할 수 있겠습니까.

박덕일에게 답하다[答朴德一]

문어와 함께 편지가 천 리 밖에 오니, 돌보아 주시는 우의를 고루 입어서 되살아나는 감격을 그만둘 수 없습니다. 요 몇 년 사이 벼슬살이가 더욱 좋으시다는 것을 알았으니 간절히 위로됩니다.

저는 아흔을 바라보는 망구望九(81세)의 나이에 노쇠함이 너무 심합니다. 어찌하겠습니까.

금강산은 늘 눈에 선합니다. 영공께서는 경숙經叔45) 영공과 함께 한 차례 길을 떠나셨으나,

45) 경숙(經叔) : 장응일(張應一, 1599~1676)의 자이다. 호는 청천당(聽天堂), 본관은 인동(仁同)이다. 아

이 몸은 그 사이에 끼어 숙원을 이루지 못하니, 저의 쇠약함을 여기에서 알 수 있습니다. 다만 백 배 진중하시기를 바랍니다.

박덕일에게 답하다[答朴德一]

과거에 급제하신 뒤로 지금까지 축하하는 편지 한 장도 보내지 못하였습니다. 비록 곤란하고 괴로운 처지에 처해 있어도 매번 아쉬운 마음이 간절하였습니다. 이러한 때에 멀리서 보내 주신 고마운 편지를 받고서 기거가 계절 따라 매우 좋으시다는 것을 알고는 구구한 마음이 매우 위로됩니다.

죽은 아우의 두 번째 기년[再朞]이 지난달에 다 끝나서 비통함을 돌이켜 생각하니 세상에 오래 살아있는 것이 매우 괴롭습니다. 두 조카는 몸은 보존하고 있으니 행여 교육을 잘 받는다면 아비의 면목을 대체할 수 있겠으나 쇠약한 병이 날로 심해 양정養正[46]을 전폐하고 있으니, 이것이 염려스럽습니다. 오직 일찍 새재 길을 넘어와 제가 죽기 전에 한 번 찾아 주시기만을 빕니다.

참의 심연[47]에게 주다[與沈參議 演]

봄추위가 아직 쌀쌀한데 삼가 생각건대 영감의 건강은 계절 따라 복되시겠지요. 우러러

버지는 장현도(張顯道)이며, 장현광(張顯光)의 후사가 되었다. 1629년 문과급제, 정언·지평·필선 등을 역임하였다. 시호는 문목(文穆)이고, 저서로는 『청천당집』이 있다.

46) 양정(養正) : 『주역』 「몽괘(蒙卦)·단사(彖辭)」에 "어렸을 때에 바름을 기르는 것이 성인의 공부이다.[蒙以養正 聖功也]"라는 말이 나오는데, 올바른 가르침을 말한다.

47) 심연(沈演, 1587~1646) : 자는 윤보(潤甫), 호는 규봉(圭峰), 본관은 청송(靑松)이다. 1627년 문과급제, 사섬시 직장(司贍寺直長)에 임명되었다. 한성부 판윤·승지·대사간 등을 거쳐 황해도·평안도의 순찰사, 평안도·경기도의 관찰사를 역임한 뒤 함경도 관찰사에 나갔으나 임지에서 죽었다.

구구한 그리운 마음을 견딜 수 없습니다.

상룡은 노쇠하고 초췌함이 너무 심해 질병이 서로 이어지니, 세상에 대한 흥미가 전혀 없습니다.

온갖 생각이 다 사라지는 가운데서도 생사의 즈음에 구원을 받고, 위급한 처지에서 뒤따라 모신 과거는 상기할 수 있어서 마음속에 말똥말똥 잊히지 않는 것이 마치 어제의 일만 같으니, 인정이 극한의 상황을 겪고 나면 비록 짧은 시간의 일이더라도 죽을 때까지 잊지 못한다는 것을 비로소 알겠습니다.

남은 여생에 부절을 쥐고 남쪽으로 오시는 행차를 다시 만나 우러러 뵐 수 있을지 모르겠습니다. 마침 조카가 제 장인을 뵈러 가는 길에 안부를 여쭙니다.

-'생사의 즈음'은 신미년(1631)에 선생이 무고를 입어 서울에 들어갔을 때 심공沈公이 추고관推考官으로서 신구伸救하여 준 일이고, '위급한 처지'는 병인년(1626)과 정묘년(1627)의 호란에 심공이 경상도 관찰사로서 문경聞慶의 진지에 머물렀을 때 군서軍書로 공을 불러 함께 군사軍事를 의논한 일이다.-

정역안 사물48)에게 주다[與鄭亦顔 四勿]

지난번 옥산玉山에서 여러분들이 모인 가운데 어떤 수재가 옷깃을 여미고 단정히 앉았다가 얼마 안 되어 나가 버리기에, 제가 처음에는 그가 누구인지 몰랐다가 나중에야 정 산장鄭山長49)의 맏아들이자 김 상사金上舍의 사위임을 비로소 알았습니다.

오래 격조하였는데 여러 벗들의 동정을 물어 보지 못하였고, 형께 한 통의 편지도 부치지 못했으니, 아쉽고 답답한 늙은이의 회포는 지금까지도 표현할 길이 없습니다.

이즈음의 봄추위에 초당 안에서 향기로운 꽃들을 잘 보호하며 한적하게 지내실 것을 생각하니 대나무의 운치와 매화의 향기가 저의 눈에 선합니다.

---

48) 정사물(鄭四勿, 1574~1649) : 자는 역안(亦顔), 호는 곤봉(昆峯), 본관은 오천(烏川)이다. 정구(鄭逑)·장현광(張顯光)·조호익(曺好益) 등의 문인이다. 저서로는 『곤봉집』·『도통지(道統志)』·『진방명현록(震方名賢錄)』 등이 있다.

49) 산장(山長) : 향교(鄕校)의 전교나 서원의 원장을 말한다.

저는 노쇠하고 지쳐서 겨우 숨만 쉬고 있습니다.

이번에 간 정군鄭君은 바로 선사先師의 손자50)이며, 뒤따라 간 자는 저의 자식51)입니다. 도망간 노비를 붙잡기 위해 나선 발길이 형이 계시는 곳으로 가게 되었으니 그곳을 지나는 길에 형을 찾아뵐 계획일 것입니다. 형께서 반드시 자상하게 보살펴 주시겠지요. 멀리 떨어져 있으면서 축지법의 기술도 없으니 저의 여생에 다시 입암立巖의 피세대避世臺52)에서 조용히 마주 앉아 함께 선생님의 남은 향기를 맡을 수 있을는지요.

미수 허목53)에게 답하다[答許眉叟 穆]

거의 죽게 되어 온갖 생각이 다 사라졌으나 오히려 존좌尊坐 쪽과 소식이 끊어진 것은 늘 하나의 아쉬움이었습니다. 종이에 가득 담긴 정이 무하유향無何有鄕54)에서 전해져 오니, 마치 세상 밖에서 온 편지를 받은 것 같아 그지없이 후련합니다. 근년에 동정動靜이 좋으시

---

50) 선사(先師)의 손자 : 선사는 한강 정구를 말한다. 정구의 아들 정장(鄭樟)은 정유희(鄭惟熙, 1599~1620, 자는 경집(景緝), 호는 휴암(休庵))·정유숙(鄭惟熟, 1604~1646, 자는 경정(景精))·정유도(鄭惟燾, 1611~1661, 자는 경복(景覆)) 등 아들 셋을 두었는데, 이 중 누구를 말하는지는 자세히 알 수 없다.

51) 저의 자식 : 배상룡은 아들 둘을 두었는데, 배세유(裵世維)와 배세면(裵世綿) 중 누구인지 알 수 없다.

52) 피세대(避世臺) : 경북 포항시 죽장면 입암에 있는 대 이름이다. 장현광(張顯光)이 정사(精舍)를 짓고 우거하면서 주위의 산수경관 29곳을 승지(勝地)로 삼았다. 박인로(朴仁老)의 「입암가(立巖歌)」를 통해 기여암(起予巖)·계구대(戒懼臺)·토월봉(吐月峰)·구인봉(九仞峰)·소로잠(小魯岑)·피세대(避世臺)·합류대(合流臺)·심진동(尋眞洞)·채약동(採藥洞)·욕학담(浴鶴潭)·수어연(數魚淵)·향옥교(響玉橋)·조월탄(釣月灘)·경운야(耕雲野)·정운령(停雲嶺)·산지령(產芝嶺)·격진령(隔塵嶺)·화리대(畫裏臺) 등, 그 중 남아 있는 이름의 일부를 볼 수 있다.

53) 허목(許穆, 1595~1682) : 자는 문보(文甫)·화보(和甫), 호는 미수(眉叟), 본관은 양천(陽川)이다. 허교(許喬)의 아들이고, 문위(文緯)·정구(鄭逑)의 문인이다. 우의정을 지냈고, 시호는 문정(文正)이다. 저서로는 『동사(東事)』·『방국왕조례(邦國王朝禮)』·『경설(經說)』·『경례유찬(經禮類纂)』·『미수기언(眉叟記言)』이 있다. 작품으로 삼척의 「척주동해비(陟州東海碑)」, 시흥의 「영상이원익비(領相李元翼碑)」, 파주의 「이성중표문(李誠中表文)」이 있고, 그림으로 「묵죽도(墨竹圖)」가 전한다.

54) 무하유향(無何有鄕) : 무하유지향(無何有之鄕)의 준말로 무위자연(無爲自然)의 세계, 신선세계를 말한다.(『莊子』「逍遙遊」)

다는 것을 알고는 더욱 간절히 위로됩니다.

저는 쇠약함이 너무 심해 겨우 목숨을 연명하고 있는데, 그저께 또 말에서 떨어져 중상을 입어서 날마다 고통만 겪으니, 자못 생사를 구분하지 못하겠습니다. 편지를 받은 지 이제 또 6년이나 되다 보니, 당신께서는 경기도 지역에 살고 계실 줄만 알았지, 몇 식정息程(1식정은 30리)의 거리에 와서 머무르고 계실 줄은 전혀 몰랐습니다. 절뚝거리며 몸져누워 있어 지척의 땅도 스스로 갈 수 없으니, 혹시라도 당신께서 마음을 내어 한 번 방문하시지 않는다면 오랜 병으로 인한 만 겹의 답답함이 어떻게 풀리기를 바랄 수 있겠습니까. 이즈음에 사랑의 편지를 보내 주시니 우러러 고마움을 견디지 못하겠습니다.

문집을 인쇄할 종이는 10권이면 충분하고, 「오복도五服圖」는 10장이면 충분합니다. 그러나 들어갈 종이를 어찌 꼭 말로 해야만 하겠습니까마는 소식이 끊어져서 아직까지 부쳐 드리지 못하고 있습니다. 이러한 생각을 같이 일하는 여러분들에게 통지하겠습니다. 두 건의 책자는 일시에 인쇄하여 보내되, 만약 그렇게 못한다면 제가 가지고 있는 것을 보낼 계획입니다. 천만 번 이해해 주시기 바랍니다.

정신이 멍하여 다 말씀드리지 못합니다. 오직 해안에서 지내시는 연말의 재미55)가 더욱 좋기를 바랍니다.

허미수에게 주다[與許眉叟]

지금 매서운 추위에 기거가 아주 좋으시고 취미도 더욱 좋으신지요. 오래 만나지 못하여 우러러 그리운 마음이 봄이 돌아오면서 더욱 심합니다.

저는 나이와 질병만 더하여 겨우 나날을 보내고 있습니다. 참봉參奉 조덕용趙德勇56)이 지난겨울 멀리 찾아오셔서 이틀을 묵으며 마주 대하였고, 개진開津(지금의 경북 고령 개진면)에서 다시 만나기로 약속을 한 바, 약속 날짜는 3월 17일입니다. 그때 당신께서 만약 크게 구애

55) 해안에서……재미 : 「미수연보(眉叟年譜)」에 50세 때 동해를 유람했다는 기록이 있다.
56) 조덕용(趙德勇) : 덕용은 조임도(趙任道, 1585~1664)의 자이다.

되는 일이 없다면 조혜연趙惠然 형과 함께 오셔서 한바탕 동문의 기쁨을 만드는 것이 어떠하겠습니까. 미리 기대하는 지극한 마음을 견딜 수 없습니다. 조 참봉의 편지가 오면 또한 저에게도 전해 주기 바랍니다. 이번에 간 이 수재李秀才는 곧 저의 친척 중에서도 친한 자입니다. 듣자니 그의 여종이 도망쳐서 창원昌原에 가 있다고 하여 지금 잡으러 가는 것입니다. 가는 길에 필시 계시는 곳을 거칠 터이므로, 감히 안부를 여쭙도록 한 것입니다.

허미수에게 주다[與許眉叟]

오늘 모임에서 만나 뵈리라 여겼으나 온갖 마귀가 방해하여 존좌께서 오지 못하였으니 한 번 만나는 것도 운수가 있어서 이런가 봅니다. 그지없이 서운합니다. 전해 듣자니 집안에 마음에 걸리는 일이 많다는군요. 그곳으로 치닫는 염려의 마음이 더욱 간절합니다.

저는 묵은 병이 고질이 되어 꺼져 가는 목숨을 겨우 보존하고 있으나, 고요히 있으며 몸조리할 길이 매우 부족하여 그저 스스로 가련하게 여기며 탄식할 뿐입니다.

덕용德勇(조임도趙任道)은 늙어서도 몇 해 전의 한 번 약속을 잊지 않고 몸을 빼어 멀리서 왔습니다. 아득한 저물녘의 강가에서 서로 마주하니 기쁨을 이루 말할 수 없었습니다. 이곳 사우士友들이 이것을 아름다운 일이라고 하며 앞다투어 와서 고생한 것을 위로하고 이틀 밤의 즐거운 만남을 가졌으니, 또한 뜬세상에서 쉽지 않은 일이었습니다. 당신께서 회연서원檜淵書院에 한 번 나아가 참배할 계획이 있는 줄 압니다. 계획이 만약 제가 관 속에 들어가기 전에 이루어진다면 한 번 만나게 되겠지요. 우러러 기대되는 마음을 이루 다 말할 수 있겠습니까.

선사先師의 문집은 같이 일하는 여러분들에게 통지하고 삼가 한 질을 드립니다.

헤어진 지 벌써 오래되어 생각이 끊임없으나 여기에서 이만 줄입니다. 풀잎 따뜻한 봄날 강가에서 매우 자중하시기만을 빕니다.

허미수에게 답하다[答許眉叟]

별안간 만났다가 헤어졌는데 돌아서자마자 또 소식이 아득해졌습니다. 날씨가 따뜻해지면 곧장 다시 뵙게 되리라 생각하였으나, 그저께 읍에 사는 존좌의 서제庶弟의 외족外族을 만나서 존좌의 일행이 들러서 잤는지 아닌지를 물어보았더니, 그도 모르겠다고 하여 줄곧 그리웠습니다.

이에 심부름꾼이 눈 속의 추위를 무릅쓰고 멀리서 와 편지를 전해 주니 놀라고 기쁜 마음 진정되지 않습니다. 다시 살피건대 근자에 종형께서 남쪽으로 내려왔다고 하니 기쁘게 모시는 나머지 형제간의 낙이 넘치겠습니다. 멀리서 아름다운 흥취를 생각해 볼 때 사람으로 하여금 성찰을 일으키게 합니다.

다만 둘째 아드님이 멀리서 병에 걸려 존좌의 행차가 빨리 가야 할 터이니 더욱 간절히 염려됩니다. 앓는 병은 무슨 증세인지요.

용궁龍宮에서 이씨 어른을 방문하지 못하고 멀리 김해金海로 간 것이 퍽 아쉽습니다. 책을 인쇄하라고 하신 말씀에 빨리 도모하여 행차가 들를 때를 기다리고 싶으나 목판은 산재山齋에 있고 눈으로 길이 막혀 가지를 못하니, 이 뒤에 명심하여 말씀하신 대로 하겠습니다. 18첩의 역도易圖는 삼가 먼저 보냅니다. 저는 겨울이 든 뒤로 여러 차례 산곽疝癨(위장병)을 앓은 것이 증세가 매우 위중하여 세상에 오래 있지 못할 듯하니 또한 어찌하겠습니까. 오직 다시 존좌의 청수한 얼굴을 뵙는 것이 아프고 괴로운 중의 한 가지 바람일 뿐입니다.

허미수에게 주다[與許眉叟]

병으로 엎드려 있던 중에 적이 들으니 당신께서 세상을 잊으려는 뜻을 이루지 못하였다고 하나 서울의 소식이 아득하여 믿어야 할지 말아야 할지 하면서도 오히려 지난날의 기대와 바람에 부응하게 된 것을 매우 다행하게 여겼습니다.

지금 가을 날씨가 서늘한데 존좌의 안부는 더욱 좋으시고, 두 아드님도 모두 편안하겠지요. 구구한 저의 마음이 위로되며 궁금합니다.

저는 날마다 노쇠하고 병들어 잠시도 편안치 못합니다. 아끼고 기뻐하는 마음이 얕지 않으나 다시 존좌를 마주할 길이 망망한 바다처럼 아득하니 서글픔이 갑절이나 더합니다. 오직 계절에 맞게 몸을 보중하시기만을 빕니다.

이익지 도보57)에게 주다[與李益之 道輔]

여러 해 동안 격조하여 존좌의 소식이 아득하기가 세상 밖과 같습니다. 여러 달 전에 저의 아이가 길가에서 존좌의 아드님을 만나 그간의 동정을 꽤 전해 들어서 매우 후련한 마음을 견딜 수 없습니다. 한 해가 또 저물고 양기陽氣가 회복되는 이때에 평소 안부는 어떠하신지요. 그리운 마음 더욱 간절합니다. 저는 초여름에 낙상을 당하여 절뚝거리다가, 아픔과 괴로움 속에 드러누워 날을 보내고 있습니다.

선사의 유묵遺墨을 모으는 것은 선대부先大夫58)께서 애쓰신 공에 많이 힘입었으나, 판각을 한 뒤로 아직까지 인쇄하여 보내드리지 못하여 늘 마음에 걸렸습니다.

이제 제 아이가 가는 길에 한 질을 봉하여 올리오니, 열어 보고 음미하신 끝에 한바탕 슬픈 감회가 일어나시리라 생각됩니다. 이로 인하여 생각건대 이 지역의 시내와 산은 선대부의 자취가 남아 있지 않은 곳이 없으나, 아쉽게도 당신과 함께 한 번 추억하며 감상할 수 없군요. 제 아이가 재료를 구하기 위하여 존좌가 계신 곳과 멀리 않은 곳으로 가기에 지나는 길에 인사드리고 늙은 저의 회포를 대신하여 말씀드리게 하였습니다. 존좌의 사촌형과 여러 사촌동생들은 모두 20년 전부터 교유하여 오던 분들이나, 이렇게 죽음에 가까운 날에 와서 한 번 만나 뵐 길이 없으니, 늘 매우 슬플 뿐입니다. 나머지는 모두 아이에게 말씀드리도록 하였으므로 종이에 다 쓰지 않습니다.

-사촌형은 복재復齋 이도자李道孜59)이다.-

---

57) 이도보(李道輔, 1587~1661) : 자는 도보(益之), 호는 익암(益庵), 본관은 벽진(碧珍)이다. 정구의 문인이고, 정묘호란 때 창의하였다.

58) 선대부(先大夫) : 이석경(李碩慶, 1543~1628)을 말한다. 자는 여길(汝吉), 호는 덕암(德巖), 본관은 벽진이다. 정구와 도의(道義)의 교분을 쌓았다. 공조 참의에 제수되었다.

이익지에게 주다[與李益之]

전혀 뜻밖에 다섯째 아드님이 와서 들렀습니다. 수려한 모습을 가만히 대하고 말하는 것을 들어 보니, 마치 수십 년 전 존좌의 풍모를 대한 듯하여 기쁘고 후련한 나머지 슬픈 마음이 적지 않았습니다. 보내신 편지에서 요즈음의 재미가 매우 좋으시다는 것을 알게 되어 더욱 위로됩니다.

저는 쇠약함이 너무 심한데다 어혈瘀血60)의 증세까지 더해져 앉으나 누우나 심하게 앓으며 빨리 죽기만을 기다리고 있습니다. 일찍이 조우趙友61)와 개진開津의 강가에서 만나기로 약속하고서, 비록 당신과 미리 약속하지는 않았으나, 만에 하나라도 만나 뵐 수 있기를 간절히 바랐습니다. 그러나 끝내 저의 바람을 저버리시니, 한 번 뵙는 것도 운수가 있어서 그런 것이 아니겠습니까. 죽음이 가까워 오는 중에도 매번 몸을 빼내어 용감히 가서 회연서원檜淵書院에 참배하고 그 길로 그 지역의 여러 분들과 경치 좋은 곳에서 호탕하게 노닐기를 원합니다. 이 계획이 혹시 이루어지게 된다면 존좌를 만날 수 있겠으나, 막연하기가 마치 함정에 빠져서 봉래산을 바라보는 것과 같으니, 어떻게 꼭 이룰 수 있겠습니까. 지금 듣자니 행차가 멀지 않은 곳을 지나간다고 하는데, 만약 고양高陽(오늘의 고령高靈) 쪽으로 길을 잡아 회연서원을 들러서 배현拜見하시고, 그 길에 저의 집에 들러 주신다면 지난날의 묵은 자취를 한 번의 걸음에 두루 돌아볼 수 있을 것입니다. 당신께서 어찌 이러한 생각이 없겠습니까.

---

59) 이도자(李道孜, 1559~1642) : 자는 지지(至之), 호는 복재(復齋) 또는 양심헌(養心軒), 본관은 벽진이다. 정구의 문인이다. 1580년 향시(鄕試)에 입격한 뒤 정시(庭試)에 나가지 않고 성리학을 깊이 연구하였다. 무흘서당(武屹書堂)에서 예설(禮說)을 강론하였다. 저서로는 『복재집』이 있다.

60) 어혈(瘀血) : 몸에 피가 제대로 돌지 못하여 한 곳에 맺혀 있는 증세이다.

61) 조우(趙友) : 조씨 성을 가진 벗은, 뒤에 나오는 「조간송에게 답하다[答趙澗松]」의 주를 통해 『개진록(開津錄)』을 지은 사람이며, 앞에 나온 「허미수에게 주다[與許眉叟]」 첫 번째 편지를 통해 조임도임을 확인할 수 있다.

간송 조임도에게 보내다[與趙澗松 任道]

밤새워 이야기를 나눈 것이 참으로 우연이 아니었으나 작별 뒤의 궁금한 회포는 지금까지 견디기 어렵습니다. 봄이 온 뒤로 침식寢食은 어떠하신지요. 아득히 소식이 없어 우러러 그리운 마음이 더욱 간절합니다.

저는 묵은 병이 고질이 된 데다 요즈음 또 감기를 앓아서 몽롱하고 쇠퇴하여 목숨을 부지하지 못할 것만 같습니다. 아픔으로 신음하는 가운데 손꼽아 날을 세어 보니 늦봄의 좋은 모임이 겨우 두 달 남았으니, 미리 간절히 기다려집니다. 바닷가 쪽에 있는 여러 벗들은 너무도 멀리 떨어져 있으니, 혹시라도 함께 배를 타고 올 수 있다면 실로 매우 다행이겠습니다. 그러나 또 조물주의 희롱으로 좋은 일을 그저 풍문에 부치고 애써 몸을 일으켜 모임에 갈 필요가 없다고 여길까 걱정스럽습니다. 마주 대할 날이 멀지 않으니 일일이 다 쓰지 않겠습니다.

조간송에게 주다[與趙澗松]

강을 사이에 두고 바라보니 가시는 행차가 점차 멀어져서 슬프고 아득한 늙은이의 회포를 자못 무어라 표현할 길이 없습니다. 이에 생각건대 도착하신 뒤에 기거가 한적하시겠지요. 그리운 마음 끝이 없습니다.

저는 오랜 질병 끝에 억지로 일어나서 사람들이 퍽 위태롭게 여기나 달리 병이 더치지는 않았으니 염려해 주신 은근함 때문이 아니겠습니까.

일찍이 신필神筆을 빌려 마냥 유람한 자취를 대략 기록하였으나, 생각건대 문장이 이미 격식을 벗어났는데도 마주 앉아 일일이 감상하지 못하니 너무도 아쉽습니다. 가만히 헤아려 보면 하룻밤이면 도달할 수 있는 길이어서 옛 사람이 왕래하던 천 리의 먼 길과 같지 않으나 저는 자리에 누워만 있고 형도 장년이 아니어서, 한바탕 다시 만나는 것은 하늘이 허락하지 않는다면 실로 어렵습니다. 어찌하겠습니까. 회산檜山의 선경仙景은 늘 눈에 선합니다. 혹시라도 조물주의 도움을 받는다면 그곳으로 가는 걸음에 고요히 존좌의 풍모를 대하게 될지 어찌 알겠습니까.

조간송에게 답하다[答趙澗松]

한 해가 다 지나가니 까마득한 먼 회포를 더욱 견딜 수 없었습니다. 이러한 때에 안부 편지를 받으니 마치 직접 풍모를 대하는 것 같아 그지없이 기쁩니다. 날씨가 쌀쌀한데 고요히 지내시는 안부가 매우 좋으심을 알게 되니 더욱 위로됩니다.

저는 평소 앓고 있는 병 외에 온갖 증상이 겹쳐 막 뜸을 떠서 풍風을 다스리고 있습니다. 여러 뜸 구멍이 아직 다 아물지 않아서 정신이 흐리멍덩하여 수습할 길이 없으니, 이는 이미 죽어야 하는데도 아직 죽지 않아서입니다.

개진開津에서 모였다 헤어진 것은 존좌의 훌륭한 문장에 힘입어 사라지지 않게 되었으니, 매우 다행입니다. 그러나 사랑스럽게 보아주시는 것이 너무 지나쳐서 말을 만드는 사이에 과장됨을 면치 못하여 결코 받아들일 수 없습니다. 그러나 반복하여 음미하고 싶어서 책상에 놓아두고 마치 마음이 편안한 듯이 하고 있으니 너무 부끄럽고 감사합니다. 여생이 얼마 남지 않았는데 축지의 술법도 없어 남쪽을 바라보며 달려가는 마음이 병과 함께 괴로우니, "천 리 먼 곳에 떨어져 있으면서 정신적으로 교유한다.[千里神交]"라는 말이 어찌할 수 없는 상황에서 나온 것임을 비로소 알겠습니다.

-천리신교千里神交는 조공趙公의 『개진록開津錄』에 나오는 말이다.-

종질 채원징[62]에게 주다[與蔡從姪 元徵]

군왕께서 환히 살펴보시고 억울함을 시원스레 풀어주시니 멀리서 기뻐 손뼉 치는 기쁜 마음을 말로 표현할 길 없구나. 그러나 막혀 있던 때에 편지 한 통이라도 보내어 안부를 물어 보지 못하였으니, 골육 간의 정이 이러하다는 말인가. 부끄러운 마음이 자못 깊구나. 참군參軍이신 -백 참군白參軍을 말한다.- 외증조부(백거추白巨鰍)의 비문을 새길 돌을 처음에는

62) 채원징(蔡元徵, ?~?) : 배상룡의 숙부인 배건(裵楗)에게는 두 딸이 있는데, 그 중 한 명이 자가 이정(而淨)이고 호가 암재(巖齋)이며 진용교위(進勇校尉)를 지낸 채득렴(蔡得濂, 1582~?)에게 시집갔으니, 채원징은 채득렴의 소생으로 보인다.

이달 20일에 운송해 가려 하였으나 가는 길에 전염병이 극성이어서 여러 도구들을 대충 갖추어 놓고도 우선 멈출 수밖에 없었으니, 처음 계획을 이루지 못하여 매우 아쉽고 자네와 한 번 만나는 것도 어긋나 버렸구나. 외가가 불행하여 참군 증조께서 세상을 떨친 위망을 지니고도 후사를 못난 서얼에게 맡기게 되었구나. 조상을 추모하는 정성은 외손이나 친손이 따로 없으니, 어찌 자네와 내가 마땅히 슬피 생각해야 하지 않겠느냐.

이성백63)에게 답하다[答李誠伯]

봄이 돌아오니 궁금함이 더욱 은근한데, 이에 안부편지를 받고는 서원에 들어가서 지내시는 동정이 변함없으심을 알게 되어 감사함과 위로됨이 함께 교차합니다. 향교와 천곡서원川谷書院은 오래도록 관리를 하지 않아서 걱정이 없을 수 없었는데, 보내 주신 편지에 이를 언급하시니 매우 다행입니다. 우리 형께서 서원의 원장이 되시어 서원의 모든 일처리가 손 안에 있으니, 외부 사람에게 널리 물어볼 필요가 없을 듯합니다. 만약 여러 사람들의 의견을 널리 채택하려고 하신다면 두 어른께서 반드시 소견이 있을 것입니다. 제가 어찌 감히 말하겠습니까. 그러나 우리들 중에 수임首任을 할 자는 몇 사람 없고, 모두 윗사람과의 사이에 또 격차가 있으니 이 어찌 괴이한 일이 아니겠습니까. 형께서는 부디 생원·진사와 유학을 막론하고 한결같이 피폐한 학궁을 유지하는 것을 중히 여기시기를 바랍니다. 이미 은근히 물어주셨기에 입을 다물고 있지 못하는 것입니다. 너그러이 살펴 주시겠습니까.

63) 이성백(李誠伯) : 성백은 이현룡(李見龍, 1580~1654)의 자이다.

이태유 도창64)에게 주다[與李泰有 道昌]

가만히 듣자니 아드님께서 거처를 옮기신 뒤로 조리하는 정황이 퍽 좋으시다니 매우 위로되는 저의 마음 견딜 수 없습니다. 다시 생각건대 안부가 더욱 좋으시겠지요. 더욱 궁금합니다.

저는 날마다 깊은 슬픔 속에 있느라 봄이 다하려는데도 전혀 좋은 재미가 없습니다. 고민되고 한탄스러운들 어찌하겠습니까. 『도은선생유집陶隱先生遺集』을 중간重刊하는 일은 비록 향촌에 사는 후손들의 정성과 염원에서 나왔기는 하나, 사문斯文에게 어찌 전혀 상관되지 않겠습니까. 죽은 친구인 자회子會65)가 일찍이 이러한 뜻으로 글을 써서 향교와 서원에 통고하려고 하였으나 지금은 그가 죽어 버렸으니 글을 두루 알리는 일을 또 어떻게 기필할 수 있겠습니까. 일을 맡은 제군이 벌써 어제 각수刻手들을 불러 모아 양료糧料(급료로 주는 양식)를 조금 지급하였고, 그로 인하여 판자를 나누는 일도 거의 실마리가 잡혔으며, 이 뒤로 아직 준비하지 못한 것은 한 묶음의 나무뿐입니다. 당신께서 혹시 이 일을 이루지 않을 수 없다고 여기신다면 여러 곳에 통지하여 힘닿는 대로 도와주도록 하는 것이 어떠하겠습니까.

김익중 이겸66)에게 답하다[答金益仲 以謙]

방문할 생각이 있다고 들었으나 지금 막 남쪽으로 가는 서글서글한 눈길의 서자가 와서 편지를 전하여 주며 하는 말이 간절하고 지극하여 병중에 답답하게 지내는 회포를 위로

64) 이도창(李道昌, 1595~1659) : 자는 태유(泰有), 호는 한죽정(寒竹亭), 본관은 광주(廣州)이다. 칠곡(漆谷)에 살았고, 정구(鄭逑)와 장현광(張顯光)의 문인이다. 1622년 천거되어 금오랑(金吾郎)에 임명되었고, 병자호란 때 의병을 일으켜 조령을 지켜 왕실을 도운 공으로 태릉 참봉(泰陵參奉)에 임명되었으나 부임하지 않았다. 유고가 전한다.

65) 자회(子會) : 이중형(李重亨, 1595~1643)의 자이다.

66) 김이겸(金以謙, 1599~?) : 자는 익중(益仲), 호는 원암(圓菴), 본관은 의성이다. 성주에 살았고, 정구의 문인이다. 1624년 진사시에 입격하였다.

하기에 충분했으니, 참으로 다행입니다. 다만 어머니께서 때때로 건강이 좋지 않으시다니, 여든을 바라보는 나이에 참으로 늘 편안할 수는 없으나 오직 효성을 극진히 하여 속히 병이 나아 편안해지시기를 빌 뿐입니다.

저는 봄이 든 이래로 온갖 증상이 층층이 생겨서 원기가 날로 쇠퇴하고 정신과 기력이 전혀 수습되지 않아 목숨을 오래 끌 수 없을 듯합니다. 자회子會의 진솔하고 순후한 자질을 애석해하지 않는 사람이 없습니다. 그러나 제가 더욱이 잊을 수 없는 것이 있으니, 존좌께서 생각하실 수 있겠습니까. 『도은선생유집陶隱先生遺集』의 간행은 결코 존좌와 저의 일시의 병 때문에 거의 다 이루어져 가는 즈음에 그만둘 수는 없습니다. 힘써 일을 완성시켜 죽은 벗에게 보답하는 것이 고인古人의 기풍이 아니겠습니까. 당신께서 만약 "나 혼자 감당할 수는 없다."고 하신다면 실오라기 같은 저의 목숨이 끊어지기 전에 맹세코 일을 떠넘기지는 않겠습니다. 존좌께서는 옛날의 혈전血戰에 대하여 듣지 못하셨습니까. 앞사람이 죽으면 뒷사람이 이어서 싸워, 전쟁마다 승리하지 않는 일이 없습니다. 지금 이 간행하는 일에 대하여 사후士厚[67]는 생각이 한 번 미치기만 하면 말하면서 눈물을 함께 흘렸습니다. 사후가 죽고 나서 자회가 이었고, 자회가 가고 나서 제가 대신하기를 청하였으니, 비록 제 스스로를 헤아리지는 못하나 죽음을 두려워하지 않는 용기에 해가 되지는 않을 것입니다. 보잘것없는 저의 절박한 심정을 용서하여 주시겠습니까.

수재 심창징[68]에게 답하다[答沈秀才 昌徵]

당신의 편지를 받고는 도착하신 지 여러 날 되셨으며, 어버이를 모시고 지내는 형편이 매우 좋으시다는 것을 알고는 감사하고 위로됨을 견딜 수 없었습니다.

저는 요즈음 감기를 앓느라 천식이 다그쳐서 답답하고 괴롭게 날을 보내고 있습니다.

---

67) 사후(士厚) : 이육(李堉, 1572~1637)의 자이다.

68) 심창징(沈昌徵) : 『미수기언(眉叟記言)』 「구묘문(丘墓文)·복천 강공의 묘명(復泉姜公墓銘)」에 의하면 "홍문관 응교 심대부 신숙(沈大孚信叔, 신숙은 자임)의 아들인데, 재주가 뛰어났으나 일찍 죽었다."라는 기록이 있다.

11월이 되었고 매화가 필 기미가 동하여 온 가지에는 보송한 꽃봉오리가 맺혀 있어서, 지금 막 마주하여 감상할 수 있습니다. 혹시라도 저의 집에 와 주셔서 옥처럼 빼어난 매화의 자태를 볼 수 있다면 얼마나 다행이겠습니까.

둔계 허후[69]에게 답하다[答許遯溪 厚]

늘 앙모해 온 지 여러 해가 되었습니다. 이번에 문득 편지를 받았는데, 말씀이 은근하고 너그러워 두세 번 반복해서 읽다 보니 당신이 멀리 수백 리 떨어져 있다는 것도 느끼지 못했습니다. 덕성德星[70]이 남쪽의 궤도를 돌고, 혜련惠連[71]이 침상을 나란히 하고 있으니, 가만히 생각건대 참으로 즐겁고 기쁜 것이 한둘로 헤아릴 수 없을 터이니 흠모하고 부러워하는 마음을 그칠 수 없습니다.

저의 집에 온 심부름꾼을 통해 당신이 봄이 되면 호탕하게 고향으로 돌아가서 뭇 사촌들을 이끌고 어머니를 모시고 함께 서울로 가신다고 들었습니다. 이러한 즈음에 만약 만나뵐 수 없다면 죽어서도 한 가지 아쉬운 점이 되지 않겠습니까. 다행히도 이번 걸음에 잠시만이라도 당신을 만날 수 있기를 천만 번 오직 바랍니다.

69) 허후(許厚, 1588~1661) : 초명은 열(說), 자는 중경(重卿), 호는 둔계(遯溪)·관설(觀雪)·일휴(逸休), 본관은 양천(陽川)이다. 허목(許穆)의 종형이고, 장현광(張顯光)의 문인이다. 저서로는 『둔계집』이 있다.

70) 덕성(德星) : 경성(景星)·세성(歲星) 등을 덕성이라고 하였는데, 나라에 도가 있고 복이 있거나 혹 현인(賢人)이 나타나면 덕성이 나온다고 여겼다.

71) 혜련(惠連) : 남조 송나라의 문인인 사혜련(謝惠連)을 말한다. 그의 족형(族兄) 사영운(謝靈運)과 함께 문명(文名)을 날렸다.

기옹 박공구[72]에게 주다[與朴畸翁 羾衢]

일찍이 형이 오래도록 묵은 병으로 고생한다고 듣고는 한 번 문안을 여쭈려는 생각이 절실하지 않은 것은 아니었지만 끝내 이루지 못했으니, 정이 얕아서 그런 것이 아닐 수 없습니다. 줄곧 부끄러웠는데 지금 듣자니 얼마 있지 않아 차도가 있어서 지내시는 것이 괜찮다고 하기에 매우 위로되었습니다. 저는 선대의 묘소를 옮기는 일을 꾀하느라 날마다 근심하고 허둥대는데, 일은 아득히 끝이 보이지 않아 편안히 자리에 누워 병을 조리할 수가 없으니 고민스럽습니다.

이곳에는 벗인 허목許穆이 여러 날 전에 연천漣川에서 의령宜寧으로 분곡奔哭을 갔습니다. 그 벗의 소문을 형께서도 대략 아시다시피, 우리 선사先師를 참된 정성으로 추모하는 자입니다. 오갈 때마다 사당에 알현하며 둘러가는 길이라는 것을 헤아리지 않고 꼭 공경하고 엄숙함을 이루니 우리들이 비록 평상시라고 하더라도 함부로 볼 수 없는데, 더군다나 이렇게 부모상을 당하였으니 차마 냉담할 수 있겠습니까. 뙤약볕에 드러나고 안개와 이슬을 맞으며 천 리 길을 부르짖고 통곡하니, 어찌 목숨을 부지할 수 있겠습니까. 제 생각에는 서원에서 대략 부의賻儀를 갖추어 심부름꾼을 시켜 위로를 한다면 사리에 합당하지 않겠습니까. 게다가 그가 가는 길은 본 서원의 앞길을 지나가니 더욱 마음을 쓰지 않을 수 없습니다. 아량을 베푸시기를 지극히 바라고 지극히 바랍니다.

병환이 겹겹이 생기고 근심과 염려가 날로 더하니, 여생에 일을 잘 마무리하고 형과 함께 강가의 별서別墅에 있는 이형李兄을 방문할 수 있을는지 모르겠습니다.

72) 박공구(朴羾衢, ?~?) : 자는 자룡(子龍), 호는 기옹(畸翁), 본관은 순천이다. 정구의 문인이다. 광해군 때 벼슬을 버리고 성리학 연구에만 몰두하였으며, 인조반정 이후에 대군사부(大君師傅)를 지냈다. 병자호란이 일어나 인조가 항복했다는 소식을 듣고 나서는 낙동강 가에 은거하였다. 문집에는 『기옹집』이 있다.

영해 군수 도신수에게 답하다[答都寧海 愼修]

상룡은 쌓인 재앙이 끝이 없어 죽은 아우의 자식에게까지 재앙이 옮겨 가 아버지의 뜻도 이어받지 못하고 그 복도 받지 못하였으니, 애통하고 괴로움을 견딜 수 없습니다. 상주가 없는 상[73]이라 오래도록 얕은 땅에 둘 수 없어 박장薄葬인 것도 따지지 않고 상기喪期가 되기도 전에 매장하여 4월 그믐 무렵에 벌써 땅속에 들여보내었습니다. 오히려 무슨 말을 하겠습니까.

삼가 당신께서 멀리서 위문을 해 주시니 우러러 옛 정의情誼를 생각건대 더욱 절실히 침통합니다. 그리고 살피건대 훌륭한 아드님께서 갑자기 요절하여 슬프고 애석한 마음 그지없겠습니다. 저는 실오라기 같은 목숨이 너무도 모질어 음식을 대하면 배불리 먹고 사람을 만나면 웃으며 이야기 나누니, 조물주는 무슨 의도가 있어서 저를 오래 지상에 남겨 두는지 모르겠습니다. 죽은 아우와 교제했던 사람들이 한둘이 아니지만 당신께서 아우를 그리워하는 정은 오래될수록 더욱 깊으십니다. 앉아서 당신 풍도를 생각하면 늙은이의 회포가 남다르지만, 마주하여 이야기 나눌 길이 없어 종이를 대하여 오열하니 무어라 말해야 좋을지 모르겠습니다.

오직 영해부의 무더위 속에 백성을 인자하게 돌보는 몸을 더욱 보중하시기를 빕니다.

군위 현감 황득중[74]에게 답하다[答黃軍威 得中]

소식이 끊긴 지 지금까지 20년이나 되었지만 우러러 그리워하는 마음은 세월과 더불어 더욱 쌓여만 갑니다. 천만 뜻밖에 당신의 편지를 받고는 세상 밖의 서신을 얻은 것만 같아 놀랍고 기뻐 정신이 망망하였습니다. 게다가 나생羅生과 마주하여 흉금을 털어놓고 며칠

73) 상주가 없는 상[無主之喪] : 39세로 요절한 아우인 배상호(裵尙虎, 1594~1632)에게는 딸만 셋 있었기 때문에 하는 말이다.

74) 황득중(黃得中, ?~?) : 본관은 창원(昌原)이다. 그의 아들 황헌(黃瀗)이 1644년 심기원(沈器遠)의 역모를 고변한 공으로 가선대부에 올랐다.

지내면서 당신의 동정에 대해 자세히 듣고는 이 몸이 천 리 밖에 있는 줄도 몰랐습니다.

상룡은 인간 세상의 근심과 어려움을 남김없이 겪었으나 아직도 온전히 세상을 살아가고 있으니, 무슨 연연해하는 것이 있어서 지금에 이르도록 구차하게 살아 있는지 모르겠습니다.

서모庶母께서는 일찍이 임오년 봄에 세상을 버리셨고, 서제庶弟는 서모보다 9년 먼저 갔으며, 오직 서질庶姪이 낳은 두 아들만 남아 있습니다. 당신 서제 형제의 경우는 형에게는 두 아들이 있어 후사를 이었고, 아우는 여러 자식을 거느리고 별 탈이 없습니다. 비록 가난한 생활을 면치 못하고 있지만 또한 기아와 곤궁함은 알지 못합니다. 늘 당신께서 덕을 닦아 두터운 복을 쌓아서 영광이 세상에 드러난 것을 생각할 때마다 공경하고 탄복하는 마음이 얕지 않습니다. 지금 또 침식과 기거가 한결같이 예전 그대로라는 것을 들으니, 오랜 친구의 위로와 축하하는 마음이 어떻겠습니까. 수많은 사연은 나생이 대략 가지고 갔으니 필시 세세히 전달할 것이므로, 이에 거듭 말씀드리지는 않습니다.

방백 민인보75)에게 답하다[答閔方伯 寅甫]

다행히도 실낱같은 목숨이 끊어지기 전에 당신이 관찰사가 되어 남쪽으로 오셨으니, 조물주가 한 번 뵙도록 허락한 것만 같아 죽다가 소생한 듯한 마음이 이미 깊었는데, 지금 영감의 편지를 받고서 살피건대 얼어붙을 듯한 추위에 영감의 건강이 계절 따라 진중하시다니 더욱 우러러 위로됩니다.

상룡은 노병으로 쇠약해져 벌써 거의 땅 속에 들어갈 지경입니다. 질부가 나를 시아버지처럼 여겼는데 부모님을 뵈러 함양咸陽에 갔다가 돌아오지 못한 채 갑자기 죽었고, 또 자형이 60년 동안 서로 목숨을 의지하였는데 이달 초에 갑자기 돌아가셨으니 슬프고 괴로움을 견딜 수 없습니다.

75) 민인보(閔寅甫) : 1650년 경상도 관찰사를 지낸 민응협(閔應協, 1597~1663)을 말한다. 자는 인보(寅甫), 호는 명고(鳴皐)·창주(滄洲), 본관은 여흥(驪興)이다. 1633년 문과에 급제하였다.

조만간에 오겠다고 하시니, 벌써 매우 간절히 기대됩니다. 그 전에 정무를 보살피는 몸을 더욱 진중히 하셔서, 저의 보잘것없는 축원에 부응해 주십시오.

민 방백에게 답하다[答閔方伯]

지난겨울에 연이어 편지를 받고는 마치 옛 모습을 뵙는 듯하여 그지없이 기쁘고 후련하였습니다. 나라가 불행하여 삼재三宰 대야大爺께서 갑자기 세상을 버리시니, 부고를 듣고 침통하고 슬퍼하는 마음이 어찌 저 개인만을 위해서 곡하는 것이겠습니까. 요즈음은 봄 날씨가 화창한데, 삼가 생각건대 영감의 건강은 계절 따라 좋으시겠지요. 특별히 남다른 은혜를 입어 아윤亞尹76)에 승진하였다고 하니, 시대를 위하여 기쁘고 위로됨을 견딜 수 없습니다.

저는 이미 너무 쇠약하고 늙은 데다 질병이 연이어 세상을 살맛이 전혀 없습니다. 게다가 매번 오는 인편에 반드시 편지를 보내시어 은근한 정이 편지에 듬뿍 들어 있으니 제가 감당하기 어렵습니다. 다만 쇠약하여 움츠려 엎드려 지내느라 인사를 전폐하여 한 통 편지의 답장마저도 제때에 하지 못하고 있으니, 보잘것없는 저의 서글픔을 영감께서 어찌 다 상상이나 하시겠습니까. 한언직韓彦直 휴休는 지금 벌써 고향으로 내려갔습니까. 돌아가는 길에 다시 들르겠다고 약속했으나, 아직 만나 뵙지 못해 자못 한탄스럽습니다. 수많은 사연을 어찌 다 말씀드리겠습니까. 오직 영감의 기거가 더욱더 진중하시기를 빕니다.

76) 아윤(亞尹) : 재상 다음가는 벼슬을 말한다. 1650년 경상도 관찰사가 되었다가 그 뒤 내직으로 들어가 대사성·대사간을 차례로 역임하였을 때를 말하는 듯하다.

선산 부사 김욱[77]에게 답하다[答金善山 頊]

심부름꾼을 통해 당신의 편지를 받고 살펴보건대 좋은 계절에 부사께서 영광스런 근친을 와서 부모님을 기쁘게 모셨다고 하니, 위로되고 감사한 마음을 견딜 수 없었습니다.

저는 막 어머니 상[78]을 마치고 겨우 지탱해 나가고 있습니다. 한 봉지에 네 가지 약을 순찰사께서는 보내 주시고 당신은 전해 주니, 천한 저의 분수로 전혀 감당할 바가 아닙니다. 무어라 감사해야 좋을지 모르겠습니다. 나머지는 이만 줄입니다.

김 선산에게 답하다[答金善山]

찾아주신 노고만도 이미 매우 감사했는데 여기에다 또 물건과 편지를 보내 주십니까? 살피건대 부모님을 모시는 생활이 매우 복되시다니 저의 마음이 무척 위로됩니다.

저는 산속의 여막에서 노숙을 하다 보니 온갖 고초 속에 날마다 번민하고 고뇌할 뿐입니다. 보여 주신 『역해易解』는 직접 상자를 열어 보니 편질篇帙이 흩어지고 먼지가 묻어 차마 볼 수 없었습니다. 그래서 제가 가지고 있는 것으로 대신 드리오나, 아직 표제도 쓰지 않았고 손길도 닿지 않은 것이니 아끼고 보호하시다가 빨리 보내 주시리라 생각합니다.

77) 김욱(金頊, 1602~?) : 자는 신백(愼伯), 본관은 의성이다. 1639년 문과에 급제하였다. 동강 김우옹의 손자이다.

78) 어머니 상 : 『등암집』 「연보」에 의하면, 배상룡은 59세에 어머니 상을 당하였다.

별좌 이덕규79)에게 주다[與李別坐 德圭]

하늘이 높아진 이 가을에 존좌尊坐의 기거가 계절 따라 좋으시리라 생각할 적마다 우러러 그리는 마음을 견딜 수 없습니다.

아드님이 진사시에서 우수한 성적을 거두었다고 하니, 출셋길이 크게 열린 것은 여사餘事이고, 3대에 걸쳐 집안의 전통을 이은 것은 세상에서 드문 일이니, 위로되고 기쁜 마음 갑절이 됩니다.

저는 먹고 숨 쉬는 것이 여전하니 멀리 계신 당신 덕분이 아니겠습니까. 만나 뵐 길이 없어서 편지를 대하니 저절로 서글픕니다. 계절 따라 더욱더 복되시기를 빕니다.

청천당 장응일에게 주다[與張聽天堂 應一]

밤새 더욱 잘 지내셨으리라 생각합니다. 어제 답장을 받고는 늙은 저의 회포가 아득하였습니다. 어떤 직함으로 부름을 받았는지, 언제 강을 건널 것인지 모두 알지 못하여 밤이 새도록 궁금하여 잠을 못 이루었습니다. 가까운 지역에 부임하셨을 때도 오히려 뵙지 못하였는데 더구나 수십 리나 떨어진 남도의 지역이겠습니까. 게다가 지금 도성 밖에서 천 리나 먼 곳이겠습니까. 이곳의 아득한 마음을 다 표현할 길이 없습니다. 실컷 마시는 것으로 만족을 취하는 것은 곧 세상을 잊고 자신을 달래는 자의 행위입니다. 당신에 대한 사람들의 바람이 어떠하며, 조정의 법도가 또 어떠합니까. 친하고 두터운 친분이 예사롭지 않기에 함부로 이 말로써 전별을 합니다.

---

79) 이덕규(李德圭, 1598~1671) : 자는 여윤(汝潤), 호는 오곡(午谷), 본관은 흥양(興陽)이다. 아버지가 이전(李坱)이며, 상주(尙州)에 살았다. 정경세(鄭經世)의 문인이며, 1627년 진사시에 입격하였다. 『경북유학인물지』에 의하면 학행으로 천거되어 별제(別提)를 지냈고, 정묘호란 때 의병을 일으켰다. 유집이 전한다.

장 청천당에게 답하다[答張聽天堂]

평소의 그리움이 해가 바뀌자 더욱 심하더니, 뜻밖에 심부름꾼을 통해 편지를 받고는 마치 직접 옛 모습을 대하는 듯하여 놀랍고 기쁨을 가눌 수 없습니다. 귀향하신 지 며칠 되어 동정이 더욱 좋으심을 알게 되니 더욱더 위로됩니다.

저는 쇠병이 날이 갈수록 더 깊어지니 어떻게 하겠습니까. 은근히 그리운 마음을 견디지 못하여 일찍이 채자후蔡子厚와 바람이 훈훈하고 날씨가 따뜻한 때를 기다려 암재巖齋에 함께 가기로 약속했습니다. 그러나 영공께서 귀향하신다는 것은 생각지도 못했는데 또 그 시기가 닥쳤습니다. 20일에 찾아와 주시기를 감히 바라지는 못하겠으나, 만나 뵐 기약이 앞뒤로 연이어 있을 듯하니 더욱 다행입니다.

대사헌 채백창80)에게 답하다[答蔡大憲 百昌]

아득히 소식이 없어 그리움이 날로 간절하였는데, 지난겨울 그곳 원님의 행차에 당신의 편지를 부쳐 와서 마치 해외海外에서 온 편지를 받은 듯하여 놀랍고 기쁜 마음 가눌 수 없습니다. 지금 봄 날씨가 화창한데, 삼가 생각건대 영감의 건강이 계절 따라 매우 복되시겠기에 더욱더 위로됩니다.

저는 나이가 아흔을 바라보다 망구望九(81세)이다 보니, 너무 쇠약해서 정신이 흐리고 몸이 피곤하여 겨우 조석朝夕을 연명하고 있을 뿐입니다. 이 생의 남은 날에 다시 당신 모습을 대할 길이 없으니 오직 계절에 맞게 몸을 아끼셔서 만 배 진중하시를 빕니다.

---

80) 백창(伯昌) : 채유후(蔡裕後, 1599~1660)의 자이다.

명부 김종일81)에게 답하다[答金明府 宗一]

삼가 문안하는 고마운 편지를 받고는 삼가 살피건대 기체氣體의 섭양攝養이 더욱더 좋으시다니 감사하고 위로되는 저의 구구한 정성을 가눌 길이 없습니다.

저는 아이들을 데리고 객지에서 함께 거처하고 있으나, 지금 거처하는 곳이 집이 너무 좁고 또 불편한 점이 많아서 가야산伽倻山 아래로 옮길 생각입니다. 이로부터 당신과의 소식은 더욱 아득해질 것이니 그지없이 서운합니다. 몸의 왼쪽이 무거운 증세는 아직도 쾌차하지 못했습니까. 우연히 얻은 감기는 혈기가 쇠약하여 온 고질과는 다르니 약을 써서 땀을 내어 제때에 완치하기를 바랍니다.

다시 생각건대 부府에 내려오신 뒤로 연이어 큰일이 있어서 관아 문을 연 날이 적다 보니, 아직 백성들과 친하지 못하고 모든 정령도 임시변통을 하고 있으시니, 아랫사람의 사정을 전달할 길이 막혀서 탄식과 원망이 없을 수 없을 것입니다. 삼가 바라건대 공께서는 스스로 힘써 일을 보아 아주 인자한 마음으로 매우 신중한 정치를 펴는 것이 어떻겠습니까. 혹시나 더 다치지나 않을까 하는 것이 곧 백성을 깊이 생각하는 일이기에 감히 저의 견해를 말씀드리니, 더욱 두렵습니다.

김 명부에게 답하다[答金明府]

연이어 심부름꾼을 보내어 안부를 물으시니, 보살펴 주시는 두터운 정의에 그지없이 황송합니다.

정무를 보시는 몸에 신의 도움이 있으심을 알게 되니, 되살아난 기분이 더욱 간절하여 뜨거운 것을 손에 잡았다가 물에 가서 씻어낸 듯할 뿐만이 아닙니다. 타는 듯한 가뭄이 요즘 심한데 삼가 생각건대 기우제를 지내시는 행사를 벌써 여러 차례 거행하였을 것이나

81) 김종일(金宗一, 159~1675) : 자는 관지(貫之), 호는 노암(魯庵), 본관은 경주이다. 신지제(申之悌)·정경세(鄭經世)·이명준(李名俊)의 문인이다. 1625년 문과에 급제하였다. 저서로는 『노암집』이 있다.

아직도 하늘의 마음을 돌리지 못하였으니, 공께서 규벽圭璧의 탄식[82]을 면치 못하실까 염려됩니다.

선사先師께서 관직에 있을 때 하늘에 비를 빌었는데도 비가 내리지 않아서 감히 편하게 지내지 못하고 두 번 행하고 다시 행하여 기어코 비가 내리고 나서야 그만두셨으니, 지금 이 같은 선사의 처사를 사또께 바랍니다.

회연의 문회에 참석한 여러분께 주다[與檜淵文會僉賢]

요즈음 서리가 내려 쌀쌀한데 삼가 생각건대 여러분들께서 나란히 회연에 도착하여 유문遺文을 산정하시겠지요. 우러러 선사의 높은 자취를 생각하니 감회를 절로 가눌 수 없습니다.

저는 지난 중양절에 가야산을 유람하며 상쾌한 기분을 타다가 바람을 맞은 데다 다시 감기에 걸려서 집에 돌아와 여러 날 동안 땀을 내어도 땀은 나지 않고 숨이 가쁘고 머리가 아파 괴롭게 나날을 보내고 있습니다. 이리하여 말석에라도 나아가 공론을 들어보는 것도 하지 못하여 평소의 계획을 저버렸을 뿐만 아니라, 선사께서 주신 편지가 얼마나 남아 있는지, 얼마나 산삭되었는지조차 알지 못하고 있으니, 저의 서운하고 답답한 마음을 더욱 말할 길이 없습니다.

내왕하는 진주晉州 사람을 통해 들은 바 듣자니 새기는 석수石手의 솜씨가 퍽 정교하다고 합니다. 회중會中에서 꼭 그를 불러오도록 꾀하는 것이 어떻겠습니까. 이런 일에 여러분들의 지시를 직접 받들지 못하니, 더욱 더 답답합니다.

여러분들의 지내시는 상황이 더욱더 좋으시기를 빕니다.

---

82) 규벽(圭璧)의 탄식 : 흉년이 든 것을 탄식한다는 말이다. 규벽은 흉년이 들었을 때 신(神)에게 예물로 바치는 옥(玉)이다. 『시경』 「대아(大雅)·운한(雲漢)」에 "왕께서 말씀하기를 '아, 지금 사람에게 무슨 죄가 있습니까. 하늘이 환란을 내리셔서 기근이 거듭 이르기에, 신에게 제사를 거행하지 않음이 없으며 이 희생을 아끼지 아니하고 규벽을 이미 모두 올렸음에도, 어찌하여 내 말을 들어주지 아니하십니까.' 라고 하였다.[王曰於乎 何辜今之人 天降喪亂 饑饉薦臻 靡神不擧 靡愛斯牲 圭璧旣卒 寧莫我聽]"라는 말에서 유래한다.

절도사 문희성83)에게 주다[與文節度 希聖]

가을볕에 어진 정사를 펴는 절도사의 몸은 계절 따라 좋으신지요. 큰 지역을 통치하고 부모님 계신 곳과도 가까우니, 위로되는 기쁜 마음을 이루 견딜 수 없습니다.

저는 쇠약하고 초췌함이 날로 심하여 말할 만한 것이 없습니다.

선사를 위해 묘도墓道의 비석을 세우는 일은 아직 훌륭한 공인工人을 얻지 못하여 시일을 끈 것이 거의 여러 해나 되었습니다. 이제 듣자니 관할 내에 사는 석수石手가 솜씨가 퍽 있다고 하여 저희들이 당신에게 부탁하려고 했으나, 다시 생각하니 평범한 유생으로서 글을 올리기가 쉽지 않아서 제가 감히 나서서 절도사의 종 가운데 이곳에 사는 자의 손을 빌어 저희들의 간절한 소망을 전하는 것입니다. 혹시 힘써 부응해 주신다면 다행스러움을 무어라 표현하겠습니까. 저의 아우가 불우하여 성균관에서 고달픔을 견디며 홀로 떨어져 사는 객지 생활이 답답하여 스스로 살아갈 수가 없습니다. 어떻게 하면 당신의 풍도를 가까이서 뵙고 쌓여 있는 속마음을 털어놓을 수 있겠습니까. 종이를 대하니 눈앞이 아득하여 일일이 다 말하지 못하겠습니다.

백포 채무84)에게 주다[與蔡柏浦 楙]

한겨울 추위에 건강은 계절 따라 매우 좋으시리라 생각됩니다. 소식 없이 아득히 여름을 지나 가을이 가고, 겨울이 다 하여 한 해가 저물어 가니, 그리는 마음이 하루라도 간절하지 않은 적이 없습니다.

저는 평소 앓고 있는 병 외에도 또 중풍의 조짐이 있어서 이제 막 풍을 다스리는 여러

83) 문희성(文希聖, ?~?) : 자는 경수(敬修), 본관은 남평(南平)이다. 경상 우수사·경상 좌수사 등을 역임한 적이 있다.

84) 채무(蔡楙, 1588~1670) : 자는 자후(子後), 호는 백포(柏浦)·귀은자(歸隱子), 본관은 인천(仁川)이다. 서사원(徐思遠)의 문인이고, 류진(柳袗)·김응조(金應祖) 등과 교유가 있었다. 1633년 문과에 급제하였다. 저서로는 『백포집』이 있다.

혈맥에 뜸을 떴으나 효과가 있을지의 여부는 아직 확신할 수 없고, 뜸을 뜬 상처가 통증을 일으켜 나날을 괴롭게 보내고 있습니다. 선사의 연보는 지금 막 기일에 맞추어 이태시李泰始(이도장李道長)와 만나 마주 앉아서 윤문을 하려고 합니다. 혹시 당신과 일을 함께할 수 있다면 얼마나 다행이겠습니까.

명부 심대부85)에게 답하다[答沈明府 大孚]

칩거 중에 삼가 듣건대 관아 안이 편하고 조용할 수 없어서 피하여 옮기는 일까지 있었다고 하여, 한 통의 안부 편지를 보내려는 마음이 너무도 간절하였으나, 막 병든 아이를 따라 깊은 산 속으로 오는 바람에 인사를 살펴볼 겨를이 없어서 그저 혼자서 우러러 그리워할 뿐이었습니다. 보내 주신 편지를 받고 삼가 살피건대 건강이 좋으시다니 감사하고 위로되는 마음이 간절합니다.

기우제에 애쓴 끝에 큰비가 흡족하게 내려 온갖 사물이 다행히 모두 다시 살아나게 되었습니다만, 저는 아이의 병이 날로 심하여 한결같이 걱정스럽고 애가 타니 스스로 가련해한들 어쩌겠습니까. 나머지는 이만 줄이고 삼가 우리 백성들을 위하여 기거가 복되시기를 빕니다.

85) 심대부(沈大孚, 1586~1657) : 자는 신숙(信叔), 호는 가은(嘉隱)·범재(泛齋), 본관은 청송(靑松)이다. 광종(光宗)의 증손이고, 정구(鄭逑)의 문인이다. 1638년에 삼남 지방에 큰 흉년이 들자 삼남 도사 겸 진정사를 정할 때 경상 도사로 뽑혔다.

방백 목성지86)에게 답하다[答睦方伯 性之]

행차가 남쪽으로 오시니 기쁘고 다행스러움이 매우 간절합니다. 감영에 오신 지 열흘도 안 되어 고을의 아전을 보내어 고마운 편지를 전해 주고 또 갖가지 좋은 선물을 주시니, 인정과 사랑이 모두 지극하여 감사하기 그지없습니다.

다시 살피건대 체후가 편치 못하시다니, 지금은 조섭을 한 효험이 있으신지요. 염려되는 마음이 갈수록 더 간절합니다.

상룡은 쌓인 재앙이 아직도 가시지 않았는데 또 참혹한 상을 당하여 고통 속에 마음 아파하며 나날을 보내고 있습니다.

편지 속에서 저의 집을 찾아오시겠다고 하시니, 죽기 전에 숙원을 이룰 수 있게 되었습니다. 우러러 기대하는 마음이 어떠하겠습니까. 마침 관아의 인편이 있어서 우선 감사하다는 말씀을 드리며 이어서 안부를 여쭙는 것입니다.

별좌 정헌세87)에게 주다[與鄭別坐 憲世]

사우士友가 불행하여 영공의 아우 상사上舍께서 한창의 나이에 갑자기 세상을 버리시니, 놀라고 참혹한 마음을 지금까지도 견디지 못하겠습니다. 오늘날의 당신 아픔은 늙은 제가 평소 직접 당한 바입니다. 지난날 화락하게 즐기며 형제가 그림자처럼 서로 따라다니던 일을 추억해 보건대 어떻게 견뎌낼 수 있겠습니까. 멀리서 생각건대 지극한 인정은 칼로 자신을 베는 듯할 것입니다. 다행히도 수양한 정신력이 남다르고, 명의 길고 짧음은 하늘에 달려 있으니, 필시 달관하실 것입니다. 특별히 마음을 절제하고 억누르셔서 저의 정성에 부응해 주시기를 천만 번 간절히 빕니다.

---

86) 목성지(睦性之) : 성지는 목성선(睦性善, 1597~1647)의 자이다.

87) 정헌세(鄭憲世, 1597~1660) : 자는 경식(景式), 호는 죽헌(竹軒), 본관은 진양(晉陽)이다. 아버지는 정이룡(鄭而龍)이며, 상주(尙州)에 살았다. 1627년 진사시에 입격하였다.

명부 권사화에게 답하다[答權明府 士和]

삼가 특별히 보내신 심부름꾼을 통해 안부 편지를 받으니, 종이에 가득한 말이 참으로 천한 저로서는 감당할 수 있는 바가 아닌지라 매우 황송하고 감사한 마음 그지없습니다.

편지를 통하여 건강이 계절 따라 매우 복되심을 알게 되니 우러러 위로되는 마음 더욱 간절합니다. 저는 쇠약한 목숨을 겨우 보전하고 있으나, 둘째 아이 세면世綿이 5월부터 위태로운 증세를 얻어 침과 약도 효험이 없이 날이 갈수록 점점 병세가 무거워져서 고민하고 있습니다.

새로 간행한 유고인 『습재시집習齋詩集』[88]을 주신 은혜는 실로 뜻밖이었습니다. 주신 은혜가 어찌 많은 보물과 같을 뿐이겠습니까. 더구나 이 훌륭한 시들은 저의 조부께서 평소 입으로 외며 칭찬하시던 것이어서 이에 전편全篇을 보니 슬픈 감회가 더욱 더합니다.

나머지는 정무를 보살피시는 몸이 갑절로 진중하시기를 빕니다.

생질 박진구[89]에게 주다[與朴甥 震耉]

근래 거상居喪 중에 지내는 생활은 괜찮으냐. 나는 선조의 비석을 세우는 일[90]로 자고 먹는 것이 퍽 편치 않다. 돌을 다듬는 것은 이미 마쳤고 글을 새길 차례가 되었으나 원문 중에 80~90자가 줄어들었고, 그 사이에 함부로 자기의 견해를 더 넣은 것이 있으니, 문체가 어찌 파괴되지 않겠느냐. 일찍이 채蔡 어른께서 이렇게 하는 것을 보고 내가 매우 아쉽게 여겼는데, 지금에 와서는 직접 당하기에 이르렀다. 돌에 새길 문장은 한 글자의 가치가

88) 『습재시집(習齋詩集)』: 권벽(權擘, 1520~1593)의 시집이다.

89) 박진구(朴震耉, 1606~?) : 생원 박명윤(朴明胤)과 배상룡의 맏누이 사이에서 태어났다. 자는 국로(國老), 호는 학연(學淵), 본관은 밀양이다. 성주에 살았고, 가학을 이어 시와 예학에 밝고 4형제의 우애가 독실하였다. 1633년 진사시에 입격하였다.

90) 선조의……일 : 배상룡은 일찍이 임진왜란에 무너진 증조부의 묘비를 개갈(改碣)하였고, 조부와 부친의 묘비를 세웠다.

천금과 같아야 하지 않겠느냐. 그 가운데 '무지감지撫之感之'의 두 '지之' 자는 서로 겹치지만 아래의 글자를 고치는 것이 쉽지 않으니, 그대로 두어도 무방하지 않겠느냐. 이미 새로 파낸 글자가 있으니 위의 '지之' 자는 '집緝' 자로 바꾸는 것이 괜찮겠으나 '이지而之'는 또 글 쓰는 법에 맞다. 원문에 일일이 찌를 붙여 두었으니 네가 부디 십분 정신을 쏟아서 여러 번 참고하여 내가 증감한 것과 같이 첨삭을 조금 더하는 것이 어떻겠느냐.

생질 김시영[91]에게 주다[與金甥 是瑩]

봄날이 저물어 가니 그리운 마음이 더욱 더하는구나.

요즈음 지내는 형편은 연이어 좋으며, 하고 있는 공부는 점차 고명高明한 데로 이르러서 날로 새로워지고 있느냐.

성인의 학문에 힘써 노력해야 하는 것을 누군들 모르겠느냐마는 대부분 자신의 사심에 빠져 자포자기를 달게 여기거나 중도에서 그만두어 끝내 성취하지 못하게 되니 안타까움을 견딜 수 있겠느냐. 자네는 평소 집안에서 본 것이 있고 또 학문을 좋아하는 성실함도 있으니, 다른 날에 필시 적지 않은 성취가 있으리라는 것을 나는 알고 있단다. 내 스스로 헤아려 보건대 비록 기력이 노쇠하여 혼미한 지경에 이르지는 않았으나, 심기心氣가 점차 쇠약하여 뜻은 있어도 용기가 없으니, 지금부터는 이런 모양으로 죽어갈 것이다. 탄식하고 혀를 차도 소용이 없구나.

지난번에 용화龍華 조형趙兄(조임도趙任道) 및 허화보許和父(허목許穆)와 함께 개진開津을 유람하기로 약속하였는데, 이 모임은 매우 성대한 일이다. 22일이나 23일쯤 네가 있는 곳에 이를 터이니, 나와 함께 가기를 참으로 바란다. 인여仁汝는 돌아왔느냐. 함께 가는 것이 좋을 듯하다. 이러한 유람은 한가한 틈을 타서 마냥 즐기는 것일 뿐만 아니라, 막히고 답답한 가슴을 활짝 열어 속된 생각을 털어내는 하나의 관건이란다. 무우단舞雩壇과 기수淇沂水의 즐거움이 어찌 노나라의 뜻 큰 사람만이 홀로 누리는 것이겠느냐.

---

91) 김시영(金是瑩, 1621~?) : 김즙(金檝)에게 시집간 배상룡의 막내 누이의 아들이다.

김 생질에게 답하다[答金甥]

그저께 무흘武屹에서 돌아오니 정다운 편지가 먼지 낀 책상에 놓여 있더구나. 편지를 보고 가을 날씨가 요즈음 쌀쌀한데 공부가 더욱 정밀해지고 있음을 알겠구나. 여러 생질들도 모두 잘 있느냐. 『주자서朱子書』는 과연 흡족하게 읽어 확실히 이해하였느냐. 우리 퇴도退陶 노 선생老先生과 우리 스승(정구鄭逑)께서 이 글을 매우 아끼셨던 것은 문장이 본받을 만하기 때문일 뿐만 아니라 입언立言과 명의命義에 대하여 아주 치밀하게 조목을 나누고 예를 들어 놓았기 때문이다. 그러므로 성명性命과 의리義理의 부분에 대해서는 나누어 놓은 경계가 매우 자세하여 한 구절도 범연히 내려간 것이 없고 한 글자도 더하거나 뺄 것이 없으니, 진정으로 금 중에서도 금으로서 조금이라도 잡된 것이 섞이는 것을 용납하지 않는다. 어찌 우리들의 지남指南이 아니겠느냐.

나는 노쇠하고 지쳐서 갈수록 더 주저앉고 게을러지니 어쩌겠느냐. 서원의 일은 원장의 자리를 극력 사양하였다. 끝내는 한 차례 모여 의논한 뒤에야 어떻게든 조처하게 될 것이다. 강 하류의 여러분들 생각은 과연 어떠하냐. 선부군先府君의 비명碑銘을 이 대감에게서 지어 왔다92)고 하는데, 매우 훌륭하다.

아우 계장93)에게 주다[與弟季章]

지난번 관편官便에 긴 편지를 받아 보았고 황군黃君도 서찰을 전해 주더구나. 비록 모두 동시에 나온 것이지만 갑절이나 위로가 되었다.

객지에서 보내는 형편이 아직 완전히 편치 않고 머무는 곳도 매우 소란스럽다는 것을 자세히 알게 되니, 더욱 우려되는 마음이 간절하여 밥 먹고 숨 쉬는 짧은 시각에도 놓을 수가 없구나. 나는 오랫동안 복잡하고 소란스러운 속에서 지내다 보니, 피곤하고 지쳐서

92) 선부군(先府君)의……왔다 : 귀암(歸巖) 이원정(李元禎, 1622~1680)이 지은 「처사김공묘갈명(處士金公墓碣銘)」(『歸巖集』 권8)을 말하는 것으로 보인다.

93) 계장(季章) : 배상호(裵尙虎, 1594~1632)의 자이다.

지탱하지 못할 것만 같다. 그렇기는 하지만 김 이부金吏部가 어제 벌써 고을에 들어오니, 유림들이 매우 기뻐하여 응대하는 수고로움도 거의 다 잊어버렸다. 두 집안의 아이들은 모두 별 탈이 없다고 하니 다행이다. 네가 무거운 짐을 아직 벗지도 못하여 막 여러 어른들에게 부탁하려고 하지만 들어줄지는 모르겠구나. 인노麟奴는 과연 관북關北으로 갔느냐? 이부吏部를 통해 들으니 변방 소식은 경계할 만한 것이 없어서 마음 편히 머무를 수 있다는데, 인노가 돌아오기를 기다렸다가 움직이겠느냐?

종이는 아직 대책의 실마리가 잡히지 않고 있다. 머지않아 보내오게 될 것이므로 이번 걸음을 고대하고 있다.

-김 이부金吏部는 하담荷潭 김시양金時讓인데, 한강 선생寒岡先生에게 시호를 내리는 일로 우리 고을에 왔다.-

아들 세유에게 답하다[答兒世維]

사환이 와서 평안하다는 편지를 전해 주어 매우 위로되었다. 너의 습성은 본래 학업에 부지런하지 못하니 만약 하루아침에 다그쳐 빨리 나가려고 한다면 필시 병이 생길 것이다. 여러 벗들과 비교하여 절반으로 줄여서 송독을 하는 것이 집에 있으면서 하다가 말다가 할 때보다는 낫지 않겠느냐.

서애西厓 선생께서 아드님에게 보낸 편지에 "나아가는 것이 빠르면 물러나는 것도 빠르므로94) 조용히 하면서 그만두지 않는 유익함만 못하다."고 하였는데, 나도 이 말로 너에게 경계한다.

어제 박통언朴通彦의 편지를 통하여 다시 살피건대 선생님의 증세가 아직도 회복되지 못하였다니, 직접 안부를 여쭙고 싶은 마음 절실하나 병으로 실천하지 못하니 참으로 고민이다.

속절俗節95)의 전날 밤에 종과 말을 보낼 테니 잠시 와서 제사에 참여하는 것이 좋겠다.

육포를 보내니 한 점씩 씹어 먹어도 좋겠다.

94) 나아가는……빠르므로 : 『맹자』 「진심상(盡心上)」에 "그 나아감이 예리한 사람은 그 후퇴하는 것 또한 빠르다.[其進銳者 其退速]"라고 하였다.

95) 속절(俗節) : 정해진 제삿날 외에 철이 바뀔 때마다 사당이나 조상의 묘에 차례를 지내는 것을 말한다.

아들 세유에게 답하다[答兒世維]

편지를 받고 안아安兒(조카 세안世安)가 잘 지내고 있다는 것을 알게 되어 염려하던 마음이 퍽 위로되었다. 내가 처음에는 오늘 돌아가서 너희들을 보려고 하였으나, 간행하는 일이 막 벌어져서 일의 형편상 놓아두고 가기 어려워 실행하지 못하고 있다. 늘 안아가 더 아프지나 않을까 하는 것이 객지에서 하나의 염려가 되니, 너는 부디 몸을 잘 보살펴 주어라. 또 그 아이에게 책을 읽거나 글을 짓도록 권하여 학업의 과정을 완전히 그만두는 데까지 이르지는 않게 하기를 바란다. 어린 종들은 각자 하는 일이 있으니, 대충대충 일을 하도록 내버려두어서는 안 된다. 독서하는 틈에 유념해서 살펴보고 점검해야 한다.

모든 일은 마음속으로 헤아려 보고 가장 먼저 해야 할 것에 힘쓰는 것이 좋겠다.

세유에게 답하다[答兒世維]

당시 안동의 소회疏會에 있었다.

편지가 와서 여러 사람과 함께 지내는 형편이 탈 없다는 것을 알고 위로가 되었다. 상소문은 누구 손에서 나왔느냐? 생각건대 이미 여러 사람들이 의논하여 윤색을 하였겠지? 상소는 열흘이나 달포까지 지연되어서는 안 된다. 날마다 고대하고 있다.

나는 그럭저럭 보내고 있으며, 이 밖의 나머지 일들은 객지 생활 중에 염려할 필요가 없다. 오직 행동과 말과 웃음을 신중하기에 힘써서 비록 말석에 있더라도 경박하게 처신하지 말기를 바란다.

아들 세유에게 답하다[答兒世維]

당시 선생은 조카인 세안世安을 데리고 함창咸昌의 의원 집에서 병을 다스리고 있었다.

너희들이 지내는 형편을 모른 지 지금 반달이 되어 간다. 객지에서 이런저런 생각을 견딜 수 없었는데, 편지가 와서 잘 지내고 있다는 것을 아니 매우 깊이 위로가 된다. 두 명의 재사才士가 와서 만난 것은 더욱 다행이다. 다만 만난 김에 같이 머무르며 공부를 하는지, 또 이럭저럭 모였다가 헤어졌는지 모르겠다. 비록 글을 지을 수는 없더라도 전에 암송한 여러 책들을 정리해 보는 것도 좋겠다.

내가 올 적에는 이미 옷이 젖은 데다 또 차고 습한 곳에 있는 바람에 초학草瘧(말라리아)에 걸렸는데, 침과 약의 도움으로 한 번 아픈 뒤 그쳤으니 다행이다. 아이들의 증세는 세 차례 침을 놓았는데 지금까지 아직 효과가 나타나지 않지만 또 통증이 더하지는 않고 있다. 더위와 습기에 점점 고통스러우니 침을 맞는 것은 때가 아니다. 약을 쓰는 것이 당연히 중요하지만 여러 약재가 갖추어지지 않았고 서울로 올라간 종도 아직 오지 않았다. 그가 돌아오기를 기다려서 약재의 구입 여부를 확인한 뒤에야 내려갈 수 있겠다.

그 이전에도 여러 아이들을 더욱 잘 보살펴서 나의 지극한 기대에 부응해 주기를 바란다.

등암선생문집

제3권

등암선생문집 권3

묘표墓表

조부 행 통훈대부 사재감 정 증 가선대부 호조 참판 겸 동지의금부 춘추관사 세자좌부빈객 부군의 묘표[祖考行通訓大夫司宰監正贈嘉善大夫戶曹參判兼同知義禁府春秋舘事世子左副賓客府君墓表]

돌아가신 내 조부의 휘諱는 덕문德文, 자는 숙회叔晦, 본관은 성주星州이다. 선계先系는 삼한벽상공신三韓壁上功臣에 봉해진 휘 위준位俊에게서 시작한다. 신라에서 비롯하여 고려에 와서 더욱 번성하고 현달하여 이 지역의 저명한 성씨가 되었다. 고려 말에 휘 현俔이란 분이 있어 덕과 지위가 모두 대단하였고, 2대손 휘 치絺는 조선에 들어와 벼슬이 도만호都萬戶에 이르렀다. 이분이 만호萬戶 휘 윤후胤厚를 두니, 부군府君에게는 고조부가 되며, 고조모는 신반 진씨新反陳氏이다. 증조부는 휘 중손仲孫, 증조모는 금릉 정씨金陵鄭氏이다. 조부는 휘 맹성孟成이고, 조모는 인주 이씨仁州李氏이다. 아버지는 참봉參奉 휘 주綢이고, 어머니는 농서 이씨隴西李氏이니, 도은陶隱 선생의 현손이자 세무世茂의 딸이다.

가정嘉靖 을유년(1525)에 부군을 낳으니 단아하여 비범하였고, 조금 자라 스승에게 나아가서는 재주가 날로 성취되었다. 관례를 올리기 전에 향시에 여러 번 입격하여 명성이 자자하였다. 계축년(1553)에 과거에 급제하여 성균관 학유成均館學諭에 임명되었고, 경신년(1560)에 가주서假注書로 경연에 들어가서는 일을 기록하는 것이 자세하고 민첩하였다. 봉양을 위하여 자리를 옮기려고 하였다가, 곧 참상參上이 되었다. 신유년(1561)에 언양 현감彦陽縣監에 임명되어 치적治積이 좋았다. 이로부터 내직으로는 형조와 호조의 낭관·한성부 서윤漢城府庶尹을 역임하였고, 외직으로는 영덕 현감盈德縣監·울산 부사蔚山府使·고부 현감古阜縣監을 역임하였다. 임신년(1572)에 남의 배척을 받아 파직되고 연이어서 무함誣陷을 당하여 자못 20년간을 한가히 지내며 다시는 세상에 뜻을 두지 않았다. 임진왜란에 공로가 있어 사재감 정司宰監正으로 승진되었다. 계묘년(1603)에 돌아가시니 향년 79세이다. 만호공 묘소의 서쪽 곤향坤向의 터에 장사지냈으며, 선무원종공신宣武原從功臣에 추록되었다.

부군은 온화하고 자애로우며 진솔하고 꾸밈이 없었고, 효성이 간절하고 지극하여 양친의 뜻을 어김이 없었다. 정부인貞夫人 선산 백씨善山白氏는 참군參軍 거추巨鰍의 딸이자 진사進士 사원士元의 손녀이다. 부군보다 앞서 돌아가셔서 참봉공의 묘역 아래 언덕에[1] 장사지냈다. 장남은 수사水使인 나의 아버지이며, 휘는 설楔이다. 원종일등공신이 되는 은전을 입었고 부군의 부인도 함께 영예스런 추증을 받았다. 아들이 둘인데 차남은 건楗이고, 딸은 하나인데 생원生員 박혼朴混에게 시집갔다. 수사는 아들이 둘인데 맏이는 상룡尙龍이고, 둘째는 상호尙虎로 진사進士이며, 딸 셋은 생원 박명윤朴明胤·참봉 송광헌宋光憲·유학幼學 김즙金檝에게 시집갔다. 둘째 아들은 딸이 둘인데, 충의忠義 채득렴蔡得濂·유학 여사음呂嗣音에게 시집갔다. 생원은 딸이 하나인데 판관判官 한흠韓欽에게 시집갔다. 증손曾孫은 남녀 약간 명이다. 측실의 아들이 셋인데, 막내 역櫟에게 아들이 있다.

아! 묘소에 표식이 없어서 후손에게 보여 주지 못할까 두려워 눈물을 흘리며 빗돌에 대략을 기록하여 영원히 보존되기를 바란다.

숭정崇禎 무인년(1638) 12월 병진에 손자 상룡이 공경히 묘표를 쓴다.

숙부 처사 배공과 유인 상산 김씨를 합장한 묘표[叔考處士裵公 孺人商山金氏合祔墓表]

공의 휘는 건楗이고, 자는 수부守夫이며, 사재감 정司宰監正을 지내고 호조 참판·부빈객副賓客에 증직된 휘 덕문德文의 둘째 아들이고, 참봉 휘 주綢의 손자이며, 참군參軍 백거추白巨鰍의 외손자이다. 단중端重하고 문아文雅하며 효행이 있었다. 과거 시험을 보아 두 번 입격하고 두 번 실패하였다. 대대로 성주에 살았다. 임진년(1592)에 유인孺人이 금산金山에 친정 부모를 뵈러 갔다가 갑작스레 왜란을 당하여 왜적을 만나 절개를 지키다가 죽어서 유인의

1) 참봉공의……언덕에 : 원문의 '參奉公兆下推'에서 '推'는 '堆'의 오기로 보인다.

선조 묘역에 장사지냈다. 오래지 않아 공도 살해되니, 나이가 서른이었다. 참판공의 명으로 유인의 묘 왼쪽에 합장을 하였다. 두 딸을 낳았는데 장녀는 인천仁川 채득렴蔡得濂에게 시집가서 후사後嗣를 두어 제사 모시는 일을 이들에게 의지하였다. 조카 상룡尙龍은 슬프고 사모하는 마음이 끝이 없어서 빗돌에 글을 새기고 눈물을 흘리며 표지한다.

외증조부 훈련원 참군 백 부군의 묘표[外曾祖考訓鍊參軍白府君墓表]

공의 휘는 거추巨鰍이고, 자는 가화可化이며, 본관은 선산善山이다. 호조 판서 휘 인관仁寬이 대구大丘에 살면서 봉사奉事 휘 위偉를 두었으니 공에게 고조부가 된다. 증조부 휘 정화正和는 어모장군禦侮將軍을 지냈고, 조부 휘 진津은 참군參軍이다. 아버지 휘 사원士元은 진사進士이고, 어머니 진주 강씨晉州姜氏는 부사府使 계손季孫의 딸이다.

공은 태어나면서부터 걸출하고 용맹함과 지략이 남달라 만 명의 사람도 대적하지 못할 위엄이 있었다. 약관의 나이에 무과에 급제하여 모두들 원대한 성취가 있으리라 기대하였으나, 권상權相(권세 있는 재상)의 모함으로 인하여 연이어 유배가게 되어 서북西北 지역의 변방에서 거의 40년을 지냈는데, 그곳의 호인胡人들이 두려워하고 복종하여 변방 지역이 안정되었으니, 세상에서 '백 장군'이라고 일컫고 함부로 이름을 부르지 않았다. 평소의 장한 행적이 시골 사람들 사이에 전해 오는 이야기가 된 지 백 년이 지났는데도 어제 같으니, 공은 세대마다 나올 수 없는 영특함을 지닌 분임을 상상할 수 있다.

현감縣監 전의全義 이경렴李景濂의 딸에게 장가들어 두 딸을 두었다. 장녀는 성산 배씨星山裵氏로 문과에 급제하여 사재감 정을 지내고 참판에 증직된 나의 조부 휘 덕문德文에게 시집왔고, 둘째는 후사가 없다. 측실側室의 아들 결潔이 공의 제사를 받들고 있는데 자손이 있다. 딸은 조잠趙潛에게 시집갔으며 역시 후손이 있다. 조부는 2남 1녀를 두었는데 맏이는 바로 나의 아버지 휘 설楔로, 절도사節度使를 지내고 참판에 증직되었다. 묘는 판서공의 묘역에 있다가 뒤에 경산慶山 형제봉兄弟峯 묘향卯向의 터에 천장遷葬하였다. 아버지께서 공이 살아서는 경륜을 펴지 못하고 돌아가셔서는 적통의 후손이 없는 것을 마음아파하고 대가의 손을 빌어 영원히 남기려고 했으나 이루지 못하였다. 불초자식 상룡이 아버지의 뜻을 받들지 못할까 두려워 대략적인 내용을 들어 빗돌에 새겨 표지한다.

외조부 충순위 송 부군과 외조모 유인 함양 박씨를 합장한 묘표[外祖考忠順衛宋府君 外祖妣孺人咸陽朴氏合祔墓表]

송씨의 선계先系는 야로冶爐에서 나와 우리나라의 이름난 성씨가 된 지 오래다. 조선조에 들어와 휘 염濂은 벼슬이 좌의정에 이르렀다. 3대를 지나 현감縣監 휘 자계自啓는 공에게 증조부가 된다. 증조모는 김해 송씨金海宋氏이다. 조부 휘 임琳은 우후虞候이고, 조모는 문화 류씨文化柳氏이다. 아버지는 휘 세인世仁이고, 어머니는 창녕 장씨昌寧張氏로 진사進士 심諶의 딸이다.

가정嘉靖 임진년(1532)에 공을 낳았으니, 휘는 원源이고 자는 경청景淸이다. 타고난 자품이 순진하여 어릴 때의 순수한 마음을 잃지 않았다. 독서를 좋아하여 종일 책을 펴고 경서의 뜻을 음미하였으나 31세에 돌아가셨다. 유인 함양 박씨咸陽朴氏는 공신功臣 충무沖武의 후손으로, 명망 있는 선비였던 홍弘의 딸이며 안동 권씨 세걸世傑의 외손이다. 가정嘉靖 갑오년(1534)에 태어나 21세에 시집을 왔고 29세에 과부가 되어 90세에 돌아가시니, 과부로 산 60년 동안 정절과 부덕이 한결같았다. 선영의 묘역에 합장하였다. 1남 2녀를 낳았는데, 공이 유독 장녀를 애틋하게 여기니 유인孺人이 괴이쩍어서 여쭈어 보았으나 공이 대답하지 않더니, 나머지는 과연 성장하지 못하였다. 장녀만이 성산 배씨인 우리 아버지에게 시집오니, 아버지의 벼슬은 수사水使이고 참판에 증직되었으며 휘는 설楔이다. 정부인에 봉해졌다. 세 딸을 낳았는데 맏이는 생원 박명윤에게 시집갔고, 둘째 딸은 참봉 송광헌宋光憲에게 시집갔으며, 셋째 딸은 김즙金檝에게 시집갔다. 아들은 둘인데 맏이는 상룡尙龍이고 둘째는 상호尙虎로 진사進士이다. 증손曾孫은 남녀 약간 명이다. 공이 이미 후사가 없자 유인(외조모)이 공의 뜻에 따라 집안의 제사를 차종次宗으로 넘기고 뒷일을 내 어머니에게 부탁하였는데, 어린 상룡을 양육하여 그에게 다음을 잇게 하였다. 상룡이 어머니가 평생 추모한 뜻을 깊이 생각지 못하여 공이 미리 알고 승종을 부탁한 깊은 뜻을 손상시킬까 매우 두려워, 둘째 아들인 세면世綿에게 제사 모시는 일을 맡기고, 이참에 대략을 기술하여 빗돌에 새기고 공경히 표지한다.

내종숙 처사 송공과 유인 순천 박씨를 합장한 묘표[內從叔處士宋公 孺人順天朴氏合祔墓表]

공의 휘는 후창後昌이고, 자는 중유仲裕이며, 본관은 야로冶爐이다. 신라에서 고려에 이르기까지 번성하고 현달하여 우리나라의 저명한 성씨가 되었다. 조선조에 들어와서 휘 염濂은 벼슬이 좌의정에 이르렀고, 아들 휘 제민齊民은 좌의정을 지냈으며, 아들 휘 희미希美는 부사府使를 지냈다. 아들 휘 보保는 사직司直을 지냈으며, 처음으로 팔거八莒의 도촌道邨에 들어왔다. 아들 휘 자계自啓는 현감縣監을 지냈는데, 이분이 우후虞候 휘 임琳을 두었으니, 공에게 증조부가 된다. 증조모는 문화 류씨文化柳氏이다. 조부는 휘 세인世仁이며, 조모는 창녕 장씨昌寧張氏이다. 아버지는 휘 정淨으로 대를 이어 무반 벼슬을 지냈으며, 어머니는 청주 곽씨清州郭氏이다.

가정嘉靖 계해년(1563)에 공을 낳으니, 충후하고 정직하며 순박하고 활달하여 한 점의 속티도 없었다. 타고난 우애는 난리를 당하여 위급한 때에 더욱 높이 증명되었다. 동강東岡 김선생金先生에게 수업을 하였는데 사학史學은 남들이 높이 평가하였다. 여러 번 향시에 뽑혔으나 문과급제를 하지 못하니, 동료들이 탄식해 마지않았다. 유인 순천 박씨順天朴氏는 평양부원군平陽府院君 천상天祥의 7세손이자 진사進士 운기雲驥의 딸이며, 현모양처로 이름이 있었다. 딸이 둘인데 장봉일張奉一과 이정욱李廷郁에게 시집갔다. 아들은 하나로, 섬暹이다. 장봉일은 딸이 둘인데 이도륭李道隆과 도한국都翰國에게 시집갔다. 아들은 하나로, 진鎭이다. 이정욱은 딸이 하나이니 이형백李亨百에게 시집갔고, 아들이 하나이니, 역櫟이다. 섬은 딸이 셋이니, 이형희李亨禧와 조제창曺悌昌에게 시집갔고, 한 명은 아직 시집가지 않았으며, 아들이 넷이니, 문징文徵·헌징獻徵·유징有徵·예징禮徵이다. 공은 만력萬曆 신축년(1601)에 39세의 나이로 세상을 떠나 도촌의 감곡坎谷에 있는 현감공縣監公의 묘역 조금 서쪽에 장사지냈다. 46년이 지난 병술년(1646)에 유인이 세상을 떠나니 80세의 수를 누렸다. 공의 묘소 왼쪽에 합장하였고, 다음해 정해년(1647)에 묘표를 마련하여 세우며 공의 종생질從甥姪인 성산星山 배상룡裵尚龍에게 묘표문을 부탁하였다. 공에게 배운 지 오래되어 감히 사양하지 못하고 사실에 근거하여 기록하니 5월 초하루 갑자이다. 명을 쓴다.

천명이 미정이라 수를 못했으나	未定而不壽
천명이 정해지면 뒤가 있겠지	已定而有後

어진 이의 못다 누린 복	仁賢食報
공에게는 더욱 실증되리	在公采效
하늘을 믿기 어렵다 한다면	謂天難必
이 빗돌을 지켜보기를	視此石刻

축문祝文

남해신에게 고유하는 글[告南海神文]

을미년의 왜란에 선생이 아버지를 모시고 우수영에 있으면서 전쟁에 임하여 지은 것이다.

조선의 남쪽은	青丘火維
신령께서 깃드신 곳입니다	是神攸宅
하늘은 남북으로 한정되고	天限南北
땅은 구역으로 나뉘었습니다	地分區域
누가 배 타고 나아가	孰以木道
감히 왜놈을 뒤흔들리이까	敢掀鯨鬣
신께서 왜놈 덮어준 것을 부끄러워하시면	神羞藏疾
저희들은 전쟁에 나아가 죽겠습니다	士死傳箭
복파장군[2]을 신하로 삼아서	伏波爲臣
남복[3]을 진무鎭撫하소서	南服是殿
유월에 군대를 일으켜	六月興師
한마음으로 설욕하렵니다	一心洗湔
천 척의 배는 파도를 타고	千艘駕浪
신의 숨은 도움을 바라옵니다	冀神陰騭
비렴[4]이 노를 젓게 하시고	飛廉是戰

2) 복파장군[伏波] : 동한(東漢)의 마원(馬援)을 말하는데, 일찍이 복파장군으로서 남방의 교지(交趾)를 정벌하였다.

3) 남복(南服) : 고대에 왕이 있는 서울 부근의 지역을 왕기(王畿)라고 하며, 그 밖을 다섯 지역으로 나누어, 그 중 남쪽지역을 '남복'이라고 한다.

4) 비렴(飛廉) : 바람의 신이다.

양후[5]가 협공하게 하소서 陽侯使挾
경건하고 엄숙히 기도하노니 虔恭肅禱
때가 되어 노를 두드리시기를 擊檝當日
삼가 고하도다 謹告

조부 통훈대부 사재감 정 증 가선대부 호조 참판 겸 동지의금부 춘추관사 세자좌부빈객부군의 묘에 고유하는 말[祖考行通訓大夫司宰監正 贈嘉善大夫戶曹參判 兼同知義禁府春秋館事 世子左副賓客府君墓告辭]

오늘 장차 今日將有
봉분을 수리하고 섬돌을 고치며 修封改砌
비석을 세우고 상석을 놓는 竪碣安床
등의 일이 있을 것인데 等事
놀라실까 염려되어 慮有震驚
삼가 술과 과일을 갖추어서 謹以酒果
감히 먼저 경건히 고하옵니다 敢先虔告
삼가 고하옵니다 謹告

5) 양후(陽侯) : 파도의 신이다.

아버지 행 절충장군 경상우도 수군절도사 증 가선대부 호조 참판 겸 동지의금부사 부군과 어머니 정부인 야로 송씨를 합장하면서 고유하는 말 [考行折衝將軍慶尙右道水軍節度使 贈嘉善大夫戶曹參判 兼同知義禁府事府君 妣貞夫人冶爐宋氏合祔墓告辭]

대략 서술하기를	略敍
아버님 행적의 시말과	顯考行蹟始末
어머님의 정숙하고 신중하신 덕을	顯妣淑愼之德
돌에 써서 새기어	書石鐫刻
묘도에 표시하여	以表墓道
길이 남기려고 하오매	以圖永久
슬피 사모하는 마음 견딜 수 없습니다	不勝悲慕
이에 삼가	謹以
맑은 술과 조촐한 제수로	淸酌庶羞
감히 경건히 고하옵니다	敢伸虔告
삼가 고하옵니다	謹告

외증조부 훈련원 참군 백 부군 묘에 고유하는 말[外曾祖考訓鍊參軍白府君墓告辭] 묘는 경산慶山에 있다.

생각건대 우리 부군께서는	唯我府君
세대마다 나오기 어려운 뛰어난 분이십니다	間世英雋
담력과 아량이 남보다 뛰어나셨으나	出羣膽量
경륜을 끝까지 다 펴 보지 못하셨습니다	展布未究
명성은 더욱 알려지셨으나	聲聞愈彰
임금의 은택이 다하지 않았습니다	慶澤未艾
추모하는 마음 어찌 끝이 있겠습니까	追慕曷已

이에 묘도에 표하여　爰表墓道
영원히 제향하기를 기약합니다　用期千禩
이에 삼가　謹以
맑은 술과 조촐한 제수로　清酌庶羞
감히 성의를 펴고자　敢伸虔告
정결한 제사를 올립니다　因薦精禋
삼가 고유합니다　謹告

외조부 충순위 송 부군과 외조모 유인 함양 박씨를 합장하며 고하는 말
[外祖考忠順衛宋府君 外祖妣孺人咸陽朴氏合祔墓告辭] 묘는 칠곡桼谷에 있다.

오늘 좋은 날에　今以吉辰
봉분을 보수하며　修理封塋
한 조각 비석을 세워　因安片石
영원히 전해지기를 바랍니다　永期無窮
이에 삼가　謹以
맑은 술과 조촐한 제수로　清酌庶羞
감히 경건한 성의를 폅니다　敢伸虔告
삼가 고유합니다　謹告

모곡 새터의 토지신에게 고유하는 글[告慕谷新基土地神文]

삼가 생각건대 상룡은	伏以尙龍
예전에 살던 곳에서 편하지 않아	不安於舊業
뿔뿔이 흩어져 살게 되어	蕩析離居
일정한 거처가 없고	靡有處所
가묘가 멀리 떨어져 있으며	家廟隔遠
온 가족이 노숙을 하면서	闔眷露處
정착하여 살지 못한 것을 근심한 지가	惐惐焉無所歸者
거의 10년입니다	殆十年矣
다행히 신명의 은혜를 입어	幸賴神惠
이곳에 터를 잡게 되어서	基于玆土
장차 오늘에	將以今日
먼저 사우를 세우고	先建祠宇
다음으로 거처할 집을 지어	次營居室
오래 이어져 가도록 할 계획입니다	爲綿歷悠久計
엎드려 바라건대	伏願
토지신께서는	土地之神
저의 힘들고 괴로운 것을 헤아리시고	諒我困苦
저의 정성에 감응하시어	感我誠悃
이제부터 보우하여 주셔서	從今保佑
신과 인간이 서로 힘을 입어	神人相賴
길이 유지되며	永世維持
서업이 단절되지 않게 하여 주신다면	勿替緖業
신령스런 덕택을 내리심이	則其爲靈德之闡
성대하지 않겠습니까	不其盛矣乎
이에 보잘것없는 제물을 올리오니	玆薦菲薄
강림하시어 흠향하시기를 비옵니다	用冀降歆
삼가 고합니다	謹告

가묘 고사家廟告辭

지난날 상란喪亂을 입어 頃承喪敗
온 집안이 뿔뿔이 흩어져 渾舍離析
오랫동안 곡면6)을 하지 못하여서 久違告面
인정과 도리가 말이 아니었습니다 情事罔極
이에 거처하는 곳에 茲於所寓
새 가묘를 대충 짓고 略搆新廟
좋은 날을 가려 옮겨 모십니다 涓吉奉遷
감히 고유합니다 敢告

가묘를 옮기며 봉안하는 글[家廟移安文]

여러 해를 떠나 살다가 累歲離違
이제 비로소 옮겨 봉안하니 今始移安
대대로 내려온 가업을 이어 接連世業
묘소를 가까이서 모시게 되었습니다 密邇墓山
산천은 예전부터 알던 곳이고 丘原舊識
풍토도 서로 익숙한 곳이오니 風土相習
바라건대 이 제향에 강림하시어 庶茲臨享
면면히 이어지게 하소서 以綿似續
이에 삼가 謹以
맑은 술과 조촐한 제수로 淸酌庶羞

6) 곡면(告面) : 집을 나갈 때 반드시 어버이에게 가는 곳을 아뢰고 돌아와서는 반드시 얼굴을 보이는 것[出必告 反必面]을 말한다.(『禮記』「曲禮上」)

위안 드리는 성의를 폅니다	祇伸慰安
감히 고유합니다	敢告

가묘 고사家廟告辭

사우가 기울어져서	祠宇欹傾
지탱하려고 오래 노력하였으나	久事支撐
어지러운 세월에 구애되어	拘忌年月
잠시도 편치 못하였습니다	食息靡寧
이렇게 좋은 날을 만나고	玆値吉辰
장인과 재목이 거의 모여	工材幾聚
감히 받들어 옮기는 성의를 표하니	敢伸奉遷
슬피 그리는 마음 더욱 더합니다	益增悲慕
감히 고유합니다	敢告

가묘 환안문家廟還安文

사당이 무너져서	廟宇欹傾
마음이 늘 편치 않았으나	心常不寧
개수하는 일이 중대하여	事重修改
오랫동안 모시지 말아야 할 곳으로 옮겼었습니다	久移匪所
삼가 옛 제도를 따라	式遵舊制
모든 일이 잘 이루어졌기에	諸務就緖
좋은 날 가려 봉안하오니	涓吉奉安
살아 계시는 듯한 슬픔이 간절합니다	悲切如存

이에 삼가	謹以
맑은 술과 조촐한 제수로	清酌庶羞
위안 드리는 성의를 펴옵니다	祇伸慰安
감히 고유합니다	敢告

천곡서원의 배향 위차를 고쳐 옮길 때에 정자 주자 두 선생에게 고유하는 글[川谷配位位次遷改時 告程朱二先生文]

사당 안의 배향 위차가	廟內配位
차례에 잘못이 있어서	序次差誤
이에 향사를 드리면서	玆因享事
고쳐 옮김을 감히 고합니다	遷改敢告

여헌 장선생께 고유하는 글[告旅軒張先生文]

위차가 서열에 어긋나	位次違序
정성과 공경을 펴지 못하였기에	誠敬莫伸
이에 선비들의 의논에 따라	玆循士論
상탁을 옮겨 배치하오니	牀卓移陳
의리가 발라지고 예의가 밝아져서	義正禮明
묘우의 위의가 빛을 더하오매	廟儀增輝
감히 경건한 성의를 펴옵니다	敢伸虔告
이곳에서 길이 편안하시기를 비옵니다	永妥是祈
감히 고유합니다	敢告

제문祭文

한강 선생을 애도하는 제문[祭寒岡先生文] 경신년(1620)

아! 저의 집안은 선생을 좋아하여 예사로 하는 말 속에서도 늘 선생의 거룩한 덕과 아름다운 행실을 칭송하여, 저는 철들었을 때부터 벌써 선생을 칭송할 줄 알았습니다. 을유년(1685) 겨울에 선생께서 할아버지께 들르셨을 때 제가 나아가 뵙자, 선생께서 이름과 나이를 물어 보시고는 곁에 앉으라고 명하였습니다. 이로부터 기뻐하여 마치 무엇을 얻은 듯하였습니다. 비록 어리고 어리석은 아이라서 감히 즉시 문하에 나아가지는 못하였으나 덕을 좋아하는 타고난 마음은 그칠 수 없었습니다.

경인년(1590) 초봄에 제가 열일곱 살이 되자 처음으로 자형을 따라 백매원百梅園에 정초 인사를 드리러 가서 모시게 되었습니다. 그러나 막 가정에서 몽학蒙學이나 공부하고 있어서 그때도 역시 아침저녁으로 문하에 있으면서 그때그때 뵙지는 못하였습니다. 난리로 남북으로 헤어지고는 몇 해의 세월이 흐르도록 서울과 영남에서 선생을 모신 것이 겨우 한두 번에 지나지 않았습니다.

임인년(1602) 봄에 선생께서 충주에서 고향으로 성묘를 오셨으나, 그 당시 저는 막 집안의 환란[7]을 겪어 좌절하고 억눌리어 환영하는 사람들의 대열에 감히 함께 들지 못하였습니다. 선생께서는 왕래하는 인사를 통하여 할아버지께 위문하시고 좋은 말씀도 전해 주셨습니다. 저는 그제야 감히 나아가 길가에서 뵈오니, 선생께서 안타깝게 여겨 위로하시며 말투와 낯빛이 달라지기까지 하셨고, 깊은 충정과 품은 감정은 마치 거의 골육의 생사와 같으셨습니다.

1년 뒤 선생께서 벼슬을 그만두고 고향으로 내려오셔서 후학들에게 학문에 나아가도록 장려하셨습니다. 저는 생각하기를, 집안이 불행을 당하여 세상에 겨우 목숨을 빌려 살고

7) 집안의 환란 : 기해년(1599)에 정인홍의 무고로 아버지가 돌아가셨던 일을 말한다.

있으면서 충성을 하려고 해도 길이 없고 효도를 하려고 해도 미칠 수가 없었으니, 만약 또 다시 스스로 선생의 문하에 발길을 끊는다면 생삼生三(어버이·스승·임금을 똑같이 섬기는 것)의 대의를 다시는 펼 길이 없게 된다고 여겨서, 감히 고루하다는 것도 잊고 고심하며 정성을 다하여 선생님 앞에서 모시며 말씀을 받드는 말석에 따라 다녔습니다.

선생께서는 주제넘다고 여기지 않으시고 오히려 관대하게 대하여 주시며, 날마다 만사에 보이는 일로 인도하여 힘쓰고 다스리게 하셨습니다. 느리고 무디어 미치지 못하면 채찍질하여 나아가게 해 주시고, 막혀서 통하지 않는 데가 있으면 깨우쳐서 뚫어 주셨습니다. 처한 상황에 따라 가르침을 베풀고 병에 따라 약을 처방하시어, 멍청함과 어리석음을 깨우쳐주고 거칠고 허술한 것을 가다듬어 주셨습니다. 맑은 창가에서 가르침 받으면 따사로운 봄바람을 쐬는 듯하였고, 밤이 되어 등불 돋우며 얘기 나누면 광휘를 가까이 대한 듯하였습니다. 조용히 이끌어 주시고 친절히 열어 보이시어, 성현의 가르침과 고금의 사변事變에 대하여 끝까지 궁구하여 득실을 헤아리셨으며, 큰 것 작은 것 정밀한 것 거친 것에 대하여 양 끝을 다 밝혀 주셨으니, 이는 모두가 그 생각을 열어 주고 견문을 넓혀 주려고 하신 것이었습니다.

저는 기울어진 뒤에 가업을 이어받고 신세가 외롭고 고달픈 끝에 처신하게 된 터라, 집이나 고을에서 처신하는 행실과 도리에 있어서 비록 형제 사이라 하더라도 말하기 어려운 점이 있었습니다. 하지만 선생께서는 온 정성을 다 기울여 숨김없이 일일이 말씀해 주셔서 통렬히 스스로를 가다듬게 하시므로, 욕됨을 거의 면하게 되었습니다. 어리석고 못난 저는 감히 그 만의 하나도 받들어 행하지 못하였으나 은덕에 감격한 마음이야 또 어떻게 끝이 있겠습니까. 그로부터 18년 동안 몸과 마음을 수습하고 남은 교훈을 들어서, 나아가야 할 방향을 조금 알았고 짐승처럼 되는 것은 면하게 되었습니다. 이는 터럭만큼이라도 다 선생께서 주신 것입니다.

선생께서 중풍을 오래 앓으시어 기거에 사람을 필요로 하였으나, 안색은 늘 그대로이셨고 침식도 줄지 않으셨습니다. 그 사이 매우 고통스러울 때도 있으셨으나 책을 편집하는 일을 그만두지 않으셨습니다. 글이 매우 많았으나 포괄하여 빠트림이 없었고, 의문이 폭주해도 대답을 미루어 두지 않으며, 촛불처럼 비추어 주고 메아리처럼 대답해 주셨으나 정신과 기력은 조금도 손상되지 않으셨습니다.

신명이 도우셔서 장수를 누리시리라 여겼습니다. 하루아침에 그 무너짐을 보게 되고 홍교虹橋가 갑자기 끊어지니,8) 사문은 스승을 잃고 나라는 시들었습니다.9) 시대가 이렇게 만든 것입니까. 운명에 걸린 것입니까.

선생께서는 자품資稟이 빼어나고 조예造詣가 깊으시어 사우연원師友淵源10)을 바르게 하고 찬술纂述하고 계개繼開11)한 공로를 글 잘 쓰는 군자들이 모두 표현하여 애도할 것입니다. 성군께서 알아주신 성대함과 벼슬에 나아가고 물러남의 절도이며 속마음을 쏟아낸 상소문을 올린 정성과 세상의 도를 지탱한 큰 업적은 사관들이 반드시 크게 드러내어 전할 것입니다. 천지에 드러나고 해와 별만큼 밝아서, 무식한 소자는 조개껍질로 바닷물을 측량하고 대롱으로 하늘을 엿보는 것처럼 감히 말할 수 없을 뿐만 아니라 또한 말할 필요도 없는 것입니다.

다만 선생의 생사와 우리 도의 흥망성쇠를 생각하면, 종장宗匠을 갑자기 잃게 되어 사림들이 의귀할 곳이 없어졌습니다. 먼 곳과 가까운 곳에서 비록 문하에 든 적이 없는 사람이라 하더라도 모두 놀라고 슬퍼하며 서로가 조문의 말을 하고 있습니다. 더구나 저는 오랫동안 직접 가르침을 받은 데다 남다른 사랑을 입어서, 친함은 아버지와 같고 받든 것은 하늘과 같았습니다. 하루아침에 세상을 버리시니 어찌 차마 마음을 억누를 수 있겠습니까.

연비어약鳶飛魚躍12)은 선생께서 체득하여 알고 계신 것이며, 광풍제월光風霽月13)은 선생께서 지니신 흉금입니다. 매화 동산 대나무 언덕은 평소 감상하시던 그대로이고, 맑은 시내 흰 자갈돌에는 향기로운 자취가 아직 남아 있습니다. 모습이 눈에 선하여 보이는 듯하면서도 보이지 않고, 말소리와 기침 소리가 귓가에 넘쳐 들리는 듯하면서도 들리지

---

8) 홍교(虹橋)가……끊어지니 : 도의 전승이 끊어진 것을 뜻하는 말이다. 주자의 시 「구곡도가(九曲棹歌)」에 나오는 "홍교가 한 번 끊어지자 소식이 없으니, 만학천봉이 푸른 연기로 잠겨 있네.[虹橋一斷無消息 萬壑千峯鎖翠烟]"라는 구절에서 유래한다.

9) 나라는 시들었습니다[邦國殄瘁] : 정구의 죽음을 뜻한다. 『시경』 「대아(大雅)·첨앙(瞻仰)」의 진췌장(殄瘁章)에서 "인물이 없어지니 나라가 시들었네.[人之云亡 邦國殄瘁]"라고 노래하였는데, 쇠퇴해 가는 도를 부지할 인물인 정구가 죽어 장차 나라가 쇠잔해질 것이란 말이다.

10) 사우연원(師友淵源) : 학문에 도움을 받은 스승과 벗의 학통을 말한다.

11) 계개(繼開) : 계왕성 개래학(繼往聖開來學)의 준말로, 과거 성현의 학문을 잇고 앞으로 올 후학의 길을 열어 준다는 뜻이다.

12) 연비어약(鳶飛魚躍) : 하늘에는 솔개가 날고 못에는 고기가 뛴다는 뜻으로, 현상으로 나타나는 모습은 다르지만 관통하는 원리는 하나인 자연 만물의 이치를 뜻한다. 『시경』 「대아(大雅)·한록(旱麓)」의 "솔개 날아 하늘에 이르고, 고기는 못에서 뛰네.[鳶飛戾天 魚躍于淵]"라는 말에서 유래한다.

13) 광풍제월(光風霽月) : 마음이 넓고 쾌활하여 아무 거리낌이 없는 인품을 말한다. 황정견(黃庭堅)의 「염계시서(濂溪詩序)」의 "용릉의 주무숙은 인품이 매우 고상하고 가슴속이 깨끗해서 마치 온화한 바람이나 비갠 뒤의 깨끗한 달빛 같다.[春陵周茂叔 人品甚高 胸中灑落 如光風霽月]"라는 말에서 유래한다.

않으니, 아득한 저 하늘에 어찌 끝이 있겠습니까.

이제부터 다시는 세상에 뜻이 없습니다. 병암屛庵의 산골에 자취를 감추고 여생을 마치겠습니다. 그러나 이곳의 구름 낀 산은 모두 모시고 감상하던 남은 자취여서 갱장羹牆14)의 추모하는 마음이 또한 간절하지 않은 적이 없습니다. 발인이 다가오며 유택幽宅이 장차 닫히려고 합니다. 부르짖어도 따라잡을 수 없으니 오장이 끓어오르는 듯합니다. 보잘것없는 제물과 거친 말로 어찌 마음의 곡절을 다 표현하겠습니까. 아! 슬픕니다.

한강 선생을 애도하는 제문[祭寒岡先生文] 신유년(1621)

무흘정사武屹精舍 원장으로 있을 때이다.

생각건대 우리 선생께서는	惟我先生
산중에 집을 지으셨습니다	築室山中
땅 이름은 무흘이고	地名武屹
바위 이름 와룡이었습니다	巖有臥龍
이제는 가르침 끊어졌으니	今焉響輟
저희들은 무엇을 우러르겠습니까15)	小子安仰
시냇가에 나는 나물로	澗蔬溪蔌
평소 즐기시던 것을 올립니다	用薦素賞
오호라! 애통합니다	嗚呼哀哉

14) 갱장(羹牆) : 어진 이를 사모하고 그리워한다는 말이다. 『후한서』 「이고전(李固傳)」의 "순(舜)임금이 요(堯)임금을 사모하여, 앉아 있을 적에는 요임금을 담에 뵙는 듯하고, 밥 먹을 적에는 요임금을 국에서 뵙는 듯했다.[昔堯殂之後 舜仰慕三年 坐則見堯於牆 食則睹堯於羹]"라는 말에서 유래한다.

15) 무엇을 우러르겠습니까[安仰] : 정구의 죽음을 슬퍼하는 말이다. 공자가 세상을 떠나기 일주일 전에 "태산이 무너지겠구나. 대들보가 꺾이겠구나. 철인이 시들겠구나.[泰山其頹乎 梁木其壞乎 哲人其萎乎]"라고 노래하였는데, 자공(子貢)이 이 노래를 듣고는 "태산이 무너지면 우리가 장차 무엇을 우러르며, 대들보가 꺾이고 철인이 시들면 우리가 장차 어디에 의지하겠는가.[泰山其頹 則吾將安仰 梁木其壞 哲人其萎 則吾將安放]"라고 한 말에서 유래한다.(『禮記』 「檀弓上」)

여헌 선생을 애도하는 제문[祭旅軒先生文]

아! 선생께서는 일찍부터 아름다운 명성이 있어 선비들이 칭송하였고, 저는 어릴 적부터 이미 선생의 명성을 듣고 칭송했습니다. 신묘년(1591) 봄에 선생께서 저의 외가에 다시 장가드실 때 당시 제가 외가에서 자라고 있었지요. 외가에서는 선생을 얻게 된 것을 광영으로 여겼고, 어린 저는 마음속으로 더욱 가깝게 여겼습니다.

10년간의 상란喪亂에 모진 목숨이 겨우 살아남았고, 중년에 우리 한강 선사의 문하에서 선사를 모시고 받들게 되었습니다. 선생께서 선사께 오신 것이 한 해에 한두 번이 아니었으나, 그때마다 넓은 자리에 사람이 많이 모인 속에서도 불러내어 앞으로 나오게 하시고 한 집안의 안부를 낱낱이 물어보셨습니다. 이때 위로하고 깨우쳐 주시면서 안색이 달라지기까지 하시어, 제가 마음으로 감격하였던 것이 마치 어젯밤에 있었던 일인 듯합니다.

경신년(1620) 봄에 사빈泗濱의 선사께서 돌아가시자 선생께서는 만시를 지어 애도하고 제문을 지어 제전하셨으며, 또 행장을 지어 행적을 기록하셨고, 여러 서원의 봉안문은 대개 선생의 손에서 나왔습니다. 아뢸 일이 있을 때마다 저는 동료들의 뜻으로 선생께 나아가 청하였으나, 선생께서는 일찍이 어렵다며 주저하지 않고 당신의 책임으로 여기셨으니, 선사의 훌륭한 덕과 아름다운 행실이 사라지지 않도록 하는 것은 사문에 관계된 일로서 사양할 수 없어서였습니다. 그러니 저희들의 감격스런 마음은 어떠했겠으며, 저의 다행스러움은 또 어떠했겠습니까?

저는 못나서 인사人事에 대하여 아는 것이 없으나 어진 이를 높이고 덕 있는 분을 숭상하는 정성은 본성에 오히려 남아 있어서 선생을 아버지처럼 받들어 모셨습니다. 선사께서 세상을 버리시고는 의지하고 우러를 곳이 없었습니다. 그렇기에 감히 선사를 모시던 정성으로 선생을 섬겼으니, 비록 쇠약한 늘그막이어서 문정門庭에 가 있을 수는 없었으나, 정성스런 저의 마음은 남들보다 뒤처지지 않았습니다. 스승의 자리에서 모시게 될 때마다 분수에 넘치게도 너그럽게 받아주시고, 사리를 분석하고 고금을 인용하여 의심스럽거나 어려운 부분을 바로잡아 주시며 어리석고 미혹한 마음을 열어 주셨습니다.

온화한 말씀과 정성스런 뜻은 잘 익은 술과 향기로운 난초처럼 마음에 스며드는 듯하였습니다. 성대히 말 밖으로 넘쳐나 덮을 수 없는 것이 있었으니, 온화하게 적셔 주시는 다정함과 어루만져 주시는 친절함이며 격려하고 계발해 주시는 은근함은 제가 변하도록 하기에 충분했습니다. 그러나 개흙으로 만든 담장 같아서 흙손질을 할 수가 없고 썩은 나무 같아서 조각할 만한 재목이 아니어서, 끝내 만 가지 중에 하나도 가슴에 새기지 못했습니다. 그러나 은덕에 감격한 마음이야 또 어찌 끝이 있겠습니까?

지난번 병자호란이 일어나던 처음에는 마침 구애되는 일이 있어서 미처 나아가 뵙지 못하고, 그저 지나치고 경솔한 견해를 위험하고 절박한 때에 진언하였다가, 조금 뒤에 영남의 의병을 따라 곤장 선생께 나아갔습니다. 중도에 어가가 벌써 거둥하신 것으로 잘못 듣고,16) 돌아서서 지름길을 따라 창망하게 집으로 돌아왔는데 질병과 사망이 봄을 거쳐 여름까지 끌다가 초가을에야 비로소 약간 나아졌습니다. 그제야 입암정사[立巖精廬]에 나아가 뵙게 되었으나, 난리를 만나 서로 격조하던 뒤여서 심정을 무어라 표현할 길이 없었습니다.

백중날 저녁에 직접 남여를 메고 피세대避世臺에서 모시고 유람할 때에는 사방을 돌아보며 손가락으로 낱낱이 가리키다가 시간이 많이 흐른 뒤에 모임을 마쳤습니다. 한바탕의 좋은 유람이 평생의 영결이 될 줄을 어찌 생각이나 했겠습니까? 안색과 언동은 예전과 다른 듯하였으나 신명神明이 도우시어 건강에는 지장이 없다고 여기고 오직 한편으로는 기뻐하고 한편으로 두려워하는 일념만이 마음에 잊히지 않았습니다. 한 달이 채 못 되어 편찮으시다는 소식이 길을 타고 전해져서 밤낮으로 바삐 말을 몰아왔으나, 수십 리를 남겨 놓고 부음이 왔습니다. 마지막 말씀 듣지 못하고 장수를 비는 정성도 효험이 없었으니, 저 푸른 하늘을 원망하는 마음이 어찌 끝이 있겠습니까?

아! 선생의 자품의 아름다움과 조예의 깊음은 대롱으로 하늘을 보는 소견과 조개껍질로 바닷물을 측량하는 얕은 식견으로는 한 부분도 형용할 수 없습니다. 그러나 지난날 보고 느낀 것과 오늘날 추모하는 것으로 말씀드립니다. 오랜 세월 산림 속에서 공부하시어 그 경지가 고명하고, 참으로 알고 참으로 터득하시어 실천하고 실험하셨습니다. 힘쓴 지 오래되면서 본성을 함양하여 남김이 없으시니 외면에 드러난 것은 혼연渾然히 화순하고 응연凝然히 중후하셨습니다. 지위가 높이 드러나니 이마는 예스럽고 순박하며 눈썹 사이에는 상고 시대의 기상이 머물러 있었고, 또 내면에 깊이 간직하고 계시니 본체가 무르녹아 살아 있어서 너그럽고 굳세며 크고 통달하셨습니다. 탁월하기는 칼자루의 옥과 같고 환하기는 경대에 올려진 거울과 같아서 온갖 일을 재단해도 여유가 있고 온갖 변화에 대응하여

16) 어가가……듣고 : 인조가 항복한 사실을 직접적으로 표현하지 않고 잘못 들었다고 하였으니, 이는 기휘(忌諱)한 표현이라고 할 수 있다.

끝이 없었습니다. 일의 시행에 적용하고 사업에 나타난 것의 경우, 세상을 열어 변화시킨 공로는 미처 쉽게 헤아릴 수가 없습니다. 그러나 벼슬에 나아가고 물러남은 운명에 달린 것이어서 시운時運은 마음대로 할 수 없고 천명은 도모할 수 없어서, 가슴속에 벅차게 군주를 연모하는 정성을 지니고도 마치 세상을 잊어버리는 데 과감한 것처럼 되었으니, 아! 이치와 형세가 여기에까지 이른 것은 누가 시켜서 이렇게 된 것이겠습니까?

아! 선생께서 영남 지역으로 오신 지 오래되면서 훌륭한 사람들이 무리지어 나와서 사문을 일으키어 앞 시대의 자취를 잇고 후세의 학자를 열어 주셨습니다. 선사께서 돌아가신 뒤로 선생은 홀로 사도斯道의 막중한 임무를 짊어지시어 나이가 많아질수록 덕이 더욱 높고, 세대가 내려올수록 도가 더욱 형통하였습니다. 유림을 인도하여 거느리시고 인륜의 가르침을 붙잡아 세워 멋대로 흘러가는 시류를 막고 어둠에 빠진 사람을 구원하여 나아갈 방향을 하나로 잡아 선비들의 습속이 아름다워지게 하셨으며, 또 명교名敎로 자신을 단속하는 것을 존경하고 시속에서 숭상하는 것을 바로잡아 세도世道를 유지하고 우주를 지탱하셨으니, 큰 시내와 높은 산도 선생의 높은 공로에는 비유할 것이 못됩니다.

선생께서 돌아가시자 기나긴 밤이 캄캄하게 되어 사람들은 각기 다른 마음을 품고 선비들은 각기 다른 논리를 펴니, 옳고 그름은 누구를 따라 결정하며 선과 악은 누가 분별해 줄 수 있겠습니까? 선을 행해도 장려할 길이 없고 악을 행하면서도 꺼릴 줄을 몰라서 무지하고 우매한 것이 끝이 없으니, 이를테면 이 세상에 대하여 깊이 염려하는 자가 있더라도 사정私情을 위하여 통곡할 겨를이 없을 것입니다.

선생께서 지으신 글이 상자에 쌓여 있거니와, 모두 도를 실은 글이요 이치를 밝힌 책으로서 사문斯文의 표준이 될 수 있고 후학의 지남指南이 될 수 있습니다. 그러나 선생께서 선사의 도를 드러내어 밝혔듯이 이 세상에 다시 선생의 도를 드러내어 밝힐 자가 있을는지 모르겠습니다. 선사의 유고는 선생의 명에 따라 편차編次를 수정하여 인쇄가 거의 끝나갑니다. 선생께서 서문을 기초하여 넓혀서 남은 온축蘊蓄을 드러내셨으나, 때마침 절필絶筆하시게 되어 문장이 다 이루어지지 못하였으므로, 마치지 못하였다는 뜻으로 한마디 말을 만들어 기록할까 하였으나 역시 이것도 이루지 못하였습니다. 어찌 저희들의 남은 아쉬움이자 오늘날의 흠이 아니겠습니까?

아! 누추한 골목에서 소쿠리의 밥을 먹고 표주박의 물을 마시는 그 고통을 사람들은 견디지 못하였으나, 고인古人들은 안자가 공자를 얻어서 귀의한 것을 오히려 부러워하였습니다.

저는 학문을 한 것도 성실하지 못하고 도를 믿는 것도 독실하지 못하니, 참으로 이를 취하여 자처하지는 못합니다. 그러나 깊이 사랑하고 기뻐하며 지극히 의지하고 믿어서, 마음에 북받치고 답답한 것이 있으면 나아가 터 나가기를 생각하고, 일에 지나침이 있으면 나아가 풀어 나가기를 생각하였습니다. 우환과 곤궁의 고통에 있어서는 소쿠리의 밥과 표주박의 물을 먹는 것과는 비교할 수 없으나, 또한 믿고 의지할 바가 있었습니다. 이를테면 나라가 혼란하여 유랑할 때를 만나서는 많은 식구가 나를 쳐다보고 사생을 걸었으니, 고인보다 낫다고 여긴 면이 얕지 않습니다.

만사가 그만이니, 오히려 무슨 말을 하겠습니까. 유택을 이미 마련하고 발인이 다가오니 의관衣冠을 장차 묻게 되면 산 사람과 죽은 사람과는 영영 막히게 됩니다. 지난날을 생각하면 여전히 아련하여 귀에는 무엇이 들리는 듯하고 눈에는 무엇이 보이는 듯하나 아득하여 정처가 없고 막막히 접할 길이 없어, 부여잡고 통곡해도 따라잡을 수 없으니 오장이 갈라지는 듯합니다. 한 잔 술을 올리며 한 목소리로 통곡하니 어찌 저의 심정을 다할 수 있겠습니까? 아! 슬픕니다.

신녕 현감 이심일[17]을 애도하는 제문[祭李新寧 心一 文]

아! 영령께서는	惟靈
광주의 높은 가통을 이은 분이요	廣陵隆緖
고관 집의 훌륭한 자손이로다	簪組華胄
출중하신 기개를 지니고	英邁氣岸
준수한 모습 지니셨도다	俊秀眉宇
창을 비껴 잡는[18] 뛰어난 재주 지니시어	橫槊逸才

17) 이심일(李心一, 1554~?) : 자는 숙정(叔精), 본관은 광주(廣州)이고, 성주(星州)에 살았다. 1583년 무과급제, 신녕 현감을 지냈다.

18) 창을 비껴 잡는[橫槊] : 횡삭은 횡삭부시(橫槊賦詩)의 준말로, 마상에서 창을 가로로 비껴들고 시를 짓는다는 말로, 진중(陣中)에서 시가를 읊는 풍류를 즐긴다는 뜻인데, 문무를 겸비한 재주를 말한다. 『남제서(南齊書)』 「원영조전(垣榮祖傳)」에 "조조와 조비는 말을 타면 창을 가로로 비껴들고 시를 읊고,

배를 밀어내는 장사 같은 힘 여사였도다 汰舟餘事
백발백중의 재주로 일찍이 급제하여 百中早捷
세 군에서 능력을 시험하였도다 三郡歷試
사람들의 기대가 한창 컸는데 輿望方隆
나쁜 운수로 애석하게 되었도다 奇數見惜
전원생활 십 년 동안 丘園十載
깊은 병에 신음하셨도다 沈痼一疾
육십 년 뜬세상 六旬浮世
반나절의 황량몽19) 같도다 半枕黃粱
두 아드님이 뜻을 계승하고 繼志雙鳳
훌륭한 아우가 가업을 이었도다 門業季方
지난날 저의 아버지께서 昔我先人
일찍이 문하에서 모셨도다 早從風下
무예를 서로 숭상하고 藝以相尙
기미氣味를 서로 더해 주었도다 氣以相駕
우문20)에서 같이 용으로 변하여 禹門同變
계수나무 그림자21) 서로 드리웠도다 桂影交蔭
요해22)로 놀라 날아오르니 遼海驚飛

말에서 내리면 담론을 즐긴다.[曹操曹丕上馬橫槊 下馬談論]"라고 한 말이 있다.

19) 황량몽(黃粱夢) : 당(唐)나라의 도사(道士) 여옹(呂翁)이 기장밥을 짓는 동안 곤궁함을 탄식하는 노생(盧生)을 위해 부귀공명을 누리는 꿈을 꾸게 해 주었던 고사로, 인생의 영화(榮華)라는 것도 일장춘몽(一場春夢)이라는 의미이다. 한단지몽(邯鄲之夢)이라고도 한다.(『枕中記』)

20) 우문(禹門) : 용문(龍門)과 같은 말로, 산서성(山西省) 하진현(河津縣) 서북, 섬서성(陝西省) 한성현(韓城縣) 동북에 있는 물길이다. 하우(夏禹)가 황하의 물을 뚫어서 통하게 했다는 고사가 있는데, 세 계단으로 되어 있는 그 폭포수를 물고기가 뛰어 오르면 용이 된다는 고사에서 유래하여, 과거 급제를 비유하는 말로 쓰인다.

21) 계수나무 그림자[桂影] : 과거에 급제한 것을 말한다. 현량대책(賢良對策)에서 장원을 한 극선(郤詵)에게 진 무제(晉武帝)가 소감을 묻자 "달나라 계수나무 숲의 가지 하나를 꺾은 격이요, 곤륜산의 옥돌 한 조각을 캔 격이다.[猶桂林之一枝 崑山之片玉]"고 답변한 고사에서 유래한다.(『晉書』 권52 「郤詵傳」)

22) 요해(遼海) : 죽음을 말한다. 도연명(陶淵明)의 「수신후기(搜神後記)」에 "정영위는 본래 한나라 때의

동료의 불행[23] 유독 깊었도다	蕙歎偏深
보잘것없는 제수로 곡하러 오니	綿雞哭臨
백마 타고 묘 동쪽으로 왔도다	白馬墓東
고마운 마음을 떠올려보니	追惟厚意
고인의 풍모 있었도다	古人之風
찾아가 뵈려던 계획은	拜候牀下
이미 생시에 저버렸도다	旣負平昔
슬픔을 머금고 조문을 하니	銜哀致辭
두 번째 기년의 전날 밤이로다	再朞前夕
저버린 부끄러움이 지극하여	媿負之至
슬픈 감회가 간절하도다	悲感之切
영령께서 계신다면	不昧如存
이 심정을 받아주소서	幸領心曲
아! 슬프도다	嗚呼哀哉

만오 정장[24]을 애도하는 제문[祭鄭晩悟 樟 文]

아! 영령께서는	惟靈
청주의 큰 성씨이며	西原大姓

요동 사람으로 영허산에서 도를 배워 신선이 되었는데, 그가 뒤에 학으로 화하였다.[丁令威 本漢遼東人 學道於靈虛山 後成仙化]"는 말이 있다.

23) 동료의 불행[蕙歎] : 육기(陸機)가 지은 「탄서부(歎逝賦)」의 "참으로 소나무가 무성하면 잣나무가 기뻐하고, 아! 지초가 불타면 혜초가 탄식하도다.[信松茂而栢悅 嗟芝焚而蕙歎]"라는 말에서 유래하여, 동류(同類)의 불행을 슬퍼함을 뜻한다.

24) 정장(鄭樟, 1569~1614) : 자는 직부(直夫)·직보(直甫), 호는 만오(晩悟)·사곡(沙谷), 본관은 청주(淸州)이고, 한강(寒岡) 정구(鄭逑)의 아들이다. 1612년 문과에 급제하였고, 신녕 현감으로 재직하던 중 사망하였다. 도승지에 추증되었다.

동리의 이름난 집안이네	東里名家
세상에 드문 품격 지니셨고	曠世風調
무리 중에 우뚝한 재사才士였네	冠羣才華
지난 자취 밝게 드러나니	踐歷明敭
가업을 이어가리라 기약하였네	堂搆可期
몸가짐은 청렴하고 검소하며	操履淸儉
세전의 가학을 떨어뜨리지 않았네	詩禮不墮
호해[25]에서 실컷 노닐고	湖海倦遊
강산에서 옛 뜻을 찾았네	水丘尋盟
도서에 흥을 부치고	寓興圖籍
훌륭한 자손 길러 내었네	毓慶蘭萌
하늘이 돕지 않으니	天乎不弔
어진 이 오래 산다는 이치 모르겠네	壽仁理昧
염우처럼 몹쓸 병에 걸려[26]	冉牛斯疾
백어처럼 일찍 돌아갔네[27]	伯魚早死
젖먹이 갓난아이와	黃口雛鳳
홍안의 아내 홀로 남았네	紅顏隻鸞
인생이 이러한 지경에 이르니	浮生到此
봄꿈을 놀라 깨겠네	春夢驚寒
생각건대 외롭고 고달픈 나는	顧玆孤苦
가련히 여기시는 은혜 과분하게 입었지	猥蒙矜憐
얼굴을 대할 때마다	每承顏色

25) 호해(湖海) : 호수와 바닷가를 유랑하여 조정에 참여하지 않는 것으로, 은거하는 것을 말한다.

26) 염우(冉牛)처럼……걸려 : 병에 걸린 염백우(冉伯牛)를 공자(孔子)가 찾아가서 창문으로 손을 넣어 잡고 말하기를 "이 사람이 이런 병에 걸릴 리가 없는데 운명인가 보다. 이런 사람이 이런 병에 걸리다니.[亡之 命矣夫 斯人也而有斯疾也]"라고 말한 고사가 있다. 염백우의 병은 문둥병이었다고 한다.(『論語』「雍也」)

27) 백어(伯魚)처럼……돌아갔네 : 백어는 공자의 아들인데 공자보다 먼저 죽었다. 여기서는 정장이 아버지인 정구보다 먼저 죽었던 사실을 중의적으로 표현한 것이다.

격의 없이 대해주시며	不施畦畛
꽃 질 무렵의 회연檜淵과	落花淵舍
비 오는 저물녘 사월沙月의 물가에서	暮雨沙汀
한 잔 술 권하면서	一盃相屬
만사를 잊었네	萬事忘情
귀의할 인연 없어	歸依無分
끝까지 모시지 못하였네	得御不卒
망망한 이 세상	茫茫斯世
앞뒤가 너무도 다르니	面背殊色
어린아이 같은 순진한 마음을	赤子純心
어디에서 다시 대하며	於何更接
태고의 순박한 기풍을	太古淳風
어디에서 다시 이어받으랴	於何更襲
놀라서 하늘에 부르짖으니	驚號冥漠
회포를 견딜 수 없네	有懷難任
한 잔 술로 영결하노니	一奠永訣
영령께서는 좋이 흠향하소서	靈其肩歆
아! 슬프도다	嗚呼哀哉

송상지 시준28)을 애도하는 제문[祭宋尚之 時準 文]

아! 그만이구나. 상지와 같은 강건하고 침착함으로도 나이가 서른을 넘기지 못하였으며, 상지와 같은 온순하고 단아함으로도 학문이 그 뜻을 채우지 못하였네. 위로는

28) 송시준(宋時準, 1588~1617) : 자는 상지(尙之), 호는 둔와(遯窩), 본관은 야성(冶城)이다. 아버지는 첨지 송광범(宋光範)이고, 성주에 살았다. 정구의 문인이고 정경세·배상룡과 교유하였으며, 명리를 구하지 않고 위기지학(爲己之學)에 진력하였다.

동온하정冬溫夏凊[29]의 효도를 다 바치지 못하고 아래로는 좋은 금슬의 즐거움을 다 누리지 못하였네. 아직 죽지 못한 늙은이로 하여금 아픈 마음을 위로하지 못하게 하니, 저 푸른 하늘이 차마 이러한 짓을 한다는 말인가.

처음에 우리 두 가문은 정분이 본래부터 두터워서 인척 관계일 뿐만이 아니었는데, 누이가 상지의 종숙에게 시집갔다가 해를 넘기지 못하고 과부가 되고 후사가 없는 외로운 몸을 의탁할 곳이 없어서 오직 상지에게만 의지하였지. 상지도 일찍이 어머니를 잃었던 터라 누이에게서 컸지. 10여 년 후에 상지의 형이 요절하자 상지의 종사宗祀에 주인이 없게 되어, 상지가 사세로 보아 감히 남의 후사로 갈 수는 없었으나 은혜와 의리의 돈독함은 여전하였지.

상지는 용모가 깨끗하고 성품이 빼어났으며, 나의 어린 아우와는 파로 피리 불고 대나무로 말을 타며 함께 놀았지. 내가 막 집안의 화를 겪고 벗들과 떨어져 외롭고 고달프게 지내면서, 안으로는 내조할 아내가 없고 밖으로는 왕래할 친구가 없어, 낮에는 상지와 밥상을 마주하여 먹고 밤이면 상지와 한 이불을 같이 덮고 잠을 잤으며, 기한飢寒과 질병이며 득실과 비환悲歡이며, 여름비와 겨울눈을 감상하고, 산에서 땔나무하고 물에서 낚시하는 것까지 함께하지 않은 적이 없었지. 내가 탄식하고 우울해하며 스스로 견디지 못하는 것을 볼 때마다 너그럽게 위로하여 깨우쳐 주어서 목숨을 잃는 데까지는 가지 않게 하였으니, 지금까지 모진 목숨이 살아남아 있는 것은 거의 다 상지의 힘이었네.

상지는 덕을 숭상하는 정성과 선을 좋아하는 마음이 있어서 스승을 모시어 역사와 전기를 익히고 외어 일찍부터 선비가 되는 길과 학문을 닦을 곳을 알았네. 자라서는 상산商山의 김씨에 장가를 드니, 상산은 곧 학문을 숭상하는 고장이고 김씨 가문은 본디부터 가학이 있는 집안이었네. 상산 김씨 문중과 교유하며 직접 가르침 받았고, 더욱 스스로 닦고 가다듬어 행동거지가 화락하고 조용한 품행이 볼 만하였지. 인품과 글재주가 다 같이 원만하고 적당하여 상지를 만날 때마다 바람 부는 아침과 달빛 비치는 밤에 우두커니 마주 앉아 그 생각을 열어주고 속에 있는 것을 다 기울여 주어서 눈을 닦고 마음을 낮추게 하였으니, 또한 나의 한 익우益友라고 할 만했네. 자주 찾아오다 보니 멀어도 계절을 넘지 않았고, 가벼운 옷을 입고 살찐 말을 타고 반갑게 찾아와 집에 와서는 체면을 차리지 않고 곧장 안채로

29) 동온하정(冬溫夏凊) : 자식이 부모를 모실 때 겨울에는 따뜻하게 해 드리고 여름에는 시원하게 해드리는 도리를 말한다.(『禮記』「曲禮上」)

들어가면, 온 집안사람들이 당신의 정성에 감격하여 거친 밥과 나물국으로라도 마음을 기쁘게 하려고 매우 애썼다네.

지난겨울 내가 상중에 있을 때에 어린 아우가 병이 심하여 거의 위태로운 지경에 이르자, 상지가 날마다 와서 진맥하여 보며 차마 두고 가지 못하였지. 그러고 돌아간 지 달포만에 상지가 잠시 작은 병을 앓는다는 소식을 듣고 내가 한번 가보아야지 생각하면서도 상중이라 출입할 때가 아니라서 아우를 보내어 병문안을 하고 말았네. 오래지 않아 해가 바뀌고 나 역시 상복을 벗어서, 찾아가서 회포를 풀어 보고 싶었으나 곧바로 들으니 상지의 앓던 병이 쾌차하여 상산에 새해 인사를 간다 하기에 내가 매우 기뻐하였네. 돌아오는 길에 나에게 와서 서로 만나 보리라 생각하여 손꼽아 날짜를 세면서 머리를 들고 기다렸지. 그런데 심부름꾼이 새벽에 와서 병이 위독하다고 알리어 경황없어 엎치락잦히락하며 채찍을 갈겨 달려가니, 상지는 벌써 죽었지. 불러 보아도 대답이 없고 두드려 보아도 듣지 못하니 어지럽고 적막하여 이것이 꿈인 듯, 내가 천치인 듯하네. 무슨 목숨 이다지도 빨리 간다는 말인가.

딸은 포대기에 싸여있고 아들은 뜰에서 장난치고 있으며 신방의 향기는 아직 마르지도 않았고 백발의 부모님은 의지할 곳이 없으니, 상지가 지각이 있다면 응당 지하에서 눈을 감지 못할 것이네. 경박하고 소란한 이 세상은 상지가 일찍이 -원문 빠짐- 더구나 외톨이가 된 나는 이 세상에 더부살이하면서 너무도 쓸쓸하고 외로우니, 처리하기 어려운 일을 누구와 함께 의논하며 편치 않은 마음을 누구와 함께 이야기하겠는가. 지금부터는 비록 구차히 세월을 끌어간들 다시 무슨 의미가 있겠는가. 발인이 내일이고 용마루의 달은 이미 기울어 한 목소리로 길게 통곡하니 말로는 마음을 다 표현하지 못하겠네. 한 잔 술을 올리니 이 심정을 받아 주시게나. 아! 슬프도다.

이양득을 애도하는 제문[祭李陽得文]

생각건대 성주의 큰 성씨는	維星大姓
저 이씨라고 하네	曰維李氏
선대의 유업을 그대로 이어받은 것은	不替前緖

공의 집안이 가장 아름다웠네	公家最美
공은 이를 이어받아	公是述焉
일찍부터 아름다운 명성 있었네	早有令譽
그 자질은 반듯하고	其資端方
그 뜻은 과감하였네	其志果銳
온순한 말씨에	溫醇言論
늠름한 풍채	凜截風致
무엇을 할 만한 인재였고	可爲之才
어디든 쓰기 알맞은 그릇이었네	適用之器
과거 시험을 보게 되면서	逮遊槐市
뛰어난 명성 여러 번 빛났네	屢蜚英聲
푸른 하늘을 지척에 두고	青冥咫尺
큰 날개 펼칠 뻔하였으나	幾振鴻翮
부침이 운수에 달려 있고	升沈有數
시대와 운명이 각기 달랐네	時命各異
십 년간의 전란 속에	干戈十年
백 리 밖에서 쌀을 지고 왔고30)	負米百里
맛있는 음식으로 부지런히 봉양하느라	孜孜供旨
갖은 고생 겪었네	備經艱辛
정성을 다하고 힘을 다하여	殫誠竭力
부지런히 애쓰지 않은 적 없었건만	罔敢舍勤
진실과 중론衆論이 너무 달라	諒與衆殊
뭇 의심을 부르기에 마땅하였네	宜速羣訝
공은 여기에 마음 쓰지 않고	公不顧焉
더욱 자기의 소신에 독실하여	益篤在我

30) 백 리……왔고[負米百里] : 공자의 제자인 자로가 집이 가난하던 시절에 부모를 봉양하기 위해 100리 떨어진 곳에서 쌀을 짊어지고 왔다는 고사가 있다.(『孔子家語』)

봉양에 뜻을 어기지 않았고	養而無違
장사에 있는 힘을 다하였네	葬而自盡
드디어 따라서 결정하니	卒隨而定
사람들이 이의를 달지 못하였네	人不間閱
공의 행실은 근본에 힘쓰고	公行務本
공의 자품은 침착하였네	公姿凝靜
이치로는 본래 어진 이가 장수하는 법이라	理固仁壽
장수를 누리리라 여겼더니	謂享遐齡
어찌하여 한 번 난 병으로	如何一疾
갑자기 저승으로 가는가	遽爾就間
고운 얼굴 아직 변하지 않았고	韶顏未換
귀밑머리 막 희끗희끗한데	鬢毛纔斑
묘소 곁의 몇 칸 집은	塋側數椽
가정의 법도를 따랐네	庭規是遵
한 조각 청전31)이 있으니	青氊一片
집안에 걸맞은 자손이네	稱家蘭孫
지난날 공의 아버지께서는	昔公春府
나의 할아버지보다	於我王父
세 살 어른이시고	三歲之長
재종형제의 사이였네	再從之義
형님 아우 하면서	呼兄曰弟
팔십 년을 한 고을에 살았네	八袠鄉閭
덕성32)이 자주 모이니	德星屢聚

31) 청전(青氈) : 집안 대대로 전해오는 전통이란 뜻으로 쓰인다. 『진서(晉書)』 「왕헌지열전(王獻之列傳)」에 좀도둑이 탑상(榻牀) 위에 있는 물건에 손을 대려 하자, 왕헌지가 "도둑아, 청전은 우리 집안에 오래도록 전해오는 물건이니 그것만은 놓아두는 것이 좋겠다.[偸兒 青氈我家舊物 可特置之]"라고 한 고사가 있다.

32) 덕성(德星) : 현인(賢人)들이 한 데 모인 것을 상징하는 말이다. 『이원(異苑)』에 "후한 때 진식(陳寔)

원방[33]이 수레를 몰고 갔네	元方御車
안방에서 술자리 열어	中堂罇俎
삼복과 섣달의 세시가 되면	歲時伏臘
장수의 술잔 들며	壽觴載擧
창안으로 서로 즐겼네	蒼顏胥悅
공의 노래 낭랑하고	公歌琅琅
공의 춤사위 멋들어졌지	公舞蹲蹲
따라다니며 묻고 답하니	趨呼答問
행동거지 한가롭고 평온하였네	擧止閒安
지금에야 추억하여 보니	追惟至今
문득 어제의 일 같네	忽忽如昨
외로이 남은 몸은	單形隻影
아직도 모진 목숨 온전하나	尙全頑息
쓰러지면 누구에게 기대며	顚沛誰仰
병이 나면 누구를 찾을까	疾病誰尋
인간 세상을 오래 보는 것은	久視人間
이 또한 무슨 마음인가	亦獨何心
공의 부음이 왔을 적에	公訃之至
나는 상중에 있었네	余在欒棘
병들었을 때 약도 못 보아주었고	病未視藥
장사지낼 때도 장지에 가지 못하였네	窆未臨穴
보잘것없는 한 잔 술을 올리니	薄奠之薦

이 자질(子姪)들과 함께 순숙(荀淑)의 집을 방문한 적이 있었는데 그때에 '덕성'이 그곳에 모였으므로, 태사(太史)가 '5백 리 이내의 현인(賢人)이 한 데 모였다.[陳仲弓 從諸子姪 造荀季和父子 于時德星聚 太史奏 五百里內有賢人聚]"고 아뢴 고사가 있다.

33) 원방(元方) : 동한(東漢) 진식(陳寔)의 아들 진기(陳紀)와 진심(陳諶)의 자가 원방(元方)과 계방(季方)이었는데 난형난제(難兄難弟)의 고사를 낳았다. 여기에서 원방은 형(兄)을 나타내는 말로 쓰였다.(『世說新語』 卷中之下 「德行」)

가신 지 두 돌이 되기 전날 밤이네	再朞前夕
아득히 음성과 모습이	怳惚音容
귀에 들리고 눈에 보이는 듯하네	宛接耳目
아득한 마음 걷잡지 못하고	冥漠靡定
하염없이 눈물 흘리며	有涙難禁
한 소리로 길게 통곡하니	一聲長慟
바라건대 강림하소서	庶賜降臨
아! 슬프도다	嗚呼哀哉

아헌 송원기[34]를 애도하는 제문[祭宋啞軒 遠器 文]

가야의 물은 맑고	倻水之清
가야의 산은 빼어나니	倻山之秀
맑은 그 정기 응집되어	淑氣鍾毓
옛 어진 이에게 후손 있었네	昔賢有後
사씨 집안[35]에서 문무를 익히고	謝家書劒
난실에서 학우들과 학문을 연마하였네	蘭室麗澤
천품은 순수하고	稟受之純
품행은 독실하였네	踐履之篤
순수하고 근면하며 검소하고 소박함을	淳謹儉素
한평생 지켰고	終始自守

34) 송원기(宋遠器, 1548~1615) : 자는 학무(學懋), 호는 아헌(啞軒), 본관은 야로(冶爐)이고, 칠곡 출신이다. 정구와 장현광의 문인이다. 1610년 문과급제, 벼슬이 학유(學諭)에 이르렀다. 정응태(丁應泰)가 명나라 조정에 조선을 무함하자 변무서(卞誣書)를 지어 올려 선무 원종훈(原從勳)에 녹훈되었고, 육강소(六綱疏)를 올린 적이 있다.

35) 사씨 집안[謝家] : 진나라의 사현(謝玄)과 조카 사안(謝安)처럼 문장이 뛰어난 집안을 말한다.

화락하고 평온한 마음으로	樂易和平
모든 일 대하였네	酬應萬事
강굉처럼 우애 있어[36]	姜生共被
집안에서 아름다이 지냈고	居室之美
스승님께 나아가 배우니	絳帳摳衣
덕을 숭상함이 지극하였네	尙德之至
문묵文墨의 장에 노닐며	遊戲翰墨
당시에 이름 떨쳤고	擅名一時
젊어서 과거에 나아가	妙齡蓮榜
두 번이나 급제하였네	一折兩枝
청운을 타고 높이 올라	凌雲高步
성균관에서 여러 해 보내니	璧水多年
훌륭한 선비와 뛰어난 사람들도	宿儒豪士
감히 앞설 이가 없었네	莫敢或先
하찮은 사람들이 시기하여	些兒好猜
큰 재주 늦게야 성취하였네	大才晩成
일에는 차질이 많았고	事多蹉跌
시절은 혼란스러웠으나	時際搶攘
십 년의 난리에도	十載亂離
온 집안 온전히 보존하였네	保全一家
누가 말하랴! 난리를 겪었다고	誰云經亂
온 식구가 아무 탈이 없는데	百口無瘥
충성은 칠실처럼 깊었고	誠深桼室
뜻은 주여숙[37]에 있었네	志存柱厲

36) 강굉처럼 우애 있어[姜生共被] : 『후한서 보일(後漢書補逸)』「강굉(姜肱)」에 나오는 말로, 동한(東漢)의 강굉이 두 아우와 함께 한 이불을 덮고 자면서 계모(繼母)의 마음을 위로해 드렸다고 한다.

37) 주여숙(柱厲叔) : 춘추 시대 거(莒)나라 오공(敖公)을 섬기다가 자기를 알아주지 않자 그를 떠나 해변에서 살았는데, 오공이 환란을 당했다는 소식을 듣고는 급히 달려가 목숨을 바치려고 하면서 "내가 장

군량을 모집하기도 하고	或募願粟
향병을 모으기도 하였지	或團鄕旅
열 조목의 폐단을 진술하여	十條陳弊
체찰사의 군막에 올리니	投進體幕
상공이 마음을 낮추고	相公心降
서치의 평상[38]을 마련하였네	徐榻爲設
매화 핀 남쪽 시골 언덕과	梅南郈塢
자고새 우는 여울가에	鷓鴣灘上
띠풀 베어 집을 짓고	誅茅築室
왕래하며 유유자적하였네	往來徜徉
훌륭한 자손들이 줄을 이루니	蘭蓀成列
시주머니 전할 만하고	可傳詩囊
옥처럼 선 여러 사위들은	玉立諸郎
모두 시대의 명망이 있네	盡是時望
집안의 글방을 한 번 열자	家塾一闢
의관 갖춘 선비들이 앞다투어 찾아왔고	襟佩于于
스승을 두어 절차탁마하니	置師琢磨
호련[39]처럼 훌륭한 인재였네	若璉若瑚
천 권의 책을 간직하고	藏書千軸
한 방에서 마주앉아	塊對一室
좌우로 뒤적여 찾아내어	左右搜剔

차 그를 위해 죽으려고 하는 것은 신하를 몰라주는 후세의 임금들을 부끄럽게 하기 위함이다.[吾將死之 以醜後世之人主不知其臣者也]"라고 말한 고사가 있다.(『列子』 권8 「說符」)

38) 서치의 평상[徐榻] : 예를 갖추어 대한다는 뜻이다. 서치(徐穉)는 후한 남주(南州)의 고사로, 태수(太守) 진번(陳蕃)이 특별히 평상 하나를 걸어 두었다가 서치가 오면 이것을 내려서 앉게 함으로써 우대하였다.(『後漢書』 권83 「徐穉傳」)

39) 호련(瑚璉) : 주(周)나라의 종묘 제사 때 곡식을 담던 그릇인데, 재능이 있는 훌륭한 사람을 비유한다. 공자의 제자 자공(子貢)이 "저는 어떠한 그릇입니까?[何器也]"하고 묻자, 공자가 "자네는 호련이다.[瑚璉也]"라고 한 데서 유래한다.(『論語』 「公冶長」)

좋은 내용들 채취하였지	採剝華實
문장으로 지어내니	發爲文詞
고칠 글자 없었으며	斧鑿無罅
한 글자 한 획이라도	隻字點墨
방심한 적이 없었네	曾不放下
만년에는 옛사람을 벗 삼으니	晩而尙友
서산[40]의 학사였네	西山學士
단정하고 평이한 소와 차자는	端平疏箚
『대학연의』에서 본받았네	大學衍義
깊이 체득하고 묵묵히 깨달아	深體默會
이치에 통하고 마음에 맞으니	理通心契
들어다 실행하기에	擧而措之
그 갖춤 자재로웠네	其具自在
만년에 날개를 힘차게 펼쳐	桑楡奮翼
평소의 뜻을 시험해 보았네	聊嘗素志
문과에 가볍게 급제하니	婆娑桂影
고장이 빛나게 되었네	輝暎鄕里
학문에 뜻을 정하여	立跟有定
마음가짐 매우 확고하였네	操意甚確
부귀도 마음을 흔들기 어렵고	富貴難淫
위세와 재앙도 두렵게 하지 못하였네	威禍難怵
책으로 남기고	典冊之施
시로 진술하여	聲詩之薦
쌓은 경륜은	涵蓄底蘊
비록 다 펴지 못했으나	縱莫之展

40) 서산(西山) : 남송 후기 위료옹(魏了翁)과 이름이 나란한 이학가(理學家)이자 주희(朱熹) 뒤 이학의 정종전인(正宗傳人)이라고 할 수 있는 진덕수(眞德秀, 1178~1235)를 말한다. 저서로는 『서산문집(西山文集)』·『독서기(讀書記)』·『사서집편(四書集編)』과 『대학연의(大學衍義)』 등이 있다.

문단의 체제만은	文苑體製
이로 인해 완전히 변하였네	賴而一變
초야에서 상소를 올려	草野封章
여러 번 궁궐에 들어가니	屢徹九殿
미천한 자들도 명성을 듣고	奴隷聞聲
초목도 이름을 알았네	草木知名
만약 득실을 논한다면	若論得失
반드시 밝혀낼 자가 있으리라	必有辨者
재주를 아끼는 하늘의 뜻은	憐才天意
대개 끝이 없어	蓋未涯也
나이가 높아질수록	年齡漸高
얼굴은 더욱 젊어지며	顏皃益丹
침식도 줄지 않고	寢食無減
기거에 항상 편안하였네	起居常安
사문이 이에 힘입을 곳이 있고	斯文有賴
우리들이 우러를 이 있었는데	吾儕所仰
어찌하여 하찮은 병으로	如何微恙
한 달도 못 되어서	一月未央
갑자기 아침 이슬처럼	溘然朝露
급하게 떠나가셨나41)	遽爾乘箕
촌락에는 방아소리 그치고	邨舂輟杵
길 가는 나그네도 눈물 흘리네	行路涕洟
깨끗한 얼음 흰 눈과 같이	淸冰白雪
풍모는 완연하고	標致宛然

41) 떠나가셨나[乘箕] : 『장자(莊子)』 「대종사(大宗師)」에 "부열(傅說)이 도를 얻어……죽은 뒤에 천상의 별이 되어서 동유성과 기미성을 걸터타고서 뭇 별과 나란히 있다.[傅說得之 以相武丁 奄有天下 乘東維 騎箕尾 而比於列星]"라고 하였는데, 부열이 죽은 뒤 하늘로 올라가 별이 되었다는 데서 전하여 죽음을 뜻하는 말로 쓰인다.

맑고 고운 패옥 소리	玉佩瓊琚
귀에 가득 울려오네	盈耳徽絃
돌이켜보건대 우리 집은	顧我一家
그대 집과 삼대를 알고 지내어	辱知三世
비록 큰 고비를 겪었어도	雖經大故
정의는 변함없었지	情意不替
아비 잃은 외로운 아이를 어루만져	撫摩遺孤
알처럼 날개로 품어주고	卵而翼之
이십 년을 가까이서 지내며	廿載門牆
아침저녁으로 오고 갔네	迹及朝夕
산속이나 시냇가의	山中川上
달빛 비치는 평상과 바람 부는 창가에서	月榻風欞
조용히 가르침 받들며	從容承誨
가장 가까이서 훌륭한 가르침을 받았네	最近耿光
온화한 덕과	溫溫德宇
정성스런 진실을	懇懇衷曲
가슴 활짝 열어 쏟아주며	豁露傾倒
겉과 속이 다르지 않았네	靡設表襮
난초 향기 옷깃에 가득하고	蘭薰滿襟
좋은 술 몸에 흠뻑 젖었네	醇酒浹肌
오늘에 떠올려 보니	追惟今日
한바탕 꿈처럼 아련하네	一夢依依
경박한 세상이 날로 나빠지니	澆漓世道
해 뜰 때와 질 때가 다르고	日降時異
면종복배 손바닥 뒤집듯 하여	背面翻手
초산의 구름과 무협의 물[42] 같네	楚雲峽水

42) 초산(楚山)의……물 : 반복이 무상한 인간 세태를 말한다. 전국 시대 초 회왕(楚懷王)이 고당(高唐)에

외로운 발길을 의탁하다가　贅寄孤蹤
갑자기 의귀할 곳을 잃으니　奄失依歸
궁지 몰린 원숭이 잡을 가지가 끊어진 듯[43]하고　窮猿絶援
바람에 일렁이는 배가 닻줄이 없는 듯하네　風舟無維
산 한쪽 언덕의 묘소가　一丘松楸
마침 길가에 가까우니　適近路左
오랜 세월이 지나도　百年經過
흐르는 눈물 견딜 수 있으랴　可堪淚墮
두 번째 기년이 내일이라　再朞在明
벗들이 모두 왔네　朋儔咸至
말씀은 귀에 들리는 듯하고　如聆謦咳
모습은 눈으로 뵙는 듯하나　如覿風儀
끝없는 마음 걷잡지 못하고　汗漫靡定
아득한 영혼 대할 수 없네　冥漠靡接
한 소리로 놀라 부르짖으니　一聲驚號
오장이 찢어지는 듯하네　五內如割
거친 말과 조촐한 술로　荒辭薄奠
어찌 미약한 정성을 다하랴　詎盡微忱
밝으신 영령이 계신다면　不昧如存
바라건대 강림하여 흠향하소서　幸賜降歆
아! 슬프도다　嗚呼哀哉

서 놀다가 낮잠이 들어 꿈속에서 무산(巫山)의 여신과 동침하였는데, 그 여신이 떠나면서 하는 말이 “첩은 무산 남쪽 높은 봉우리에 사는데 아침에는 구름이 되고 저녁에는 비가 되어 매일 아침저녁 양대(陽臺) 아래에 있습니다.”라고 한 고사에서 유래한다.(『文選』「高唐賦」)

43) 궁지……듯 : 곤경에 처하여 피난처를 찾았으나 얻지 못한 것을 비유한다. 진(晉)나라 이홍도(李弘度)가 항상 불우한 처지를 한탄하였는데, 은 양주(殷揚州)가 그의 집이 빈한한 것을 알고는 “고을 수령으로 나가겠느냐?[君能屈志百里不]”고 묻자 “궁한 원숭이가 숲으로 달려가는데 어찌 나무를 가릴 틈이 있겠느냐.[窮猿奔林 豈暇擇木]”라고 하면서 섬현(剡縣)의 수령으로 부임했다는 고사에서 유래한다.(『世說新語』 卷上之上「言語」)

휴암 정유희[44]를 애도하는 제문[祭鄭休庵 維熙 文]

죽은 벗 정경집鄭景緝을 장사지내는 전날 등암산인藤庵散人 배상룡은 삼가 술과 과일로 관 앞에서 애도하노라. 아! 경집은 내 선생의 손자이니, 선생의 상을 치르면서 슬퍼하고 사모하다 몸이 손상되어 결국 구원하지 못하는 지경에 이르렀도다. 선생께 이 손자가 있는데도 우리들이 예로써 깨우치고 정성으로 감동시키지 못하였도다. 경집과 같이 뛰어나고 고매한 사람이 마땅히 선생의 가업을 이어받아야 하는데 그가 효도를 다하지 못하게 하였으니 경집에게는 참된 벗이 없다고 할 만하다. 놀라 부르짖고 마음 아파한들 어찌 그 마음을 다하고 그 슬픔을 표현할 수 있겠는가? 아! 슬프도다.

이신지 탁[45]을 애도하는 제문[祭李新之 濯 文]

이 대부李大夫 신지新之의 관이 고향으로 돌아오니, 벗 성산 배상룡은 명정 아래에서 곡하고 영결하며 이렇게 말합니다.

순수하고 솔직해도	眞醇坦率
모나지 않으셨고	不立崖岸
공의 아취	公之雅趣
진중하고 확고하며	凝重堅確
공의 평소 신조는	公之素守
감히 흔들거나 빼앗을 수 없는 것이었습니다[46]	無敢撓奪

44) 정유희(鄭惟熙, 1599~1620) : 자는 경집(景緝), 호는 휴암(休庵), 본관은 청주(淸州)로, 정구(鄭逑)의 손자이다.

45) 이탁(李濯, ?~?) : 초명은 협(浹), 자는 신지(新之), 본관은 월성(月城)이고, 칠곡(漆谷)·사양(泗陽)에 살았다. 송원기(宋遠器)의 사위이며 정구(鄭逑)의 문인이다. 1610년 문과급제, 예빈시 정(禮賓寺正)·북평사(北評事)를 역임하였다.

세상은 공의 온축을 아는 것이 없고	世莫知公之蘊
공은 세상이 알아주기를 바라지 않았습니다	公不願世之知
다스리는 고을에 은택을 끼쳤으니	百里膏澤
묻힌 것이 아니고	不爲泥矣
삼품 벼슬을 역임했으니	三品踐歷
낮은 것이 아니었습니다	不爲汙矣
좋은 세상을 위해서 오히려 애석해할 만한데	爲明時猶可爲惜
더구나 백 년에서 겨우 절반의 수명이겠습니까	况百年纔半之壽乎
아! 저 하늘을	於乎彼蒼
우리들이 어찌 믿을 수 있겠습니까	吾何足恃
한 잔 술의 제전과	單盃之奠
한 소리의 통곡이	一聲之慟
어찌 저의 슬픔을 말하고	詎能抒余悲
저의 마음을 다 말할 수 있겠습니까	而盡余意也耶
아! 슬픕니다	嗚呼哀哉

이사윤47)을 애도하는 제문[祭李士潤文]

높은 덕의 서업緖業과	至德之緖
정곤48)의 융성함에다	正壼之隆
고관을 지낸 세업과	簪組世業

46) 공의……것이었습니다 : 원문의 "公之雅趣 凝重堅確 無敢撓奪 公之素守"는 운(韻)이 놓이는 자리로 보아 "公之雅趣 凝重堅確 公之素守 無敢撓奪"로 글의 순서가 바뀐 것으로 추측된다.

47) 이사윤(李士潤) : 사윤은 이숙(李埱)의 자이다. 권1 「이사윤 숙을 애도하는 만시[挽李士潤 埱]」 참조.

48) 정곤(正壼) : 왕비를 말한다.

학문을 이어온 가풍으로　詩禮家風
네 자손의 명성이 나란한데　四鳳齊聲
공은 그 중 둘째였습니다　公卽其亞
타고난 바탕과 성품은 맑고　質稟清淑
성품은 온화하였습니다　性全溫和
스승에게 나아가　摳衣絳帳
일찍부터 이끌어 주심을 받았고　早被提撕
강굉처럼 이불을 함께 덮고 자며　共被姜家
훈지를 번갈아 불었습니다　迭唱塤篪
진솔한 품행은　眞醇操履
동료들이 미치지 못했고　儕輩莫及
곧은 언론은　直截言論
고장 사람들이 모범으로 삼았습니다　鄕黨取式
생각건대 어리석은 저는　顧余愚庸
형제처럼 의기가 투합하였고　投分伯仲
스승 앞에서 어깨를 나란히 하였고　丈席比肩
서당에서 뒤따라 다녔습니다　文堂追踵
서원 창건에 어려움을 도맡은　披荊刱院
회연에서의 육 년　六載淵上
공은 지극한 정성을 다하니　公殫至誠
저는 보잘것없는 정성을 바쳤습니다　我效寸長
큰 도량 너그러워　大度休休
저의 모자람을 용납하였습니다　容我逕庭
마침내 선사를 봉향하는 일을　卒妥先師
누가 경영하였습니까　是誰經營
청천晴川과 사월沙月[49]의 물가에서　晴溪沙汀

49) 청천(晴川)과 사월(沙月) : 청천은 청천서재(晴川書齋)를 말하고, 사월(沙月)은 성주에 있는 지명으로,

함께 물고기 낚았고 共抽銀鱗
숲이 우거진 임정에서 密葉林亭
함께 각건[50]을 걸었습니다 同掛角巾
한가로이 지내며 생애를 마쳐 優遊終老
세상과 나를 모두 잊었더니 兩忘所之
어찌 생각이나 했겠습니까 조그만 병 때문에 豈意微痾
어찌할 수 없게 될 줄을 而不可爲
덕을 숭상하는 정성과 尙德之誠
예를 좋아하는 뜻이며 好禮之志
사귐에서의 믿음과 交遊之孚
우애의 아름다움을 友愛之美
우리 무리들 중에 일일이 세어 보아도 歷數吾黨
다시 몇이나 있겠습니까 更有其幾
한 소리로 길게 통곡을 하니 一聲長慟
어찌 저만을 위한 것이겠습니까 豈但爲私
묘터를 비로소 잡으니 佳城載卜
발인이 가까워 옵니다 遠日在邇
학처럼 수척한 모습에 鶴立癯瘦
천연스런 성품 天然意味
평소의 모습을 생각건대 想來平素
그리움에 목이 메입니다 有懷如噎
한 잔 술로 영결하니 單盃永訣
어찌 나의 마음을 알겠습니까 詎知余臆
아! 슬픕니다 嗚呼哀哉

모두 정구(鄭逑)가 강론을 한 적이 있는 곳이다.

50) 각건(角巾) : 은사(隱士)들이 썼던 관이다.

배한룡을 애도하는 제문[祭裴漢龍文]

당신의 나이는 저보다	君年先我
스무 살 앞서니	二十其玆
당신께서 장년일 때	在君盛年
저는 어렸습니다	卽我少時
당신은 시문의 명성 있으셨는데	君有詩聲
함께 스승을 섬겼고	同事藜榻
당신은 풍류가 있어	君有風情
좋은 계절에 함께 취하였습니다	共醉佳節
즐거운 시절이 얼마였던가요	歡情幾時
중도에 난리를 만나 헤어졌습니다	亂離中途
처음에 당신이 상주되어	初憐棘人
동서로 떠돌아다니는 것을 가련하게 여겼더니	飄泊東西
어찌 알았겠습니까 기구한 재앙이	豈知奇禍
유독 우리 집에 모일 줄	偏鍾我家
세상 인심은 몰락한 가문을 싫어하니	世惡衰歇
집 문 앞에 새 그물을 칠 만했는데[51]	門可張羅
당신이 자주 와서는 돌아갈 줄 모르고	亟來忘歸
가난한 집에서 해가 저물도록 계셨습니다	窮簷日斜
제가 우울할까 염려하여	念我壹鬱
너그러운 말로 은근히 위로하였고	寬譬慇懃
제가 이치를 잘 모르는 것을 민망하게 여겨	悶我糊塗
온순하게 넌지시 일러 주었습니다	諷諭溫醇

51) 집……만했는데[門可張羅] : 권세가 있을 때 따르던 사람들이 권세를 잃자 떠나갔다는 뜻이다. 한나라 때 적공(翟公)이 정위(廷尉) 벼슬을 할 때에는 찾아오는 손님들이 문전성시를 이루다가, 파직 당하자 참새 그물을 쳐 놓을 정도로 문 앞이 한산하기만 하였다[翟公爲廷尉 賓客闐門 及廢 門外可設雀羅]는 고사에서 유래한다.(『史記』 권120 「鄭當時列傳」)

맑은 창에 달이 높이 뜨고　晴囱月高
작은 난간에 바람이 맑으면　小軒風朗
아름다운 시 구절은 맑고 빼어났으며　秀句淸絶
전아한 노래는 청아하고 낭랑하였습니다　雅歌寥亮
옛날 들은 것과 새로 안 것을　舊聞新得
있는 대로 다 기울여　傾倒囷倉
저를 인도하고 일으켜　倡余起余
그때마다 함께 성장함을 깨달았습니다　每覺相長
남이 헐뜯거나 칭찬하는 소리를 들으면　聞人毀譽
저를 위해 기뻐하고 슬퍼하니　爲我欣慽
저는 오히려 그대를 병으로 여겼으나　我尙病君
그대는 그 마음 억누르지 못하였습니다　君不自抑
서로 교유한 지 오래되면서　從遊之久
정의가 깊어졌으니　情義之孚
만년을 어찌 말하겠습니까　末路何論
옛날에도 드문 일입니다　於古亦稀
받은 기질 확고하고　受氣堅凝
고운 얼굴은 기쁜 모습 지녔습니다　韶顔敷腴
앓던 병이 비록 위독했으나　沈痾雖革
이것을 믿고 걱정도 하지 않았더니　恃此無虞
뜻하지 않게 늘그막에　不意臨老
갑자기 의지할 곳을 잃게 되었습니다　遽失相依
묵은 서책과 좀이 쏜 글이　陳編蠹簡
책상에 예전 그대로 있습니다　一牀舊居
포근해도 떨었고 풍년이 들어도 주렸는데　煖寒豐飢
온 집에 고아만 남았으니　渾室遺孤
제 마음이 돌이 아닌데　我心匪石
어찌 이웃집 피리 소리[52]를 기다리겠습니까　何待鄰笛
망망한 이 세상은　茫茫此世

잘도 뒤집기를 좋아하여 好尙翻覆
얼굴을 대할 때와 얼굴을 돌렸을 때가 當面背面
태항산太行山과 무협巫峽[53]처럼 차이 납니다 太行巫峽
한 소리로 길게 통곡하니 一聲長慟
누가 저의 마음을 알아주겠습니까 誰會余臆
밝으신 영령이 계신다면 如有不昧
깊은 저의 심정을 알아주소서 領我衷曲
아! 슬픕니다 嗚呼哀哉

창원 부사 황경중[54]을 애도하는 제문[祭黃昌原 敬中 文]

아! 공은 젊은 날 일찍이 「곡엄복야귀츤시哭嚴僕射歸櫬詩」를 따라 지어, 두보杜甫가 시절을 위하여 통곡하고 자신을 위하여 운 심정[55]을 서술하니, 당시 사람들이 자자하게 전송傳誦하며 시사詩史의 미진한 뜻을 곡진히 표현하였다고 하였습니다. 오늘 그대를 실은 상여가 해부海府[56]에서 돌아옵니다. 제가 감히 두보가 엄 복야를 곡하던 마음으로 공을 곡하니,

---

52) 이웃집 피리 소리 : 옛 친구를 생각한다는 뜻이다. 진(晉)나라 상수(向秀)가 혜강(嵇康)·여안(呂安)과 함께 매우 사이좋게 지냈는데, 뒷날 산양의 옛집을 지나다가 이웃집에서 나는 젓대 소리를 듣고는 옛날 놀던 일을 생각하여 사구부(思舊賦)를 지었다 한다.(『晉書』 권49 「向秀傳」)

53) 태항산(太行山)과 무협(巫峽) : 태항산은 중국 동북부의 북경(北京)·하북(河北)·산서(山西)·하남(河南)의 네 성에 걸친 산이고, 무협은 중국 남부의 중경(重慶)과 호북(湖北) 경내의 양자강 지류에 있는 협곡이다.

54) 황경중(黃敬中, 1569~1630) : 자는 직지(直之), 호는 오촌(梧村), 본관은 창원(昌原)이다. 1602년 문과급제, 1624년 이괄(李适)의 난이 일어나자 행재소(行在所)로 가서 파주 목사가 되어 난으로 피폐해진 전민(田民)의 복구에 노력하고, 김해·원주의 목사를 거쳐, 1630년 창원 부사로 재직 중 죽었다.

55) 두보(杜甫)가……심정 : 엄 복야(嚴僕射)는 엄무(嚴武)로서, 당나라 지덕(至德) 연간 이후에 검남절도사(劍南節度使)를 거쳐 성도윤(成都尹)이 되었다. 두보가 일찍이 안녹산(安祿山)의 난리 때 피난하여 성도(成都)의 완화계 가에 초당을 짓고 살면서 성도를 다스리던 엄무의 각별한 보살핌을 받은 적이 있었는데, 엄무가 마흔의 나이로 죽어 고향인 화음(華陰)으로 귀장을 하게 되었을 때 두보가 이 시를 지어 조문하였다.

공이 두보를 이해한 마음으로 저를 이해하여 주시겠습니까. 아! 창생蒼生의 기대의 막중함과 백수白首의 교분의 친밀함은 고금과 경중의 차별이 있습니다만, 천 년 뒤에 오히려 다시 시에 능한 자가 있다면 어찌 일일이 지적하며 안타까워하지 않겠습니까. 제가 하필 누누이 말할 필요가 있겠습니까. 아! 설산雪山57)이 평안하지 않으니, 파수巴水의 물이 원통하여 오열합니다. 천지가 다시 돌아온들 이 한이 다시 끝이 있겠습니까? 한 목소리로 길게 통곡하니 저는 공을 위하여 슬퍼합니다. 아! 슬픕니다.

이국보 득귀를 애도하는 제문[祭李國寶 得龜 文]

큰 성씨의 융성한 집안이요 大姓隆緖
높은 절의의 빛나는 후손이며 高節奕葉
대대로 이어온 가학을 世襲詩禮
공이 이어받았습니다 公乃是述
그 자질은 영명하고 其姿英銳
그 기질은 과감하였습니다 其氣果決
정성은 덕을 숭상하여 誠深尙德
스승을 따라 모셨으며 從事函丈
뜻은 강직한 데 두어 志存風裁
고장에서 추중하였습니다 推重鄕黨
구곡의 경치 뛰어난 곳에 九曲名區
줄곧 천연스레 자신을 내맡겼고 一味天放
시골에 일이 드무니 邨塢事罕

56) 해부(海府) : 창원 부사로 재직 중에 죽었으므로, 창원부를 말한다.

57) 설산(雪山) : 누가 떠남으로 인하여 그곳의 무게가 덜어졌다는 말로, 상대의 인격이나 덕망을 극히 찬양하는 말이다. 두보(杜甫)의 시 「증좌복야정국공엄공무(贈左僕射鄭國公嚴公武)」의 "공이 오자 설산이 무거워지더니, 공이 가니 설산이 가벼워졌지.[公來雪山重 公去雪山輕]"라는 구절에서 유래한다.

바둑 두며 세월을 보냈습니다	棊局消長
농가에 술이 익으면	田家酒熟
술잔을 서로 권하니	壺榼相將
한가로이 사는 신세요	閒中身世
취중의 태고인이었습니다	醉裏羲皇
뜰에는 보배로운 자식들이 있고	庭列寶樹
무릎에는 훌륭한 손자를 안았으니	膝抱蘭孫
청복을 누리며	謂享淸福
가문에 복을 기른다고 여겼는데	毓慶于門
한바탕 봄꿈이 되었으니	一枕春夢
어진 이가 장수한다고 누가 말하였습니까	仁壽誰論
지난날 나의 할아버지는	昔我大父
마치 공의 할아버지와 같아	若公王考
형제처럼 서로 대하니	弟兄相對
덕성이 자주 모여	德星屢聚
두 집안의 어린 손자들은	兩家幼孫
벌써 정의를 알았습니다	已覺情事
혼란한 때를 만나	遭時板蕩
거리의 남쪽과 북쪽으로 떨어져 살게 되니	居巷南北
주리고 춥고 병들거나	飢寒疾病
죽고 장사지내고 얻고 잃음에	死葬得失
반 생애의 어떤 일이든	半生何事
근심과 즐거움 함께하지 못하였습니다	不與憂樂
늘 쇠약한 나이를 한탄하며	每恨頹齡
만나는 날이 점차 드물어졌습니다	簪盍漸稀
어찌 생각이나 했겠습니까 홀로 남은 내가	豈意奇隻
또 의지할 곳을 잃게 될 줄을	又失相依
공의 부음이 왔을 때는	公訃之至
제가 막 집안의 상을 당하여	余方在慽

가서 관에 기대지도 못하였습니다 不憑不臨
두 번째 기일이 다가와 再朞仍迫
한 잔 술로 통곡하니 單盃一慟
어찌 깊은 심정을 다할 수 있겠습니까 詎盡心曲
영령께서 만약 아신다면 靈如不昧
오셔서 흠향하소서 庶幾歆格
아! 슬픕니다 嗚呼哀哉

이백천58)을 애도하는 제문[祭李白川文]

생각건대 영령께서는 惟靈
옥 같은 심정은 아름답고 璆璞情英
난설 같은 정신은 순수하셨습니다 蘭雪神精
형제간에 우애 있어 迭唱塤篪
능히 집안 명성 이었고 克纘家聲
일찍부터 나아갈 방향을 정하여 早定趣向
우리 선생님께 배웠습니다 我師門庭
절도 있는 언동은 折旋言動
어려서부터 길렀고 養自齠齡
가학에서 온축한 의리 詩禮蘊義
선생님께 나아가 공정을 두고 배우니 進修工程
총명한 자질로 敏悟之質
권장을 받아 성취되었습니다 奬掖以成
봉황의 부리 기린의 뿔이 鳳觜麟角

58) 이백천(李白川) : 백천은 이천봉(李天封, 1567~1634)의 호이다. 자는 숙발(叔發), 본관은 경산(京山)이다. 1601년 사마시에 입격하였다.

시대의 상서가 되기에 걸맞았습니다	合爲時禎
과거에서 아름다운 자질 빛났고	槐市蜚英
성균관에서 걸출하고 놀라운 학식 뽐내니	璧水雄驚
높은 벼슬자리에 올라	咫尺雲衢
큰 재능 펼칠까 하였으나	庶展鴻翮
명예의 장은 여사로 여기고	名場餘事
실지공부에 정신을 쏟았습니다	實地專精
의귀할 곳이 있었으니	依歸有所
뜬 구름 같은 영화를 그리워하였겠습니까	焉慕浮榮
단사표음59)하며	簞食瓢飮
은사의 절조 즐길 만하였습니다	可樂幽貞
사양60)의 봄날과	泗陽春半
백매원61)의 깨끗한 눈 속에서	梅園雪晴
화락하신 스승께서는	雍容函丈
성명을 익히고 연구하셨습니다	講究誠明
주공의 마음과 공자의 생각이며	周情孔思
천리의 이치를 가슴에 간직하셨습니다	地緯天經
해와 별처럼 찬란하였으니	奉持心胸
칠십 제자들이 진심으로 따랐다 하더라도	燦若日星
지나친 평가가 아닙니다	七十誠服
스승께서 돌아가시니	未爲過許

59) 단사표음(簞食瓢飮) : 안빈낙도(安貧樂道)를 뜻한다. 『논어』 「옹야(雍也)」의 "한 대그릇의 밥과 한 표주박의 물을 마시며 누추한 거리에 사는 것을 사람들은 그 근심을 견디지 못하는데, 안회는 도를 즐기는 마음을 고치지 않으니, 어질도다! 안회여![一簞食 一瓢飮 在陋巷 人不堪其憂 回也不改其樂 賢哉回也]"라는 말에서 유래한다.

60) 사양(泗陽) : 지금의 대구시 칠곡 사수동 사빈(泗濱)에 있었다. 정구(鄭逑)가 강학하던 사양정사(泗陽精舍)를 말한다.

61) 백매원(百梅園) : 정구가 회연초당(檜淵草堂)을 짓고 초당 앞뜰에 매화를 심어 백매원이라 이름 붙였다고 한다.

사모하는 간절한 마음은	虹樑一摧
국에도 보이고 담장에도 보였습니다62)	慕切羹牆
비석을 세워 묘를 드러내고	竪石表封
서원을 세워 영령을 모시니	建院妥靈
비록 사론을 따른 것이지만	雖仍士論
실로 공의 정성에 바탕을 둔 것이었습니다	實藉公誠
남기신 풍교로	遺風餘敎
고장의 유생을 권장하여	倡勵鄕生
무릇 문회가 있으면	凡有文會
한결같이 전형을 따르니	一遵典刑
사람들의 의논이 진실로 부합하여	羣議允叶
혹시라도 분쟁을 일으키는 자가 없었습니다	莫或紛更
우리들이 알려진 것도	吾儕有聞
공의 명성 때문입니다	蓋以公名
진주는 감추어도 빛이 상승하니	珠藏氣升
당시에 은거하고 계시면서	時際濯纓
비록 벼슬을 내리는 명에 응하였으나	雖膺爵命
은거하려던 처음 맹세 저버리지 않았습니다	不負初盟
생각건대 고루한 저는	顧余孤陋
오래도록 그대의 맑은 향기에 젖었습니다	久襲淸馨
공은 옛 벗을 가련히 여기셨고	公憐舊要
저는 공을 큰 형으로 모셨습니다	我事大兄
선사에 대하여 말할 때마다	每說先師
간곡하게 가르쳐 주시면서	勤誨丁寧
봄 얼음을 밟듯	春冰若履
사발의 물을 들듯 하시니	盤水常擎

62) 국에도……보였습니다[羹牆] : 권3 주 14) 참조.

어찌 힘쓰지 않겠습니까	曷不相勖
나날이 매진하고 다달이 나아갔습니다	日邁月征
어리석음은 깨치기 힘든 법이라	昏庸難砭
비록 받아들여 실행하지는 못하였으나	縱未服行
완고한 자질 깨우쳐 주심이 깊고 간절하여	警頑深切
잠든 이를 깨워 준 듯하였습니다	若寐而醒
사문에 일이 있으면	斯文有事
좋은 의논이 우뚝하니	淸議崢嶸
저의 어리석은 견해가 어찌 도움이 되겠습니까	愚見何裨
그러나 반드시 들어 주었습니다	謂保必聽
진심을 다 기울여	推許誠悃
손실이 되어도 보탬이 되는 것으로 여겼습니다	視損猶贏
죽담의 신야와	竹潭新野
회연의 창가에서	檜淵風欞
늙은 얼굴과 흰 머리로	蒼顔白髮
너와 나를 잊고	兩忘畦町
옥 항아리 맑은 얼음 같이	玉壺淸冰
속마음을 다 기울였습니다	肝膽相傾
제가 근년에	以余比年
재앙을 거듭 만나니	禍故疊丁
경서를 인용하고 예서에 근거하여	引經據禮
이모저모로 너그러이 위로해 주시고	寬譬縱橫
앞뒤로 당한 상에	前後之喪
제문과 부의를 보내 주셨습니다	誄與賻並
좋은 이웃에 살기를 원하니	芳鄰願卜
제가 진보가 있는 것을 기뻐하시고	欣我谷鶯
병든 몸에도 새벽에 일어나	力疾晨起
직접 경영하여	親自經營
은거할 집 지어	擬築鳩巢

저와 즐거움을 함께하려고 하셨습니다	同樂柴衡
어찌 알았겠습니까 흉한 부음이 올 줄을	那知訩訃
기거하시던 곳에 심부름꾼을 돌려보내었습니다	起居廻伻
유림들은 기가 막히고	儒林氣塞
고장 사람들은 눈물을 떨굽니다	鄕黨涕零
못난 저는 세상에 덤으로 살고 있으니	乖慵贅世
그림자는 너무 외롭지만	迹影伶仃
차마 마음과 낯빛을	忍將心顔
천박하고 경박한 곳으로 돌리겠습니까	開向淺輕
벗의 거문고 소리 쓸쓸하게도 끊어지니	牙絃凄斷
물은 목이 메고 산도 웁니다	水咽山鳴
용마루의 달이 또렷하고 밝으니	樑月分明
그대의 고아한 거동 단아한 모습만 같습니다	雅儀端形
한 소리로 부르짖고 통곡하니	一聲號慟
어찌 평소 간직한 마음을 다 말하겠습니까	詎盡生平
조촐한 제수와 거친 말을 바치니	薄奠荒辭
바라건대 살펴주십시오	惟監之淸
아! 슬픕니다	嗚呼哀哉

이석담[63]을 애도하는 제문[祭李石潭文]

나라의 인물 가운데에	國朝人物
광주 이씨가 있으니	曰維廣李
별처럼 많이 번창하여	克昌于星

63) 이석담(李石潭) : 석담은 이윤우(李潤雨, 1569~1634)의 호이다. 자는 무백(茂伯), 본관은 광주(廣州)이고, 성주 출신이다. 권1 주 63) 참조.

대대로 이름난 선비를 배출하였습니다	世有聞士
공이 여기에서 우뚝이 태어나니	公焉挺生
옛 어진 이에게 후손이 있게 되었습니다	昔賢有嗣
금옥 같이 곧은 자품	金玉貞姿
난설 같은 품격으로	蘭雪標致
일찍이 문묵을 일삼았고	早事翰墨
경사에 관통하였습니다	貫通經史
마의[64] 입어 단정한 모습 지니시니	麻衣端拱
체모體貌 이미 갖추었고	體段已備
장막을 내리고 학문에 침잠하여	下帷沈潛
오피궤[65]가 거의 닳았습니다	幾穿烏几
어찌 조롱박 같이 매달려 있는 것이 맞겠습니까	豈宜匏繫
뛰어난 자질로 스승에게 나아가 배웠습니다	播芬執贄
높은 명망 성대하여	風雲蔚望
조정에서 군왕을 보좌하며	朝端羽儀
예문관에서 붓을 잡아	秉筆藝閣
한 글자로 포폄하니	袞鉞隻字
곁의 사람들이 음험하게 엿보아서[66]	沙吹傍伺
천 리 먼 북쪽 변방에 좌천되었습니다[67]	北塞千里

64) 마의(麻衣) : 심의(深衣)를 말한다. 선비가 입던 웃옷으로, 흰 베로 두루마기 모양으로 만드는데 소매를 넓게 하고 검은 비단으로 가를 둘렀다.

65) 오피궤(烏皮几) : 까만 염소 가죽을 덮은 자그마한 안석으로, 은자들이 애용하는 것이다.

66) 음험하게 엿보아서[沙吹] : 음험한 수단으로 남을 해친다는 뜻이다. 중국의 남방에 있는 물여우[含沙蜮]라는 괴물이 모래를 머금고 사람의 그림자에 쏘면, 그 사람이 병이 들어 죽는다는 전설이 있다.(『詩經』「小雅·何人斯」)

67) 천 리……좌천되었습니다 : 이윤우는 일찍이 사관으로서 정인홍(鄭仁弘)의 비위사실을 직서하였다가 한찬남(韓纘男)의 탄핵으로 물러나게 되었다. 후에 대교(待教)·봉교(奉教)에 승진되었으나 모두 취임하지 않았으며 연달아 폄직되어 전적(典籍)으로서 지방으로 나가 함경도의 수성도 찰방(輸城道察訪)을 지낸 적이 있다.

벼슬을 버리고 은거하여　返我初服
오로지 실지의 공부에 정신을 쏟아　專精實地
한결같이 의귀하여　一意依歸
고관의 벼슬을 헌신짝처럼 버렸습니다　軒冕弊屣
널리 경서를 연구하여　博究遺經
오묘한 뜻을 탐색하셨으니　探賾妙旨
무슨 예인들 익히지 않았으며　不講何禮
무슨 이치인들 궁구하지 않았겠습니까　不窮何理
어려운 물음에 간곡히 대답하고　勤於難問
실천을 통해 증명하셨고　驗之踐履
덕성이 더욱 깊어져　滋益德性
남김없이 꿰뚫어 통하셨습니다　洞澈無滓
스승을 높이려는 오직 한 가지 생각　隆師一念
늙을수록 더욱 깊어져　老而益罙
예설[68]을 간행하여 유포하니　禮說刊布
실로 그대가 부지런히 힘쓴 덕분이었습니다　實由勤費
만년에 다시 알아주는 군왕을 만나　晩復際遇
가까이서 모시는 직책 거치게 되었습니다　歷踐密邇
조서를 쓰는 직책을 맡은 데다　旣典綸綍
시강원에서 학문을 토론하니　亦供論思
십 년 동안 대궐문 출입한 것은　十年靑瑣
우연이 아니었습니다　未爲偶爾
그러나 공이 온축한 것이　然公所蘊
어찌 여기에 그친다고 하겠습니까　豈如斯止
반듯하고 정직하니　端方正直
무너진 기강을 떨칠 만하였고　可振頹紀

---

68) 예설(禮說) : 정구가 편찬한 『오선생예설(五先生禮說)』을 말한다.

고요하고 지조 굳으니	凝靜堅貞
법과 일을 이룰 만하였습니다	可集臬事
아량이 넓고	雅量之宏
학문이 치밀하니	學力之緻
평소 함양한 것을 헤아려	揣其素養
여유롭게 널리 베풀었습니다	綽乎博施
세상에 알아주는 이 없었으나	世莫知公
공은 상관치 않았습니다	公不自異
늘그막까지 단심을 지녔으나	心丹髮白
깊은 병에 걸리셨습니다	二竪爲祟
무릉의 가을비 속에	茂陵秋雨
병석에서 세월이 흘렀으나	牀席歲累
공이 아직 늙지 않았기에	幸公未耄
다시 일어나기를 바랐습니다	庶幾復起
어찌 생각이나 했겠습니까	豈謂於世
세상에 다시는 뜻이 없을 줄을	無復有意
백성들은 기대할 곳을 잃고	蒼生失望
사림들은 울음을 삼킵니다	士林呑氣
명을 따른 것인가요	聽於命耶
운수에 매인 것인가요	關於數耶
대대로의 가업 이어	青氈緖業
학문에 유래가 있으니	詩禮有自
아들은 뛰어나고	碧梧文彩
손자는 아름답습니다	鸞鵠停峙
공이 못다 누린 복을	公未展盡
이들이 받을 것입니다	食報於此
천명이 이미 정해졌으니	天其已定
이러한 이치를 충분히 믿을 만합니다	理可足恃
어릴 적부터 따라 노닐어	丱角從遊

오십 년이 넘었고	五十餘禩
중년에 스승에게 나아가	中年絳帳
형이라 부르고 아우라 불렀습니다	兄唱弟唯
사람들은 저를 미련하다 여겼건만	衆視蠢貿
공은 우직하다고 인정하여 주셨습니다	公許狂斐
비오는 밤 가물거리는 등불과	殘燈雨夜
싸늘한 서재의 차가운 이불 속에서	冷齋寒被
마음을 터놓고 이야기 나누며	開懷晤語
깊은 속마음을 털어 놓았습니다	吐露肝脾
온화한 말과	溫溫辭氣
정성스런 뜻으로	懇懇意味
저의 지식 더해 주시고	增我知識
저의 심지 계발해 주시니	啓我心志
맑은 향기 옷깃에 가득하고	清芬滿襟
진한 술이 몸속에 퍼지듯 하였습니다	醇酒浹髓
한 조각 꿈같은 지난날 여전하니	片夢依然
떨어지는 눈물을 견딜 수 있겠습니까	可堪淚墜
공이 병석에 있을 때	公在沈痾
저는 우환을 만나니	余罹憂瘁
못내 그리워하면서도	耿耿瞻望
약으로 보살펴 드리지 못하였고	未親藥餌
잠시 안부를 여쭈러 가서는	瞥眼投候
물끄러미 서로 바라보기만 하였습니다	脈脈相視
간곡하게 짧은 말로	丁寧片言
만년에 다시 함께 지내자고 하였건만	晩更聯比
맑은 즐거움을 다시 가지기 어렵게 되니	清歡難再
아픈 마음이 어찌 끝이 있겠습니까	痛懷曷已
세상은 각박하여	浮世澆薄
모두가 앞 다르고 뒤 다르니	面背皆是

못난 저는 어디를 우러르며	乖慵焉仰
외로운 몸 누구에게 도움을 받을까요	奇隻誰庇
물이 새는 배로	殆將漏船
산수에 맡겨 떠 있는 것만 같습니다	漂寄峽水
말로 어찌 마음을 다 표현하겠습니까	言何情盡
천박한 글로 좋은 제문 쓰지 못하고	賤不貴誄
오직 마음의 향을 피웁니다	一團心香
이를 기꺼이 흠향하소서	屑歆是賜
아! 슬픕니다	嗚呼哀哉

이심원당[69]을 애도하는 제문[祭李心遠堂文]

아! 형의 세덕世德의 아름다움과 스승의 훌륭함과 학문의 해박함과 행의行義의 출중함을 공허한 짧은 글로 그 대강을 대략 진술하겠습니다. 그러나 평소에 알고 지내던 친밀함과 깊이 인정해 준 데 대해서는 오직 형과 저만 알고 세상에는 아는 자가 없습니다. 한 잔 술로 영결하는 즈음에 어찌 한 마디 말로 제 남은 생애의 한없는 슬픔을 서술하지 않을 수 있겠습니까.

처음에 저와 형은 강의 위아래에 살고 있으면서 세 살을 앞서거니 뒤서거니 태어났으니, 그 형세로 보면 어려서부터 함께 생활한 것과 같았습니다. 그러나 각자 엄한 부형이 집에 계시면서 공부의 과정을 권면하여 교유를 허락지 않으셨고, 형께서는 또 일찌감치 벼슬길에 올라 집에 계신 적이 늘 드물었습니다. 제가 슬픈 일을 당하여 벗들과 떨어져 홀로 지내니, 그 사이에 간혹 산당山堂의 거처에서 지내거나 과거를 보러가는 걸음에 잠시 서로 대하기는 하였으나 역시 아직 친근하게 지내지는 않았습니다. 선생께서 사직하고 남쪽으로 내려와 후학들을 장려하게 되자 약간의 선배들은 저보다 먼저 문하에 나아가 뵈니, 형과

69) 이심원당(李心遠堂) : 심원당은 이육(李堉, 1572~1637)의 호이다.

형의 인척 형인 정평보鄭平甫70) 군과 못난 저는 나이가 비슷하고 사는 곳이 가까워서 옷자락을 나란히 하여 앉고 발걸음을 이어서 다녔습니다. 선생께서 부르시면 한 목소리로 대답하고 선생께 일이 있으면 함께 나아갔으며, 같은 밥상에서 먹고 같은 이불을 덮고 잤습니다. 선생께서 또 마음을 헤아려 각자에게 충심을 다하여 사랑하고 보살펴 주시며, 규각圭角을 없애어 취향을 가지런히 해 주고 귀의처를 일치시킴으로써 지난날 서로 들쭉날쭉하고 질서가 없던 것들이 모두 혼합되어 가지런하게 되었습니다. 이로부터 형과 저는 몸은 둘이지만 마음은 하나가 되고, 소리는 다르지만 운율이 같게 되었으니, 배고픔과 포만함, 추위와 더위, 잃고 얻음과 슬픔과 기쁨, 좋은 계절 경치가 아름다울 때의 모임과 빼어나고 아름다운 산수를 감상할 때까지도 일찍이 함께 하지 않은 적이 없었으니, 난초 향을 맡고 쇠를 끊는 날카로움71)으로는 형과 제가 서로 의기투합하게된 것을 비유할 수 없습니다.

선생께서는 늘 형의 글씨가 좋다고 여기시어 왕복하는 서찰을 대부분 형에게 쓰게 하시니, 말이 입에서 나오자마자 글자는 벌써 종이에 쓰여 있었습니다. 어떤 때는 선생께서 형의 능력을 시험하시려고 말을 분명하게 하지 않으셨으나 형께서는 그때마다 바로 알아듣고 붓을 잠시도 멈추지 않으니, 선생께서는 늘 직부直夫(정장鄭樟의 자)의 이름과 형의 자字를 칭하면서 "아무개와 아무개가 붓을 잡으면 내가 부르는 말이 늘 쫓긴다."라고 하셨으니, 이는 감탄하신 것입니다. 선생께서 조정에서 아직 돌아오지 않으셨을 때 당시 반란을 일으킨 한 쪽의 형적이 다 드러나지도 않아서, 남쪽의 선비들이 원근에서 많이 모였습니다. 형은 함께 가야산에 살면서 평소 서로 왕래하였고, 형이 또 그 이웃에 장가들자 형과 친한 사람들은 모두 저들의 무리가 되었습니다. 그리하여 저들이 온갖 수단으로 올바른 사람을 잘못된 길로 끌어들이니, 끌어들이는 형세는 옻으로 머리를 감기는 것과 같을 뿐만이 아니었습니다. 그러나 형은 빨리 깨닫고 한 번 귀의할 곳을 정하고서는 발을 굳게 붙이니, 비록 이달利達로 꾀고 위화威禍로 을러도 형은 흔들리거나 유혹되지 않아 시종 확고하였습니다.

---

70) 정평보(鄭平甫) : 평보는 정추(鄭錘, 1573~1612)의 자이다. 호는 양졸재(養拙齋), 본관은 동래(東萊)이다. 정구(鄭逑)를 스승으로 섬겨 성리학을 닦아 학문과 기예가 깊은 경지에 이르렀고 동문의 선비들이 서로 추중하였다.

71) 난초……날카로움 : 매우 두터운 우정을 뜻한다. 『주역』「계사상(繫辭上)」의 "두 사람이 마음을 같이 하니 그 예리함이 쇠를 끊는다. 마음을 같이하는 말은 그 향기가 난초와 같다.[二人同心 其利斷金 同心之言 其臭如蘭]"라는 말에서 유래한다.

식견이 밝고 결단에 과감하여 벼슬을 사양할 수 있고 칼날도 밟을 수 있는 형과 같은 사람이 아니라면 그 누가 이와 같이 할 수 있었겠습니까?

형과 저는 모두 형제가 있으나 저의 여러 아우는 모두 저보다 스무 살이 적고 일찍 아버지를 여의어 제가 양육을 하였습니다. 아우를 보살필 때 저는 늘 엄하고 조금도 너그럽게 대하지 않아서 비록 처자를 두었더라도 감히 머리를 들고 얼굴을 대하지 못하고 한결같이 순종하기로 마음먹었기에 저의 형 노릇은 매우 쉬웠습니다. 그러나 형의 아우들은 동시에 자라서 같은 문하에서 배워 영민하고 총명하여 학문이 일찍 성취되어 우열을 가리기 어려울 정도로 비슷하니, 집에서 지낼 때 화목하여 속이지 않았고 일을 만나면 어려움을 이야기하여 각자 견해를 다 말하였는데, 말이 대부분 직선적이었으나 형은 그때마다 포용하여 일찍이 어기거나 거스른 적이 없었기에, 늘 형과 함께 지내다 여러 날 지나서 돌아오면서 일찍이 망연자실하지 않은 적이 없었습니다. 평보平甫가 선생보다 먼저 돌아가시자 이로부터 사문에 일이 있으면 선배들이 꺼리고 수고롭게 여기는 일이나 후배들이 하기 어려운 일을 형이 실로 맡으셨고 저는 간혹 도왔는데, 형의 정성에 감동하였습니다. 저의 어리석고 모자람을 불쌍히 여겨 부족함을 서로 함께 메워 주니 허물을 면할 수 있었습니다.

아! 옛 사람은 나를 알아주는 자를 나를 낳아 준 자와 견주었으니, 참으로 이유가 있었습니다. 만년에 저의 여식이 형의 맏아드님에게 시집가게 되자, 정의가 독실하여 길이 친하게 되니, 형의 집에 들를 적마다 손자들이 앞에서 재롱을 떨었습니다. 저는 늘 형이 어진 것을 사랑하였고 형께서는 매번 저의 거셈을 충고하니, 한바탕 웃음은 실로 폐부에서 나온 것이었습니다. 지금에 와서 추억해 보니 슬픈 감회 더욱 절실합니다. 형께서는 받은 기질이 진중하고 그다지 허약하지 않으며, 눈빛은 쇠약하지 않고 눈썹은 남다름이 있으니, 장수하셔서 어진 이가 장수한다는 이치를 증명하시리라 늘 생각하였습니다. 시절을 상심하는 마음 아픔으로 마침내 목숨을 잃기에 이르렀더라도 분수와 의리에 당연한 것이니, 형에게 있어서 무엇이 슬프겠습니까? 그러나 형의 재주와 덕을 끝내 펼쳐 보지 못하게 되었으니, 친애하는 정으로 아쉬움이 없을 수 없습니다. 형은 이미 선사께 의귀하게 되어 사우들이 존중하였고 또 산수의 뛰어난 경치와 서적을 읽는 즐거움과 형제자손의 경사가 있으니, 모두 형이 청복淸福을 누리는 데 이바지하기에 충분한 것입니다.

형께서는 살아서는 하늘에 순응하고 죽어서는 편안하셔서 조금도 남는 아쉬움이 없겠으나, 생각건대 저는 하늘이 돕지 않으시니 늙을수록 더욱 기구하여 거듭 혹독한 재앙을 만나 정처 없이 이리저리 떠돌아다니며 오직 형을 의지하였습니다. 형께서 지금 헌신짝만도 못하게 저를 버리시니 답답하고 원통함을 누구와 함께 마음 터놓고 이야기하겠으며, 엎어지고 자빠지는 곤궁함을 누가 건져주겠습니까? 새는 배가 바람을 만났으나 노가 없고 궁한 원숭이가 높은 곳에 오르려고 해도 잡을 것이 끊어졌으니, 죽은 형께서 만약 살아 계신다면 제가 형의 죽음을 슬퍼하기도 전에 오히려 형께서는 제가 살아있는 것을 불쌍히 여기게 될 것입니다. 장삿날이 가까워 오니 생사가 영원히 막히게 되었습니다. 곡을 해도 슬픔을 다할 수 없고 말을 해도 정을 다할 수 없습니다. 끝없는 마음의 실마리를 오직 형께서는 아실 것입니다. 아! 슬픕니다.

채투암[72]을 애도하는 제문[祭蔡投巖文]

삼가 생각건대 우리 공께서는	恭惟我公
우리 고을의 선배로서	吾黨先輩
일찌감치 선생의 문하에 들어	早歲登門
가르침을 받드셨습니다	奉承訓誨
겸손하고 공손함은 밖으로 드러나고	謙恭著外
굳세고 단단함은 안에 심겨 있었으니	堅固植內
원대하게 되리라 기약한 것이	期以遠大
어릴 때부터였습니다	始自應對
행실은 반드시 실천에 힘쓰고	行必務實
학문은 반드시 자신에게 절실한 것으로 하였습니다	學必切己
종일 단정히 앉아	終日端坐
책을 읽고 사색하여	俯讀仰思
주림 배부름 추위 더위에도	飢飽寒暑

72) 채투암(蔡投巖) : 투암은 채몽연(蔡夢硯, 1561～1638)의 호이다. 자는 정응(靜應)이고, 저서로는 『투암집』이 있다. 『등암집』 「연보」에 배상룡이 채몽연에게 정구의 「연보」에 대한 일을 청탁한 사실이 보인다.

감히 게을리한 적이 없었으니	罔或敢怠
당시의 여러 사람들이	一時諸子
누군들 감히 경외하지 않았겠습니까	誰敢不畏
어지러운 시절을 만나	時丁板蕩
쇠약한 어른을 업고 이리저리 떠돌아다니니다	負衰飄轉
상주되어 몸이 수척하기에 이르렀으니	欒欒棘人
이는 인륜을 부지한 것이었습니다	寔扶彝典
근본에 보답하고 멀어진 조상을 추모함에	報本追遠
정성스런 마음 지극하여	誠意備至
안팎의 선영에	內外先塋
비석을 세우고 아름다운 말로 새겼네	建石琢辭
벗 중에 떠돌아다니니다	親舊流落
죽어서도 돌아오지 못한 자를	死而未還
공이 반드시 보살펴	公必營護
고향으로 반장返葬하게 하였으니	得返故山
가난에도 흔들리지 않고	貧不敢撓
곤궁해도 지칠 줄 몰랐습니다	困不知疲
우리 도의 남쪽에서	吾道之南
강당을 다시 여시니	絳帳重下
공의 나이 예순에	公年六旬
스승과 몇십 리 떨어진 곳에 거처하시면서	公居數舍
왕래하실 때에 따라 모시어	往來追陪
비 오고 바람 불어도 빠짐이 없었으니	風雨無間
제자의 직분을	弟子之職
직접 맡아 주선하셨습니다	親執周旋
스승께서 하룻밤 새 돌아가시니	山頹一夕
말씀은 끊어졌으나	響輟襟佩
심상心喪 삼 년을 지내는 동안	三年心制
공은 유독 게으르지 않으셨습니다	公獨不懈

덕을 사모하는 정성 간절하여　慕德誠切
어진 이를 숭상하는 의로움 일으키니　尙賢義起
선비들이 의논을 같이하여　士論攸同
저희들이 일이 많아졌습니다　吾儕多事
하나뿐인 어린 종에 쇠약한 말로　單童羸馬
먼 길을 바삐 달려오시어　涉遠兼程
윗자리에 앉으셔서 몇 마디 해 주시는 말씀에　席右片言
사람들은 감격하여 들었고　聳動人聽
편년으로 연보를 지을 때　編年作譜
정성과 힘을 다하셨습니다　殫竭誠力
벼슬에 임명된 차례와　除拜次序
관직에 나아가고 물러나신 사적에 대하여　出處事蹟
널리 물어보고 고찰하여　廣詢博攷
번잡한 것을 제거하고 알맹이를 모으니　刪煩摭實
체제가 갖추어지고 중심이 서서　條例機軸
찬란하게 저술되었다고 할 만하였네　燦然可述
신도비문을 지을 때　神道之作
훌륭한 솜씨를 지닌 자에게 맡겨　筆從大手
문장이 뛰어나고 언어에 무게가 있으니　句奇語重
누가 감히 이론異論이 있었겠습니까　孰敢容議
그러나 공은 펼쳐서 읽어 보시고는　公爰展讀
흠을 지적하고 잘못을 찾아내어　指罅剔僞
줄마다 찌를 붙여　逐行付紙
거듭 밝혀내어 그냥 두지 않으셨습니다　申覆不置
재상께서 마음을 낮추어　相公心降
넉넉히 답하고 허심탄회하게 받아들이자　優答虛受
그제야 아름답게 수식하니　仍加點綴
처음과 끝이 완비되었습니다　首尾完備
어찌 생각이나 하였으랴　寧料物兒

조물주가 장난과 기교를 잘 부릴 줄을	善戲好巧
비각이 다 이루어지기도 전에	石刻未報
초고가 먼저 유포되니	草藁先布
사리에 어그러지고	事理舛錯
근거 없는 논의가 어지럽게 일어났습니다	浮議紛挐
공이 온 정성을 다하신 것은	在公血誠
전혀 다른 뜻이 없었고	斷斷無他
온전하기를 바라다가 헐뜯음 받았으니	求全有毁
공인들 또 어찌할 수 있었겠습니까	公且柰何
얼마 남지 않은 어른들께서	若干長老
거의 돌아가시니	零落殆盡
선사의 유고 간행하는 일이	遺藁之刊
순서에 따라 제게 맡겨지자	次及不敏
저를 무능하다고 여기지 않으시고	不我慵陋
일을 다스릴 만하다고 여기셨습니다	謂可共理
궁한 집에서 맑게 갠 날	窮簷晴晝
조용히 작은 책상 마주하여	靜對小几
잘못된 부분을 교정하시며	攷校訛舛
낱낱의 글자마다 점을 찍으셨습니다	點墨隻字
공께서는 매우 정밀한 데 힘쓰시고	公務至精
저는 의심스러운 점을 그대로 두기를 주장하여	我主傳疑
시비를 가려낼 때에	商確是非
마음속을 드러내셨습니다	露出肝脾
중원[73] 다음날 아침	中元翌朝
새벽에 여러 고을을 지나	曉越重關
저를 찾아왔는데 만나지 못하자	訪我不遇

73) 중원(中元) : 음력 7월 15일이다.

시냇가로 저를 찾다가 尋我溪灣
길가에서 서로 만나게 되니 相逢路左
혹시라도 다칠까 먼저 염려하였습니다 先念或傷
함께 저의 집으로 돌아오니 同歸蓽門
더위와 습기가 끓는 물 같았습니다 暑濕如湯
뜨거운 해가 기울기도 전에 畏日未昃
돌아갈 생각에 금세 마음이 바빠 歸意旋忙
옷깃을 떨치고 훌쩍 떠나시니 拂袖飄然
저는 발돋움하여 멀리 바라보았습니다 企予瞻望
열흘도 되지 않았는데 曾未涉旬
흉한 부음이 갑자기 이르렀습니다 凶訃忽至
그대 자취가 자리에 남아 있고 芳塵在席
웃으며 하던 말이 귓가에 가득합니다 笑語盈耳
놀라 부르짖어도 미칠 수 없으니 驚號莫逮
꿈속에 있는 것만 같습니다 如夢如寐
다시 생각건대 重惟雅範
고상한 풍모는 천품이 남달라 稟受超異
부드러우면서도 접근하기 어려웠고 柔而難犯
엄격하면서도 다가가기 쉬웠습니다 峻而行易
주선하는 국량은 旋轉之局
넉넉히 여유 있었고 綽乎餘裕
준절한 소신은 凜截之致
빼앗을 수 없는 점이 있었습니다 有不可奪
평소의 몸가짐은 尋常操履
늘 법도를 따랐고 動遵繩墨
깊은 조예는 就其所造
쌓고 쌓아 이룬 것입니다 積累之得
도를 지닌 채 돌아가셨으니 殉身以歿
저 하늘에게 따질 수도 없습니다 彼蒼難詰

경서의 공부에 기대할 바가 있었고　菑畬有望
아름다운 행실 전할 만하였습니다　懿行可傳
훌륭한 자제들이 우뚝하니　鸞鵠停峙
청복이 영원하리란 것이　清福可綿
거의 이미 정하여져　殆其己定
쉽게 바꿀 수 없었습니다　有未易槩
비속한 저의 문장은　鄙俚之文
평소 인정할 만한 점은 없으나　素不許可
애오라지 스스로 사실을 기록하여　聊自記實
묘지와 비갈 쓰는 것을 도왔습니다　用贊誌碣
비록 친분은 매우 좋았으나　如其分好
칭찬하는 말은 천박합니다　稱道則淺
한 목소리로 길게 통곡하여도　一聲長慟
늙은 나의 회포를 다하기 어렵습니다　老懷難盡
아! 슬프도다　嗚呼哀哉

최죽헌[74]을 애도하는 제문[祭崔竹軒文]

공은 말세에 태어나셨으나　公生季世
하늘이 그 자질 도탑게 주셨으니　天篤其畀
기운은 청수하고 완전하며　氣淸而完
자질은 두텁고 빼어났습니다　資厚而秀
성품은 관대하면서도 엄정하고　寬而能整
행동은 평이하면서도 이완되지 않으니　坦而不弛

74) 최죽헌(崔竹軒) : 죽헌은 최항경(崔恒慶, 1560~1638)의 호이다.

장자의 풍도요 長者風度
군자의 경지였습니다 君子意味
한 번 위의威儀를 접하게 되면 一接符彩
누군들 마음이 취하지 않겠습니까 孰不心醉
모두 세상의 상서되리라 기약하였으나 咸期瑞世
공은 마음에 달가워하지 않았고 公不屑意
성균관에 오른 것은 國庠之陛
여벌의 일이었습니다 乃其餘事
강당을 높이 여시니 絳帳高懸
덕을 본받을 곳이 있었습니다 熏德有所
어찌 나아가 배우지 않으리오 盍就而正
자양하고 도움되는 이로움이 있었습니다 滋益之利
정성스런 마음으로 도를 수호하여 誠心衛道
쉽고 어려움으로 마음을 바꾸지 않았습니다 夷險不二
하룻밤 새 스승께서 돌아가셨는데 山頹一夕
회연서원을 막 짓기 시작했으니 淵院伊始
많은 선비들의 부탁으로 多士屬望
공이 그 의논을 주관하게 되었습니다 公主其議
마침내 영령을 모시게 되니 終能妥靈
정성과 힘을 다해 이룬 것입니다 誠力之備
문정이 이미 정연하니 戶庭旣飭
복록이 길이 올 것입니다 福祿來綏
나란히 줄지은 훌륭한 자손들이 聯芳寶樹
뒤이어 일어나니 接武而起
세업의 백패가 青氈白牌
삼대에 네 분이나 있게 되었습니다 世三居四
박릉[75]의 성대함이 博陵之盛
아마도 여기에 있는 것이 아니겠습니까 其有是耶
무흘구곡의 이름난 곳과 九曲名區

열두 곳의 경치가 빼어난 곳에서 十二勝地
유유자적하게 지내며 優遊偃息
팔순의 장수를 누렸습니다 八旬仁壽
즐겁고 여유롭게 술잔을 기울이며 樂裕壺觴
산수 간에 흥이 깊어 興濃雲水
치란에 대하여 관여치 않았으니 不聞理亂
어찌 시비에 근심하겠습니까 寧恤非是
아홉 길 못처럼 깊이 간직하고 九淵深藏
천 길 하늘처럼 높은 풍도 지녔습니다 千仞高致
크고 넓은 도량을 추억컨대 追惟雅量
그 끝을 엿볼 수 없습니다 莫窺涯涘
제가 당신을 곁에서 모시게 된 것은 愚蒙得御
경인년 향시[76] 때입니다 白虎槐市
다행히도 취향이 같아 幸同趣向
자주 뵙게 되었습니다 頻接青眥
서원을 창건하게 되자 逮當刱院
저는 보좌하는 자리에 있게 되니 忝在副貳
서원의 원장으로 계실 때 薤鹽朝暮
육 년이나 책상을 마주하면서 六載對几
공이 포용해 주심에 의지하여 倚公包容
저의 부족한 정성을 다하였습니다 殫我率爾
매번 일이 일어나면 每有興作
동료들이 모두 모여 儕輩咸萃
각자 자기의 견해를 고집하여 各執己見

75) 박릉(博陵) : 송나라 때 경학자로 유명한 박주(博州) 박평(博平) 사람 손석(孫奭)과 서한 때의 명신(名臣)으로 이름난 난릉(蘭陵) 사람 소광(疏廣)을 말한다. 손석과 소광 둘 다 그 자손들이 대대로 훌륭하였다.

76) 향시[槐市] : 배상룡은 열일곱 살인 경인년(1590) 가을에 향시에 나아가 입격한 전력이 있다.

의논이 떠들썩하였습니다	論議聒耳
공은 그때마다 진중하게 계시면서	公輒凝重
음성과 기색에 변함이 없이	不動聲氣
느긋이 한 말씀으로	徐爲一言
사리를 나누어 분석하니	剖析事理
사람들이 모두 승복해서	衆情咸服
혹시라도 의견을 달리하는 자가 없었습니다	莫或同異
어떤 때에 생각해 보면	有時想來
늙은 저의 회포를 견줄 길이 없습니다	老懷無比
공을 장사지내는 날짜를 듣고	聞公葬期
새로 묘터를 잡고는	新卜兆次
한 움큼 슬픈 눈물을	一掬哀淚
묘소에 뿌릴까 하였습니다	擬披宿草
병마에 시달리느라	魔病竝掣
정을 이루지 못하고	情莫之遂
조촐한 제수와 거친 말을	薄奠荒詞
남을 시켜 올립니다	又憑替侑
지난날을 생각하니	感念平昔
슬프고 부끄러운 마음이 교차합니다	悲媿交至
밝으신 영령이 응당 계시리니	不昧應存
기꺼이 이를 흠향하소서	肩歆是賜
아! 슬프도다	嗚呼哀哉

서준도를 애도하는 제문[祭徐遵道文]

영령이시여	唯靈
형산의 온옥77)이며	荊山蘊玉
초택의 유란78)이셨습니다	草澤遺蘭
질박함을 숭상하면서 순수하고	尙質而粹
공손함으로 처신하여 단정하셨습니다	處恭而端
순일하여 거짓됨이 없어	純一無僞
어린아이 순수한 마음 지니고	赤子之心
소박하여 꾸밈없어	朴素去飾
태고 사람의 흉금 지녔습니다	太古之襟
고장이 이에 힘입어 순박해졌고	鄕賴以淳
집안사람 우러러보아 화목하게 되었습니다	門仰而睦
타고난 자질의 아름다움 있으니	生質之美
어찌 아직 배우지 않았다79)고 하겠습니까	豈云未學
저는 동서 간으로 있으면서	辱居姻婭
어려서부터 늙을 때까지 함께 지냈습니다	自髫而耋
저를 부족하다 여기지 않고	不我無似
쌍봉80)으로 여겨 주셨습니다	雙鳳見屬

77) 형산(荊山)의 온옥(蘊玉) : 온옥은 옥을 간직한 옥돌로, 춘추 시대 초(楚)나라 변화(卞和)가 형산(荊山)에서 옥돌을 얻어 여왕(厲王)에게 바쳤다가 왼쪽 발을 잘리고, 무왕(武王)에게 바쳤다가 다시 오른쪽 발을 잘린 뒤, 세 번째로 문왕(文王)에게 바쳐 진가를 인정받았던 고사가 있다.(『韓非子』 권4 「和氏」)

78) 초택(草澤)의 유란(遺蘭) : 초택은 풀이 자라는 못으로 초야를 말하고, 유란은 사람이 살지 않는 그윽한 곳에 피는 난초라는 뜻이다.

79) 아직……않았다[未學] : 이 말은 『논어』 「학이(學而)」에 보이는데, 전문은 다음과 같다. "어진 이를 어질게 여기되 색을 좋아하는 마음과 바꿔 하며, 부모를 섬기되 능히 그 힘을 다하며, 인군을 섬기되 능히 그 몸을 바치며, 붕우와 더불어 사귀되 말함에 성실함이 있으면 비록 배우지 않았다고 할지라도 나는 반드시 그를 배웠다고 이르겠다.[賢賢易色 事父母能竭其力 事君能致其身 與朋友交 言而有信 雖曰未學 吾必謂之學矣]"

80) 쌍봉(雙鳳) : 배상룡에게 아우 배상호(裵尙虎)가 있으므로, 형제를 함께 부른 표현으로 보인다.

계부[81]를 어찌 이룰까마는	伏雞何成
기대가 다만 은근하였습니다	眷望徒勤
득실과 비환에	得喪悲歡
정은 숭산과 곤륜산보다 높았습니다	情倒嵩崙
당시 부친상을 당하니	時丁孤棘
초빈 뒤에 부음이 이르렀습니다	殯後訃至
장지에 가서	謂可臨穴
생사 간에 영결하리라 생각했더니	以訣生死
낙동강 물이 막아	洛水伊阻
온 종일 머뭇거렸습니다	盡日躑躅
끝끝내 떨치고 날아가지 못하니	終莫奮飛
성의가 부족해서였습니다	誠意之薄
다시 웃고 말씀하시던 것을 생각해 보니	重惟笑語
완연히 어젯밤 일만 같습니다	宛如隔晨
정성은 참되고	悃愊之款
마음은 진실하시니	肝膈之眞
세상 어느 곳에서	世間何地
황미[82]를 다시 뵙겠습니까	更軒黃眉
두 번째 기일이 다가온다고 하니	再朞云迫
슬퍼하는 마음 더욱 더합니다	悲慕增罙
이에 어리석은 자식을 보내어	玆遣迷兒
저의 정성 바칩니다	用薦卑忱
밝으신 영령께서 계시다면	不昧如存
바라건대 기꺼이 흠향하소서	幸賜屑歆
아! 슬프도다	嗚呼哀哉

81) 계부(雞伏) : 자신을 수양함이 닭이 알을 품는 것과 같다는 뜻인데, 여기서는 학문의 성취를 뜻한다.

82) 황미(黃眉) : 상대방을 높이는 말이다. 옛날에 관상을 보는 법에 누런색은 대표적인 길한 기운으로, 이 기운이 이마 위에 나타나면 그 사람에게 길한 일이 있을 조짐으로 보았다.

김송암[83]을 애도하는 제문[祭金松庵文]

공의 참된 성품	公有眞性
태고의 순박함 지니셨고	太古之淳
공의 고상한 품행	公有雅操
아이의 순수함을 지니셨네	赤子之純
정신은 세속을 벗어났고	神情脫俗
재주는 출중하여	才調出羣
사람들은 옛날의 현인에게	人謂昔賢
이 자손이 있다고 말하였네	乃有是孤
집은 어진 이가 사는 동네에 있었고	宅處仁里
문은 백매원을 마주하였다네	門對梅園
스승께 학문 익힐 적에	折旋函丈
아침저녁 없었으니	靡有朝昏
어느 책인들 익히지 않으며	何書不講
어느 이치인들 탐구하지 않았으랴	何理不原
뜻은 전일하게 학문을 향하였고	志專向學
정성은 독실하게 어진 이를 숭상했네	誠篤尚賢
당시의 명사들 중에	一時名流
앞서는 자가 없었네	莫之或先
생각건대 지난 자취	想來陳迹
한 조각 꿈처럼 선하네	片夢依然
돌아보건대 오직 고아한 인정	顧惟高情
어리석은 나를 외면하지 않았네	不外愚庸
하나의 강 위아래에 살면서	一水上下
낚시하고 땔나무하며 흥이 깊었네	漁樵興濃

83) 김송암(金松庵) : 송암은 김축(金軸, 1563~?)의 호이다.

같은 문하를 드나들면서	同門出入
절차탁마의 정 지극하였네	偲切情到
차마 지난 일로	忍將往事
말로를 말할 수 있으랴	說向末路
공은 문장의 재주 있으면서	公有文華
조상의 세업 아직 잇지 못했고	未繼靑氈
공은 아름다운 행실 있으면서	公有懿行
아직 후사를 잇지 못하였네	未嗣嫡傳
우리들이 모두 안타까워하나	吾儕咸惜
따져 물어볼 길이 없었는데	莫由究詰
공은 능히 달관하여	公能達觀
일찍이 개의치 않았네	曾不屑屑
맑고 고상한 운치와	淸高之韻
솔직한 자태는	坦率之姿
각박한 시속에서 어찌 논하랴	薄俗何論
옛날 사람에게 찾아보아도 드무네	求古亦稀
늙어서 떨어져 살게 되니	暮年離索
거리가 먼 것은 아니었지만	地非伊阻
아득히 서로 바라보며	落落相望
그윽한 회포 펴지 못하였는데	未展幽抱
모두가 성의가 얕아서이니	莫非誠淺
늙고 병든 탓이라고 감히 말하랴	敢言衰病
좋던 정분을 추억하자니	追念分好
슬프고 부끄럽네	悲與愧並
싸늘한 묘소 쓸쓸한 가을에	寒阡素秋
사람을 대신 보내어 곡하게 하네	替伸一哭
밝으신 영령이 계시다면	不昧如存
바라건대 천한 마음 받아주소서	幸領賤臆
아! 슬프도다	嗚呼哀哉

수재 이현일을 애도하는 제문[祭李秀才 顯一 文]

아! 영령이시여　惟靈
자품의 훌륭함은　資稟之良
멀리 집안의 아름다움 이었고　遠紹宗徽
효행의 아름다움은　孝行之美
가까이 가정의 규범을 이었네　近述庭規
품행은 도탑고 삼가며　行身淳謹
행동은 일마다 마땅함 따랐으니　動遵事宜
말세의 의논하기 좋아하는 자들도　末路好議
감히 헐뜯지 못하였네　莫或敢疵
선한 자에게 복을 주는 두터운 덕 쌓으니　善慶厚積
후손에게 끼치는 복 모두 기대하였네　遐福咸期
저 하늘이 사람을 다 죽이니　彼蒼殲人
큰 병이 세상에 가득하였네　大癘遍彌
그대 집안 혹독한 재앙에　君家酷禍
길가는 사람도 눈물 흘렸으니　行路尙洟
운수에 달린 것을　運數所關
그대가 유독 어찌하겠는가　君獨何爲
다행히도 두 아드님 살아서　幸保二郎
집안 가업 전할 수 있겠고　可傳弓箕
자네 못지않은 아우 있으니　亦有季難
부모님을 봉양할 수 있겠네　可奉嚴慈
세상사람을 헤아려보아도　指點此世
그대 같은 사람 오히려 드문데　似君尙稀
이미 정하여진 천명　已定之天
그 어느 때나 좋아질꼬　其幾何時
그대 능히 달관하였으니　君能達識
응당 생각에 개의치 않으리　應不嬰思

돌아보니 늙고 병든 나는　顧我衰喘
그대 집안과 대대로 정분이 있었던 사이이니　世荷情知
그대는 예전처럼　君不替舊
변함없이 돌보아 주심이 더욱 두터웠네　眷厚益罙
병이 나면 문병을 하고　聞疾來問
의심이 있으면 자문을 받았네　有疑見諮
고장 사람들이 두텁게 의지하고 우러러　鄉閭倚重
급하고 어려운 일에 서로 도와주었네　急難相持
이제 와서 추억해보니　今焉追想
늙은이 눈물 뺨에 가득하네　老淚交頤
그대 모습 장차 보지 못하게 되니　風儀將闕
사람을 대신 보내어 슬픔을 말하네　替人敍悲
모두가 정이 얕아서이니　莫非情薄
감히 나의 노쇠함을 말하랴　敢言吾衰
밝으신 영령이 계시다면　不昧如存
바라건대 하찮은 저의 정성 받아주소서　幸領微私
아! 슬프도다　嗚呼哀哉

진사 이중형을 애도하는 제문[祭李進士 重亨 文]

아! 영령이시여　惟靈
자질은 중후하고　資稟重厚
성품은 화순하였네　質任和順
일을 만나면 공경하고　遇事能敬
사람 대하기를 믿음으로 하였네　接物以信
부드러우나 범하기 어려웠고　柔而難犯
견고하나 막히지 않았네　堅而不滯

경박한 풍속을 누를 만하고	可鎭浮薄
시무를 다스릴 만하였으니	可幹事務
내가 말해 보자면	以余槩論
장자의 풍도 있었네	長者風度
그대는 불우하게 살았으나	君生不遇
선한 이의 복을 자손에게 남겼네	善慶遺澤
훌륭한 외숙과 너무도 닮아	賢舅酷似
종장으로 본받았네	宗匠是則
하늘이 장수하게 하여	假以耋期
경륜을 다 발휘하니	究其所造
유림이 외롭지 않고	儒林不孤
향당이 의지할 곳이 있기를 바랐더니	鄕黨有賴
소나무는 끝까지 푸르지도 못하고	松未晩翠
천리마는 아직 멀리 달리지 못하였네	驥未遠致
어찌하여 하늘은 재주를 넉넉히 주시고도	何豐其畀
베푸는 데는 인색하신가	何嗇其施
돌아보건대 나의 죽은 아우는	顧我亡弟
그대와 성균관에서 서로 북돋아주었네	藝苑相長
갑오년 을미년에 나서	甲乙之生
생원 진사에 나란히 합격하였네	生進聯榜
망년지교로 정의가 좋았으나	忘年情好
애초에 이러한 일을 생각지도 못하였네	初不待此
남다른 슬픔	別般愴懷
절로 그치지 못하겠네	有難自已
동문의 채씨 어른께서	同門蔡老
우리 선사의 연보를 편찬하실 적에	譜我先師
끝까지 찾아내고 널리 연구하여	窮搜博究
한평생의 정력을 다 쏟았네	一生精思
돌아가시던 날 밤	屬纊當夕

서신으로 부탁하셨건만	折簡見屬
쇠약하고 쓸모없는 나는	衰頹廢絶
아직 널리 유포하지도 못하고	迨未廣布
상자 속에 몇 년을 묵히니	篋笥多年
부탁하신 것을 저버린 듯하였네	如背有負
자못 장차 받들어 올리려고	殆將奉贈
서로 더불어 그것을 간직하였네	相與守之
그대를 얻어 이를 주니	得君以授
이제는 선생께 말씀드릴 수 있다고 여겼더니	謂可下報
지금은 그만이구나	今焉已矣
저 하늘은 무슨 생각인가	彼蒼何意
조용하고 자상한 말씀과	安詳言論
강직하고 엄격한 기품은	直截氣味
이 세상에 손꼽아 보아도	屈指斯世
그대 같은 이 몇이나 되랴	似君有幾
유택이 멀지 않으니	幽宅不遠
묘소에 가 보리라 했더니	庶可臨穴
오히려 내 힘으로 움직이지 못하니	猶未自力
벌써 죽어야 할 목숨 끊어지지 않아서라네	已死未絶
조촐한 제수 나 대신 올리게 하여	代奠菲薄
슬픈 마음 부치네	用寓一恫
영령께서 모르지 않으신다면	唯靈不昧
보시고 흠향하소서	尚克鑑饗
아! 슬프도다	嗚呼哀哉

안협 현감 김행가[84]를 애도하는 제문[祭金安峽文]

아! 영공令公께서는 세덕世德의 훌륭함과 가성家聲의 아름다움으로, 조정에서 덕망을 지니시고 유림에서 스승의 모범 지니셨네. 역사책에 빛나고 초목에도 감돌아 빛나네. 제가 어찌 감히 영공의 일생을 일일이 들어 오늘 애도하는 글을 지으랴. 영공은 일찍부터 가정의 가르침 받들어 재주와 학문이 모두 뛰어났으니 앞선 현인의 발자취 뒤따르기에 충분하였네. 문단에서 이름 떨쳐 지위와 명망 일찌감치 드러났네. 밤낮으로 수고하여 차례를 밟았네. 인끈을 차고 지방을 다스리다, 노년에 또 은전恩典으로 벼슬이 높은 반열에 올랐으니, 누군들 영공이 능히 가업 이었다 하지 않으리. 그러나 이는 영공에게 여벌 일이니 또 영공을 위해 말하고 싶지 않다네. 영공이 시세에 달관하여 부질없는 영화는 헌신짝처럼 여겼네. 한 번 벼슬을 사양하고 오로지 은거하여 고요히 지내기를 일삼았네. 높이 뛰어넘어 홀로 우뚝 선 행실로서 남다르다고 여기지 않았고 부드럽게 사양하는 시속의 말로써 스스로를 낮춘다고 여기지도 않았네. 청탁淸濁의 사이에서 행신하고 시비是非의 밖에서 처신하였네. 아름다운 푸성귀가 동산에 가득하여 촌에는 흥이 막 짙고, 맛있는 술이 술동이에 가득하니 그윽이 사는 데 부족하지 않네. 넉넉히 한가하게 자적하며 아흔의 화갑을 누렸으니, 비록 천박한 풍속이 남을 평론하기 좋아하나 영공을 감히 입에 올리지 못하였네. 지난날 현인들이 가업을 맡길 수 있다고 하신 말씀을 비로소 믿겠네. 영공이 시종 천명을 따르면서 편안했던 것은 또 어떠한가. 돌아보건대 나의 집안이 대대로 영공의 집과 교분을 맺은 것이 한두 해가 아니네. 도의의 깊음과 정의의 친밀함을 어찌 말로 형용할 수 있으랴. 못난 나는 인연을 맺어 왕래하면서 분수에 넘치게도 인정해 주심을 입었으니, 은혜와 정성 모두 지극하여 진심을 다 드러내어 꾸밈이 없었네. 그 사이 건강이 좋지 않으니, 밖에서 안부 여쭈면 반드시 맞아들여 누워계신 곳으로 들어오게 하시고는 이불을 끼고 마주하였으니, 비록 골육이라 하더라도 그 지극한 정을 더할 수 없었네. 남북이 위태롭고 방방곡곡이 소란스러워 사람마다 살길을 찾을 때에는 산으로 들어가고 바다를 건너서 온 식구 함께 돌아가기를 기약하였으니, 이는 혼란스러운 때에 서로 의지할 수 있어서였네. 2년 전 저의 집에

---

84) 김행가(金行可, ?~?) : 자는 시회(時晦), 본관은 의성이다. 동강(東岡) 김우옹(金宇顒)의 조카이고, 안협 현감을 지냈다.

잠시 동서東西로 자리를 마련하여 노소가 다 모였으나, 외람되어 감히 우러러 요청하지 못하였네. 기약한 날이 되자 영공이 금의옥식錦衣玉飾으로 곧장 누추한 저의 집에 오셨네. 영광스럽게도 으뜸의 자리에 임하시니 온 좌석이 기쁨으로 넘쳤네. 번갈아 장수의 술잔 올리니 영공의 낯빛은 윤기가 흘렀네. 주고받는 술잔을 마다 않으니 맑은 기쁨 끝이 없었네. 서녘에 해는 쉬이 기울어 멍에를 돌려 길을 나서니 표연하기가 하늘의 선학仙鶴 같았네. 손님들은 모두 영공의 편안과 강건함을 위로하고 또한 저도 영공 못지않다고 축하하였네. 아! 이 세상에서의 남은 생애에 다시 영공과 같은 사랑을 받을 수 있으랴. 늙고 쇠약하여 인사人事를 끊다 보니 병들어도 약으로 보살피지 못하였고 염하고 빈장할 때에도 직접 일을 맡지 못하였으며, 새 묘소가 저의 집과 조금 가까운데도 묘에 가서 영결하지도 못하였네. 영공께서 저를 대하여 주신 것이 어떠한데 제가 영공을 저버리는 것이 이러한 지경에 이른 것일까. 다른 해에 지하에서 다시 무슨 면목이 있으랴. 한 잔 술로 저를 대신해서 곡하게 하니 바라건대 보잘것없는 정성을 받으소서. 아! 슬프도다.

이낙촌85)을 애도하는 제문[祭李洛邨文]

산하가 영기를 모아	山河鍾英
옥을 잉태하였네	璆璞孕精
어진 이에게 반드시 후손 있으니	昔賢必後
공이 이에 빼어났네	公爰挺生
용모는 수려하고	眉宇秀朗
풍채는 청고淸高하였네	神骨淸洞
어려서부터 가정의 가르침 따라	幼率庭訓
품행이 단정하였네	式端蒙養
곧이어 스승님께 나아가	旋御龍門

85) 이낙촌(李洛邨) : 낙촌은 이도장(李道長, 1603~1644)의 호이다.

상세히 훌륭한 교훈 받들었네	細承蘭言
영민한 자질로	敏悟之姿
직접 가르침 받아	熏炙之親
견문이 해박하고	見聞該博
덕성이 더욱 자라나니	德性滋益
당시의 무리 중에	一時輩流
따를 자가 거의 없었네	莫或幾及
어찌 아름다운 기린이	豈有文麟
오래 진흙 속에 묻혀 있으랴	久於泥塵
길게 날개 펴고 단번에 올라가	長翮一掣
용문의 상서로운 잉어 되었네	禹門祥鱗
당후[86]에서 붓을 잡다가	堂後秉筆
다시 운각[87]에 들어갔네	轉入芸閣
전후로 곤월[88]을 잡고	前後袞鉞
부자가 한묵을 맡았네	父子翰墨
미친 오랑캐가 갑작스레 닥치니	狂虜猝至
공이 가까이서 모실 때였네	公在近侍
일은 기의에 맞아서	多中機宜
친히 뵙고 일을 말하였네	白面言事
군왕의 행차를 직접 모시니	日馭親扶
보이는 일마다 어렵고 걱정스러웠네	滿目艱虞
고삐를 잡고 주선하여	執羈周旋
동토가 소생하게 되었네	東土再穌

86) 당후(堂後) : 조선조 때 승정원(承政院)에서 주서(注書)가 거처하는 방으로, 승정원에 있었다는 말이다.

87) 운각(芸閣) : 교서관을 말한다.

88) 곤월(袞鉞) : 역사를 편찬하는 자리, 즉 춘추관(春秋館)에 있었다는 뜻이다. 공자가 실제로 정치할 수 없게 되자 『춘추』를 지었는데, 범영(范寗)의 『춘추곡량전』 서문에 "한 자로 표창한 것이 곤룡포보다 영광스럽고 한 자로 깎은 것이 도끼보다 무섭다.[一字之褒 榮於華袞 一字之貶 嚴於斧]"고 하였다.

공이 근친하러 돌아오실 때	公還省覲
저는 곧장 나아가 문안드렸네	我卽趨問
두 눈에 눈물 흘리니	淚眦霎瑩
봄날 밤은 너무나 짧았네	春宵苦短
성상께서 돌아보심이 융숭하였고	睿眷方隆
당시의 칭송이 모두 똑같았네	時譽僉同
경륜을 펼 만하다 여겼더니	謂可展武
무슨 병이 몸에 들었나	何疾嬰躬
부모상을 지내자마자	欒棘纔經
전란을 또 만났네	搶攘又丁
쌓인 아픔이 빌미가 되니	積傷爲祟
누가 골수에 든 병을 고치랴	孰醫膏肓
목소리와 모습이 아득해지고	音容杳茫
싸늘한 달 용마루에 가득하네	寒月滿樑
지난 날 생각건대	想像平素
제가 잊을 수 있으랴	俾也可忘
비어 밝은 흉금은	虛明襟調
먼지를 닦아낸 양주의 거울89) 같았고	楊銅塵掃
탁월한 재화는	英邁才華
월저90)에 간 칼날처럼 빛났네	越砥刃照
봉황의 자질 용의 문채요	鳳質龍章
옥의 윤기 난초의 향기였네	玉潤蘭馨

89) 양주의 거울[楊銅] : 당(唐)나라 때에 도자기는 당삼채(唐三彩)가 유명하였고, 금속 기구로는 양주(楊州)의 구리거울이 유명하였다.

90) 월저(越砥) : 잘 갈리는 숫돌을 말한다. 한(漢)나라 왕포(王褒)의 「성주득현신송(聖主得賢臣頌)」에 "뛰어난 대장장이가 명검인 간장을 만들기 위해 쇠붙이를 주조하여 맑은 물에 칼끝을 담그고, 월나라 숫돌에 그 칼날을 세워 놓음에 미쳐서는, 물에서는 교룡을 자르고 뭍에서는 무소 가죽을 끊을 수 있다.[及至巧冶 鑄干將之樸 淸水淬其鋒 越砥斂其鍔 水斷蛟龍 陸剸犀革]"라는 말이 있다.

큰 도량 넓은 규모	偉度宏規
시원스레 트이고 단정하였네	坦豁平正
만약에 소신대로 다하였다면	倘卒歸向
그 성취가 어찌 끝이 있으랴	極其限量
조예가 더욱 깊숙하고	所造益邃
성취한 바는 더욱 성대하였네	所就益盛
소나무가 채 다 푸르지도 못하였고	松未晩翠
준마가 아직 멀리 가지도 못하였으니	驥未遠致
모두가 운수에 매인 것이라	莫非關數
어찌 저의 한숨에만 그치랴	豈止私喟
동문의 뛰어난 사람 중에	同門髦士
세상에 남은 자가 거의 없어졌으니	在世無幾
후배들의 사모하고 그리워하는 마음	晩輩羹牆
오직 공에게 가장 깊었다네	唯公最罙
족보를 정리하면서 절충을 하였고	釐譜取衷
보유는 중요한 것만을 택하였네	補遺推重
대개 정성과 독실함을 인정한 것이었으니	蓋許誠篤
어찌 문장만 솜씨 있은 것이랴	奚啻文工
실로 속담까지도 다 수집하였네	摭實語俚
애도의 글은 예로 조심하는 것을 귀히 여기니	誄貴禮忌
훌륭한 솜씨 지닌 분을 기다려	用冀巨手
참고할 자료로 갖추었도다	參攷之備
벗을 잃은 늙은이의 슬픈 마음을	破琴之哀
누가 알랴	誰識老懷
말하지 않을 수 없어	無寧隱默
무덤 향해 말하도다	說向泉臺
아! 슬프도다	嗚呼哀哉

참봉 정유숙91)을 애도하는 제문[祭鄭參奉 惟熟 文]

그대 자질 높디높고	君資嶷嶷
그대 도량 넓디넓었네	君量恢恢
마음가짐 곧았고	宅心以直
처사에 정직하였네	處事不回
진솔한 행실과	眞醇操履
드넓은 흉금 지녔네	軒豁襟懷
예로서 선조를 받들고	禮以奉先
능히 가정의 규범 따랐네	克遵庭規
정성으로 효도를 다하여	誠以致孝
좌우로 어김이 없었네	左右無違
선대의 전형 완연하고	典刑宛然
집안 명성 떨어뜨리지 않았네	家聲不墜
원근이 같은 말로	遠邇同辭
그 집안에 걸맞은 사람이라 하였네	稱家之兒
시속이 숭상하는 것에서 멀리 벗어나	迥脫俗尙
부질없는 영화를 가벼이 보았네	眇視浮榮
예스럽고 질박한 풍도와	古朴之韻
꾸밈없는 심성을 지녔네	山野之情
깊은 가을 입암과	深秋立巖
풍광이 아름다운 날 사빈은	勝日泗水
벼슬이 무슨 상관있으랴	一命何有
천 길의 풍도 지녔네	千仞風味
신명이 도우시어	神明所扶

91) 정유숙(鄭惟熟, ?~?) : 본관은 청주(淸州)이다. 정구(鄭逑)의 손자이고, 성주(星州)에 살았다. 인조 때 효행으로 천거되어 선원전 참봉(璿源殿參奉)을 지냈다.

장수를 누리리라 바랐더니	壽考可冀
어찌하여 인생이	如何大夢
순식간에 가 버렸나	倏爾隙駟
귤노의 남긴 한스러움	橘林遺恨
후사가 처량하구나92)	後事凄凉
선한 자에게 복을 주는 이치 어두워지니	善慶理爽
누가 저 하늘에게 따져 볼거나	誰詰彼蒼
돌아보건대 쇠약한 나는	顧我衰喘
예전에 스승님을 모실 때	夙昔將命
좋은 정분 변함없이	不替分好
오래도록 사랑하고 공경하였네	久能愛敬
판각을 하는 일이 번거롭고	剞劂務繁
교정하는 일이 크니	攷訂事大
그대가 실로 주관하였고	君實主之
나는 간혹 도왔다네	我或佐焉
드디어 남긴 가르침	卒闡遺敎
드러내어 묻혀 버리는 것을 면하게 되었으니	庶免湮沒
그대의 정성이 아니었다면	非君誠悃
누가 이 일을 이루었으랴	誰集此臬
뒤따르던 정성과	追隨之款
담소하던 즐거움이	談笑之歡
까닭 없이 생각나서	無端想起
눈물이 하염없이 흐르네	有淚潸潸

92) 귤노(橘奴)의……처량하구나 : 후사에 대한 대책이 부질없게 되었다는 말이다. '귤노'는 삼국(三國) 시대 오(吳)나라 단양 태수(丹陽太守) 이형(李衡)이 무릉(武陵) 용양(龍陽)의 사주(氾洲) 가에 감귤나무 천 그루를 심어 놓고, 임종할 때 자식에게 당부하여 "내가 사주에 목노 천 그루를 심어 놓았으니, 네게 의식을 책임 지우지 않을 것이다.[吾州里有千頭木奴 不責汝衣食]"라고 한 말에서 유래한다.(『續後漢書』 권35 「李衡傳」)

여든을 이 세상에 살면서	八旬斯世
누구에게 얼굴을 펴랴	向誰開顔
상제가 이미 다하니	喪制旣盡
흰 장막을 장차 거두려 하네	素幔將撤
애오라지 나 대신 곡하는 사람에게 의지하여	聊憑替哭
늙은이의 회포를 펴 보네	用伸老臆
아! 슬프도다	嗚呼哀哉

사옹 박명윤93)을 애도하는 제문[祭朴査翁 明胤 文]

공이 세상에 머문 것은	唯公住世
여든 네 해였네	八十有四
곧고 바른 자질과	耿介之資
진중한 기상은	凝靜之氣
오래될수록 더욱 새로워	彌久彌新
언제나 한결같았네	始終一致
지상의 풍도 지니고	地上風韻
하늘 높이 우뚝 섰네	九霄棲峙
어진 이가 장수한다는 것을	仁壽無疆
믿을 만하다고 여겼더니	謂可足恃
어찌하여 하루아침에	如何一朝

93) 박명윤(朴明胤, 1566~1650) : 자는 효숙(孝叔), 호는 사옹(樝翁), 본관은 밀양이다. 성주에 살았고, 배상룡의 자형(姊兄)이며 정구의 문인으로, 1610년 생원시에 입격하였다. 여러 번 천거를 받았으나 벼슬에 뜻을 두지 않고 성리학을 연구하여 후진을 양성하였고, 임진왜란 때 왜군의 위협에도 굴하지 않고 지극한 효성을 다하였으며 뒤에 화왕산성 전투에 참가하였다. 저서로는 『사옹집』이 있다.

갑자기 세상을 떠나셨나 遽爾脫屣

하늘이 빼앗은 것인가 天所奪耶

운수가 시킨 것인가 運所使耶

공의 자품은 唯公資稟

단아하고 순수하였네 端雅精粹

온화하면서도 반듯하고 溫和而方

평이하면서도 깊었네 平易而邃

편안하고 자상한 도량과 安詳器度

검소하고 절약하는 처신으로 儉約操履

재주는 넉넉하여 남들을 이롭게 하였고 才優利物

행동은 너그러워 자신을 지켰네 行裕守己

맑은 정기 모인 것이 淑氣所鍾

어찌 우연이랴 夫豈偶爾

공의 아버지께서는 唯公先考

효성스러우셔서 行源是事

부지런히 맛난 음식을 마련해 드리며 孜孜供旨

추위와 더위를 피하지 않았네 寒暑不避

공은 이를 이어받아 公是述焉

어려서부터 시작하였네 勝衣伊始

어디에서건 어김이 없어 左右無違

사랑과 공경을 모두 지극히 하였네 愛敬兩至

중도에 어지러운 세상을 만나 中遭板蕩

인륜이 다 사라져 버렸으나 倫彝掃地

지극한 정성을 다하였으니 血誠殫盡

가진 것은 두 손뿐이었네 所有隻手

세 나라가 싸우는 와중에 兵交三國

백 리 먼 곳에서 쌀 지고 와 부모님 봉양하니 負米百里

주려 죽는 사람이 줄을 이었으나 餓殍相連

보잘것없는 음식이나마 떨어진 적이 없었네 菽水無匱

누군들 자식이 아니랴만	孰非人子
공만이 이렇게 하였네	公獨能此
공은 덕을 숭상하여	唯公尙德
벗의 도움을 일찍부터 받았네	麗澤早被
스승께 나아가 배우면서	折旋函丈
도리를 강마하니	講磨道理
우정의 깊음은	契誼之深
동료 중에 비교할 이 드물었네	輩流罕比
괴이한 귀신이 휘파람을 불고	怪鬼叫嘯
위협하며 이익으로 꾀어도	威脅利誘
홀로 외로이 서서	孤立孑孑
굳건히 발을 붙이고	堅著跟趾
나쁜 소문이 이르자	惡聲之至
목숨을 기꺼이 바치려 하니	死生以之
선비들이 의지하였고	士類所賴
간사한 말을 하는 자들이 미워하였네	邪說所惎
공의 문장	唯公摛藻
유래가 있었으니	來據有自
경서와 자집과	經書子集
『좌전』과 『사기』였네	左傳馬史
두루 섭렵하여 마음껏 펼쳐내니	涉獵馳騁
씹고 음미하면 깊은 맛이 있었네	咀嚼膏味
발휘하여 문장을 지으면	發爲詞章
조리가 밝고 글이 아름다웠네	條暢贍麗
더욱이 잡서에 더욱 솜씨 있어	尤工雜作
내용과 논리가 겸비되었네	辭理兼備
앞다퉈 기이하다고 탄식하니	爭發奇歎
누군들 감히 가벼이 보랴	孰敢輕易
과거 시험을 보기에 이르러	逮遊槐市

운명의 장난당했네 揶揄見戲
늙어 성취한 바가 있었으니 桑榆所就
일명의 선비였네 一命之士
공은 사람을 가르칠 때 唯公誨人
친소를 달리하지 않았고 親疎不異
책을 펴고 책상을 마주하면 展卷對案
각자 재주와 그릇에 따라 가르쳤네 各因才器
전고에 해박하였고 典故浩汗
역사에 깊이 있어 史學蘊義
어리석고 어두운 이를 열어주니 開豁蒙昧
역량껏 성취시켰네 限量成就
공의 세거지는 唯公世居
가야산 가야수였네 倻山倻水
신선이 사는 집이요 仙子窟宅
은자가 거처하는 곳이었네 隱者處所
복숭아꽃 뜨는 물이요 桃花泛浪
비단으로 꾸민 산이었네 錦繡糚峀
기이하고 뛰어난 경치를 감상하며 奇觀勝賞
보이는 곳마다 흥취를 이루었네 寓目成趣
그 속에 작은 집을 지으니 中開小堂
뛰어난 볼거리 훌륭한 경치였네 景致咸萃
도서를 서가에 가득 꽂아 놓았고 圖書滿揷
꽃과 대나무를 섞어서 심었네 花竹雜蒔
풍류는 맑고 깨끗하여 風流蕭灑
진세의 누를 벗어났네 迥脫塵累
술잔을 서로 나누니 壺榼相將
산촌에서 빚은 농주이네 邨釀浮蟻
물가에서 낚시를 하니 磯頭擧網
물고기가 줄을 이루었네 銀尺成縷

난초 같은 손자들 앞에 가득하니	蘭孫滿前
세상 사람들 다투어 가리키네	世所爭指
보배로운 자식들이 열을 이루니	寶樹成列
가업을 이으리라 기대하였네	堂搆可冀
공 같은 청복을	似公清福
세상에 누가 비기랴	人世誰擬
공이 우리 집에 장가든지	唯公聘我
예순두 해이네	六十二禩
저는 형으로 모셨고	我以兄事
공은 아우로 여겼네	公以弟視
마음이 서로 통하니	神氣交凝
어찌 골육에 비하랴	骨肉奚啻
뜻밖의 가화家禍를 만난 해에	奇禍當年
머리카락이 타고 머리는 젖었네	焦髮濡首
차마 지나간 일을 말하랴	忍說往事
피눈물을 거듭 흘렸네	重灑血淚
실낱같은 목숨 너무도 모질어	線喘苦頑
자취와 그림자 그대에게 의지하였네	迹影如寄
공은 또 불쌍히 여기어	公又憫惻
늘 생각하며 잊지 않았네	念念不置
구 년의 친상親喪을	九年草土
예에 근거하여 깨우쳐 주었네	據禮曉諭
반평생의 근심과 슬픔에	半生憂慽
이치로 위로해 주시니	以理寬譬
언제나 권면하는 말씀은	尋常勸勉
가업을 떨어뜨리지 말라는 것이었네	緒業不墜
지금까지 구차히 연명한 것은	至今苟延
터럭만큼이라도 공이 주신 것이네	絲毫皆賜
늘그막에 고향에서	暮年鄉曲

그대를 따라다녔네	追隨杖屨
선사 문하의 사람 중에	先師門士
남아 있는 자가 몇 없고	存者無幾
오직 이형이 있었네	唯有李兄
공과 함께 자취를 나란히 하니	與公竝軌
나는 그 사이에서	我於其間
주제넘게도 스스로 헤아리지 않았네	僭不自揣
사빈에 함께 모이거나	水郘齊會
회연에서 맑은 의논이 있을 때면	淵上淸議
참여하여 남은 실마리를 들어	參聞緖餘
여러 날 동안에도 피로한 것을 잊었네	累日忘瘁
사람들이 가리켜 말하기를	人或指謂
덕성이 모였다 하였지	德星之聚
이제 그만이니	今焉已矣
내가 어디를 우러를까	吾安仰止
수레는 바퀴 하나를 잃었고	車失一輪
새는 한쪽 날개가 꺾였네	鳥折一翅
만약 죽음이 늦추어진다 해도	設或緩死
무슨 의미가 있으랴	有何意思
공의 모습 눈에 선하고	儀形入眼
담소가 귓가에 남아 있네	談笑在耳
평소 지내던 것을 생각하자니	想像平素
오장이 끓는 듯하네	五內如沸
듣건대 공의 묘소는	聞公幽宅
어머니의 묘역이라지	先妣兆次
일찍이 내가 공을 따라가서	曾我從公
방위를 정하였으니	指點方位
지관은 길하다고 하고	卜云其吉
공의 평소 뜻이기도 하네	亦公素志

체백이 영원히 편안하실 터이니　永妥體魄
길이 복을 주소서　永錫福履
비속한 문장은　鄙俚之文
애도의 글이 되기에 부족하지만　不足爲誄
애오라지 행적을 모아　聊摭實蹟
묘지를 대신하노니　以替碑誌
이 밖의 많은 말들은　此外琅琅
저승에서 만나기를 기다리도다　佇竢泉裏
아! 슬프구나　嗚呼哀哉

송여달[94]을 애도하는 제문[祭宋汝達文]

생각건대 공의 집안은　唯公家世
대대로 뛰어난 선비 있더니　世有碩士
그대 아버지에 이르러　洎于令尊
재주와 덕을 겸비하셨네　才德兼備
공은 이에 뒤이어 일어나니　公爰繼起
자품이 참되었네　資稟眞醇
신실한 도량과　信實器度
온아한 풍채 지녔네　溫雅風神
편안하고 자상함으로 스스로를 지키고　安詳自守
정성으로 남을 대하였네　悃愊接物
부드러우면서도 범접하기 어려웠고　柔而難犯
곧으면서도 들추어내지 않았네　直而不訐

94) 송여달(宋汝達) : 여달은 송광택(宋光宅, ?~?)의 자이다.

공은 타고난 자질에다	以公品賦
학문을 전수받으니	薰襲翰墨
그럴수록 더욱 가다듬어	倘加收拾
나아가기를 그치지 않았네	進進不已
예원에서 높이 날았던 것은	翺翔藝苑
여벌의 일이었으니	乃其餘事
공은 달가워하지 않고	公不屑意
스스로 한계를 두시는 듯하였네	有若自畫
이는 공의 뛰어난 점이라	是公高處
저는 실로 깊이 탄복하였네	吾實深服
누군들 부모가 아니랴만	孰非人父
누가 그대 아버님만 하랴	孰如令尊
공을 기른 큰아버지께서	育公伯府
공의 성취에 애쓰시더니	成就辛勤
그대가 겨우 우뚝 서자마자	玉樹纔挺
미친바람에 갑자기 꺾였네	狂飈忽折
그대 아버지께서는 스스로 말씀하시기를	令尊自謂
나의 운명이 박한데	緣我分薄
내가 또 너를 면려하는 것은	我又勉汝
거의 하늘을 거스르는 것이 아니겠느냐	不幾逆天
차라리 쓸모없는 재목이 되어	寧爲樗櫟
너의 수명을 다하거라 하셨도다	以終汝年
공의 진실함으로 지극한 효성 다하여	公誠達孝
어느 것이나 어김없었네	左右無違
즐거워하는 것이 따로 있으니	所樂自在
어찌 외물에 힘쓰랴	焉務外馳
본성과 분수를 따르고	從吾性分
실지 마음을 다하였네	盡心實地
처신과 몸가짐은	處身操行

윤리에 맞았으니	恰副倫理
원근의 사람들이 칭찬하여	遠邇稱道
명문가에 걸맞은 자식 있다 하였네	名家有子
그대 아버지께서 선비를 아끼시어	令尊愛士
네 분 사위 맞으시니	四郎是迎
풍류와 문채 있어	風流文彩
모두 당시의 훌륭한 영재였네	盡是時英
온 세상을 눈에 두지 않고	眼空一世
남을 인정한 적이 적었으나	少所許可
공이 의를 행하심은	於公行義
감히 넘보지 못하였네	莫敢少覬
마음을 낮추고 참으로 기뻐하며	心降誠悅
예를 지켜 사양함으로 대하시니	待以禮讓
선생과 어른들이	先生長者
더욱 감탄하고 칭찬하셨네	益加歎賞
상중에 있는 육 년 동안	六年在慽
정과 예의를 다하셨네	兩盡情文
헤아리건대 공의 마음은	揣公存主
오직 효도에 힘쓰는 것이었네	專務行源
돌아보건대 나는 외롭고 고달픈 사람으로	顧余孤苦
혈혈단신이니	影隻形單
공의 일가가 아니면	非公一家
어디에서 얼굴을 펼 수 있었으랴	何處開顔
분수와 의리로 서로 어울리니	分義相將
어찌 이웃일 뿐이었으랴	豈但居鄰
어촌의 뛰어난 경치와	漁邨勝景
선경에서의 좋은 계절에	仙洞佳辰
사빈의 물가에서 땔나무하기도 하고	或樵沙渚
물고기를 잡기도 하였지	或抽銀鱗

너와 나를 서로 잊었는데　兩忘形骸
만사에 부질없게 되었으니　萬事籧篨
지금에야 생각해보니　今焉想來
한 조각 꿈처럼 아득하기만 하네　片夢茫如
팔거의 전원은 풍요로워　莒庄豐饒
즐겁고 넉넉하기가 공후와 같았네　樂裕公侯
산수에 미련이 남아　戀著山水
오래도록 이곳에 머물러　久此淹留
서로 따르면서　謂可相隨
여생을 마치리라 여겼더니　以畢餘齡
어찌하여 죽을 나이에　如何臨死
갑자기 서로 헤어지게 되었나　遽爾分形
한 강의 동서로 나뉘게 되니　一江東西
몇 번이나 마음 아파하였던가　幾傷盈盈
질병과 상사와 장례에　疾病喪葬
나그네도 가서 보는데　行路相視
감히 말하랴 늙고 병들어　敢云癃瘁
인사를 전폐하였다고　專廢人事
두 번째 기일이 다가와　再朞臨迫
대신하여 곡을 하게 하니　替伸一哭
조촐한 제수와 거친 말로　薄奠荒辭
어찌 늙은이 마음을 다할 수 있으랴　詎盡老臆
아! 슬프도다　嗚呼哀哉

이상로 여명을 애도하는 제문[祭李祥老 汝蓂 文]

공과 나는 정분이 돈독하여 마음으로 사귀었고 외모로 사귀지 않았습니다. 서로 가까이 살았지만 왕래하고 찾아가 만나지는 못하였고, 나이가 서로 같았지만 함께 노닐며 기쁘게 웃고 지낸 적은 드물었지요. 보통의 인정으로 보자면 일반적인 사람과 다름이 없었지만 진지하게 돌보아 주시는 우의는 늙어서 더욱 깊었습니다. 질병과 우환이 있으면 서로 나누리라 생각하며, 득실得失과 비환悲歡에 함께하려고 생각하였습니다. 향리에 있으면서 함께 드나들 때에는 일찍이 서로 의지하며 중히 여기지 않은 적이 없었으니, 지금 세상의 애써 기뻐하며 말하고 웃어서 앞에서 따르고 뒤에서 번복하는 사람들과는 비교하여 말할 수 없습니다. 이는 실로 유래가 있으니, 공과 우리가 스스로 노력하여 그런 것이 아닙니다. 그대의 아버지와 나의 할아버지는 한 몸에서 나누어진 재종의 친척이니, 형이라 부르고 아우라 부르며 팔순의 나이에 서로 따랐습니다. 공의 아버지께서는 지극한 정성과 지순한 효성으로 양친이 마음 맞는 것을 기뻐하였고, 어머니 봉양에는 마음을 기쁘게 해 드리기에 힘쓰셨지요. 덩실덩실 춤을 추고 낭랑히 노래 읊어 밤이 다하도록 피곤한 줄 모르셨습니다. 공과 저는 모두 주손으로 곁에서 모시며 직접 보았으니, 지금에 와서 생각건대 마치 하룻밤 사이에 있었던 일만 같습니다. 비록 잊으려 해도 어찌 차마 감히 잊을 수 있겠습니까. 이는 공과 제가 평생 추억하며 서로 힘써서 변함이 없었던 것입니다. 아! 남다른 자품과 강직한 성품으로 여묘살이에 거상의 예를 잘 행하였고 향리에 있으면서 믿음의 의리 있었습니다. 그만입니다. 제가 이 세상에서 다시는 뵐 수 없게 되었습니다. 아! 공이 병석에 누워 계실 때 수레에 들려서라도 가서 손을 잡으며 직접 영결하여 공의 아버지께서 저의 할아버지께 와서 문병하였던 것처럼 하고 싶었습니다. 그러나 저도 고질병이 들어 끝내 바람을 저버리게 되었고, 염습할 때와 장례 때의 곡哭도 모두 생각은 있으나 하지를 못하였습니다. 그러니 다른 날 지하에서 일일이 열거하여 사죄할 수 있겠습니까. 세월이 삽시간에 흘러 두 번째 기일이 벌써 다가왔습니다. 한 목소리로 통곡하는 것도 직접 하지 못하니 늙은이의 수많은 회포는 공께서만 아실 것입니다. 아! 슬픕니다.

감찰 김효가를 애도하는 제문[祭金監察 孝可 文]

생각건대 공께서는	唯公世德
누대의 공덕이 사람들에게 알려졌고	著聞人耳
우리 선생에 이르러	逮我先生
더욱 크게 드러났습니다	益大以肆
조정에서의 덕망과	羽儀朝端
사류에서의 모범을	表率士類
공께서 이어받았으니	公焉是述
가학에서 유래한 것입니다	詩禮有自
도의가 익숙하고	習熟道義
덕기가 더욱 더하니	滋益德器
단아한 자품과	端雅資稟
온순한 행실 지니셨습니다	溫醇操履
곧으면서도 담박하고	直而平淡
간략하면서도 화락하였습니다	簡而樂易
나라에 은전의 예가 있으니	國有恩例
벼슬하지 않을 의리 없어	不仕無義
일찍이 관원이 되었고	早供執事
지방의 수령으로 잠시 있었습니다	民社暫試
곧바로 고향으로 돌아와	言旋故園
맛난 음식으로 부모 봉양하며	祇奉甘旨
오직 효도하고 우애 있으니	唯孝唯友
지극한 즐거움 여기에 있었습니다	至樂在此
청빈함으로 스스로 수양하고	淸貧自頤
염정함으로 스스로를 지켰습니다	恬靜自守
화초를 섞어 심으니	雜蒔花草
울긋불긋 서로 비추었습니다	交暎紅紫
깊이 은거하여 한가히 자적하고	沈冥閒適

영리를 꾀하지 않으니	不慕榮利
식자들이 모두	識者咸謂
대현에게 어진 자손 있다 하였습니다	大賢有子
덕을 쌓고 복을 길러	蓄德毓慶
천명을 기다리니	天定是竢
우공의 사마문[95]이요	駟馬于門
왕씨의 삼괴당[96]이었습니다	三槐王氏
계방과 연방[97]의	桂籍蓮榜
자손들이 우뚝 서서	鸞停鵠峙
인망은 조정 관원의 반열에서 높았고	望重鵷列
명성은 성균관에서 높았습니다	名高壁水
하늘에서 내린 보답	食報于天
누가 공과 견줄 수 있으랴	孰如公比
어진 이는 반드시 장수하니	仁者必壽
장수의 복을 누리리라 여겼는데	謂享遐禩
하루아침에 세상을 싫어하여	一朝厭世
훌쩍 떠나가셨도다	遽爾脫屣
유림은 탄식하고 안타까워하며	儒林嗟惜
벗들은 눈물을 흘리도다	朋儕涕泗

95) 우공(于公)의 사마문(駟馬門) : 한나라 우공이 옥사(獄事)를 공정하게 처리하여 억울한 사람들을 많이 구제하였으므로 사람들에 의해 생사(生祠)가 세워지기까지 하였는데, 그가 일찍이 집을 수리하면서 "내가 음덕을 많이 쌓은 만큼 우리 자손 중에 고관이 많이 나올 테니 좁은 문을 개조해서 사마(駟馬)의 수레가 드나들 수 있도록 크게 만들어야 하겠다."라고 하고는 대문을 높이 세웠다. 그런데 과연 그의 아들 우정국(于定國)이 승상이 되고 나서 그 뒤를 이어서 대대로 자손들이 봉후(封侯)가 되었다는 고사를 말한다.(『前漢書』 권71 「于定國傳」)

96) 왕씨(王氏)의 삼괴당(三槐堂) : 송 태종(宋太宗) 때 병부 시랑(兵部侍郎) 왕우(王祐)가 자기 집 뜨락에 홰나무 세 그루를 심고 "나의 자손 중에 반드시 삼공(三公)에 오를 자가 있을 것이다."라고 하였는데, 뒤에 그의 아들 왕단(王旦)이 그의 말대로 진종(眞宗) 때 정승이 되었다. 여기에서 유래하여 재상을 지낸 가문의 유적을 뜻한다.(『東坡全集』 「三槐堂銘」)

97) 계방(桂榜)과 연방(蓮榜) : 계방은 대과(大科), 연방은 소과(小科)를 말한다.

다시 평소의 도량을 생각해 보니	重惟雅量
고장에서 처신을 잘하셔서	善處鄕里
비방과 칭송을 말하지 않으시니	不談毁譽
누가 감히 시비를 말하랴	誰敢非是
어질고 지혜롭다고	不以賢智
남다르다 여기지 않았으니	於人自異
이는 공의 뛰어난 점이라	是公高處
그 끝을 엿볼 수 없었네	莫窺涯涘
거리가 멀지 않고	地不相遠
나이도 비슷하여	年又相似
만나는 곳에서 농담하여	逢場談謔
의기가 얼마나 투합하였던가	幾輸意氣
지난 일 꿈 같으니	往事如夢
늙은이의 눈물을 멈출 수 있으랴	可禁老淚
공은 고상한 정취 있어	公有勝情
산수에 마음을 두고	泉石凝思
좋은 계절에 맞추어	擬趁佳辰
은자들을 부르셨지	奉邀烏几
물고기를 낚기도 하고	或叉銀鱗
향초를 캐기도 하면서	或採芳芷
맑은 즐거움 누리며	辦得淸歡
숙원을 이루려 하였네	以償宿志
이제는 그만이니	今焉已矣
저의 마음 타는 듯하도다	我心如燬
장삿날이 내일이고	遠日在明
새 묘소가 매우 가까우나	新阡孔邇
병들어 장지에 가보지도 못하니	病未臨穴
인정과 도리를 저버리게 되었네	孤負情事
대신하여 한 번 곡을 하게 하니	替伸一哭

어찌 작은 성의나마 다할 수 있으랴	詎盡微意
영령께서 계시다면	不昧如存
이를 기꺼이 흠향하소서	屑歆是賜
아! 슬프도다	嗚呼哀哉

이동호[98]를 애도하는 제문[祭李東湖文]

사양[99]에 메아리 그친 지	泗陽輟響
이제 삼십 년이 되니	卅年于今
동문의 큰 선비들	同門碩士
향기 끊어졌도다	香絶薰沈
오직 대형께서	唯我大兄
연세와 덕이 모두 원만하여	年德俱彌
사문이 의지하고	斯文有賴
후배들이 우러르고 의지하였네	後輩仰庇
내가 기뻐하고 사모하는 마음	在我欣慕
골육보다 더하였도다	骨肉焉比
형체와 그림자처럼 서로 의지하며	形影相資
오래 보존하리라 여겼더니	謂保永久
하루아침에 영영 가시어	一朝長逝
저를 돌아보지도 않으셨도다	曾不我顧
정해진 천명이 있어서인가	有定命耶
운수에 달린 것인가	自關數耶

98) 이동호(李東湖) : 동호는 이서(李箒, 1566~1651)의 호이다.

99) 사양(泗陽) : 한강 정구를 가리킨다. 정구가 사빈(沙濱)에 있었기에 이르는 말이다.

멀리 생각건대	緬惟世德
대대로의 덕이 쌓인 지 오래되니	積累唯舊
뛰어난 자손들이 나와	挺出英豪
한 집에 세 사람이나 되도다	一家三秀
효도하고 우애 있고 의를 행하여	孝友行義
원근의 모범이 되니	矜式遠邇
공이 뒤이어 나서	公爰繼起
자품이 남달랐네	資稟偉異
보고 들어 익숙함이	習熟見聞
어릴 때부터였고	養自齠齡
곧이어 스승의 가르침 받으니	旋被提撕
숙질간에 스승이 되고 학생이 되었네	叔姪師生
호호 불어주시고 어루만져주시니	煦濡撫摩
덕성이 더욱 자라나	滋益德性
풍모는 진중하고	風流凝重
도량은 컸다네	器局宏整
문채 있는 기린과 상서로운 봉황은	彩鳳祥麟
시대의 인재가 되기에 적합하였네	端合時禎
어찌 한 곳에 매달려	豈宜匏繫
마음을 과문科文에 두었으랴	留意程文
번개와 비를 타고 날아올라	雷雨飛騰
용문에 오르리라 기약하였더니	指期禹門
전쟁이 한 번 일어나자	兵戈一起
십 년이나 어지러웠네	十載搶攘
명리를 좇는 데 지쳐	倦遊名場
다만 성균관에 올랐다가	秖陞上庠
초복[100]으로 돌아오니	返我初服
의귀하는 바가 있었네	依歸有所
부질없는 영예에 대하여 마음을 끊고	絶意浮榮

실지 공부에 전념하여	專精實地
예전에 들었던 것과 새로 들은 것을	舊聞新得
한 마음으로 체득하였네	體驗一心
아는 것이 정밀해지고	所知益精
나아가는 바가 더욱 깊어져	所造益深
아망이 당시를 기울이니	雅望傾時
진주를 감춘 못물이 빛났네	珠藏澤媚
임명의 은택이 여러 번 내리니	恩除屢降
벼슬하지 않을 의리가 없어	不仕無義
바닷가에서 역로를 맡고	海汀驛路
영남에서 벼슬하였네	洛中執事
피난하던 당시에	踰梁當日
변란이 갑자기 일어나니	變起倉卒
천 리 길 객지의 벼슬살이에	千里客宦
자취는 몹시도 외로우셨네	迹甚單隻
행궁에서 주상을 호종하고	茇舍護蹕
돌아와서는 맡은 임무 지켰네	還守本司
그 사이에 주선하면서	周旋其間
온갖 어렵고 위태로운 일을 겪었네	萬狀艱危
난리를 만나 피하지 않고	臨亂不避
목숨 바쳐 일하다가	死生以之
시사가 이미 안정되자	時事旣定
스스럼없이 옷깃 떨치고 돌아왔네	浩然拂袖
아무 산 아무 물에서	或採或釣
땔나무하기도 하고 낚시하기도 하면서	某山某水

100) 초복(初服) : 처음에 입던 옷이다. 곧 벼슬을 떠나 처음 은거하던 상황으로 돌아간 것을 말한다. 굴원(屈原)의 「이소(離騷)」에 "물러가 다시 나의 초복을 손질하리.[退將復修吾初服]"라고 한 말에서 유래한다.

천 길 높이 날아오르는 千仞翶翔
신선의 풍도 지니셨네 九霄風味
오직 그것을 좋아하여 唯彼自好
처음처럼 끊임없이 나아가셨네 初若行行
저는 겨우 낮은 벼슬 얻었는데 纔得一命
혼을 잃고 백이 달아나 버렸네 魄馳魂喪
먼지는 얼굴에 가득하고 塵埃滿面
서신의 왕래도 서로 끊어지게 되었네 筆硯交絶
공을 대략 말하자면 援公槩論
하늘과 땅처럼 차이가 있네 霄壤懸隔
때때로 나아가 뵈면 有時展拜
물가에 늦게 지은 집에 湖上晩築
뜰의 매화 동산의 대나무는 庭梅園竹
군자가 은거하는 곳이었네 碩人之軸
돌아갈 줄 모르고 至輒忘歸
여러 날 우두커니 마주 대하면 累日塊對
정신이 서로 통하여 神氣交凝
너와 나를 잊었었네 兩忘形骸
경인년(1650) 동짓달 庚寅仲冬
작별하던 전날 밤 告別前夕
떠나는 이나 머무르는 이나 마음 켕기어 去留關情
말과 낯빛이 변하기까지 하였네 至動辭色
봄날이 되면 謂當春日
강가에서 술을 마시며 江流發醅
강 한가운데 배를 띄워놓고 泛舟波心
동아줄 끌고 거슬러 올라가면서 引綷泝洄
그윽한 정을 펴게 되면 暢敍幽情
어찌 즐겁지 않으랴 하였네 豈不樂哉
자리에 있던 노소가 在席少長

한 목소리로 답하고는　齊聲應唯
집에 돌아와 이제나저제나　還家耿耿
날짜를 헤아리며 때가 되기를 기다렸네　計日待時
무덤의 마귀가 장난을 좋아하여　穴魔好戲
사고가 연이어 일어나니　事故相仍
좋은 계절은 쉬이 지나가고　佳辰易邁
동이 술은 부질없이 엉겨 버렸네　鐏酒空凝
가을의 작은 병은　秋間微恙
여름 더위에 몸이 상한 것이라　暑濕致傷
늦가을이 되어　佇竢晩凉
병이 낫기를 기다렸네　勿藥之慶
병든 사람이 병든 이를 가련히 여기며　以病憐病
믿는 것은 하늘이었더니　所恃穹蒼
한 번 걸린 병이 오래 끌어　一疾彌留
결국 돌아가시기에 이르렀네　竟至不淑
장강이 오열하고　長江嗚咽
길손도 슬퍼하도다　行路嗟惜
선사의 남긴 가르침은　先師遺教
누가 있어 보존하고 지키며　有誰保守
후배들이 나아갈 길은　後輩趣向
누가 있어 가리켜 줄까　有誰指示
사도를 위해 마음 아파하고　痛念斯道
그리고 저를 위해 곡하도다　暇哭吾私
거듭 고상한 풍모를 생각건대　重惟雅範
옥돌 같은 뛰어난 자질로　珉玉之良
기운은 온화하면서 엄숙하며　氣溫而肅
행실은 편안하면서 반듯하였네　行安而方
말씀은 완곡하여　言不直截
사람들이 어기지 않았고　物莫違越

마음이 늘 즐겁고 편안하니	心常樂易
남들이 함부로 대하지 않았네	人莫褻狎
솔직하고도 너그러워	坦率寬平
격의 없이 대하니	不設畦町
어질거나 어리석거나	所以賢愚
각자 그 진정을 다 하였네	各盡其情
그때에 잘못된 의논이	那時橫議
기세를 타고 일어나니	乘勢作氣
우리들을 가장 꺼려	最忌吾黨
갖가지로 비방하고 헐뜯었으나	百般詆訾
공의 훌륭한 덕에 대하여는	於公盛德
평하는 말이 이르지 않았으니	評論不到
유림의 종장宗匠이라 여겨	比之林宗
감히 흔들지 못하였던 것이네	莫或敢撓
우러르고 사모함을 받음이	其見景慕
이와 같았으니	蓋如此也
학문의 역량이 아니라면	玆非學力
그럴 수 있었으랴	有以致耶
만사가 그만이로다	萬事已矣
나는 누구를 따라야 하나	我安適從
그대의 충후한 풍모와	忠厚之風
신실한 모습	信實之容
따라 노닌 지 오래되어	追遊之久
우의가 좋았었네	契誼之隆
평소를 생각건대	想像平素
늙은이의 마음 절구질하는 듯하니	老懷如舂
쇠병이 너무 심하여	衰瘁已甚
사람 도리를 못하였기 때문이네	人事廢絶
초상에 관을 어루만지지도 못하였고	喪未撫棺

장사 때에는 장지에 가지도 못하였으니	葬不臨穴
저버려서 부끄러운 마음 더욱 심하고	媿負罙深
슬픔은 더욱 간절하도다	悲悼益切
생각건대 우리 대형께서는	唯吾大兄
저의 심정을 헤아리소서	鑑諒衷曲
아! 슬프도다	嗚呼哀哉

또[又]

세월이 빨리 흘러	日月飈忽
첫 번째 기일이 닥쳐오니	初朞臨迫
계절은 갔다가 다시 돌아와	氣序重廻
갔다가 돌아오지 않는 법은 없다네	無往不復
국화는 그 향기가 빼어나고	菊秀其芳
기러기는 남쪽으로 날아오건만	鴈南其翔
공은 어찌 길이 가서	公何長往
아득하기만 한지	杳杳茫茫
공의 말씀이 귓가에 남아있어	公語在耳
소리가 나지 않아도 들리는 듯하고	有聞無聲
공의 모습 눈에 선하여	公儀在目
눈에 닿을 듯하다 다시 보이지 않도다	宛接還冥
그만이로다	已矣公我
생사로 영원히 막혀 버렸도다	永隔幽明
시원하고 맑은 옛 곡조	泠泠古調
연주하려 해도 누가 들어주며	欲奏誰聆
상수의 난초를 캐어 부치고 싶지만	采采湘蘭
누가 맡아줄까	願寄誰馨

인간 세상에 눈을 들어 보니	擧目人間
몸과 그림자 다 외지지만	形單影隻
차마 노년의 사귐을	忍將末契
경박한 사람과 할 수 있으랴	託向輕薄
공께서는 편안한 곳으로 돌아가셨지만	公歸卽安
저는 살아서 슬픔을 참아야 하니	我生堪慽
날거나 가라앉거나	亦知飛沈
만나고 모임이 때 있음을 알겠도다	會合有時
늘그막에 갑자기	不任臨老
의지할 이를 잃어 견디지 못하겠고	遽失相依
쇠병이 너무 심하여	衰瘁已甚
직접 곡하지도 못하겠도다	莫伸親哭
한 가닥 마음의 향을	一團心香
공께서는 기꺼이 받으소서	唯公是屑
아! 슬프도다	嗚呼哀哉

수재 이곤형을 애도하는 제문[祭李秀才 坤亨 文]

그대의 성품은 돈후하고	君性敦厚
그대의 자질은 총명하였네	君資穎悟
몸을 다스림은 검약하고	律身儉約
마음을 세움은 견고하였네	立心堅固
온화하면서도 방정하고	溫和而方
소탈하면서도 지조 있었네	疎暢而介
남을 대할 때 겸허하고	接物謙虛
일에 임하여 과감하였네	臨事慷慨
어버이를 사랑하는 진실함은	愛親之誠

지각이 있을 때부터였고　自有知覺

학문을 향한 부지런함은　向學之勤

독서하기를 권할 필요가 없었네　不待勸讀

고장에 있으면서 책을 끼고 다니니　挾冊邨閭

어찌 정해진 스승 있었으랴　寧有定師

저절로 꿰뚫어 통하니　自爾透徹

어린 싹이 때를 만난 것과 같았네　芽荄逢時

저는 때때로 노닐면서　我時遊陟

절에서 그대를 만났으니　遇君蕭寺

그대의 글상자를 보면　閱君書篋

보배로운 구슬이 종이에 가득하였네　驪珠滿紙

마음속의 말을 하자면　心語于口

저의 벗으로는 그대가 있었으며　我友有子

일찍이 아버지를 여의고　早哭春闈

백부께 의지하였네　伯府是依

서로 따라다니면서　形影相從

가난 속에서도 서로 기뻐하였고　菽水相歡

기쁘게 대화를 나누니　怡愉唯諾

집에서 지내는 모습 볼 만하였네　居室可觀

도옹101)의 유업이　陶翁洪緖

중간에 미약해지니　堂搆中微

마음에 새겨 분발하여　刻意發憤

훌륭한 자질에 채찍질하였네　鞭策騑騑

원대한 포부를 시험할 만하였으니　鰲釣可試

북해가 어찌 멀다 하리　北海何賒

101) 도옹(陶翁) : 고려 말기의 학자로 목은(牧隱)이색(李穡)·포은(圃隱)정몽주(鄭夢周)와 함께 고려의 삼은(三隱)으로 일컬어지는 도은(陶隱) 이숭인(李崇仁, 1347~1392)을 말하는 듯하다.

쓸모없는 아이들도	空疎兒輩
강마할 만하다 여겼네	謂可講磨
함께 공부를 하며	共事鉛槧
실컷 고생을 겪었으니	飽經寒酸
말은 아름다우면서도 원만하여	辭華圓轉
백 보 거리에서도 꿰뚫을 만하였네102)	百步可穿
나는 도타운 뜻 가상히 여겨	我嘉篤志
자신에게 있는 것처럼 여길 뿐만 아니었네	不啻己有
흉금을 열고 이야기 나누었고	開懷討論
한 글자에도 품평을 하였네	評品隻字
일이 닥쳐오는 것이	事物之來
이치가 밝지 않은 경우가 있으니	理有未瑩
질문을 하면 반드시 대답하고	有問必陳
때로 들어주기도 하였네	時或採聽
다만 나를 믿기에	秖緣相信
들어 준 것이지 무슨 보탬이 있었으랴	焉有所裨
저의 곤궁하고 쓸쓸함을 생각하여	念我窮寂
자주 와서는 돌아갈 줄 모르셨네	亟來忘歸
좋은 밤 달빛 비치는 난간과	良宵月軒
여름 저녁 바람 부는 창가에서	暑夕風櫺
맑은 기쁨에 서로 의지하며	清歡相賴
여생을 마치리라 여겼네	擬畢餘生
어찌하여 수명의 장단은	如何脩短
노소를 가리지 않는지	不繫老少
대수롭지 않은 병에 열흘도 못되어	微痾未旬

102) 백 보……만하였네 : 초(楚)나라 양유기(養由基)가 활을 잘 쏘아 백 걸음 앞에서 버들잎을 겨누어서 뚫었다는 고사에서 온 말로, 뛰어난 실력을 말한다.(『戰國策』 권2 「西周策」)

갑자기 흉한 소식에 놀라게 되었네 遽驚匈報
좁은 틈을 네 마리 말이 달려가듯 隙駟人生
짧은 인생 어찌 그리도 서두르셨나 一何草草
작별의 말 귓가에 남아 있어 別語在耳
생각하자니 쓸쓸하고 한탄스럽기만 하네 想起悽惋
산을 돌아오는 길 來路縈山
쓸쓸한 눈길을 누구에게 줄까 向誰寒眼
훌륭한 아들이 일을 맡으니 元方幹事
가도를 부지할 수 있겠고 家道可扶
세 아드님 뜻을 이으니 三胤繼志
가업을 이어가는 데 염려 없네 緖業無虞
그대는 달관하였으니 君能達觀
제가 어찌 마음 아파하랴 吾又何傷
인정으로는 병든 몸 부지하여 情當扶病
무덤으로 가는 길 전송해야 하지만 相送南陽
사람 도리 전혀 못하여 人事廢絶
부끄럽게도 평소의 정분을 저버렸네 媿負生平
남에게 대신하여 잔을 올리게 하니 替人奠盃
바라건대 마음의 향 맡으소서 幸領心馨
아! 슬프도다 嗚呼哀哉

죽은 아우 상호를 애도하는 제문[祭亡弟尙虎文]

죽은 아우 계장季章이 땅으로 들어가는 전날 저녁, 형인 자장子章이 술과 과일을 올려 울부짖으며 영결하여 말하노라. 아! 너와 나의 형제의 정은 오직 너와 나만이 아니, 네가 지금 지각이 있다면 내가 말할 필요 없고, 만약 지각이 없다면 내가 누구와 함께 말하랴. 슬픔은 땅처럼 다하지 않고 하늘처럼 끝이 없구나. 아! 슬프구나.

죽은 조카 세안을 애도하는 제문[祭亡姪世安文]

아! 네가 차마 나를 버리고 가느냐. 나를 버리고 어디로 가려고 하느냐. 너는 평소 내 곁을 멀리 떠나려 하지 않았고 또 내 뜻을 어기려고 하지도 않아 한결같이 따르기로 마음먹었지. 그런데 지금 어찌하여 불러도 대답하지 않고 두드려도 듣지 못하며, 부르짖고 곡해도 움직이지 않느냐. 수명의 길고 짧음은 운수가 있으니 성철聖哲들도 벗어나지 못하였다고 나의 마음을 너그럽게 억제하여 보네. 쓸모없는 슬픔을 짓지 않으려고 해도 돌아보건대 몇 가지 일이 나의 마음에 걸려 달랠 수가 없구나. 지금 영결하게 되니 어찌 말하지 않을 수 있겠느냐.

네 아버지가 돌아가실 때 정신이 전혀 혼란스럽지 않아 죽은 뒤 모든 일에 대하여 일일이 말하였지. 그러나 너의 형제들에 대하여는 한 마디도 언급하지 않기에 내가 이상하여 물어 보았더니, 네 아버지는 미소 지으며 이렇게 말하였다. "형께서 계시는데 제가 다시 무슨 말을 하겠습니까?" 나는 네 아버지로부터 전적으로 받은 부탁에 더욱 슬퍼 그 바람에 보답하리라 생각하였단다. 몇 해 전에 두동斗同이 요절하고 지금 네가 병에 걸려 10여 년을 조리하니 보살피는 방도와 약을 쓰는 것을 비록 완전히 그만두지는 않았지만, 성의가 얕아서 끝내 신명을 감동시킬 수 없어 어쩔 수 없는 데 이르니, 너의 빼어난 자질과 단아한 자품으로 네 아버지의 뜻을 잇지 못하게 하고 네 아버지가 끼친 복을 받을 수 없게 하였구나. 무릇 사람이 남의 부탁을 받더라도 지켜 서서 그 죽음을 보고 싶지 않으니, 더구나 형제 사이와 생사의 즈음이랴. 지극한 정이 있음에도 이렇게 속이고 저버렸으니, 내가 조만간 땅에 들어가 장차 무슨 면목으로 지하에서 네 아버지를 대하겠느냐.

너의 흉금은 소탈하였지만 일을 처리하는 데는 우활迂闊하지 않았으며, 도량은 엄정하였으나 응접함에 자못 화순하였지. 비록 난리로 혼란스럽고 위험한 때에도 온 가족을 거의 온전하게 보존하였고 사촌들을 함께 구제하였지. 내가 일찍이 너를 지목하여 우리 가문을 지켜 줄 사람이라고 하였더니, 너는 처음에는 그 뜻을 알지 못하다가 내가 해석하여 상세히 알려 주니 너는 겸손하여 감당할 수 없는 듯하고 모습은 매우 두려운 듯하였지. 나는 네가 나의 소망을 저버리지 않기를 매우 바랐더니 이제는 그만이구나. 다시 무슨 말을 하겠느냐. 예전에 혹독한 재앙을 만나 세상에 살 뜻이 전혀 없었으나 네 아버지가 곁에서 아장아장 걷고 있었지. 외로이 서로 따르며 말하고 웃고 움직이는 것이 모두 나의 답답한 마음을 위로하며 괴롭고 원통한 마음을 풀어주고 그에 힘입어 모진 목숨을 온전히 하기에 충분하였단다. 중간에 네 아버지가 죽었으나 네 형제가 남아 있었지. 너의 모습이 네 아버지를 쏙 닮아 눈을 들어 마주하면 예전에 네 아버지에게 의지하던 것과 같았단다. 지금 네가 또 죽고 게다가 혈육마저도 없으니, 네가 너의 아버지 뒤를 이은 것처럼 내가 어디에서 희망을 걸고 이 마음을 억누르겠느냐. 아! 하늘이 너를 쇠퇴한 가문에 나게 한 것은 실로 우연이 아니라 내가 너의 큰아버지가 되기 때문이란다. 너를 맡아 보육하면서 여물고 쌓인 죄가 끝이 없어 하늘에 버림받았구나. 하늘이 나의 목숨을 빼앗지 않고 깊이 의지하는 자에게 재앙을 옮기시니, 네가 스물다섯도 넘기지 못하고 학문도 기량을 채우지 못하였으며, 어버이가 계셔도 효성의 도리를 다할 수 없고 아내가 있어도 부부의 즐거움을 끝까지 누리지 못하게 하였구나. 인간 세상을 말해 보건대 어찌 다시 너와 같은 신세가 있겠느냐. 너의 아우에게 서너 살 된 아이가 있어 너를 이을 것은 의심할 것이 없단다. 처음에는 그 이름을 네 신주의 곁에 쓰려고 하였다가 돌아서 생각하니 어린아이라 어른의 일을 하기에는 인정에 차마 못할 바라서 우선 네 아우가 대신하게 하였다. 너는 아느냐 모르느냐. 말을 다해도 마음은 끝이 없구나. 아! 슬프구나.

등암선생문집

제4권

등암선생문집 권4

잡저雜著

한강 선생 언행록寒岡先生言行錄

선생께서 무흘武屹에 계실 때 상룡尙龍이 저녁을 드린 뒤면 선생께서는 옷깃을 여미고 꿇어앉아 눈을 감은 채 말씀이 없으셨으며 어깨와 등은 똑바르고 기상이 화락하여 엄연히 조각 같으셨다. 한밤중이 되어서야 눈을 들어 좌우를 보시니 그럴 때면 달과 별이 밝았고 산천은 고요하였다. 선생께서 문을 열고 나와서 중당中堂을 산보하시니 도도히 스스로 기뻐하는 흥취가 있으셨다. 상룡이 "선생님의 오늘밤은 증점曾點이 무우대舞雩臺에서 바람을 쐬고 기수沂水에서 목욕하는 것과 주렴계周濂溪의 비 갠 뒤 온화한 바람과 깨끗한 달빛 같은 기상이 아님이 없습니다."라고 여쭈니, 선생께서 이렇게 말씀하셨다. "내가 일찍이 그와 같은 기상을 배우면서도 아직 능치 못한데 자네의 말이 너무 지나친 것이 아닌가?"

선생께서 계묘년(1603)에 고향으로 돌아오셨을 때 연세가 예순 하나였는데, 종일 책을 보고 밤에도 계속하시며 부지런히 힘쓰셔서 늘 젊은 사람이 애써 노력하는 것과 같으셨다.

고을의 사람 중에 와서 뵙는 자가 하루에 거의 십여 인이었는데, 맞이하여 앉아서 이야기하고 대략 안부를 나누시고는 눈은 늘 책에 두셨다.

매번 여러 서적들을 보실 때에는 한 번에 여러 줄을 읽으시며 뜻과 이치가 중요한 부분에 이르면 반드시 참고하고 정정하여 그 종지를 끝까지 궁구하셨다.

무흘은 골짜기가 그윽하고 수석이 뛰어날 뿐만 아니라 손님이 드물게 찾아오니 응접하는 일이 퍽 적어, 서적을 찾고 보는 데 한결같은 마음으로 정신을 쏟으셨다. 신해년(1611) 이전의 7~8년은 무흘에 계실 적이 많았다. 산천암山泉庵은 무흘계곡의 동쪽 수십 보쯤에 있었으니, 방과 마루가 각각 한 칸이다. 샘물이 바위 틈에서 쏟아져 나오기에 이로써 암자의 이름을 붙인 것이다. 종일 꿇어앉아 독서하고 사색하여 늘 덕을 기르고 실천하기로 스스로 기약하셨다.

암자를 따라 시냇물을 거슬러 수백 보를 가면 바위가 시내 한가운데 누워 있어 마치 용이 누워 있는 모습 같았기에 와룡암臥龍巖이라고 이름을 지으셨다. 『와룡지臥龍誌』를 지어 반 년 만에 책을 완성하였는데, 서문과 발문에 내용을 다 밝혀 놓으셨다.

무흘산의 꼭대기에 몇 칸짜리 초가로 된 암자가 있으니 푸른 바위를 등지고 있다. 바위의 높이는 수 길이나 되고 암면巖面은 깎아지른 듯하여 구불구불 병풍처럼 이어져 있기에 그 암자를 병암屛庵이라고 이름 지었다. 구름과 비와 안개가 일지 않는 때가 없으니, 참으로 정신이 온전하고 기력이 완전한 자가 아니라면 오래 머무르지 못한다. 곁에 약초밭과 산방山房을 두고 깊은 생각을 부치려고 하였으나 끝내 이루지 못하셨다.

산속 좋은 경치의 명칭이 옛날의 것과 비슷한 것은 반드시 모방하여 이름을 붙였기 때문이니, 고인古人으로 자처하신 것이 아니다. 이름을 돌아보고 의미를 생각하며 친절히 생각하고 더욱 돈독하게 체험하신 실체는 다른 사람이 헤아려 볼 수 있는 바가 아니었다.

백매원百梅園에서 무흘까지는 거의 60리 길인데, 산길이 험하여 사람과 말이 다니기 어려워 따르는 선비들이 모두 지쳤으나, 선생께서는 휴식하는 곳에 이를 때마다 반드시 돌 위에 단정히 앉으시고는 책을 펴서 보셨다.

정자正字 송원기宋遠器와 서낙재徐樂齋, 곽치정郭穉靜 근近 어른들께서는 자주 와서 안부를 살피셨고, 오셔서는 그때마다 오래 머무르셨다. 낙재는 선생보다 일곱 살이 적었는데, 산으로 찾아오실 때마다 낮에는 한 책상에 마주 앉았고 밤에는 자리를 나란히 하였으며 새벽에 일어나 세수하고 머리 빗고 들어가 선생님께 절하면 선생께서는 다만 안석에 기대어 답하셨다.

선생께서 오래 산속에 계시니 서재의 승려가 단출하고 모자라서 음식을 댈 겨를이 없었다. 친구들이 보내는 선물은 그때마다 제수로 쓰고 평상시에 쓰는 것을 허락지 않으시니 아침저녁 반찬은 산나물 몇 가지뿐이었다. 옷이 더럽고 때가 묻어도 빨 수가 없으니 비록 젊은 사람이라고 하더라도 어려움과 고초를 견디지 못하였다. 상룡이 일찍이 몸이 손상된다고 말씀드렸더니, 선생께서 "자네와 함께 지낸 지 오래되었는데도 오히려 입고 먹는 것 때문에 나를 염려하는가? 도에 뜻을 둔 선비는 근심할 것이 여기에 있지 않네."라고 말씀하셨다.

상룡이 일찍이 모시고 앉아 있을 때 집안 종아이가 와서 매를 잃었다는 소식을 전하였다. 상룡이 종아이와 함께 집으로 돌아가 매 찾는 일을 처리하려고 하였더니, 선생께서 무엇 때문에 급히 돌아가려 하는지를 물어보셨다. 상룡이 사실대로 대답하니, 선생께서 정색을 하시며 말씀하셨다. "만약 자네가 놓친 마음을 찾는 정성이 항상 놓친 매를 찾는 것처럼 간절하다면 옛날의 학자만 못함을 어찌 근심하겠느냐?"

상룡이 일찍이 아우와 얼제孼弟들을 데리고 산에 있는 선생을 뵈었더니, 선생께서 물어보시기를 "아우들이 조금 자랐으니 즐거움이 있느냐?" 하셨다. 상룡이 엎드려 감히 대답하지 못하니, 선생께서 말씀하셨다. "형제가 있으면서 서로 아끼는 것이 참으로 즐거움이다. 형제를 아끼면서 잘 가르치면 더욱 즐거워할 만하다."

선생께서 일찍이 회연檜淵에 계실 때 상룡이 여러 벗들과 아무 날 함께 모여 낚시를 하기로 약속하였다. 약속 날짜가 되었는데 비가 쏟아져서 시냇물이 불어났다. 상룡은 벗들이 오지 못할 것이니 날이 개면 가리라 생각하였다. 선생께서 "듣자니 아무 날은 그대들이 만나기로 약속한 날인데 어찌하여 가지 않느냐?"라고 물으셨다. 상룡이 비 때문에 가지 못한다고 대답하였더니, 선생께서 "벗과 함께 한 약속이 있으면 바람이 불고 비가 오더라도 지키는 것이 옳다."라고 하셨다.

많은 선비들의 문회文會에는 매번 아침에 가셔서 서로 읍하고 예를 마치면 간혹 작은 술자리를 마련하였다. 선생께서 가운데 앉으시고 장로들은 가까운 줄에 앉았으며 유사가 되는 자들은 다른 줄에 앉았고 제생들은 좌우로 나열하여 모시면서 차례대로 술잔을 돌렸다. 응대를 돕는 지위가 낮고 어린 자들도 모두 잔을 잡고 공경을 표하게 하였고 술잔을 올리고 내려 주는 것이 조리가 자세히 갖추어져 밤새도록 온화하였으니, 화락하며 엄숙한 예절과 위엄은 족히 숭상할 만하였다.

해마다 생신이면 선생께서는 사람들이 술 마시는 것을 허락지 않으셨으니, 이는 부모님께서 낳고 기르느라 수고하신 날을 추모하여 감히 잔치를 열고 즐기지 못하신 것이다. 다음날 친구들과 문생들이 비로소 수연壽筵을 마련하였으니, 비록 지위가 낮고 어린 사람이더라도 잔칫상에 나아가 술잔을 올리면 선생께서는 반드시 두 손으로 맞이하여 받으셨다. 술을 마시고 나서 술을 올린 자가 종종걸음으로 나아가 잔을 잡으면 선생께서는 반드시 좌우를 돌아보시고 술잔을 주셔서, 일찍이 잔을 물리고 술잔을 드린 자에게 돌려주지 않는 일이 없으셨다. 술이 반쯤 돌면 선생께서 말하고 웃으시는 것이 온화하면서도 유창하셔서 상서로운 바람과 경사스런 구름이 감돈 듯 화기애애하여 자리에 있는 노소가 각자 기쁜 마음을 다 폈으나, 예절이 평소 결정되어 있었으므로 엄하지 않으면서도 정연하였다.

선생께서 늘 말씀하시기를 "벗과 술을 주고받는 것은 주량에 맞게 하는 것이 옳다. 만약 억지로 권하여 과음하게 하여 예법을 손상시킨다면 나쁜 데로 끌어들이는 것이니, 서로 아끼는 도가 아니다."라고 하셨다.

상룡이 일찍이 "남명南冥 선생의 고풍高風과 퇴계退溪 선생의 정맥正脈1)은 바로 후학들의 지남指南인데, 굳이 동강東岡의 만장挽章에 드러내신 것은 무엇 때문입니까?"라고 여쭈니, 선생께서 말씀하시기를 "이것은 평소 서로 마주하여 논변하던 것이다. 그러므로 그 애사哀詞에 언급한 것이다."라고 하셨다.

한쪽 사람들이 선생께서 남명南冥을 높이고 숭상하지 않는다고 비방하며 스승을 배반하였다고 지목하기에 이르니, 선생께서 듣고 말씀하시기를 "나처럼 선생을 공경하는 자는 없다."라고 하셨다.

---

1) 남명(南冥)……정맥(正脈) : 『한강집』 권1 「김동강(金東岡)의 죽음을 애도한 만사」에 "퇴도의 바른 맥 종신토록 기리었고, 산해의 높은 기풍 각별히 흠모했네.[退陶正脈終天慕 山海高風特地欽]"라는 구절이 있다.

상룡이 일찍이 "조선생曺先生께서 남명南冥으로 자호自號를 하신 것과 그 외의 많은 서재 이름도 이해하지 못할 것이 많습니다. 어떠한 뜻을 취하신 것입니까?"라고 여쭈니, 선생께서는 대답을 않으시고 한참 있다가 정색을 하고서 "자네가 이러한 것을 가지고 선생을 논하는가? 선생의 높은 경지는 후학들이 흠을 낼 수 있는 것이 아니다."라고 하셨다.

상룡이 일찍이 호서湖西를 유람하면서 무량사無量寺에 들른 적이 있었다. 매월당梅月堂의 행장行狀을 보고는 돌아와서 선생께 "김시습金時習의 굳센 절개와 높은 기개는 당시의 충신과 의사보다 못하지 않은데 남추강南秋江[2]은 「육신전六臣傳」을 지으면서 매월당을 언급하지 않았습니다. 뒷날 사람이 「원생몽유록元生夢遊錄」을 지으면서 남추강의 글을 첨가하여 넣었으나 역시 매월당을 언급하지 않았으니, 어찌 유감스런 일이 아니겠습니까? 지금 만약 「장중승전후서張中丞傳後敍」[3]을 모방하여 따로 하나의 전을 짓는 것은 어떻습니까?"라고 여쭈니, 선생께서 말씀하시기를 "매월당의 절개는 높다. 그러나 그 행적은 후세의 모범이 될 수 없는 듯하다. 또 「추강록」에 그 전말이 퍽 자세하게 실려 있으나 자네가 보지 못하였을 뿐이다."라고 하셨다.

출입하여 배우는 선비 중에 부형父兄이 있으면 효도와 공경을 말씀하시고, 관직에 있으면 충성과 부지런함을 말씀하시며, 학문에 뜻을 두었으면 도리를 말씀하셨고, 어리석고 보잘것없는 사람에게도 모두 당면한 일에 힘쓰도록 하셨다. 조용히 열어 인도하심에 친절하고 자상하며 크고 작은 것과 정밀하고 대략적인 말씀들이 모두 지극한 정성에서 나왔으니, 이 때문에 훌륭하거나 못난 사람이 각자 자기의 마음을 다할 수 있었다.

선생께서 고향으로 돌아온 뒤로는 벼슬에 대한 생각을 끊으셨으나 병오년(1606)에 조정

2) 남추강(南秋江) : 추강은 생육신의 한 사람인 남효온(南孝溫, 1454~1492)의 호이다.

3) 「장중승전후서(張中丞傳後敍)」 : 장 중승(張中丞)은 어사중승(御史中丞)을 지낸 장순(張巡)을 가리킨다. 현종(玄宗) 때에 안녹산(安祿山)이 반란을 일으키자, 장순과 허원(許遠)은 수양성(睢陽城)을 끝까지 지키다가 부하인 남제운(南霽雲)·뇌만춘(雷萬春) 등과 함께 장렬하게 죽었다. 당시 문인(文人)인 이한(李翰)이 일찍이 「장순전(張巡傳)」을 지었는데, 한유는 이한이 「허원전」을 짓지 않고 뇌만춘의 일을 기록하지 않았다 하여 「장중승전후서」를 지었다.

에서 연이어 큰 고을의 수령으로 임명하였고, 정미년(1607) 봄에 또 안동 부사에 임명하였다. 선생께서는 처음에 대궐에 가서 사은숙배하고 돌아오려 하셨다. 그러나 서울에 도착하였을 때 조정의 신하들 중에 꽤 많은 사람들이 선생이 머무르시도록 계청을 하려고 하자, 선생께서 그 소식을 듣고는 그날 즉시 사은숙배하고 얼른 말을 몰아 도성을 빠져나와 안동부에 도착하여 정고呈告(휴가 신청)를 할 생각이셨다. 그러나 부임한 처음에 서애西厓의 상이 있었고 뒤이어 선조께서 붕어하셨다는 소식이 있었으니, 반년이나 끌면서 오래 자리에 있었던 것은 선생의 뜻이 아니었다.

무오년(1618)에 대비大妃를 폐하자는 의논이 매우 무성하니, 선생께서는 당시 고질로 누워계신 중에도 천장을 쳐다보며 탄식하고 좌불안석이셨다. 상룡이 침상 아래에 엎드려 말씀드리기를 "바깥사람들은 선생님께서 지금 다시 소차疏箚를 올리실 것이라고 합니다." 하였다. 선생께서는 막 안석에 기대어 책을 보고 계시다가 읽기를 다 마치자 주변 사람을 불러 부축하여 일으키게 하시고 관冠을 바로 쓰고는 "신하가 군왕을 섬기는 데에 예가 있는 법이다. 내가 막 석고대죄를 드리기에도 겨를이 없는데 어찌 감히 법을 범하면서 소차의 글을 쓰겠느냐."라고 하셨다.

기미년(1619) 봄에 두 원수가 패배하자[4] 오랑캐와 화친하자는 의논이 비로소 발의되니, 선생께서 들으시고는 분개하여 마지않으셨다.

선생께서 일찍이 "신하의 간쟁하는 상소가 어찌 다만 직절하고 과격함만 숭상하고 말겠느냐. 절실하고 간절하여 주상의 마음을 열어 깨우쳐 나라가 그 복에 의지하고 백성이 그 은택을 입게 하는 것은 또 더욱 어렵다."라고 하셨다.

선생께서 여러 서적을 찬술하셨으나 모두 불타 버리고 남은 것이 거의 없다. 『예설禮說』도 떨어져 나갔으나 다행히 제목이 남아 있음으로 인하여 다시 지을 수 있었다.

---

4) 두 원수가 패배하자 : 광해군 10년(1618), 명나라의 요청에 따라 강홍립(姜弘立)을 오도 도원수(五道都元帥)로, 김응서(金應瑞)를 부원수(副元帥)로 삼아 군대를 출동시켜 후금(後金)의 누르하치 군대와 전투를 벌였으나, 심하(深河)에서 크게 패배하고 포로로 잡혔던 일을 말한다.

국구國舅 김제남金悌男의 추대推戴에 대한 말[5])을 여쭈어 보자, 선생께서 "이는 실로 반역자들의 황당한 말에서 나온 것이니, 어찌 믿을 만하겠느냐. 그 형체를 보지도 못하였는데 내가 어찌 그 그림자를 살피겠느냐."라고 하셨다.

선생께서 다시 『예설禮說』을 지으면서 정신과 힘을 다 쏟으셨는데 돌아가실 때까지도 그러하셨다. 참고한 책들이 많게는 700여 권에 이르렀으나 그 내용을 분명하게 마음속에 간직하고 계셔서 제생들이 전사傳寫하고 교정校正할 때 질문이 수없이 많았으나, 선생께서는 메아리처럼 빨리 대답하여 주저한 적이 없으셨다.

선생께서는 『성현풍범聖賢風範』을 매우 아끼셨으니, 그에 관련된 서적이 무려 9책이다. 위로는 요순堯舜으로부터 아래로는 주돈이周敦頤와 정이程頤까지 미쳤으며, 특히 공자의 제자들에 대하여는 더욱 상세하였다. 상룡이 "책을 간행하는 일이 번거로워서 다시 짓지 않으시는 것입니까?"라고 여쭙자, 선생께서 웃으며 "내가 수십 년 전에 여러 서적에서 널리 채취하여 얻는 대로 기록하여 여러 해 만에 완성하였다. 지금 와서 생각해 보면 마치 다른 세대의 일 같은데 어찌 다시 편수할 생각이 일어나겠느냐?"고 하셨다.

상룡이 경인년(1590) 강단의 말석에 있게 된 때로부터 계묘년(1603) 이후로 뒤따라 모시는 날이 더욱 많아진 때까지 날마다 보고 들은 것들은 모두가 격언格言과 의행懿行이었다. 그러나 의지와 정신이 흐려지고 게을러져 만의 하나도 기억하지 못한다. 하물며 감히 깊이 체득하여 힘써 실행하기를 바라겠는가. 평소 듣고 보았던 것을 대략 기술하여 후세 사람들의 본보기가 되기를 바랄 뿐이다.

---

5) 국구(國舅)……말 : 김제남이 1613년 이이첨(李爾瞻) 등에 의해 인목왕후 소생인 영창대군(永昌大君)을 추대하려 했다는 공격을 받아 사사되었던 사실을 말한다.

경재잠도敬齋箴圖

리裏

입조심하기를 병 주둥이를 막는 것처럼 하고 생각을 막기를 성을 지키는 것과 같이 하여 공경하고 삼가서 감히 혹시라도 경솔하지 말아야 한다.

표表

문을 나서면 손님을 대하듯 하며 일을 맡아서 할 때는 제사를 받드는 듯한다. 두려워하고 삼가서 감히 혹시라도 경솔하지 말아야 한다.

이와 같은 마음으로 일을 처리하는 것을 '공경을 견지한다'고 말하니,

동動

발가짐은 반드시 무겁게 하며 손가짐은 반드시 공손해야 한다. 걸을 때는 땅을 가려 밟아 개밋둑이라도 돌아서 가야 한다.

정靜

의관을 바르게 하며 첨시를 존엄하게 하고 마음을 가라앉혀 생활하며 상제를 대하듯 조심한다.

교정交正

두 개의 일이 있다고 해서 마음이 둘이 되어서는 안 되고 세 개의 일이 있다고 해서 마음이 셋이 되어서는 안 되니, 오직 마음을 전일하게 하여 만 가지 변화를 살펴야 한다.

불위弗違

동쪽으로 가려다가 서쪽으로 가지 말며 남쪽으로 가려다가 북쪽으로 가지 말아야 하나니, 일을 맡으면 전일한 마음을 간직하여 그 마음이 다른 데로 가지 않아야 한다.

주일主一 — 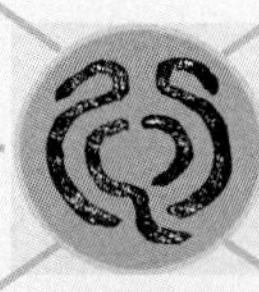 — **무적無適**

심心

유차有差

털끝만큼이라도 어긋남이 있으면 하늘과 땅이 뒤바뀌어 삼강이 다 없어지고 구법도 어그러지게 된다.

유간有間

잠깐 사이라도 경에서 떠나면 사욕이 수없이 일어난다. 불을 붙이지 않아도 뜨거워지고 얼리지 않아도 차가워진다.

아! 소자들이여, 생각하고 공경하라. 묵경이 경계를 맡아 감히 영대에 고하노라.

「경재잠도」는 금화金華의 노재魯齋[6] 왕선생王先生이 지은 것이다. 선생의 학문은 오로지 경敬을 주로 하였으니, 이 잠箴을 참으로 체득하여 알았던 것이다. 그러므로 지두地頭를 배열하여 공부에 힘써야 할 것을 열어 보인 것이 분명하고 정연하여 모두 귀속되는 곳이 있다. 학자들이 참으로 체득하고 음미할 때와 날마다 행하고 마음에 간직하고 있는 때에 깨우쳐서 얻는 바가 있으면 성인이 되고 현인이 되는 공부는 단적으로 여기에 달려 있다. 이른바 '경'이란 한 마음의 주재主宰이며 모든 일의 근본이면서 성학聖學을 하는 시종始終의 요체이다. 어찌 믿지 않겠는가?

○ 삼가 살피건대 이 잠은 「숙흥야매잠夙興夜寐箴」과 함께 상대가 된다. 「숙흥야매잠」은 참으로 학자들이 공부하는 시분時分을 설명한 내용이고, 이 잠은 실로 학자들이 공부하는 지두에 관하여 설명한 것이다. 부디 시분과 지두를 따라 서로 한쪽을 버리지 않고 잠시의 끊어짐도 없게 된 뒤에야 성학聖學에 거의 터득하는 바가 있을 것이니, 학자들은 더욱 힘써야 한다.

경재잠해敬齋箴解

「경재잠」은 회암晦庵 주부자朱夫子께서 지은 것이다. 주부자께서 스스로 서술하였다. "장경부張敬夫[7]의 「주일잠主一箴」을 읽고 그 나머지를 모아서 「경재잠」을 지어 서재의 벽에 써 붙여 스스로 경계한다." 또 말하였다. "이것은 경敬의 요목이다. 수많은 지두거처地頭去處[8]를 말하고 있다." - 이씨李氏가 말하였다. "지두라는 말은 공부를 하는 데 있어서 매우 좋은 근거이다."

---

6) 노재(魯齋) : 왕백(王柏, 1197~1274)의 호이다. 자는 회지(會之) 또는 백회(伯會)이고, 또 다른 호는 장소(長嘯)이다. 황간(黃幹)의 문인인 하기(何基)를 좇아 공부하였다. 절강성(浙江省) 금화(金華)에서 살았다. 시호는 문헌(文憲)이다.

7) 장경부(張敬夫) : 경부는 남송 시기의 성리학자인 장식(張栻, 1133~1180)의 자이다. 또 다른 자는 흠부(欽夫)이다. 호는 낙재(樂齋) 또는 남헌(南軒)으로, 세칭 남헌선생(南軒先生)이라 하였다. 호상학파(湖湘學派)의 집대성자이며, 주희(朱熹)·여조겸(呂祖謙)과 이름이 나란하여 '동남삼현(東南三賢)'이라 불렸다. 저서로는 『남헌집』이 있다.

8) 지두거처(地頭去處) : 지두는 '처소', '방면'이란 뜻이고, 거처는 '가는 곳'이란 어록체의 말로, 지향해 가

◑삼가 살피건대 '경재敬齋'는 자양서당紫陽書堂의 동재東齋이다.-

의관을 바르게 하며 첨시를 존엄하게 하고 마음을 가라앉혀 생활하며 상제를 대하듯 조심한다.[正其衣冠 尊其瞻視 潛心以居 對越上帝]

'정正'은 가지런함이다. '존尊'은 존엄尊嚴함이다. '잠潛'은 침잠沈潛함이다. '거居'는 사는 것이다. '대對'는 짝하는 것과 같다. '월越'은 어조사이다. '상제上帝'는 하늘을 주재한다.

위는 제1장이다. 말하자면 학자가 고요히 있을 때는 마땅히 의관을 정제하고 바라보는 것을 존엄하게 하며 그 마음을 깊이 가라앉혀 치우치고 기대는 곳이 없어 지극히 비고 지극히 고요하며 거울처럼 비고 저울처럼 균형이 잡히면 상제와 마주 보듯 할 수 있다는 것이다. 정자程子가 말하였다. "고요한 가운데라야만 비로소 사물의 이치를 터득할 수 있는 것이니, 그것이 바로 어려운 점이다. 외물外物(相對, 動)이 있어야 비로소 이것이 바로 어렵다는 것을 알 수 있다."

◑오씨吳氏[9]가 말하였다. "이 장은 고요할 때 어기지 않는 것을 말하는 것이다."

◑삼가 살피건대, 이 장은 「경재잠도」에서 '정靜'에 속한다.

발가짐은 반드시 무겁게 하며 손가짐은 반드시 공손해야 한다. 걸을 때는 땅을 가려 밟아 개밋둑이라도 돌아서 가야 한다.[足容必重 手容必恭 擇地而蹈 折旋蟻封]

'중重'은 가볍게 움직이지 않는 것이다. '공恭'은 게으르거나 해이하지 않는 것이다. '필必'이란 기필한다는 말이다. 발가짐은 가볍게 되기 쉽고 손가짐은 게을리하기 쉽다. 그러므로 '반드시'라고 말하여 경계한 것이다. '택擇'은 가리는 것이다. '지地'는 처소處所이다. '도蹈'는 걷는다는 것과 같다. '절선折旋'은 옆으로 도는 것이다. '의봉蟻封'은

는 곳을 말한다.

9) 오씨(吳氏) : 오징(吳澄, 1249~1333)을 말한다. 자는 유청(幼淸), 호는 초려(草廬)이다. 주희의 사전(四傳) 제자이다. 이로부터 아래에 나오는 '오씨왈(吳氏曰)'이라고 한 말은 모두 『오문정집(吳文正集)』 권59의 「제주문공경재잠후(題朱文公敬齋箴後)」에 나온다.

개밋둑이다. 주자가 말하였다. "꺾어 돌 때에 법도에 맞는다는 것은 옆으로 도는 곳에서 곱자처럼 방정하고자 하는 것이다. 옛말에 '말을 타고 개밋둑 사이를 꺾어 돈다.'고 하였으니, 말하자면 개밋둑 사이는 길이 구불구불하고 좁은데도 말을 타고 그 사이를 꺾어 돌아서 말을 달리는 절도를 잃지 않는 것이다."10)

위는 제2장이다. 말하자면 학자가 움직일 때에 반드시 걸음을 진중하게 하여 감히 가벼이 하지 않으며 손을 공손히 하여 감히 게으르지 않아서, 그 밟는 곳을 가리며 걸을 때 반드시 바르게 해야 하니, 만약 길의 구불구불한 곳을 만나면 곱자처럼 꺾어 돌아서 반걸음이라도 법도를 벗어나지 않아야 하는 것이다.

○오씨가 말하였다. "이 장은 움직일 때에 어기지 않는 것을 말하는 것이다."

○삼가 살피건대, 이 장은 「경재잠도」에서 '동動'에 속한다.

문을 나서면 손님을 대하듯 하며 일을 맡아서 할 때는 제사를 받들 듯한다. 두려워하고 삼가서 감히 혹시라도 경솔하지 말아야 한다.[出門如賓 承事如祭 戰戰兢兢 罔敢或易]

'출문出門'은 '밖으로 나간다'고 말하는 것과 같다. '여빈如賓'은 공손하고 삼가는 것이 손님을 만났을 때와 같음을 말하는 것이다. '승사承事'는 '일을 맡았다'고 말하는 것과 같다. '여제如祭'는 엄숙함이 마치 제사를 받드는 것과 같음을 말한다. '전전戰戰'은 두려움이다. '긍긍兢兢'은 경계하고 삼가는 것이다. '망罔'은 '말라'는 뜻이다. '이易'는 경솔한 것이다.

위는 제3장이다. 말하자면 학자가 문을 나설 때에 그 마음이 두려워서 마치 큰 손님을 만나 공손한 마음을 다하는 것과 같이 하고, 일을 맡았을 때에 그 마음이 엄숙하여 마치 큰 제사를 받들어 엄숙한 마음을 다하는 것과 같이 하여, 두렵고 조심스러운 마음을 스스로 지녀 몸가짐과 행동이 예에 맞지 않음이 없어서 감히 혹시라도 경솔함이 없는 것이다.

---

10) 꺾어……것이다 : 주희의 『주자어류』 권105 「경재잠(敬齋箴)」에 나오는 말이다.

○오씨가 말하였다. "이 장은 겉모습의 바름을 말한 것이다."

○삼가 살피건대, 이 장은 「경재잠도」에서 '표表'에 속한다.

입조심하기를 병 주둥이를 막는 것처럼 하고 생각을 막기를 성을 지키는 것과 같이 하여 공경하고 삼가서 감히 혹시라도 경솔하지 말아야 한다.[守口如甁 防意如城 洞洞屬屬 罔敢或輕]

'수구守口'는 함부로 말하지 않는 것이다. '여병如甁'은 병을 막는 것과 같은 것이다. '방의防意'는 사특한 것이 들어오는 것을 막는 것이다. '여성如城'은 성을 지키는 것과 같은 것이다. '동동洞洞'은 안과 밖이 차이가 없는 것이다. '촉촉屬屬'은 진실하여 거짓됨이 없는 것이다. '망罔'도 무毋(말라)의 뜻이며 '경輕'도 이易(경솔함)의 뜻이다.

위는 제 4장이다. 말하자면 학자가 말을 할 때에 마땅히 그 입을 삼가서 함부로 말하지 않는 것이 반드시 병 주둥이를 막아 물이 새지 않게 하는 것과 같고, 정성스런 뜻을 지닌 때에는 마땅히 바깥의 사특한 생각을 금지하여 마음에 들어오지 못하게 하는 것이 반드시 성을 지켜 적이 들어오지 못하게 하는 듯이 하면 거울이 깨끗하고 물이 잔잔한 것과 같아서 외면과 내면, 정세精細하고 거친 것이 꿰뚫어 통하지 않음이 없어서 감히 혹시라도 경솔함이 없게 되는 것이다.

○오씨가 말하였다. "이 장은 내면의 바름을 말한 것이다."

○삼가 살피건대, 이 장은 「경재잠도」에서 '리裏'에 속한다.

동쪽으로 가려다가 서쪽으로 가지 말며 남쪽으로 가려다가 북쪽으로 가지 말아야 하나니, 일을 맡으면 전일한 마음을 간직하여 그 마음이 다른 데로 가지 않아야 한다.[不東以西 不南以北 當事而存 靡他其適]

'동서남북東西南北'은 사방을 설정하여 말한 것이다. '당사當事'는 어떤 일에 직면한 때를 말한 것이다. '존存'은 있다는 것과 같으니, 마음이 일에 있음을 말한 것이다. '적適'은 가는 것이니, 마음이 다른 곳으로 가지 않음을 말하는 것이다.

위는 제 5장이다. 말하자면 학자가 일상의 사이에 그 마음을 거두어 편안하고 고요하여 동쪽으로 가려고 하였으면 또 서쪽으로 가지 않으며 남쪽으로 가려고 하였으면 또 북쪽으로 가지 않아서, 만일 일이 닥쳐와 처리를 해야 할 것이라면 오직 이 한 가지 일에만 나아가서 이 속에 마음을 두어, 이로써 그 일을 끝마치고 감히 다른 데로 가지 말라는 것이다.

○오씨가 말하였다. "이 장은 마음이 바르면 일에 통달함을 말한 것이다."

○삼가 살피건대, 이 장은 「경재잠도」에서 '무적無適'에 속한다.

두 개의 일이 있다고 해서 마음이 둘이 되어서는 안 되고 세 개의 일이 있다고 해서 마음이 셋이 되어서는 안 되니, 오직 마음을 전일하게 하여 만 가지 변화를 살펴야 한다.[不貳以二 不參以三 唯心唯一 萬變是監]

'이貳'는 두 가지 마음이 되는 것이고 '이二'는 그 일이 두 가지인 것이다. '삼參'은 세 가지 마음이 되는 것이고 '삼三'은 그 일이 세 가지인 것이다. '유일唯一'은 거듭 두 가지 마음이 되지 말고 세 가지 마음이 되지 말라고 말하는 것이다. '만변萬變'은 '만사萬事'라고 말하는 것과 같다. '감監'은 살피는 것이다. 정자가 말하였다. "경敬은 전일함을 주장하는 것이다."[11] 주자가 말하였다. "경은 전일함을 주장해야 한다. 처음에 한 가지 일이 오고 또 한 가지가 더해지면 바로 이것이 두 가지 마음을 가져와서 그것이 두 개의 일이 되고, 원래 한 가지가 있었는데 또 두 가지가 더해지면 바로 이것이 세 가지 마음을 가져 와서 세 가지 일이 되는 것이다."[12]

위는 제 6장이다. 말하자면, 학자가 응접應接할 때에 일이 비록 많으나 방금 이 한 가지 일을 하게 되었으면 다만 이 한 가지 일만 하여, 다시 다른 한 가지 일로 그 마음이 둘이나 셋이 되어 그 일을 둘로 하거나 셋으로 하지 않아서, 오직 마땅히 이 마음을 전일하게 하여 일에 따라 정밀하게 살펴 모두 마땅함을 얻어 감히 섞이지 않아야 한다는 것이다.

---

11) 경(敬)은……것이다 : 주희가 편집한 『이정유서』 권15 「입관어록(入關語錄)」에 나오는 말이다.

12) 경은……것이다 : 주희의 『주자어류』 권105 「경재잠(敬齋箴)」에 나오는 말이다.

○오씨가 말하였다. "이 장은 일에 전일함을 주장하여 마음에 뿌리를 둠을 말한 것이다."

○삼가 살피건대, 이 장은 「경재잠도」에서 '주일主一'에 속한다.

이와 같은 마음으로 일을 처리하는 것을 '공경을 견지한다'고 말하니, 동정이 경에서 떠나지 않고 표리가 서로 바르게 된다.[從事於斯 是曰持敬 動靜弗違 表裏交正]

'종從'은 실행한다는 것과 같다. '사事'는 '일마다[事事]'의 일과 같다. 이는 위 6장의 글을 가리켜서 말한 것이다. '정靜'은 제1장을 가리킨다. '동動'은 제2장을 가리킨다. 이는 정靜으로 말미암아 동動에 이르는 것이다. '표表'는 제3장을 가리킨다. '리裏'는 제4장을 가리킨다. '표'로부터 말미암아 '리'로 들어가는 것이다.

위는 제 7장이다. 말하자면, 학자가 위 6장의 일에 전일한 마음으로 종사하여 진실하게 공부를 해 가면 이것이 이른바 공경을 지니는 일로서 동정動靜을 꿰뚫고 표리表裏가 한결같이 되어 떠나는 바가 없어서 그 바름을 얻게 되는 것이다. 황씨黃氏13)가 말하였다. "동정이 경을 떠남이 없고 표리가 서로 바르게 되는 것이 이 한 편의 강령이다."

○오씨가 말하였다. "이 장은 앞의 여섯 장을 총괄한 것이다."

○삼가 살피건대, 이 장은 「경재잠도」에서 앞의 여섯 장에 속한다.

잠깐 사이라도 경에서 떠나면 사욕이 수없이 일어난다. 불을 붙이지 않아도 뜨거워지고 얼리지 않아도 차가워진다.[須臾有間 私欲萬端 不火而熱 不冰而寒]

'수유須臾'는 '잠시'이다. '간間'은 잠깐 중단되는 것이다. '사욕私欲'은 물욕이다. '만단萬端'은 많음을 말한 것이다. '열熱'은 '열중熱中'이라고 할 때의 열과 같다. '한寒'은

13) 황씨(黃氏) : 송(宋)나라 황간(黃榦, 1152~1221)을 말한다. 자는 직경(直卿), 호는 면재(勉齋)이다. 주희의 제자이며 사위로, 그의 도통을 계승한 사람으로 알려져 있다. 아래의 말은 『면재집』 권2 「경설(敬說)」에 나오는 말이다.

몹시 차갑다는 뜻과 같다.

위는 제 8장이다. 말하자면 학자가 수시로 익히는 공부가 잠시라도 중단이 있으면 사욕에 빠져 마음이 달아올라 불타는 듯함이 있거나 차가워서 얼음이 어는 듯함이 있게 되니, 이는 군자가 항상 경외하는 마음을 간직하면서도 오히려 중단이 있을까를 두려워하게 되는 것이다. 주자가 말하였다. "잠시의 사이는 시각으로 말한 것이다."14)

○오씨가 말하였다. "이 장은 마음이란 어디론가 가는 병통이 없을 수 없음을 말한 것이다."

○삼가 살피건대, 이 장은 「경재잠도」에서 '유간有間'에 속한다.

털끝만큼이라도 어긋남이 있으면 하늘과 땅이 뒤바뀌어 삼강이 다 없어지고 구법도 어그러지게 된다.[*毫釐有差 天壤易處 三綱旣淪 九法亦斁*]

10홀忽이 1호毫이고 10호가 1리釐이니, '호리毫釐'는 지극히 작음을 말하는 것이다. '차差'는 '잘못됨'이다. '천天'은 지극히 높음을 비유하였고, '양壤'은 땅이니 지극히 낮음을 비유하였다. '역처易處'는 '자리를 바꾼다'고 말하는 것과 같으니, 이는 심지어 윤리와 기강도 뒤집히게 된다는 것을 심하게 말한 것이다. '삼강三綱'은 군위신강君爲臣綱(임금은 신하의 벼리가 됨)·부위자강父爲子綱(아버지는 자식의 벼리가 됨)·부위처강夫爲妻綱(남편은 아내의 벼리가 됨)이니, 세 가지는 인륜의 큰 벼리이다. '륜淪'은 없어지는 것이니, 없어져서 진작되지 못함을 말하는 것이다. '구법九法'은 구주九疇의 법이다. 우禹가 홍수를 다스리자 하늘이 그에게 주었고, 그 뒤 기자箕子가 미루어 넓혀 만든 범주로서 주나라 무왕에게 말하였던 것이다. '역斁'은 무너지는 것이니, 무너져서 펴지 못함을 말한 것이다. 진씨陳氏15)가 말하였다. "털끝만큼이라도 어긋남이 있으면 천양지차가 생긴다는

---

14) 잠시의……것이다 : 주희의 『회암집』 권55 「답이수약(答李守約)」 '경재잠운수유유간호리유차(敬齋箴云須臾有間毫釐有差)'조에 나오는 말이다.

15) 진씨(陳氏) : 송(宋)나라 진순(陳淳, 1159~1223)을 말한다. 자는 안경(安卿)이고, 북계선생(北溪先生)이라고 불린다. 주희 만년의 득의(得意)의 제자로 알려져 있다. 아래의 말은 『북계대전집』 권41

것은 아주 사소한 일을 공경하지 않아서 큰 병이 되는 것을 말하는 것이 아니다. 이는 큰 병통은 미세한 곳을 놓치는 데서 일어나므로 천 리만큼이나 어긋나게 되는 것은 털끝만큼 작은 데서 차이가 발생하는 것을 말한 것이다. 그러나 또한 마땅히 미세한 곳에서 어긋나고 잘못됨은 매우 소소한 듯한데 무엇 때문에 천지에 변란이 생기고 삼강이 무너지며 구법이 어그러지는가를 생각하여, 반드시 인정人情과 사변事變을 많이 겪어야 불경不敬이 실마리를 해치는 결정적인 곳임을 알게 된다. 늠연凜然히 두려워하여 이치에 밝고 의리에 정밀하지 않으면 또한 밝혀낼 수 없으니, 이는 참으로 이른바 자신에게 절실한 것을 경계함으로써 사람을 구하여 오랑캐와 짐승 같이 되는 것을 면하게 하는 것이다."

위는 제 9장이다. 말하자면, 학자가 자신을 수양하는 일에 조금이라도 어긋나거나 실수를 하면 이른바 터럭만큼의 차이로 인하여 천 리나 어긋나서 곧바로 천지의 자리가 뒤바뀌는 데 이르고 삼강三綱과 구주九疇가 사라지고 무너져, 중국이 오랑캐로 변하고 인류가 짐승이 되게 하니, 이는 군자가 더욱 신독愼獨하여 놓치는 것이 있을까를 두려워하는 것이다. 주자가 말하였다. "호리의 차이는 일로써 말한 것이다."16)

○오씨가 말하였다. "이 장은 일에 전일함을 주장할 수 없는 병통을 말한 것이다."

○삼가 살피건대, 이 장은 「경재잠도」에서 '유차有差'에 속한다.

아! 소자들이여, 생각하고 공경하라. 묵경이 경계를 맡아 감히 영대에 고하노라.[於乎小子 念哉敬哉 墨卿司戒 敢告靈臺]

'오호於乎'는 감탄사이다. '소자小子'는 제자라고 말하는 것과 같으니, 학자를 가리키는 것이다. '념念'은 사념思念이다. '경敬'은 공경히 듣고 따르는 것이다. '묵경墨卿'은 먹이니, 경卿이라고 말한 것은 예컨대 붓을 '관성자管城子'라고 일컫는 것과 같으니, 이는 또한 높인 것이다. '사司'는 주관한다는 것과 같다. '계戒'는 경계警戒이니, 이 잠을 말하는

'문호리유차천양역처(問毫釐有差天壤易處)'조에 나오는 말이다.

16) 호리의……것이다 : 주희의 『회암집』 권55 「답이수약(答李守約)」 '경재잠운수유유간호리유차(敬齋箴云須臾有間毫釐有差)'조에 나오는 말이다.

것이다. '영靈'은 신명神明이고, '대臺'는 집과 같으니, '영대'라는 것은 신명의 집이라고 말하는 것과 같다.

위는 제 10장이다. 이는 탄식의 말을 하여 이로써 학자들의 듣고 따르는 마음을 일으키고 잠을 지은 뜻을 서술하여 경계하고 가르치는 것이다. 이는 참으로 학문을 하는 자에게 중요한 부분이니, 읽는 자는 생각을 다해야 한다.

○오씨가 말하였다. "이 장은 한 편을 총결하였으니, 경을 견지하는 공부를 말한 것이 주밀하고 상세하다."

○삼가 살피건대, 이 장은 「경재잠도」에서 한 편 모두에 속한다.

황씨가 말하였다. "이 잠은 거친 말로부터 정세精細한 곳으로 들어가며 얕은 부분에서부터 깊은 곳으로 들어간다."[17]

○진씨眞氏[18]가 말하였다. "경이라는 뜻이 여기에 이르러 다시는 미진함이 없으니, 성학聖學에 뜻을 둔 자는 익숙히 반복해야 한다."

○ 물었다. "「경재잠」 뒷부분의 '약간의 여유를 가지고 급하게 하지 않는다.[少些從容不迫]'는 뜻에 대하여 선생께서 몇 마디 더해 주셨으면 합니다." 주자가 말하였다. "어떻게 박절迫切함을 풀어야 하겠는가. 지금 아직 손을 대지도 않았는데 여유를 가지고 급하지 않으려고 하지만 오히려 이렇게 할 수 있는 이치는 없다. 오직 그 사람이 일을 대단히 급하게 해 본 뒤에야 그에게 급하게 하지 않도록 권하는 것이다. 마치 사람이 서로 싸우려고 할 때 서로 칼끝을 아직 겨누지 않았는데 끌어당겨 물러나려고 하는 것처럼 지금 아직 공부를 하지도 않았는데 뒷문을 열어 놓으려고 하는 것과 같다. 그러나 또한 박절한 마음을 풀지 못하는 것은 다만 일찍이 일을 해 보지도 않아서이다. 일을 해 볼 때에 박절함은 걱정되지 않는다. 나는 평소에 느긋하고 천천히 하려는 생각이 많다고 느낀다."[19]

---

17) 이 잠은……것이다 : 진덕수(眞德秀)의 『서산독서기(西山讀書記)』 권19 「경(敬)」에 나오는 말이다.

18) 진씨(眞氏) : 송(宋)나라 진덕수(眞德秀, 1178~1235)를 말한다. 자는 경원(景元)·경희(景希)·희원(希元), 호는 서산(西山)이다. 주희 뒤의 성리학 정종(正宗) 전인(傳人)으로 알려져 있다. 아래의 내용은 『대학연의(大學衍義)』 권27에 나오는 말이다.

○주자가 말하였다. "경이란 한 마음의 주재主宰이고 만사의 근본이니, 성학의 처음이 되고 마지막이 되는 것이다. 소학小學을 공부하는 자가 이로부터 말미암지 않으면 참으로 본원을 함양하여 물 뿌리고 쓸고 응하고 대답하고 나아가며 물러나는 예절과 육예六藝의 가르침을 삼감이 없고, 대학大學을 공부하는 자가 이로부터 말미암지 않으면 또한 총명聰明을 개발하고 진덕수업進德修業20)하여 명덕신민明德新民21)의 공부를 이룰 수가 없다. 불행히 때가 지난 뒤에 배우는 자는 참으로 능히 경敬에 힘을 써서 대학에 나아가 소학을 겸하고 보충하는 데 방해되지 않게 할 수 있으면, 그가 나아가는 것이 장차 근본이 없어서 스스로 도달할 수 없음을 걱정하지 않을 것이다." 물었다. "그렇다면 이른바 경이란 또 어떻게 힘을 써야 합니까?" 대답하였다. "정자程子가 이에 대하여 일찍이 '주일무적主一無適'22)으로 말하였고, 일찍이 '정제엄숙整齊嚴肅'23)으로 말하였으며, 문인門人 사씨謝氏의 말에는 또 이른바 '상성성법常惺惺法'24)이란 것이 있다. 윤씨尹氏의 말에는 또 이른바 '그 마음을 수렴하여 한 가지 외물도 용납지 않는다.[其心收斂 不容一物]'고 한 말이 있으니, 이 몇 가지 말을 살펴보면 그 힘을 써야 할 방법을 알 수 있을 것이다. 힘쓰는 방법을 알게 되면 소학이 경敬에 힘입어 시작하지 않을 수 없음을 알 수 있고, 소학이 경에 힘입어 시작함을 알게 되면 대학이 경에 힘입어 마치게 된다는 것을 하나로 관통하여 의심이 없게 될 것이다. 대개 이 마음이 이미 확립되고 나서 이로 말미암아 사물의 이치를 끝까지 궁구하여 앎을 이룬다.[格物致知] 사물의 이치를 다 알게 되면 이른바 '덕성을 높여 학문으로 인도[尊德性而道問學]'하게 되며, 이로 말미암아 '뜻을 성실히 하고 마음을 바르게 하여[誠意正心]' 그 몸을 수양하면 이른바 먼저 '그 큰 것이 확립되어 작은 것들이 빼앗지 못한다.[先立其大者 而小者不能奪]'는 것이며, 이로 말미암아 '집안을 가지런히 하고 나라를 다스려[齊家治國]' 천하에 미치게 되면 이른바

19) 물었다……느낀다 : 주희의 『주자어류』 권105 '경재잠(敬齋箴)'에 나오는 말을 채집하여 정리한 것이다.
20) 진덕수업(進德修業) : 덕에 나아가고 학문을 닦는다는 뜻이다.
21) 명덕신민(明德新民) : 덕을 밝히고 백성을 새롭게 한다는 뜻이다.
22) 주일무적(主一無適) : 마음이 한곳에 전일하여 다른 곳으로 가지 않는다는 뜻이다.
23) 정제엄숙(整齊嚴肅) : 마음을 정돈하여 가지런히 하고 엄숙함을 말한다.
24) 상성성법(常惺惺法) : 마음이 항상 깨어 있게 하는 법을 말한다.

'자신을 수양하여 백성을 편안하게 하고 독실하고 공경하여 천하가 평안하게 되는 것[修己以安百姓 篤恭而天下平]'이니, 이는 모두 하루도 경에서 떠난 적이 없는 것이다. 그렇다면 경이란 한 글자가 어찌 성학의 시종始終의 요체가 아니겠는가."[25]

○황씨가 말하였다. "'경이란 주일무적을 말한다.'고 한 것은 정자程子의 말이다. 그러나 스승의 말에 또 '경이란 글자는 오직 경외함[畏]이 가깝다.'고 하였으니, 경이란 이 마음이 엄숙하여 두려워하는 바가 있다는 이름이다. 경외함은 마음이 전일함을 주장하는 것이니, 종묘에 들어가서 군부君父를 뵐 때 또 저절로 잡념이 없고, 한가하고 방자하게 지낼 때는 생각이 어지러워 전일함을 주장할 수 없는 것과 같다. 두 말은 서로 표리가 되니, 학자는 그것을 체득하게 되면 알 수 있다."[26]

○채씨蔡氏가 말하였다. "경이란 뜻이 매우 크니, 선사이신 주자朱子께서 정문程門에서 경敬을 논한 요긴한 말을 모은 것이 상세하고 정밀하다. 황씨는 또 '선사의 경敬 자의 뜻은 오직 경외함이 가까움이 된다고 서술하였으니, 더욱 정밀하고 절실하다. 사람의 한 마음은 허령지각虛靈知覺[27]하여 늘 엄숙하여 어지럽지 않으며 밝아서 어둡지 않으며 고요하여 이치의 본체가 보존되지 않음이 없고 감응하여 이치의 용用이 행해지지 않음이 없다. 오직 허령지각이 이미 기질에 구속되지 않을 수 없고 또 욕망에 움직이지 않을 수 없으면 이 마음의 체體와 용用도 장차 그를 따라 어두워지고 어지럽게 된다. 이것이 경하지 않을 수 없는 까닭이다. 참으로 능히 척연惕然하고 송연悚然하여 늘 마치 귀신鬼神과 부사父師가 그 위에 와 있는 것 같이 여기고 깊은 못과 얇은 얼음이 그 아래에 있는 듯이 한다면 허령지각은 저절로 어둡고 혼란스러움을 용납지 않게 된다.'[28]고 서술하였다. 이것이 '경敬' 자의 뜻이 오직 경외가 가까움이 되는 까닭이니 그 말은 바꿀 수 없다. 일찍이 그 근원에 나아가 깊이 생각하니 경敬은 동정動靜에 해당하고 주일主一도 동정에 해당한다. 일이 없을 때에 이 마음이 고요히 항상 있으니, 이것은 고요하면서 전일함을 주장하는 것이다. 일이

25) 주자가……아니겠는가 : 주희의 『사서혹문(四書或問)』 권1 「대학(大學)」에 나오는 말을 채집하여 정리한 것이다.

26) 황씨가……있다 : 황간의 『면재집』 권3 「경설(敬說)」에 나오는 말을 채집하여 정리한 것이다.

27) 허령지각(虛靈知覺) : 비고 신령스러워 알고 깨닫게 된다는 뜻이다.

28) 선사의……된다 : 황간의 『면재집』 권3 「경설(敬說)」에 나오는 말을 채집하여 정리한 것이다.

있을 때 마음이 이 일에 응하여 다시는 다른 일에 섞이지 않으니, 이는 움직이면서 전일함을 주장하는 것이다. '정이주일靜而主一'은 전일하여 곧 중中은 천하의 큰 근본이란 뜻이고, '동이주일動而主一'은 화和가 천하의 달도達道라는 것이다. 만약 주자周子의 '일이란 무욕[一者無欲]'이라고 할 때의 '일'과 정자程子의 '나의 전일함을 함양한다.[涵養吾一]'고 할 때의 '일'과 주자朱子의 '일이란 그 마음이 고요하여 다만 이 속에 있는 것[一者其心湛然只在這裏]'이라고 할 때의 '일'이란 말을 음미해 보면, 고요할 때의 전일함을 주장하는 것은 아마 태극의 경계일 것이다. 만약 학자가 참으로 능히 모두 취하여 깊이 이해하고 그 실체를 정밀히 생각하게 되면 거의 얻을 수 있을 것이다."

○삼가 살피건대, 두 사람의 설은 경외의 뜻에 대하여 발명한 것이 친절하니, 가장 잠심하여 음미해야 한다.

「경재잠해」 뒤에 쓰다[書敬齋箴解後]

내가 젊어서 한강의 문하에서 공부를 할 당시에 이 「경재잠敬齋箴」을 배웠는데, 그 간결하고 절실함을 좋아하여 혹시라도 잊어버리게 될까 봐 강의를 마칠 때마다 그 말씀을 기록하였다. 죽기 전에 경敬에 종사하기를 바랐는데 애석하게도 중도에 그만두고 보니 늙어서 들은 것이 없이 가난한 오두막에서 시들어가는 것이 늘 안타까웠다. 지금 다행스럽게도 자손들이 감히 배우기를 청하기에 말로만 전해서는 알게 할 수 없었다. 그래서 옛날 기록해 두었던 것을 구절마다 나누어 소疏를 달고 또 원래의 도식을 편篇의 첫머리에 두어 서로 참고하고 고증하여 익히는 데 도움이 되도록 하였으니, 참람하여 죄를 벗어나지 못할 줄을 매우 잘 알고 있다. 설령 그렇기는 하지만 모아서 기록하였던 것은 모두 선생님의 말씀과 경해經解를 근간으로 하여 감히 한 글자 한 뜻이라도 지어낸 것은 없다. 이는 자손들이 훈고를 통하여 만의 하나라도 대충 엿볼 수 있기를 바란 것이고 애초에 지어내어 스스로 「경재잠」을 풀이하였다고 생각하는 것이 아니다. 아! 너희 자손들은 남긴 가르침을 잊지 말고 너희들만 보고 적합한 사람이 아니면 전하지 말아야 한다.

숭정崇禎 원년(1628) 10월 초하루 아침에 어리석은 내가 삼가 쓰다.

호소사의 통유문[號召使通論文]

정묘호란 때 선생이 참모로서 대신 짓다.

아! 10년이나 틈을 엿보던 도적이 오늘 멧돼지처럼 돌진하여 소란을 피우니, 의주義州와 안시安市의 높은 성루가 무너지고 부윤府尹과 순변사巡邊使와 열사烈士들이 죽었소. 관동關東의 여러 번진藩鎭은 이미 바라만 보고도 무너지는 형세를 이루었고, 평양平壤 이서는 바야흐로 승냥이와 호랑이의 터전이 되었소. 노인과 아이들이 무슨 죄가 있어 칼날에 피를 흩뿌리며, 아들과 딸들은 포로가 되어 모두 오랑캐에게 끌려갔겠소? 도적의 세력은 날로 심각해지고 인심은 날로 흔들려서 도성을 옮겨 나라가 보존되기를 도모하니, 조정의 계책이 참으로 어쩔 수 없는 상황에서 나왔소.

아! 경황없이 삼궁三宮(왕·대비·왕비)이 해문海門(강화도)으로 파천하니, 2백년 종묘사직이 외로운 섬 안에 의탁하여 있으며, 서울이 결딴나니 남녀는 어육魚肉이 되었소. 누군들 부모가 없으랴마는 도로에서 부축하고 이끌며, 누군들 부부가 없으랴마는 산곡으로 달아나고 숨으니, 다만 부섭傅燮[29]의 신세처럼 살 곳을 찾을 길이 없게 된 것이 슬플 뿐이오. 생각건대 나라가 어렵고 위태로운 때에 돌아가 쉴 곳이 어디이겠소. 오늘날의 국사國事는 지사智士가 아니라도 통곡할 일이오.

아! 생각건대 우리 동방은 땅이 비록 치우쳐 있고 작지만, 의관과 문물의 성대함과 예악으로 교화하는 미덕으로 천하에 소중화小中華라고 칭송되어 온 것이 지금까지 천여 년에 이르렀소. 어찌 하루아침에 미친 도적에게 짓밟혔다고 해서 머리를 움츠리고 손을 거둔 채 한결같이 숨어 엎드려서, 군주와 어버이를 모두 잊어버린 채 놓아 둘 수 있겠소. 운수에 관계되는 것은 비록 벗어날 수 없으나, 하늘은 순리를 도우니, 이치로 보아 기필코 좋아질 것입니다. 더구나 우리 영남은 인재의 부고府庫이자 국가의 근본이오. 열성조께서 배양하시고 선현들께서 가르치신 바, 집집마다 절의의 기풍이 있고 충효의 풍속이 전승되어 의리의 명성이 임진왜란에서 이미 드러났으니, 충분忠憤이 어찌 오늘날 사라졌겠습니까. 조정에서

---

29) 부섭(傅燮) : 자는 남용(南容)이고, 후한 때 사람이다. 한양 태수(漢陽太守)로 있을 때 황건적이 북호(北胡)와 함께 한양을 포위하여 아들 부간(傅幹)이 고향인 북지(北地)로 돌아가기를 권하자, 탄식하며 "내가 어디로 가겠는가? 나는 기필코 여기에서 죽으리라.[吾行何之 必死於此]"라고 하며 기를 좌우로 휘두르면서 진격하다가 전사하였다고 한다.(『後漢書』 권88 「傅燮傳」)

영남에 기대하는 것이 가볍거나 작지 않소.

아! 본관本官은 본래 보잘것없는 사람으로서, 조정에서 벼슬자리나 차지하면서 경박하다는 비난이 오래 쌓여 왔소. 이미 군주를 바로잡고 시대를 구제하여 위태로운 재앙을 구원하지도 못한 데다 붓을 던져 버리고 자청하여 오랑캐를 잡아오는 적개敵愾의 의리도 다하지 못하여, 영남 지역의 여러 군자들에게 죄를 지은 지가 참으로 이미 오래 되었소. 스스로 인심을 격동시키고 의병을 불러 모으기에 부족하다는 것을 알지만, 위태롭고 혼란한 때에 명을 받아서 의리상 감히 사양하지 못하고, 얼음물을 마시며[30] 남쪽으로 와서 밤낮 애태우며 오직 힘을 다하지 못할까 두려워하오. 믿는 것은 다 같이 이성을 지니고 태어난 마음을 스스로 발휘하여 제공들이 배워 온 능력을 쓸 기회가 바로 오늘에 있다는 것이오.

아! 여러분들이 평소 성현의 글을 읽으며 배운 것이 무엇이오? 국세國勢가 췌류贅旒[31]된 날에 만약 강개하고 발분하여 자신을 잊고 나라를 보위하지 않고 그저 풀 더미에 들어가서 구차하게 살기를 구한다[32]면 명분과 의리에 있어 어떻게 되겠소? 만약 철기鐵騎가 꽉 들어차 온 나라가 짓밟힌다면 여러분들의 몸과 집안, 처자들이 과연 깨끗한 천지에서 홀로 목숨을 보전할 수 있겠소? 의리가 이와 같고 이해가 이와 같으니, 목숨을 던져 나라에 바치는 것은 손이 묶여 죽음으로 나아가는 것보다 오히려 낫소. 더구나 끝까지 의리를 다한다 해도 반드시 죽지는 않는 법이지 않겠소?

아! 그대 사대부와 부로父老와 백성들이여, 지존께서 진흙탕 속에 노숙한다는 소식을 차마 들을 수 있겠으며, 종묘사직이 파천했다는 소식을 차마 들을 수 있겠으며, 여러 대에

---

30) 얼음물을 마시며[飮氷] : 나랏일에 마음이 쓰이는 것을 뜻한다. 『장자(莊子)』 「인간세(人間世)」의 "내가 오늘 아침에 사신으로 가라는 명을 받고는 속이 달아올라 저녁에 얼음물을 마셨다."라는 말에서 유래한다.

31) 췌류(贅旒) : 위태롭게 되었다는 뜻이다. 췌류는 『춘추공양전(春秋公羊傳)』 「양공(襄公)」 16년에 "君若贅旒然"이라는 구절에서 나온 말로, 하휴(何休)의 주에 췌(贅)는 '꿰다'는 뜻이고, 류(旒)는 깃발의 술이라고 풀이하였는데, 군주가 권신에게 실권을 잃어 나라가 위태롭게 되었다는 뜻이다.

32) 풀 더미에……구한다 : 신하가 되어 국난에 처하여 구차하게 목숨이나 보존하려는 것을 말한다. 진(晉)나라 주의(周顗)가 패전한 뒤에 피난하라는 주위의 권고를 듣고는 "내가 대신의 자리에 있으면서, 조정이 결딴난 이 마당에 어떻게 다시 수풀 사이에서 구차하게 살려고 하면서, 밖으로 호월에 몸을 던질 수가 있겠는가.[吾備位大臣 朝廷喪敗 寧可復草間求活 外投胡越邪]"라고 말했다는 고사에서 유래한다.(『晉書』 권69 「周顗傳」)

걸쳐 받은 은택을 차마 잊을 수 있겠으며, 의상이 오랑캐의 옷으로 바뀌는 것에 차마 무관심할 수 있겠소? 본관이 성상을 작별하던 날에 낭랑한 말씀으로 본도의 많은 선비들에게 촉망한 것이 정녕할 뿐만이 아니었으니, 비유하자면 부모가 물과 불 속에 있으면서 자식에게 구원을 바라는 것과 같았소. 이러한 때에 눈물을 뿌리며 소매를 떨치고 일어나지 않는다면 다시는 사람의 도리를 하지 못할 것이오. 원충갑元冲甲33)은 일개 서생일 뿐임에도 향병鄕兵으로서 홍건적을 크게 꺾었소. 명분이 바른 군대는 사기가 왕성하니 어찌 고금의 다름이 있겠소? 혈기가 있는 모든 이들은 각자 의로운 일을 보고 치솟는 용기를 다하고 같은 목소리로 호응하는 진심을 바치십시오. 향리에서 의병을 불러 모으고 무리들을 규합하여 관군과 협동하여 계책을 기다렸다가, 혹은 영남으로 통하는 길목을 차단하거나 혹은 분조分朝를 호위하십시오. 혹시라도 기가 꺾여 움츠러들어서 모집에 응하려 하지 않는 자가 있다면 힘써 깨우쳐 주시오. 두 번 세 번 깨우쳐 주어도 듣지 않는다면 이는 오랑캐가 되는 것도 달게 여기며 제 발로 군주를 뒷전으로 하는 죄망에 들어가는 것이오. 대의가 있는 곳에는 자연히 떳떳한 형벌이 있는 법이오. 그러나 영남에 어찌 이런 사람이 있겠소? 저와 뜻을 함께하는 모든 사람들은 진심으로 하는 이 말씀을 들으시오. 행재소에 계시는 군왕을 생각하여 눈물을 뿌리니 죽기를 각오한 마음이 있고, 그대 무리에게 호소하여 함께 도적과 맞서려 하니 소중한 것은 의리입니다. 함께 가지기 어려운 것 중에서 마땅히 취사선택할 바를 살펴서 개나 양 같은 오랑캐의 심장을 찢으십시오. 다하지 못한 말은 뒤에 나열하여 놓겠습니다. 각자 마땅히 자세히 살피시고 시행해야 하기 때문에 알립니다.

33) 원충갑(元冲甲, 1250~1321) : 본관은 원주(原州)이다. 향공진사(鄕貢進士)로서, 충렬왕 때 합단(哈丹)의 적군이 철령(鐵嶺)을 넘어 난입하자 각 고을이 소문만 듣고 다들 달아나 수비를 맡을 사람조차 없었는데, 보병 여섯 명으로 적을 물리친 이후 앞뒤로 열 번의 전투에서 적을 대패시켰다. 시호는 충숙(忠肅)이다.(『高麗史』「世家·忠宣王」)

관찰사께 올리는 정문[呈監司文]

삼가 저희들이 아룁니다. 선사先師이신 정선생鄭先生을 위하여 선생께서 예전에 기거하시며 강론하던 자리에 서원을 건립하려고 하나 일은 크고 힘은 부족하여 형세가 장차 중지되게 되니, 저희들이 머리를 모아 모두 탄식해도 계책이 없었습니다. 참으로 다행스럽게도 어제 관찰사께서 잠시 머무르시면서 선비들의 간청을 받아들여 정성을 보이셔서 세 섬의 곡식을 허락하시고 뒤이어 소금과 쌀을 주시니, 합하閤下께서 어진 이를 높이고 선비를 아끼는 정성이 대단히 예사롭지 않습니다. 저희들이 죽더라도 보답할 길이 없는데 다시 간청 드릴 것이 있어 우러러 위엄을 범하게 되니 당돌한 죄를 어찌 벗을 수 있겠습니까. 저희 고을에 소속된 공노비公奴婢 대여섯 명은 합하께서 일찍이 허여해 주신 것입니다. 일이 명교名敎와 관련되니 들어 주시기를 바라며 어리석음을 무릅쓰고 거듭 아뢰니, 실로 매우 두렵습니다.

상주향교에 보내는 통문[通尙州鄕校文]

이괄李适의 변란이 있을 때이다.

신민이 불행하여 역적이 독을 푸니, 종묘사직이 파천하여 어가가 남쪽으로 거둥하게 되었습니다. 이러한 때에 모든 우리 도내의 사민들은 몸을 돌보지 않고 의리로써 떨치고 일어나 국난에 죽음을 각오하고 자나 깨나 참된 정성을 바치고 있음은 하늘의 해도 굽어보시는 바입니다. 그런데 관찰사 민성휘閔聖徽34)가 심지어 "이 도는 향배를 관망하고 있으니 군대를 동원하는 것은 형세상 어렵다."라고 밀계를 하였다 하니, 아! 비록 오랑캐가 준동하는 고을에 있더라도 오히려 차마 이러한 말로 헐뜯지는 못할 것인데, 더구나 영남에서이겠습니까? 평소 나라에 충성하고 군주를 사랑하여 도의道義로 격려한 것이 지금에 이르러

---

34) 민성휘(閔聖徽, 1582~1647) : 초명은 성징(聖徵), 자는 사상(士尙), 호는 졸당(拙堂)·용졸(用拙), 본관은 여흥(驪興)이다. 1609년 문과급제, 1624년 개성부유수 재직시 이괄(李适)의 난이 일어나자 관내에 있던 반란파를 상계하기 전에 죽인 죄목으로 파직당하였다. 판서를 지냈고, 영의정에 추증되었으며, 시호는 숙민(肅敏)이다. 저서로는 『송경방고록(松京訪古錄)』이 있다.

다 사라져 버렸으니, 마치 연못과 구렁텅이에 굴러 떨어진 것만 같아 심장과 뼈가 다 아픕니다. 일제히 일어나 드러내어 밝히는 일이 하루가 급합니다. 다만 저희 읍은 서울에서 조금 멀어 도로에서 전하는 말로는 자세히 알 수 없습니다. 생각건대 상주尙州는 관찰사께서 오래 머물고 계신 곳일 뿐만 아니라 사행使行이 계속해서 오고가며 조보朝報가 끊이지 않는 곳입니다. 만약 무함을 기도하는 말을 듣더라도 기필코 받아들이지 않아야 할 것입니다. 행여 저의 바람을 저버리지 않으시고 함께 분개하는 의리로 저희에게 보여주신다면 매우 다행이겠습니다.

성주의 여러 학궁에 보내는 통문[通本邑諸學宮文]

삼가 생각건대 우리 선사께서 학문을 하시던 곳이 무흘武屹이 아니겠으며 후학들이 우러르는 곳이 무흘이 아니겠습니까. 서적을 책꽂이에 꽂아 놓은 것이 어찌 이씨산방李氏山房[35]과 같을 뿐이겠으며 선생님의 자취가 깊이 간직되어 있으니 마치 무이정사武夷精舍[36]와 같습니다. 맑은 향기는 모범이 될 만하고 남긴 자취는 찾을 만하여 선비와 관련 있는 곳이니 어찌 예사로운 재사齋舍와 비교할 수 있겠습니까. 그러나 땅은 외지고 길은 궁벽하여 오는 생도들이 드물어 수호하는 일을 승려들에게 맡겨 두었습니다. 위에서 내리는 비와 옆으로 들이치는 바람을 때맞추어 막지 못하니, 서사書舍에는 비가 스며들고 재실齋室은 무너졌습니다. 학문을 익히던 소중한 장소가 장차 버려지게 되었으니, 어찌 저희들이 절박하게 염려할 바가 아니겠습니까. 지금 막 승려들을 권면하여 수리하도록 약속하였으나 기와를 굽고 수선하는 것은 공사가 매우 커서 결코 궁핍한 승려들에게 전적으로 맡겨 일을 이루도록 책임지울 수 없습니다. 힘을 보태는 조치를 하지 않을 수 없어서 이에 입재入齋를 한 여러 벗들과 함께 각각의 담당을 나누어 정하오니, 여러분들께서는 바라건대 부디 기록한 대로 마련하여 공급해 주셔서 중지되는 우려를 면하도록 해 주신다면 매우 다행이겠습니다.

---

35) 이씨산방(李氏山房) : 송나라 때 이상(李常)이 여산(廬山)의 백석승사(白石僧舍)에 만 권의 장서를 쌓아 두고는 이씨산방이라 하였다. 이에 대한 기(記)가 『고문진보』에 실려 있는데, 소식(蘇軾)이 지었다.

36) 무이정사(武夷精舍) : 송나라의 주희(朱熹)가 간신 한탁주(韓侂胄)를 피하여 강서(江西)의 무이산(武夷山)으로 가서 지었던 정사로, 여기서 학문을 강론하였다.(『閩中理學淵源考』 권16)

성주향교에 보내는 통문[通本邑鄕校文]

무흘은 궁벽한 골짜기에 치우쳐 있어 오는 생도들이 드무니, 여러 학사學舍의 형편을 헤아릴 수 없습니다. 그러나 선사께서 바위와 골짜기에 은거하시며 덕을 기르고 도를 이루었던 것을 생각하면 바위와 서재 이름을 붙인 뜻이 깊고 멉니다. 남긴 향기가 여전하고 맑은 향기가 사라지지 않았으며 시렁 가득한 서적과 선생님의 자취를 우리들이 차마 퇴락하도록 내버려 두고 생각을 하지 않을 수 있겠습니까. 골은 깊고 좁으며 구름과 안개에 젖어 기와와 판목이 모두 수십 년이 지나지 않아 무너지고 샐 것입니다. 이번 여름 장마에 지붕은 마른 곳이 없고 서책이 젖기에 이르러 살고 있는 승려도 그 고생을 견디지 못하고 있습니다. 지금 막 서까래를 고치고 기와를 바꾸려고 하나 목수들에게 줘야할 양식도 없을 뿐만 아니라 원장은 장소를 꺼리고 사세는 궁핍하여 입 다물고 말하지 않습니다. 저는 반평생을 선생의 문하에 드나든 끝이라 감히 좌시하지 못하겠습니다. 이에 각 향교의 수임首任과 여러 사우들께서 입재入齋하는 날에 감히 이러한 말씀으로 널리 알리오니, 바라건대 부디 각별히 생각하고 의논하여 힘닿는 대로 도와주셔서 학문을 닦던 소중한 곳이 무너져 내리지 않도록 해 주신다면 매우 다행이겠습니다.

성주 목사께 올리는 정문[呈地倅文]

삼가 아뢰니다. 저의 외증조 백 참군白參軍의 묘소가 경산慶山에 있으나 적통의 후손이 없어 나무하고 불 지르는 것을 금하지 못하니, 황폐하고 매몰되어 장차 묘소를 알 길이 없게 되었습니다. 제가 가만히 생각건대 외증조는 지위가 비록 높지는 않았으나 명망은 널리 알려져 한 시대의 칭송을 받았는데, 후사가 적막하여 묘소를 보호할 수 없는 데에 이르렀습니다. 추모하는 마음에 어찌 친손과 외손의 차이가 있을 수 있겠습니까. 묘도를 표시하기 위하여 수백 글자를 돌에 새기고는 제가 늘 거처하는 곳에 내버려 둔 지 지금 2년이 되었습니다. 그러나 이곳에서 경산까지는 100여 리가 되고 저는 실로 가난하니 운송할 길이 없어, 늘 인정과 도리를 이루지 못하고 하루아침에 죽게 될까 염려스럽습니다. 밤낮으로 애태우며 생각해도 계책을 알지 못하겠습니다. 삼가 생각건대 목사께서 성주에 부임하셔서 효성으로 다스리시니 제가 어찌 참람됨을 회피하여 진달하지 않을 수 있겠습니까. 저희 고을의 경계는 동안東安 나루 끝에서 그칩니다. 경내는 의지할 만한 친척과 벗이 있어 조금은 끌고 갈 수 있으나, 한 번 동안을 건너게 되면 바로 다른 고을이니 기댈 곳이 전혀 없고, 또 높은 고개가 앞에 있어 험하고 비탈지니 더욱 힘을 쓰기 어렵습니다. 진실로 배에 실을 수만 있으면 동안 나루에서 낙동강에 배를 띄워 금호琴湖에 이르러 사수泗水 앞으로 거슬러 정박할 수 있으니 앞길은 평탄하여 다시는 장애될 것이 없습니다. 지금 강을 통하여 건너가면 물이 깊거나 얕거나 건너기에 좋습니다. 사문沙門 나루의 경우는 하루 종일 배를 매어 두고 있습니다. 엎드려 바라건대 목사께서는 절박한 마음을 굽어 살피시고 특별히 사문 나루의 병졸 두 사람에게 명하여 배를 끌고 와서 돌을 실어 힘을 합쳐 운반해 가게 해 주셔서 죽음이 가까워 오는 늙은 백성에게 조상을 추모하는 정성을 이룰 수 있게 해 주십시오.

등암선생문집

제5권

등암선생문집 권5

부록附錄

숭정처사 등암 배공 묘갈명崇禎處士藤庵裵公墓碣銘 서문 병기

허목許穆

만력萬曆(1573~1620) 말에 내가 조령鳥嶺 남쪽으로 부임하는 아버지를 따라와서 공을 거창居昌의 객관에서 처음 알게 되었다. 공은 스스로를 지킴이 엄정하고 취하고 주는 것이 공정하며 군자의 풍도를 일컫기를 좋아하니, 나는 마음으로 공경하였다. 그 뒤 한강寒岡 정 선생께서 돌아가셨을 때 가마加麻[1]의 행렬에서 같이 조문하였고 그 뒤로 10여 년을 서로 격조하게 지냈다. 영남의 선비를 통해서 앞 시대 현인이 남긴 서적을 구하여 보려고 하였는데, 이때에 고변하는 자가 있어 선한 선비들이 많이 연루되었다. 공이 이 때문에 체포되어 서울로 오면서 『오선생예설五先生禮說』을 가지고 와서 내게 주면서 "내가 죽게 되었으나 책을 주겠다고 한 약속은 저버리지 않았소."라고 하였다. 여러 해 뒤에 내가 영남으로 난리를 피하였을 때 그곳 어른들을 통해 등암에 대해 듣지 못하였던 것을 더욱 듣게 되었고, 공의 집을 들를 때마다 노성한 덕을 지닌 분으로 모셨다.

지난해에 공이 돌아가셨다는 소식을 듣고서 침문寢門 밖에서 곡을 하고, 장사를 지낼 적에 애사哀詞를 지었다. 지금 남은 두 아들이 삼년상을 마치고 장차 그 아버지의 묘소에 표지標識하려고 나에게 묘비명을 부탁하니, 나는 덕을 사모하는 정성으로 공의 두드러진

1) 가마(加麻) : 관(冠) 위에 삼베를 두르는 일을 말한다.

선행을 논찬하여 돌에 쓰는 것을 사양하지 않는다.

공은 젊어서 재주와 식견이 남보다 뛰어나고 문장의 재주가 있어 여러 번 과거에 입격하였다. 불행하게도 장군將軍인 아버지께서 비명에 돌아가시는 일을 당하게 되자 다시는 과거시험을 치려고 하지 않았고, 죽을 때까지 출사하지 않으며 힘껏 일하여 홀어머니를 봉양하였다. 어려서 아버지를 여읜 한 아우가 있어, 공은 마음에 더욱 괴로워하였다. 병이 위독하자 손가락을 잘라 피를 내어 구원하였고, 예로써 가르쳐 허물이 있으면 눈물을 흘리며 종아리를 치니, 학문이 날로 성취하여 영남에 이름이 알려졌다. 이 아우가 바로 자가 계장季章인 배상호裵尚虎이다. 성균관에 올랐으나 명命이 없어 요절하니, 공은 곡하고 마음 아파하며 더욱 세상일에 뜻이 없었다. 어떤 사람이 그의 훌륭함을 천거하였으나 죽을 때까지 공은 돌아보지도 않았다. 일찍이 정선생의 문하에 들어 의리의 학문을 배워 평소 선을 좋아한 것이 끝이 없었고, 또한 남의 잘못을 부끄러워하며 한마디 말도 용서가 없었으니 준엄함과 고결함이 이와 같았다. 어버이를 친히 하고 어진 이를 사랑하는 마음을 미루어 관계가 먼 친척에게까지 미치니 온 집안사람들이 모두 권장되었다. 자제들을 교육함에 엄격하면서도 사랑이 있었고, 관혼상제를 중히 여겼다. 정선생의 문집을 편찬하고 간행하며 비를 세우고 서원을 건립하니 사문斯文에도 큰 공로가 있었다. 은둔하던 초기에 무흘산 아래에 집을 짓고 산수에 노닐면서 스스로 늙어갔다.

별호는 등암藤庵, 휘는 상룡尚龍, 자는 자장子章이니, 성은 배씨裵氏이고 본관은 성주星州이다. 조부는 사재감 정司宰監正 휘 덕문德文이며, 아버지는 영남수군절도사嶺南水軍節度使 휘 설楔이다. 2대가 모두 호조 참판에 추증되었다. 어머니 정부인貞夫人 송씨宋氏는 본관이 야성冶城으로, 충순위忠順衛 원源의 딸이다. 공은 명나라 만력萬曆 2년, 우리 선조宣祖 7년 갑술년(1574) 10월 6일에 태어나서 효종孝宗 6년 을미년(1655) 8월 28일에 돌아가셨으니, 나이가 82세였다. 부인은 거창 신씨居昌愼氏 군자감 정軍資監正 인서仁恕의 딸이다. 정숙하고 온화하고 어질었으나 공보다 23년 앞서 계유년(1633) 7월 3일에 돌아가셨으니, 나이가 51세였다. 합장한 묘는 성주 서쪽 후리동厚理洞에 있다. 2남 2녀를 두었으니, 아들은 세유世維와 세면世綿이고, 사위는 이유전李惟銓·김시수金是燧로 모두 사인士人이다. 공은 이미 돌아가셨으나 그 유풍과 남은 교화는 또한 자손에게 남아 있어 볼 만하다. 명銘은 다음과 같다.

아	嗚呼
보배를 품고 세상을 피하여	懷寶遁世

알아주지 않아도 후회하지 않았도다 不見知而不悔
확고하면서도 온화하고 確而和
충성스러우면서도 자랑하지 않아 忠慤而不伐
고장 사람들이 경외하고 심복하였으니 鄕人畏服
아직까지 아름다운 덕이 남아 있네 尙有懿德

대광보국숭록대부大匡輔國崇祿大夫 의정부 우의정議政府右議政 겸 영경연·춘추관·관상감사領經筵春秋館觀象監事 허목許穆이 짓고 전서로 쓰다.

고 처사 등암 배공 묘지명故處士藤庵裵公墓誌銘 서문 병기

배씨裵氏의 본관은 성주星州이니, 가장 먼저 이름난 자는 삼한벽상공신三韓壁上功臣 휘 위준位俊이다. 휘諱 진손晉孫은 공부 시랑工部侍郞을 지냈다. 휘 치絺는 수군 총병水軍摠兵을 지냈는데 우리 조선에 벼슬하여 청백리로 이름이 있었으니, 공에게는 7대조가 된다. 증조부 휘 조綢는 참봉參奉이며 증조모는 농서 이씨隴西李氏이니 도은 선생陶隱先生의 5세손이다. 조부 휘 덕문德文은 문과文科에 급제하여 통훈대부通訓大夫 사재감 정司宰監正 증 가선대부贈嘉善大夫 호조 참판戶曹參判 겸 동지의금부 춘추관사同知義禁府春秋館事 세자 좌부빈객世子左副賓客이다. 조모는 정부인貞夫人 선산 백씨善山白氏이니, 참군參軍 거추巨鰍의 딸이다. 참군공參軍公은 뛰어난 용략으로 당시에 이름나 드디어 백장군白將軍이라 일컬어졌다. 공이 대대로 장수 집안의 풍모가 있었던 것은 실로 이에서 비롯한다고 한다. 아버지 휘 설楔은 절충 경상우수군절도사折衝慶尙右水軍節度使로 가선대부 호조 참판 겸 동지의금부사에 추증되었다. 어머니는 정부인貞夫人 야성 송씨冶城宋氏이니 좌의정 염濂의 6세손이자 충순위忠順衛 원源의 딸이다.

만력 갑술년(1574) 10월 6일에 공을 낳으니, 공의 휘는 상룡尙龍이고 자는 자장子章이다. 어려서부터 의젓하고 중후했으며, 일찍 문장을 익히고 기예를 가다듬어 여러 번 과거에 입격하였으나, 중간에 집안의 재앙을 만나자 다시는 과거를 치르지 않았으며 죽을 때까지 벼슬하지 않고 자호를 등암거사藤庵居士라고 하였다. 공이 끝까지 참판공을 모시지 못하게 되자 어머니를 봉양함에 사랑과 공경을 모두 지극히 하여, 어머니께서 하고 싶어 하는 것이 의리에 나쁠 것이 없는 일이면 반드시 완곡히 받들고 따랐으니, 맛있는 음식을 드리는 것과 같은 것은 미루어 알 수 있다. 병이 들어 약시중을 들게 되자 한 해가 다 가도록 허리띠를 풀지 않았고, 변을 맛보아 차도를 살펴 지극히 보살피지 않음이 없었다. 이윽고 돌아가시자 삼년상을 마칠 때까지 변함없이 예제禮制를 지키니 선비로서 행의를 일컬을 만한 자는 모두 귀의하였다.

공의 아우로는 진사공進士公 한 명이 있었는데, 여섯 살에 거상을 하다가 병들어 어쩔 수 없을 정도로 악화되자 공이 손가락을 잘라 피를 내어 온전하게 하였다. 어린아이 보살피듯 품고 어루만졌으며 과정에 따라 독서하도록 하면서 매질로 가르쳐 사랑스럽다고 하여 느슨하지 않았다. 때때로 서로 마주하여 눈물을 흘리며 "하늘이 내린 재앙을 만나 아버지께서 일찍 세상을 떠나시고 나는 또 세상과 어긋났으니, 다른 날 집안의 희망은 오직 너에게 달려 있다. 네가 어찌 방심하고 지나칠 수 있겠느냐?"라고 하였다. 이윽고 장가들자 공이 몸소 재산을 관리하고 아우는 알지 못하게 하였으니, 이는 집안일에 관심을 두지 말고 오직 학문에 전심하게 하려고 하였기 때문이다. 진사공이 드디어 분발하여 힘써 배워 이름이 사우士友에게 알려지니, 이 어찌 "사람이 어진 부형이 있음을 기뻐한다."[2]는 것이 아니겠는가. 불행히 위독한 병으로 눕게 되자, 공이 지성으로 근심하고 애써서 밤마다 목욕하고 가묘에서 울며 기도하여 자신이 대신 죽게 해 달라고 빌었다. 진사공이 죽자 소렴小斂에서 대렴과 장사에 이르기까지 몸소 일을 처리하였고 인정과 예절을 모두 갖추었으니, 그 우애가 천성에서 나왔기에 그러할 수 있었던 것이다.

증조부 참봉공의 묘도墓道에 예전부터 비문이 있었는데 이는 공의 아버지 참봉공이 직접 지어서 쓴 것이다. 일찍이 병화兵火에 넘어져 손상되니 공이 다시 돌을 다듬어 예전의 글을 모각하였는데 한 획도 차이나거나 어긋나지 않았다. 조부와 아버지 두 세대의 묘비문은 공이 모두 직접 지었고, 외증조부와 숙부의 묘 및 외조부의 묘도 모두 주관할 후사가 없자 공은 오래되어 남이 알지 못할까 두려워하여 아울러 짧은 표지標識를 세웠다. 또한 외조모를 모시고 돌아와서 봉양하여 살아서의 섬김과 돌아가셔서의 장사에 유감이 없도록 하였고, 둘째 아들에게 제사를 맡겼다. 선조를 받드는 예에 더욱 삼가는 마음을 다하여 아무리

2) 사람이……기뻐한다 : 『맹자』 「이루하(離婁下)」에 나오는 말이다.

추운 겨울이라도 반드시 목욕하고 마음을 가다듬었고 제수를 정결히 하였으며, 선조의 묘소는 길의 원근을 가리지 않고 봄가을마다 반드시 직접 성묘하여 늙어서도 그만두지 않았다. 어려서 고아가 된 두 조카를 기르면서 자신의 자식보다 더욱 보살피고 사랑하였고, 질병과 사망에 반드시 마음과 수고를 다하였으며, 서모와 서형제들을 대하면서 마음을 얻기에 힘써 비난의 말이 없었다. 둘째 누이가 일찍이 과부가 되고 아이가 없어 남편의 집안에 외로이 의지하고 있으니, 공이 주도하여 의논을 일으켜 넉넉하게 노비를 주고 이에 힘입어 살아갈 수 있게 하였는데, 여러 자매들을 대우하는 것을 모두 이와 같이 하였다.

공은 일찍이 한강 선생의 문하에 들어 제자의 예를 행하니, 선생이 특별히 그를 의지하여 모든 일을 공에게 맡겼다. 공은 또 나의 아버지를 따라 배워 두 선생의 문하를 출입하면서 한결같이 섬겼다. 정묘년(1627)의 난리를 만나 내 아버지께서 의병을 불러 모으라는 왕명에 응하게 되자, 공이 군막으로 따라와서 군정軍政에 참여하여 결정하였다. 공이 사문에서 힘닿는 대로 그 정성을 다하였으니, 정선생의 문집을 간행하는 일과 서원을 설립하는 일과 신도비를 세우는 일은 실로 공이 계획한 바가 많았다. 공이 일찍이 하늘에 순응하고 명을 아는 사람이 드물다고 하였는데, 병이 위독하여 약물을 드리자 공은 손을 내저으며 허락지 않았다. 사생의 즈음에 마음이 흔들리지 않고 스스로를 지키며 달관한 것이 이와 같았다. 공은 타고난 자질의 아름다움으로 효우의 진실함을 다한 것이 가장 독실하였으니, 이를테면 친족을 대하는 것과 고장에서 처신한 것 중에서 칭송할 만한 선행이 어찌 추앙할 만한 것이 없었겠으며, 사우들이 보고 느끼는 사이에 얻은 것이 또한 어찌 적겠는가. 그 국량은 큰일을 감당할 수 있고 그 식견은 얽혀 복잡한 일을 결단할 수 있었으나, 공이 스스로 세상에 알려지기를 구하지 않고 끝내 구원丘園과 수석水石의 사이에서 늙어 갔으니, 또한 명命이라고 할 만하지 않겠는가.

공이 을미년(1655) 8월 28일에 돌아가시고 다음해 병신년(1656) 2월 17일에 성주 치소治所 서쪽 후리동厚理洞 사향巳向의 터에 장사지내니, 향년 82세이다.

유인孺人은 거창 신씨居昌愼氏로, 군자감 정軍資監正 인서仁恕의 딸이자 판서判書 인도仁道의 7세손이며 현감縣監 류성柳誠이 그 외조부이다. 온화하고 인자하며 정숙하고 근신하여 형제자매와 지내면서 화목하였다. 공보다 앞서 죽으니, 향년 51세이다. 처음에 공의 조부 참판공 묘역의 오른쪽에 장사지냈다가 공의 장사 때에 옮겨서 합장하였다. 아들과 딸이 각각 둘이다. 장남은 세유世維이니 참봉參奉 청주 곽씨清州郭氏 이창以昌의 딸에게 장가들었고, 차남은 세면世綿이니 생원生員 파평 윤씨坡平尹氏 영남英男의 딸에게 장가들었다. 딸은 하나는 사인士人 이유전李惟銓에게 시집을 갔고, 하나는 사인士人 김시수金是燧에게 시집갔다. 안팎의 자손으로 남녀 여럿이 있다.

공을 장사지내고 나서 아들 세유 등이 가장家狀을 가지고 와서 울며 "아버지께서 평소 저희들에게 부탁하시기를 '내가 죽고 나서 묘지명을 반드시 당신께 부탁하라.' 하셨습니다. 지금 망극하게도 아버지께서 저희들을 버리시니, 삼가 이 말로써 부탁드립니다."라고 하였다. 아! 이는 사생의 즈음에 부탁한 것이고 또 공은 나의 외가와는 인척이면서도 친한 자이니, 어찌 문장이 서투르다고 하여 공이 인정해 주신 뜻을 저버려 효자의 마음을 아프게 할 수 있겠는가. 삼가 세계世系와 행략行略을 위와 같이 서술하여 광중壙中에 넣는다. 명銘은 다음과 같다.

배씨의 시조께서	裵氏爰初
덕이 있고 지위 있어	有德有位
후손에게 복을 드리우니	于後垂裕
세덕을 떨어뜨리지 않았네	克世不墜
이에 등암이 있었으니	乃有藤庵
실로 그 훌륭한 후손이었네	實其賢嗣
이미 뛰어나고 이미 의젓하며	旣碩旣凝
문장과 역사에 뛰어났네	亦文亦史
집안의 재앙을 만나	遭罹家禍
문을 닫고 일을 물리쳤네	杜門屛事
종신토록 지극히 사모하니	終身痛慕
사람들은 그 뜻을 안타까워하였네	人苦其志
효성으로 홀어머니 봉양하니	孝奉偏堂
어찌 맛난 음식뿐이었으랴	奚啻甘旨
하늘이 거듭 혹독한 재앙 내리니	天殛荐酷
슬픔과 예로 자신을 지켰네	哀禮自持
어린 아우가 병에 걸리자	弱弟嬰疾
손가락에 흥건히 피를 내었네	指血淋漓
누군들 형제가 없으랴만	誰無兄弟

우애는 마음에서 우러나왔네	友愛因心
저 선산을 바라보니	相彼先山
아름다운 비석 빽빽하구나	珉碣森森
제사 모심에 정성을 다하여	奉祭誠愨
늙도록 더욱 독실하였네	至老彌篤
은혜를 베풂에 모자람 없어	恩施無缺
자매와 서자에게까지 미쳤네	姊妹若孼
일찍이 도 있는 스승께 나아가니	早就有道
큰 스승 한강이셨네	寒岡大老
또 다시 스승을 섬기니	亦復師事
나의 아버지이셨네	于我先子
몇 년이나 봄바람 속에 앉아3)	幾年坐春
몸소 향기 쐬었던가	薰襲身親
사문에 정성을 다하여	師門致誠
평생에 아쉬움이 없었네	無憾平生
질병에 독한 약을 뿌리치니	病揮瞑眩
달관한 것이 이와 같았네	達去如斯
온축한 것이 이미 두터워서	其畜旣厚
업적을 이루리라 여겼더니	將若以爲
궁하여 복을 누리지 못한 것을	其窮不羸
나는 슬퍼하노라	吾爲之悲
후리동의 언덕에	厚理洞原
넉 자 높이 무덤이 생겼네	有崇四尺
외로운 효자가	欒欒孝子
눈물로 아버지의 부탁을 청하니	泣請先託

3) 봄바람 속에 앉아 : 스승으로 모셨다는 말이다. 『이락연원록(伊洛淵源錄)』의 "주공섬(朱公掞)이 여주(汝州)에 가서 명도 선생(明道先生)을 뵙고 돌아와서는 사람들에게 말하기를 '내가 한 달 동안이나 봄바람 속에 앉아 있었다.[在春風中坐了一月]'라고 하였다."는 말에서 유래한다.

나는 그 가장을 살펴 我按其狀
묘지명을 쓰노라 用爲銘章
말로 아름답게 꾸미려는 것이 아니라 匪媚于辭
실로 숨은 빛 밝히려는 것이네 實闡幽光

아무 달 아무 날에 통정대부 전 성균관 대사성 장응일張應一[4]은 삼가 기록하노라.

처사 등암 배공 행록處士藤庵裵公行錄

박진구朴震耉

공의 휘는 상룡尙龍이고 자는 자장子章이며 본관은 성주星州이다. 삼한벽상공신 휘 위준位俊의 후손이다. 우리 조선에 들어와 휘 치絺는 수군 총병水軍摠兵이 되어 청백리로 이름이 있었으니, 공에게 7대조가 된다. 고조부는 휘 맹성孟成이며 고조모는 인천 이씨仁川李氏이다. 증조부 휘 주綢는 참봉이며 증조모는 농서 이씨隴西李氏이니 도은 선생陶隱先生의 5세손이다. 조부 휘 덕문德文은 통훈대부通訓大夫 사재감 정司宰監正 증 가선대부贈嘉善大夫 호조 참판戶曹參判 겸 동지의금부 춘추관사兼同知義禁府春秋館事 세자 좌부빈객世子左副賓客이다. 사재공은 칠봉七峯 김희삼金希參 선생의 문하에서 수업하였으며 호는 서암書巖이니, 재주와 덕이 날로 성취하여 명성이 자자하였다. 계축년(1553)에 문과에 급제하여 내직으로는 호조 참판·한성 서윤漢城庶尹을 지냈고 외직으로는 언양彦陽·영덕盈德·울산蔚山·고부古阜 등의 수령을 지냈다. 임진왜란에 성주 적산사赤山寺 승려 찬희贊熙가 왜놈과 내통하여 성주성으로 왜적을 끌어들이자 공이 가동家僮 수십 명을 이끌고 그를 쳐서 목을 베었다. 당시 초유사招諭使가 행재소行在所에 보고하자 선조께서 경상도의 사민士民에게 교유敎諭하여 "듣자니 제독提督 배덕문裵德文이 또 적승賊僧 찬희를 죽였다고 하니, 경상도의 충의忠義가 오늘에도 아직 사라지지

---

4) 장응일(張應一, 1599~1676) : 장현도(張顯道)의 아들로 태어나 장현광(張顯光)의 후사가 되었다.

않았음을 내가 믿겠노라."라고 하였다. 이 사실은 『성주지星州志』에 실려 있다.

조모 선산 백씨善山白氏는 세칭 백 장군白將軍인 참군參軍 거추巨鰍의 딸이다. 아버지 휘 설楔은 절충장군折衝將軍 경상우도 수군절도사慶尙右道水軍節度使로 증 가선대부贈嘉善大夫 호조 참판戶曹參判 겸 동지의금부사兼同知義禁府事이다. 절도사공節度使公은 영명하고 굳세며 밝고 빼어났으나, 붓을 던져 버리고 계미년[5](1583) 무과에 급제하여 거듭 변장邊將으로 나가서 모두 명성과 공적이 있었다. 임진왜란에 방어사防禦使 조경趙儆을 따라 남쪽에서 왜적을 정벌하였으나 조경이 패배하자 앞장서서 향병鄕兵을 거느리고 칼날을 무릅쓰니, 남다른 공적은 당시의 으뜸이었다. 초유사招諭使 김성일金誠一이 공을 가장假將[6]으로 삼으니, 공은 군사들을 거느리고 부상扶桑[7]에서 진을 치고 왕래하는 왜적을 막았다. 성주에 주둔한 왜군과 개령開寧에 주둔한 왜군이 칠석七夕에 모이기로 약속하였는데 그들이 동구에 도착하자마자 공이 장대를 걸고 크게 함성을 지르니 적들이 등을 돌리고 달아났다. 공이 활을 쏘며 추격하니 10리의 들판에 쓰러진 시체가 서로 포개어졌다. 왜장 흑전구黑甸句가 화살이 꽂힌 채 말에서 떨어질 때에 쇄금지灑金紙(금박을 입힌 종이)로 된 미선尾扇(둥근 부채)이 떨어지는 것을 보고 주워서 살펴보니, 부채에 다음과 같은 절구 한 수가 있었다.

꿈속에 분명 고향으로 돌아가니	夢裏分明歸故鄕
양친은 나를 맞아 부상에 대해 물으셨네	雙親迎我問扶桑
가련하구나 칠월 초사흘 밤에	可憐七月初三夜
댓잎 이슬 진주 같고 달은 칼날 같네	竹露眞珠月似芒

그가 부상에서 패배하여 죽을 징조가 이 시에 보인다. 이 사실은 『성주지』에 실려 있다. 을미년(1595)에 경상도 우수사右水使에 올랐다가 이윽고 선산善山으로 옮겨 금오산성金烏山城을 쌓았다. 정유년(1597)에 다시 수사水使에 임명되니 사졸士卒들이 서로 축하하였다. -포획한 왜장의 보검이 본손本孫의 집에 전한다.- 부인은 야성 송씨冶城宋氏이니 충순위忠順衛 원源의

5) 계미년 : 원문에는 '癸卯'라 되어 있으나, '癸未'의 착오이다.
6) 가장(假將) : 각 도의 순찰사 등이 임시로 임명한 장수이다.
7) 부상(扶桑) : 조선시대 김천역(金泉驛) 찰방(察訪)의 관할 지역 중 하나였으며, 오늘날 경북 금릉군 남면 부상리에 속하는, 뽕나무밭이 많았던 지역의 이름이다.

딸이자 좌의정 염濂의 6세손이다. 남편의 직급을 따라 정부인貞夫人에 봉해졌다.

공은 만력萬曆 갑술년(1574) 10월 6일 도촌道邨의 외가에서 태어나 을미년(1655) 8월 28일 고향에서 돌아가시니, 향년 82세이다. 병신년(1656) 2월 17일에 성주 서쪽 후리동厚理谷 사향巳向의 터에 장사지냈다.

공은 타고난 자질이 중후하고 더없이 착한 성품이 순수하고 아름다워 어려서부터 벌써 남다른 행실이 있었다. 자라서는 효성과 우애가 더욱 독실하였고, 더욱이 국량이 크고 넓었으며 용모는 반듯하고 의젓하며 진중하여 법도가 있었다.

공은 지기志氣가 원대하고 재주와 식견이 남보다 뛰어나 학업을 일찍 성취하였고 문장이 고결하여 젊은 나이에 여러 번 향시에 입격하니, 사람들이 모두 큰 성취가 있으리라고 기대하였다. 기해년(1599)에 집안의 재앙을 만나자 벼슬에 나아가려는 생각을 끊고 구원丘園에 자취를 감추고 스스로 등암거사藤庵居士라 부르며 평생 벼슬하지 않음으로써 그의 뜻을 이루었다.

어머니 정부인을 모실 적에 힘써 사랑과 공경을 다하였으니 아무리 초야에서 곤궁하게 살더라도 맛있는 음식으로 봉양하는 것은 수령이 되어 모시는 것보다 나았으며, 한 가지라도 혹시 어머니의 뜻을 상하게 할까 염려하여 의리에 해롭지 않은 일이라면 반드시 완곡하게 따라서 한결같이 어기지 않으리라 마음먹었다.

어머니 정부인이 묵은 병을 앓으니, 공은 한 해가 다 가도록 약시중을 들면서 옷의 띠를 풀지 않았고, 변이 단지 쓴지를 맛보아 병의 차도를 살폈다. 어머니께서 돌아가신 때는 거의 늙은 나이였으나 상례를 다스리고 복제服制를 지키는 것을 한결같이 예를 따랐으며, 3년을 눈물을 흘리며 조금도 해이한 적이 없었다.

선조를 모시는 예에 더욱 정성을 다하여 아무리 추운 겨울이라도 반드시 맨몸으로 목욕하며 명의明衣8)를 입고 종일 단정히 앉아 다른 일로 마음이 헝클어지지 않게 하였고, 제수를 장만하는 것은 직접 살펴서 정결하게 하였다. 선대의 묘소는 길이 멀고 가까운 것을 헤아리지 않고 매년 봄가을이면 직접 성묘를 하여 칠순이 된 뒤에도 그치지 않았다.

외조부 송 부군宋府君이 후사가 없이 일찍 돌아가시자 공은 외조모 박씨朴氏를 집에서 봉양하면서 살아서 섬기는 것과 죽어서 장사지내는 일에 사랑과 공경을 지극히 하였고, 따로 사당을 마련하여 제사를 받들었으며, 이어서 둘째 아들 세면世綿에게 제사를 맡겨 영원히 끊어지지 않도록 하는 계책으로 삼았다.

증조부 참봉공 묘소의 비문은 조부 참판공參判公께서 직접 짓고 썼으나, 병란의 불길 속에 부서져 묘 곁에 묻어 둔 지 거의 수십 년이 되니, 공은 다시 새 돌을 마련하여 예전의 글을 새겼는데 한 글자 한 획도 어긋남이 없었고, 아버지와 조부 양대의 묘비문은 모두 직접 지었다. 외증조부 백 참군白參軍의 묘산墓山이 경산慶山에 있고, 외조부 송 부군의 묘산이 칠곡漆谷에 있으며, 숙부 처사處士 부군의 묘산이 금산金山에 있었는데 모두 후손이 없자, 공은 오래되어 행적이 묻혀 버리게 될까 염려하여 마음과 힘을 다하여 모두 묘표墓表를 세웠다.

아우 진사공進士公이 여섯 살에 아버지를 잃자 상례의 예절을 한결같이 공이 하는 것을 법도로 삼으니, 기혈氣血이 손상되어 병이 위태롭게 되었다. 공이 손가락을 끊어 피를 내어 죽어 가는 목숨을 이었다.

공이 진사공을 아끼는 마음은 지극한 정에서 나왔으니, 먹을 때는 반드시 밥상을 함께하고 잠잘 때에는 반드시 이불을 같이 덮어 사랑하고 보살피기를 어린아이같이 하였다. 가르침에 더욱 부지런하여 더러 과정을 빠뜨리면 엄하게 타이르고 꾸짖어 조금도 용서하지 않았으나 회초리로 치고 난 뒤에는 또 그가 아픈 것을 불쌍히 여겨 반드시 서로 마주하여 눈물을 흘렸다.

진사공이 젊은 시절 기개가 호방하여 학업에 게으르자, 공은 일찍이 눈물을 흘리며

8) 명의(明衣) : 제사를 지낼 때 재계를 위해 목욕한 다음에 입는 속옷이다.

"집안이 불행한 일을 만나 아버지께서 일찍 세상을 떠나시고 나는 또 세상과 어긋나니, 집안의 기대는 오직 너에게 달려 있는데 네가 지금 방심하고 지나치니, 내가 장차 누구를 믿겠느냐."라고 하였다. 진사공이 드디어 분발하여 힘써 배워 드디어 성취하기에 이르렀다. 진사공이 장가들고 난 뒤에는 무릇 재산 관리를 공이 직접 맡아서 진사공이 알지 못하게 하고 학문에 전심하게 하였다.

진사공이 사마시에 합격하여 문에 도착하던 날 공은 부모가 살아 계실 때의 예에 따라 따로 전답과 노비를 주려고 하였으나, 선조가 남기신 재산이 매우 적어서 특별히 아내 쪽에서 온 종 한 명을 주었다.

진사공이 죽을병을 얻어 여러 해 병을 끌어 점차 위태로운 지경에 이르자, 공은 음식을 삼키지 못하고 잠자리에 편히 눕지 못하고 약을 대느라 분주한 외에는 일찍이 그 곁을 잠시도 떠난 적이 없었다. 밤마다 닭이 울면 목욕하고 가묘에 들어가 울며 부모의 신위 앞에서 기도하여 자신을 대신하게 해 달라고 부탁하였으며, 죽게 되자 애통함이 정도를 지나쳤고 상을 지내고 장사를 치를 때 정과 예를 모두 갖추었다.

유인孺人 신씨愼氏는 정숙하고 온화하고 어질어 시어머니를 모시고 제사를 받듦에 한결같이 부녀자의 도리를 따르니, 공이 매우 공경하고 존중하여 일찍이 다그치는 말이나 발끈한 표정을 한 적이 없었다. 그러나 진사공을 대할 때 더러 한 가지 일이라도 마음 같지 않은 것이 있으면 정색을 하고 엄한 말로 자책을 하니, 부인은 진심으로 받들고 따라 진사공을 대할 때 공에게보다 더 잘하였고 공의 누이를 대하는 것은 친형제와 같이 하였다.

공은 아들이 둘이고 진사공의 아들도 둘이 있었다. 두 아들과 두 조카를 슬하에서 길렀으며, 조카가 어려서 아버지를 여의었기 때문에 사랑을 더욱 듬뿍 주었다. 음식을 대하면 자리 곁에 두고 잠잘 때면 좌우에 품었으며, 한 가지라도 맛있는 음식을 얻으면 반드시 두 조카에게 먼저 주고 다음에 자식들에게 주어 매우 다급한 때라도 조금도 바뀌지 않았다.

맏조카 세안世安이 깊은 병이 들어 1년 넘게 끌자 공은 노쇠한 나이에도 그를 이끌고 의원에게 가서 직접 약을 달이며 정성을 다하여 간호하였다.

공에게 두 명의 서모庶母와 두 명의 서제庶弟, 세 명의 서숙庶叔이 있으니, 한결같이 성의誠意로 대우하여 아무리 서모와 얼제孽弟들이 집안을 나들어도 온 집안이 편안하고 화목하여 조금도 도리에 어긋나는 말을 하지 않았다.

공은 자매와 여러 형제들을 사랑하여 지극한 정성으로 대해 차별하지 않았고, 생질들을 가르치고 양육할 때에 자신의 자식과 다름없이 하였으며, 곤궁한 사람을 보살피고 급한 일을 당한 사람을 도울 때에는 늘 도움이 부족한 듯이 하였다.

둘째 누이가 일찍 과부가 되고 자식이 없어 남편의 집안에 의탁하여 지내니, 공은 슬픔과 가련한 마음을 더욱 견디지 못하여 온 집안과 함께 상의하여 노비를 넉넉하게 주어 생사 간에 의지할 바탕이 되게 하였다.

내외의 친족들을 대하는 것은 멀고 가까움을 막론하고 오직 돈독하기에 힘써서 앞선 항렬이면 존경하고 아우와 조카가 되면 사랑하고 아껴, 궁핍한 이를 구원하고 곤란하고 어려운 이를 도와주었고, 재기才氣가 조금 뛰어난 자가 있으면 반드시 자신의 가까이에 두고 가르치기를 게을리하지 않았다.

공은 일찍부터 한강寒岡 정선생鄭先生께 제자로 들어가서 의리義理의 가르침을 힘써 따라 사일事一9)의 도를 능히 다하니, 선생이 매우 중히 여기며 무릇 일이 있으면 반드시 공에게 맡겼다. 선생이 돌아가신 뒤에는 또 여헌旅軒 장선생張先生의 문하에서 배우면서 선사先師를 모시는 예로 섬겨, 덕을 숭상하는 정성이 시종 한결같았다.

공은 평소 말하는 사이에 반드시 두 선생을 칭송하여 자제들이 모범으로 여기는 바가 있게 하였고, 제사나 혼례와 상례의 예의는 모두 두 선생을 따라 행하였다.

공의 정성스런 일념은 늘 도를 수호하는데 있어, 무릇 사문을 위해 힘을 다해야 할

9) 사일(事一) : 부모와 임금과 스승을 똑같이 섬기는 것을 말한다.

것에는 그 정성을 다하여, 정선생 유집을 간행하고 신도비를 세우는 일이 모두 공의 손에서 나왔다.

임술년(1622)에 공이 원장院長 최항경崔恒慶·진사進士 이서李簭·생원生員 이천봉李天封·성주목사 강복성康復誠과 함께 백매원百梅園에 사당을 세우니, 바로 선생께서 평소 도를 강하던 자리이다. 암울한 시절을 만나 사기士氣가 꺾였으나 공은 확고부동하게 몸소 일을 감독하여 6년이 지난 정묘년(1627)에 비로소 봉안식을 올리게 되었다. 당堂·실室·문門·무廡가 가지런하게 질서정연하였고, 원垣·장墻·계階·급級의 높낮이가 일정하여, 무릇 한 조각의 돌이나 한 장의 벽돌도 모두 선생이 점검하고 지휘하지 않은 것이 없었다고 한다. 무흘정사武屹精舍는 선생께서 은거하여 덕을 닦으며 도를 즐기던 곳이다. 공이 원장이 되었을 때 재사齋舍가 무너지자 옛 건물 구조에서 조금 넓혀서 증축하였고, 서사書舍에 비가 스며들자 사림에 통문을 돌려 중수하였으며, 한 포기의 풀 한 그루의 나무라도 공이 심고 북돋우며 물 주지 않은 것이 없었다고 한다.

공은 문을 닫고 일을 물리치고는 마치 세상에 뜻이 없는 듯 살려 하였으나, 나라에 변란이 있게 되자 칠실桼室의 근심을 견디지 못하여 병마兵馬로 달려가 기의機宜[10]를 돕기도 하고 앞장서서 의병을 일으키며 용기를 북돋우고 고무하고 사기士氣를 격려하기도 하였으니, 윗사람을 친애하고 어른을 위하여 목숨을 기꺼이 바치려는 뜻이 전후로 쇠퇴하지 않았다.

갑자년(1624) 이괄李适의 변란에 관찰사 민성휘閔聖徽가 "영남이 향배를 관망하고 있으니 군사를 징발하는 것은 형편상 어려움이 있다."고 밀계密啓를 올리자, 공이 도내에 격문을 돌려 군왕께 호소하여 죄를 성토하자는 뜻으로 통유通諭하니, 원근에서 듣고 모두 분노하며 상주尙州에서 날짜를 정하여 함께 만나 항거하는 글을 올려 치욕을 씻자고 회답하였다.

정묘호란(1627) 때 여헌 선생旅軒先生이 의병을 불러 모으라는 왕명에 응하니, 공이 막하에

10) 기의(機宜) : 현재의 정세를 객관적으로 파악한 뒤에 취하기에 바람직하다고 여겨 강구해 본 대책을 가리킨다.

따라가 모시며 군정軍政의 결정에 참여하고 선생을 대신하여 통유문通諭文을 지었다.

병자호란(1636) 초에 전 승지前承旨 이언영李彦英이 공을 추대하여 성주의 의병장으로 삼으니, 공이 앞장서서 고장의 유생을 권면하고 의병을 규합하여 군량과 무기가 거의 다 마련되었는데, 마침 질투하는 자가 있어 저지하니 공이 그만두고 가야산에 들어가 숨으려고 하였다. 이윽고 군서軍書가 재촉하여 부르는 데 응하여 즉시 원수元帥의 군막으로 달려가니, 당시 관찰사 심연沈演이 경내에서 머물러 진무하면서 공을 모사謀士로 삼아 함께 군정을 의논하였다. 그 뒤에 공이 지례 현감知禮縣監 이전李㙉을 애도하는 시에서 "군막에서 병사兵事를 담론하며 고명한 말씀 들었네.[談兵戎幕聽危論]"라고 하였고, 사군使君 조정융曺挺融이 공을 애도하는 시에서 "듣자니 기쁘게도 군중에서 공을 뵈었다는데.[聞喜軍中獲拜公]"라고 하였으니, 모두 영남에서 회동하였던 당시의 일을 말한 것이다.

신미년(1631)에 공이 날조된 무함誣陷을 당하여 체포되었으나 조정 신하의 구제를 많이 받아 풀려났다. 관찰사 최현崔晛도 동시에 나포되었는데, 미수眉叟 허목許穆이 지은 공의 묘비문에 "당시 고변을 하는 자가 있어 선한 선비들이 많이 연루되어 공이 이 때문에 압송되어 서울로 올라왔다."라고 한 것은 바로 이 일을 말한 것이다.

공은 당시에 선배로는 서낙재徐樂齋·송후촌宋後邨이 있었으니, 은근히 북돋우어 훈도해 준 힘이 많았기에 평생 존경하고 흠모함이 스승에 버금하였다. 동년배 중에는 이석담李石潭·이덕휘李德耀·이숙발李叔發·박자룡朴子龍·이성백李誠伯 등이 모두 도의道義로 교제하였다.

간송澗松 조임도趙任道는 선비답다고 공을 칭송하였다. 늦게 여헌의 문하에서 교분을 맺고 지기의 벗으로 의탁하여 편지를 왕래하면서 존중한 것이 많았으니, 훌륭한 사람을 택함이 이와 같았다.

허화보許和父 목穆은 일찍부터 높은 명망이 있었다. 공이 객관客館에서 만나보고는 그가 원대한 포부를 성취할 그릇임을 알고 도서圖書를 주어 기대함이 깊었으니, 공이 사람 됨됨이를 알아보는 것이 이와 같았다.

경술년(1610)에 조정에서 장군인 선고先考를 신원伸冤하려는 의논이 있다는 것을 듣고 즉시 서울로 가서 공경히 증첩贈牒을 받았다.

공은 서애西厓(류성룡柳成龍)·완평完平(이원익李元翼) 두 재상에게 모두 돌보아주시는 은택을 입어 은혜와 덕에 감사하는 마음을 죽을 때까지 지니고 있었다.

공이 교제를 할 때에는 반드시 단정한 사람을 취하고 반드시 예로 대하여 의논할 일이 있으면 속마음을 다 기울이고 정성스런 마음으로 열어 이끌었으며, 돌보아야 할 일이 있으면 쉽고 어려움을 따지지 않고 힘을 다하여 주선하였다. 신의가 밝게 드러나고 정성스럽고 후덕함이 모두 지극하여 온 문하의 벗들이 사랑하고 기뻐하며 심우心友로 삼지 않은 이가 없었으니, 먼 곳의 훌륭한 선비들도 모두 소문을 듣고 공과 벗이 되기를 좋아하였다.

공이 고장 사람들과 있을 때는 겸손함으로 처신을 하고 정성으로 남을 대하였고, 온순한 덕이 표정과 말에 넘쳐 일찍이 털끝만큼이라도 자신을 드러내려는 마음이 없었으니, 노소와 귀천을 가리지 않고 모두 마음을 다하여 사모하고 우러러 보았으나, 또한 싫어하지 않으면서도 엄격히 대하는 기상이 있었기 때문에 간혹 질투하는 자가 있기도 하였다.

벗의 상을 당할 때마다 반드시 제문을 지어 조문하였고 부의를 보내어 도왔으며, 남의 흉한 소식을 들으면 비록 두터운 사이가 아니라 한 번 본 적이 있을 뿐인 사람이라고 하더라도 애도하고 소식素食을 하였는데 늙어서도 그러하였다.

공이 집에 있을 때는 너그러우면서도 엄하여 자식을 가르칠 때 반드시 법도로써 모범을 보였고, 종을 부릴 때에도 사랑과 위엄을 함께 베풀어 안팎과 위아래가 다 만족스럽게 여겼다.

아버지가 돌아가시는 아픔을 당한 뒤로 화려한 것을 더욱 싫어하여 모든 입고 쓰는 것은 모두 소박한 것을 숭상하였고, 사치하고 아름다운 물건을 가까이한 적이 없었다.

공은 소신이 견고하고 확고하여 밖에서부터 온 비방과 칭찬 때문에 마음이 움직이는 바가 없었으니, 무릇 곤궁과 어려움을 만나면 이치로 자신을 달래었다.

공은 식견과 사려가 깊고 멀어 일 처리가 남보다 뛰어났고, 더욱이 일에 임해서는 과감하게 결정하여 주저하지 않았다.

공은 이미 타고난 아름다운 자질에다 또 실천하는 독실함이 있어서 평소 말하고 행동하는 것이 모두 도의를 따랐다.

공은 서적을 매우 좋아하여 책꽂이에 수많은 서적을 꽂아 두고 고요히 방에 앉아 손으로 열어 보기를 그치지 않으니, 고금의 사적을 아는 것이 매우 자세하였다. 또한 성품이 산수를 지나치게 좋아하여 시냇가에 집을 짓고 천석泉石을 즐기며 늘 입암立巖과 무흘武屹 사이를 오가면서 선생의 유풍을 닮고자 하였다. 만약 훌륭한 손님이나 시 잘 짓는 사람을 만나면 짚신에 청려장을 짚고 손을 잡고 가서 호탕하게 읊조리며 돌아올 줄 몰랐다. 공이 명정에 '거사'라고만 쓰고 낭관의 직급을 쓰지 말라고 유언하니, 돌아가시고 나서 말씀대로 하자 조문하는 자들이 기뻐하며 감복하였다.

공이 일찍이 "하늘을 따르고 명을 안다"를 말하더니, 병이 위독하여 자제들이 약을 드시라고 청하자 손을 내저으며 허락지 않았다. 이는 바로 천명이란 이미 정해져 있음을 스스로 알고 있어서 순하게 받아들이는 것을 마음 편하게 여겼던 까닭이다.

이조吏曹에서 온 고을의 사람들이 천거함으로 인하여 여러 번 주의注擬11)를 하여 말년에 음보蔭補로 선교랑宣敎郎이 되었다.

공이 평소 지은 시문과 사우 간에 오고간 편지는 정리되지 않은 원고 속에 보존되어 있다.

---

11) 주의(注擬) : 삼망(三望)과 같은 말이다. 관원을 임명할 때 임명에 앞서 문관(文官)은 이조(吏曹)에서, 무관(武官)은 병조(兵曹)에서 후보자 세 사람을 선정하여 임금에게 올리던 일이다.

부인 거창 신씨居昌愼氏는 행 통훈대부行通訓大夫 군자감 정軍資監正 인서仁恕의 딸로, 판서判書 인도仁道의 7세손이며, 현감縣監 류성柳誠이 그 외조부이다. 정숙하고 삼가는 덕이 배필로 잘 맞았으니, 시집에 들어오던 날 온 집안이 경사스러워하였다. 공보다 23년 앞서 돌아가시니, 향년 51세였다. 처음에 조부 참판공의 묘역 오른쪽에 장사지냈다가 공의 장사 때에 옮겨서 부장하였다. 자식으로는 아들과 딸이 각각 두 사람이다. 장남은 세유世維로 참봉 청주淸州 곽이창郭以昌의 딸에게 장가들었고, 차남은 세면世綿으로 생원 파평坡平 윤영남尹英男의 딸에게 장가들었다. 딸 한 명은 사인士人 이유전李惟銓에게 시집갔고, 한 명은 사인士人 김시수金是燧에게 시집갔다. 모두 자녀가 있다. 세계世系와 언행言行을 위와 같이 대략 기술하여 입언立言할 군자를 기다린다.

정유년(1657) 3월 모일에 생질 진사進士 응천凝川 박진구朴震耇가 삼가 짓다.

등암선생문집

제6권

등암선생문집 권6

부록附錄

제문祭文

천곡서원川谷書院 원생院生 박진구朴震耉

아! 고장의 운수가 불행하여 사문의 장로들이 이미 다 돌아가시고, 오직 우리 존령께서 우뚝이 홀로 남아 계시어 나이가 많을수록 덕이 더욱 높아 한 고장의 덕망 있는 분이요 사림의 모범이 되셨습니다. 고장의 풍속이 의지할 곳이 있어서 경박하지 않았고 학자들은 믿는 곳이 있어 헤매지 않았습니다. 우러르고 사모하며 기뻐하지 않는 사람이 없어 장수하시기를 빌었더니, 지금 또 불행히 하늘이 어진 이를 남겨 두지 않으셨습니다. 그만입니다. 이 세상에 더 이상 숙덕宿德과 기유耆儒가 없으니 고장 사람들은 누구를 의지하고 우러르며 후생들은 어디에서 덕을 찾아보겠습니까. 원근에서 듣고 모두가 "철인哲人이 시드는구나."[1] 라고 하였고, 고을 사람들도 슬퍼하며 또 오직 "선비들이 훌륭한 스승을 잃었다."라고 하며 탄식하고 눈물 흘리고서 다들 백 사람의 목숨으로 대신하려는 바람을 품었습니다. 고장의 선생 되는 분이 돌아가시고 나서 사당을 세워 제사를 모실 만한 이로는 우리 공이 있지

---

1) 철인(哲人)이 시드는구나 : 훌륭한 사람의 죽음을 말한다. 공자가 세상을 떠나기 1주일 전에 "태산이 무너지는구나. 대들보가 꺾이는구나. 철인이 시드는구나.[泰山其頹乎 梁木其壞乎 哲人其萎乎]"라고 노래하였는데, 자공(子貢)이 이 노래를 듣고는 "태산이 무너지면 우리가 장차 어디를 우러러보며, 대들보가 꺾이고 철인이 시들면 우리가 장차 어디에 의지하겠는가?[泰山其頹 則吾將安仰 梁木其壞 哲人其萎 則吾將安放]"라고 한 말에서 유래한다.(『禮記』「檀弓上」)

않겠습니까. 삼가 많은 선비들의 정성을 대신하여 간소한 제물을 올립니다. 밝은 영령이 계시다면 바라건대 공경히 이르소서. 아! 슬프도다.

또[又]

회연서원檜淵書院 원생院生 여효증呂孝曾[2)]

아! 세상에는 자녀가 있고 관작이 있으면서도 장수하지 못하는 자가 있고, 자녀가 있고 장수를 하면서도 관작이 없는 자가 있으며, 장수를 하고 관작이 있으면서도 자녀가 없는 자가 있으니, 세 가지를 모두 가질 수 없다면 장수하는 것이 으뜸이고, 자녀가 있는 것이 다음이며, 관작은 또 그 다음입니다. 공은 자녀가 있고 장수를 하면서도 관작이 없었으니, 관작이 공에게 무슨 상관이 있겠습니까.

아! 공은 젊어서부터 타고난 자질과 비범한 기국器局이 있어 선조의 유업을 계승하고 그 집안을 크게 번창하게 할 만하더니, 불행하게도 집안의 혹심한 재앙을 만나, 앉을 때에는 서쪽으로 향하지 않으며 속절없이 원대한 뜻을 버리고 초목과 함께 썩어 가는 것을 달게 여겼으니, 염치를 잊고 심덕心德을 잃고서 명리에 골몰하는 자와 비교할 때 어떻겠습니까. 원방元方과 계방季方의 난형난제 명성[3)]이 나란하였고 강굉姜肱이 한 이불을 덮으며 함께 즐거워하였듯이[4)] 그 마음이 곱고 고우며 넓고 넓어서 일찍이 잠시라도 떠난 적이 없었고,

---

2) 여효증(呂孝曾, 1604~1679) : 자는 노이(魯而), 호는 서암(西岩), 본관은 성산(星山)이다. 성주(星州)에 살았고, 장현광(張顯光)의 문인이다. 1635년 문과급제, 정랑·부사를 역임하였다. 필법이 뛰어나 김굉필(金宏弼)의 신도비문 전서를 맡기도 하였다.

3) 원방(元方)과……명성 : 우열을 가리기 어려울 만큼 재주가 서로 뛰어난 형제를 비유한다. 동한(東漢) 진식(陳寔)의 아들 진기(陳紀)와 진심(陳諶)의 자가 원방과 계방(季方)이었는데, 진식이 자신의 아들을 평하며 "원방은 형이 되기 어렵고 계방은 아우 되기 어렵다.[元方難爲兄 季方難爲弟]"라고 한 말에서 유래한다.(『世說新語』 卷上之上 「德行」)

4) 강굉(姜肱)이……즐거워하였듯이 : 『후한서 보일(後漢書補逸)』 「강굉」에 나오는 고사로, 동한(東漢)의 강굉이 두 아우와 함께 한 이불을 덮고 자면서 계모(繼母)의 마음을 위로해 드린 고사를 말한다.

병들었을 때에는 손가락을 끊어 치료하니, 남들에게 알려질 만합니다. 이는 집에 있으면서 돈독한 우애가 있었던 것이 아니겠습니까.

예전에 우리 선사의 문하에서 경전을 가지고 좌우에서 따랐던 자가 몇 사람이나 있었지만 공을 특히 사랑하고 기뻐하여 무릇 지시하는 것과 계획하는 것을 모두 공에게 맡기니, 동료들에게 중히 여겨졌던 것은 말할 것도 없습니다.

아! 금대琴臺[5]의 저녁노을에 상심하고, 영원鴒原[6]의 외로운 그림자가 마음 아픕니다. 과부가 된 누이를 도와 기뻐하는 마음 얻었고, 조카를 사랑하여 가르침 밝혔습니다. 두 집안에 비난하는 말이 없게 하였으니, 이것은 참으로 어려운 것입니다. 아! 팔순의 나이가 부족한 것은 아니지만 큰 꿈을 한 번 깨니 팽상彭殤이 같은 결과가 되었습니다.[7] 산수는 주인이 없고 향당은 쓸쓸해졌습니다. 발인이 내일이니 다시 뵈올 날이 어느 해입니까. 마음 아프고 마음 아픕니다. 공이 이 서원의 원장으로 있을 적에 마음과 노력을 바친 것이 여러 어른들 중에 으뜸이었으니, 또한 오래될수록 선사를 잊지 않은 뜻을 볼 수 있습니다. 이제는 그만입니다. 공이여 어찌해야 합니까. 공경히 한 잔 술을 바치오니 바라건대 모자란 정성을 흠향하소서.

---

5) 금대(琴臺) : 일반적으로 화락한 부부를 말하는데, 여기서는 배상룡의 부인이 일찍 세상을 떠난 것을 말한다. 금대는 사천성(泗川省) 성도(成都)의 완화계(浣花溪) 가에 있던 것으로, 한(漢)나라 사마상여(司馬相如)가 그의 아내 탁문군(卓文君)과 함께 금(琴)을 연주하던 곳이라 한다.

6) 영원(鴒原) : 일반적으로 우애 있는 형제를 말하지만, 여기서는 배상룡의 아우인 배상호가 일찍 죽은 것을 말한다. 『시경』 「소아(小雅)·상체(常棣)」의 "척령이 언덕에 있으니 형제가 위급함을 구제하도다.[脊令在原 兄弟急難]"라는 말에서 유래한다.

7) 팽상(彭殤)이……되었습니다 : 장수와 요절이 크게 보면 다르지 않다는 말이다. '팽'은 상고 시대 선인(仙人)으로 800세의 장수를 누렸다는 팽조(彭祖)를 가리키고, '상'은 19세가 못 되어 죽은 단명(短命)한 소년을 가리킨다. 『장자』 「제물론(齊物論)」의 "요절한 소년보다 더 장수한 이가 없고, 팽조가 요절했다고 할 수도 있다.[莫壽乎殤子 而彭祖爲夭]"라는 말에서 유래한다.

또[又] 장사지낼 때

시소생侍小生 광산光山 이두추李斗樞8)

을미년(1655) 8월 기묘己卯에 등암 선생 배공이 병으로 정침에서 돌아가시고 다음해 2월 병인丙寅에 서쪽 후리동厚理洞 사향巳向의 터에 장사지내니, 발인하기 하루 전날 시소생 광산 이두추는 병으로 직접 나아가지 못하여 아우인 두남斗南으로 하여금 슬픔을 지닌 채 정성을 다하여 공경히 조촐한 제물을 영전에 바치고 두 번 절하고 곡하게 하며 이렇게 말합니다.

아! 공의	嗚呼惟公
충후한 바탕	忠厚之質
온순한 덕	溫醇之德
화락한 자질	愷悌之資
효우의 행실은	孝友之行
옛사람에게 뒤지지 않으며	不多讓乎古人
참으로 오늘에도 짝할 자 드뭅니다	信寡儔於今世
일찍 향시에 입격하여	早登龍門
그 덕성이 더욱 더해졌고	滋益其德性
만년에 등암을 지어	晩築藤菴
의리를 함양하였습니다	涵養乎義理
위원의 깊은 아픔 지니고	抱偉元之深痛
마음에서 영화를 끊었습니다	絶榮華於心上
길이 명예의 자리를 사양하고	永謝名韁
덕 닦으며 도를 즐겼습니다	考槃在阿
힘써 배워 깊이 나아가니	學力深造

8) 이두추(李斗樞, ?~?) : 이명귀(李命龜)의 아들이고 동호(東湖) 이서(李緖)의 손자이다.

나이와 덕이 모두 높았습니다	年德俱卲
후학이 우러러 의지하고	後學仰庇
사문이 힘입었습니다	斯文有賴
어찌하여 불행히도	云胡不淑
한바탕 꿈에 영원히 가셨습니까	一夢長辭
사림들은 의지할 곳을 잃었고	士林失其依歸
향당에선 모범을 잃었습니다	鄕黨喪其蓍龜
정해진 명이 있는 것입니까	有定命耶
본래 운수에 매인 것입니까	自關數耶
제가 신명에게 여쭙고 싶지만	吾欲問神
신명은 어찌 그리 아득하며	神何茫茫
제가 하늘에게 따지고 싶지만	吾欲詰天
하늘은 푸르기만 합니다	天但蒼蒼
아	嗚呼
저의 할아버지를 생각건대	念我王父
선생과는	爰曁先生
금란의 교분을 맺어	金蘭之契
교칠의 정이 있었습니다	膠桼之情
예전에 사양[9]에서	泗陽昔年
훈도를 함께 받았고	薰陶焉同之
스승이 돌아가시던 날	樑摧當日
출처를 함께 하였습니다	出處焉共之
화락하고 정성스럽고	其所以陶陶焉款款焉
간절하며 자상히 권면한 것은	切切焉偲偲焉者
실로 제가 마음속으로 기대한 것 아니었으니	實非末路之心期

9) 사양(泗陽) : 지명이다. 한강 정구가 노곡정사(蘆谷精舍)가 불에 탄 뒤 지금의 대구시 칠곡 사수동에 위치한 사빈으로 이사하여 사양정사(泗陽精舍)를 짓고 강학하였다.

어찌 후생의 의견을 기다릴 필요 있겠습니까	何待後生之容議
하늘이 외로운 저를 돕지 않아	不天孤露
갑자기 아버지께서 돌아가시니	奄遭愍凶
공은 늘 저를 염두에 두시고	公常念我
더욱 돈독히 보살피고 사랑하셨습니다	眷愛愈篤
당시에 편지를 보내어	時垂尺牘
예제禮制를 따르도록 권하시니	勉以從制
공의 가르침에 의지하여	賴公指敎
장례를 치름에 유감없게 하였습니다	送終無憾
덕에 감격한 마음을	感德之忱
이 생애에서 그칠 수 있겠습니까	此生可已
아	嗚呼
저의 할아버지께서는 공을	先祖視公
골육과도 같은 정으로 보셨으며	骨肉情均
소자는 공을	小子仰公
부모님과 같은 의리로 우러렀습니다	怙恃義同
공은 제 할아버지를 잊지 않는 마음으로	公以不忘乎先祖者
저에게 사랑을 주셨으며	移愛於我
저는 할아버지를 추모하는 마음으로	我以追慕乎先祖者
공을 공경하였습니다	致敬於公
어쩌다 만나 뵙게 되면	有時承晤
마치 할아버지를 뵙는 듯하였습니다	如見祖父
다만 한 해 사이에	第於年來
우환이 많고 천연두가 두려워	憂患縱橫
움츠리고 엎드려 지내느라	惕痘縮伏
세상을 잊고 지냈습니다	與世相忘
공이 막 병들었을 때	方公之病也
달려가 안부를 여쭙지도 못하였고	旣未能奔走而診候
공이 돌아가셨을 때도	及公之喪也

기어가서 곡하지 못하여 又不得匍匐而往哭
자책하고 부끄러워하니 自訟慚疚
저는 사람이 아닙니다 我卽匪人
정분과 의리를 생각건대 環顧分義
죄에서 어찌 벗어날 수 있겠습니까 罪安可逃
아 嗚呼
사람이 한 번 죽는 것은 人生一死
낮이 있으면 반드시 밤이 있는 것과 같아 如晝必夜
끝내는 같은 결과가 되어 畢竟同歸
장수와 요절이 똑같으니 脩短一致
아득한 천지에 悠悠宇宙
이 이치를 속이기 어렵습니다 此理難誣
살아서는 도를 깨달으셨고 生而聞道
죽어서는 바름을 얻어서 死而得正
공은 편안한 곳으로 돌아가셨으니 公歸卽安
제가 또 무엇을 슬퍼하겠습니까 我又何悲
세월은 멈추지 않아 靈辰不留
상설[10]을 거두려 할 때 象設將撤
마침 가벼운 병이 들어 而適有採薪之憂
또 장지에 가서 통곡하는 예를 저버렸고 又負臨穴之痛
한 잔 술을 바치는 것도 一酌之奠
저의 아우가 대신하게 합니다 尙倩迷弟
천고의 영결을 千古之訣
다만 서투른 말에 기대니 只憑荒辭
삶은 끝이 있어도 生也有涯
아픈 마음은 어찌 끝이 있겠습니까 慟矣曷極

10) 상설(象設) : 상(象)을 진설하는 것으로, 궤연(几筵)을 가리킨다.

제수를 올리는 손은 대신하게 할 수 있지만 薦雖代手
곡하는 소리는 빌릴 수 없습니다 哭不借聲
밝으신 영령께서는 靈如不昧
바라건대 강림하소서 庶賜降格
아! 슬픕니다 嗚呼哀哉

또[又]

시교생侍敎生 송세필宋世弼[11]

공손히 생각건대 恭惟
강과 산이 정기 품어 河嶽孕精
도타이 선생을 낳으니 篤生先生
재간이 뛰어나고 器局峻整
도량이 깊으셨습니다 襟量淵冲
일찍부터 집안 가르침 이어받아 早承庭訓
문장과 품행이 조숙하였습니다 文行夙著
스승의 문하에 나아가서는 及登師門
깊이 인정을 받으니 優蒙許與
정성은 입설[12]보다 깊으며 誠深立雪

11) 송세필(宋世弼, 1607~?) : 자는 공언(公彦), 본관은 야로(冶爐)이다. 성주(星州)에 살았고, 1654년 생원·진사 양시(兩試)에 입격하였다.

12) 입설(立雪) : 제자로서의 예를 잘 갖추고 문하에 들어갔다는 뜻이다. 송나라 때 양시(楊時)가 정이(程頤)를 방문하였는데, 정이가 명상에 잠겨 앉아 있었다. 이에 양시가 곁에 시립(侍立)한 채 떠나지 않았는데, 정이가 명상에서 깨어났을 때에는 문 밖에 눈이 한 자가 쌓였다고 한다.(『宋史』 권428 「道學2·楊時」)

의지는 교화를 받아 돈독하였습니다	志篤承風
타고난 자질 순수한데다	資稟旣純
덕의 성취 더욱 높았습니다	德造愈崇
효성은 타고났으며	孝思出天
우애는 마음에서 우러났습니다	友愛由衷
울면서 육아를 덮어 버렸고	泣廢蓼莪
노래하며 상체[13]를 즐겼습니다	歌樂常棣
평생 은거하며 지냈으나	終身隱淪
어찌 세상을 잊었겠습니까	夫豈忘世
지극한 정으로 아픔을 나누니	至情分痛
감응하여 병이 나았습니다	感應瘳疾
평생의 아름다운 행실을	平生懿行
누군들 마음으로 따르지 않았겠습니까	孰不心服
스승을 높이는 정성은	尊師悃愊
늙어서 더욱 독실하여	至老彌篤
돌을 깎아 세워 스승을 기리고	斵竪貞珉
문집을 편찬하여 간행하였습니다	編刊文集
의발을 맡으니	衣鉢有托
우리 도가 더욱 드러났고	吾道益彰
고장의 본보기라	鄕閭矜式
사림이 추앙하였습니다	士林推仰
어찌하여 불행하게도	云胡不淑
갑자기 이 지경에 이르렀습니까	遽至於斯
온전히 하여 돌아가시니[14]	全而歸之

13) 상체(常棣) : 형제들끼리 우애 있게 지내는 것을 말한다. 『시경』 「소아(小雅)·상체(常棣)」의 "상체의 꽃이여, 악연히 빛나지 않는가. 무릇 지금 사람들은, 형제만한 이가 없느니라.[常棣之華 鄂不韡韡 凡今之人 莫如兄弟]"라는 말에서 유래한다.

14) 온전히 하여 돌아가시니 : 부모가 남겨 주신 몸을 자식이 온전히 보전하여 죽는다는 뜻이다. 증자(曾

공이 실로 무엇이 슬프리오 公實奚悲
아! 嗚呼
후생은 曰余後生
늦게 봄바람을 쐬어 晩襲春風
외람되이 가르침 받드니 叨奉誨諭
우매한 저의 다행이었습니다 竊幸顓蒙
난리에 숨으려 하여도 亂離將竄
헤매며 갈 곳을 몰랐더니 迷不知方
피할 곳을 알려 주시며 指敎避地
사생에 함께하기를 허여하셨습니다 許同死生
유독 보살펴 주심을 받았으니 偏蒙眷恤
받은 덕을 어찌 잊겠습니까 戴德何忘
지난해 초여름에 去歲初夏
계신 곳을 공경히 찾아뵈었더니 祗謁寓棲
웃고 말씀하시며 기뻐하셨습니다 笑語怡愉
정신과 기력이 온화하고 편안하여 神氣和舒
시냇가를 거닐었고 逍遙溪曲
밤새도록 모시고 얘기 나누었습니다 竟夕陪晤
어찌 알았겠습니까 那知數月
몇 달 사이에 갑자기 돌아가실 줄을 奄成千古
모습을 영영 뵐 수 없으니 儀形永隔
뒷날의 뵐 날이 언제일지요 後期何緣
깊은 생각이 여기에 이르니 潛思至此
오장은 끓는 듯합니다 五內如煎
일월이 정해진 때가 있으니 日月有時

子)의 "부모가 온전히 낳아주셨으니, 자식이 온전히 보전하고 돌아가야 한다.[父母全而生之 子全而歸之]"는 말에서 유래한다.(『禮記』「祭義」)

발인이 바로 내일입니다 卽遠在明
이에 조촐한 제수를 진설하니 來陳薄具
어찌 슬픈 심정을 다하겠습니까 詎盡哀情
영령께서는 저를 돌아보시고 靈其顧我
이 작은 정성을 흠향하소서 歆此微誠

또[又]

척종제戚從弟 송섬宋暹15)

아! 공이시여 嗚呼惟公
눈물을 뿌리자 나무가 말랐던 것은 淚灑樹枯
위원의 지극한 행실이요 偉元至行
한 이불에 같은 베개 베고 잔 것은 連被共枕
강굉姜肱의 아름다움이었습니다 姜氏此令
삼한의 국사이신 三韓國士
두 선생의 문인이었습니다 兩賢門人
선한 이가 받는 복으로 두 아들 두시고 善慶雙珠
어진 이 장수하는 이치로 팔순을 누리셨습니다 仁壽八旬
큰 재주 뛰어난 그릇 宏才偉器
참으로 나라의 기둥이셨건만 允矣國楨
금옥의 자질이 무덤에 들었으니 金璞留礦
창생을 어찌합니까 奈何蒼生

15) 송섬(宋暹, ?~?) : 배상룡의 둘째 누이가 참봉(參奉) 송광헌(宋光憲)에게 시집을 갔으니, 송섬은 둘째 누이와 송광헌 사이의 소생으로 보인다.

생각건대 제가 공의 문하에 온 지가	念我及門
지금 오십 년이나 되었습니다	今五十禩
촌수로는 재종이 되지만	親爲再從
은혜로는 부모님과 같았습니다	恩若怙恃
길은 겨우 백 리 사이이건만	程纔百里
자주 나아오지 못하였으니	趍未翩翩
찾아뵙고 하직할 때마다	每於拜辭
헤어짐이 아쉬워 시름겨웠습니다	惜別悁悁
마음이 하도 화락하여	愷悌神勞
장수를 누리리라 여겼더니	謂享期頤
갑자기 돌아가시니	忽騎箕尾
저는 누구를 의지합니까	小子疇依
아름다운 언덕의 한 줌 흙으로	徽原一坏
인걸을 묻으니	埋却人豪
바람과 달은 주인이 없고	風月無主
가야산은 적막해졌습니다	伽倻寂寥
말은 비록 다함이 있어도	言雖有盡
정은 끝이 없어	情不可極
한 잔 술로 통곡하며	單盃痛哭
만고의 영결을 하옵니다	萬古永訣
아! 슬픕니다	嗚呼哀哉

또[又]

시교생侍教生 이이전李爾銓[16)]

아! 예전에 나의 아버지께서는 반드시 단정하신 분과 사귀시니, 평생 교유한 이가 한둘이 아니었지만 지극한 정성으로 서로 사랑하며 신의로 서로 바로잡고자 하였던 분은 오직 선생뿐이셨습니다. 사는 곳이 서로 가깝고 나이도 서로 비슷하여 과거를 같이 보고 산당山堂에 같이 머무른 것은 젊어서부터 그러하였고, 뒤이어 또 한강의 문하에 의탁하여 함께 이끌어 주시는 가르침을 받았습니다. 소리를 같이 하여 대답하고 옷소매를 나란히 하여 나아가, 스승에게 나아가고 물러날 때에 잠시도 떨어진 적이 없었던 것이 거의 20여 년이 되었습니다. 또 그 당시에는 이를테면 강의剛毅한 석담石潭(이윤우李潤雨)과 삼가는 덕휘德耀(이서李紓)며 온화한 백천白川(이천봉李天封)과 단정한 사옹榹翁(박명윤朴明胤)이 계셨으니, 이들은 모두 당시에 도의道義로 사귀었던 분들로 절차탁마하면서 길이 이 즐거움 누리며 영원하리라 기약하였습니다. 경신년(1620) 스승께서 돌아가신 뒤 아버지와 여러 어른들께서 뒤이어 세상을 버리시고, 오직 선생께서 나이가 많을수록 덕이 더욱 높아지셨으니, 사문이 의지할 곳이 있어 실추되지 않았고 학자들이 믿을 곳이 있어 헤매지 않았습니다. 지금 또 불행히 훌륭한 어른이 돌아가시어 지난 일을 추억하니 벌써 묵은 자취가 되었습니다. 마음이 아픕니다. 하늘이여 어찌합니까.

아! 선생의 집은 대대로 우리 성주의 명망 있는 가문으로, 대대로 훌륭한 분이 계셨습니다. 성대한 덕으로 복을 길러 선생에게 이르니, 자품은 남달랐고 풍도는 엄정하셨습니다. 걸출하고 얽매이지 않는 뜻이 있어 도량이 크고 깊었고, 요순시대의 군주와 백성으로 만들 경세經世의 책략을 품으셔서 지킨 신조 확고하였습니다. 부귀에도 미혹되지 않았고 식견과 사려가 깊고 원대하여 남들이 헤아릴 수 없었습니다. 큰 걸음 멀리 나아가 한가로이 자득하셨으니 제가 살피건대 실로 요즈음에 보지 못한 인걸이셨습니다. 집안의 재앙을 만나 아버지 돌아가심에 마음 아파하였고, 홀어머니를 받들어 모시면서 뜻을 따라 봉양하였으며, 장례와 제사에도 한결같이 고례古禮를 따랐습니다. 또 한 명의 아우가 있어 어린 나이에

16) 이이전(李爾銓, 1616~1684) : 심원당(心遠堂) 이육(李堉, 1572~1637)의 아들이다.

병이 위독하여 거의 목숨을 구하기 어려운 지경에 이르자 공은 손가락을 베어 피를 내어 약에 타서 치료를 하였습니다. 비록 아내를 두고 자식을 두었더라도 함께 거처하고 함께 먹으니, 집안에 이간하는 말이 없었습니다. 여러 조카들을 어루만져 양육하면서 은혜와 의리를 모두 온전히 하였으니, 이는 선생이 효성과 우애의 진실한 덕으로 남이 이르기 어려운 경지가 아니겠습니까.

아! 사람이 누군들 부모가 없으랴만 효성의 도를 다하는 자가 몇 사람이나 있겠으며, 사람이 누군들 형제가 없으랴만 우애의 정을 다하는 자가 또 몇 사람이겠습니까. 비록 세상에 더러 그러한 사람이 있다고 하더라도 이름만 빌리고 실제가 없으며 사람의 눈을 아주 잘 속인다면 이는 이른바 효성과 우애가 아닙니다. 공은 부모님께 효도하면서 그 진실함을 다하였고, 아우와 우애가 있으면서 그 진실함을 다하여, 한 가지 일 한 가지 행실이라도 지극한 진정에서 나오지 않은 것이 없었습니다. 그러므로 친척이 효성과 우애가 있다고 칭찬하였고 고장 사람들이 효성과 우애가 있다고 말하였습니다. 멀거나 가깝거나 친하거나 소원하거나 귀하거나 천한 사람들까지도 다른 말이 없어 행실이 군지郡志에 드러나고 후세에 모범이 되니, 선생이 세상의 교화에 도움을 준 것은, 아! 지극합니다.

아! 선생의 훌륭한 재주와 큰 덕으로 무슨 일인들 할 수 없었겠습니까. 그러나 손을 소매 속에 오므리고 배를 빈 골짜기에 감추었으니, 이 어찌 시운時運이 쇠퇴함과 관련이 있지 않겠습니까. 명리에 마음을 끊고 궁벽한 골짜기에 살면서 유유자적하였고, 오직 독서에 뜻을 두고 산에서 나무하고 물에서 낚시하며 평생 세상맛을 잊고 지냈습니다. 좌우에 도서를 두고 고인古人이 남긴 자취를 찾으며 실천에 독실하니 저절로 조예가 깊었고, 궁해도 도를 떠나지 않았으니 더욱 견고한 절의를 볼 수 있습니다. 듣는 자는 사모의 마음을 일으키고 대하는 자는 고개를 숙였습니다. 높은 풍도와 숨은 덕은 한 시대를 감동시켜, 사문이 존중하였고 사림이 추앙하였습니다. 이와 같고 보면 어찌 한때의 궁함으로 선생에게 득실을 따질 수 있겠습니까.

아! 공이 세상을 누린 것은 여든두 해였으나, 정신은 더욱 맑고 기력은 더욱 강건하셨습니다. 신명이 도와 오래 장수하시리라 여겼더니, 우리들이 불행하여 하늘이 남겨 주지 않으셨습니다. 세상은 어진 스승을 잃고 영남에는 훌륭한 원로가 없게 되었으니, 보고 듣는 자들이면 누군들 옷깃을 적시지 않겠습니까. 백 년의 인생에 누군들 죽지 않으랴만 사생死生에 한결같고 소장消長을 한 이치로 여겨서, 몸을 온전히 하여 돌아가시니 공에게 무슨 아쉬움이 있겠습니까. 다만 생각건대 선사의 문하생이 이제 이미 다 돌아가시고 아버지와 뜻을 같이한 벗들도 벌써 다 돌아가셨습니다. 선사께서 지니신 도덕의 아름다움을 누구를 따라 듣겠으며, 소자小子가 아버지를 추모하는 마음을 누구에게 호소하겠으며, 사문에 일이 있으면 누구에게 여쭈어 보며, 후학에게 의심스러운 점이 있으면 어디에 질문하겠습니까. 공公을 위해서나 사私를 위해서나 아픈 마음 어찌 다하겠습니까. 더욱이나 마음 아픈 것은 예전 경오년(1630)에 아버지께서 저를 데리고 문하門下에 맡기신 것이니, 어찌 다만 문장의 말단이나 익히게 하려고 한 것이겠습니까. 이는 선사의 남은 덕을 이어받아 기질을 변화시키고자 하셨던 것입니다. 선생께서 이끌어 주신 진지함과 직접 가르치신 사랑은 자식과 다름이 없었습니다. 그러나 저는 재주가 둔하여 끝내 가르침을 따르지 못하였으니, 등에 땀이 나고 얼굴이 붉어지며 두려운 마음이 실로 깊었습니다. 다만 중년 이후에 세상살이에 골몰하여 선생께서 소자를 보아 주신 마음으로 선생을 모시지 못하였으니, 늘 스승의 기대를 저버린 죄를 지닌 채 스스로 은혜에 보답할 길이 없음을 한스러워하였습니다. 어쩌다 찾아가 뵈면 부끄럽고 두렵지 않은 적이 없었고, 더구나 공이 병들었을 때 마지막 말씀을 받들지 못하였으며, 늦게야 한 번 곡하는 것도 빈장殯葬을 한 뒤였으니, 아무리 여섯 달 위독한 병을 앓느라 스스로의 힘으로는 올 수 없었기 때문이라고는 하더라도 이 어찌 소자가 차마 할 바이겠습니까. 생각이 이에 미치니, 절절이 부끄럽고 마음 아픕니다. 무슨 말을 영전에 드리겠습니까. 영령께서 아신다면 용서하여 주소서. 아! 슬픕니다.

또[又]

생질甥侄 박진구朴震耉

아! 하늘이 우리 외숙을 낸 것이 어찌 우연이겠습니까. 순강純剛하고 정직한 기운을 모아 호매豪邁하고 영특한 바탕을 주셨으니, 재간은 세무世務를 담당할 만하고 문장은 치도治道를 아름답게 꾸밀 만하였습니다. 하늘이 우리 외숙을 내신 것이 아마 이 세상에 기대하는 바가 있어서가 아니겠습니까. 하늘이여, 하늘이여! 우리 외숙을 내신 것이 이미 우연이 아니었다면 어째서 큰 복록을 주어서 배운 것을 펼치게 하지 않고 남다른 재주와 보배를 품은 채 끝내 이 세상에서 큰일을 이루지 못하게 하였습니까. 이른바 하늘이란 참으로 밝게 알기 어렵다는 것이고, 이른바 '이치란 것은 미루어 알 수 없다.'는 것입니다. 그러나 옛사람이 말하기를 "가장 으뜸은 덕을 세우는 것이고 그 다음은 공명을 세우는 것이며 그 다음은 명예를 세우는 것이다."라고 하였습니다. 이는 벼슬하여 공명을 세우는 것이 몸을 닦아 그 덕을 드러내는 것만 못함을 말한 것입니다.

생각건대 우리 외숙께서는 장석匠石[17]의 동산에서 태어나 추로鄒魯[18]의 고장에서 자라셨습니다. 귀와 눈으로 듣고 보는 것은 모두 의리의 학문 아닌 것이 없으며 가슴에 새긴 것은 오직 가학의 가르침이었습니다. 온갖 행실 중에 효도보다 앞서는 것이 없다고 여기며 효도를 하려는 마음은 한결같이 어린아이와 같아서, 어버이 계신 줄만 알고 자기의 몸이 있는 줄은 몰랐고 육아蓼莪의 아픔은 늙을수록 더욱 깊었습니다. 영달에 뜻을 끊고 구원丘園에 자취를 감추어 죽을 때까지 길이 사모하며 궁하고 주려도 후회하지 않았습니다.

홀어머니를 모시면서 취양무방就養無方의 도리[19]로 섬겼으며, 살아서의 섬김과 장례와 제사에 반드시 정성스럽고 반드시 신실하여 선대로부터 방친傍親에 이르기까지 원근에 있는 묘소에 마음과 힘을 다하였습니다. 성묘를 하고 나서 묘표를 지어 행적이 묻히지 않게 하였으니, 타고난 참된 효성은 참으로 이와 같았습니다.

동기를 보살핌에는 우애가 마음에서 우러났으니, 질병을 근심할 적에는 자신의 몸을 조금도 아끼지 않아 치료하는 그 정성은 아픔을 나눌 뿐만이 아니었습니다. 그가 성취하기를 바랄 적에는 나날이 나아지기를 기대하였으니, 가르쳐서 애쓴 것은 엄한 아버지보다 더하였습니다. 들어와서는 반드시 밥상을 함께하며 한 이불을 덮었고, 나가서는 반드시 말을 나란히 하고 수레를 나란히 하였습니다. 근심이 있으면 함께 근심하고 기쁨이 있으면 함께 기뻐하였으니 이것은 그 정의를 표현하기에 부족하고, 아우가 죽자 죽을 때까지 아픈 마음 품었고 아버지를 잃은 조카를 기르면서는 자식보다 더 정성을 기울였으니 높고 깊은 우애가 이와 같았습니다.

---

17) 장석(匠石) : 영(郢) 땅에 사는 도끼를 잘 다루는 사람인데, 널리 솜씨가 뛰어난 기술자나 글 솜씨가 훌륭한 사람을 비유한다.(『莊子』「徐無鬼」)

18) 추로(鄒魯) : 맹자의 고향인 추(鄒) 땅과 공자의 고향인 노(魯)나라로서, 널리 문화가 성한 고장이란 뜻으로 쓰인다.

19) 취양무방(就養無方)의 도리 : 어버이 곁을 떠나지 않고 봉양하는 효자의 도리를 말한다. 『예기』「단궁상(檀弓上)」의 "좌우에서 가까이 모시면서 못하는 일이 없이 잘 봉양해야 한다.[左右就養無方]"는 말에서 유래한다.

스승을 높였던 일을 살펴보면 모시던 당시에는 능히 사일事一(부모와 임금과 스승을 똑같이 섬김)의 정성을 다하였고, 재사齋舍를 중축하고 서사書舍를 중수한 이후로는 그리워하는 마음이 더욱 간절하여 비를 세우고 유고를 모아 스승의 도덕이 현양되게 하였으며, 서원을 세워 봉안하여 후학이 의귀할 곳이 있게 하였으니, 사문에 큰 공로가 있었습니다.

벗과의 사귐을 말하자면 '인을 돕는다'[20]는 선성先聖의 말을 명심하여 반드시 반듯한 사람을 벗으로 사귀었으며, 사람을 잘 사귀는 안자晏子의 도[21]를 본받아 반드시 예로 대하였습니다. 의논할 일이 있으면 온 정성을 다 기울여 진심으로 열어 인도하였고, 돌봐야 할 일이 있으면 쉽고 어려움을 가리지 않고 힘써 주선하였습니다. 높은 풍도와 두터운 의리는 사람들이 감격하여 흥기하게 하였으니, 풍속의 교화에 관계된 것이 컸습니다. 그리고 사람들을 대하는 것은 너그럽고 여유가 있었으며, 자식을 가르치는 것은 엄하고 법도가 있어서 고장에서는 온 고장 사람들이 사랑하고 공경하였고, 집안에서는 온 집안사람들이 엄숙하고 화목하였습니다. 이는 바로 외숙의 덕행의 대략이지만 제가 배우려고 하였으나 배우지 못한 것입니다.

외숙에게 이미 이러한 미덕이 있고 또 이러한 선행이 있으니, 명성이 밝게 드러나고 널리 알려져 천거하는 글에 올랐고 군지郡誌에 실렸습니다. 장차 영원히 사라지지 않고 뒷날 사람들에게 모범이 될 것이니, 아무리 당세에 벼슬하고 일시에 공을 세우지 못하였더라도 수립한 것은 또한 이미 성대합니다. 어찌 외숙이 지위를 얻지 못하였다고 하여 외숙이 성취한 바가 없다고 말하며 하늘이 보답을 베푼 것이 없다고 말할 수 있겠습니까. 이는 제가 깊고 큰 슬픔 속에 스스로 위로하면서도 오로지 통절한 일념을 더욱이나 스스로 그만둘 수 없는 것입니다. 영령께서는 아시는지요.

아! 지난날 저의 아버지께서 장가드시던 때는 무자년(1588)으로, 그 당시 아버지는 나이 스물 셋이셨고 외숙은 나이 열다섯이었습니다. 나이가 서로 비슷하고 뜻이 서로 맞아 마을을 나들 때면 반드시 함께 어울렸고 예원藝苑에서 활약할 때에 반드시 함께하였습니다.

---

20) 인을 돕는다 : 『논어』 「안연(顔淵)」의 "학문으로 벗을 사귀고, 벗으로 인을 돕는다.[以文會友 以友輔仁]"라는 말에서 유래한다.

21) 사람을……도 : 공자가 제나라 제상 안영(晏嬰)의 사람 사귀는 도를 칭송하여 "안평중은 남과 사귀기를 잘하는구나. 오래되어도 공경하였도다.[晏平仲善與人交 久而敬之]"라고 한 말에서 유래한다.(『論語』 「公冶長」)

서로 알아준 즐거움과 좋아하던 마음은 젊은 시절부터 이미 그러하였고, 환난 속에 서로 따름으로 인하여 정의情義의 도타움은 더욱 남달랐습니다. 잠시 서로를 만나지 못해도 떨어져 지내는 그리움을 견디지 못하여 작은 수레와 한 필 말로 끊임없이 왕래하였습니다. 이를테면 봄바람이 불고 가을 달이 밝은 좋은 계절이 되면 산에서 땔나무하거나 물에서 낚시하였으니, 넉넉하고 여유롭게 그 즐거움이 도도하여 서로 영원히 잘 지내리라 기약하였습니다. 불행하게도 아버지께서 먼저 세상을 떠나시니 훌륭한 모습을 대하지 못한 지 지금 8년이 된 데다, 외숙께서 떠나신 지 이제 또 여섯 달이 되었습니다. 만약 저승과 이승 사이에도 서로 따르는 이치가 있다면 생각건대 벌써 저승에서 뒤따르며 예전에 다하지 못한 남은 즐거움을 이어가실 것입니다.

봄이 남쪽 동산에 이르니, 새싹이 벌써 돋아났습니다. 각응角鷹22)과 술동이로 어디에서 만날까요. 가야산 아래입니까, 가야수의 물가입니까? 지난날 제가 모시고 노닐지 않은 적이 없었는데, 지금은 또 어찌하여 갈 곳을 말씀해 주시지 않는 것입니까. 두렵기도 하고 아득하기도 하여 바보가 된 듯하고 미칠 것 같기도 하니, 이 회포가 어찌 끝이 있겠습니까. 더구나 소자는 불쌍히 여기고 사랑해 주신 은혜를 가장 많이 받았으니 저의 외롭고 고달픔을 불쌍히 여겨 갓난아이처럼 어루만져 주셨고, 저의 기아와 추위를 염려하여 보살핌이 모자란 듯 도와주셨습니다. 밖으로는 외숙과 생질이라는 이름이 있지만 안으로는 부자의 은혜로 맺어져, 하는 일이 있으시면 물어 보지 않은 적이 없었고 저도 생각해 둔 것이 있으면 말하지 않은 것이 없었으니, 저를 돌보아 주신 정은 갈수록 더욱 깊었습니다. 이제 소자가 집을 옮겨 새로 지은 것은 실로 외숙의 가르침을 따른 것이니, 이는 사는 곳이 조금 가까워져 자주 뵐 수 있게 되기를 바랐던 것입니다. 지극한 뜻을 깊이 생각하여 우러러 만의 하나라도 부응해야 하였지만, 오직 어리석은 버릇을 이기지 못한 데다 이미 게으른 병이 또 고질이 되어 남아 있어서 아침저녁으로 곁에 있지 못하여 그리워하는 간절함과 기대하는 괴로움을 끼치게 되었으니, 소자의 정성이 모자란 죄는 이미 얕지 않습니다. 게다가 돌아가시던 날에 뜻밖의 근심을 만나 마지막 말씀을 받들지 못하였으니, 소자의 끝없는 아픔은 진실로 차마 말할 수 없습니다. 그러니 밝으신 외숙의 영령께서 응당 한을 머금고 울음을 삼키실 것입니다. 하늘이 시킨 것입니까, 땅이 부른 것입니까. 가슴에 품은

22) 각응(角鷹) : 매의 별칭으로, 머리에 모각(毛角)이 있으므로 일컫는 말인데, 여기서는 사냥을 말한다.

이 깊은 아픔을 누구에게 따지고 누구에게 하소연하겠습니까. 한 목소리로 길게 통곡하니 오장이 베이는 듯합니다. 영령께서 만약 저의 정성을 아신다면 강림하실 것입니다. 아! 슬픕니다.

또[又]

사위 이유전李惟銓[23]

아! 공은 나의 아버지와 나이가 비슷하고 도가 같으며 뜻이 맞으셨는데, 한강의 문하에 들어서는 지향하는 바가 더욱 같았습니다. 사는 곳도 하나의 강 위아래로 가까이 있어 나가면 고삐를 나란히 하고 앉으면 책상을 이었고, 일이 있으면 서로 의논하고 생각이 있으면 반드시 말하였으니, 훈지塤篪의 어울림과 교칠膠柒의 밀접함은 오히려 서로 의기투합한 즐거움을 비유하기에 부족합니다. 소자가 공께 나아가 감격하고 기뻐하였던 것이 그 얼마나 지극했겠습니까. 마침내 부족한 저를 사위로 맞이하여 인척의 좋은 인연을 더 맺었습니다. 당시에 두 집안은 형제가 모두 살아 있어 문원文園에서 뒤따르며 예원藝苑에서 높이 날았습니다. 이제야 추억해 보니, 또한 성대한 일이었습니다. 그러나 어찌 생각이나 했겠습니까. 저 푸른 하늘이 훌륭한 이를 돕지 않아 공과 같은 돈독한 우애를 지닌 분이 갑자기 형제를 잃는 아픔을 만나게 되실 줄을. 공께서는 마음을 너그럽게 먹고서 슬픔을 억제하며 여생을 보존하여 조카들의 혼사를 다 마쳐서 끝내 가업이 무너지지 않게 하였습니다. 공이 고난을 다스리는 재간과 외로운 조카들을 부지해 준 공로는 평범한 사람이 해내기 어려운 점이 아니겠습니까.

아! 정축년(1637) 제 아버지께서 돌아가시니 불초한 제가 어떻게 일을 치르겠습니까. 그런데 오직 공께서 진심으로 가르치고 인도하며 힘을 다해 돕고 보살펴 주셔서 예에 맞게

23) 이유전(李惟銓, ?~?) : 배상룡의 맏사위로, 심원당(心遠堂) 이육(李堉, 1572~1637)의 아들이고, 이이전(李爾銓, 1616-1684)의 형이다.

장례를 치러 남는 아쉬움이 없도록 해 주셨으니, 참으로 공이 제 아버지와 정과 의리가 민음직하여 생사 간에도 차이가 없음을 알았습니다. 그러니 자식이 된 자로서 받은 사랑에 감격한 것이 어떠했겠습니까. 공을 북두성처럼 우러르며 자애로운 아버지처럼 믿었으니, 급한 일이 있은들 무엇을 염려하며 어려움이 있은들 무엇이 두려웠겠습니까. 길이 스승으로 모시며 이 즐거움 끝이 없으리라 여겼습니다. 하늘이 남겨 두지 않아 공께서 또 저를 버리고 돌아가시니, 외로운 여생을 다시 누구에게 의탁하겠습니까.

아! 공께서 병이 위독하였을 때 자제들이 약을 드시도록 청한 것은 곧 끝없는 지극한 정에서 나왔으나, 공께서 손을 내저으며 물리쳐서 죽음을 보기를 본연으로 돌아가는 것처럼 여기셨으니, 어찌 천명이 이미 정해졌으며 생사에 정해진 수가 있음을 알고서 이 세상의 혼탁함을 싫어하고 자신의 몸을 정결히 하여 영원히 가신 것이 아니겠습니까. 공께서는 살아서는 천리에 순응하셨고 죽어서는 편안하였으니 제가 또 무엇을 슬퍼하겠습니까. 다만 생각건대 숙덕宿德과 노유老儒께서 모두 돌아가셨으니, 후생後生 말학末學이 어디에서 덕을 찾아보며 의심나는 것을 여쭙겠습니까. 고요히 생각건대 저의 회포는 끝이 없습니다.

아! 옛날 우리 노 선생老先生께서 문인 중에서 오직 공을 특별히 사랑하고 좋아하셨으니, 선생께서 돌아가신 뒤로 추모의 마음 더욱 간절하여 무릇 스스로를 단속하고 일을 행하는 데 있어서 선생께 배운 바대로 하지 않음이 없었고, 자식을 가르치고 후학을 장려하는 데 있어서도 또 반드시 선생께 보고 들은 것을 말하여 깨우쳐 주셨으니, 아무리 소자 같은 모자란 사람이라도 익숙히 들어 한강 선생께 친자親炙를 받고 훈도되는 듯함이 있었습니다. 이제는 그만입니다. 하늘의 뜻을 어찌합니까.

아! 공의 자품의 남다름과 효우의 타고남이며 학문의 순수함과 행실의 돈독함이며 문장의 고결함과 스승을 높이는 깊은 정성이며 덕을 숭상하는 지극한 뜻과 몸가짐의 진중함이며 집안을 다스리는 엄함과 남을 대하는 너그러움이며 고장에서 처신하는 진실함은 하인들도 다 알았고 원근이 모두 칭송하니, 이름은 추천에 올랐고 행실은 군지郡志에 실렸습니다. 저같이 친밀한 자가 말해야 할 것이 아니니, 제가 어찌 꼭 누누이 말해야 하겠습니까. 살았을 때와 죽었을 때의 예제禮制가 다르고, 발인이 내일이라 한 잔 술로 영결하자니 오장이 베이는 듯합니다. 영령께서 모르지 않으신다면 바라건대 흠향하여 주소서. 아! 슬픕니다.

또[又] 대상大祥 때

시생侍生 배유화裵幼華[24]

아! 우리 선생께서는	嗚呼惟我先生
가학을 이어받았고	詩禮有傳
효우를 타고 났으니	孝友出天兮
화기가 성대한 데다	和氣藹然
반듯하고 굳셈을 겸하였습니다	兼之以方剛
일찍이 스승을 따라	早從函丈
경서를 잡고서 수업 받아서	執經而受業兮
대도의 방도를 들었습니다	得聞大道之方
지향할 곳으로 나아가	投之所向
이루지 못한 것이 없으니	無不可濟兮
도량의 넓음에 감탄하였습니다	感歎器局之恢廓
그러나 그 뜻은 명성을 바라지 않아	然其志不求聞達
들어간 산이 깊지 않을까 염려하며	惟恐入山之不深兮
매번 시사의 어려움을 탄식하였습니다	每歎時事之艱危
좌우로 경전을 두고	左右經傳
천고의 성현을 대하여	對越千古之聖賢兮
전원의 즐거움을 홀로 간직하고	自專田園之逸樂
유유자적하니	優遊婆娑
난초는 골짜기에 있어도 벌써 향기를 전하였습니다	蘭在谷而已播香
교유를 끊고	息交絶遊
문을 닫아걸어 말을 잊으니	關戶忘言兮

24) 배유화(裵幼華, 1611~1673) : 자는 화은(華隱), 호는 팔사헌(八斯軒), 본관은 성주이다. 정구의 문인인 배상익(裵尙益)의 아들이다. 1652년 진사시에 입격, 1668년 효행으로 천거되어 김천 찰방에 임명되었고 종부시 직장을 지냈다. 저서로는 『팔사집』이 있다.

원량의 오류와 삼경[25]이었습니다	元亮之五柳三徑
손님을 머무르게 하여 달을 기다리며	留賓待月
이슬 받고 바람 맞이하니	承露迎風兮
소자 일신의 네 가지 일[26]이었으매	邵子之一身四事
한가한 세월 가운데	閒中日月
별천지였습니다	別區天地
봄꽃이 비단을 이루거나	春花成錦
가을 물고기가 한창 살지면	秋魚正肥兮
이따금 한 필 말로 시내와 산을 유람하니	有時匹馬溪山
호탕한 흥이 절로 일었습니다	豪興自發
마음을 열고 정성을 보여	開心見誠
사람과 일을 대하니	待人接物兮
고장 사람들이 모두 감복하였습니다	鄕黨皆服
소자가	如吾小子
일찍부터 문하에 드니	早歲登門兮
마치 봄바람 속에서 모시는 듯하였습니다	恰陪座上春風
학문을 하는 과정으로 면려하시고	旣勉之以爲學工程
또 오도의 궁통을 보여 주셨습니다	又展之以吾道窮通
저는 뒤늦게 태어나	余生也後
비록 한강 대선생의 문하에서 직접 배우지는 못하였으나	縱未及於寒岡大先生之門兮
유풍의 남은 가르침을	遺風餘旨
공의 정성스런 가르침 속에서 다행히도 받들 수 있었습니다	幸余承於公之諄諄之中

25) 원량(元亮)의……삼경(三徑) : 원량은 진(晉)나라 은사 도잠(陶潛)의 자로, 그가 지은 「오류선생전(五柳先生傳)」에 의하면 집 주위에 다섯 그루 버드나무[五柳]를 심고 호로 삼았다고 한다. 또 그가 지은 「귀거래사(歸去來辭)」에 "세 오솔길은 묵어 가는데 소나무와 국화는 그대로 있네.[三徑就荒 松菊猶存]" 라는 내용이 있다.

26) 소자(邵子)……일 : 소자는 송나라 학자 소옹(邵雍)을 말한다. 그는 「사사음(四事吟)」이란 시를 지어 공회(公會)·생회(生會)·광회(廣會)·취회(醉會)의 네 가지 가지 않는 곳과 대한(大寒)·대서(大暑)·대풍(大風)·대우(大雨)의 네 가지 나가지 않는 때에 대하여 말한 적이 있다.(『擊壤集』 권13)

산사의 깊은 밤 등불 아래와	蕭寺良夜之燈下
서계의 밝은 달밤에 술동이 앞에서	西溪皓月之罇前兮
몇 번이나 한 자리에서 즐겁게 모셨던가요	幾陪歡於一筵
고향인 남쪽으로 오니	南來故園
먼저 선생을 찾아뵙는 즐거움이 있어서	樂在先拜于先生兮
영원히 이 즐거움 누리리라 여겼습니다	將謂百年永保此樂
어찌 생각이나 했겠습니까, 사문의 불행이	豈料斯文之不幸
을미년(1655) 8월 달에 있을 줄을	乃在乙未之八月
아드님이 멀리서 부고를 보내시니	胤氏遠傳輓幅兮
비로소 부음을 받들게 되었습니다	始承凶音
우리 어진 스승을 잃어 방황하며	悵悵失吾賢師兮
남쪽 보고 통곡하니 제 심장 찢어지는 듯하였습니다	南望慟泣裂我心
다만 저는 깊은 태백산 속에 살면서	第余深寓太白山中兮
인사를 다 접고 지낸 지	廢却人事者
네 해나 되었습니다	四年于玆
이제야 와서 한 번 곡하니	今來一哭
다행히 두 번째 기일에 오게 되었습니다	幸及再朞
지난날 가르침을 받들던 마루에서	昔時承誨之堂上
차마 쓸쓸한 흰 장막을 보겠습니까	忍見素帷之凄其
아! 한 잔 올리며 엎드리고	嗚呼奠一盃而傴僂
또 글을 지어 영결합니다	復演詞而長辭
우러러 공의 고상한 뜻을 생각건대	仰惟公之高義
오늘날 세상에서 누가 뜻을 같이하겠습니까	處今世而誰同
경륜을 품고서 펼쳐 보지 못하시고	志經綸而未施
은거를 달게 여기며 평생을 마치셨으니	甘隱淪而長終
마음은 천지에 부끄러움 없으시고	心無愧於俯仰
절조는 곤궁함 속에서 더욱 확고하였습니다	操益確於困窮
어찌 까닭 없이 드러남이 있을까요	豈無由而乃著
가르침은 일찍이 유학의 종지를 받들었습니다	敎夙承於儒宗

아! 저희들이 불행하여	嗟吾黨之不淑
이날의 깊은 슬픔 안게 되었습니다	抱此日之深恫
생각건대 어디에 의귀해야겠습니까	顧於何而依歸
하늘을 원망할 뿐입니다	徒有怨於蒼穹
저의 마음을 드러내어 통곡하며	披余情而痛哭
쓸쓸한 가을바람을 맞습니다	對蕭瑟之秋風
아! 슬픕니다	嗚呼哀哉

또[又]

시생侍生 이륜李綸27)

아! 우리 선생께서는	嗚呼惟我先生
우뚝이 무인의 집안에서 태어나서	屹然挺生于將門兮
일찍이 선철께 훈도를 받으셨습니다	早薰陶於先哲
평소에 효우로써 행실을 닦아	平生制行以孝友兮
늙을 때까지 더욱 독실하셨습니다	至老而彌篤
이에 아버지께서 경외하던 바이니	肆先子之所畏兮
교분과 의리는 교칠보다 더 친밀하였습니다	分義不啻乎膠桼
불초한 제가 공경하고 사모하며 사랑하고 기뻐하여	伊不肖景慕而愛悅兮
가끔씩 댁에 가서 뵈었습니다	時往拜乎軒屛
갓을 젖혀 쓰고 기쁘게 맞이하시니	岸巾欣然而延接兮
날이 쉬 저무는 것을 아쉬워하셨습니다	惜易頹之西陽
정성을 다하여 가르쳐 주시며	披悃愊而誨諭兮

27) 이륜(李綸, ?~?) : 호는 사월정(沙月亭)이다. 백천(白川) 이천봉(李天封, 1567~1634)의 아들이다.

자주 찾아오라고 하셨습니다	謂來訪之頻頻
옛집이 난리를 만나 부서지매	逮舊居之離析兮
낙동강 가에 그윽한 정자 지으셨습니다	結幽榭於洛濱
제가 있는 곳과 멀어지고	致地步之脩遠兮
세월이 덧없이 흐르는 것을 탄식하셨습니다	歎時月之荏苒
정신과 기력의 건강함을 믿고서	恃精力之康健兮
백 년 넘게 장수하시리라 여겼습니다	謂享百之惟歉
우리 고을이 어찌 이리도 불행한지	何吾黨之不淑兮
남극성[28]이 어두워지며 갑자기 돌아가셨습니다	南極晦而奄忽
질병과 세상의 변고가 몸을 감싸니	疾病世故之纏身兮
상여 줄 잡고 작은 정성 펴지 못한 것이 한스럽습니다	恨未伸微悃於執紼
뒤늦은 한 번의 곡마저 대상 때에야 왔으니	遲遲一哭至於再朞兮
눈물은 샘처럼 솟아나고 슬픔은 가슴을 메웁니다	淚迸泉而悲塡臆
거친 말과 서투른 글로는	荒辭蕪文
정을 다 표현하기 어려우니	以情難盡兮
밝으신 영령께서는 강림하소서	冀不昧之來格
아! 슬프도다	嗚呼哀哉

28) 남극성(南極星) : 장수(長壽)를 상징하는 별이다. 수성(壽星)이라고도 하며, 흔히 나이가 많은 원로를 뜻하는 말로 쓰인다. 『사기』 「천관서(天官書)」에 "낭비지(狼比地)에 큰 별이 있는데 남극노인(南極老人)이라 부른다. 이 별이 나타나면 정치가 안정되고 나타나지 않으면 전쟁이 발생한다.[狼比地有大星曰南極老人 老人見治安 不見兵起]"라고 하였다.

또[又]

시교생侍敎生 송시철宋時哲[29]

아, 공이시여! 연세가 팔구십에 이르시니 장수하지 않으신 것이 아니며, 훌륭한 자손이 당에 가득하니 부족한 것이 아니지만, 사람들의 기대와 저의 안타까움을 어찌 이 때문에 그칠 수 있겠습니까. 공은 강하江河 같은 덕량을 타고나신 데다 다재다능하여 일대의 대신이 되기에 꼭 맞았으니, 정사에 참여하는 데 무슨 어려움이 있었겠습니까. 그러나 오직 공의 마음은 그렇지 않아 세상을 피하는 것을 달게 여기시고 영영 떠나가서 돌아보지 않으셨습니다. 공이 자처하신 것이 반드시 그 사이에 뜻이 있어, 의리는 바르고 일은 아름다웠으니 세상의 누구인들 공의 품행과 도의를 높이 우러르지 않았겠습니까. 다만 출중한 기량은 세대에 드문 인걸이건만 산속에 헛되이 버려진 동량의 재목이 되어 끝내 평범한 풀과 함께 썩어가셨으니, 소자가 이를 탄식하고 안타까워하며 지사志士가 주먹을 불끈 쥐고 실망하며 아쉬워 마지않는 것입니다.

아! 공의 너그러운 도량과 참된 정성이며 효우의 행실이며 도타운 의리를 이 세상에서 다시 볼 수 있겠습니까. 생각건대 소생은 대대로 가천伽川에서 살며 인리仁里[30]에 이웃하였으니, 선대로부터 서로 두터이 지내면서 지금까지지도 변함없습니다. 대나무 언덕 소나무 정자에서 가르침을 받들기도 하고 아름다운 산수에서 어른을 모시기도 하면서 문하에 나든 지가 이제 거의 삼십 년이 되었으니, 교분과 의리의 깊음과 정의와 우호의 지극함은 어찌 쇠란衰亂한 세상 범범한 사람들의 교제와 비교하겠습니까. 돌아가신 지 삼 년이 벌써 닥쳐오는데 한 잔 술을 비로소 올리게 되니, 비록 일 때문에 제약을 받았던 것이지만 죄를 어찌 피할 수 있겠습니까. 밝으신 영령이 계신다면 바라건대 강림하소서. 아! 슬픕니다.

---

29) 송시철(宋時喆, 1610~1673) : 자는 숙보(叔保), 호는 설촌(雪村), 본관은 여산(礪山)이다. 1653년 문과급제, 헌릉 참봉에서 시작하여 동부승지·좌승지, 형조·공조의 참의를 거쳐 원주 목사 등을 지냈다.

30) 인리(仁里) : 성주(星州) 팔거(八莒)의 또 다른 이름인 한편, 『논어』 「이인(里仁)」의 "마을에 인후한 풍속이 있는 것이 아름다우니.[里仁爲美]"라는 말을 염두에 둔 표현이다.

또[又]

시교생侍敎生 송시강宋時綱[31]

아! 믿기 어려운 것은 하늘이며 알지 못할 것은 이치입니다. 하늘이 공에게 깊고 굳세며 큰 덕을 부여하셨으니 사람들이 모두 크게 쓰이리라 기약하였으며, 하늘이 또 공에게 걸출하고 남다른 재주를 부여하시니 사람들이 모두 원대한 성취를 이루리라 기대하였습니다. 그런데 끝내 산에 헛되이 버려진 동량의 재목이 되었으니, 하늘이 공을 낳은 것은 무슨 뜻이 있어서이며, 하늘이 공을 버린 것은 또한 무슨 의도가 있어서입니까. 공에게 넉넉하게 주고 인색하게 준 이치를 제가 하늘에게 따지고 싶지만 할 수 없으며 또 인간 세상의 일이란 그 사이에서 벌어지는 것이 아닌지요. 문장은 뛰어나 고관의 벼슬을 할 수 있었으나 출세할 뜻을 버리고 부질없는 영화를 경시하였고, 재주는 벼슬하여 작위를 이룰 수 있었으나 발길을 저자에서 감추고 영원히 떠나가서 뒤돌아보지 않았습니다. 천석泉石의 사이에 자취를 감추고 쇠란한 세상을 초연히 바라보며 길이 물고기 잡고 땔나무 하며 살아가는 것을 스스로의 즐거움으로 삼으리라 맹세하였습니다. 하류下流와 자취를 섞는 것을 비천하게 여기지 않고 초목과 함께 썩어 가는 것을 달게 여긴 것은 바로 공의 깊은 뜻이 있어서이니, 제가 어찌 감히 오늘 입을 열어 말을 하겠습니까. 하늘이 공을 이 세상에 낸 것은 장차 쓰기 위한 것이지만 공은 쓰이지 않았고, 공이 초야에 내버려져 있었던 것은 세상이 공을 버린 것이 아니라 공이 곧 세상을 버린 것입니다. 공께서 자처하신 바는 아쉬움이 없으나 사람들의 안타까움이 어떠했겠습니까. 지난날 저의 할아버지께서 공의 뛰어난 도의를 사랑하시고, 공이 재주를 지니고서도 묻혀 있는 것을 안타까워하시며 흉금을 터놓는 사이로 허여하셨습니다. 저는 당시 어려서 비록 알지 못하였지만 공께서 세상에 계시던 때에 끊임없이 칭찬하셨으니, 우호의 의리는 이로부터 상상해 볼 수 있으며 대대로 도탑고 화목하여 막역한 교제가 있었습니다. 생각건대 소생은 인척이 된 인연으로 문하에 나든 것이 거의 삼십여 년입니다. 공의 행실을 보고 공의 일을 살펴보면 더욱 이 세상을 크게 깨우칠 만한

---

31) 송시강(宋時綱, 1607~1683) : 자는 기보(紀甫), 호는 존순재(存順齋), 본관은 야성(冶城)이다. 정구의 문인이다. 배상룡의 동문인 아헌(啞軒) 송원기(宋遠器)의 손자로, 효성으로 이름이 높았다.

것이 있었으니, 뛰어난 우애는 남들이 감히 이의를 달지 못하였고 현자를 존숭하는 정성은 사람들이 모두 인정하였습니다. 일 처리에 있어서는 도리에 맞으면서도 여유로웠고, 남을 대할 때는 반드시 체면을 버리고 정과 의리로 너그러우셨으며, 사람들이 혹 남의 과오를 말하면 반드시 손을 내저으며 저지하셨고 남의 장단점을 말하면 반드시 머리를 흔들며 듣지 않으셨으니, 이는 곧 공의 뜻과 행실의 대략입니다. 그렇기에 소자는 마음을 기울여 존경하고 사모하며, 공을 믿어서 근심이 없고 공을 의지하여 두려워하지 않아서 평생 의지할 분으로 여겼던 것입니다. 제가 동쪽으로 가게 되어 댁을 자주 찾아뵙지는 못하였지만 가끔씩 찾아뵙는 것이 한 해에 한 번이더라도 신발을 거꾸로 신고는 반갑게 맞이하셨고 웃음과 말씀이 화락하셨습니다. 물러날 때면 작별이 아쉬워 연연하셨으니, 제가 이 세상에서 우리 공의 사랑과 같은 깊은 사랑을 다시 받을 수 있겠습니까. 더구나 공이 병들었을 때 임종의 말씀도 받들지 못하였고 공의 장사 때에도 상여 줄을 잡고 싶은 바람을 이루지 못하였으며 한 잔 술을 올리는 것도 대상大祥 때에야 비로소 하게 되니, 정성이 모자라고 불충한 이로는 누가 소자만 하겠습니까. 정은 끝이 없건만 말은 끝이 났습니다. 아! 슬픕니다.

또[又]

척하戚下 시교생侍敎生 송세빈宋世彬[32]

아! 공은 시귀蓍龜의 지혜가 있으면서도 어리석은 듯 처신하였고, 강물 같은 언변이 있으면서도 어눌한 듯 과묵하셨습니다. 가슴에는 운몽택雲夢澤의 풍부함을 지니고서도 자부하지 않았으며, 문장은 세상을 놀라게 할 만한 재주가 있으면서도 쉽게 내놓지 않으셨습니다. 참으로 저와 같은 말학末學이 엿볼 수 있는 바가 아니었으나, 향기를 쐬고 빛을 쬐어

32) 송세빈(宋世彬, ?~?) : 『여헌선생속집』 권8 「관찰사 학동 이공 묘지명(觀察使鶴洞李公墓誌銘)」의 내용 중에 학동(鶴洞) 이광준(李光俊)의 아들 자암(紫巖) 이민환(李民寏, 1573~1649)의 넷째 딸이 사인(舍人) 송세빈에게 시집갔다는 말이 있다.

인정받은 것이 가장 깊었습니다. 이에 조그만 정성을 드러내어 글로써 슬픔을 고합니다.

아! 공께서는 젊은 나이에 독보적으로 문단에 올라 이름을 떨쳤으며 덕과 도량이 넓고 식견과 아량이 컸으니, 하늘이 공을 낳은 것은 실로 우연이 아니었습니다. 그러나 자취를 거두고 빛을 감추어 평생 임천林泉에서 늙어 갔으니, 그 사이에 깊은 뜻이 있는 듯합니다.

지극한 행실을 서술하자면 세상에는 반드시 흘러내려온 가르침을 후대에 대신 전할 자가 있을 것인데, 어찌 저의 품평을 기다리겠습니까. 아! 공의 우애는 타고났습니다. 아우 진사공이 어린 나이에 병에 걸려 거의 구할 수 없을 지경에 이르자 공이 손가락을 잘라 피를 내어 먹이니, 거의 죽다가 다시 살아났습니다. 가르침을 게을리하지 않아 입신양명하기를 기약하였고 재산을 함께 나누어 궁핍한 데 이르지 않게 하였습니다. 흡족한 즐거움 시종 더욱 돈독하여 공회孔懷[33]의 도에 부끄러움이 없다고 할 만하니, 실로 고인보다 뛰어나기가 몇 배나 됩니다. 두 조카를 어루만져 기르기를 자식보다 더하게 하여 줄곧 슬하에 두고 가르침을 은근하고 지극히 하니, 모르는 자는 아무개가 친자식인지 아무개가 조카인지를 몰랐습니다. 오직 이와 같았기 때문에 아무리 평소에 좋아하지 않는 자라고 하더라도 공의 높은 덕행에 대해서는 단연코 다른 말이 없었습니다. 한강을 스승으로 모시어 일찍부터 의귀하기에 이르니, 선생이 장려하고 인정하였고 문도들이 중히 여겼습니다. 선생이 살아 계실 때에는 스승을 모시는 정성을 게을리하지 않았고, 선생이 돌아가신 뒤로는 그리워하는 마음 더욱 간절하였습니다. 서원을 세운 것은 바로 공의 힘이었고 유고를 인쇄하여 전하게 된 것도 공의 생각이었으니, 사일事一의 정성에 아쉬움이 없었다고 할 만하고 후학의 모범이 되기에 충분하였습니다. 이를테면 사람을 대할 때에는 성의가 정성스러웠고, 일을 처리할 때에는 여유가 있었습니다. 까다롭게 얽인 속에서도 선악의 기미를 분명하게 판단하였고 음성과 낯빛을 변하지 않으면서 칭찬과 비방에도 태연자약하였으니, 드넓은 도량은 남이 엿볼 수 없었고 온몸의 화기는 남들이 모두 공경하고 감복하였습니다. 그러므로 위로는 공경公卿으로부터 아래로 서민에 이르기까지 비록 그 모습을 모르더라도 사람의 장점을 말할 때에는 모두 '성산의 배 아무개'라고 하였으니, 어찌 남들이 이토록 경모하게 한 것일까요. 쇠퇴한 세상을 굽어 생각건대 참으로 쉽게 얻을 수 없으며 상고시대를 우러러

33) 공회(孔懷) : 형제간의 우의를 말한다. 『시경』「소아(小雅)·상체(常棣)」에 "죽음과 초상의 두려운 일에 형제가 가장 그립네.[死喪之威 兄弟孔懷]"라고 하였다.

살펴보더라도 짝할 이가 드무니, 소자의 오늘의 아픔이 어찌 사사로움 때문만이겠습니까.

아! 소자가 문하에 드나든 지 어언 삼십 년입니다. 양대에 걸쳐 은혜를 받은 것이 산과 같을 뿐만이 아닙니다. 그러나 사는 곳이 조금 떨어져 있어 자주 뵙지 못하였으니, 간혹 찾아뵈어도 갑자기 갔다가 서둘러 왔었습니다. 매번 인사를 드리고 물러날 때면 늘 아쉬운 표정이 있었습니다. 제가 몇 해 전부터 묵은 병이 다시 발작하여 고질이 든 채로 언제 죽을지 몰랐습니다. 공이 여러 번 편지를 보내시니, 그 말뜻이 간절하였습니다. 마음이 목석이 아닌데 어찌 눈물을 닦지 않았겠습니까. 우선 병이 차도가 있기를 기다려 어서 뵙고 싶었으나, 별세하셨다는 소식을 갑자기 죽어가는 중에 받게 될 줄을 어찌 알았겠습니까. 공을 높은 산처럼 믿고 북두성처럼 우러렀습니다. 무릇 질병과 사망이 있으면 반드시 공에게 말씀드렸는데, 이제는 그만이니 소자는 어디에 의지하겠습니까. 말이 이에 미치니 오장이 갈라지는 듯합니다. 여러 해를 거의 죽어 지내다보니 정신이 어두워, 붓을 잡으니 서툴러서 글로는 뜻을 다 전하지 못하겠습니다. 밝으신 영령께서도 이를 생각하십니까. 위로는 사문을 위해 마음 아파하고 아래로는 저 자신을 위해 곡합니다. 아! 슬픕니다.

또[又]

시생侍生 이원정李元禎34)

아! 공이 병들었을 때 제가 문병을 하지도 못하였고 공을 장사지낼 때 장지에 가 보지도 못하였으니, 생사 간에 부끄러움이 참으로 많습니다. 계절이 바뀌어 대상大祥이 어느덧 다가왔는데 아직도 술 한 잔을 직접 올리지 못하였으니, 존령께서는 용서하고 달갑게 흠향하여 주실런지요.

아! 평소 아버지를 여읜 슬픔을 지니시고 한평생 형제간에 화락하게 지내시니, 효우의

34) 이원정(李元禎, 1622~1680) : 자는 사징(士徵), 호는 귀암(歸巖), 본관은 광주(廣州)이다. 이윤우(李潤雨)의 손자이고 이도장(李道長)의 아들이다. 1652년 문과급제, 이조 판서를 지냈고, 영의정에 추증되었다. 시호는 문익(文翼)이고, 저서로는 『귀암집』이 있으며, 편저에는 『경산지(京山志)』가 있다.

천성에서 나온 것이며 사람들도 모두 감복한 바입니다. 그렇기에 성한 덕을 형용하여 사라지지 않게 하는 일은 세상에 반드시 그에 적합한 사람이 있을 터이니 어찌 소자의 거친 말이 필요하겠습니까. 주도면밀하고 멀리 내다보는 지혜와 크고 넓어 남을 압도하는 도량과 널리 통달하여 얽매이지 않는 재주와 확고하여 빼앗기 어려운 신조를 생각건대 마땅히 세상에 업적을 이룰 듯하였는데 집안의 불행을 만나 끝내 베풀지 못하셨으니, 하늘이 이미 낳으시고 또 버린 것은 참으로 무슨 마음입니까. 이는 실로 천도를 알 수 없어 사람들이 서운해하지 않을 수 없는 점입니다.

아! 우뚝하고 장중한 용모와 넓고 평탄한 도량과 화락하고 기쁜 안색과 남을 너그러이 대하는 정성을 다시 뵐 수 있겠습니까. 공은 저의 할아버지와 젊어서 의기투합하여 한강의 문하에 드나들어 함께 스승의 풍도를 이어받았습니다. 고장에서 서로 따라다니며 세한歲寒[35]의 금회襟懷를 서로 내보였고 그 의리를 미루어 저의 아버지에게까지 베푸셨으니, 부자간의 교유는 골육의 정보다 더하였습니다. 제가 운명이 불행하여 일찍 큰 재앙을 만나니, 공께서 불쌍히 여겨 저를 가르치고 깨우쳐 주심에 더할 수 없이 지극하셨습니다. 그러나 저는 실로 부족하여 은혜를 잊고 의를 저버려 서울로 가게 되니, 자주 찾아뵙지 못한데다 세상살이에 제약이 많아 자주 안부편지도 드리지 못하였습니다. 지난해에 댁에 찾아뵌 것은 실로 오래 떠나 있었던 터라, 제가 온 것이 늦었다며 그리운 마음을 애써 말씀하시고 밤새도록 이야기 나누었고, 작별할 때의 마음은 더욱 괴로웠습니다. 이 작별이 갑자기 천고의 영결이 될 줄 누가 알았겠습니까.

아! 고장의 어른이 이제 또 없어졌습니다. 의심나는 것을 여쭐 곳이 없으니 참으로 후생들의 다 같은 아픔이며, 잘못을 저질러도 저를 바로잡아 주실 분이 없으니 소자만이 아픕니다. 어찌 깊이 슬퍼하지 않을 수 있겠습니까. 제물을 올리는 것은 비록 남의 손을 빌리더라도 곡은 남의 소리를 빌릴 수 없습니다. 영령께서 만약 아신다면 바라건대 심향心香을 흠향하소서. 아! 슬픕니다.

35) 세한(歲寒) : 어려움에도 변하지 않는 우의를 말한다. "날씨가 추워진 뒤에야 소나무와 잣나무가 늦게 시듦을 안다.[歲寒然後 知松柏之後凋也]"는 말에서 유래한다.(『論語』「子罕」)

또[又]

생질甥侄 김시영金是瑩36)

아! 저의 외숙께서는 평소 저를 불초하다고 여기지 않으시고, 가르치고 이끌어 주시며 아끼셔서 시종 자식처럼 대해 주셨습니다. 그러나 소자가 외숙을 섬기는 것은 아버지처럼 하지 못하였으니, 병 드셨을 때 약시중을 못한 데다 장삿날에도 장지에 가지 못하였습니다. 아무리 친상을 당하고 천연두가 막아서라고는 하나 소자의 정성이 부족하기 때문입니다. 하늘에 닿는 한이 어찌 끝이 있겠습니까.

아! 마음 아픕니다. 우리 외숙의 효도하고 우애 있으며 도탑고 화목한 행실과 충성스럽고 믿음직하며 삼가고 두터운 덕은 남들이 듣고 보아 원근이 모두 감복하였으니, 소자가 일일이 칭송할 필요가 없고 존경하는 마음도 감히 덧붙여 형용할 수 없습니다. 그러나 소자의 끝없는 심정을 어찌 빈소를 치우는 날에 대략이나마 말씀드리고 부르짖지 않을 수 있겠습니까.

예전에 저의 아버지께서 일찍 부모님을 잃고 외롭고 고달프게 지내시면서 의탁할 곳이 없었으나 다행히 외숙의 우애에 힘입어 한 마을에 살면서 화락함을 함께하였습니다. 소자는 외가에서 나고 외가에서 자라 유독 외숙들의 어루만져 길러 주시는 사랑을 받았습니다. 그러니 소자와 외숙과의 관계가 어찌 다른 사람의 외숙과 생질 간 같을 뿐이겠습니까. 돌보아주신 사랑과 의지한 마음은 부자간과 다름이 없었습니다. 불행히 중년에 참혹하게도 아버지께서 돌아가시는 슬픔을 만나니 지금까지도 추억해 보건대 오히려 차마 말하겠습니까. 다행히도 외숙과 저의 어머니께서 장수하시면서 우애의 마음이 늙어서도 더욱 돈독하며 끊임없이 자주 만나기를 말년에도 여전히 하였으니, 이는 실로 소자에게는 하나의 큰 다행이었습니다. 소자의 죄가 깊고 무거워 재앙이 어머니께 미치니, 두렵고 아득하여 오직 외숙만 바라보았습니다. 어머니를 묻은 흙이 마르기도 전에 공께서 또 갑자기 이 지경에 이르렀으니, 하늘이 뉘우치지 않는 데에 재앙을 내려 이러한 지경에 이르게 될 줄 어찌

36) 김시영(金是瑩, 1621~?) : 김즙(金檝)에게 시집간 배상룡의 막내 누이의 아들이다. 자는 인여(仁汝), 본관은 의성이고, 성산(星山)에 살았다. 1648년 진사시에 입격하였다.

생각이나 했겠습니까. 소자가 의지하고 우러를 곳이 없어 눈물은 마르고 입은 떠듬거리며 목이 메어 오열하게 합니다.

아! 외숙께서 소자를 보살펴주시고 소자가 외숙을 우러러 섬긴 것이 이제 오십여 년이 되었습니다. 곁에서 모시며 안락을 함께 나눈 것이 얼마였으며 분주히 지내며 환난을 함께 한 것이 얼마입니까. 소자가 못난 것을 생각지 않으시고 반드시 일이 닥쳐오면 함께 의논하여 내버리지 않는 마음은 항상 간절하고 정성스러우셨습니다. 아무리 무지한 소자라도 어찌 지극한 정에 감격함이 없었겠습니까. 지난날 공이 아직 돌아가지 않으셨을 때 일이 있으면 반드시 아뢰었고 생각이 있으면 반드시 말씀드렸으니, 기한과 곤궁에 호소할 곳이 있었고 질병과 우환에 아뢸 곳이 있었습니다. 이제 공께서 돌아가시니, 의심나는 일이 있으면 누구에게 여쭈어 보며, 마음이 편안하지 않으면 어디에 드러내겠으며, 곤궁과 질환에 누가 보살펴 주겠습니까. 생각이 여기에 이르니, 저도 모르게 목이 막혀 아득하고 막막합니다.

세월이 흘러 대상大祥이 벌써 다가오니 계절의 변화에 느끼는 슬픔과 그리움으로 더욱 외롭습니다. 서투른 글로 어찌 회포를 다 말하겠습니까. 한 목소리로 길게 통곡하니 어느덧 슬퍼져 한없는 근심스런 심정을 모두 한 잔 술에 부칩니다. 밝으신 영령께서는 바라건대 오셔서 흠향하소서. 아! 슬픕니다.

또[又]

시교생侍敎生 정유도鄭惟燾[37]

아! 옛말에 "천리란 필연적인 것인가? 그러나 현자賢者라고 반드시 귀하게 되는 것은 아니다. 천리란 필연적이지 않은 것인가? 그러나 인자仁者는 반드시 장수를 하고 반드시

37) 정유도(鄭惟燾, 1611~1661) : 자는 경복(景覆)이다. 정구(鄭逑)의 손자이고, 정장(鄭樟)의 아들이다. 성품이 온유하고 정훈에 따라 예절이 밝았으며 종사(宗祀)에 소홀함이 없었다. 인조 때 현릉 참봉에 임명되었다.

명성을 얻게 된다."[38]라고 하였는데, 참으로 이 말이 옳습니다! 생각건대 우리 존령尊靈께서는 세대마다 나기 드문 영특한 자질과 순강純剛하고 정직한 기운을 모았으니, 재주는 옛사람을 뛰어넘고 품행은 한 시대에 걸출하였습니다. 집에서는 남들이 부모형제의 말에 이의를 달지 않았고 고을에서는 사람들이 모두 온순하고 어질며 진지하고 두터운 덕에 젖었으니, 세상에서 공에게 기대를 거는 사람들 모두가 큰 성취가 있으리라고 여겼는데 불행하게도 참혹한 재앙을 만나 세상과 서로 어긋나니, 남다른 재주를 품고 보배를 간직하고서도 끝내 배운 바를 펴 보지 못하였습니다. 은거하여 깊이 감추어서 궁하고 주린 것을 달게 여기며 뉘우치지 않았으니, 천리가 필연적이지 않다는 것은 바로 이와 같은 경우인가 봅니다. 그러나 공이 물고기를 잡고 나무를 하며 생애를 보내고 서책을 보면서 임천林泉에서 수양을 한 지 팔십여 년에 안으로는 품행과 의리가 드러나고 밖으로는 명성이 밝게 드러났으며, 시골구석에 깊숙이 숨어 계셨어도 명망은 높은 산처럼 중하였으니, 천리가 필연적이라는 것을 과연 믿지 않겠습니까.

아! 공의 학문을 향한 마음은 천성에서 나왔고 공의 어진 이를 좋아하는 성품은 무리에서 뛰어났습니다. 할아버지의 문하에서 종유하여 의귀할 곳으로 삼아 오로지 절차탁마의 공부에 정밀하였고, 의리의 가르침을 마음에 새겨 한결같은 마음으로 높이 숭상하여 늙을수록 더욱 독실하였습니다. 스승께 나아가 배우던 날에 사일事一의 도를 다하였고, 재사齋舍를 증축하고 서사書舍를 중수한 뒤로 그리워하는 마음이 더욱 간절하여 서원을 세워 봉안함으로써 사문이 정성을 바칠 곳이 있게 하였으며, 유고를 모아 도덕이 발휘될 수 있도록 하였습니다. 오늘날 제 할아버지의 광휘가 선양된 것은 실로 우리 공의 지극한 정성에 힘입은 것입니다. 비록 유림이 공적으로 한 일이라고는 하지만 감사하는 저의 마음은 그 사이에 남다르지 않겠습니까. 더구나 저의 아버지와는 나이가 서로 비슷하고 뜻이 서로 맞아 반평생 금란지교를 맺어 교칠膠漆처럼 막역하였습니다. 어루만져 주신 사랑이 소자에게까지 미쳐, 부족함을 깨우쳐 주시고 방향을 헤매지 않도록 타일러, 불초한 제가 면장面牆[39]이

38) 천리란……된다 : 소식(蘇軾)의 「삼괴당명(三槐堂銘)」에 나오는 말이다.

39) 면장(面牆) : 장면(牆面)과 같은 뜻으로, 이치를 몰라 담장을 마주하고 선 것처럼 앞이 캄캄한 것을 가리킨다. 공자가 아들 백어(伯魚)에게 "너는 『시경』의 「주남(周南)」과 「소남(召南)」을 배웠느냐? 사람으로서 「주남」과 「소남」을 배우지 않으면 바로 담장을 마주하고 선 것과 같다."라고 한 말에서 유래한다.(『論語』 「陽貨」)

되지 않게 해 주셨으니, 소자의 어리석음으로도 어떻게 공경하고 감사해야 할지를 알 수 없었습니다. 다행스럽게도 혜소嵇紹가 외롭지 않아[40] 마침내 아버지를 사모하는 마음으로 사모하여, 스승으로 모시며 길이 공을 모시리라 생각하였습니다. 그런데 저희들이 불행하여 하늘이 남겨 주지 않으시니, 아직 죽지 않은 여생에 장차 누구를 믿고 누구를 의지합니까. 남극성의 광채가 어두워진 때에 소자는 아버지의 상중에 있어 염할 때 수의를 잡고서 슬픔을 다 표하지 못하였고, 장사지낼 때 장지에 가서 영결하지도 못하였으며, 엎드려 한 번 곡하는 것도 이렇듯 지체되었으니, 산처럼 우러르는 작은 정성을 하나도 펴지 못하였습니다. 이는 소자가 슬픔을 머금고 아픔을 씹는 것이 오래될수록 깊어져 그칠 수 없는 까닭입니다. 공경히 조촐한 제수를 올려 슬픈 감회를 폅니다. 밝으신 영령께서 아신다면 오셔서 흠향하소서. 아! 슬픕니다.

또[又]

생질甥侄 김시영金是榮[41]

아! 공의 재예才藝와 문장文章은 여벌의 일이고 효우孝友와 충신忠信은 남들의 모범이 되어 고장 사람들이 모두 이를 칭송하고 나라 사람들이 다 아는 바이니, 소자가 감히 일컬을 바가 아닙니다. 이에 대해서는 접어두고 대략 일가로서의 사사로운 심정을 말하려 합니다.

우리 외숙께서는 저의 어머니와 함께 난리에 아버지께서 돌아가시는 날을 만나 절실히 육아蓼莪의 아픔을 지닌 채 슬픔을 머금고 돌아갈 곳이 없었으니, 어찌 살아서 온전히 하늘의 해를 다시 보아 지하에 계신 분의 원통함을 끝내 씻게 될 줄을 알았겠습니까. 세업世業을 부지하며 형제간에 화락하고 후손이 복을 받았으니, 외숙의 돈독한 효성과 지극한

40) 혜소(嵇紹)가……않아 : 의지할 만한 아버지의 벗이 있다는 뜻이다. 진(晉)나라 산도(山濤)는 자가 거원(巨源)으로, 혜강(嵇康)·여안(呂安)과 친하였다. 뒤에 혜강이 처형을 당할 때 아들 혜소에게 "거원이 있으니, 너는 외롭지 않다.[巨源在 汝不孤矣]"라고 하였던 고사에서 유래한다.(『晉書』「山濤列傳」)

41) 김시영(金是榮, ?~?) : 배상룡의 누이와 김즙(金檝) 사이에서 태어난 생질이다.

염려가 아니라면 어찌 이렇게 될 수 있었겠습니까.

아! 중년의 쇠락함은 말할 수 없이 참담하였으나 다행하게도 외숙과 저의 어머니께서 장수하여 이 세상에 남으셨습니다. 우애의 정은 늙을수록 더욱 도타워 늙어서도 부지런히 서로 자주 만나셨으니, 이는 실로 이 세상에서 하나의 큰 다행이었습니다. 소자들의 죄가 더욱 무거워 갑오년(1654) 가을에 갑자기 어머니를 잃어 허둥지둥 구하였으나 안타깝게도 오지 않으시니,[42] 아득히 그리워하며 오직 외숙을 의지하였습니다. 이제는 그만입니다. 제가 어디를 우러르겠습니까. 한 잔 술로 곡하고 영결하니, 오장이 무너집니다. 아! 슬픕니다.

또[又]

윤형관尹衡寬

일생 은거하여 묻혀 지내시며	沉埋身世
아버지께서 비명에 돌아가심을 깊이 아파하였습니다	痛深非命
손가락을 베어 위급한 아우의 병을 구하니	忍割肢體
우애의 정 돈독하였습니다	情篤急病
외람되게도 불초한 제가	猥以無似
고을을 다스리고 있습니다	邑符是佩
선생의 유풍을 아득히 우러르며	邈仰遺風
사람을 시켜 대신 고합니다	可詔來代
공손히 제수와 술을 받들어	恭將牲酒

42) 허둥지둥……않으시니 : 어버이를 잃고서 놀라고 허둥대는 모습을 말한다. 『예기』 「단궁상(檀弓上)」의 "빈소를 설치하고 나서는 불안하여 마치 무언가를 잃고서 찾지 못한 것 같으며, 장사를 지내고 나서는 허둥지둥 누군가 오기를 바라건만 오지 않는 것 같다.[既殯 瞿瞿如有求而弗得 既葬 皇皇如有望而弗至]"라는 말에서 유래한다.

멀리서 절하오니 式展遙拜
강림하소서 庶幾來格
정성이 있는 곳에 惟忱之在

－신축년(1661)에 성주 목사 윤공은 평소 일면식도 없는 사이였지만 부임한 초에 유생을 시켜 묘소에 제사를 올리게 하였다.－

부록附錄

만사挽詞

조임도趙任道

등암이 갑자기 돌아가셨단 말 들으니	聞說藤庵入地忙
사문의 일맥이 무너져 아득하게 되었네	斯文一脉墜茫茫
지극한 공경으로 스승 높여 칭송 자자했고	隆師至敬銘多口
순수한 정성으로 도를 수호해 먼 곳까지 알려졌네	衛道純誠播遠方
훌륭한 재주 세상에 쓰이지 못한 것이 내내 안타까웠고	每惜賢才違世用
덕망 있는 분이 시골에서 늙어 가는 것을 길게 탄식하였네	長嗟宿德老村庄
나는 늙고 또 세상에 드문 인재 죽은 아픔을 안았으니	吾衰又抱晨星慟
멀리 새 묘소 바라보매 하염없이 눈물 흐르네	遙望新阡涕自滂

또[又]

허목許穆

아! 대현大賢이 돌아가시고 문인과 제자 중에 노덕老德들이 모두 돌아가셨으나 오직 등암 어른께서 연세가 여든 남짓으로 강건하게 계셨습니다. 제가 일찍이 성주에 들렀을 때 어른을 모시게 되었는데, 어른께서 흔연히 기뻐하시며 옛 일을 말씀하시고 도서圖書를 주시니, 저는 마음으로 은근히 군자의 고장이라 감탄하였습니다. 스승께서 남긴 글과 남은 가르침이 아직 있으나 어른을 통하지 않으면 어떻게 이를 얻을 수 있겠습니까. 옛날을 추억하자니 스승께 직접 가르침을 받는 듯하여 늘 멀리 떨어져 있는 것을 아쉬워하며 덕을 사모하는 마음 끝이 없었습니다. 저희들이 불행하여 갑자기 어른을 잃으니, 노쇠한 나이에 길을 헤매도 덕을 찾아보며 의심나는 것을 여쭐 곳이 없습니다. 아! 그만입니다. 선배들께서 모두 돌아가셨습니다. 애도하는 글을 지어 영결하는 마음을 의탁합니다.

확고하나 온화하게　　確而和
본성을 잘 지켜 변함없으셨습니다　　善守而不移
행실을 살피건대　　見其行
닳지 않고 검어지지 않았습니다[43]　　不磷不緇
온 세상이 혼탁하여　　擧世混濁
재능이 묻힌 것은 운명일 것입니다　　埋歿者命歟
제가 이 분을 위해 곡하지 않는다면　　吾非斯人之爲哭
누구를 위해 곡을 하겠습니까　　而誰哭諸

또[又]

박공구朴羾衢

저는 덕의 광휘에 선배로 추앙하였고　　德輝推先進
공은 계진[44]처럼 지음으로 여겨 주셨네　　知音荷季眞

---

43) 닳지……않았습니다 : 지조가 굳음을 말한다. 『논어』「양화(陽貨)」의 “단단하다고 말하지 않겠느냐, 갈아도 닳아지지 않느니라. 희다고 말하지 않겠느냐, 검은 물을 들여도 검어지지 않느니라.[不曰堅乎 磨而不磷 不曰白乎 涅而不緇]”라는 말에서 유래한다.

44) 계진(季眞) : 당나라 하지장(賀知章)의 자이다. 이백(李白)의 「대주억하감(對酒憶賀監)」에서 하지장이 일찍이 그를 두고 인간 세상에 귀양 온 신선[謫仙人]이라고 감탄하며 그의 시재(詩才)를 칭찬하였다는 말이 있다.

강당45)에서 애써 학문46)을 익혔고	鱣堂攻苦蘗
문단에서 경서의 학식47) 마음껏 펼쳤네	鶴苑舞焦薪
집안48)의 사람 중에 이간의 말이 없었고	魯衛言無間
이웃에는 금란의 벗이 있었네	金蘭契有鄰
관수의 지혜49)를 말해 무엇하랴	何論觀水智
길이 어진 이와 이웃하여 살고 싶었네	永願卜居仁
원로50)의 제공이 자문하더니	鵷鷺諸公問
임진란에 돌아가신 어른 때문에 아파하였네	龍蛇大耋呻
그윽한 난초 끝내 향기 드러내지 못하니	幽蘭終不馥
묵은 풀51) 다시 어느 봄에 새로 돋으랴	宿草更誰春
무흘의 골짜기에 향기로운 글 차가워지니	武峽芸籤冷

45) 강당[鱣堂] : 전당은 강당을 뜻한다. 한(漢)나라 양진(楊震)이 강의를 하던 강당 앞에 새가 전어(鱣魚) 세 마리를 물고 날아와 머리를 조아렸다는 고사에서 유래한다.(『後漢書』「楊震列傳」) 여기서는 한강 정구의 문하에서 학문을 익힌 것을 두고 하는 말이다.

46) 학문[苦蘗] : 고벽은 황벽(黃蘗)과 같은 말로, 책을 가리킨다. 옛날에 좀이 슬지 않도록 황벽나무의 즙을 짜서 서책에 발랐던 데에서 유래한 것이다.

47) 경서의 학식[焦薪] : 초신은 경서를 익히는 것을 뜻한다. 『후한서』「승궁전(承宮傳)」에, 승궁(承宮)이 어려서 고아가 되어 여덟 살에 남의 집에서 돼지를 쳤는데, 하루는 서자 성(徐子盛)의 집을 지나가다가 그가 『춘추』를 강의하는 것을 듣고는 제생들을 위하여 땔나무를 하면서 문하에서 수업을 듣기를 청하니, 서자가 허락하여 여러 해 각고의 노력 끝에 경전에 통달하게 되었다는 고사가 있다.

48) 집안[魯衛] : 노(魯)나라는 주공(周公)의 봉국(封國)이고 위(衛)나라는 주공의 아우 강숙(康叔)의 봉국이므로 이르는 말이다.

49) 관수(觀水)의 지혜 : 학문을 통해 얻은 지혜를 말한다. 공자가 '물이여, 물이여'라고 찬탄한 까닭에 대해 맹자의 제자 서자(徐子)가 물어보자, 맹자가 "근원이 있는 샘물은 위로 퐁퐁 솟아 나와 아래로 흘러내리면서 밤이고 낮이고 멈추는 법이 없다. 그리고 구덩이가 파인 곳 모두를 채우고 난 뒤에야 앞으로 나아가서 드디어는 사방의 바다에 이르게 되는데, 학문에 근본이 있는 자도 바로 이와 같다.[源泉混混 不舍晝夜 盈科而後進 放乎四海 有本者如是]"라고 한 말에서 유래한다.(『孟子』「離婁下」)

50) 원로(鵷鷺) : 원추새와 백로의 모습이 한아(閑雅)하다 하여, 조정에 질서정연하게 늘어선 백관(百官)을 흔히 비유하는 말로 쓰인다.

51) 묵은 풀[宿草] : 벗의 묘소를 말한다. 『예기』「단궁상(檀弓上)」의 "벗의 무덤에 묵은 풀이 있으면 곡하지 않는다.[朋友之墓 有宿草而不哭焉]"에 대한 공영달(孔穎達)의 소(疏)에 "풀은 1년이 지나면 뿌리가 묵는다. 벗 사이에 곡하는 것은 1년을 기한으로 하니, 풀뿌리가 묵으면 곡하지 않는 것이다."라고 하였다.

문단의 아름다운 제문이 이어지네	文闈藻奠因
시를 지어 서로 슬피 조문하나니	驅詩相哀挽
저물녘 강가에서 하염없이 눈물 흘리네	涕盡暮江濱

또[又]

박경응朴慶應52)

지난날 처음 만난 때를 추억해 보니	憶昔初相見
벌써 수십 년이 지났습니다	已過數十年
동쪽 교외 새집에서	東郊新寓中
정성껏 대하며 마냥 즐거워하였지요	款接窮歡姸
그 당시 훌륭한 아우 오셔서	其時賢季至
함께 두 사람 앞에 앉았었지요	同坐兩人前
정겨운 이야기 밤새도록 끝이 없었고	良話未終夕
작별의 아쉬움만 오히려 쌓였습니다	別恨還相纏
멀리 천 리 길을 떠나니	去去千里路
산천은 얼마나 멀어지게 되었던가요	幾度隔山川
오래지 않아 아우님이 돌아가시니	未幾賢季化
부고를 듣고는 샘처럼 눈물이 흘렀습니다	聞訃淚如泉
의지할 것은 우리 사형께서 계신 것이니	所賴吾兄在
효성과 우애는 타고나셨습니다	孝友出天然
아비 잃은 조카와 홀로 남은 누이가	孤姪與孀妹
모두 온전한 사랑을 입었습니다	俱蒙恩愛專

52) 박경응(朴慶應, 1584~1663) : 배상룡의 아우인 배상호(裵尙虎)가 박경응의 누이와 혼인하였다.

교분의 정이 예사롭지 않은 것은	交情不尋常
혼인으로 맺어졌기 때문이지요	蓋因媾婚連
해마다 오가는 인편에	每年往來使
서찰은 어찌 그리 끊임없었던가요	書札何翩翩
편지 속에 진준의 마음53) 담기니	尺牘倒陳遵
칭송하지 않는 사람이 없었습니다	無人不稱焉
예전에 류덕보54)와 함께	昔與柳德甫
금강산을 유람하였지요	同遊金剛邊
그대의 문장이 훌륭하여	言子書辭好
천만의 사람보다 뛰어나니	超出人萬千
말은 간략하지만 뜻은 매우 두텁고	語約意頗厚
글 솜씨를 다툴 사람이 없다 하였지요	無人角文篇
그 분께서는 문단의 어른이시니	其人詞壇老
그렇다고 인정한 것에 실로 연유가 있었습니다	推許實有緣
지난번 허중경55)과 함께	向與許重卿
낙동강에서 자리를 함께 하였지요	洛下同一筵
조용히 이야기 나누는 사이에	從容言語間
영남에서는 그대가 으뜸이라 칭하였지요	嶺南稱子先
큰 선비는 이미 돌아가셨고	宿儒已陳迹
살아 계신 분 중에는 견줄 이가 없었습니다	生存無比肩
그 사람 독실히 학문을 하신 분이니	其人篤學者

53) 진준(陳遵)의 마음 : 반가운 마음을 말한다. 『한서』 「진준전(陳遵傳)」의 "진준이 술을 좋아하여 늘 술을 많이 마셨다. 손님이 당에 가득하면 그때마다 문을 닫고 손님이 타고 온 수레의 굴대 비녀장을 빼어 우물에 던져서 아무리 급한 일이 있어도 손님이 갈 수 없게 하였다."는 고사에서 유래한다.

54) 류덕보(柳德甫) : 덕보는 류석(柳碩, 1595~1655)의 자이다. 호는 개산(開山), 본관은 진주(晉州)이다. 1625년 문과에 급제하였다.

55) 허중경(許重卿) : 중경은 허후(許厚, 1588~1661)의 자이다. 초명은 열(說), 호는 둔계(遯溪)·관설(觀雪)·일휴(逸休), 본관은 양천(陽川)이다. 허목(許穆)의 종형이며 장현광(張顯光)의 문인이다. 저서로는 『둔계집』이 있다.

그렇다고 인정한 것이 어찌 한갓 말뿐이리오　推許豈徒宣
제가 남의 말이 필요하겠습니까　吾不待人言
경모의 마음 더욱 온전하였습니다　景慕尤爲全
지난해 한 수 시를 부치니　前年寄一詩
길이 먼 것도 꺼리지 않았습니다　不憚道里綿
올 여름에 답장을 받으니　今夏得復書
글은 더욱 맑고 신선하였습니다　文字尤清鮮
감사의 말씀을 지하에 하게 되니　當謝地下說
오장은 더욱 찢어지는 듯합니다　逾令五內煎
이는 바로 공의 절필이니　此是公絶筆
두 줄기 눈물이 하염없이 흐릅니다　雙涕流潺湲
아! 멀리 떠나신 것이　嗚呼長逝時
어느 날인 줄도 몰랐습니다　不知何日捐
아득한 남쪽 하늘은 멀어　杳杳南天遠
흉한 소식을 전해 주는 사람이 없었습니다　凶聞無人傳
다만 부고가 온 것을 보고서　但見輓幅來
어찌 차마 이 글을 쓰겠습니까　豈忍寫此牋
향년은 팔순을 넘었으니　享年逾八旬
수명이 상선[56]이라 할 만합니다　壽可稱上仙
돌아가신 뒤 두 아드님 계시니　身後有兩兒
남기신 복 참으로 무탈할 것입니다　餘慶固無愆
그러나 보답을 베푼 도리를 생각건대　然念報施道
어찌 하늘을 탓하지 않을 수 있겠습니까　何能不尤天
큰 재주는 세상에 쓰이기에 넉넉하였고　大才優世用
고상한 품행은 옛 현인보다 훌륭하였습니다　高行出古賢
일명[57]의 벼슬도 받지 못하니　不得一命爵

56) 상선(上仙) : 천상의 태청경(太淸境)에 아홉 등급의 신선이 있는데 그중 가장 등급이 높은 신선이다. (『雲笈七籤』 권3)

이 이치 어찌 그리 어두운 것입니까	此理何玄玄
길은 멀고 병도 많으니	道遠病亦多
어떻게 새 묘소에 곡을 하겠습니까	何緣哭新阡
황천을 사이에 두고 영영 이별하였으나	永別間黃泉
깊은 정성은 해처럼 밝습니다	深誠白日懸
서글픈 바람은 짧은 해를 뒤흔들고	悲風攪短日
저물녘 풍경은 안개로 막막합니다	暮景暗雲烟
아! 저의 나이 칠십을 지났으니	嗟我年過稀
여생이 또한 가련합니다	餘生亦可憐
실오라기 같은 목숨 부지할 수 있을런지요	縷命其能久
죽으면 함께 너울너울 춤을 출 것입니다	死則同蹁躚
저승에 밝은 영령께서 계시다면	冥冥不昧存
바라건대 깊은 마음 살펴보소서	庶可鑑幽悁

또[又]

민형남閔馨男58)

일찍이 성주에 부임하던 날	曾莅星山日
망년의 친교를 맺었지요	交親却忘年
그 사이 소식이 끊기니	邇間音信阻
영남을 바라보며 그리워하였습니다	嶺外望思懸

57) 일명(一命) : 벼슬아치의 품계 중 가장 낮은 지위로서, 처음으로 벼슬에 임명되는 것을 뜻한다.

58) 민형남(閔馨男, 1564~1659) : 자는 윤부(潤夫), 호는 지애(芝崖), 본관은 여흥(驪興)이다. 1600년 문과급제, 춘천 부사·한성부 판윤·형조 판서·우찬성 등을 역임하였다. 1626년 성주 목사에 임명된 적이 있다. 시호는 장정(壯貞)이다.

한 통의 편지가 와서 보니	卽看一封至
펴 보고는 늙은이 눈물이 먼저 흐릅니다	開來老淚先
목소리 삼키며 한없이 슬퍼하니	呑聲無限慟
어찌 애도의 말 다할 수 있겠습니까	安得盡哀篇

또[又]

이상일李尙逸[59]

현명하고 지혜로워 몸가짐 중히 하였고	明哲由來重保身
멋스러운 선비다움 남들과 달랐습니다	風流儒雅自殊倫
한나라 조정에서 한복이 부름 받지 못하였고[60]	漢庭未見徵韓福
곡구에서 자진이 끝내 늙어 갔음을 들었습니다[61]	谷口終聞老子眞
일찍이 스승을 모실 적에 벗으로 허여받았으며	曾許故情陪丈席
이웃의 향기로운 자취 가까이 하였지요	比敎鄰好躡芳塵
교유하던 많은 이들 돌아가심을 마음 아파하니	交遊多少存亡痛
차디찬 산 달빛 비치는 새벽에 눈물 흘립니다	淚灑寒山月色晨

59) 이상일(李尙逸, 1600~1674) : 자는 여휴(汝休), 호는 용암(龍巖), 본관은 벽진(碧珍)이다. 김장생(金長生)의 문인이다. 1630년 문과급제, 진주 목사와 황해도 관찰사 등을 역임하였다. 1654년 폐서인(廢庶人)된 소현세자(昭顯世子)의 빈(嬪) 강씨(姜氏)의 신원을 주장하다 사형된 감사 김홍욱(金弘郁)의 옥사에 연루되어, 삭탈관직되고 성주에서 은거생활을 한 적이 있다.

60) 한나라……못하였고 : 예우는 받았으나 벼슬하지 못했다는 뜻이다. 한복(韓福)은 한 소제(漢昭帝) 때에 행의(行義)가 있다고 천거되었으나 책서(策書)와 비단을 하사하기만 하였을 뿐 벼슬을 제수하지는 않고 돌려보냈던 일이 있었다.(『前漢書』 권7 「昭帝紀」)

61) 곡구(谷口)에서……들었습니다 : 은거하여 지조를 지켰다는 뜻이다. 서한(西漢) 정박(鄭璞)은 자가 자진(子眞)인데, 성제 때에 외척대신(外戚大臣) 왕봉(王鳳)이 예의를 다해 초빙해도 응하지 않고 곡구에서 살면서 호를 곡구자진(谷口子眞)이라고 했다 한다.(『華陽國志』 卷10下 「漢中士女」)

또[又]

이정李淀62)

일찍이 사수 가에서 스승을 따르시고	杖屨曾隨泗水邊
구름 골짝에서 여유롭게 여생을 보내셨네	優游雲壑送餘年
사내가 세상에 그저 태어난 것이 아니건만	男兒落地非徒耳
조수와 한 무리로 지낸 것이 어찌 우연이랴63)	鳥獸同羣豈偶然
팔순의 세월이 쉬이 지나가 버렸으나	八袠光陰容易過
한 시대를 울린 풍채 후세에 전하겠네	一時風彩若爲傳
구름 산 어디에 훌륭한 벗 묻혀 있나	雲山何處埋良友
본성과 명을 온전히 한 이분께 말을 부치네	寄語寧馨性命全

또[又]

민여진閔汝鎭

세상일에 소홀하여 교제한 이 드물었으나	世間疎懶少交親
내 마음속에 오직 이 영남 사람 간직하고 있었네	心裏惟存嶺外人
병든 아우에게 살을 베어 주니 우애 유독 깊었고	瘳弟割膚偏友愛

62) 이정(李淀, 1589~1668) : 자는 노천(老泉), 본관은 경주이다. 1612년 진사시에 입격, 인조반정 뒤 거창 현감으로 발탁되고, 이괄의 난 때에는 아버지를 도와 반군을 막았다. 1668년 가선대부를 받고 경림군(慶林君)에 습봉(襲封)되었다.

63) 조수와……우연이랴 : 은거하여 사는 것을 말한다. 『논어』 「미자(微子)」에 "조수와는 함께 살 수가 없다. 내가 사람의 무리와 함께하지 않고 누구와 더불어 살겠는가.[鳥獸不可與同群 吾非斯人之徒與而誰與]"라고 말하였는데, 여기서는 배상룡이 은거하면서 살 수밖에 없었던 이유가 있었음을 말하는 것이다.

재주 지니고도 명을 받지 못해 끝내 묻혀 지냈네　有才無命竟沉淪
청암[64]의 옛 자취 다만 꿈에 의지하니　青巖舊迹徒憑夢
백수의 그리움으로 몇 해가 지났나　白首相思幾送春
천 리 밖 흉한 소식 한 폭이 전해 오니　千里凶音傳一幅
놀라고 슬퍼 눈물을 견디지 못하겠네　不堪驚慟淚盈巾

또[又]

김종일金宗一[65]

서로 만나 오랜 그리움 풀어 보리라 하였더니　相逢謂解長相憶
어찌 생각했으랴 갑자기 영원히 이별할 줄을　豈意翻成永別離
맥맥하게 말없이 당시를 아쉬워하니　脉脉無言當日恨
붓을 잡고 차마 만사를 짓지 못하겠네　提毫不忍寫哀詞

64) 청암(青巖) : 『등암집』에 나오는 청암이란 명칭으로는 청암사(青巖寺)가 있는데, 경북 김천시 증산면 평촌리 불령산(佛靈山)에 있는 사찰로, 가끔 벗들을 만나 찾아갔던 장소로 보인다.

65) 김종일(金宗一, 1597~1675) : 자는 관지(貫之), 호는 노암(魯庵), 본관은 경주이다. 신지제(申之悌)·정경세(鄭經世)·이명준(李名俊)의 문하에서 수학하였다. 1625년 문과급제, 1660년 자의대비(慈懿大妃)의 효종 상복에 대해 허목(許穆)과 함께 3년설을 주장하여 평해에 유배된 적이 있다. 저서로는 『노암집』이 있다.

또[又]

이원규李元圭[66]

삼십 년 전 을미년[67] 겨울에	三十年前乙未冬
입암에서 유람하며 알아주심 입었지요	立巖游賞獲登龍
법도 있는 가문에서 어려서부터 가학을 익혀	法門早服詩書禮
집안 법도 따라 늘 효우의 공손함 지녔습니다	家道常持孝友恭
지극한 보배 차마 백옥이 묻히는 것을 보랴	至寶忍看埋白璧
맑은 명성 오히려 옥처럼 소중한 줄 알겠습니다	清名猶識重黃琮
저승으로 신선 자취 사라졌다[68] 말하지 마소	夜臺莫說仙蹤閟
가야산 제일봉에 계실 줄을 아노니	知在伽倻第一峯

또[又]

정헌세鄭憲世[69]

선비 행실 사람들이 추앙을 하니	儒行人推重
공과 같은 분 다시 누가 있으랴	如公復有誰

66) 이원규(李元圭, ?~?) : 우복 정경세의 문인이다. 『우복집(愚伏集)』·『검간집(黔澗集)』·『월간집(月澗集)』 등 다수의 문집 속에 나온다.

67) 삼십 년 전 을미년 : 을미년이면 배상룡이 22세 때인 1595년이다.

68) 저승[夜臺]으로……사라졌다 : 야대(夜臺)는 장야대(長夜臺)의 준말로 무덤의 다른 말이다. 『춘추좌씨전』 「양공(襄公)」 13년 조에 무덤 속을 뜻하는 '둔석(窀穸)'에 대한 두예(杜預)의 주(註)에 "둔(窀)은 '후(厚)'와 같고 석(穸)은 '야(夜)'와 같으니, 후야(厚夜)는 장야(長夜)와 같다." 하였다.

69) 정헌세(鄭憲世, 1597~?) : 자는 경식(景式), 본관은 진양(晉陽)이다. 상주(尙州)에 살았고, 1627년 진사시에 입격하였다.

재주 품고 끝내 펴 보지 못하였고	抱才終不展
학문을 했어도 펼 곳 없었네	爲學亦無施
선배들이 다 돌아가셨으니	先輩凋零盡
신안[70]의 기수가 쇠퇴해졌도다	新安氣數衰
덕스런 모습 다시 뵙기 어려우니	德容難再覿
눈물 흘리며 애도의 글 쓰노라	垂淚寫哀詞

또[又]

이덕규李德圭[71]

강성[72]의 제자 중에 몇 사람이 남았는가	康成賓客幾人存
이 어른 오늘날에 나이와 덕 높았네	斯老於今齒德尊
예전부터 그 집안 효성과 우애 도타웠고	久識乃家敦孝悌
유래 있는 학문은 연원이 넉넉함을 알았네	從來所學富淵源
자취는 관녕이 동해로 떠났던 것[73]과 같고	跡如管氏浮東海
명성은 임종이 태원에 있었던 것[74]처럼 무거웠네	名重林宗在太原

70) 신안(新安) : 경북 성주(星州)의 신라시대 명칭이며, 또한 주희(朱熹)의 고향이 신안이기도 하므로, 여기에서는 성리학의 고장, 나아가 성리학을 뜻하는 말로 쓰였다.

71) 이덕규(李德圭, 1598~1671) : 자는 여윤(汝潤), 호는 오곡(午谷), 본관은 흥양(興陽)이다. 상주(尙州)에 살았고, 정경세(鄭經世)의 문인이다. 1627년 진사시에 입격하고, 학행으로 천거되어 별제를 지냈으며, 정묘호란 때 의병을 일으켰다. 유집이 전한다.

72) 강성(康成) : 한나라 경학자인 정현(鄭玄)의 자인데, 『예기』와 『의례』 등에 대한 주석을 남겼다. 여기서는 조선 중기 예학에 조예가 깊었던 한강 정구를 말한다.

73) 관녕(管寧)이……떠났던 것 : 경서(經書)에 해박한 조예가 있었던 관녕은 동한 말에 나라가 혼란에 빠지자 요동(遼東)으로 은거하여 30여 년간 시·서 등을 가르치며 살았다.(『三國志』 魏志 권11 「管寧傳」)

74) 임종(林宗)이……있었던 것 : 임종은 곽태(郭太, 또는 郭泰)의 자로서 태원(太原) 계휴(界休) 사람인데, 학식과 인품이 뛰어나 지방관이 그를 '유도(有道)'로 천거하였으나 벼슬에 뜻을 두지 않았다.(『後

곡하며 신안을 바라보매 어르신들 다 돌아가시니 哭望新安耆舊盡
이 생애에 다시는 용문[75]에 아뢸 길이 없네 此生無復謁龍門

또[又]

이도창李道昌

한 시대의 인물을 논하자면 一代論人物
풍류로는 누가 공만 하겠는가 風流孰似公
흉금은 사해처럼 넓고 胷襟四海濶
풍격은 구화산[76]처럼 높았네 標格九華嵩
필진은 신묘함으로 사람들 놀라게 하고 筆陣驚神妙
사봉은 조화옹의 솜씨를 부렸네 詞鋒弄化工
이른 아침 달뜨는 밤에 스승을 모시고 摳衣夙夜月
사양의 학풍을 익혔네 負笈泗陽風
효성과 우애는 참으로 타고난 천성이고 孝友眞天性
관대함과 인자함은 본래의 마음이었네 寬仁乃素衷
마음가짐 반듯하고 바르며 操心端且正
수양한 정신 곧고 굳세었네 養氣直而雄
못난 나는 원래 무식하였으나 鯫生元無識
우리 어른께서 자주 깨쳐 주셨네 吾丈累開蒙

漢書』「郭太傳」)

75) 용문(龍門) : 배상룡을 뵐 길이 없다는 뜻이다. 후한(後漢) 때 이응(李膺)이 고사(高士)로 명망이 높아, 누구든지 그로부터 한 번 접견을 받으면 세상에서 그 접견 받은 사람에게 "용문에 올랐다.[登龍門]"라고 한 데서 온 말이다.(『後漢書』 권77 「李膺傳」)

76) 구화산[九華] : 높은 산을 말한다. 『계원필경집(桂苑筆耕集)』 「주번 수재가 『소산집』을 보여 준 것에 대해 사례한 글[謝周繁秀才以小山集見示書]」에 "구화(九華)를 관람하고 나서는 노(魯)나라에 성인(聖人)이 나왔음을 비로소 알았습니다."는 말이 있다.

문정에서 모시면서	叨倍門庭下
형제로 어울리니	追拚伯季中
영봉서원[77]에 나아갔고	躡塵迎鳳裏
백매원[78] 숲을 뒤따랐네	隨後百梅叢
훌륭한 자취 뜬구름처럼 흩어지고	勝迹浮雲散
즐거운 시절 한바탕 꿈처럼 속절없네	歡悰一夢空
명정에는 지는 달빛 비치고	丹旌殘月映
상여 줄에는 새벽 연기 감기네	素紼曉烟籠
적적한 묘소 길에	寂寂松楸路
쓸쓸히 아침 해가 붉구나	悽悽朝旭紅
갑술년에 하염없이 흘렸던 눈물	無窮甲戌淚
오늘은 묘소에서 흩뿌린다네	今日灑幽宮

-아버지께서 갑술년(1634)에 돌아가셨기에 마지막 구에서 언급하였다.-

또[又]

정도응鄭道應[79]

한강의 문하에 훌륭한 이들 다 모였지만	岡門立雪摠賢流
확실히 공과 같은 이는 더욱 출중하였네	確實如公更出儔
전원에 자취를 감춘 것은 뜻이 있어서이니	晦迹丘園應有志

77) 영봉서원(迎鳳書院) : 1602년에 세운 충현사(忠賢祠)의 후신으로, 김굉필(金宏弼)을 모셨던 서원이다.

78) 백매원(百梅園) : 한강 정구가 회연초당을 짓고 초당 앞뜰에 매화를 심어 백매원(百梅園)이라 이름 붙였다고 한다.

79) 정도응(鄭道應, 1618~1667) : 자는 봉휘(鳳輝), 호는 무첨(無忝), 본관은 진주(晉州)이다. 정경세(鄭經世)의 손자로 좌의정 이경석(李景奭)의 천거를 받아 대군사부(大君師傅)에 임명되었으며, 효종이 즉위한 후 세자시강원의 자의(諮議)에 임명되었으나 사직하고 향리로 돌아갔다. 저서로는 『무첨재집』이 있다.

서책에 잠심하여 절로 근심 없었네	潛心書史自無憂
삼달존[80]에 작위가 모자라니 인을 어찌 증명하며	三尊欠爵仁何驗
오복[81] 중에 가난이 미우니 운명도 원수였네	五福嫌貧命亦仇
누가 신안의 고사전을 지을까	誰作新安高士傳
훌륭한 명성 영원히 영남에 알려지리라	盛名千載詔南州

또[又]

조정융 曺挺融[82]

문경의 군막에서 공을 뵙게 되니	聞喜軍中獲拜公
굳센 기상 뛰어난 모습 지니셨네	毅然之氣偉然容
진토 속에서 영걸을 누가 알아보랴	魁梧誰識塵埃裏
말하고 침묵하는 가운데 도량을 볼 수 있네	器度惟觀語默中
훌륭한 재목 챙기지 않은 것은 목수 탓이나	杞梓不收尤匠石
인삼 복령으로 힘 얻어 교송[83]을 찾았네	蔘苓得力訪喬松
평소의 효성과 우애는 천성에서 나왔으니	平生孝友由天性
지극한 행실은 누가 이 어른을 계승하랴	至行何人繼是翁

80) 삼달존(三達尊) : 존귀한 세 가지, 곧 작위·나이·덕을 말한다.

81) 오복(五福) : 기자(箕子)가 말한 홍범구주(洪範九疇)의 오복으로, 수(壽)·부(富)·강녕(康寧)·유호덕(攸好德)·고종명(考終命)을 가리킨다.(『書經』「洪範」)

82) 조정융(曺挺融, 1598~?) : 자는 유첨(維瞻), 호는 호옹(湖翁), 본관은 창녕이다. 1631년 문과급제, 수령으로 네 고을을 다스렸는데, 가는 곳마다 선정을 베풀어 그가 다스린 고을마다 송덕비가 세워졌다. 문장과 절행이 뛰어났으며, 그가 다스린 적이 있는 상주의 지강서원(芝岡書院)에 제향되었다.

83) 교송(喬松) : 왕자교(王子喬)와 적송자(赤松子)의 병칭으로, 전설 중의 신선이다. 여기서는 은거하여 신선처럼 지냈음을 말한다.

또[又]

최동집崔東集[84]

우뚝하구나 풍도는 예스럽고	嶷嶷風儀古
헌걸차구나 혼탁한 세상 벗어났네	頎頎濁世超
흉금은 해와 달이 비추고	襟懷照日月
기개는 하늘에 닿았네	氣槩上雲霄
일찍이 금란지교를 맺었으나	早托金蘭契
도의의 친구 못되어 부끄러웠네	慙非道義交
부질없이 주절[85]에 글을 썼으니	空將題柱節
성스럽고 밝은 시대에 헛되이 늙어갔네	虛老聖明朝
백설곡[86]을 누구와 화답할까	白雪誰相和
외로운 거문고로 옛 곡조 뜯네	孤琴自古調
시대를 만나지 못하였기 때문이지	只緣時不遇
어찌 운명이 부질없어서일 뿐이랴	奚但命無聊
즐거움이 형제간의 우애에 있어	湛樂宜兄弟
굳게 지켜 동요되지 않았네	堅持未動搖
고장에서 어른으로 불리었고	鄉邦稱長老
이웃에서 모범으로 우러렀네	鄰社仰高標

84) 최동집(崔東集, 1586~1664) : 자는 진중(鎭仲), 호는 대암(臺巖), 본관은 경주이다. 한강 정구의 문인이다. 1616년 진사시에 입격, 유일로 천거되어 참봉에 제수되었고 대군의 스승이 되었다가 뒤에 팔공산(八公山) 농연(聾淵) 가에 들어가 다시 나오지 않았다.

85) 주절(柱節) : 큰 포부를 지녔다는 뜻이다. 『화양국지(華陽國志)』에, 촉군(蜀郡) 성도(成都) 사람 사마상여(司馬相如)가 일찍이 촉군을 떠나 장안(長安)으로 가는 길에 성도의 성 북쪽에 있는 승선교(昇仙橋)에 이르러 그 다리 기둥에 "고거사마를 타지 않고서는 다시 이 다리를 건너지 않겠다.[不乘駟馬高車 不復過此橋]"라고 썼다는 고사가 있다.

86) 백설곡[白雪] : 전국 시대 초(楚)나라 서울에서 어떤 사람이 불렀다는 「양춘백설곡(陽春白雪曲)」으로, 매우 수준 높은 시가(詩歌)를 뜻한다.(『新序』 권1 「雜事」)

백발에도 마음은 젊었건만	白首心猶壯
청운의 길 점차 멀어졌네	青雲路漸遙
서릿바람이 다급히 불어대니	霜風吹忽急
가을 계수나무 벌써 시들었네	秋桂已摧凋
여든에 남은 날 많지 않으니	八十無多日
죽을 날이 가까워졌네	消沈隔一宵
모습을 어디에서 찾아보며	儀刑何處覓
동이 술 마련하여 누구를 부를까	樽酒孰相邀
적막하게 흐르는 시냇물 목이 메고	寂寞流川咽
처량하게도 낙엽은 흩날리는구나	凄涼落葉飄
교분의 정 풍속 따라 얄팍해지고	交情隨薄俗
인사는 떠들썩하기만 하네	人事劇紛囂
하늘과 땅 좁은 곳에 홀로 우뚝 서니	獨立乾坤窄
누가 부귀로 교만했다 말하랴	誰言富貴驕
혜초 장막에 효자는 슬퍼하고	蕙幃悲孝子
머리 숙여 절하니 마음이 너무 애타네	叩地極心焦
가업은 이어갈 수 있겠고	箕業猶能繼
집안 명성 사라지지 않으리라	家聲庶不銷
늙은이 서글픔을 더하니	老夫增感慨
늘그막의 교제를 누구와 할꼬	末契更誰要
병이 깊어 장지에 가지 못하니	沉病違臨穴
슬픈 심정 배로 서글프네	含情倍悵怊
삶과 죽음으로 이제 영영 갈라지니	幽明今永隔
서쪽을 보매 눈물이 파도처럼 흐르네	西望淚如濤

또[又]

정극후鄭克後[87]

가야산 서쪽에 솟고 낙동강 동쪽으로 흘러가니	倻山西峙洛波東
맑은 기운 어우러져 많은 현자 나고 자랐네	生長多賢淑氣融
스승께 일찍이 지경[88]의 가르침 받았고	函丈早聞持敬命
늙어서는 자연 속에서 낙천옹이 되었네	林泉晩作樂天翁
온 집안 어질어 후손에게 복 있을 줄 알겠고	一家仁裕知垂後
오복을 모두 받아 고종명[89]으로 마쳤네	五福全膺竟考終
가서 애도하고 싶지만 내가 늙었으니	欲往伸哀吾老矣
눈물 흘리며 슬픈 바람에 그리워할 뿐이네	潸然祇自遡悲風

87) 정극후(鄭克後, 1577~1658) : 자는 효익(孝翼), 호는 쌍봉(雙峯), 본관은 영일(迎日)이다. 장현광과 정구의 문인이다. 1634년에 학행으로 천거되어 동몽교관·선릉 참봉·금정도 찰방 등에 임명되었으나 모두 부임하지 않았고, 1643년 왕자 사부(王子師傅)가 되었다가 곧바로 사퇴한 뒤 삼성산(三聖山) 아래에 은거하여 후학을 양성하였다. 저서로는 『문묘사향지(文廟祀享志)』·『역년통고(歷年通攷)』·『서악지(西岳志)』가 있다.

88) 지경(持敬) : 공경하는 마음을 간직하는 것으로, 무왕(武王)이 천자가 되어 통치하는 방법을 묻자 강태공(姜太公)이 『단서(丹書)』를 전하였다고 하는데, 그 내용에 "공경이 게으름을 이기는 자는 길하고, 게으름이 공경을 이기는 자는 멸망한다.[敬勝怠者吉 義勝欲者從]"라는 말이 있다. 이에서 비롯하여 성리학자들은 '지경'을 도에 나아가는 문으로 여기며 중시하였다.

89) 고종명(考終命) : 『서경』 「홍범(洪範)」에 나오는 오복(五福) 중에서 다섯째에 해당되는 것으로, 각기 받은 수명대로 다 누리고 편안히 죽는 것을 말한다.

또[又]

조정립曺挺立90)

한강의 문하에서 멀리 퇴계의 학문 이어받아	岡門遠繼退門開
고장 선비들이 다들 국사의 인재로 칭송하였네	鄕士多稱國士才
장풍을 일으켜 파도를 가르리라91) 여겼더니	自擬長風破濤浪
누가 알았으랴 포의布衣로 돌아가실 줄	誰憐短褐卽泉臺
군중軍中에서 뒤늦게 새 벗 사귀는 즐거움 맺었고	行間晩結新知樂
성주의 관아에서 지난날 잡은 술잔 그리워했네	鈴下尋思舊把杯
차디찬 날씨 갑자기 발인 날을 재촉하니	寒歲忽驚催遠日
북풍에 눈물 젖은 만사를 띄워 보내네	朔飆吹送淚詞哀

-병자호란과 정유재란 때에 영남의 군중軍中에서 처음 서로 만났다가 성주 목사가 되어 다행히 다시 대하게 되었기 때문에 언급하였다.-

---

90) 조정립(曺挺立, 1583~1660) : 자는 이정(以正), 호는 오계(梧溪), 본관은 창녕(昌寧)이다. 조정융의 형이다. 1609년 문과급제, 세자시강원 설서로부터 사간원 정헌, 사헌부 지평을 지냈으며, 1641~1642년 사이에 성주 목사를 지냈다. 저서로는 『오계집』이 있다.

91) 장풍을……가르리라[長風破濤浪] : 포부를 펼치게 되리라는 뜻이다. 『장자』 「소요유(逍遙遊)」의, 붕새가 남쪽 바다로 옮겨 갈 때에는 물결을 치는 것이 삼천 리요, 회오리바람을 타고 구만 리를 올라가 여섯 달을 가서야 쉰다.[鵬之徙於南冥也 水擊三千里 搏扶搖而上者九萬里 去以六月息者也]"는 말에서 유래한다.

또[又]

손처신孫處愼[92]

어찌 차마 만사를 지을까	何忍題哀輓
손잡던 날을 추억해보네	追思摻手辰
따라다닌 지 겨우 여섯 해 지났는데	纔從六歲過
백 년의 몸 벌써 볼 수 없네	已隔百年身
효우의 집안 명성 옛날부터 이어져 왔고	孝友家聲舊
훌륭한 모습 새로 빛났네	琳琅瑞彩新
덕스런 모습 다시 뵙기 어려우니	德容難再覿
머리 돌리매 눈물이 수건 적시네	回首淚沾巾

또[又]

이도장李道章[93]

아름다운 자질에 더욱 갈고 닦아	美玉加磨琢
사람들이 훌륭한 선비라 일컬었네	人稱席上珍
안빈낙도는 학문의 힘에서 나왔고	安貧由學力
효성은 타고난 바탕에서 비롯하였네	誠孝自天眞

---

92) 손처신(孫處愼, ?~?) : 자는 사숙(思叔), 호는 서간(西澗), 본관은 일직(一直)이다. 자인(慈仁)·해미(海美) 등의 현감을 지냈다.(『慕堂集』·『退憂堂集』·『承政院日記』)

93) 이도장(李道章, 1607~1677) : 자는 태관(泰觀), 호는 감호(鑑湖), 본관은 광주(廣州)이다. 정구와 장현광의 문인이다. 1649년 향천(鄕薦)으로 성현도 찰방(省峴道察訪)이 되었으며 장흥고·선공감의 직장·연원도 찰방(連原道察訪)을 지냈으며, 사양서원(泗陽書院)을 세워 후학을 교육하였다. 저서로는 『감호당집』이 있다.

남산94)의 달빛에 흠뻑 젖었고	涵泳南山月
사수95)의 봄볕에 훈도되었네	薰陶泗水春
이제는 모두 적막하게 되었으니	卽今俱寂寞
슬픈 눈물 수건을 적시네	悲淚却沾巾

또[又]

이주 李紬96)

한강 문하 뛰어난 이들 중 으뜸이셨는데	岡下羣英最
담장 동쪽97)으로 세상의 무리를 피하였네	牆東避世倫
복상이 유자를 높였듯98)	卜商尊有子
우리들은 이분을 공경하였네	吾黨敬斯人
수석 간에 한가한 곳 많으니	水石多閒地
유유자적하며 노년을 보내셨네	優遊送老身

94) 남산(南山) : 여헌 장현광이 경북 인동(仁同) 남산에서 났으므로, 장현광을 지칭한다.

95) 사수(泗水) : 한강 정구가 만년에 강학하였던 사양정사(泗陽精舍)가 사빈(沙濱)에 있었으므로, 정구를 지칭한다.

96) 이주(李紬, 1599~1669) : 자는 신언(愼彦), 호는 학가재(學稼齋), 본관은 경산(京山)이다. 성주(星州)에 살았고, 장현광의 문인이다. 장응일(張應一)·채무(蔡楙)·이도장(李道長)·조임도(趙任道) 등과 교유하였다. 향안을 고쳐 정구가 남긴 본보기에 가깝게 하고 동규를 정하여 「남전여씨향약」을 본받아 풍속의 선도순화에 정성을 기울였다. 덕암사(德巖祠)에 제향되었고, 저서로는 『학가재집』이 있다.

97) 담장 동쪽[牆東] : 깊은 산속으로 들어가지 않고 시정(市井)에서 은자(隱者)처럼 사는 것을 말한다. 동한(東漢)의 왕군공(王君公)이 난리 통에도 시내를 떠나지 않고 소를 매매하는 거간꾼 노릇을 하면서 숨어 살자, 사람들이 "담장 동쪽으로 세상을 피하는 왕군공[避世牆東王君公]"이라고 일컬었다는 고사가 전한다.(『後漢書』 권113 「逸民傳·逢萌」)

98) 복상(卜商)이……높였듯 : 공자가 돌아가신 뒤에 자하(子夏), 자장(子張), 자유(子游)가 유약(有若)이 공자와 모습이 유사하다고 하여, 공자를 섬기던 예로써 그를 섬기려고 하였던 일이 있다. 복상은 자하의 성명이다.

어찌하여 하늘이 남겨 주지 않으셨나	奈何天不慭
소미성 어두워졌다[99]는 놀라운 소식 왔네	驚報小微淪
말하기 어려운 일이 있으니	事有難言者
귀신에게 물어보아야 하리	惟應質鬼神
다만 문하의 제자들을 살펴보니	秖看函丈士
모두 육아편 배우기를 그만둔[100] 사람들이네	皆廢蓼莪人
끝내는 아버지를 신원할 뜻으로	畢竟求伸志
묻혀 지내며 몸을 숨겼네	沉埋異晦身
누가 태사의 곧은 붓을 잡아	誰操太史筆
효행을 써서 천추에 전할까	書孝詔千春

또[又]

장이유張以兪[101]

아! 슬프구나 제가 태어나 인간 세상에서 육십 년을 살면서 세상일을 겪은 것이 적지 않지만 공처럼 재주를 겸비하고 덕이 두터운 사람은 세상에 짝할 이가 드뭅니다. 우애의

---

99) 소미성(少微星) 어두워졌다 : 소미성은 처사성(處士星)으로, 소미성이 희미하거나 떨어지면 인간 세상의 처사가 죽는다고 한다.

100) 육아(蓼莪)편……그만둔 : 『진서』 「효우전(孝友傳)」에, 왕포(王裒)가 그의 아버지가 죄 없이 죽게 된 것을 마음 아파하면서 은거하였는데, 학생들을 가르치면서 『시경』의 "슬프고 슬프도다! 부모시여. 나를 낳으시느라 힘쓰고 수고하셨네.[哀哀父母, 生我劬勞]"라는 「육아(蓼莪)」 편을 읽을 때면 그때마다 세 번 반복해서 읽으며 늘 눈물을 흘리자 문인들이 「육아」 편 배우기를 그만두었다는 내용이 있다. 배상룡이 부친이 비명에 죽은 것을 슬퍼하였으므로 그의 제자들이 「육아」 편을 읽지 않았다는 의미이다.

101) 장이유(張以兪, 1598~?) : 자는 자유(子裕), 호는 지분헌(知分軒), 본관은 인동(仁同)이다. 성주에 살았고, 정구의 문인이다. 1633년 생원시에 입격하였다. 1636년 병자호란에 의병을 창의하여 군량 보급을 위해 힘썼으나 청나라에 항복하였다는 소식을 듣고 고향에 돌아왔다. 저서로는 문집과 『추감록(追感錄)』·『사칠변증(四七辨正)』이 있다.

독실함은 늙어서도 변함없었으며 훌륭한 이를 존경하는 진실함은 어려서부터 남달랐습니다. 성대한 정성과 너그러움은 사람을 대할 때 넘치고 우뚝한 기상은 일을 대할 때 드러났으니, 그 근원이 깊고 견고하지 않고서야 그럴 수 있겠습니까. 문인을 만나면 문장을 논하되 그 문장은 또한 단편적인 글귀를 따온 것이 아니며, 시인을 만나면 시를 말하되 그 시는 또한 조충전각彫蟲篆刻102)이나 음풍농월의 사소한 내용이 아니었습니다. 그 사랑은 또한 백성들에게 은택을 주기에 넉넉하였고, 지혜는 변방의 방책을 내기에 넉넉하였으며 의약과 복서卜筮에 있어서도 자세히 알고 널리 정통하지 않음이 없었습니다. 이 같은 재능과 덕성은 크게 쓰면 큰 그릇이 될 수 있고 작게 쓰면 작은 그릇이 될 수 있어서 온축한 경륜을 펼칠 수 있었을 것입니다. 그러나 세상이 나를 알아주지 않으니, 보배를 품고 세상을 피하여 먼지 속에서 부질없이 늙어 이제 초목과 함께 썩어 가게 되었습니다. 그러니 애통하고 안타까워하는 마음은 어찌 저 자신만을 위하여 드러내는 것이겠습니까.

아! 슬픕니다. 생각건대 못난 저는 일찍이 거두어 주는 은혜를 입었으니, 이는 계장季章(배상룡의 아우 배상호의 자)의 벗이 되어 함께 어울림으로 인하여 매우 사랑을 받았던 것입니다. 노곡蘆谷에 오가며 사상泗上을 드나들 때103) 언제나 뒤따라 다녔고, 비 세우는 일을 감독하고 책 출간하는 일을 맡았을 때 모두 한결같이 지휘를 받았습니다. 장유長幼의 차례는 서로 현격하였으나 진심을 다 기울였고, 손해 보는 것을 오히려 남는 것으로 여겼습니다. 저는 근년에 부모님 상을 당하였는데 경서를 인용하고 예서에 근거하여 너그러운 말로써 이모저모로 위로해 주시니, 지난 일을 회상해 보건대 후의를 잊을 수 없습니다. 지난해 8월 중원中元에 사당을 짓는 곳에서 돌아와 계신 집에 들러 아침나절 잠깐 동안 가르침을 받았습니다. 그런데 어찌하여 갑자기 열흘 만에 부고를 받게 된 것인지요. 아흔 해의 세월은 반나절 황량몽黃粱夢104)을 꾼 것만 같습니다. 저희들은 기가 막히고 고장 사람들은 눈물을

---

102) 조충전각(彫蟲篆刻) : 벌레 모양이나 전서를 새기듯 미사여구로 글을 꾸미는 작은 기예를 말한다.

103) 노곡(蘆谷)에……드나들 때 : 노곡과 사상(泗上)은 정구가 만년에 거처하며 강학하였던 노곡정사(蘆谷精舍)와 사양정사(泗陽精舍)를 지칭한다.

104) 황량몽(黃粱夢) : 당(唐)나라 도사(道士) 여옹(呂翁)이 곤궁함을 탄식하는 노생(盧生)을 위해 기장밥을 짓는 동안 부귀공명을 누리는 꿈을 꾸게 해 주었던 고사에서 나온 말로, 인생의 영화(榮華)라는 것도 일장춘몽(一場春夢)이라는 의미이다. 한단지몽(邯鄲之夢)이라고도 한다.(『枕中記』)

떨굽니다. 지난번에 일가의 초상을 만나 언 눈 속에 나아갔다가 신병身病이 갈수록 심해져 거의 죽을 뻔하다 보니 발인 날에 상여 줄을 잡지 못하여 생사 간의 정의를 저버리게 되었습니다. 죄스럽고 한스러움이 하도 교차하여 마음을 어떻게 가누어야 할지 모르겠습니다. 삼가 짧은 글로 만사를 짓습니다. 그 만사는 다음과 같습니다.

구천으로 향하는 영구를 곡하여 보내니	哭送靈輀向九泉
영전에 무슨 말을 하겠습니까	爲陳何說几筵前
문장의 재주 부질없이 늙어 가니 누가 나를 알아주나	文章空老誰知我
재덕은 헛되이 버려졌으나 하늘을 원망치 않았습니다	才德虛抛不怨天
삼달존 중에서 하나가 모자란다지만	三達尊中雖欠一
두 손자에게 남긴 복 반드시 영원할 것입니다	二蘭裕後必延千
가심을 슬퍼하는 것은 실로 사문을 잃어서이니	哀亡實係斯文喪
어찌 저 자신만을 위해 흘리는 눈물이겠습니까	豈但吾私涕淚漣

또[又]

이난미李蘭美105)

젊어서 옷깃 여며 한강 선생에게 나아갔고	摳衣早歲趍岡上
만년에 운수의 고장에서 조용히 지냈네	晩節端居雲水鄕
의젓한 덕의는 경박한 풍속 도탑게 하였고	凝重德儀敦薄俗
크고 깊은 담론은 문단을 장악하였네	宏深談論擅文堂
지하로 온전히 돌아가시니 공은 무엇이 슬프랴만	全歸地下公何慽

105) 이난미(李蘭美, 1592~1661) : 자는 유형(幼馨), 호는 양촌(陽村), 본관은 성산이다. 고령에 살았고, 정구의 문인이다. 음사(蔭仕)로 절충장군(折衝將軍) 용양위 부호군(龍驤衛副護軍)을 역임하였다.

사별하니 인간세상에서 나 홀로 마음 아프네	死別人間我獨傷
쇠약하고 병들어 상여 줄 잡을 길 없어	衰病無緣參執紼
부질없이 눈물 뿌리며 만사를 쓰도다	謾揮悲涕寫哀章

또[又]

이재용李在容106)

통덕문107) 앞의 문객이	通德門前客
공께서 평안하여 기뻤네	康寧喜有公
산에 기운 어려 큰 인재를 우러르고	山凝瞻偉器
옥의 정결함 맑은 기풍 지녔네	玉潔挹淸風
일찍이 훈도의 힘 얻어	早得薰陶力
깊은 공부 더하였네	仍加造詣功
궁리 수신에서 포부를 알았고	窮修知抱負
조용히 칩거하여 겸허한 마음 지켰네	靜閉守謙冲
백설곡108)은 거문고 속에서 울리고	白雪翻琴裏
황종이 박옥 속에 있었네	黃琮在璞中
장수는 학의 나이에 응하였고	遐年膺鶴筭
쌓은 복으로 난초가 떨기로 자라네	積慶茁蘭叢

106) 이재용(李在容, 1619~1671) : 자는 이능(爾能), 본관은 흥양(興陽)이다. 상주(尙州)에 살았고, 이덕규(李德圭)의 아들이다. 1660년 문과급제, 군수·병조 좌랑을 역임하였다.

107) 통덕문(通德門) : 정공향(鄭公鄕)과 같은 말로, 뛰어난 사람이 태어난 고장을 예찬하는 말이다. 한(漢)나라 때의 대학자인 정현(鄭玄)이 태어난 고밀현(高密縣)을 당시에 국상(國相)으로 있던 공융(孔融)이 예찬하여 정공향 또는 통덕문이라고 부른 데서 유래되었다.(『後漢書』 권65 「鄭玄列傳」)

108) 백설곡[白雪] : 고아한 시사(詩詞)를 말한다. 백설은 사광(師曠)이 지은 상조곡(商調曲)으로, 옛날의 거문고 곡명(曲名)이다.

수석 간의 신선 삶이 좋아서	水石仙居勝
잠영의 세속 생각 끊었네	簪纓世念空
신의 보살피심을 바야흐로 보았기에	方看神見佑
부음이 전해질 줄 생각지도 못하였네	不料訃傳凶
훌륭한 어른이 모두 돌아가시니	零落耆英盡
원근의 사람들이 함께 슬퍼하네	嗟悲遠邇同
오늘날의 고사전에	當今高士傳
서술하여 영원히 알려야지	叙述示無窮

또[又]

김세익金世翼

팔순에도 건강하시고 도의는 넉넉하니	八袠康寧道義肥
사림들은 의귀할 곳이 있어 늘 기뻐하였네	士林常喜有依歸
당시의 후덕함으로 고장 사람들 사모하였고	一時厚德鄕邦慕
천 년의 높은 명망 역사책에 빛나네	千載高名汗冊輝
남극성이 갑자기 상서로운 빛을 거두니	南極忽驚收瑞彩
신안에 누가 다시 남긴 광휘 이을까	新安誰復續餘徽
아! 나도 문하생이라	嗚呼我亦登門客
공사를 위해 슬퍼하며 눈물 다시 뿌리네	慟爲公私涕更揮

또[又]

채무蔡楙109)

아름답고 기이한 재주 품고도 경륜 펴지 못하였으나	蘊美懷奇未化鯤
한강의 문하에서 훌륭한 강론 들었네	從容岡上聽嘉論
호련110)의 그릇이 부질없이 임천에 던져졌으나	林泉虛擲瑚璉器
고장 사람들 모두 효성과 우애 도탑다 칭송하였네	鄕黨皆稱孝友敦
내 아버지께서 늘 스승의 유업 이룬 것을 공경하시니	先子每欽師業就
후생은 언제나 덕스런 말씀을 경외하였네	後生常畏德言溫
해마다 와서 아름다운 가르침 받았는데	年年來挹芳塵下
오늘은 한 폭의 명정에 만사를 쓰게 되었네	今日題哀一幅旙

또[又]

이석필李碩苾

남극성이 어두워지니	南極星躔晦
임천의 처사께서 돌아가셨네	林泉處士亡
스승을 따라 큰 도를 들었고	從師聞大道

109) 채무(蔡楙, 1588~1670) : 자는 자후(子後), 호는 백포(栢浦)·귀은자(歸隱子), 본관은 인천(仁川)이다. 서사원(徐思遠)·정구(鄭逑)의 문인이다. 1633년 문과급제, 1636년 병자호란 때 의병활동을 하였고 연원도 찰방·성균관 전적·병조 좌랑 등을 역임하였다. 저서로는 『백포집』이 있다.

110) 호련(瑚璉) : 주(周)나라의 종묘 제사 때 곡식을 담던 그릇인데, 재능이 있는 훌륭한 사람을 비유한다. 공자의 제자 자공(子貢)이 "저는 어떠한 그릇입니까?"라고 묻자, 공자가 "자네는 호련이다."라고 한 데서 유래한다.(『論語』「公冶長」)

보배를 품고도 명리의 장을 사절하였네	懷寶謝名場
손가락 끊은 것은 분통[111]보다 훌륭하였고	斷指逾分痛
집안에 전하는 향기 아직도 풍기네	傳家尚播芳
평생 태산처럼 우러른 마음	平生山仰意
다시는 방상에서 절할 길 없네[112]	無復拜龐床

또[又]

도신형都愼衡

이분이 또 돌아가시니	斯人又冥漠
선배들은 이미 적막해졌네	前輩已蕭然
신세는 임천에서 편안하였고	身世林泉逸
가성은 효우가 온전하였네	家聲孝友全
의관은 흙이 될지라도	衣冠雖化土
명성과 덕은 사라지지 않네	名德不爲捐
어른을 뒤따르며 모시던 곳에	杖屨追陪地
머리 돌려보니 눈물이 흐르네	回頭涕淚漣

111) 분통(分痛) : 아픔을 나눈다는 뜻으로 형제간의 깊은 정을 말한다. 송(宋)나라 태조(太祖)와 태종(太宗)이 형제간의 정이 아주 깊었는데, 태종이 병을 앓자 태조가 가서 병세를 살펴보고는 직접 뜸을 뜨면서 태종이 아파하면 자신의 몸에도 뜸을 떠서 아픔을 함께하였다.(『宋史』 권3 「太祖本紀」3)

112) 방상(龐床)에서……없네 : 공경하는 배상룡을 다시는 만날 수 없다는 뜻이다. 후한(後漢) 때 제갈량(諸葛亮)이 방덕공(龐德公)을 찾아가면 반드시 방덕공이 앉은 상(牀) 아래서 공경히 절하였고 방덕공은 제지하지 않고 태연히 절을 받았다는 고사가 있다.(『資治通鑑』 권65)

또[又]

도신중都愼中

세상에서 기린으로 몇 년을 지냈나	地上猉獜行幾年
한평생 광채 숨긴 채 임천에서 늙었네	韜光一世老林泉
가련하구나 구름을 뚫을 만 장의 기세	可憐萬丈凌雲氣
저물녘 안개 속에 붉은 명정되었네	化作丹旋帶暮烟

또[又]

정자鄭茡

일찍이 현달을 구하지 않고	曾不求聞達
산림에서 자연에 맡겼네	山林任自然
지극한 정성으로 큰 어른 존중하였고	至誠尊大老
넉넉한 학문으로 훌륭한 이들 사모하였네	富學慕羣賢
좁은 세상에서 천작113)에 편안해하였고	狹世安天爵
장수하여 지상의 신선 되었네	遐齡作地仙
하루아침에 천상으로 돌아가시니	一朝乘化盡
어찌 꼭 샘처럼 눈물 흘려야 하리	何必淚懸泉

113) 천작(天爵) : 천연적인 작위(爵位)란 뜻으로, 세인들로부터 자연히 존경을 받게 되는, 몸에 지닌 인의충신(仁義忠信) 등의 도덕적 덕성을 이르는 말이다. "인의충신과 선을 좋아하여 게을리하지 않는 것이 바로 하늘의 벼슬이다.[仁義忠信 樂善不倦 此天爵也]"고 한 말에서 유래한다.(『孟子』「告子上」)

또[又]

배유화裵幼華

옥 같은 바탕에 충만한 기운	圭璋之質氣氤氳
사수의 물가에서 스승께 배웠네	函丈從容泗水濱
시서로 한가히 지내고 예로 밝히며	閒以詩書明以禮
형제와 우애 있고 어버이께 효도하였네	友於兄弟孝於親
오늘날 세상에서 누가 비교할 수 있을까	居今世上誰同況
고인 속에서 찾아보아도 드물다네	求古人中亦罕倫
평생토록 높이고 우러르려는 생각을 가지고	爲把平生宗仰志
눈물이 만사에 번져 수건을 더 적시네	淚交殘墨倍沾巾

또[又]

배유장裵幼章114)

어려서부터 사양에 의귀하였고	髫齔依歸得泗陽
타고난 바탕 더구나 남달랐네	天資況復出尋常
평생토록 구원에 높이 누워	平生高臥丘園靜
한결같이 도의로 유유자적하였네	一味優遊道義方
동도115)에서 사기를 길이 떠받치리라 여겼건만	長擬東都扶士氣

114) 배유장(裵幼章, 1618~1687) : 자는 장은(章隱), 호는 유암(楡巖), 본관은 성주(星州)이다. 배유화(裵幼華)의 아우이다. 1636년 생원시에 입격했으나 과거를 단념하고 성리서를 연구하며 산수 간에 소요자득(逍遙自得)하였고, 내시교관(內侍教官)에 임명되었으나 부임하지 않아 숭정처사(崇禎處士)로 일컬어졌다. 대사헌에 추증되었고, 저서로는 『유암집』이 있다.

남극성이 어두워질 줄 누가 알았으랴　　那知南極闇星芒
방덕공이 없으면 내가 어디를 의지할까　　龐公不在吾安放
다른 날 홀로 상 아래서 절할 길이 없네　　他日無由獨拜床

또[又]

김이겸金以謙

선친과 교유하시니 정의가 온전하였고　　先子交遊分義全
스승으로 모신 지는 더욱 오래 되었네　　叨陪杖屨更多年
문무를 겸한 재주로 속절없이 은거하시니　　才兼文武空棲隱
경륜의 뜻을 품고 그냥 버려졌네　　志抱經綸謾棄捐
형수꽃116) 시들자 평생 슬퍼하셨고　　荊樹花殘悲半世
육아편을 폐하니 죽을 때까지 아파하였네　　蓼莪篇廢痛終天
봄바람 속에 훈도 받는 즐거움 있었고　　薰陶樂在春風裏
눈 내린 창 앞에서 마음 재계하고 모셨네　　列侍心齋立雪前
종지宗旨를 이미 따라 성찰을 하니　　喫緊已從觀省得
학업은 익히고 사색함으로부터 연마되었네　　工程應自講思硏
기심 잊고 소기117)의 백로와 좋은 짝이 되고　　忘機好侶蘇磯鷺

115) 동도(東都) : 일반적으로 훌륭한 선비들이 많이 모여 있는 곳을 뜻하나 여기에서는 경상도 동쪽인 성주를 가리킨 듯하다. 한유(韓愈)의 「송온조처사서(送溫造處士序)」에 "대부(大夫) 오공(烏公)이 한번 하양(河陽)을 다스리자 동도(東都)의 처사 집에 사람이 없게 되었다." 하였다.(『古文眞寶後集』)

116) 형수꽃[荊樹花] : 자형화(紫荊花) 혹은 상체화(常棣花)라고도 하는데, 꽃이 서로 뭉쳐 피므로 형제에 비유된다.

117) 소기(蘇磯) : 소식(蘇軾)의 「후적벽부(後赤壁賦)」에 "오늘 저물녘에 그물을 걷어서 고기를 잡았다. [今者薄暮 擧網得魚]"는 말에서 유래하여, 소식처럼 세상일을 잊고 낚시하면서 유유자적함을 말한다.

객을 좋아하여 늘 정역의 안장에 머물렀네118) 愛客常淹鄭驛韉
회연에서 무리지어 놀던 일이 오히려 꿈만 같은데 淵上魚游還似夢
인간세상에서 학발이시니 정녕 신선 같았네 人間鶴髮政如仙
일편단심 스승의 일에 늘 돈독하였으니 丹誠每篤先師事
평소의 뜻 언제나 속집의 편찬에 두었네 素意恒深續集編
여러 해 뵙지 못한 것119)이 한스럽더니 自恨數年違紫宇
어찌 알았으랴 한 번 이별에 황천으로 막힐 줄을 那知一別間黃泉
피리 소리 처량히 끊어지고 산양의 저물녘120)에 篴聲悽斷山陽暮
영구를 곡하며 보내니 더욱더 슬프구나 哭送靈輀倍愴然

또[又]

여효증呂孝曾

경박한 시속에서 노성함을 드러내고 薄俗人中見老成
대현의 문하에서 일찍이 이름 떨쳤네 大賢門下早揚名
한평생 읍백121)으로 일생을 마치고 平生泣栢終天地

118) 정역(鄭驛)의……머물렀네 : 정역은 정당시(鄭當時)의 역이라는 말이다. 한(漢)나라 정당시가 사람 사귀기를 좋아하여 태자사인(太子舍人)으로 있을 적에 휴일을 맞을 때마다 장안(長安)의 사방 교외에다 역마(驛馬)를 비치하고는 귀천을 막론하고 손님들을 맞아들여 극진하게 대접을 하였는데, 그와 교제하는 사람이 모두 천하의 명사(名士)였다는 고사가 전한다.(『前漢書』 권50 「鄭當時傳」)

119) 뵙지 못한 것[違紫宇] : 자우는 훌륭하고 지혜로운 사람을 비유하는 자지(紫芝)의 미우(眉宇)로, 훌륭한 배상룡을 뵙지 못하였다는 뜻이다.

120) 산양(山陽)의 저물녘 : 과거를 회상하는 뜻이다. 진(晉)나라 상수(向秀)가 혜강(嵇康)·여안(呂安)과 함께 매우 잘 지냈는데, 후일 산양을 지나다가 젓대 소리를 듣고서는 옛날 놀던 일을 생각하여 사구부(思舊賦)를 지었다 한다.(『晉書』 권49 「向秀列傳」)

121) 읍백(泣栢) : 어버이를 억울하게 잃은 슬픔을 묘사한 말이다. 진(晉)나라의 왕부(王裒)는 부친이 사

반평생 한 이불 누가 형이고 아우이던가 半世同衾孰弟兄
향당의 칭찬과 비난에 기색의 변함없었고 鄕黨毁譽無動色
산수의 풍광에 한가한 마음 지녔네 溪山風味有閒情
팔순의 장수에 넉넉한 복을 알겠고 遐齡八袠知餘慶
훌륭한 아들 가업 전하니 명성 떨어뜨리지 않으리 寶樹傳家不墜聲

또[又]

정홍석鄭弘錫[122]

효우의 훌륭한 명성 일찍이 알려지니 孝友脩名夙著聞
세상 사람이 서로 금곤[123]이라 말하였네 世人交口說金昆
향당에 있으면서 나이와 덕이 모두 높았고 坐深鄕黨年稱壽
과장을 사절하니 명망 또한 높았네 迹謝科場望亦尊
은관[124]으로 어찌 행적을 그려야 하리 銀管何須摹行誼
비석에 새기는 것 원래 문장가가 필요치 않네 鐫碑元不待能言

마소(司馬昭)에게 죽임을 당하자 무덤 옆에 여막을 짓고 아침저녁으로 무덤에 엎드려 절을 하고는 옆의 잣나무에 매달려 울부짖었는데, 나무에 눈물이 흘러 그 나무가 말라 죽었다고 한다.(『晉書』 권88 「王裒列傳」)

122) 정홍석(鄭弘錫, 1607~1691) : 자는 계응(季膺), 호는 운계(雲溪), 본관은 동래(東萊)이다. 1642년 진사시에 입격하였고 정사를 세워 후학을 양성하였다. 병자호란이 일어나자 이천봉을 따라 창의하였으나 화의가 성립되었다는 소리를 듣고 시를 지었는데 『존주록(尊周錄)』에 기재되었다.

123) 금곤(金昆) : 금곤옥우(金昆玉友)의 준말로 효행이 뛰어난 형제를 말한다. 남조(南朝) 양(梁)나라 왕전(王銓)이 그 아우 왕석(王錫)과 더불어 효행이 똑같이 드러나니, 사람들이 옥곤금우라 칭하였다. 그래서 후세에는 형제를 곤옥(昆玉)이라 한다.(『南史』 권23 「王彧傳」)

124) 은관(銀管) : 은으로 장식한 좋은 붓으로, 덕업을 기록으로 남긴다는 뜻이다. 남당(南唐) 한정사(韓定辭)의 「답마욱(答馬彧)」에 "성대한 덕은 반드시 은관으로 기술한다.[盛德好將銀管述]" 하였다.(『全唐詩』 권757)

다른 날 구원에 오르게 되면 九原他日登臨地
문자는 응당 무자의 혼을 부르리125) 文子應招武子魂

또[又]

송세필宋世弼

성산이 우뚝 솟아 동남쪽에 푸르고 星山鬱嵂東南碧
낙동강 깊은 물은 우주 사이에 맑네 洛水淵深宇宙澄
성대하게 일어난 제현들 이 기운 받아 길러지니 蔚起諸賢皆禀毓
큰 기운 싣고 와서 이곳에 뭉쳐 놓았네 扶輿間氣此停凝
자질은 뛰어나고 풍채는 빼어나며 夫公嶷嶷形神秀
기품은 온화하고 덕이 넓었네 氣味溫溫德宇弘
회연의 맑은 기풍 도의를 흠모하여 檜水淸風欽道懿
강단의 스승께 일찍 나아갔네 杏壇函丈早趍承
지성으로 스승을 높이니 성의 더욱 돈독하고 尊師懇懇誠彌篤
부지런히 수업하니 학문 더욱 훌륭하였네 受業孜孜學益能
자형화에 즐거워하고도 기뻐하니 花紫田荊湛且樂
피눈물 얼룩진 왕백126)에 모두 효성을 칭송하였네 血斑王栢孝俱稱
자취를 감춘 것은 청렴결백하려 해서가 아니니 藏蹤不是思淸潔

125) 다른 날……부르리 : 조문자(趙文子)는 춘추 시대 진(晉)나라의 명재상인 조무(趙武)로, 문자는 그의 시호이다. 『예기』 「단궁하(檀弓下)」에 "진나라 대부 조문자가 숙예(叔譽)와 함께 구원(九原)에 가서 무덤을 구경하였는데, 문자가 '여기 죽은 자들을 만일 살릴 수 있다면 내 누구와 더불어 돌아갈꼬.[死者 如可作也 吾誰與歸]' 하였다. 숙예가 '양처보(陽處父)와 구범(舅犯)이다.' 하자, 조문자는 이들의 결점을 열거하고 '나는 무자(武子)를 따르겠다. 그는 군주를 이롭게 하면서도 자기 몸을 잊지 않았고, 자기 몸을 돌보면서도 친구를 버리지 않았다.[利其君 不忘其身 謀其身 不遺其友]' 했다."고 하였다.

126) 피눈물……왕백(王栢) : 권6 주 121) 참조.

죽을 때까지 어찌 높은 벼슬자리 사모하였으랴	沒齒何曾慕顯升
남을 대할 때의 진실함 표리가 없었고	接物眞醇無表襮
처신에 겸손하고 삼가서 모나지 않았네	處身謙謹絶廉稜
재능은 본래 고관대작에 부합하건만	才能本合巖廊貯
산야에서 허무하게 수염만 자라게 하였네	山野空敎鬢髮鬙
세상에서 늙은 모습 난학과 같고	人世耆容鸞鶴質
늙어서 심사는 옥 빙호[127] 같았네	暮年心事玉壺氷
기심機心 잊고 자적하며 어조와 친하였고	忘機放散親魚鳥
비녀장을 던지고[128] 은근히 벗을 대하였네	投轄慇懃向友朋
언제나 기쁜 얼굴로 온종일 진지하게 대해 주셨으니	每獲歡顔終日款
스스로 뻐기며 빈 탑상에 몇 년이나 올랐던가[129]	自訑虛榻幾年登
어찌 알았으랴 남극성 빛이 어두워질 줄을	那知星彩淪南極
갑자기 선옹이 북쪽 산에 묻히는 걸 보게 되었네	遽見仙翁葬北陵
뜰 가득 바람에 날리는 꽃은 당시의 살구나무요	滿院風花當日杏
온 암자 안개에 싸인 달은 예전의 등나무이네	一庵煙月舊時藤
석양이 비친 곁에 해로가[130] 소리 끊어지고	薤歌唱斷斜陽外
가야산을 돌아보니 가슴 가득 눈물 흐르네	回首伽倻淚滿膺

127) 옥 빙호(玉氷壺) : 사람의 인품과 덕성이 결백하고 깨끗한 것을 비유하는 말이다. 『송사』「이통열전(李侗列傳)」에 등적(鄧迪)이 주자(朱子)의 스승인 연평(延平) 이통(李侗)의 인품을 말하면서 "마치 얼음을 담은 옥항아리와 가을철의 밝은 달과 같아 티 없이 맑고 깨끗하니 우리들이 미칠 수 없다.[如氷壺秋月 瑩徹無瑕 非吾曹所及]"고 하였다.

128) 비녀장 던지고[投轄] : 떠나지 말라고 만류하는 은근한 정의(情誼)를 말한다.

129) 빈 탑상에……올랐던가 : 송세필이 배상룡을 찾아간 것을 말한다. 서치(徐穉)는 후한 남주(南州)의 고사(高士)로, 예장태수(豫章太守) 진번(陳蕃)이 특별히 걸상 하나를 걸어 두었다가 서치가 오면 이것을 내려, 앉게 함으로써 우대하였다고 한다.(『後漢書』 권83 「徐穉傳」)

130) 해로가[薤歌] : 해(薤)는 부추 종류인데 사람의 목숨이 부추 잎에 맺힌 이슬처럼 쉽게 소멸된다는 뜻에서 유래하였다. 해로는 악부에 나오는 「상화곡(相和曲)」의 이름인데 고대의 만가(輓歌)이다.

또[又]

이두추李斗樞

훌륭한 분의 덕스런 모습[131] 봄빛처럼 화창한데	碩人盎粹挹春和
강당에 시립하니 마침 눈이 비껴 날리네	侍立鱣堂雪正斜
선조의 깊은 교분은 관포지교와 같았고	先祖深交同管鮑
후생의 높은 앙모는 숭산 화산과 나란하였네	後生高仰比嵩華
명리에 마음 없으니 재주가 적어서가 아니며	灰心名利才非少
임천에서 도를 지키니 즐거움 절로 많았네	守道林泉樂自多
천루에 기문 지으려 학의 수레 재촉하니[132]	作記天樓催鶴駕
물빛과 산색이 다 슬프구나	水光山色摠悲嗟

131) 모습[盎粹] : 앙수는 수면앙배(粹面盎背)의 준말로, 얼굴에 윤택하게 드러나고 등에 가득 차 넘친다는 뜻이니, 군자의 내면에 축적된 것들이 넘쳐서 몸으로 드러난 것을 말한다. “군자의 본성은 인의예지가 마음속에 뿌리하여, 그 드러나는 빛이 얼굴에 윤택하게 나타나고 등에 가득하게 나타난다.[君子所性 仁義禮智根於心 其生色也 睟然見於面 盎於背]”는 말에서 유래한다.(『孟子』「盡心上」)

132) 천루에……재촉하니 : 뛰어난 인재의 죽음을 말한다. 이상은(李商隱)이 지은 「이장길소전(李長吉小傳)」에 의하면, 이하(李賀)는 어려서부터 영특하여 시문에 뛰어났으나 몰락한 종실의 후예로서 뜻을 펴지 못했다. 어느 날 대낮에 졸다가 문득 보니 붉은 관복을 입은 도인이 옥판(玉板)을 잡고 있었는데, “상제(上帝)께서 백옥루를 완성하시고, 그대를 불러 기문을 짓게 하려 한다.[上帝成白玉樓 召君作記]”고 쓰여 있었다. 이것을 본 이하는 곧 병들어 27세의 젊은 나이로 요절하였다고 한다.

또[又]

송시철宋時哲[133]

대대로 한 고장에 함께 살았으니	世世相居地一方
나는 어려서부터 선생의 서당에 나아갔네	惟余自幼陞鱣堂
형제간에 한 이불에 자는 화락함 있었고	同衾和樂雙荊樹
스승[134]께 책 상자 지고 의귀하였네	負笈歸依數仞牆
큰 도량 충만하여 성대함을 품었고	大度冲融包浩汗
출중한 재능 뛰어났으나 창랑에서 늙어 갔네[135]	雄才濩落老滄浪
예전에 모시고 노닐던 곳을 생각해보니	却思昔日陪遊處
시냇물 소리 잔잔하고 밤의 달은 서늘하네	溪水潺湲夜月凉

133) 송시철(宋時喆, 1610~1673) : 자는 숙보(叔保), 호는 설촌(雪村), 본관은 여산(礪山)이다. 1653년 문과급제, 헌릉 참봉으로 시작하여 동부승지·좌승지, 형조·공조의 참의를 거쳐 원주 목사 등을 지냈다.

134) 스승[數仞牆] : 여러 길 높이의 담장이다. 자복경백(子服景伯)이 숙손무숙(叔孫武叔)의 말을 빌려 자공이 공자보다 낫다는 말을 전하자, 자공이 “집에다 비유하자면 나의 담장은 어깨 높이라 나의 살림을 엿볼 수 있지만, 부자의 담장은 몇 길이라 문을 통해 들어가 보지 못하면 종묘의 아름다움과 백관의 성대함을 알 수가 없소. 그런데 그 문으로 들어가 본 이도 사실 드무니 숙손무숙의 말이 또한 당연하지 않은가.[譬之宮牆 賜之牆也及肩 窺見室家之好 夫子之牆數仞 不得其門而入 不見宗廟之美百官之富 得其門者或寡矣 夫子之云 不亦宜乎]”라고 한 말에서 유래한다.(『論語』「子張」)

135) 창랑에서 늙어 갔네[老滄浪] : 세속의 일에 연연하지 않고 산수에 묻혀 지내는 것을 뜻한다. 굴원의 「어부사(漁父詞)」에서, 나라를 위한 충정 때문에 괴로워하는 굴원에게 물가의 노인이 “창랑의 물이 맑으면 내 갓끈을 씻고 창랑의 물이 흐리면 내 발을 씻겠네.[滄浪之水淸兮 可以濯吾纓 滄浪之水濁兮 可以濯吾足]”라고 충고해 준 고사에서 유래한다.

또[又]

이익전李益銓136)

우뚝하고 헌걸찬 군자이셨으니	落落休休君子人
젊은 시절 재예는 무리를 벗어났네	青年才藝迥超倫
스승께 의귀하여 심학을 전수받았고	依歸函丈傳心學
임천에 자취 감추어 석진137)을 보존하였네	晦迹林泉保席珍
효우의 집안 명성 원근에 알려지고	孝友家聲播遠邇
진순한 덕망은 고장에 우뚝하였네	眞醇德宇聳鄕鄰
남극성이 빛을 잃으니 탄식한들 어찌 하리	星沉南極嗟何及
회연의 뜰138)로 머리 돌리니 갑절로 마음 아프네	回首淵庭倍愴神

또[又]

이수성李壽星139)

옷깃 여미어 대현의 문하에서 친자되니	摳衣親炙大賢門
덕 높고 나이도 많아 이달존140)이셨네	德卲年高二達尊

136) 이익전(李益銓, 1606~?) : 호는 치치당(恥恥堂), 본관은 전주(全州)이다. 고령(高靈)에 살았고, 효성이 지극했으며, 문장에 뛰어났다.

137) 석진(席珍) : 재덕(才德)을 뜻한다. 노(魯)나라 애공(哀公)이 공자(孔子)에게 자리를 권하자, 공자가 모시고 앉아서 "유자는 자리 위의 보배를 가지고 초빙해 주기를 기다리는 사람이다.[儒有席上之珍以待聘]"라고 말한 고사에서 유래한다.(『禮記』「儒行」)

138) 회연의 뜰[淵庭] : 한강 정구가 만년에 강학을 하던 회연서당을 말한다.

139) 이수성(李壽星, 1610~1678) : 자는 여응(汝應), 호는 한포(寒浦), 본관은 성산(星山)이다. 성주(星州)에 살았고, 이언영(李彦英)의 문인이다. 시례(詩禮)에 밝았으며, 이조 참의에 추증되었다.

우애는 평소에 남들이 이간하지 못했으니	友愛平生人不間
응당 알리라 못 다 누린 복 후손에게 끼칠 줄을	應知餘慶及雲孫

또[又]

송세륭宋世隆

가야 계곡 콸콸 흘러 맑게 어려 있고	伽溪駃駃澹凝清
성산이 울창하여 우뚝이 높이 솟았네	星嶽鬱鬱凌崢嶸
멀리 뻗치고 넓게 서리어 간세의 정기[141] 모아	蜿蜒磅礡鍾間氣
그 기운 머물러 많은 호걸 잉태해내었네	停留孕出多豪英
이곳에서 나고 자란 이는 묻건대 누구인가	生斯長斯問是誰
등암 어르신 오직 빛을 발휘하였네	藤庵丈人專輝晶
홍종의 큰 소리 드문 곡조 감추고	洪鍾大韻閟希調
옥수의 맑은 품격 참으로 나라의 기둥이었네	玉樹清標眞國楨
무덤가 잣나무에 피눈물 흔적 얼룩지고	血泣痕斑塚邊栢
뜰 앞의 자형수는 형제 우애 즐거웠네	湛樂花紫庭前荊
눈 내린 달밤과 매화 동산에서 스승을 모셨고	雪月梅園侍絳帳
봄바람 부는 사빈에서 제생들과 함께하였네	春風泗水聯諸生
서산에서 은거하여 평생을 보내며	西山甘隱到沒齒

140) 이달존(二達尊) : 마을에서의 나이[齒]·조정에서의 벼슬[爵]·세상을 돕고 백성을 기를 때의 덕[德]은 천하에 두루 통하는 세 가지 존귀한 것[三達尊]인데, 배상룡은 조정에서의 벼슬을 하지 못하였으므로 이달존이라 한 것이다.

141) 간세의 정기[間氣] : 세상에 드물게 나는 인재의 정기를 말한다. 『맹자』 「공손추상(公孫丑上)」의 "오백 년 만에 반드시 왕자가 태어나는데 그 사이에 반드시 세상에 이름난 인물이 있다.[五百年必有王者興 其間有名世者]"라는 말에서 유래한다.

서울을 향하여 영달을 구하지 않았네	不向東華求寵榮
한가한 속에 세월 보내며 계절이나 기억하니	閒中歲月記寒暄
세상의 시비는 귀먹고 눈먼 듯하였지	世上是非如聾盲
연못에 빈주되어 백로와 친하였고	荷潭賓主襯白鷗
살구 동산 가곡으로 꾀꼬리 소리 들었네	杏園歌曲聞黃鸎
하는 일 없고 얽매임 없이 한세상 보내니	無爲無累度一世
이 어른 이 즐거움을 누가 겨루랴	此翁此樂誰能爭
연세 높아 아흔으로 장수의 복 누리시니	年高九袠享遐祉
지상의 신선이 어찌 속세의 재상만 못하랴	地仙何啻人公卿
청양[142]이 재앙을 고하니 침문[143]이 닫히고	靑羊告災寢門閉
적규[144]가 부용성[145]으로 모시고 돌아갔네	赤虯歸御芙蓉城
나라 살릴 인재가 마침내 산림에 내버려져	山林終棄活國手
초나라 옥 덩이가 속절없이 쓸쓸한 산에 묻혔네	空使寒原埋楚珩
못난 제가 모실 때 가장 가까이 여겨 주셨으니	疎慵得御最見親
오늘 쏟아지는 슬픈 눈물 어찌 견딜 수 있으랴	此日那堪哀涕傾
산천은 적막하고 풀은 우거져	溪山寂寞草萋萋
슬픈 바람 만가 소리에 창자가 끊어지네	腸斷悲風薤露聲

142) 청양(靑羊) : 장수를 뜻한다. 『술이기(述異記)』에, 나무의 정령(精靈)이 화해서 청양이 되는데, 백 년 뒤에는 홍양(紅羊), 또 백 년 뒤에는 황양(黃羊), 오백 년 뒤에는 창양(蒼羊), 또 오백 년 뒤에는 백양(白羊)이 된다는 말이 있다.

143) 침문(寢門) : 일반적으로 내실(內室)의 문을 말하는데, 사람이 죽으면 주인은 침문의 밖에서 손님을 맞이한다.(『儀禮』 「士喪禮」)

144) 적규(赤虯) : 신선이 타고 다닌다는 붉은 색의 용이다.

145) 부용성(芙蓉城) : 전설상의 선경(仙境)이다.

또[又]

송시강宋時綱

어려서부터 집안을 나들게 되어	出入門牆自少時
공의 고아한 품행을 저는 잘 알았네	惟公高行我能知
효성과 우애에 남들이 다른 말 없었고	孝親友弟人無間
큰 도량 뛰어난 재주는 사람들의 추앙 받았네	宏量雄才衆所推
과거[146]에 자취 끊고 늙어가는 것을 달게 여겼고	迹謝荊圍甘送老
스승께 옷깃 여며 얼마나 가르침 받았던가	摳衣丈席幾承規
임천에서 오늘에 생애를 마치니	林泉此日生涯盡
새 묘소에 한 번 곡하며 만고의 영결을 하네	一哭新阡萬古辭

또[又]

여효맹呂孝孟

한 번 절하고 하직했던 날이	一拜辭歸日
천추에 영결하는 날이 되었네	千秋永訣辰
처음 부고가 왔을 때 믿지 않았더니	初來疑未信
조금 뒤에야 참말인 줄 알았네	稍後認爲眞
삼감으로 몸가짐은 덕스러웠고	謹愼持身德
온화하고 공손함 남을 대하는 인자함이었네	溫恭待物仁

146) 과거[荊圍] : 본래 과거 볼 때 시험장의 출입을 단속하기 위하여 시험장 주위를 가시로 둘러막은 것으로 극위(棘圍)라고 하는데, 여기서는 과거 급제를 뜻한다.

이제는 모두 그만이니	卽今俱已矣
어찌 수건에 눈물 적시지 않으리	烏得不沾巾

평생의 기개는 천지에 비길 데 없고	平生氣槩絶圓方
효우의 참된 마음 저 하늘에 바탕을 둔 것이라	孝友誠心質彼蒼
신명이 군자 붙잡아 준다는 말 믿기지 않으니	未信神明扶愷悌
남극의 노인성 벌써 광채가 없네	老人南極已無光

또[又]

박진창朴震昌

경신에 사수의 물가에서 음성 끊어졌으나[147]	輟響庚申泗水濱
사문이 얼마나 다행이었던가 이분이 계셔서	師門何幸有斯人
재물 모아 문집 간행할 때 많은 계획하셨고	鳩材裒集多區畫
서원 짓고 비에 새길 때 가장 마음 쓰셨네	建院鐫碑最費神
문장을 논하는 것은 여사의 일이었고	論議文章餘事業
온순하고 공손함과 효우는 천성에서 나왔네	溫恭孝友自天眞
소미성이 동남쪽 끝으로 떨어지니	少微星霣東南極
어디서 덕스런 이를 볼까 눈물이 수건에 가득하네	考德於何淚滿巾

147) 경신(庚申)에……끊어졌으나 : 경신년(1620)은 한강 정구가 죽은 해이고, 사수는 정구가 강학을 하던 사양정사가 있던 곳을 말한다.

또[又]

이형천李亨千[148)]

한강 문하에서 당시에 가장 훌륭하였으니	岡下當年最有賢
공과 이 시절에 몇 번이나 함께하였던가	公於是日幾聯翩
충과 성을 다하니 풍속을 도탑게 하기에 알맞았고	忠誠兩盡宜敦俗
효와 우를 온전히 하니 하늘에 바탕을 둔 것이었네	孝友俱全可質天
평생 자취를 감추고 본분[149)]에 편안하더니	晦迹生平安素履
기미성 타신[150)] 오늘 저녁 거문고 줄 끊어졌네	乘箕今夕輟徽絃
고장에 모범이 될 이 없으니 우리는 누구를 의지하랴	鄕無楷範吾安放
애도의 글 짓고 나니 눈물이 절로 흐르네	題罷誄詞涕自泫

또[又]

여효원呂孝源

아! 등암 어른이 이렇게까지 되셨으니	嗚呼藤老至於斯
우리 고장 석덕을 다시 누구에게 물을까	碩德吾鄕更問誰

---

148) 이형천(李亨千, 1621~1665) : 자는 익세(翼世), 호는 포은(浦隱), 본관은 경산(京山)이다. 1654년 문과급제, 승문원 저작으로 시작하여 병조와 예조의 좌랑을 지냈고, 지방관으로서의 치적으로 내직에 소환하여 중용하려고 하였으나 순천 부사 재임 중 병으로 죽었다.

149) 본분[素履] : 분수에 편안하며 수양하는 선비의 생활을 말한다. 『주역』 「리괘(履卦)·초구(初九)」에 "본분대로 해 나가면 허물이 없다.[素履往無咎]"는 말에서 유래한다.

150) 기미성 타신[乘箕] : 훌륭한 사람은 죽어도 영혼이 흩어지지 않아 별이 됨을 이른다. 은(殷)나라 고종(高宗)의 재상인 부열(傅說)이 죽은 뒤에 기미성(箕尾星)을 타고 하늘에 올라 별이 되었다는 전설에서 유래한다.(『莊子』「大宗師」)

가학에 일찍부터 종사하고 사우를 얻었으며	詩禮早從師友得
문장은 절차탁마의 남다른 노력으로부터 나왔네	文章端自琢磨奇
내 아버지와 우정 맺어 일찍이 진심을 나누었고	先君托契曾輸款
말학이 뒤쫓으니 역시 알아주심을 얻었네	末學趍塵亦受知
오늘 지은 만사로 어찌 슬픔을 다 말하랴	此日題詞哀豈盡
할지151)로 남의 본보기가 되어 다시 위로되네	割肢還慰作人規

또[又]

여효민呂孝閔

드넓은 흉금과 우뚝한 자질로	曠蕩之襟突兀資
일찍이 한강의 강석에서 큰 가르침 받들었네	早登岡席奉弘規
품은 미덕 제가 공경하니 문장을 드러내지 않았고	含章我欽文居內
숨긴 덕 남들이 칭송하니 행실에 모자람 없었네	隱德人稱行不虧
선배들이 한 분 두 분 다 돌아가시니	前輩漸看零落盡
후생은 누구를 모범으로 삼을꼬	後生誰與典刑爲
세상에 계실 때 기쁘게 지내던 즐거움으로	應將在世怡怡樂
기다리는 아우님152)을 지하로 따라가겠네	佇得壎篪地下隨

151) 할지(割肢) : 배상룡이 손가락을 베어서 피를 내어 위독한 아우를 구하였던 일을 말한다.

152) 아우님[壎篪] : 『시경』 「소아(小雅)·하인사(何人斯)」의 "백씨가 질나팔을 불거든 중씨는 젓대를 분다.[伯氏吹壎 仲氏吹篪]"는 구절에서 온 말로, 본래 형제간의 우애를 뜻하는 말이지만 여기서는 배상룡보다 먼저 죽은 아우 배상호를 말한다.

또[又]

송주빈宋周賓[153)]

일찍 스승의 문하에서 공손히 모시고　早立程門雪
장수[154)]를 몇 년이나 하였던가　藏修問幾春
곧은 성품은 타고난 기개요　風裁由氣岸
효우는 천품으로 말미암았네　孝友自天眞
밝은 창가에서 서책을 대하고　黃卷明牕下
저물녘 물가에서 오사모[155)] 썼네　烏紗暮澗濱
한가한 가운데 세월을 보내고　閒中綿歲月
조용한 속 청빈함에 만족하였네　靜裏足淸貧
훌륭한 자손에게 복을 남겼고　庭樹方留慶
장수하시니 또 어짊을 알겠네　遐齡又驗仁
천하의 선비들이 안타까워하니　可憐天下士
이제 땅속의 사람 되었기 때문이네　今作地中人
말씀과 웃음 어제 들었던 것만 같은데　言笑如聞昨
훌륭한 모습 완연히 멀어졌네　儀刑宛隔辰
애도의 글로 정을 어찌 다 표현하랴　哀詞情豈盡
머리 돌려 보니 눈물이 수건 적시네　回首涕沾巾

---

153) 송주빈(宋周賓, 1587~?) : 자는 자경(子敬), 본관은 연안(延安)이다. 안동에 살았고, 1612년 생원시에 입격하였다.

154) 장수(藏修) : 항상 학문을 닦아 게을리 하지 않는 것을 말한다. 『예기』 「학기(學記)」의 "군자가 배움에 있어서 마음에 품고 익히며 쉬고 한가히 지낸다.[君子之於學也 藏焉修焉息焉遊焉]"는 말에 대하여, 정현(鄭玄)이 주(注)를 하여 "장(藏)은 마음에 간직하는 것이고 수(修)는 익히는 것[藏謂懷抱之修習也]"이라고 한 말에서 유래한다.

155) 오사모[烏紗] : 오사모는 관녕(管寧)이 썼던 '검은 모자[皁帽]'를 가리킨다. 관녕은 삼국 시대 위나라의 유학자로, 일찍이 황건적(黃巾賊)의 난리를 피하여 요동(遼東)으로 건너가 생도들을 가르치며 40년 가까이 지냈다. 위 명제(魏明帝)가 후한 예를 갖추어 불러도 전혀 응하지 않고 지조를 굳게 지키고 청빈을 달게 여겨, 항상 무명옷에 '검은 모자'만 착용하였다.(『三國志』 권1 「魏書·管寧傳」)

또[又]

여효사呂孝思156)

고장의 어른들 모두 돌아가셨는데	鄕老皆淪沒
어찌하여 또 공마저 이리 되셨는가	如何又到公
풍모는 후배들의 모범이었고	風儀流輩準
문아는 옛사람과 같았네	文雅古人同
낯빛은 청수하고 말은 지극히 곧았으며	色粹言彌勁
마음은 온화하고 기개는 더욱 충만하였네	心和氣益冲
효성은 본래 타고난 성품이었고	孝彝元賦性
우애는 실로 마음에서 우러났네	友愛實由衷
논변 뛰어나니 분명한 결단으로 말미암았고	論盛緣裁判
학문은 넉넉하니 절차탁마 덕분이었네	學優賴琢礱
세상 인정 그 누가 후하고 박하다 하였는가	世情誰厚薄
천도는 절로 궁하고 통달함이 있다네	天道自窮通
손은 구두장157)을 짚었고	手把鳩頭杖
몸은 학발의 늙은이 되었네	身成鶴髮翁
정신은 예전과 같고	精神猶昔曩
즐거움은 아이 적 그대로이네	歡樂任兒童
남은 나이 아직 많으리라 여겼는데	尚意餘齡遠
예전 꿈 허무하게 될 줄 어찌 알았으랴	那知舊夢空

156) 여효사(呂孝思, 1612~1686) : 자는 술이(述而), 호는 월담(月潭), 본관은 성산(星山)이다. 성주(星州)에 살았고, 1654년 진사시에 입격하였다.

157) 구두장(鳩頭杖) : 머리에 비둘기 모양의 장식이 있는 지팡이로, 어른의 지위를 상징한다. 속설에 의하면 한 고조(漢高祖)가 항우(項羽)와 싸우다 경색(京索)에서 패하여 풀더미 속으로 달아났는데, 항우가 그를 추격하여 찾았다. 때마침 비둘기가 그 위에서 울자, 추격하는 자가 새가 있다면 사람이 없다고 여겨 마침내 추격을 벗어났다. 그 뒤 즉위하고 나서 이 새를 기특하게 여겨 구두장을 만들어 나이가 많은 사람에게 하사하였다고 한다.

조로곡[158] 쓸쓸하고　淒凉朝露曲
야대궁[159] 적막하네　寂寞夜臺宮
너무도 비통하여 이웃은 방아 소리 그치고　痛劇鄰舂輟
슬픔이 깊어 선비들 애도의 글로 기리네　悲深士誄崇
가업 전할 두 아들 있으니　傳家雙玉在
유풍이 계승되는 것을 지켜보리라　佇看詔遺風

또[又]

이원록李元祿[160]

한강의 문하에 연원을 접했으니　寒岡門下接淵源
은거하며 수양한 학업은 순수하였네　韜養年來學業醇
이미 고장에서는 효우로 알려졌고　已遣州閭稱孝友
다시 경전으로 정신을 발휘하였네　更教經傳發精神
팔순을 살았으니 끝내 아쉬움 없겠고　人間八袠終無憾
신후의 두 아들 보배롭다 할 만하네　身後雙珠足可珍
삼대 걸친 사돈이라 정의가 깊어　三世通家情不淺
애도의 글 마치자 눈물이 수건 적시네　哀詞題罷淚沾巾

---

158) 조로곡(朝露曲) : 부추 위에 맺힌 아침 이슬처럼 덧없이 지는 인생을 슬퍼하는 노래로, 초상 때 부르던 만가이다. 한 고조(漢高祖)에게 반기를 들다 패망한 전횡(田橫)의 죽음을 두고 그 무리가 지은 만가 2장 중 1장에 "부추 위에 맺힌 이슬 어이 쉽게 마르나. 이슬은 말라도 내일이면 다시 내리지만, 사람은 죽어 한 번 가면 언제나 돌아오나.[薤上朝露何易晞 露晞明朝更復落 人死一去何時歸]" 하였다.(『古今注』 卷中 「音樂」)

159) 야대궁(夜臺宮) : 무덤 또는 저승세계를 가리킨다.

160) 이원록(李元祿, 1629~1688) : 자는 사흥(士興), 호는 박곡(朴谷), 본관은 광주(廣州)이다. 아버지는 정구(鄭逑)·장현광(張顯光)의 문인이었던 이도장(李道長)으로, 배상룡과 동문이다. 칠곡(漆谷)에 살았고, 허목(許穆)의 문인이다. 1663년 문과급제, 경상도 관찰사·대사간을 역임하였다.

또[又]

이석견李碩堅

일찍이 큰 법도 받들고 대현을 공경하며	早奉弘規禮大賢
향기와 덕에 젖어 지낸 지 얼마이던가	襲薰馨德幾周旋
신령이 아는 효우에 다른 말 하는 사람 없었고	通神孝友人無間
남을 대하는 순수한 정성 세상이 다 같이 말하네	接物純誠世共傳
상노는 지초 있어 한나라 녹을 가벼이 여겼고[161]	商老有芝輕漢祿
위옹은 명을 알아 천명을 기꺼워하였네[162]	韋翁知命樂夫天
전귀[163]하는 이날 공이야 무엇이 서운하랴만	全歸此日公何憾
다만 사문을 위해 갑절로 슬프네	祇爲斯文倍愴然

161) 상노(商老)는……여겼고 : 상노는 진(秦)나라 말기에 어지러운 세상을 피하여 섬서성(陝西省) 상현(商縣) 상안산(商顔山)에 은거하였던 동원공(東園公)·하황공(夏黃公)·녹리선생(甪裏先生)·기리계(綺裏季)로서, 모두 수염이 희었기 때문에 상산사호(商山四皓)라고 하였다. 이들은 장생불사한다는 영지(靈芝)를 캐 먹으며 자지가(紫芝歌)를 지어 불렀다고 한다.(『高士傳』 卷中)

162) 위옹(韋翁)은……기꺼워하였네 : 위옹은 공자(孔子)를 말한다. 공자가 만년에 『주역』을 좋아하여, 죽간(竹簡)을 묶은 가죽 끈이 세 번이나 떨어질[韋編三絶] 정도로 탐독하였다는 고사와(『史記』 「孔子世家」) "나이 오십에 천명을 알았다.[五十而知天命]"고 한 공자의 말에서 뜻을 취하였다.(『論語』 「爲政」)

163) 전귀(全歸) : 몸을 잘 보중하여 훌륭한 명성을 남기고 생을 마치는 것을 말한다. 『예기』 「제의(祭義)」에 "부모가 온전하게 낳아 주었으므로, 자식이 온전하게 돌아가야만 효라고 이를 수 있나니, 육체를 손상시키지 않고 몸을 욕되게 하지 않아야만 온전히 했다고 이를 수 있는 것이다.[父母全而生之 子全而歸之 可謂孝矣 不虧其體 不辱其身 可謂全矣]"라고 한 말에서 유래한다.

또[又]

이두창李斗昌

한평생 덕 숨기고 옥 같은 기운 지닌 채	一生潛德玉氤氳
늙도록 임천에서 팔십 년 세월 보냈네	終老林泉八十春
지극한 즐거움 오직 많은 책에서 찾고	至樂惟求黃卷富
한가한 정취 때때로 물새와 친하였네	閒情時與白鷗親
학문의 도가 깊으니 사람들이 공경하였고	詩書道重人爲式
훌륭한 분이 돌아가시니 해가 진년[164]이네	蘭蕙霜摧歲至辰
서글피 등암의 옛집을 바라보자니	悵望藤庵餘故宅
산 중턱에 걸린 달이 슬픔을 돋우네	半山風月助悲辛

또[又]

이창진李昌鎭[165]

문목공[166] 문하에 준걸들이 많았는데	文穆門多俊

---

164) 진년(辰年) : 현인의 죽음을 의미한다. 후한 때의 경학자(經學者)인 정현(鄭玄)이 어느 날 꿈에 공자(孔子)가 "일어나라, 일어나라. 금년의 태세는 진에 있고, 내년의 태세는 사에 있다.[起 起 今年歲在辰 來年歲在巳]"라고 일러준 꿈을 꾸고 나서, 참서(讖書)로 맞추어 보고는 스스로 자기의 수명이 다했음을 알았는데, 이윽고 병이 깊어져서 죽었다는 고사에서 온 말이다.(『後漢書』 권65 「鄭玄列傳」)

165) 이창진(李昌鎭, 1619~1684) : 자는 운장(雲長), 호는 창주(滄洲), 본관은 벽진(碧珍)이다. 아버지는 정구와 장현광의 문인인 이언영(李彦英)으로, 배상룡의 동문이다. 칠곡(漆谷) 석전(石田)에 살았다. 1650년 과거에 응하려고 할 때 성균관 유생이 성혼(成渾)과 이이(李珥)의 승무(陞廡)를 청한 것을 영남 유생이 반대하다가 상소를 올린 소두(疏首)가 유벌(儒罰)을 받는 것을 보고는 과장(科場)에 들어가지 않았으며, 완석정(浣石亭)을 지어 독서와 수양에 힘썼다. 만년에 천거되어 찰방(察訪)에 제수되었으나 부임하지 않았다.

공은 능히 효우를 온전히 하였네	公能孝友全
노래는 상체곡[167]을 전하였고	歌傳常棣曲
시는 육아편을 접었네	詩廢蓼莪篇
기북에는 천리마가 여위게 되고[168]	冀北瘦天馬
강남은 지상의 신선을 잃었네	江南失地仙
아버지의 벗들이 모두 돌아가시니	先君交契盡
만폭에 글 지으매 눈물이 샘처럼 흐르네	題幅淚如泉

또[又]

박익朴翊[169]

언론과 행동이 주선하는 데서 나타나니	言談擧止見周旋
훌륭한 어른임을 묻지 않아도 안다네	不問知其長者賢
아픔을 나누니[170] 스스로 상체의 즐거움 온전하였고	分痛自全常棣樂
시경을 읽을 때 남들도 육아편을 접었네	讀詩人廢蓼莪篇
자신의 처지를 미루어 저를 가장 알아주시니	由來最荷推吾恕
이후로 누가 나의 허물을 용서할까	此後誰能捨我愆
하염없이 두 줄기 눈물 옷소매 적시니	多少潸然雙袖淚

166) 문목공[文穆] : 한강 정구의 시호이다.

167) 상체곡(常棣曲) : 형제간의 우애를 노래한 『시경』「소아(小雅)·상체(常棣)」를 가리킨다.

168) 기북(冀北)에는……되고 : 훌륭한 인재가 남아 있지 않음을 말한다. 기북은 중국 기주(冀州)의 북쪽으로, 지금의 하북성(河北省)인데, 이곳에서는 좋은 말이 많이 생산된다. 한유(韓愈)의 「송온조처사서(送溫造處士序)」에 "말의 상을 잘 보는 백락이 말의 고장인 기북 지방을 한 번 지나자, 말 떼가 마침내 텅 비게 되었다.[伯樂一過冀北之野 而馬群遂空]"는 말이 있다.

169) 박익(朴翊, 1606~?) : 자는 보백(輔伯), 호는 포암(浦巖)·반국재(伴菊齋), 본관은 순천(順天)이다. 성주(星州)에 살았고, 1633년 생원시에 입격하였으며, 문장이 뛰어났다.

170) 아픔을 나누니[分痛] : 형제간의 깊은 정을 말한다.

경도와 권도171)를 물어볼 곳 없어 애달프네 爲哀無處質經權

높이 우러르던 사문 이미 자취가 묵었으니 宗仰斯文迹已陳
대현의 문하에 다시 누가 남았나 大賢門下更何人
입암의 시냇가에 송죽이 쓸쓸하니 立巖溪畔寒松竹
이 모두가 선유께서 가셨기 때문일세 盡是先儒去後春

또[又]

여동소呂東韶

하늘이 태평을 바라지 않는 줄 예전에 알았으니 久知天未欲平治
동방의 간세172) 인재 허망하게 늙어 갔네 虛老東方間世資
이윤과 여상173)의 경륜과 뜻을 품었으니 旣抱經綸伊呂志
성대한 한나라 당나라 때 태어났더라면 使生全盛漢唐時
재상으로 명성 떨쳐 화상174)에 빛나고 聲名王佐丹青煥
유도儒道를 앞세워 역사에 이름 남겼으리라 事業儒先竹帛垂

---

171) 경도와 권도[經權] : 경(經)은 정상적인 도이고, 권(權)은 임시로 변통하는 도로, 예를 들면 남녀 간에 직접 손을 잡지 않는 것은 경이고, 형수나 제수가 물에 빠졌을 때 시숙(媤叔)이 손으로 건져 내는 것은 권이다.

172) 간세(間世) : 권6 주 141) 참조.

173) 이윤과 여상[伊呂] : 이(伊)는 상나라 탕임금을 도운 재상인 이윤(伊尹)을, 여(呂)는 주나라 무왕을 도운 재상인 태공망 여상(呂尙)을 가리키는데, 모두 세상을 평정할 훌륭한 인재를 말한다.

174) 화상[丹靑] : 단청은 화상(畵像)을 말한다. 두보의 시에 "장맛비에 어진 신하 생각하고 단청은 옛 신하를 추억케 한다.[霖雨思賢佐 丹靑憶老臣]"라는 말이 있는데, 황학(黃鶴)의 보주(補注)에 "한(漢)나라 「호광전(胡廣傳)」에 영제(靈帝)가 구신(舊臣)을 사모하여 화상을 그려 추모하였다."는 내용이 있다.

이는 나만이 묘소 앞에서 하는 말 아니라 不是惟吾臨穴語
이 나라가 천 년을 두고 실로 같은 말 하리라 此邦千載實同辭

또[又]

김기金垕

아름다움 지니고 영남에서 태어나니 有美生南紀
보옥 중에서도 아름다운 옥이었네 璆琳間玉璿
겸손과 공손함 아름다운 덕을 갖추었고 謙恭令德備
문무의 뛰어난 재주 온전하였네 文武偉才全
기상은 지초와 난초처럼 빼어났고 氣宇芝蘭秀
가성은 효성과 우애를 전하였네 家聲孝友傳
즐거워하며 상체시를 읊었고 樂湛常棣什
슬퍼하여 육아편을 접었네 哀廢蓼莪篇
사수로 나아가 스승을 따랐고 泗水趍函丈
청천[175]에서 모시며 법도 있는 자리 지켰네 晴川侍禮筵
스승을 높이는 일에 정성을 다하였으니 尊師殫悃愊
유집의 편찬은 그대에 힘입었네 遺簡賴修編
자취를 감춘 것은 세상을 잊어서가 아니며 迹晦非忘世
길이 막혀도 하늘을 원망치 않았네 途窮不怨天
먼지 낀 세상 하직하고 발길 돌리어 風塵辭嫳屑
천석에서 너울너울 신선처럼 지냈네 泉石任蹁躚
자식을 가르치며 경서[176]를 가까이 하고 敎子親經篋

175) 청천(晴川) : 청천서재(晴川書齋)를 말하며, 한강 정구가 강론을 한 적이 있는 곳이다.

아이를 가르치며 약초를 가꾸었네	課兒種藥田
마음은 서책에서 노닐고	心遊黃卷上
몸은 물새 곁에 두었네	身在白鷗邊
물 흐르고 대 우거진 산양은 외지고	水竹山陽僻
안개 끼고 노을 지는 금리는 으슥하네	烟霞錦里偏
학이 깃드니 세월이 한가하고	鶴棲閒日月
거북의 나이를 세며177) 신선과 짝하였네	龜筭伴神仙
교분 맺어 서로의 간담을 토로하니	托契雙肝露
교유의 연분 대대로 이어졌네	交遊累世聯
만나 뵈면 정의는 곡진하였고	承顏情款曲
옛이야기 나누면 마음은 단란하였네	話舊意團圓
평교로 허여하여 주셨으나	許與平交等
존엄함은 할아버지인 듯하였네	尊嚴大父然
우물에 비녀장을 던질 때마다178)	每投陳井轄
늘 정문179)에 말이 모였네	常滯鄭門韉
어찌하여 작별한 지 삼 년 만에	一別何三歲
영원히 구원으로 막혀 버렸나	千秋隔九原
편지를 때때로 뒤적여보면	簡書時點檢
심장은 날로 타는 듯하였네	腸肺日熬煎
용마루의 달에 이별의 꿈이 선하고	樑月依離夢
옥 거문고에 옛 줄 끊어졌네	瑤琴斷古絃
회포를 쓰자니 내내 슬퍼서	述懷長惻惻
훔치는 눈물 절로 흘러내리네	揮涕自漣漣

176) 경서[經篋] : 경서(經書)를 담은 책 상자를 말한다.

177) 거북의 나이를 세며[龜筭] : 거북은 십장생의 하나로, 여기서는 거북처럼 장수하여 오래 사는 것을 말한다.

178) 우물에……때마다 : 권6 주 53) 참조.

179) 정문(鄭門) : 정당시(鄭當時)의 집 문을 말한다. 권6 주 118) 참조.

또[又]

이광헌李光獻

일찍이 사석師席에 나아가 심신을 검속하고	早登鱣席檢身心
제현의 사숙을 더해 사림의 어른이 되었네	却淑諸人長士林
한 방의 도서로 본분에 만족하였고	一室圖書安素履
백 년의 참된 즐거움 거문고에 붙였네	百年眞樂付絃琴
웃으며 명리 버리니 진세의 모습 전혀 없고	笑捐名利塵容絶
임천에 편히 누우니 학문의 맛 깊었네	牢臥林泉道味深
갑자기 천애에서 조학이 왔다180)는 소식에	忽報天涯來吊鶴
남극의 노인성이 빛을 잃으매 상심하네	傷心南極老星沉

또[又]

이이전李爾銓

가야산 정기 모아 빼어난 인물 내니	儲精倻岳降英神
호방한 흉금 군자다운 분이셨네	磊落襟懷君子人
저서와 문장은 여벌의 일이었고	著書文章餘事業
집에서 처신함과 아름다운 행실 천성에 근본하였네	處家懿行本天眞
스승을 높이고 도를 지키기에 정성 더욱 돈독하였고	尊師衛道誠愈篤
고인을 사모하고 어진 이와 친하여 날로 새로움 얻었네	慕古親仁得日新

180) 조학(吊鶴)이 왔다 : 부고가 왔다는 말이다. 진(晉)나라 도간(陶侃)이 어머니 상을 당했을 적에 두 사람이 와서 조문을 하면서 곡하지 않고 물러나 두 마리의 학(鶴)으로 변화하여 하늘 높이 날아 올라갔다는 고사에서 유래한다.(『晉書』 권66 「陶侃傳」)

한강 문하의 한 어른이 이제 또 돌아가시니　一老岡門今又逝
백매원의 초목들도 점차 황폐해지리라　百梅園草漸荒蓁

사우의 연원은 유래가 있음을 알겠으니　師友淵源知有自
한 평생 수고한 것은 사문의 일이었네　一生勤業在斯文
말세에도 한가히 지냈고 근심 속에서도 즐거워하였으니　居閒歲暮憂中樂
우리 영남의 모범으로 영원히 향기로우리라　矜式吾南百世薰

수도산[181] 속에 초당이 있으니　修道山中有草堂
운무 깊은 곳을 몇 번이나 배회하였나　烟雲深處幾翺翔
고매한 분 한 번 떠나시자 다시 적막해져　高人一去還寂寞
바람과 달만 남아 만고에 쓸쓸하구나　風月空餘萬古凉

또[又]

도한국 都翰國[182]

연못처럼 깊은 식견은 대장부였고　淵然深識大男兒
평소의 포부 원대하기를 기약하였네　抱負平生遠到期
궁달은 하늘에 있으니 본분에 만족하였고　窮達在天安素履
훼예는 밖에서 오니 그냥 내버려 두었네　毁譽由外任他爲
흔들리지 않는 고요 속에 마음은 늘 편안하였고　不撓靜裏心常泰

181) 수도산(修道山) : 성주와 김천의 경계에 있는 산이다.

182) 도한국(都翰國, 1614~1682) : 자는 자번(子藩), 호는 오월당(梧月堂), 본관은 성주(星州)이다. 성주에 살았고, 장현광(張顯光)·김주(金輳)의 문인이다. 효성이 극진하고 행의와 학문이 크고 넓었으며, 어릴 때 모친상을 당하자 평생을 검은 옷을 입으며 심상을 지냈다. 저서로는 『오월당집』이 있다.

다툼 없으니 어느 쪽에나 남들이 절로 기뻐하였네　無競那邊物自怡
남극의 노인성이 갑자기 어두워지니　南極老人星忽晦
후생은 어디에서 풍도를 본받을까　後生何地尙風儀

또[又]

정홍현鄭弘鉉[183]

과거로 이름 떨치려는 데서 벗어난 것은　罷脫科名上
사문에서 눈 속에 서 있던 해라네　師門立雪年
고장에서는 늘 으뜸으로 꼽히니　鄕邦常屈指
굳세고 원대하여 견줄 이 없었네　雄遠果無肩
가정에서는 훌륭한 품행 지녔고　至行家庭內
남을 대할 때는 참된 마음이었네　誠心接遇邊
상체곡 읊을 때 슬픔이 깊었고　悲深常棣咏
육아편 읽을 때 아픔이 절실하였네　痛切蓼莪篇
사는 맛은 인간 세상에서 적었고　世味人間少
그윽한 정서는 물외에서 온전하였네　幽情物外全
주문[184]은 꿈에도 다가가지 않았고　朱門無夢到
물새와 나눈 맹세 견고하였네　白鳥有盟堅
팔순에 홍진의 객이 되어　八袠爲塵客
삼청경[185]에 급히 신선되어 올랐네　三淸遽上仙

---

183) 정홍현(鄭弘鉉, 1621～?) : 자는 원길(元吉), 호는 사보(沙甫), 본관은 동래(東萊)이다. 고령(高靈)에 살았고, 1648년 진사시에 입격하였으며, 문필에 뛰어났다.

184) 주문(朱門) : 붉은 색칠을 한 대문으로, 권문세가의 집 문을 말한다.

185) 삼청경[三淸] : 청미천(淸微天)인 옥청경(玉淸境)·우여천(禹餘天)인 상청경(上淸境)·대적천(大赤天)

바위산에는 눈과 달이 남아 있고　巖崖餘雪月
송죽에는 임천의 빛을 띠었네　松竹帶林泉
책 상자 지고 와서 가르침 받드니　負笈承清誨
받은 사랑 백발이 될 때까지였네　銜恩抵白顚
양담의 서러운 눈물 없어도186)　羊曇無恨淚
속절없이 죽음 앞에 흩뿌리도다　空灑萬化前

또[又]

송문징宋文徵187)

팔순 동안 세상에서 수양한 지 오래되니　八袠人間修養久
이현188)의 문하에 훈자됨이 깊었네　二賢門下炙薰深
타고난 효우는 옛날에도 드물었고　出天孝友稀終古
남다른 문장은 오늘날에도 적다네　特地文章尠當今
육아편에 눈물 흘리며 지극히 슬퍼하였고　淚灑蓼莪悲罔極
상체꽃 꺾이자 아픔을 견디기 어려워하였네　花摧常棣痛難任

인 태청경(太淸境)으로, 도교에서 말하는 최고의 선경이다.(『道敎義樞』)

186) 양담(羊曇)의……없어도 : 진(晉)나라의 명재상인 사안(謝安)이 평소에 생질인 양담을 애지중지하였는데, 사안이 죽자 양담이 다시는 사안이 살던 서주(西州)로 가지 않았다. 그러다가 크게 취하여 자신도 모르는 사이에 타고 있던 말이 서주의 문에 이르렀다. 따르는 사람이 "이곳은 서주의 문입니다."라고 말하자, 양담은 슬픈 감회를 이기지 못하여 말채찍으로 문을 두드리며 "살아서는 화려한 집에 거처하더니, 영락하여 산으로 돌아갔네.[生存華屋處 零落歸山丘]"라는 조조(曹操)의 시를 외우고 통곡하였다고 한다.(『晉書』 권79 「謝安列傳」) 원문의 '恨' 자는 '限' 자로 보이나 확인할 수 없다. '限'으로 고쳐 번역한다면 "양담이 흘렸던 끝없는 눈물"이라고 할 수 있다.

187) 송문징(宋文徵, 1623~1700) : 자는 백신(伯信), 호는 정양재(靜養齋), 본관은 야성(冶城)이다. 칠곡(漆谷) 도촌(道村)에 살았고, 장현광(張顯光)의 문인이다.

188) 이현(二賢) : 한강 정구와 여헌 장현광을 말한다.

재계한 마음 희디희어 조심스레 비파 잡았고　齋心皎皎羞操瑟
도를 즐기며 자득하여 마음껏 거문고 탔네　樂道囂囂浪撫琴
세상의 공명은 지푸라기처럼 가벼이 여기니　世上功名輕一芥
산수 속의 성가는 천금보다 무거웠네　林中聲價重千金
가업은 자손들의 원대함에 의지하겠고　箕裘自倚庭蘭遠
남긴 복은 선을 쌓은 참됨에서 유래하네　福慶還從積善諶
모자란 저는 평소에 깨우침을 받들었고　不佞平生承教誨
내 아버지께서는 어릴 적부터 경계를 받았네　家君髫齔被規箴
정은 부자 같았고 사랑은 바다 같아　情同父子恩同海
바라보면 성운 같고 우러르면 산봉우리 같았네　望若星雲仰若岑
오래도록 덕망을 우러를까 하였더니　長擬百年瞻德宇
하루저녁에 슬픈 소식 들릴 줄 어찌 알았으랴　何圖一夕聞哀音
상여를 붙잡고 영결하자니 마음은 베이는 듯하여　攀輀永訣心如割
날 저무는 황량한 산에서 눈물이 옷깃에 가득하네　落日荒原涕滿襟

또[又]

채득렴蔡得濂189)

꿋꿋한 절개를 무엇에다 견주어볼까　巍巍風節孰與埒
산이라면 가야산 물이라면 낙동강이 있네　山有伽倻水洛東
한강 선생 아래서 직접 가르침 받았고　身炙寒岡先正下
달 속의 계수나무에는 마음을 접었네190)　心灰桂魄月宮中

189) 채득렴(蔡得濂, 1582~?) : 자는 이정(而淨), 호는 암재(巖齋)이다. 진용교위(進勇校尉)를 지냈으며, 배상룡의 숙부인 배건(裵楗)의 딸과 혼인하였다.

190) 달……접었네 : 계수나무는 대과(大科)에 급제한 사람을 적은 방목을 비유하는 말로서, 과거 급제에

가정에서의 곧은 행실 천성에 말미암았고	家庭穀行由天畀
훌륭한 문장은 남달리 뛰어났네	磊落文章特地雄
휘정[191]하여 간직한 포부 펴 볼 수 있었더라면	若使彙征施所蘊
이 사람이 이 세상에서 어찌 눈귀를 닫았으랴	斯人斯世豈盲聾

또[又]

김응택金應澤

문무의 집안 명성 대대로 떨쳤는데	文武家聲世世揚
그 사이에 공이 있어 찬란히 빛났네	其間公有蔚然章
효우는 공자 문하 민자건[192]처럼 일컬어졌고	孔門孝友惟稱閔
훈도는 정자의 양시[193]처럼 인정받았네	程座薰陶最許楊
푸른 바다 누운 용은 번개에도 일어나지 않고	滄海臥龍雷未起
저문 산 주린 표범은 안개 속에 숨었네[194]	暮山飢豹霧空藏
예로부터 인과응보 참으로 이와 같으니	由來報施儘如此
남긴 복 다른 해에 두 아들에게 주어지리라	餘慶他年屬二郎

는 마음을 접었다는 말이다.

191) 휘정(彙征) : 뛰어난 사람들이 조정에 등용되는 것을 뜻한다. 『주역』 「태괘(泰卦)·초구(初九)」의 효사(爻辭)에 "띠풀을 뽑음이라 그 무리로써 가는 것이니 길하다.[拔茅茹 以其彙征 吉]"는 말에서 유래한다.

192) 민자건(閔子騫) : 공자의 제자로서 효행으로 이름이 났다.(『三綱行實圖』 「孝行」)

193) 양시(楊時) : 송(宋)나라 양시가 명도(明道) 정호(程顥)에게 배우고 고향으로 돌아갈 때, 명도가 좌객(坐客)들에게 "내 도가 남으로 가는구나[吾道南矣]."라고 허여하였다는 고사가 있다.(『宋史』 권428 列傳 第187 道學2 「程氏門人」)

194) 저문……숨었네 : 숨어 살며 문덕(文德)을 닦았다는 말이다. "안개비 내리는 7일 동안 남산의 표범이 사냥하러 나가지 않는 것은 아름다운 털이 상하지 않게 보전하면서 문채를 이루기 위함이다.[南山有玄豹 霧雨七日而不下食者 欲以澤其毛而成文章也]"라는 말에서 유래한다.(『列女傳』 권2 「陶答子妻」)

또[又]

박이혁朴以爀

가야산 맑은 정기를 오로지 타고나서	禀得伽倻淑氣專
옷깃 여미며 도를 들은 것은 초년부터였네	摳衣聞道自初年
가정에서의 행실에 남들은 다른 말 않았고	家庭制行人無間
스승에 대한 깊은 정성 남들이 훌륭하게 여겼네	函丈深誠衆所賢
반평생 운림 속으로 기쁘게 자취 감추었고	半世雲林甘晦迹
하루아침에 선학 타고 급히 하늘에 올랐네	一朝仙鶴遽昇天
이전의 두터운 정의를 잊기 어려우니	從前厚義難忘處
차마 만사를 써서 구천으로 보내랴	忍寫哀詞送九泉

또[又]

강문재姜文載

나는 유림의 참된 어른을 보았으니	我見儒林長者眞
당당한 기상은 띠에 써 놓을 만[195]하였네	堂堂氣宇可書紳
간절히 우러르며 춘풍의 자리를 얼마나 모셨던가	望雲幾侍春風座
밤낮으로 일찍이 입설[196]한 사람 되었네	夙夜曾爲立雪人

195) 띠에……만[可書紳] : 마음에 새겨둘 만하다는 뜻이다. 자장이 행(行)에 대하여 묻자 공자가 "말이 충성되고 미쁘며, 행실이 독실하고 공경스러우면 멀리 오랑캐 나라에서도 행할 수 있다.[言忠臣 行篤敬 雖蠻貊之邦 行矣]"는 말을 하자, 자장이 이 말을 큰 띠에 적었다는 데서 온 말이다.(『論語』「衛靈公」)

196) 입설(立雪) : 스승에게 나아가 배운 것을 말한다.

어찌 동산의 안석[197] 늙은이를 아쉬워하랴 爭惜東山安石老
남극 수성이 침침해질 줄 어찌 알았으랴 豈料南極壽星淪
하늘이여 그만이구나 나는 누구를 우러르랴 天乎已矣吾誰仰
가야산 향해 곡하니 눈물이 수건에 가득하네 哭向伽倻淚滿巾

또[又]

노현盧灦

자품은 순수하고 도타우며 의기는 높아 資禀眞醇義氣尊
젊은 나이에 대현의 문에서 친자 받았네 妙齡親炙大賢門
겸손과 공손의 아름다운 행실 모두가 우러렀고 謙恭懿行人皆仰
효우의 집안 명성 세상이 함께 들었네 孝友家聲世共聞
보배 품고도 펴 보지 못함을 하늘에 묻지 마소 懷寶不施天莫問
재주 있어도 명이 없으니 이치를 알기 어렵네 有才無命理難原
이제부터 다시는 가르침 받지 못하게 되니 從今未得重承誨
마음 아프구나 누가 나의 어리석음 깨우쳐 주랴 痛矣誰能啓我昏

---

197) 동산(東山)의 안석(安石) : 안석은 진(晉)나라 사안(謝安)의 자로서, 일찍이 회계(會稽)의 동산에 은거하면서 산수를 즐기며 조정에서 불러도 나아가지 않았다.(『晉書』 권79 「謝安傳」)

또[又]

윤우尹瑀

몇 년을 세상 잊고 임천에 누워 지냈나 幾年忘世臥林泉
선사께 친자 받아 호연지기 기르셨네 親炙先師養浩然
문장으로 후학을 열어주려 하였고 要把文章開後學
담론으로 전현을 공경하기 좋아하였네 好將談論揖前賢
구두장[198]을 못 뵌 지 십이 년이 넘었으나 阻陪鳩杖曾逾紀
서원을 옮겨 모신 것이 다행히 지난해였네 趍謁鱣堂幸去年
무덤이 영원히 닫혀도 오히려 복 있으니 永閉蓬科猶有慶
난옥 같은 두 아들 세업世業을 이었네 雙枝蘭玉繼青氈

또[又]

김응려金應礪

선생의 문하에 제자가 몇이던가 先生門弟幾
공이 유독 그 종지를 얻었네 公獨得其宗
값을 기다리며 막 옥을 깎았으나 價待方彫玉
소리를 감추니 종을 치지 못하였네[199] 聲藏未撞鍾
빙호추월[200]의 빛이요 氷壺秋月色

198) 구두장(鳩頭杖) : 권6 주 157) 참조.

199) 소리를……못하였네 : 조정에서 등용하지 않았음을 뜻한다.

200) 빙호추월(氷壺秋月) : 사람의 인품과 덕성이 얼음을 담은 옥항아리와 가을철의 밝은 달처럼 맑고 깨끗하다는 뜻으로, 등적(鄧迪)이 주자(朱子)의 스승인 연평(延平) 이통(李侗)의 인품을 말하면서 "마

기수춘풍201)의 모습이었네　　沂水春風容
오늘 길이 이별하게 되면　　此日長爲別
어느 때나 다시 따르리　　何時更與從

개진기회록에 덧붙이다[附開津期會錄]

조임도趙任道

계미년(1843) 3월 17일 나는 등암藤巖 배장裵丈과 함께 고령의 개진開津에서 만나 묵은 약속을 실천하였다. 지난겨울 내가 선산善山에 성묘할 때에 등암의 초가에 들러 잤는데, 당시 주인은 막 낙상落傷의 어혈瘀血로 고생하고 있어서 앉거나 누울 때 사람의 부축을 필요로 하였으나 병을 무릅쓰고 회연서원檜淵書院까지 뒤따라 작별하러 와서 다시 하룻밤 동문의 진심을 나누었다. 작별하는 날 아침 더욱이 깊은 정을 어쩌지 못하여 손을 잡고 탄식하며 "그대는 이순耳順(60세)이 다 되었고 나는 종심從心(70세)이 다가오니 인간 세상에 붙어사는 것이 다시 얼마나 되겠는가? 죽기 전에 어떻게 하면 다시 만나볼 수 있겠는가?"라고 하시기에 내가 말하였다. "노경老境에 멀리 가는 것은 참으로 약속하기 어렵습니다. 그래도 그만둘 수 없다면 한 가지 방법이 있습니다. 개산開山의 나루는 도동道東의 하류에 있으면서 송림松林과 사수沙水의 뛰어난 경치가 있습니다. 피차간에 오고 가는 데 거리가 같고 수고스러움도 같습니다. 만약 모임을 꾀하려면 어찌 이곳에서 만나지 않겠습니까?" 등암이 "좋다."라고 하여, 드디어 날짜를 정하였다.

치 빙호추월(氷壺秋月)과 같아 티 없이 맑고 깨끗하니 우리들이 미칠 수 없다."고 한 말에서 유래한다.(『宋史』 권428 「李侗列傳」)

201) 기수춘풍(沂水春風) : 맑고 얽매임이 없는 기상을 말한다. 공자의 제자 증점(曾點)이 자신의 뜻을 말하라는 공자의 명에 슬(瑟)을 울리다 말고, "늦은 봄날 봄옷이 이루어지거든 어른 대여섯 사람, 동자 예닐곱 사람과 함께 기수(沂水)에 목욕하고 무우(舞雩)에서 바람을 쐬고 시를 읊으면서 돌아오겠다."라고 한 고사에서 유래한다.(『論語』 「先進」)

집으로 돌아온 지 여러 달 만에 허화보許和父(허목許穆)와 둔암공遁庵公이 배장의 편지를 전하였는데, 종이 가득한 다정한 사연은 진실한 마음 아님이 없었고, 그 대략은 개진에서의 아름다운 모임이 두 달밖에 남지 않았으니 손꼽아 날을 보내고 있다는 것 등등이었다. 말뜻이 확고하여 바꿀 수 없었다. 그래서 내가 더욱 애써서 쇠약하고 병든 것을 잊고 번잡한 일을 제쳐 두고 행장을 꾸려 길을 나섰다. 아침에 출발하여 저녁에 도착하였는데, 행차의 도구는 말 한 필과 동복 둘, 병 하나와 상자 다섯 개였다. 일찍이 참봉參奉 이도보李道輔·찰방察訪 한몽삼韓夢參·조경민趙景閔 등 여러 사람들과 동행하기로 약속하였으나, 세 벗은 모두 마가 끼어 가지 못하고 조생曺生 석碩만 나를 모시고 따라왔다. 이날 오전에 등암이 먼저 와서 기다렸는데, 강 건너에서 서로 마주하고 바라보니 눈시울이 서늘하였다. 따라온 자들은 수재秀才 배원명裵元明·배맹명裵孟明과 수재秀才 김옥여金玉汝, 수재秀才 정경복鄭景覆[202]이었다. 두 명의 배씨와 한 명의 김씨는 등암의 조카와 생질이고, 정씨는 문목공文穆公(정구의 시호) 선생의 손자이다. 사수 어귀에서 맞이하며 웃으니 기쁜 기색이 얼굴에 가득하였다.

등암이 먼저 행장 속의 술을 한 잔 따르며 내가 멀리서 온 것을 위로한 다음, 각자 한 순배 돌리고서 그쳤다. 나도 한 잔씩 돌리려고 하였으나 날이 저물어 하지 못하였다. 이윽고 검은 구름이 사방에서 모이며 작은 빗방울이 듣자, 모두가 "개진 나루의 작은 집은 아주 비좁고 비도 오려고 하니, 조물주가 우리의 좋은 모임을 훼방하여 아름다운 정취를 깨뜨리려는 것이 아니겠습니까?"라고 하였다. 다시 계획을 바꾸어 편리를 취하여 도동道東의 향교로 옮기고 모두 한 재실에 모여 쉬었다. 이날 밤 비가 내렸다.

다음날 새벽녘에 김 찰방金察訪이 보러 왔는데, 김 찰방의 나이는 일흔 셋으로 수염과 눈썹이 희었고 골상骨相이 청수하며 어깨와 등은 꼿꼿하였다. 걸음걸이가 가볍고 활기찬 것이 건강한 장년도 자못 미치지 못할 듯하였으니, 이가 바로 문경공文敬公(김굉필金宏弼)의 봉사손奉祀孫으로서 서원의 옆에 사는 자였다. 나는 식전에 여러 사람들을 위하여 술을 다섯 순배 돌리고 그만 두었다. 등암은 곧바로 취하여 엎어져 누웠으니, 이는 술 마시는 것이 그분의 장점이 아니었기 때문이다. 아림娥林(거창居昌)의 진사進士 서홍거徐鴻擧 군이 마침 지나가다가 잠시 들러 회포를 풀고는 작별하였다. 성주의 사우士友로서 모임에 온 자는

---

202) 수재(秀才) 정경복(鄭景覆) : 초시에 입격한 정유도(鄭惟燾, 1611~1661)를 말한다. 경복은 그의 자이다.

주부主簿 곽자고郭子固와 참봉參奉 곽덕무郭德懋, 상사郭上舍 곽자후郭子厚였다. 자후는 막 서원에서 원장이 되었다고 한다. 이 밖에 소문을 듣고서 온 젊은이들도 열 명 남짓 되었으나 다 기록하지 못한다.

처음에는 오늘 헤어지려고 하였으나 아직 비가 개지 않았고, 또 주인이 만류하며 찰방과 원장이 서로 이어서 술을 마련하여 저물녘까지 이야기를 나누었다. 그 다음날 시간을 내어 사당에 참배하고 걸어서 강가로 나와 여러 벗들과 작별하였다. 나는 배장裵丈과 일행이 되어 배를 타고 곧장 내려가서 처음 모였던 개진에 닿아서야 각자 헤어졌다. 김 찰방은 석별의 미련이 있어 배에 올라 뱃머리를 돌렸다. 곽자고郭子固가 이웃집 막걸리 한 병으로 배 위에서 실컷 마시자 등암은 또 조카에게 명하여 그 남은 술을 다 마시게 하였고, 나도 헤어지는 고뇌를 견디지 못하고 심사가 산란하여 애써 그 뜻을 따라 주량껏 마시니 나도 몰래 약간 취하였다. 객들이 강나루에서 흩어지고 머리를 돌려 보니 아득하였다. 유독 자고와 쓸쓸히 돌아와서 그의 집에서 함께 자고는 다음날 새벽에야 돌아왔다. 지난번의 유람을 추억해 보니 참으로 잊을 수 없고, 잊을 수 없는 중에 느끼는 바가 있었다.

몇 해 전에 만나자고 약속했던 말은 처음에는 우연하게 나온 것이었는데 결국에는 참약속이 되어 마치 부절과 같이 합한다. 가벼이 허락하여 믿음을 잃었다는 후회도 없고 예전의 약속을 잊지 않은 아름다움이 있으니, 쇠란衰亂한 세상에서 찾아보려 해도 쉽게 얻지 못할 일이다. 등암은 한강寒岡 정선생鄭先生 만년의 고제高弟이다. 그 큰 재주와 뛰어난 그릇은 세상에 큰일을 하기에 충분한데도 불행히 젊은 나이에 아버지가 죽은 아픔을 안고 생을 마칠 때까지 과거공부를 폐하고 두문불출하였다. 처신은 효우孝友를 벗어나지 않았고 은택은 백성에게 입히지 못하였으니, 식자들은 애석해하였다.

공은 일찍이 한강의 문하에서 경서를 배워 심학의 요체를 들었고 예禮의 조목을 익히니 선생이 애지중지하였다. 나는 비록 선생을 젊은 날에 만나 뵈었으나 나태하며 졸렬하여 끝내 스승으로 모시지 못하였는데, 한강 선생은 벌써 세상을 떠나셨다. 흠모하고 우러르는 진지함으로 당시 문하에 이르렀던 선비들을 뵙게 되면 마음을 기울이고 사랑하고 기뻐하며 그 실마리가 되는 말을 듣고 싶지 않겠는가. 더구나 등암은 한강 선생에게 있어서 이천伊川을 보기만 한 자와는 비교할 것이 아니니, 친자되어 보고 느껴 얻은 것은 평범한 제자와는 전혀 다르다. 자신을 알아준 은혜에 감격하고 현자를 닮으려는 정성을 다하여 선생의 유고를 정리하고 선생의 사당을 세웠으니, 무릇 선생을 널리 알리는 사업은 모두 그 지극함을 다하지 않음이 없었다. 공을 만날 때마다 마치 선생의 곁에 있는 듯하였는데, 공은 망년지교로 허여하였고 나는 도의道義의 교제로 의탁하였으며, 이제 또 오랜 세월이 지났는데도 참된 약속을 실천하여 이루었다. 백발白髮 창안蒼顔으로 적막한 물가에서 쇠약해져 누워 쉬면서도 그 수고로움을 꺼리지 않았으니, 아무리 고인古人이 천 리 밖의 먼 곳에서 방문하였더라도 이보다 낫지는 않을 것이다. 게다가 내가 옥여에게 들으니 이번의 이 개진 행차는 막 위험한 증세를 겪고 기운이 충실해지지 않아 자제와 종과 시첩들이 번갈아 아뢰고 간하여 모두 나가서는 안 된다고 하였는데도, 공은 의연히 동요하지 않고 분연히 용단을 내려 기필코 약속을 지켰다고 한다. 이 역시 동류의 사람들이 미치기 어려운 점이니, 구름과 비가 뒤집히고 엎어지듯 순식간에 변하는 자와 비교해 볼 때 어찌 이리 먼가. 지극한 신의와 정성이 아니라면 어찌 이러할 수 있겠는가. 모이고 헤어지는 즈음에 서글프고 상심됨이 없을 수 있겠는가.

작별하기에 앞서 등암이 나에게 글을 지어 일을 기록할 것을 부탁하고, 또 여름 4월에 편지를 보내어 면려하기를 "일찍이 그대의 신필을 빌어 유람했던 자취를 대략 기록하였으니, 생각건대 문장을 벌써 지었을 터인데 서로 마주하여 일일이 감상할 수 없는 것이 너무 아쉽소."라고 하였다. 어른의 간절함이 이에 이르니, 내가 비록 글재주가 없지만 감히 받들지 않고 은근한 후의의 말씀을 저버리겠는가. 아니 또 다른 말이 있으니, 우리들의 나이가 모두 육순이나 칠순이고 노정은 이 백리나 떨어져 있으니 만나기 어려움은 이 뒤로 더욱 심할 것이다. 만약 반드시 서로 뒤따르며 함께 웃고 이야기하는 것만을 친밀하고 두터운 것으로 여긴다면 교제의 도를 논하는 것이 너무 얕지 않겠는가. 옛사람은 백 세대 뒤에도 서로 느끼는 자가 있었으며, 천 리나 떨어져 있으면서도 정신적인 교유를 나눈 자도 있었다. 이는 심기心期와 기개氣槩가 서로 얼마나 비슷한가의 여부에 달려 있을 뿐이다. 조자건曹子建(조식曹植)의 시에 이렇게 말하였다.

은혜와 의리 참으로 손상이 없다면	恩義苟不虧
멀리 있어도 교분은 날로 친하네	在遠分日親
어찌 굳이 한 이불을 덮고	何必同衾裯
그런 뒤에야 은근한 정 펴는 것이리	然後展慇懃

바라건대 이 말로써 서로 힘쓰고자 한다.

아무 달 아무 날에 용화산인龍華山人 조임도趙任道 덕용德勇이 와운헌臥雲軒에서 쓰다.

개진기회록 발문[開津期會錄跋]

(숭정)16년(1643) 봄에 나는 바닷가(허목이 창원昌原에 있던 시절임)에서 살았는데, 등암 어른이 용화龍華 조덕용趙德勇 어른과 약속하여 강가에서 함께 만나기로 약속하였다며 수백 리 밖에서 편지를 보내 왔다. 나는 서로 헤어진 지 20년 만에 편지를 얻으니 매우 기뻤고, 또 강가에서의 유람을 즐거워하여 즉시 허락의 답장을 보내었다. 약속 날짜가 되었을 때 나는 병이 나서 참석하지 못하였지만 조장趙丈은 과연 등암옹藤庵翁과 함께 개산開山의 나루에서 배를 타고 여러 날 서로 즐기고서 돌아갔다. 8월에 나는 배를 타고 용화산으로 조장을 방문하였는데, 조장께서는 3월의 개진기회록을 꺼내어 보여주셨다.

깊은 소나무 숲을 뚫고 모래사장으로 나와 봄 강에 배를 띄우고 잔을 들어 서로 권하며 매우 즐거워하였다. 비가 오는데도 불구하고 금산金山에 올랐으며, 그 김에 함께 서원에 머물러 선사의 유적遺籍을 열람하고 예의禮義를 강론하였다. 이에 서로 따라온 사대부士大夫 제생諸生과 학자學子들이 또 10명 남짓하였는데, 그 성명과 자를 모두 상세히 기록하였다.

나는 가만히 탄식하건대 노 선생께서 이미 돌아가시고 그 가르침을 직접 받은 문생과 제자들이 이제 세상에 거의 없으며 오직 배·조 두 어른이 계시지만 이들도 모두 늙으셨다. 나는 남쪽 모퉁이에서 외지를 떠돈 지 십 년에 가까워 더욱 고루해진 데다 병이 많아서 두 어른을 따라 한강 선생이 남기신 말씀을 듣지 못하였으니 참으로 한스럽다. 또 아름다운 약속을 저버렸을 뿐만 아니니, 봄 물가의 아름다운 경치를 마음으로 상상할 뿐이다. 이 때문에 감회를 써서 개진기회록의 발문으로 삼는다.

숭정崇禎 16년(1643) 중추 하순에 양천陽川 허목許穆 화보和父가 발문을 짓다.

미옹의 편지를 덧붙이다[附眉翁書]

지난해 강가의 유람은 제가 두터운 약속을 저버렸습니다. 몇 마디 말을 추기追記하여 조덕용趙德勇 형께 부쳐 드렸는데 이미 보셨는지요? 저는 봄이 오기 전에 고향에 가서 여러 달 머무르다가 이제 막 바닷가 처소로 돌아왔습니다. 이번 걸음에 산길로 잡아서 들어갔던 것은 본래 어르신을 찾아뵙고, 격조하고 사모하던 회포를 남김없이 풀고 싶었기 때문입니다.

그러나 사람 일이 공교롭게도 어긋나 마침 출타하신 때를 만나 빈 집에서 쉬고 머무르며 뜰의 화초를 감상하였으니, 아쉬움만 한결 더함을 어쩌겠습니까? 이번 길에는 선생의 사우祠宇에 들러 알현하고 갈 것입니다. 산천은 여전한데 보이는 것마다 모두 감회가 일어납니다.

을유년(1645) 3월 시생侍生 허목許穆은 재배합니다.

문집발文集跋

선생은 어려서부터 나의 선조이신 문목공文穆公의 문하에 유학하여 신명神明처럼 우러르고 사시四時처럼 믿었다. 50년 훈도한 힘은 덕을 이룬 군자의 영역에 깊이 나아갔으며, 만년에는 또 문강공文康公 장선생張先生을 사사하였다. 물러나서는 괴재옹愧齋翁(배상호裵尚虎)과 금곤옥우金昆玉友로 강마하고 성취하니 옛날에 칭한 바 벽오난곡碧梧鸞鵠이 능히 이와 같을 수 있는지 모르겠다. 선생은 어버이께 효도하여 원통함을 신원하고 나라에 충성하여 의를 창도하였으며 학문에 깊어 온축한 것을 꺼내니, 널리 포용하는 두터운 덕과 순후하고 삼가며 사양하는 풍도는 한결같이 사문의 모범을 따랐으나 평소 저술로서 자처하지 않았다. 만년의 한 부 「경재잠해敬齋箴解」는 사문의 핵심적이고 정밀한 뜻을 은밀히 전하는 가르침이 되기에 충분하고 또 선사께 들은 총결적인 학설이니, 위기爲己와 위인爲人을 분별하여 참으로 알고 실천하며 정밀한 경지를 체험하지 않았다면 어찌 이와 같을 수 있겠는가. 아쉽게도 그 남긴 글이 흩어지고 분실되어 조각난 일부분의 남은 것도 열 가운데 한둘에 지나지 않는다. 그러나 그 약간의 글을 읽어보면 담박하면서도 온화하고 온건하면서도 강건하여 원활하고 평정하여 실로 도 있는 사람의 말이어서 한 마디의 댓가지로도 큰 종을 울릴 수 있으니, 어찌 많아야 할 필요가 있겠는가.

판각하는 일은 수백 년을 거치면서도 아직 하지 못하였으니, 이는 모두 우리 유림의 책임이다. 그러나 신중을 기하느라 미처 선창하지 못했는데 지금 몇몇 후손이 있는 힘을 다하여 나무에 새기니, 선생의 문장이 한 번 침체하고 한 번 드러나는 것이 또한 어찌 기수에 매인 것이 아니겠는가. 하루는 방계의 후손인 석일錫一이 사립문을 두드리며 말하기를 "우리 등암옹藤庵翁은 노 선생老先生과는 집안사람이나 부자지간과 같았습니다. 경신년(1620)에 돌아가신 뒤에 고향의 원우院宇와 묘도墓道의 비석과 유서遺書의 판각과 무흘정사武屹精舍에서의 강학에 하나라도 책임지고 주관하지 않은 것이 없었으니, 그대는 문목공의 자손으로 지금 이 일에 대하여 아무리 말하지 않으려고 하지만 않을 수 있겠습니까?"라고 하였다. 나는 그 말에 감격하여 감히 글재주가 없다는 이유로 사양하지 못하고 함부로 부족한 말을 덧붙였으니, 어찌 곡부曲阜 가노家奴의 비난을 기다려야 한다는 책망[203]에서 벗어날 수 있겠는가. 보는 자는 용서하시라.

후학 서원西原 정교鄭墧[204]는 삼가 발문을 짓노라.

등암 배선생의 「경재잠해」 뒤에 공경히 쓰다[敬書藤庵裵先生敬齋箴解後]

류주목柳疇睦[205]

근자에 사문斯文 배석일裵錫一이 그의 종선조從先祖 등암 선생의 문집 4책을 받들고 산속 거처에 있는 나를 방문하여 발문을 부탁하였다. 내가 손을 씻고 그 책을 펴 보니, 덕 있는 분의 말씀이 너무도 지극하였다. 나는 참으로 불초하여 지언자知言者(남의 말을 잘 아는 자)가 아니라서 그 책임을 맡을 만한 사람이 못되는 것이 두려웠다. 선진先進이 또 이미 말씀해

203) 곡부(曲阜)……책망 : 천착(穿鑿)하고 있다는 책망을 말한다. 『후한서』 「오행지(五行志)」의 주(注)에 "후한 말에 곽광(霍光)의 사위이던 범명우(范明友)라는 자의 종의 무덤을 발굴하였는데, 발굴 당시 그의 종이 무덤에서 아직 살아 있고, 왕의 폐립(廢立) 당시에 대하여 그 종이 하는 말이 대체로 『한서』와 부합하였다."는 기록이 있었다. 이에 주자가 『춘추』를 배우는 자가 글자의 자구에 얽매여 천착하는 것에 대하여 "지금 이렇게 천착해도 무방하지만, 공자의 종이 하루아침에 다시 살아나서 공자가 원래 글을 지은 뜻은 그와 같지 않다고 할까 염려스럽다."고 한 말에서 유래한다.(『朱子語類』 권83 「春秋」)

204) 정교(鄭墧, 1799~1879) : 자는 중교(仲喬), 호는 진암(進庵), 본관은 청주(淸州)이다. 성주(星州)에 살았다. 1868년 관찰사가 유일(遺逸)로 천거하여 참봉을 제수하였으나 나아가지 않고 오로지 학업에 힘쓰다가 1878년 돈녕부 도정·동지중추부사 등을 역임하였다.

205) 류주목(柳疇睦, 1813~1872) : 자는 숙빈(叔斌), 호는 계당(溪堂), 본관은 풍산(豐山)이다. 류성룡의 9세손이자 류후조(柳厚祚)의 아들로, 상주·안동에 살았다. 학행으로 천거되어 동몽교관(童蒙敎官)·공충도 도사(公忠道都事) 등을 제수받았으나 모두 부임하지 않았다. 저서로는 『계당집』·『전례유집(全禮類輯)』·『사칠논변(四七論辨)』·『조야약전(朝野約全)』·『해동보(海東譜)』 등이 있다.

둔 것이 있으니 어찌 감히 천박한 말로 다시 군더더기의 말을 덧붙인다는 험담을 무릅쓰겠는가. 삼가 공손히 사양하였다. 그러나 생각건대 문집 속에 실린 「경재잠해」 한 편은 선생이 만년에 손수 편집하여 단락마다 나누어 주를 한 것으로, 스승께 들은 말씀과 경서의 뜻 및 송대 유학자들의 글들이다. 삼가 읽어보고는 여러 날이 되어도 싫지가 않았고 그 말이 맛있음을 더욱 깨달았다. 그리고 이치를 미루어보면 또한 어디에서건 통하지 않는 것이 없으니, 참말이구나! 그 말은 가까우나 가리킴은 멀다는 것이, 참말이구나! 주자가 후세를 기다렸다는 것이.

이에 가만히 생각건대 경敬이란 한 마음의 주재主宰이고 만사의 근본이어서 성학聖學의 처음이자 끝이 되는 중요한 길이다. 그러므로 주부자朱夫子가 일찍이 장경부張敬夫의 「주일잠主一箴」의 빠진 글을 모아서 이 잠을 짓고는 서재의 벽에 붙여 두고 이 말로써 스스로를 경계하였다. 이는 천지에 있는 공자 맹자 정이程頤 장경부의 도가 주자를 얻어 그 말을 다 드러내어 성인이 되고 현인이 되는 기틀이 사람의 마음에 있다는 것을 확연히 크게 밝혔다. 주자에 이르러 그 뜻이 모두 나타나 다시는 남은 온축이 없는 것이니, 학자가 당면한 당시의 가장 절실한 공부이며 유지하고 방비하는 도가 되는 것은 「경재잠」 하나를 벗어나지 않는다. 다만 그 언구言句가 간략하며 의리義理가 뭉뚱그려져 있어서 조목을 말하였으면서도 이름을 붙인 까닭을 언급하지 않았고, 하나를 들어 놓았으면서도 아직 말하지 않은 바를 예시하여 놓았으니, 학자들은 이에 대하여 그 규모의 큼과 가리키는 뜻의 오묘함을 연구하여, 비슷한 종류를 미루어 거슬러 올라가서 자세하게 밝히고 널리 통할 수 없게 되었다. 또한 어떻게 정밀한 뜻과 오묘한 작용의 지극한 바를 다할 수 있겠는가. 이것이 「경재잠해」를 지은 까닭이며 뒤에 나오는 후진들이 한 생각을 오로지 정밀하게 하는 바탕이 되게 한 것이다.

아, 성대하구나! 선생은 참으로 이른바 사도師道를 훌륭히 배운 자이다. 퇴도退陶 노 선생이 일찍이 소재穌齋[206] 선생의 「숙흥야매잠전소先生夙興夜寐箴箋疏」를 논하여 "우리 유도儒道가 우리 동방에서 없어지지 않는다면 이 풀이는 반드시 후세에 전해질 것이다."[207]라고

206) 소재(蘇齋) : 노수신(盧守愼, 1515~1590)의 호이다. 자는 과회(寡悔), 호는 소재·이재(伊齋)·암실(暗室)·여봉노인(茹峰老人), 본관은 광주(光州)이다. 시호는 문의(文懿)이며, 뒤에 문간(文簡)으로 고쳐졌다. 저서로는 『소재집』이 있다.

207) 우리……것이다 : 이황의 『퇴계집(退溪集)』 권10 「여노이재과회(與盧伊齋寡悔)」에 나오는 내용이다.

하였는데, 아쉽게도 한강 선생이 도를 강론하던 날에 이 「경재잠해」가 선생께 질정을 받고 한마디 평가해 주시는 말을 듣지 못하였다. 나는 지경持敬의 공부를 도외시하였던 자인데 감히 내가 알지 못하는 지식에 천착하여 경솔하게 잘못을 저지르는 죄를 범하겠는가. 다만 스스로 강론하고 밝힐 작정으로 은밀히 뜻을 같이 하는 자에게 서로 알려준다. 그러므로 이렇게 구구하게 이 글을 이와 같이 써서 부친다.

후학 풍산豐山 류주목柳疇睦이 공손히 절하고 삼가 쓰다.

간기刊記

기미년(1859) 3월 도천서원道川書院에서 처음으로 간행하다.

등암선생문집

색인

藤庵先生文集

색 인

가나다순

ㄱ

ㄴ

ㄷ

ㄹ

ㅁ

ㅂ

ㅅ

ㅇ

ㅈ

ㅊ

ㅌ

ㅍ

ㅎ

등암선생문집

영인

目次

藤庵先生文集卷之三

墓表

祝文

祭文

九

藤庵裵先生世系圖　本貫星山 星州舊號

一世 位俊 高麗壁上功臣

二世 仁益 門下侍郎

三世 良裬 判典理

四世 元舒 左僕射

五世 仁慶 子文迪武迪 興安君

六世 文迪 判樞密
武迪 三韓功臣

七世 用成 樞密院使

八世 晉孫 麗末登第仕我朝工曹判書 貞夫人王山張氏縣監仲和女 墓星州租谷乾坐上

九世 規 大司諫
矩 按廉使
倪 進士

十世 雄 子絺 墓星州琴琶谷松洞長麓艮坐

十一世 絺 折衝將軍慶尚左水使都萬戶歷宰三郡不蔽風雨清白著配夫人隴西李氏少監晟女墓今勿法坊酒峴上麓酉坐合墳

十二世 允厚 行烏浦萬戶釜山鎭管配宜人新反陳氏墓松洞先塋下艮坐合墳
允瞻 進士

下墳

十三世 伯孫 敦勇校尉
仲孫 配金陵鄭氏雅老女墓松洞萬戶公兆下艮坐合墳
終孫 副司正

十四世 孟成 墓今勿法粉土谷釛形酉坐配仁州李氏碩年女墓今勿法大旗谷馬蹄形甲坐

十五世 綢 子德文 字彦華敬陵參奉配恭人隴西李氏世茂女墓酒峴萬戶公兆下酉坐合墳有碣床

十六世 德文

十七世 楔

十八世 尚龍

十九世 世維

二十世 永徽 子胤胄

藤庵先生年譜　一

字叔晦號書巖文科漢城庶尹原從二等贈戶曹參判墓松洞萬戶公兆右艮坐有碣床配贈貞夫人善山白氏參軍巨鰍女墓酒峴參奉公兆下酉坐

字仲開武科本道左右水使原從一等贈戶曹參判配贈貞夫人冶爐宋氏忠順衛源女墓酒峴貞夫人白氏兆下合墳有碣床

楗 字守夫宣務郎配商山金氏墓金山倭踰嶺合墳有碣

字子章號藤庵生宣廟甲戌卒孝廟乙未享八十二配孺人居昌愼氏軍資監正仁恕女墓今勿法下享理谷村後亥坐合墳有碣床

配玄風郭氏參奉以昌女墓先兆下亥坐合墳

世綿 贈左承旨配贈淑夫人坡平尹氏英男女墓粉土谷上麓酉坐合墳

配西原鄭氏參奉惟壽女墓松洞先塋右亥坐配星山呂氏通德郎亨徵女墓酒峴先塋下酉坐雙墳

永徽 出系

重徽 子胤錫 墓酒峴案丙坐配月城李氏忻女墓松洞右麓丑坐

碩徽 子胤喆胤啓

號謙翁墓米來村後亥坐配星山李氏惟進女墓松洞左麓艮坐

用徽 子胤昌 贈戶曹參判配贈貞夫人一善金氏蕃女墓松洞先塋東丑坐上下墳

度徽 子胤祺 配義城金氏八和女墓松洞先

藤庵先生年譜　二

藤□先生年譜 三

十八世

尚虎 字季章號愧齋生 宣廟甲午卒 仁廟壬申享三十九 贈左承旨配 贈淑夫人密陽朴氏縣監信女墓明巖坊元興村左酉坐雙墳有道碑床石

十九世

世安 配永同金氏進士遠女墓酒峴都萬戶公兆左酉坐合墳有床石

世緯 贈戶曹叅判配 贈貞夫人西河盧氏通德郎倫女配 贈貞夫人密陽朴氏以敏女墓州北指南洞子坐品字墳

二十世

塋左艮坐雙墳配一直孫氏溥女墓亭理谷先塋案坤坐

聖徽 胤子久復 通德郎配星山呂氏孝老女墓全仁村後子坐雙墳

正徽 胤子先 字義叔號孤村中司馬登文科內除承旨外補義州慮潦以清白著遊聲叟許先生門文章學業有名當時有遺集五卷配 贈貞夫人興陽李氏兵曹佐郎在容女墓指南洞先兆下同坐合墳

聖徽 出系

藤庵先生年譜 四

遠徽 胤子大 通德郎配光州李氏皙女墓指南洞叅判公兆右麓壬坐上下墳配追安李氏護軍震英女墓酒峴村前獨山甲坐

益徽 胤子天 進士墓州西禿用城下子坐配宜人追安李氏忠順衛碩英女墓州北性贛洞村坐

晉徽 胤子恆 進士墓今勿法藍嶺下亥坐配宜人京山李氏生員達新女墓琴琶坊全仁城西太卜基卯坐

三

藤庵先生年譜

皇明神宗顯皇帝萬曆二年 我宣祖七年 甲戌

十月六日 先生生于星州八莒縣道村里第 先生世居本州廣大院村先生曾祖叅奉公移居後浦里大夫人宋氏歸寧道村親第生 先生于時紫氣繞屋達夜不消人咸異之

三年 我宣祖八年 乙亥 先生二歲

四年 我宣祖九年 丙子 先生三歲

五年 我宣祖十年 丁丑 先生四歲

頭角岐嶷穎悟超倫識者已知其非凡兒

六年 我宣祖十一年 戊寅 先生五歲

始受學于祖考書巖公 書巖公教史畧書讀了一遍慣誦不錯書巖公嘗戒之曰史冊皆古人事善者師之惡者懲之然後有益於進修之道何不究思也先生對曰吾心自有善何足觀史冊因掩卷而出書巖公笑曰此兒都是豪邁氣像 ○秋往侍外祖母朴氏膝下 先生外祖考忠順衛宋公早歿外祖母朴氏寡居無嗣先生乃就鞠于外家外祖母欲藏栗於缸中而缸口狹小散落難入先生拾樊陽帽子倒挿缸口因納栗於其中無一遺落祖母奇之曰孰謂五歲兒智畧如此

七年 我宣祖十二年 己卯 先生六歲

受通史于內從叔宋公 後昌 先生在外家每日必早起盥洗往拜床下誦所讀書迄請受日課終日危坐潛心讀書日暮拜辭而歸達夜誦讀閱盡秋冬少無懈意

八年 我宣祖十三年 庚辰 先生七歲

春自外庭還受小學于祖考書巖公 先生受小學欣然俯讀孜孜不怠書巖公喜而問曰前日讀史不肯究思今於此書着力翫味何也先生對曰史記則不過懲法而已此書則都是作人成己之方敢不敬乎

九年 我宣祖十四年 辛巳 先生八歲

春往道村省外祖母 自此歲以爲常問訊不絶 ○叅判公遊宦在洛先生奉母夫人及祖父母孝養甚至有疾則憂形於色不與羣兒戲 書巖公嘗出外隣嫗適以新菜來獻先生受而藏之及書巖公歸先生即供進曰某嫗所獻

十年 我宣祖十五年 壬午 先生九歲

十一年 我宣祖十六年 癸未 先生十歲

受四始六體之文對案挑燈吟哦不撤

十二年 我宣祖十七年 甲申 先生十一歲

始受讀六經 先生於讀書有見得義理處則輒欣然忘食

十三年 我宣祖十八年 乙酉 先生十二歲

八月始拜寒岡鄭先生 時鄭先生來訪書巖公先生侍側鄭先生見其眉目瑩秀進退安詳甚愛之勸之以書巖公曰吾欲以此兒托於先生鄭先生欣然而諾先生自拜鄭先生之後慨然有求道之志嘗歎曰尋章摘句焉足稱士傳識天人一理是乃吾人事業於是篤習經傳未嘗釋卷

十四年 我宣祖十九年 丙戌 先生十三歲

重讀論語孟子 先生嘗曰語孟兩聖人傳道之書朝夕講究至於鄉黨篇浩然章尤

可玩味有疑晦處輒質問于書巖公講論不撤

十五年我宣祖二十年丁亥先生十四歲

八月中鄉解先生傍治舉業詞藻夙就妙年赴舉莫有先者◑冬與姊兄

朴槎翁明胤讀周易先生謂槎翁曰三代之文渢渢洋洋氣像可尚大宋諸賢之文發揮前聖之蘊奧漢唐之文不無疵病文章之醇疵由於世道汚隆而高下也槎翁拍案曰眞格言也

十六年我宣祖二十一年戊子先生十五歲

二月赴會試覲參判公于京邸◑三月還鄉◑秋讀近思錄

十七年我宣祖二十二年己丑先生十六歲

入浣衣精舍讀春秋精舍卽書巖公書齋

十八年我宣祖二十三年庚寅先生十七歲

元朝隨姊兄朴公往拜鄭先生◑二月遭祖母貞夫人喪◑四月葬祖母貞夫人于松洞先塋下◑秋中鄉解○九月往拜鄭先生請受庸學留十餘日而還○十一月冬至往拜師門正朝及冬至必往拜師門歲以為常

十九年我宣祖二十四年辛卯先生十八歲

正月拜旅軒張先生時張先生再聘于宋氏之門見先生與語大悅曰公異日必成大儒◑二月赴會試○訪崔訒齋晛於洛下○三月還鄉◑往拜師門於社倉質問心經◑十一月陪師門通川之行至鳥嶺而還◑讀心經

二十年我宣祖二十五年壬辰先生十九歲

作挑燈看劍頻賦賦在集中◑四月陪書巖公入鄉校開講望見倭賊蹦踰星山來陪書巖公取間道還家書巖公當訓長之任講諸生校隷入告曰倭賊踰嶺散亂道走先生陪書巖公從間道忙歸障泥皮落地先生取而係鞍書巖公曰事甚急矣豈暇於障泥耶對曰雖蒼黃中豈可有遺失乎率家僮入修道山中參判公自京來護書巖公赴本州戎幕先生獨與家丁奉老携幼避入山聞京城失守　大駕播遷始加冠出山召募先生聞賊勢猖獗奮然出山倡起義旅書巖公以書止之曰祖子孫俱從軍百口誰依汝且年少姑

觀時勢而出亦未晚也先生乃止◑覲書巖公于州鎭中倭賊充蒲境內殺戮狼藉先生為撰書巖公安否隨山避賊達于邑邸◑六月覲參判公于光陽參判公承命以過浮海之賊先生趍省陣中還于寓幕雖在搶攘之中奉養老親竭力殫誠甘旨之供不下於平時◑奉外祖母朴氏歸寓幕時母夫人以不聞親庭消息日夜啼泣先生晝伏夜行尋及道村近地奉而還歸◑七月覲書巖公于州鎭◑從書巖公設伏于赤山路擊斬叛僧贊熙時贊熙殺主倅諸沫以應賊書巖公令先生擊斬之◑八月二十二日陪參判公入火旺山城見郭忘憂堂再祐論禦倭之策先生撰同苦錄逸不傳◑冬還後浦故庄

二十一年我宣祖二十六年癸巳先生二十歲

一四

正月省先壠曾祖考墓碑折傷於亂兵中爲之掘地埋置○七月七日從
叅判公領軍遏扶桑之賊是役也叅判公射殺倭將黑甸句從書巖公指
畫也○十月始聞三京收復 大駕還宮趨進慶賀
于書巖公
二十二年我宣祖二十七年甲午先生二十一歲
春覲叅判公于東萊時叅判公爲東萊縣令○四月覲書巖
公于州鎭書巖公以本州提督留在邑郵牧使方與書巖公論事見先生至與語驚歎久
之曰眞間世人物也○秋覲叅判公于晉州叅判公移拜晉州牧使先生趍
覲本衙兵使曺大坤見而異之曰公天下奇才因詢問禦賊機務○八月省先壠
二十三年我宣祖二十八年乙未先生二十二歲

與忘憂郭公沙峯金公天澤同守火旺城金公卒于城中
先生以同井之人尤加痛惜○覲叅判公于善山時叅判公方營等金烏山
城先生贊畫方畧九澤之穿惠倉之設是也○夏覲叅判公于本道右
水營倭奴復大擧由海路入寇叅判公以水使留鎭海上先生趍省陣中叅判公將祭海神令
先生製祭文文在集中七月還雖亂離中不廢書冊晝應事務夜讀經典
二十四年我宣祖二十九年丙申先生二十三歲
春家廟成先生家舍不保於兵燹及是始奠返古居先建祠宇奉安行祭先生
於奉先之禮極致誠敬日必晨起盥洗叅拜祠堂每當祭祀雖隆冬必沐浴致齋親監祭需務要精
潔至老不廢○四月迎拜師門於本州客館時師門以江原監司
將會議軍務於體察使梧里李相國元翼幕府來到本州先生往拜

二十五年我宣祖三十年丁酉先生二十四歲
倭賊復起三南擾亂先生先詣書巖公幕次問安
次詣叅判公營門叅論戎事
二十六年我宣祖三十一年戊戌先生二十五歲
秋聞西厓柳先生被劾作團扇詩詩曰篋笥新藏團扇圓欲將凉
熱問蒼天鞭驢若踏陽腸路歸輿應多孟浩然
二十七年我宣祖三十二年己亥先生二十六歲
三月遭叅判公慘禍兵使金景瑞與賊交通要時羅之說言于都元帥權慄
慄令統制使元均及兩南水使發舟師擊賊叅判公知其中計力言不可慄不從督戰不已元均
水軍出戰爲諸賊所圍督許俱沒叅判公素得將士心率所部且戰且退泊于湖南偶劇水疾呈請

調理新統相李舜臣收其船隻許令調病及叅判公發行之後鄭仁弘言于元帥以臨機退縮搆誣
于朝竟遭禍奉柩南來五月權葬于洛江之上先生痛父非命
水漿不入口衰絰不離身哀號欲絕弟愧齋公年甫六歲持喪行素一以先生爲則感傷榮衛疾病
危苦先生斷指出血以救之
二十八年我宣祖三十三年庚子先生二十七歲
五月師門在京以書來唁張先生亦以書致慰○
六月 懿仁王后薨望哭于郊
二十九年我宣祖三十四年辛丑先生二十八歲
三月服闋先生泣血三年毀瘠骨立若不保性命幾危復甦克終喪制人皆謂孝感稟
白書巖公遂廢擧子業先生痛纏蓼莪無意於世杜門屛迹惟以養親課弟

爲事母夫人自遭喪變哀毁成疾經歲彌重先生衣不解帶嘗矢甘苦以祭劇歇雖竆居草野而甘旨之養不讓專城委曲承順愛敬俱至事書巖公不須臾離側務適其志書巖公亦倚而安之與愧齋公同案而食共被而寢捫摩之情若保嬰兒尤勤敎誨有過或旋撻覆又憐其痛之輒抱持而泣愧齋公嘗闕課程先生垂泣而言曰遭家不造吾旣早承家務門戶之望惟在於汝汝今如此吾將何恃愧齋公遂發憤力學竟至成就

○十月送伻書候師門於橫城 時師門以經書諺解校正堂上上疏辭職寓居橫城

三十年 我宣祖三十五年 壬寅 先生二十九歲

二月迎拜師門于狐嶺道左 師門以忠州牧乞暇還鄕寄書來問先生自經草土不欲與人追隨至是趍拜於道左師門爲之嗟矜慰撫至動言色

○遷祖母貞夫人墓於酒峴先塋下

藤菴先生年譜　七

三十一年 我宣祖三十六年 癸卯 先生三十歲

三月伻慰師門於木川 時師門哭仲氏西川君旣葬上疏辭職退寓木川

○九月迎拜師門於夙夜齋 時師門自木川還鄕招集生徒講學于夙夜齋先生歎曰自遭酷罰假息天地欲忠無路爲孝莫及若又自絶於先生之門則生三大義一無所施遂就事師門師門深加器重凡有事必屬之於先生○師門方撰述五先生禮說令先生授閱考校以類分書先生編寫數篇以進師門稱善

○十一月聞東岡金先生訃爲位而哭迎喪於中路 東岡先生卒于淸州寓舍

◑十二月丁書巖公憂 先生承重持服一如前喪

三十二年 我宣祖三十七年 甲辰 先生三十一歲

二月葬祖考書巖公于松羅洞 饋奠告祝一遵家禮

○師門與張先生竝輿來弔

三十三年 我宣祖三十八年 乙巳 先生三十二歲

十二月服闋○省先壠於各處

三十四年 我宣祖三十九年 丙午 先生三十三歲

三月聘夫人于居昌愼氏 軍資監正仁恕之女

○往見仲姊氏 仲姊氏冶城宋光罨夫人也早寡無子托於夫族先生爲之優給臧獲俾有依賴

○往拜師門於武屹講論朱子大全仍承考校之命 新刊朱書字多訛誤師門令門生一番講讀畢仍令考訂先生取雜出於他書者參互整校鄭先生稱善不已

○春往候張先生于慕遠堂信宿而還

○五月與弟愧齋公往拜師門叅通讀而還 師門於亂離之後憂鄕子

藤菴先生年譜　八

弟失學設通讀之規月朔講會先生兄弟往叅講席師門召愧齋公而前曰是裵子章之弟乎令講大學句讀分明字響淸亮師門謂先生曰公有賢弟

三十五年 我宣祖四十年 丁未 先生三十四歲

春瀨村精舍成 瀨村在武屹之下檜淵之上泉石明麗先生築室於斯以爲便於師門往來之路

○秋往候師門於安東府衙 時師門爲安東府使先生往候於府中有遊賞蓮亭詩在集中

○哭西厓柳先生于河隈 先生曾被柳先生覆燾之恩思欲往拜及到花山柳先生已歿赴哭于寢門而還

○十一月李白川 天封 李東湖 爵 來訪瀨村 先生與兩公討論經典因語及治平兩公曰安貧是吾輩晚年加意處先生曰康節居洛四十年自謂安貧樂道而經濟之心未嘗不存其詩曰斟有淺深存燮理飮無多少繫經綸可謂寫出自家意思兩公曰士雖竆不忘達施子章可

謂得康節之意

三十六年我宣祖四十一年戊申先生三十五歲

正月移卜慕谷◑二月 宣祖昇遐望哭于郊◑八月往拜師門于檜淵時師門以刑曹叅判乞暇還鄉

三十七年光海元年己酉先生三十六歲

八月趍慰師門夫人之喪◑秋與諸賢入武屹

三十八年光海二年庚戌先生三十七歲

春聞 朝廷有叅判公伸寃之議卽赴京洛下縉紳聞先生至爭趍問訊◑二月政院論 啓 特命伸雪褒 贈嘉善大夫戶曹叅判洛中諸公感先生孝思母論知不知同然一辭得以伸雪

追贈 先生祗受 贈牒奉還鄉里行焚黃祭鄉里之人聞先生歸來賀者凡數百餘人焚黃畢先生兄弟立於床前血淚如雨見者莫不咨嗟◑夏與一道儒生設爲師門下誣疏時州人朴而立搆誣師門至以全恩一疏謂之無君先生與遠近章甫詣闕封章得以伸辨◑秋與一道儒生爲五賢陞廡疏愚伏鄭先生製其疏◑八月往鄉校以 朝命躋享五賢於東西廡◑十月與徐樂齋思遠宋啞軒遠器郭省齋赾陪師門往遊修道山◑冬遷叅判公墓于松洞先塋左◑張先生來訪于慕谷精舍◑上梧里李相公書往復書在集中

三十九年光海三年辛亥先生三十八歲

春師門歷訪慕谷精舍師門武屹之行歷入精舍從行諸人見精舍之制笑之曰誰謂裵子章有經綸門囱戶牖何錯也師門曰東牖近於大夫人寢室北牖接於外王母房舍微密綜理君輩何能知之陪師門入武屹精舍論南秋江金梅月堂事蹟在集中陪師門遊山泉庵庵在武屹精舍之傍稟問南冥雷龍堂天山齋諸名義在集中因留講學於精舍齋僧單薄師門供奉太淡先生憂之師門曰士之志於道者憂不在是也先生自是益自固窮雖麤糲敝袍不以爲意○七月往拜師門於檜淵草堂因留講學時試期近門下來留者皆辭去先生獨不去師門曰爾何獨在此對曰小子自已亥後仍廢擧業師門嗟惜久之

四十年光海四年壬子先生三十九歲

正月往拜師門於蘆谷寓舍時師門自檜淵移卜于蘆谷○十

月祭外曾祖叅軍白公墓○祭外祖忠順衛宋公墓白公墓在慶山宋公墓在八莒

四十一年光海五年癸丑先生四十歲

四月著合藥要訣逸不傳○藥法卜吉日禁雜人團聚百鍊之精轉成萬全之丹蓋譬吾人爲學之方也○高靈倅許公喬設其子穆冠禮奉書以請先生往赴賓席先生一見和父知其遠到授以圖書托以心交云○秋省先壠先生於先世墳塋不計道里之遠近每歲春秋躬行瞻掃○冬讀易于瀨村精舍先生居家夙興夜寐終日危坐潛心讀易如有興會吟哦自好絶意榮進嘗題溪舍詩在集中

四十二年光海六年甲寅先生四十一歲

正月往慰師門蘆谷回祿之灾師門著述書籍舉入灰燼惟心經發揮獲全◑本州倅權公謂來訪于蓂谷以詩謝之詩曰僻巷下萑訪衡門山日殘餘光何處想秋月碧霄看◑夏往拜師門于泗濱師門自蘆谷移卜于泗水先生往拜之時師門方改撰五先生禮說令諸門人考閱謄寫先生月餘始還◑十月往慰師門長子之喪◑十二月八武屹轉往青巖寺雪後訪寺詩在集中

四十三年光海七年乙卯先生四十二歲

正月弟愧齋公冠依古禮畧備三加之儀◑二月女子子生長適士人李惟銓◑三月丁毋夫人憂先生年已向衰而制禮兪嚴葬後始進麥飯以終三年◑四月師門以書致唁◑五月葬母夫

人于酒峴先塋下遷葬判公墓同穴合祔凡有疑禮皆稟質于師門先生與弟愧齋公問移殯後尸床依前因設歟師門曰然◑問居廬則祔祭設紙牓行之歟師門曰祔祭似難行於山所如欲廬墓恐當待喪畢奉返而其明日行祔事未行祔事之前朝夕上食不可廢也○問改葬節目家禮頗不詳盡又無告辭何所取則歟師門曰儀節家禮中有改葬儀可考見也僕遭先妣之喪改葬先府君畧草改葬儀與本喪同時節目頗詳◑問破墓成殯之後祭儀亦當奈何師門曰開舊墓奉出之後當一依初喪禮然不可前期出殯當臨時啓墓一窆卽行◑問破殯之日遣祖奠既不可行則別無告祭節次歟師門曰儀節家禮有返葬節次可參考也然今則禮變事異似當別撰告文具由以告也◑問發引時何喪當先歟師門曰恐府君當先◑問改葬當服緦麻而方在衰中哭從之時當服何服歟師門曰當服重服葬先考時服緦麻◑問同窆之後虞祭未可並行歟師門曰改葬只用一虞祭于墓所先妣之虞當在返哭之後

四十四年光海八年丙辰先生四十三歲

八月伻候師門於榮川時師門患風痺七月往浴榮川椒井送伻候之◑弟愧齋公因執喪疾劇師門致書憂歎

四十五年光海九年丁巳先生四十四歲

三月服闋◑七月陪師門往東萊溫泉是行門下諸賢陪後至洛江主倅寄詩于陪行諸賢諸賢各於舟中相和先生詩曰蘭舟閒泛洛江秋忝對光風作遠遊蓬萊從古多靈藥應取韶顏換白頭八月陪師門還◑冬往拜師門於泗陽時樂齋徐公爲作講室數間門人聚糧立規畧做賢箒到記之例以食床之多爲上而惟先生最多云一日師門問曰吾欲陳全恩疏於君意何如先生對曰彝倫大義不可不扶師門

卽令先生操筆口號疏辭先生手不停寫間有數功處輒仰稟此句恐合更商師門卽改號疏既成欲呈以柳淪疏批之未安不果上◑師門彙分退溪李先生禮義答問作二篇令門人講劘又令參校先生留累日校正而還

四十六年光海十年戊午先生四十五歲

子世維生○與弟愧齋公往拜師門於泗陽◑秋與弟愧齋公讀朱書節要節要卽李先生所述也師門令學者講讀此書○愧齋公既授室先生自管其生産不令與知使之專意學問也

四十七年光海十一年己未先生四十六歲

與儒生設斥和疏廳是歲深河之役兩元帥陷敗自廟堂和議大張先生憤惋不已與一道章甫欲抗疏極斥聞李爾瞻已上疏乃止◑六月陪師門椒井

之行往蔚山七月先還◑八月措送人馬於昌原海山亭奉邀師門師門在蔚山抵書先生曰秋高海上歸息已促欲待僉君措送入馬卽發爲計先生與李公增備送人馬師門以留調海亭退期未還

穆宗純皇帝四十八年光宗貞皇帝泰昌元年光海十二年庚申先生四十七歲

正月五日哭師門于泗陽之持敬齋先生久叨師門最蒙誘掖克盡事一之誠及喪先生特爲加麻心喪三年四月赴泗陽奉先師柩行返葬于夙夜齋之傍麓喪葬儀節悉遵儀禮旣克襄收拾遺稿藏於百梅園◑女子子生長適士人金是燧◑聞神宗皇帝訃出哭于郊先生謂子侄曰我東之得至今日而父父子子者莫非聖天子壬癸再造之恩

熹宗哲皇帝天啓元年光海十三年辛酉先生四十八歲

正月赴先師小祥以武屹山長爲文祭先師◑往陝川歷訪姜參議大遂◑過父子淵感而有詩先生曾陪參判公過此淵至是重過有感作詩曰憶昔嚴君啓此行高牙大纛向南程匹馬重臨江上路淵名父子愧貪生◑冬與李東湖朴槎翁崔竹軒恒慶李白川李心遠堉諸賢會于百梅園議定先師文集校刊事先生主其事

二年光海十四年壬戌先生四十九歲

春與遠近章甫議定先師揭虔之所士林以崔竹軒爲院長以先生爲副貳令主其事◯三月往大丘奉安先師位版于研經書院配享于退溪李先生廟◯冬與崔竹軒及李東湖李白川李心遠朴槎翁及同門諸賢會百梅園刱建先師書院于檜淵時北人用事士氣摧挫公確然不動船自董役

三年我仁祖元年癸亥先生五十歲

夏與洞主崔竹軒李東湖朴槎翁李白川李畏齋時洞主崔公貽孚慶李心遠李認庵壆各述先師言行錄先生欲與同門諸賢會于百梅園撰言行錄先生赴會記述平日所聞見以爲錄凡三十餘條◑外王母朴氏卒先生治喪盡禮返葬于外家先塋之下◑六月往參先師贈職致祭初贈吏曹判書◑九月子世綿生◑往檜淵相役

四年我仁祖二年甲子先生五十一歲

二月弟愧齋公中進士先生設聞喜宴宴罷先生追息父母之意別給田園又以妻家所來一奴與之曰賢館往來與之偕焉◑通諭道內數監司閔聖徽之罪設疏廳於尚州時賊适稱兵犯闕大駕南狩徵兵諸道慶尚監司閔聖徽啓曰本道士民觀望向背先生憤其誣一道士民通諭回告其文畧曰臣民不幸逆豎肆毒廟社蒙塵乘輿南幸當此之日凡我道內士民莫不忘身奮義思死國難耿耿血誠天日所鑑而監司閔聖徽至以本道觀望向背發兵勢難爲密啓云噫雖在髫齔蠢蠢動之鄉尚不忍加此等語況嶺南乎平日忠國愛君以道義激勵者至此而掃地矣若隕淵谷心骨俱痛齊起暴白一日爲急云云遠近聞之莫不同憤刻期會于商山欲一邊抗章刷恥一邊倡義勤王聞賊适就戮乃止◑七月以先師躋享川谷事呈書于方伯請啓于朝初士論欲配享先師於川谷將先享後告先生執不可至是先生與

同門諸賢往牛巖倉呈于巡使請啓聞于朝巡使許之◑十月往川谷書院躋享先師位版道啓蒙允始爲從享◑往不知巖拜張先生請先師行狀

五年我仁祖三年乙丑先生五十二歲

春往檜淵相役◑九月往見宣諡官金公時讓于本州客館朝廷賜先師諡曰文穆金公以吏郎將宣諡於檜淵見石潭李公問宣諡節次李公曰褒處士某罔門老德鍊習禮儀可就問之金公到州邀之甚懇先生往見焉

六年我仁祖四年丙寅先生五十三歲

春編次先師文集◑貽書柳修巖袗印來西厓先生文集◑伐先師神道碑石於居昌主尹士述家◑六

藤庵先生年譜　十五

月往不知巖拜張先生先師易簀後先生又就正於張先生門下以事先師者事之◑秋作戒子文逸不傳

七年我仁祖五年丁卯先生五十四歲

姜弘立之亂　大駕入江都以張先生爲號召使張先生召先生爲叅謀官先生卽赴幕下叅浚軍政◑草招諭文張先生令先生草檄先生援筆立書書凡數千言張先生覽之曰足令人感動流涕乃傳告列邑其文畧曰嗚呼十年伺釁之賊豕突於今日龍灣安市高壘毈矣府尹巡邊烈士殤矣關東諸藩已成望風之勢箕封以西方作豺虎之窟獷倪何罪血濺鋒刃子女爲俘盡入陰山冠勢日滋而人心日撓　遷國圖存誠出廟謨之不得已也嗚呼倉皇海門　三宮播遷二百年宗社托在孤島之中京城波蕩士女魚肉誰無父母扶携道路誰無夫婦逃竄山谷但悲傳燹之身世無處求生言念國家之艱危稅駕何所今日國事蓋不待智士而痛哭矣嗚呼惟我東方地雖偏小而衣冠文物之盛禮樂敎化之懿稱譽小中華於天下者千百年于玆矣豈有一朝爲在冠所蹙縮頭斂手一向隱伏置君父於相忘之域哉氣數所關雖不能免而天之助順理必伸矣況我嶺南人才之府庫國家之根本　列聖之所培養先賢之所敎訓戶有節義之風家傳忠孝之俗義聲既著於壬辰忠憤豈泯於今日朝廷所期待於本道者不淺鮮矣嗚呼當職本以無似竊位于朝久積輕浮之譏既不能格　君臣時以救危亾之禍又不能投筆請纓以效敵愾之義獲罪於鄒魯諸君子固已久矣自知不足以激動人心晞召義旅而受命於危亂之際義不敢辭飲氷而南日夕焦煎惟不克效力是懼所恃者秉彝同得之天自我發之而諸公所學之得力正在此日耳嗚呼諸君子平日讀聖賢書所學何事當國勢贅旒之日若不能慷慨發憤忘身衛國但向草間求活則其於名義何若使鐵騎充斥八路糜爛則諸君子之身之家若妻若子果能獨保於乾淨天地

藤庵先生年譜　十六

二〇

乎義理如此利害如此捐生死國猶愈於束手就屠況義不以力終未必死者乎嗚呼若士大夫暨父老民庶　至尊泥露其忍聞乎廟社蒙塵其忍視乎累　朝恩澤其忍忘乎冠裳左衽其忍恝乎當職　陛辭之日　王音琅然屬望於本道多士者不啻丁寧譬則父母在水火之中望救於子也於此不灑淚投袂而起者則亦無復人理爲矣元冲甲一書生耳能以鄕兵大挫紅巾之賊師直爲壯寧有古今之殊也凡有血氣者各奮見義之勇且效同聲之應招集鄕里糾合徒衆協同官軍以俟規畫或遮絕嶺路或捍衛分朝倘有委靡退縮不肯應募者務加曉諭至再至三猶不聽信則是甘心被髮而自入於後君之罪也大義所在自有常刑然本道寧有如是之人乎凡我同志之人咸聽用亶之誥戀　行在而揮涕有死之心龥甬衆而同仇所重者義宜審熊魚之取舍以破犬羊之心瞻云云○書到列邑士爭奮剡期舉義俄聞賊退而罷兵◑夏檜淵書院成院役六年始迄堂室門廡井井有序垣墻階級矗矗不錯凡片石一磚無非先生點檢指揮云◑

往不知巖拜張先生請先師奉安文凡屬先師文字張先生多
所撰著而每有稟請儕輩咸推於先生先生屢度往來有懷畢達剖析事理以質疑晦先生自言張
先生啓發激厲之勤無異於鄭先生云◑九月四日奉安先師位版于
檜淵書院◑冬校正先師所撰五先生禮說◑與
同門諸賢致書于蔡投巖夢硯屬年譜之役又致
書于李石潭潤雨請神道碑銘於申象村欽
崇禎元年我仁祖六年戊辰先生五十五歲
春與同門諸賢始先師文集刊役于本院洞主崔竹軒以
校刊之役屬之先生先生主其事◑答主倅蔡公裕後訂頑之問
時檜淵東西齋揭訂頑砭愚之扁主倅蔡公以訂頑之意有所疑難先生答書畧曰朱夫子一定之

藤庵先生年譜　十七

論峻截難犯而我東諸賢之言亦無間然幸於夙夜之餘特加精思極其歸趣然後毋垂回敎
二年我仁祖七年己巳先生五十六歲
十月刊役告訖與李東湖書曰今意務惟在序文之請正本之寫幸須遄臨奬勉同
志次第擧行毋失事機千萬至仰且新本經了具眼者則必重寫一通然后可寫正本云高明以爲
如何○答張公以兪書曰先印一二卷雖習準而寧保其必精發揮第一張體姚之姚誤書以堯每
以發揮爲無可眞而尚如此況文集之校未及發揮者乎須以此意勉諸君子竢全集印出一番齊
會各盡誠力至禱至禱○答李東湖書曰發揮文刊三十五板文集當始於念後而㝡功悶者校勘
不得致精立番諸儒必可倚信奈何惟冀卽臨指敎使傳後之文不至差誤○與蔡柏浦楙書曰先
師年譜方擬期會李叅始相對修潤倘又與吾左右同事則爲幸尤如何○與崔訒齋書曰工匠四
集多至四十餘人不但供接之際酬應甚煩幾書旋校幾校旋刊勢多多卒鄉中士子盡赴科塲李

叅始今又就職無可與相對校訂是用煎慮
三年我仁祖八年庚午先生五十七歲
正月校刊先師年譜與李東湖書曰文集印頒事甚緊急若失此時何能廣布
乎角峯亦助三百卷之紙所印幾至五六十件亦一幸也○聞校中議配享先
師於玄風道東書院貽書止之與呂公焯書曰頃者圖得官印匠入
送武屹近當畢印印來後欲持往黌舍胥准而得其誤字則削改尊須以此意通諭于諸士友爲一
旬許文會之地切仰切仰道東實我先師竭誠營創之地今若陞享豈不爲吾黨之大幸乎第先師
於　賜額之院從祀重事切不許徑自擅擧語在答問中辭意甚嚴恐左右未及考閱耳○二
月往居昌運先師神道碑而還請役丁於地倅又借僧徒於海印達
于蒼坪山下○八月往拜張先生於不知巖精舍○九

藤庵先生年譜　十八

月九日登伽倻山上峯遊覽有詩曰九日伽倻第一峯長天不盡思無窮末
知今古登高處快活襟懷孰似儂○歷路訪心遠堂李公
四年我仁祖九年辛未先生五十八歲
春被誣逮禁府先生聲望素著逆豎仁巨聞名而誣告與崔訒齋晛同時被繫○先
生被拿時命家人取五先生禮說一部裝其行中曰數年前吾與許和父有相贈之約雖至死境豈
可負乎已而得釋沈叅議演極力救解云○金吏部振閔洗馬
應協來問先生歸後以書謝之許蒼叟穆亦來問先生以禮說遺之許
公歎曰如公眞可謂死不失信○還至商山與弟愧齋公訪愚伏
鄭先生於栗浦及辭退鄭先生目送之曰久聞龍虎之名今見其人名下果無虛士
矣

二一

五年我仁祖十年壬申先生五十九歲

六月 仁穆王后薨望哭于郊 ◑ 七月與金東溟世濂會龍淵寺講論心經發揮時金公爲玄風倅檜淵士林請寫神道碑金公因請先生及諸長老會龍淵講論心經發揮數日而罷金公歸而歎曰鄭先生遺風餘範可徵於二三子矣 ◑ 八月李心遠貽書先生請與同往晋州運致鶴頭先生以弟愧齋公疾劇未赴 ◑ 是月哭弟愧齋公愧齋公病劇先生食不下咽寢不帖席奔走醫藥之外未嘗少離其傍每雞鳴沐浴入家廟泣禱于考妣神位前請以身代及其歿也哀痛過度治喪營葬情文備至

六年我仁祖十一年癸酉先生六十歲

重修武屹庵武屹乃先師冥棲考盤之所也先生爲山長時齋舍傾頹先生乃稍廣舊

制而增築焉凡所以愛護之道靡不用極雖一草一木無非先生栽培沾漑也 ◑ 四月立神道碑於先師墓下凡所指揮規畫先生之功居多 ◑ 七月夫人愼氏卒九月葬于松洞書巖公墓左

七年我仁祖十二年甲戌先生六十一歲

五月往拜張先生於不知巖精舍時張先生拜工曹判書先生趍賀其門 ○ 六月哭白川李公 ○ 閏八月哭石潭李公 ○ 秋遊赤山寺舊墟赤山寺廢後惟樓閣巋然獨存題壁詩曰象外藏修廿載前籠蘿風月揖山川章成玉佩春雲靄藥鍊金壇道氣全驥老自傷千里步鶴摧空戀九皐翩荒凉廢寺尋陳跡羞向題名憶盛年

八年我仁祖十三年乙亥先生六十二歲

春與同門諸賢謁先師祠廟與李東湖朴樸翁崔鶴峯會話院中而歸 ◑ 秋往永川遊立巖立巖卽旅軒張先生所占也 ◑ 十二月仁烈王后薨望哭于郊

九年我仁祖十四年丙子先生六十三歲

二月竪叅判公墓碣碣文在集中 ◑ 三月望詣鄕校謁聖 ◑ 十二月淸兵犯京 大駕入南漢徵兵八道星州義兵推先生爲義兵將本邑多士欲倡義勤王會于校中前承旨李公彥英推先生爲義兵將先生倡率鄕里糾合義旅兵糧器械幾至就緖會有媢嫉者沮焉先生讓于他人退去山中 ◑ 張先生倡義起兵累書請先生先生未及赴巡察使沈公演在聞慶以軍書招先生先生發行

十年我仁祖十五年丁丑先生六十四歲

正月到聞慶幕府巡察使以先生爲從事官令贊畫軍謀先生上佐元戎下理部伍號令嚴明軍容整齊與李知禮坱曹使君挺融同在一幕將進兵踰嶺聞下城之報遂罷兵而還 ◑ 哭心遠堂李公有祭文在集中 ◑ 五月哭仲妹氏宋光憲夫人也 ◑ 七月往拜張先生於永川之立巖張先生自聞南漢之報卽日永辭先壠歸立巖巖在東海之上遂爲終老之地中元之夕親擧藍輿陪遊於避世臺因留累日歸路歷拜臨皐書院 ◑ 八月巡察使沈公演來訪於慕谷精舍自聞慶還後累書存問至是來訪 ◑ 九月哭張先生於立巖之晩勗齋旣成服轉向平海

先生聞張先生患報晨夜驅往纔隔數十里而訃至先生八而舉哀親自襲斂◑十月往
永川奉張先生喪車還于仁同◑十二月赴張先
生葬有輓祭文在集中○除宣敎郎銓曹曰道薦累次注擬終未蒙批至是
蔭補即階◑許眉叟穆來訪于慕谷精舍許公避亂嶺外過先生必
以老德事之必曰藤菴大丈藤菴道丈云
我仁祖十六年戊寅先生六十五歲
春移卜修道山中自丁丑以後益有遯世之志不用淸朝年號世稱崇禎處士云
◑哭投巖蔡公夢硯◑有祭文在集中哭竹軒崔公有祭文在集中
◑子世維冠◑十二月竪書巖公墓碣先生親製碣文文在
集中

藤菴先生年譜　二十一

我仁祖十七年己卯先生六十六歲
春遊俗離山回轉往主屹山登覽而還◑秋遊智
異山轉往晉州觀矗石樓又往密陽登嶺南樓○
往仁同奉安旅軒張先生位版于吳山書院◑哭
浣石李公祭文在集中◑往省先塋于各處每歲輪省七旬之後
猶不廢焉
我仁祖十八年庚辰先生六十七歲
正月從子世安冠即愧齋公子也甫冠疾病彌劇先生携往咸昌醫家躬執藥餌
彌月而還
我仁祖十九年辛巳先生六十八歲

春往禮安謁陶山退溪先生廟回遊淸凉山◑往
慶州謁玉山晦齋先生廟○七月與李東湖朴槎
翁往遊崔竹軒溪舍有詩在集中回與三老往遊洛江
舟中次崔竹軒詩曰兩兩白頭翁秋江把酒時陶然相得意應不羨龍夔時諸公年俱耆老鬚眉皓
白隱德不仕嘯咏江湖時人目之以四皓○八月往武屹看書先生晚境優遊
徜徉於武屹立巖之間想像先師遺風若遇佳賓韻士則躡苾扶藜携手而行跌宕嘯傲樂而忘歸
我仁祖二十年壬午先生六十九歲
撰川谷書院位次改正告由文是歲齋享旅軒張先生于川谷位次
失儀追後改正先生作告由文文在集中○冬趙澗松任道來訪
我仁祖二十一年癸未先生七十歲

藤菴先生年譜　二十二

三月既望期會趙澗松泛舟遊開津去年冬有共會開津之約
至是先生與從子世安甥姪金是瑩及鄭斯文惟壽先往待之趙公與曹斯文碩而來會泛舟江中
舉酒相屬日暮小雨點滴八道東書院謁金先生廟因留宿焉金察訪大振徐進士鴻舉郭主簿子
固郭參奉德懋郭上舍子厚亦來會翌日乘舟流洛臯眞下開津乃各分路澗松趙公爲之錄眉叟
許公爲之跋○十一月竪外曾祖參軍白公墓碣參軍公英
風氣節爲世所服而子孫零替先生竭力竪碑親製碣文文在集中
我仁祖二十二年甲申先生七十一歲
還居慕谷精舍○移安家廟告由文在集中○竪叔考處
士公墓碣處士公無後先生恐久而泯焉竭力立碑親製碣文文在集中
我仁祖二十三年乙酉先生七十二歲

二三

十二月十日與張晚悔慶遇金龜巖慶長張南坡榮期會于大興寺議定張先生文集刊行事

我仁祖二十四年丙戌先生七十三歲

二月改竪曾祖考叅奉公墓碣叅奉公墓碣文乃書巖公自製自寫而折傷於兵亂中至是改竪新石摸刻舊文一點一畫小無差誤

我仁祖二十五年丁亥先生七十四歲

五月撰內從叔宋公後昌墓碣文碣文在集中 ●九月遣子世維世綿往弔許脩叟于霞山許公遭親喪于南州反柩過陽亭先生貽書檜淵院長朴公犴獨曰許友穆氏數日前自連川奔哭于空寧其友聲聞凡必槩知而於我先師血誠追慕者也每當往來爲展謁廟宇不許迂迤必致祗肅爲吾黨者雖在平時不

可泛視況當此大故其恐契然耶暴烈炎衝霧露千里弗勵安保其得延綿喘乎賤意自院畧備賻儀專人致慰則其於事理豈不恰當乎且其行經過本院前路尤不可不爲之動念也幸留雅量至祝至祝及期聞喪行取路霞山爲書致賻遣二子弔之

我仁祖二十六年戊子先生七十五歲

孫永徽生

我仁祖二十七年己丑先生七十六歲

春撰敬齋箴解先生嘗曰敬者一心之主宰萬事之根本一動一靜不違於敬則表裏交正粹面盎背遂取朱子敬齋箴集說分註名曰敬齋箴解次序不紊段落分明令初學者易以尋入 ●秋往謁吳山書院

我孝宗元年庚寅先生七十七歲

哭槎翁朴公 ○命次子世綿奉外家先祀先生奉養外王母于家生養死葬無有遺憾別設祠廟以奉祀事及是始命次子世綿主之

我孝宗二年辛卯先生七十八歲

孫重徽生 ○謁檜淵書院 ●哭東湖李公

我孝宗三年壬辰先生七十九歲

春立外祖考忠順衛宋公墓碣忠順衛公既無嗣先生恐其久而無傳竭力守護親製碣文以竪之文在集中

我孝宗四年癸巳先生八十歲

孫碩徽用徽生 ●家人請例應壽爵命止之先生年滿八十例當受爵子侄以爲言先生笑曰吾本無意於仕宦何必自求天爵乎因戒子孫曰吾死後勿

書卿階只書處士二字可也

我孝宗五年甲午先生八十一歲

三月往仁同與趙澗松張晚悔諸賢議建旅軒張先生主院

我孝宗六年乙未先生八十二歲

六月答主倅金公宗一書勸再行祈雨祭書曰早暵比甚伏想勤雨之擧曾已例行而未得回天竊恐城主未免圭璧之歎也先師官居祈雨而未獲則不敢遑寧再行復行必雨下而乃止今以此望於鈴下耳 ●七月出寓後洞 ●八月十六日行曾王母隴西李氏祀事曉起看審豆品 ●二十七日先生寢疾命不進藥餌時地主金宗一來訪

二四

先生與之穩叙毁茶曰沉吟一夜子弟進藥物則以手揮器不肯進飲◑二十八日寅時考終于後洞寓所凶音所及莫不驚痛治喪一遵儀禮◑九月初二日子世維世綿奉柩還殯于薦谷精舍吊客隨喪者百餘人

我孝宗七年丙申

二月十七日丙寅葬于厚理山亥坐之原遷夫人鎭氏墓祔合

我肅宗十六年庚午

二月立墓碣眉叟許先生撰而篆文在集中

我英宗元年乙巳

星州士林建道川書院于息瀨村奉安位版龕藏影幀道川卽瀨村精舍舊址

我正宗十年丙午

鄉中士林移建道川書院于後浦舊址奉安位版俉享愧齋先生于左傍後浦卽先生故里故移建祠廟並享兩先生

附錄

道川書院廟宇上樑文　李世珩

勝地因人而增價旣餘芬之未湮君子沒世而益
彰閭遺風之可尙是以先輩杖屨之所必爲後來
俎豆之塲洪惟道川奧區實是星山靈境危嶂奇
巘拱揖於左右丹霞萬重淸流激湍暎帶於後前
白沙十里坐對禿嶽秀色長入几案之間臥看鄉
山晴嵐不出戶庭之外可謂斯土之信美正合碩
人之考槃盤谷之泉土甘肥鑿而飮耕而食湘西
之林壑幽邃採可茹釣可餐苔莓生磯依俙然當

春之瀨桑麻盈野彷彿乎武陵之源念玆好山水
之秘藏曾有賢主人之棲息藤庵裵先生德行拔
萃孝友出天痛遭蓼莪之悲竟遂持揖之志誠深
萱闈之奉自盡報暉之心姜衾同歡割膚於救痾
之日鄧姪篤愛授饌於鞠養之時處家而模範成
居鄕而聲聞著識通今古登典墳而探玄學深淵
源入賢門而執贄摳衣淵上薰陶持敬明義之齋
叩篋泗濱親炙傳文約禮之誨沾時雨而化其質
聞大道而達其材累被老先生起余之褒幾興同
門友不如之歎逮龍蛇邦運之會否任前後戎馬

之連蹄軒冕灰心圖書蒲架齒彌尊德彌卲便作
煙霞中逸民貧且安窮且堅自是風塵外高士居
然溪山之無主已矣泡漚之成空嗟高風之莫攀
幾何日月奄徽音之已遠累閱星霜荒凉山川不
改舊時顏色宛轉圖畫空留當日儀形爰取養德
之遺墟載啓妥影之新廟工善材美旣殫礱斵之
能日吉辰良遽成輪奐之制入其中而儀範井井
有廡有庭觀乎外而規模森森如跂如矢修百年
之盛擧聳一代之羣聽德容莊肅如承溫溫之謦
欬蕉黃荔子不替肅肅之享儀覽棟宇而興懷瞻

遺像而起敬將見薦渚蘋之客必有顧執鞭之人
偉頌旣陳脩樑乃擧
抛樑東古臺蒼蒼入望中先師遺躅宛如昨追想
當年恨不窮抛樑西武山翠色與天齊昔賢杖屨
優遊地松栢猶存萬古悽抛樑南前溪直到鳳飛
潭源泉混混流無盡水色月光一鏡涵抛樑北金
烏屹屹峯巒立冶翁淸節等夷齊大義扶倫留世
式抛樑上騰騰灝氣萬千丈間中日月舒而長促
聽村翁歌擊壤抛樑下山圍溪水水圍野默觀動
靜發天機借問誰爲仁智者伏願上樑之後神祇

保佑靈宮肅淸時祀長存世愈遠而人愈仰風物無改水益淸而山益高後生之觀感在玆人奮希賢之志士林之寓慕有所邑成尙德之風一廟遺儀千載攸則

道川書院講堂上樑文　　李復厚

伏以昔賢之風韻猶存旣建妥靈之廟後學之折旋無所合築講道之場幾年未遑今日乃就伏惟藤庵裵先生巨擘嶺表高足岡門抱王裒蓼莪之悲無意軒冕以仲由剛果之質克加琢磨必自孝悌始爲仁人無間然者至於冠昏而盡禮公之餘

事乎嗟夫世非棄公公實避世奇花異草幾蝶夢之頻牽翠霧丹霞喜貌姿之可養爾乃睠玆一谷結茅數楹寂寂山阿爰得偃息之地閒閒田畝莫挽長往之懷年彌高德彌尊龍華處士起生民不被澤之歎老於斯終於此眉叟相公興迷塗無問疑之哀苟非制行之逈出等夷焉有老德之若是欽尙肆鄕人之曠感愈久愈深闢賢祠而揭虔以享以侑第念歲飢財匱事巨力綿廟宇纔成縱幸俎豆之有所講堂未作奈乏襟袍之攸歸尙賴賢子孫之情誠稍有頭緖幸得式好亭之材木乃成

翼如酒盈樽轂盈車役傭爭赴器之利繩之直梓匠逞奇不亦善乎寔肯搆宇故其矗矗之陛正正之門飛閣流丹波通檜淵之渚危巒聳翠地接武屹之區濟濟儒林欣講肄之得地煌煌堂廡在見聞而鮮儔是由於君子之留芬亦可見吾黨之尙德於虖升斯堂入斯室詎無觀感之心講以義會以文定法仁孝之行是之不念何以堂爲短頌纔陳脩虹乃擧

抛樑東春半山中躑躅紅緬念當年遊賞地老查殘蘂恨無窮抛樑南一溪流水碧於藍盈科後進

無時已取此從來義可探抛樑西拂雲層峀與天齊若將孝誼爭高下修道山高山反低抛樑北鑿井而飮耕田食安心講讀須無厭分外之榮求不得抛樑上丹靑一幅留遺像闇闇之色怳如覩莫是摳衣承誨奬抛樑下綠畦靑畝饒前野足塗手坼君休矣奔走庾門亦已哆伏願上樑之後堂鬼神守風孝友與夏禮冬詩與流峙而無替翬飛鳥革瞻棟宇而長存

道川書院奉安文　　李石經

星山一邦鄒魯之域儒賢輩出文物彬赫先生於

此感發興起厚重其資堅確其志慱識徹微瓌才
拔萃意絶外趣身勑内修靈根禍嬰蓼莪痛纈至
誠乃格浚宄斯雪能盡子職世所罕匹萱堂日永
莫心愛篤養具甘旨禮勤昕夕怡色秖敬順志無
違事生殫職送終遵儀棣萼連枝肱衾同床刲膚
救危施教多方友于之隆感人振俗顧卹猶兒有
倍已督寢則撫懷餒每情畀奉毋尤謹品需親備
齋必致潔祭必如在資旣得天學亦由誨負笈師
門襲薰蘭室工着義理德成材達質疑就正攀化
服膺淵庭泗濱循墨從繩名著儒林望重同門逮

夫氷稼天喪斯文慟纆山頹慕切羹牆院宇之設
尚賢彌彰邦運曾否丁亂孔棘仗義戎幕參畫軍
策忠悃激烈臣道無怍稟旣不偶命何多舛蠖伸
非願龜藏是勉道跡山林優遊泉石扁藤號庵寓
懷潛伏世間名利視若浮雲守貞養眞祛華斥紛
德星忽晦蓂筭幾經芳聲不泯人溯儀形公議今
倡咨度建祠相此道川源自武渻山擁水回地幽
景奇碩人平生棲息於斯遺躅尚宛餘馥可拾拓
基經始不俟筮協工役告訖丹雘流彩涓吉妥靈
階庭明灑章甫聯翩起敬起欽自是來學永世薦
忱謹設精禋用伸虔告恍攀德符竊冀來格

常享文　李石經

行敦孝友工專問學遺範在人永世矜式

移建道川書院上樑文　鄭煒

先賢腏食之禮已古睠斯文而寓懷道川尸祝之
所重修撫往跡而興感多士聳喜吾道增輝恭惟
藤庵大爺德行早成孝友爲本痛纆蓼莪之日泣
血而雪宄憂浚棠棣之時刲膚而療疾就有道而
得正沾時雨於泗濱立斯門而最賢窮道源於淵
上顧才質之渾化師友之嘉䕶頓承逮德業之彌

尊山斗之重望攸屬亦粤愧齋公是兄是弟有德
有才早占科名播聲譽於賢館夙貫學識襲規模
於家庭一愧字揭齋朝夕觀省而爲警四十年謝
世平生志業之未充睠彼川上之原曾是棲息之
所十里芳躅在山水而不渝百年餘芬閱古今而
無改逮夫藤翁之易簀爰卜是區而立祠中被溪
水之圮傷奄見廟宮之傾陷先輩俎豆之地不可
以灾而已後學瞻依之方盍亦就安而得乃相桑
梓世居之里亟修重卜之儀兼採士林齊發之論
始擧舁享之禮弟兄之位列依舊旣神理之所安

林壑之物色猶新亦人心之允合第緣物力之最薄始見廟宇之新成輪焉奐焉祠廟之規範肅肅如跂如矢階堂之制度齊齊前日之廟號仍存何嫌別區之占當年之友于如覩果幸同室之祠君子之德諠文章何敢摸於彷彿院祠之賜成興廢粗可記於始終允吁後人之誠可無善頌之語爲賦短律侑擧侑梁

抛梁東脩道山光雲影中十里煙霞依舊在怳疑鳩杖倚先風抛梁西一脉伽川道不迷靜裏工夫涵養處梧桐霽月向人低抛梁南飛鳳巖前有碧

潭百世淵源相接地依俙當日侍雲庵抛梁北幅巾想像幽園側桑麻古里遙遙浦水竹煙花依舊色抛梁上高山在彼人瞻仰弟兄一室坐儼然神理人情還可想抛梁下丹青一幅清風灑溫溫之像闇闇色甘雨和風元氣惹伏願上梁之後君子道長賢師澤遠肅將祀享世愈降而人愈尊勤護廟宮道益明而俗益厚後生之觀感有所人皆希賢儒林之寓慕在玆鄉是尙德

後浦移建時告由文

先賢妥靈必於故址考亭紫陽夫子闕里遺馥未沫芳躅依然顧玆後浦美名獨專山秀於後水麗於前毓精百年挺生二賢橫渠大翠致堂崇安敦行孝友兄難弟難道承寒旅德推羣哲身嬰草廬心存王室大明旣晦謝世處僻西山殷日栗里晉客道義相磨爲後人式遠近章甫合辭薦芯惟彼院基久未卜吉爰相桑梓龜筮協從簡辰擇吉誅茅剪蓬玄武朱雀左右西東山連金烏水接檜淵矧逍遙地端合揭虔道川大宇于設于玆山川增色講帷垂緇藤老愧翁宛其墳麓豈不美哉如覩舊儀於千萬年永世無虧

還安文　張敬穆

文穆夫子東魯吾州取斯成德先生其尤質確而和學篤而優枯栢孝哉煖衣友于誠回盆照道聯衣摳賢兄難弟外就內修行出百源義逢傍派實實淵上陰師攸芋道以書明蹟使碑求帶韋或幕時同國憂衛道功潑冔義策紆推孝及忠一事三隅鄉黨耆龜士林範模百年道川公議復乎爰躋季方曰心共趍顧玆舊廟處久技捂新搆有奕與誠改圖繩導檜董輪起川訏迺趀丁享縟儀更數似阜廬祠並二程朱兄是睟幀百世可留威儀不

惑警誨如酬河岳精凝棟宇輝揄旣醴旣豆庶格
庶愉於萬斯年嘉惠孔悠

道川重建記

道川非新建乃是復設之院也是院旣建而廢旣
廢而重建者蓋爲乎藤老愧齋兩先生講道之墟
不可無妥靈之所也噫兩先生俱立雪於文穆公
寒岡鄭先生門而性姿拔萃學問醇正孝友至誠
矜式鄕黨者也是以某年月日鄕人以公議建祠
於恩瀨東麓之內專享藤庵先生而院號之扁以
道川者蓋自此肇矣其後不多年拘於 邦令曰

爲毁廢則其爲士林之慨惜當如何哉何幸我
聖上丙午冬特弛舊禁優隆斯典儒林之可躋俎
豆者靡不薦享祠院之中見撤毁者擧皆復設遂
於是歲臘月鳳岡新享之日州內儒林道中章甫
峻發公議復設道川而申之以愧齋先生並享之
議於是焉院址祠號莫不仍舊而新之時則是月
廿五日也旣毁之墟廟宇重起已撤之地籩豆克
潔則後學之所以興慕於抑鬱之餘者不特若新
祠肇享之儀而已於休先生昆季師友壎篪叓和
俎豆密邇德音彷彿其爲泉塗之改照廟貌之重

光豈特藤老獨享之日哉仁山長立道川不渴斯
院也豈不與之終始乎哉歲辛亥九月上浣後學
星山都命應冐昧謹記

先祖藤庵先生早登師門造詣隆深秘迹丘園終
身不出眷窆許先生銘其墓曰懷寶遁世不見知
而不悔此其先生之大致也先生享八十二歲出
處行蹟編年記其畧者在孤村宗家而的未知何
代所編嗚呼諸父兄皆早世不肖亦蔑識家庭之
傳亦安得其詳乎且夫遺集之營刊先父兄宿所
極力而尚今未遑使先祖懿德幾至湮沒常極痛

惜歲戊午冬星鄕士林合辭本院曰先生文集之
尚未刊行非吾黨之責乎乃與本孫鳩財剞劂年
譜亦成幸莫大焉噫是營也昔非不足而到今就
緒抑豈非時有所會而事有所須者耶世系圖弁
於卷首且裒之爲裵寔遵 純廟朝敎旨而於先
祖當時則未然故謹上點畫而書裵常享文上樑
奉安移建等文亦附卷末俾來世得所考矣顧此
愚陋豈敢疣贅先父兄未就之志幸成於今日玆
敢忘其僭越因此歇役而七代孫洪模謹識

藤庵先生文集序

聖人之所謂道者不離乎日用之間也故堂堂乎張也難與幷爲仁而善信之樂正子優於天下豈不以務外者不能堅乎內而有諸已者可推而達之乎在昔寒岡之門有藤庵先生裵公自守嚴而樂於與人爲善喜聞君子之風而篤於彝倫遭家不造則有王偉元終身之慟船耕養母甘與草木同腐憐視孫弟血指以延縷命涕泣以盡敎誨其本固已濬矣及登師門在德行之科而優於問學與聞禮書纂輯之功又解敬齋箴濬得宗旨及遭樑摧復以所事寒岡者而事旅軒一意尊信爲學者先蓋在當時以老德善行表著顧以平生含恤濬藏而不市則無以見於世矣但有一區道川爲士林崇奉之地則其事有足感慨人者今其遺文已刊旁孫錫一㝢數百里求以弁其卷自念頽爾後生且耄及之矣辭不堪當錫一甫強委之不已且念自少已慣聞如親見之敬久矣自幸托名卷端遂畧叙以寓高山景行之思云爾

完山後人柳致明謹序

藤庵先生文集序　一

藤庵先生文集目錄

卷之二

書

卷之三

墓表

祝文

藤庵先生文集目錄終

藤庵先生文集卷之一

詩

陪先生向蓬萊溫泉到洛江舟中奉和金明府中清韻 丁巳

蘭舟閒泛洛江秋喬對光風作遠遊蓬萊從古多靈藥應取韶顔換白頭

戊戌秋聞西厓柳先生被劾次閔君海韻以寓嗟惜之懷

篋笥新藏團扇圓欲將凉熱問蒼天鞭驢若踏南關路歸興應多孟浩然

安東蓮亭偶吟 寒岡先生知本州時

溪院寥寥書掩關蒼苔雨後滿庭斑隔牆賴有荷花淨風送清香入小欄

過李士野 坰 山居

癖痼林泉抵死彌臨分莫怕後期遲丁寧寄語山中老風物從今好護持

憶裴舜龍

憂慽年來共子遊如何中道抱離愁午夜山囱眠不得一軒明月照荷秋

題趙公璧上 趙武八

紫騮晨秣刷前溪騂角新調掛草廬秋來不覺風霜早爲看旄頭向太虛

過江陽父子淵有感

憶昔嚴君此啓行高牙大纛向南征匹馬重臨江上路淵名父子愧貪生

九日登伽倻山上峯題石上 庚午

九日伽倻第一峯長天不盡思無窮未知今古登高處悽活襟懷孰似儂

次赤山寺壁上韻 甲戌

危樓迢遞廻塵寰閱盡興衰意自閒白首偶尋題壁

處不堪追逐海老仙還

贈海南太守

東閣梅初動偏邦生意新清香如許遠時襲倦遊人

權明府士和 誧 下車初寄詩後又臨訪經宿而歸追步前韻以寫別懷

僻巷干旄訪衡門山日殘餘光何處想秋月照霄看

舟中贈崔士行

兩兩白頭翁秋江把酒時陶然相得意應不羨龍夔

息瀨溪舍偶吟

家如懸磬鼎如鍋飢採蒿芹渴飲醝雨後前溪來枕

咽秋淡遠翠入簾多誰將望海千年筆更寫餘杭十里荷貧病繫心詩久廢不妨今夕一吟哦

次李心遠堂 堉 韻 幷序

居在山水窟宅跌宕嘯傲於煙霞泉石間者殆過半百壹旨之癖老而益痼今年重九作登高於伽倻第一峯七八十道流八九歲童子咸願從石上題名者且十許人猶以玆遊不可無我兄折簡以請兄固有仙境夙緣而曾與李葆軒叔發 天封 全使君性之 以性 遊陟玆山重被呵禁幾危而得脫垂堂之疑難

可卒解乃與一行振策輕舉鎭壓雲物直上上峯旭日揚彩秋天淨洗近而楓錦新成燦爛照燭遠而纖埃絕盡四望無礙得之於目寓之於心者有不可一二計也歸路訪兄於溪上迎問山中所得如何笑而不答揮毫以別遂綴瓊琚一篇幷序若于言以侈大仙遊雖因見愛之過而兄之勝情高致亦足可尚他日尋眞得不爲共貞耶敢次高韻以博一粲

巑岏偏宜石徑微穿雲直上更褰衣螘封萬象爭輸態鶴背長風勢欲飛不有誇張佳句作誰將好事彩毫揮他年倘得聯裾賞紫府仙君願共依

又次心遠堂前韻 幷序

生日不設東西席吾儕有所執守而適坐憂惱息與兄打破風雪交作兄不果來因步前韻以寄之開豁之幸不啻相對一笑也玆又效嚬以謝勤眷

自憐烏哺寸誠微每到生辰憶彩衣勸醉厭看瓊斝亂開懷頻賴玉箋飛未遑詩債愁邊報可望吟鞭雪上揮幽抱百端冬夜永半囪燈火影依依

與黃憲中

天公容我雪山前蒼蘚巖周白石川書永邨墟塵事罕煙消茶竈性靈全自甘窮巷無人訪不羨通衢駕鶴翩倘了吾君終老約朱陳從此送餘年

次黃憲中韻

得喪悲歡與子分一生情誼浩無垠自嗟蒲柳常多病淡羨芙蓉政吐芬春盡愁邊息寂寞詩來別後句氤氳綠楊細草餘芳在且莫相望負一醺

雪後訪青巖寺

欲排孤悶訪仙山依舊峯巒摠好顏石瀉新澌琴韻

四〇

淡蹙藏晴雪玉壺寒諸天禮罷香猶爇福地緣多興未闌一局巴園留歲月人間且莫怪遲還

題赤山寺壁上

象外藏修廿載前籠羅風月揖山川章成玉佩春雲靄藥鍊金壇道氣全驥老自傷千里步鶴摧空戀九皐翩荒涼廢寺尋陳迹羞向題名憶盛年

憶趙澗松 任道

故人家住洛江東心上年來幾用工黃卷聖賢常對越青丘豪傑盡摩龍河臨滾滾淵源遠山擁巖巖氣像雄同倚虛囱何日是剩將疑難資研窮

追步崔竹軒 恒慶 韻

絳帳游從若弟兄似君精敏最諸生青陽意氣多推許白首衰頹足刺評往迹堪唏欹枕夢新詩題罷滿篇情凉秋淵上如相就收拾身心閱舊程

敬次徐樂齋韻贈李槐山 逢

跨海頑蛟擬一屠奇謀何讓卞莊虞便宜曾上屯田策矍鑠仍爲聚米圖計定搴旗梟百越詩成橫槊倒三蘇囦中謾老長城將知我昭昭白日孤

到京有懷 庚戌

藏六荆門半此生偶然爲客洛陽城周行雜沓香塵合魏闕依微彩霧橫公議攸由伸枉跡籲呼非爲恥時明南山春盡猶氷雪死草無緣再向榮

商山途中逢雪 丁卯赴闕 喜暮府時

歲暮商山路風饕虐雪飛此時愁遠役世事足危機壯志今餘幾圖匡古亦稀郵亭憑尺劍促促啓我騑

次柳開山 碩 韻

客檄清溪上夏深星斗磨山川歸路遠風露別時多處世相知幾逢場不醉何著生繫望重且莫聽琴歌

次家弟季章韻

入夜幽軒靜閒愁不耐強風雲翻浩渺星斗溢晶光

食力生涯拙求名世味凉寧將時與命會付彼蒼蒼

附原韻

草屋三間許蓬門二尺強邨春分夜色山露引秋光月出空庭白風生半枕凉永懷眠不得天宇更蒼蒼

過李士野 堈 山居

境邃留僧語簷虛伴月明築場移石就架屋剪林成霧捲山顏淨風輕谷籟鳴靈源攸在此何必學長生

武屹齋有感示同來諸君子

一策尋栖築雲山開好顏石留曾題品松帶舊清寒

遺澤流無盡藏修迹未刊相傳勤護意爲勉輩流間

次崔士行溪舍韻 二首

選勝破慳秘晴囪俯碧波水邨兼野興煙瀨聽薪歌
入眼皆成趣關情豈有他吾儕存四老作意訪崇阿
絳帳同遊早虛舟學海波雅操推點瑟苦調愧巴歌
淺深殊所造趣向斷無他肝膽融爲一星文動太阿

題四友軒

四友名軒意誰知此味長金葩誇國色玉質秘天香
葉裏龍姿冷枝間鶴夢凉吾君好太古端合葛羲皇

次唐音韻

浮生知幾許徂歲一旬前白雪虛簷亂青燈半壁懸
道窮羞聖代心遠惜芳年華髮非相待無端著鬢邊

次李毅甫寒竹堂韻

誰架數間屋占此淸江曲豈徒玩勝槩豈徒窮遠矚
昔賢過此地昭回光草木伊時近百五新漸濛寒綠
山花動菩蕾渚草遊蘆荻悠然風詠興匪絲亦匪笛
席右彌樂翁癯瘦九霄鶴呼我使之前開顏獎類鶩
行窩此最奇景致更無敵素賞所當先勤勉早種竹
騂馬竹醉日爲來移疎直蕭森兩三莖留記當年卜
一自微響輟舊地雲一脚勝事誰復論山谿久荊棘

時從古渡上悵望不轉目傳鉢石潭子我輩欣御僕
繼志有騶虞堂搆謹埏埴茲焉營小堂孫叢苑如昨
江山固絶勝況此遺芳躅扁名揭二字露出誠心篤
吾知主人意顧名增愛惜問我今幾年重來撫手植
往事嬰老懷忽忽意不適詩翁吾舊遊先我作詩勗
進修貴暮年是以有淇澳

贈題崔上舍 轞溪舍 自註奉酬瓊韻全用舍字者蓋精舍在目而不能登覽玆疊步累押以寓遙想之懷

吾聞崔上舍選勝開精舍水雲之窟宅魚龍所止舍
森羅萬象奇環拱一畝舍晴囪淨几案收省神明舍

靜觀只麼靑俯臨流不舍景致與趣味相宜不相舍
一水上下居曾不容一舍有誰錮而留尙未登公舍
求和投玉韻欲酬媿草舍遙知粧點久羣芳栽繞舍
幽貞老益彌藏修其肯舍仍息騂馬歲相從山泉舍
所學有淺深所貫同趣舍俯仰五十載輩流盡捐舍
唯餘公我在爲天度外舍仲秋季丁日襟佩行菜舍
吾儕須自勉強疾赴齋舍瞻仰感愴深英靈其我舍
對說舊所聞書名留學舍屑屑小兒猜顧公姑是舍

次黃憲中韻 二首

入閒五十年與君情何極古劍照肝膽新篇攄胷臆

殷懃金玉音幾多慰窮獨卜鄰小溪頭任分營圭蓽
繁華浮世事渾付鳥過目地合處士居泉宜詩肺渴
孤桐月明中古調非新曲峩洋早推許令人意踧踖
兒童稍長成庶免勞筋骨平生所孜孜陳篇與殘牘
芻豢已成癖飢寒不自抑悠悠今古事歷歷方寸悉
峩冠講學徒孰如君意篤我今衰且老書史廢涉獵
驕兒愛梨栗讀書忘鴻鵠住近山水隈繞屋雜藤葛
無人勤來過深巷絕車躅識面是禽魚有信唯風月
賴有戀戀情時月無間隔相對亦何爲忘懷於得失
羣孩有知覺敎誨君任責近當負書笈晴窗日參謁

吾兒即君兒箠楚須用百
羨君詩思姸春雲生微極破筆自應手強韻能隨臆
酒興老更濃詩窮今世獨瓊音累求和岑樓無實華
字字皆穎脫幾多揩病目頭風便覺痊當暑滌煩渴
豈但誇詩富聊爲露心曲怯膽不知報欲謝增踧踖
君看世上兒輕薄功名骨雪片往來書總是空函牘
詡詡強言笑方寸終掩抑豈如寂寞邊勤問情意悉
靑年淡水交白首誼彌篤踈慵仍濩落詭範渾忘獵
況又嬰疢疾閒坐數鴻鵠任分隨意足寒暑一裘葛
唯慚一大壺浪負前賢躅諸兒勸之學徒能玩日月
自古勤不勤愚智從此隔莫非有命存不欲問得失
不聞達人語反笑淵明責相思秋更苦君遲我當謁

寒岡先生挽 二首

天爲人文降大儒抽關絕學踵程朱資全純粹溫良
竝工造誠明敬義俱儀範羣蒙編禮說綱常萬古抗
忠謨虹橋一斷三精瞀曾質從何更砭愚
半生將命猥承顏矜我孤危悶我頑就所可行施敎
術隨其病處試靈丹晴窗講禮操烏几夜帳挑燈侍
燕閒岡上蒼松淵上竹百年經過詎堪潸

挽李右潭 潤雨

南極文星燦燦高昔賢遺慶挺英豪才華錦衣三千
丈地望瀛洲十八曹夜對更深分　御燭新詞莫寵
覆　宮袍君民事業天何奪無復蒼生倚俊髦

挽呂鑑湖 大老二首

辛壬之年科第聯備經夷險兩心全往復蘭言銘肺
腑如存一息敢忘旃
公於時命敢云愆四品之班七十年占勝名區仍智
水甚英文苑襲靑氈虬蟠蠖屈知關運鵠峙鸞停已
定天薄俗齒牙曾莫及想應含笑到黃泉

挽李心得

首吾鄕黨丈吾門不啻尋常以齒尊卝角從遊成皓
白鹿峯陳迹詎堪言

挽金明叔 好哲 二首

以弟與君同歲生逢場談話兩忘形九原會合非虛
說爲報衰翁未死情
弱齡來聘表兄家入道登筵新甫嘉文苑蜚英傳緖
業丘原蟠勢厭紛拏醒狂誰識韜荊玉片夢偏傷惱
壁蛇情好欲憑哀挽說淒悲其柰短章何

挽李上舍 重亨

君何怱遽棄人間追想淸標老淚潸不是壽仁天理

爽吾儕偏被彼蒼慳

挽金安峽 行可

高情雅量世難窺一臥山亭問幾時不有似公風彩
篤古今誰道稱家兒

挽金雲巖 轃

大軸頻題吾祖從星眸瞭朗稱箕弓族時豹隱南山
霧乘運鵬摶北海風佇看羽儀爲世瑞竟敎膏澤止
需封人間何處開心曲哭望新阡恨不窮

挽韓判官 欽

瓜葛相從自妙齡吾時不識是姻兄爲人之後三男
秀宜室于玆八袠亨才短何妨身世逸家貧猶喜酒
罇盈相憐生死句纔涉聞訃偏傷白首情

挽李浣亭 彦英

愴莫淒悲寫短篇知公唯我狀公難胷中吐納滄溟
勢手下牢籠造化權治產陶朱非爲富滑稽方朔豈
求仙薇垣片語爲公盛且莫將天坐井看

挽崔竹軒 恒慶

膺壽遐期九十齡如何催赴紫皇庭早登黃鶴題詩
句晚逐靑牛點道經史館已書高士傳鄕閭猶仰德
星亭六年淵上同心力追憶難堪老淚零 淵上同心力謂建院

事

挽文節度 希聖 二首

軀幹魁梧燕虎姿許身王國際艱危心丹北窖華夷
聞威著南州草木知韜養不輕談世務揣摩偏長識
時宜高牙大纛非爲屈猶惜雄才半未施
兄我兩家兄我遺兄忘榮顯我忘愚含盃嘲謔靑生
眼拭淚欷唏白滿鬚忠孝竝隆生死順飛沉一散去
留孤新阡白馬情何極彩紼應遲祖道隅

挽李洛郵 道長

雩月精神金玉姿早從蘭室奉纏徽連修哀餞追前

武旋掌銓衡稱物宜望繫蒼生人仰斗名高靑瑣鳳儀時漳濱不起相如病和淚題詩不盡悲

挽鄭參奉 惟熟

坦豁襟懷岐嶷姿風流人說稱家兒跟蹡几席曾提抱疾病窮廬賴護持雪滿山齋燈火夜風淸淵院落花時嘗奮分義今何仰上爲師門下哭私

挽呂河東 焯

爲星大姓職方流詩禮傳承才學優佐幕澄淸風彩動佩銅勤撫須聲留七旬尚遠天何奪三品雖崇刃未游聞有庭蘭操行篤可繇家緖世箕裘

挽金監察 孝可

逢場言笑兩忘形愛是眞醇脫俗情早佩銅章緣養志晩登烏府爲時明傳承詩禮庭規遠高大門閭世業榮勝水佳山追賞願今生未卜卜他生

挽李東湖 鎔

絳帳追隨度半生公推狂斐我尊兄家傳詩禮風流篤學到精深識見明寸祿折腰違宿計江湖肆志保初盟八十六年非不壽典刑墜地最傷情

挽柳節度 承緖

推許偏蒙接面初每叨幽款兩襟虛論思補闕家傳緖慷慨登壇世亂餘位顯橫金猶下士志存鳴劒更看書雪山輕重人誰痛不耐丹旌向舊墟

挽李月澗 㙉

憶曾將命在師門初接容光粹更溫挨勝仙區參道氣談兵戎幕聽危論阻脩地步離違久欽想風操寤寐存南極壽星今晦彩遠尊何處挹淸芬

挽李龍宮 大圭

追遊董龔不多辰嘗接微言若飮醇疎雅襟期知養正氤氳風味見天眞能繇詩禮爲全孝早謝簪纓享壽仁思致問書函聞至他生何日此懷陳

挽睦方伯 性善號南澗到營未久遽爾捐館

攬轡澄淸計已差丹旌忍看度岷巴 九重訃聞都人泣三路恩深野婦髽弭節蓽門忻有日留書塵篋恨無涯欲將懿行哀詞述卑賤其如誄貴何

挽姜上舍淨南 諜

玉潤英儀動妙齡芹宮綏步展鴻翎名場多歧跟誰定香餌紛趨見早明恣意溪山怡偃息傳規詩禮享淸禎姨私投分公能想哀挽三題不耐情 時當路者欲援入而竟不從竊嘗欽歎故頷聯及之

挽都寧海 愼修

妙齡文海湧波瀾丹桂紅蓮摠再攀雅望九天期補拾仁恩三府牧疲殘棣蕚增輝登顯後蘭芳不替死生間最傷亾弟交遊盡誰信當年取友端

挽內從叔宋 後昌二首

親爲叔姪義爲師猥以愚蒙最辱知英誨久承涵濡日深恩偏賴板蕩時咸期瑞世邦家彦詎意勻天上帝悲血淚暫揮頻用慰庭蘭茁可傳詩

游藝雲囪下斐英槐市中家貧姜被冷時晏阮途窮交友憐三刖天和任屢空今來浬白璧哽塞涕無從

挽宋僉知 遠度二首

投分吾家祖子孫相將敬義等嵩崙時危共事干戈際家破偏蒙眷顧恩杖屨幾迴佳節待豈觴頻對舊情論殘生遽失依歸地執紼新阡恨剩吞

自放丘原七十年凝然風度更軒然平生共被姜家美搶攘圖匡黍室賢頂玉崇班榮暮景垂竿佳興供閒眠從今忍過堂前竹巷曲淒凉只冷煙

挽宋主簿 琉

少日多公英亂知拜公春府暨公儀堂臨蓮沼琴書靜門對芳堤杖屨遲窮達有由寧下力是非無定任隨時曾未廿年三世哭追思情好可堪悲

挽宋潑

桂影交輝癸未秋每思前好涕先流虎頭志遠初投筆猿臂才雄勢汰舟動業應時容力取兵戈催老退廬休寒山虛牖安衰朽肯向蒼蒼歎不侯

挽李逸民 安民

幽棲分占小溪邊丱角相從到暮年山寺懸燈同講習文堂濡筆共磨研飢寒疾苦周旋至險阻艱難眷救偏七十人間非不壽憶君仁厚怨蒼天

挽張德優 顯道

生並桑鄉長十春幸聯藤葛襲芳塵風流簡古規模

密行誼端方氣味淳丈席折旋緣尚德小窩迎接爲親仁七旬毓慶貽謨厚佇看盈馨食善因

挽呂上舍 姬弼

強果端方稟得全碧梧文彩動髫年早期雲路儀時彦旋作仙區遯世賢書籍貫穿工邃遠芝蘭栽養慶聯翩死生寧順如君少歸拜先公更坦然

挽金退隱 檝

寥寂窮郵書掩門白生虛室絕紛喧看書玩索理無隱處物精詳事不煩蔬食菜羹怡老病陳篇蠹簡有兒孫瑟琴歡樂垂三紀肯向蒼天致怨言

挽金松菴 軸

松翁曾我接儀刑屈指如今六十齡草賦金聲參大父襲薰蘭室御先生沐操自保無塵態鳳彩誰因作世禎身後幸留賢宅相好扶靈櫬祔佳城

挽宋士順 忠言

從遊曾自碧巖雞冬十四公年十二儂然諾青陽多意氣嗟憐素髮任龍鍾悠悠此世誰膠柒落落生平失蚷蛩欲向薤歌歌隱德淸修不敢惡詩容

挽金勤甫 廷稷

相嘲相謔更相憐首尾如今六十年荊樹繁榮英全至

樂家庭儀範最能傳戀形對局移簷影取適抽腥共竈煙有子有孫餘慶遠莫將仁壽詰蒼天

挽李孝伯 善繼

君我共生甲戌歲七旬浮世作閒民下工著力宜醫魯當事勞心可逐貧富貴在天戀世慮禽魚多勝任吾眞亦知造物無私意許辨鄕稱孝友人

挽宋僉知 光範

頃玉居閒歲月多臨溪茅舍枕山阿抽腥斫膾爭飛雪留客圍棊幾爛柯雙鳳早違悲在世孤蘭特秀喜傳家眞醇氣味如公少欲說平生老淚何

挽朴君秀 文楧

山陰山水最東南淑氣扶輿降好男清瑩神精明似鏡溫醇風旨味如酣金蘭誼重艱危共宗匠誠深答問參澤不爲川仁不壽詰天其柰老天喑

挽李仁仲 麒瑞

賢仲清標久襲薰公時相熟豈須言紅流漾錦抽銀尺芳草成茵醉杏邨往事說來餘恨在殘年逢著舊情存新阡入望違牽紼追念生平老涕紛

挽李敬甫 善立

與君情好豈須言直置心親無外尊罇酒歡悰戀世

態水雲風味共漁邨雙難復寄嘶雞伏餘慶船修驗駟門佳節勝遊難可再欲題哀挽剩銷魂

挽李子徵 基禎

碧梧文彩動髫齡入道名家繼有聲端雅姿容殊標格清佳談笑露神精擬將鵬翮圖南海勤向雞窗誦聖經聞說蘭孫眉目秀長歸庭下想應瞑

挽金忠義 希百

乃家勳閥荷常炳 恩許優遊保始終世亂何妨謀策拙家貧不怕酒罇空地宜桑棗邨墟迴人慣禽魚野興濃九十三年淸福享人間復有我仙翁

挽鄭伯厚 壂

先人昔與尊王父居陜相連堡障同我之悃誠追分好君多意氣起昏庸頻從呉院青衿後共對巖齋蘭室中海內心期無處託綿難淚愧古人風

挽李瑟谷 蘭貴

三賢諠行士林尊六一淸修最飽聞梧竹風流存古朴簡編功力動春雲幾從藝苑圖鯤海旋卜名區高駟門同隊舊要零落盡此生餘日與誰羣

挽金伴月堂 宗孝

乃家功烈在旂常世挺人豪喜再昌林泉日永風流篤閭巷門高福履將地近蘭薰宜洛社德資麗澤合

藤菴先生文集卷之一　十九

仁鄕八十年光還似夢小堂那復襲荷香

挽朴君信

君家素與我家親不但鄕鄰不但姻皓首相尋情更密靑眸兩豁話彌諄名區肯換三公樂淸福端宜八袠仁安順始終奚所望嗣將門業屬蘭蓀

挽呂晦遠 烜

簪組蟬聯世有賢家聲載在職方傳留畬盛業追前緖荊棣繁華共惠連理事誠勤鄕黨賴貽謨宏遠後昆延莫歎英曹穿楊晩佇看天花慰九泉

挽郭秀才 宜昌

丈席聯裾憶令尊晩因姻好襲芳薰箕裘操履眞實傳家行器度恢奇脫世紛議合鄕中留石刻慶餘身後毓蘭蓀幼齡致毁吾堪說哀挽題來倍斷魂 亾弟尚虎亦於六歲執喪幾滅性實行與公類詞末及之

挽禹會夫 逵海

曾我受知先令公共追前好話從容慈詳資質殊浮俗穎秀神精起病儂草賦金聲諸輩迴蘭滋玉樹滿庭崇年前院會翻成設宛爾音容片夢中

哭黃憲中

藤菴先生文集卷之一　二十

鬢始君頤我頰紅碧油幢下兩相從中罹變故偏多賴晩喫酸辛幸保躬強韻疊來詩債積彩毫揮動口呼窮嶺湖路上銷魂別那復樽前說破空 碧油幢下謂先水使公幕下

挽呂時會 姬佐 二首

弱齡風骨奇人說稱家兒濁世詼諧玩高情短律知頤神泉石邃縣業里門巍極目湖波濶飛吟幾日歸

相逢但一笑不將幽悃說相憶無一書轉覺情誼篤肝膽洞相照柒膠語還俗亦知世分深不啻心契合風霜謂自保幽明遽爾隔强欲寫哀詞誰會此老臆

挽都諧仲 聖兪

尚德如兄幾伊川又泗濱安詳承誨密精敏著工新
鐵畫知心正冰操見性眞從遊推許意邪可短章陳

挽金養叔 大鼎

愛子詩聲早相知四十春年纔一歲長地幸兩鄉鄰
瓜葛連家後蘭書入眼頻追憐經過日未接舊風神

挽李士潤 埱

每到林亭上多君伯仲居帶連陳苑圃牀對謝襟裾
輯說同參證翔祠共薙蔬壽慳餘慶遠食報佇菑畬

挽李重美 秀彥

大姓星山最名門木郡巍尚賢趨丈席湛樂吹塤篪
古朴風流篤眞醇意味奇短促哀詞苦休陳不盡悲

挽李忠義 長源

壽星纏瑞彩淸福享遐齡世記旂常績家傳孝友聲
水雲宜偃息漁釣任閒情却憶行間話無端老淚傾

挽兪景望 遠

素與情相款寒門又結緣行仁全幾命承業竟多賢
琴酒生涯足田園靜味專光陰驚大夢春巷起愁煙

挽李秀才 坤亨

才行髫齡著名門復有人三餘黃卷日一樹 鼓

挽李白川 天封

天球不琢中粹溫自得山河淸淑氣風流藉甚童丱
日翠茁金苞稀世瑞發軔曾依數仞牆斧纆方圓眞
偉器折旋摳衣函丈間講磨遺經揆奧旨驪龍豈空
混泥塗碧藕早折秋江汜濯盡塵纓返初服富貴難
能移素履我生於世六十秋與遊者衆徒唯唯不較
螢爝汚丹衡晩策款段隨驊驥立我之懦砭我痼且
瞶心親無一二華山南北許相分暮境芳鄰眞幸耳
孰意斯人厭斯世數有盈虛理難恃儒林根柢已搖
蕩痛惜徽音誰復理寶樹盈庭揔蘭玉緖業緜緜垂

後祀秋風素紼水雲外世事茲茫長已矣東西南北
白頭翁灑涕洛江無限水

挽都諧甫 應兪

癸未之秋科目同先世分誼齊華嵩甲乙之生蓮榜
聯兩弟情好如蛩蛩我又與兄一歲生兄以日月兄
於儂不緣連派不緣姻相對但覺肝膽融兄家羣從
不可當尚德尊賢誠意隆伊川之上泗水邊討論磨
礱蘭室中文麟豈宜地上行旋登國庠通旌宮芹宮
聲譽藉一時咫尺靑冥雲翮冲風塵須洞世路巇復
路旋車初服從家聲付與季難傳彩舞堂前常棣濃

人間得喪可忍言痛纏鴒原寃不窮衰遲綫喘草土
餘其柰百慮從中攻靑霞奇氣入脩夜濕雲帶恨天
夢夢顧我奇隻尚在世漂泊東南隨轉蓬逢場幸辦
兩襟開寬譬幾多相從容平生言笑宛如昨倘非木
石難爲衷浮覺斯世而背殊舉目何處開歡悰餘生
幾日不相從不任老懷擣如春

挽都巖谷 世純

君我之生同甲戌八旬人世共偃息君能凝靜我孱
劣我是蒲栁君松柏自意朝露使君悲不料哀詞令
我綴唯君家世始八莒聞人佳士代不乏君之昆弟

接武起君資眞醇又信實居家制行主平恕處鄉持
論務公直信手使筆筆畫正率口題詩詩思逸川院
重營兵燹餘執事要須有才局料量能平會計當卒
妥先賢是誰力學未充量志未究先生長者皆嗟惜
蘊蓄不耀毓餘慶豈無根基緜貽厥滿庭蘭玉秀而
朗淸福之綏世無匹晩開小窩樂天放雜蒔花卉交
紅白顧余投分弟兄間君爲同庚情最密憐我踈迂
老益彌每因談謔多規切中年投我一部書乃是京
山之事蹟縱橫民俗示勸戒出入今古無遺失詳而
不雜質不俚盡得記事之體法他辰如有採風謠此
書豈容終湮沒自從衰替兩閑門彼此音容如海隔
我言中間有小嶺嶺上孤樹山趣足趁得佳辰兩相
就鬱陶深情期一滌那知凶訃忽報我積歲離違仍
死別餘生末契更誰托默數人間形影隻極知前後
同歸盡亦知飛沈終必合眼中相識似晨星久視此
世還可慽千般心緖說豈盡聊敘平生爲示誄

挽鄭拙齋 錘

一歲君先我人間四十春旂常先業炳詩禮乃家彬
書帶抽庭瑞文麟曠世珍端方全稟受溫雅蘊精神
絳帳依歸早靑襟琢磨新折旋函丈下揆蹟聖賢眞

餘事名場過專精實地循殊姿期脫鼠同隊擬超鱗
黃憲年何促顔回學未臻家聲四鳳在門業季方因
天奪才鳴世人思德照鄰雪峯曾素賞冰壑宛淸貧
識面論文日知心聽敎辰高情憐鄙拙偏性愛眞醇
淵上攜裾夕山中共被晨切偲緣契合談謔爲情親
脫略違斯世仍依畢此身蘭薰那復襲芝宇自茲堙
谷口參尋斷山陰夢寐頻峩洋今日後欲奏更何人

挽李茂甫 文雨

憶我年十歲山堂隨內叔于時盛襟佩丱角有五六
兄年亦十二神情殊標格學書王右軍字畫如蚕鐵

忝作同隊遊童心知愛悅歡情曾幾何洛水分南北
廿載喪亂後酡顏摠非昔重逢絳帳下相對久嗚咽
幸同依歸地比肩趨丈席連牀閱古書折旋資講習
多士盡才俊最見披悃愊盛事說婉孌壯心驚濩落
相將費朝曛磨戛兼諧謔人事安可恒泗陽悲響輟
離合固有數來往仍不絕邀我訪靑巖攜君尋白鹿
熿霞動高興偃仰望日夕山囱夜氣爽雅歌有時發
古調聲激越令人塵慮滌爲我啓詩篋瓊琚聯數軸
遊觀湖海作晚來尤頹脫往往指瑕疵謂我詩不識
相對兩忘情世累浮雲薄末路論交地向背多殊色

兄我一片心在古不易得高才出流輩雅操可激濁
禮園每蹭蹬明時不收錄孰云仁者壽甲子才一易
莫非天所爲兄應意不屑兄家盛棣華平生有至樂
兄家多寶樹庭前儼成列雙郞秀而朗淸氷與白玉
藥餌與喪葬始終無欠缺物兒待兄意至此亦云足
我自數年來弟病彌年月奔走求醫治片時無休歇
聞兄有微痾不謂便沈劇時向醫家問醫說難醫疾
人自兄邊來願言見面目春宵連枕話豈意是永訣
病弟竟不起煢煢餘一息公辭見阿咸憂色在眉睫
知兄病已急其柰無羽翼還棲未旬餘聞兄已就木

呑聲強自抑哀淚點胷臆遙知數株梅凍蓓應欲坼
一牀散漫書冢寂塵埃沒冰壑宛精神雪月餘虛白
瞭然在目前自爾五內裂人生到此際蒼天曷有極
從今秋雨夜忍聽梧桐滴(內叔內從叔宋公後昌雙卽李惟碩張彙梧桐滴李公每歌桐雨滴之詩)

挽李誠伯 見龍號竹圃

星李大姓五公祖居第一功德入人深祀典齊土穀
前徽久猶縣淸門布鄕邑中葉佳高陽聞人代不乏
玉山大父行淸修士矜式公爰接武起芳聲自丱角
早登大賢門跟脚有定著豈宜徒匏繫鼇釣試溟渤

升沈自關數半世任竿瑟桑榆更奮翼太液攀蓮萼
國家重敎導掄擇歸宿德公時膺首選克諧寬而栗
俄承百里寄喣濡撫殘疾七載游刃餘淸風兼惠澤
茲乃彪一斑奚足爲公說方當晦昧日士氣幾熄滅
爵祿之所誘威禍從而怵風靡一時士墊溺不自覺
公居衆楚間百計援入墨凝然若無聞不撓又不激
一朝氛翳豁終能保初服跡公之所蓄中心一寸鐵
其於世用力所就未易測浮榮又早謝風致高千尺
琴書供暮年蘭玉傳世業昔賢有後嗣吾儕不孤隻
生順而死安始終無欠闕同門又同趣淡水契誼密

每說際急難百口期相托年前重握手喜色浮兩睫
聯衾成信宿達曙同靡戛告歸不忍別遠送晴川曲
山回不見君目斷情無極聲盡有後期一別成永訣
遠日隔數夜寒天倍愴莫南中尚公議幾多仰高躅

哀詞

李士厚哀詞

噫嘻天之生子也雖晚尚及文運之方亨繄我兩先生倡道從之遊兮一時人英先君子最見推重玉之溫兮蘭之馨驪虞生兮騶虞風骨秀兮神精淸自孩提之有識蒙養端於家庭俄頭角之傾然爰附驥於

長程三千三百之儀四始六體之經耳提面命兮觸處洞然口誦心解兮易於建瓴以博聞強記之資兼究極採剔之精千古史學之富三韓典故之盛磊落載腹兮燦燦如霄漢明星相從於皓月良宵塊對於水榭風欞開襟試聽兮耳聳神爽沈痾悽祛兮宿醉頓醒儒林之雅望動人良玉之聲價連城依歸有所弊屣浮名一區晴暉四鳳齊聲陳家雍穆兮華萼連圍瓜姜被怡愉兮華滿紫荊人或稱在家之政實從學問中來此是餘事奚足盡情也哉仁可以利物澤可以爲川君乎棄世兮世棄君乎然時事危急之日痛鬱憤懣忘寢廢食病不可爲則得非宗國義重不覺傷生者歟使吾子早得陳力展盡底蘊爲時之楨爲國之光不有其身不負所學也明矣位無以顯其德壽不得稱其仁已定之天其可期於後昆之榮也夫古劍飛鏘兮牙琴聲斷歌以敘悲兮悲不成章

金而幹 枓 哀詞

卞和泣璞兮物論稱其屈吾不爲君惜東野不育兮親舊以爲慽吾不爲君憂皓髮偏親更無托生離死別兮此恨終何極嗚呼余季亦忍與我別九原今應不瞑目冥途相從倘如昔爲報白首孫隻尚能偷一息

宋汝達 光宅 哀詞

眞醇公直之性出於天資溫恭儉素之行得之庭規古琴無絃兮含太古之徽音良玉在璞兮薀稀世之奇珍白首從遊兮悠此世之巧幻今焉已矣我懷如割兮向誰陳

賦

挑燈看劍賦 十七歲作

南冠隻影北窖幾載歌闋正氣夢裏好事挑一缸之殘燄撫三尺之寒鍔揮危涕而亟顧冀雄威之再拂生丁鞠匈不自我先夾馬香殘屬猪運訖捲藝祖二

百年版圖輸羯奴數千里甕城孤臣萬死而一生餘數莖之白髮長辭閭海遠赴燕獄孱孱俘纓命久延視息作晨星之長庚等空山之老柏酌汨羅兮採首陽薇幾茂勞於未死白日忽其西匿黑風吹兮北起鐵馬塵歇金笳聲聒長夜剩年鼓月射白懷丹憤之干雲伴青燈之照壁獨無寐而輾轉誰會余之膈臆腰間蓮鍔肝膽舊物氣吐虹霓冤橫斗牛弔匣中之空鳴揩攢愁之枯眸霜鋩老而未蝕華鍔古而不澁寒光照耀可以屠龍壯氣動躍可以剸鐘回燈頻照幾番注目手之撫之以歎以惜實不料百戰之餘吾與爾

而尚存欲唾手而一揮豁翳天之妖氛身既在於縲絏孰畀予以羽翼仗爾當年謾意撑天勤十年磨幾一人敵效杜子崆峒之倚擬虞公盤錯之別庶游刃之恢恢快一埽於蠻貊已焉哉天不悔禍妖星忽墜於南極陸負帝沈張又及溺楚囚孤臣薊門一角挽神物而虛老空自吼於柚裏挑殘燈兮既盡聊擊柱而發噫

藤菴先生文集卷之一

藤庵先生文集卷之二

書

上寒岡先生 時先生浴于榮川椒井

卽日初秋伏惟體中氣候調攝萬重區區哀悃殊不自任䡍發之日莫的定期未遂一奚之候皷悒之私尤無以仰喩日氣向凉天又開霽伏想沐浴勢便證候覺穌瞻遡祈祝靡日不切尚龍伏蒙尊慈依保頑息而病弟之證一向危重食不下一匙寢不安一刻煩懣燥熱日甚一日相對悲號罔知攸措不審返旆似在何時道里不甚阻遠而星奮𢥠亾末由任誠候問秪切罪悵而已自餘荒迷不次

上旅軒張先生

國事罔極有不忍聞令人氣塞尚何仰喩伏惟憂虞彌鬱之際體度有相起居萬福伏慕之忱倍切區區姪刊役已輟鄉旅得人舊時參佐不可退便以情以義似當趨進而曾有兩騎一則許騎庶叔一則赴海未還玆不能奮飛益增瞻悵方在校中竊見門下前後通諭之文大義已倡節目又詳而第念變生急遽命令隔絶雖未有自 朝廷分付如丁亊號名之舉而旣定列邑義將寧無一道統攝乎號令從何而出論槩從何而定伏惟先生荷 九重際遇之隆爲一道士林之仰當此艱虞之日自任之重恐不得終辭也然許多機宜何至自當若於左右道極擇位望而分屬焉則彼烏敢辭而先生自處之道不其盡乎想此舉措已在盛諒中料理而不敢隱默冒瀆至此無非有懷必達之誠幸俯領焉海馬或返他馬或借數日後當進謁伏計 舊時參佐謂丁亊亂旅軒先生膺號名之命以先生爲參謀

上旅軒先生

南兵又不利時事一向罔極復何仰喩伏惟此際體中氣候有相伏慕區區趨造穩侍願非一日而初仍無馬繼患寒疾自再昨始借馬而爲將進之計矣庶叔赴戰所生死竝有傳喪亾之餘唯渠叔是賴螻蟻之命固不足恤而骨肉切迫之痛罔有紀極玆又停止以竢其的報耳且新寓棲息粗完而傷於大路近於邑居又挈家而還此間窘悶之狀何可盡喩曾者下敎序文草二紙謹用封上曾所奉呈歷代紀年欲同藏於遺蕘櫝中命送伏望餘竢進謁姑此不備

上完平李相國

春序尚寒伏惟台體候順時萬福仍伏想山家疎冷何以堪遣區區慕戀之誠不但爲邦家爲世道而已

小生特蒙下庇退伏窮廬私幸何喩曾於滯洛時非不欲逌造驪涽展謁屛前仍償平生傾嚮之願而羈危蹤跡勢莫自由終未克獲叨耿光只恨此身無路陪杖屨爾禮說一帙謹用呈上自餘伏祝爲國倍加保重下副山仰之忱

與閔而靜 汝鎭

自別扶桑音徽杳然幾日關北歡侍晨昏何時洛下靜下書帷向風耿耿老懷靡弛僕衰瘁日甚無可道者令伯時滯一路尙歎奉拜之難況左右天一邊耶仙區吟賞燈下論詩緣何更續於此生餘日耶臨紙

欲書只自泫然

答柳開山 碩

兩地神氣之孚在言語文字外滿紙書來辭旨懇到敬玩心醉殆不知攸謝郭外秋淸亞酉久間想趨庭餘暇書籍自娛向仰風致令人發省生貧病中弟兄相對任分固是一幸縷縷何能悉只冀自愛加勉以副遠悃

與閔洗馬 應協

寤寐傾想之餘獲拜於憂喜惝怳之際別懷依黯追不自任即惟侍奉雅履順序珍勝尤勤遠慰之忱生

生還舊居 天恩如海雖百此身何能報答萬一耶千里隔濶重對杳然臨紙忘言不盡老懷

與金天曹 振○辛未先生爲人所誣被逮入京即蒙放還之時

生死纔判之餘獲荷臨問一味感仰久猶未弛玆者秋暑伏惟雅履若時萬勝懸慰尤切生 天恩罔極依保視息屈指餘年無計報答只自踧踖而已家弟積病中不忘舊遊因科上洛想左右相對嗟矜矣京鄕隔遠重對無便唯冀佩符南來臨訪蓽門爾

答洪軍威 瓚

家弟屬纊之日問病書至已極摧痛玆又遠賜俯慰

兼致賻儀悲感之至益不自任尙龍稔積無藝白首臨死之年遽失強壯之弟十歲孤兒曳衰叫呼寧欲溘然無知無覺而亦不自得食漸求飽寢亦求安自此生死別矣號絕柰何季秋漸寒伏惟尊政履萬安道里不甚阻遠葬時或他日倘荷一賜臨哭相持號痛之餘宛接死者儀刑元實之幸其何狀喩耶葬地未卜葬期時未的定而似不出開月旬念間耳

答柳修巖 袗○時宰陜川

玆承專价惠問書就審春寒尊字履對時萬福區區仰慰之至尙龍前冬過亡弟葬事尙全視息於人世

閒耳大府相公遺集廣傳於世爲斯文典則吾道之幸可喩死亡以來疾病層生伏枕昏瞀朝夕待盡實無展對書冊之興而切有未死前尊閤之願紙地貿送而麤麤不稱意如有精品轉換之勢擇勝是仰剪頭糚黃亦望留念無緣穩承清誨顧惟世誼慚恨實深秪祝倍萬珍勉

與都庶尹 慶兪

拔起罷散起授關防感激奮勵之至尊何以自任耶第惟大堂年高遠遊邊地寸草情事在所罔極而忠孝不兩全恩義有所重當此之時尊豈暇顧私乎且

向日醉裏之談素非期望於左右者每切耿耿柔懦解弛固不足道嚴急殘暴亦豈當理同其甘苦明其刑賞結之以仁恩礪之以忠義自可捍頭目而赴湯火矣偏尚嚴切其可克濟乎尊之捭闔非常情所可涯測而當大事作遠別敢此規祝倘荷記憶千里之遠何啻對案耶藻也仍感寒沈綿膈塞痰促證勢危重明是諱日而不敢爲哭祭計此生未盡之前憂患無時而休矣餘冀爲國自珍

與柳金海 承緖

尚龍殃禍盈積死亡連仍今年五月孼弟名藻者棄背七月初又遭室人之喪悲痛摧裂恨死不遄玆者初冬伏惟令候順序萬福瞻戀之悃無間於悲撓中秋間伏蒙遠問兼荷節萐迨切感仰尚龍不耐三家喪居叫呼移殯妻喪於先壟之側爲從簡掩土之計而儕友皆言爲地不佳又多拘忌將未免淺土涉冬此間悲楚悶撓之私無以盡喩此去柳君得新乃生四十年漁樵舊伴也失所漂泊寄寓仁境綏集之政非此人誰先乎且其人早事歷覽多領得勝槩又供給長者不無好聞見公庭吏退之暇不以老醜而遠之賜之坐而聽其言則可以助拄笏之興一試之是

望萬萬何能悉唯祝海府窮陰字履萬重

答蔡湖洲 裕後

楊梅欲動而穎民無祿瞻戀之悃與時俱新玆承遠惠書伏審春寒尚峭起居萬福感慰俱不任民歲初始克祔葬悲楚度日耳下示訂頑之疑極荷相長之眷而心神昏瞀不能致精書冊稀罕無以博究愧負何喩然姑以散出於諸書者觀之則朱夫子一定之論峻截難犯而我東諸賢之解亦無閒然幸於夙夜之餘特加精思極其歸趣然後再垂回敎則千里之遠何啻對案耶禮說一帙敢庸呈上自餘伏祝勤勉

不息以副期望之誠

答李心遠堂

久絶還往傾遡頗若玆獲專价之問就審兄履有相馳慰倍萬生祥期不遠自爾疚愴入山事甚不偶計亦有素而難動之勢不但峻嶺之險柰何前達蘇齋集十四卷呉山院藏也黃山谷若干帙崔院長物也不帙左傳南華經徐氏鍼灸文永興冊也不帙周易七卷乃賤藏也傳掌冊録皆以還送懸録而猶置齋中者欲經新院長之眼也兄既親閱幸於旋旆之日偕行袱運致山谷集則留置院中其餘命送賤所如

何且書簿自泗上題來者乃茂伯兄之筆也自川谷題來者乃金務安之筆也丙庚火患後合題者乃令季氏之筆也若與兄相對披點自足為一使事而不能自致滚恨滚恨猪峴雖無溪漲之阻而水草欹側之路擁冒披簑甚非珍愛之所可堪兄何不更待後日平從坦途耶望後欲往返澤庄兄行倘不與此時相値則安知白石淸溪共理藤屐耶

答金東溟世濂○時宰玄風

追攀開晤於蕭寺爽塏之地促席聯襟講論端緖此實難再之幸也第衰頹之身難於滯留纔經信宿忽焉判袂其為警頑起懦之益自倍於一揖之後矣玆又特發委使慰諭勤摯自顧薄劣何以獲此感荷之餘轉增愧悚道碑擬以開春為峙竪計倘荷重臨吾儕之幸如何心經發揮新刊重違盛囑撥煩印送幸矣琴之暇服膺敬佩用副期待之望金公以筆名請寫寒岡先生神道碑追別于龍淵寺後有此書

答李東湖

前後辱惠書俱已奉領矣仍審邇間起居有相仰慰區區生剏事之際觸處窘窒許多事務無以酬答浩歎柰何曾所貿聚之鹽倘能運致院下庶可隨急補

用而米布亦可以應供耳目今急務惟在於序文之請正本之寫而盛暑不遠秋科亦近若此遲延當待初秋科後人事又安知其不如今日乎幸須遄臨校院奬勉同志次第舉行毋失事機千萬至仰且新本經了具眼者則必重寫一通然後可寫正本云高明以為如何若字與行行與篇之間不無疎密盈縮之誤則重寫之說似極停當亦須商量焉曾見蘇齋集當初刊本不成模樣故康侯復誠三莅玆更印活本且白沙集始刊于臨瀛而不得行世重刻於晉陽此皆急於鋟梓不殫心力之致然豈非今日吾輩之大可

惕念處也此外縷縷佇竢面陳

答李東湖

連拜惠帖就審天寒起居有相又荷累條勤問懸懸傾遡之餘慰豁何喩發揮已刊二十一板方刊三十五板推此以計則文集當始於念後而發揮可畢於晦前矣文集合年譜居發揮二倍之半則日數從此可計而其中最切悶者校勘不得致精雖能刊出豈保爲完書哉立番諸儒專不留意強令讎校則泛然讀過少可倚信柰何柰何全生寫文集今且數日而首卷詩篇時未刪定故徑寫第二疏劄附卷而泥於

古式專無先後次第烏得無具眼者之雌黃乎益恨初來不從或人之議也大槩事勢粗處則若有頭緖而至於精微極盡之地則無可與擬議憂悶而已浩歎而已且匠人始役有先後鈍敏又各不同後者未畢先者更始文集似畢於數月之後年譜應始於正月之初而時未脫藁用是焦慮崔監司前所送之本卽令謄寫而迨未完畢耳唯冀過醮禮翌日卽臨指教使傳後之文不至大段差誤

答李東湖

天寒比嚴伏惟靜履順時萬福頃承惠復書備荷勤眷追切感仰生失所飄泊今且十年各樣艱楚有不足恤而家廟隔遠情事罔極日任憂遑冀得安泊而節節生梗靡有畔岸此間悶迫之私有難狀喩文集印頒事甚緊急若失此時何能廣布乎迷兒近有往來苞山之計欲令歷拜而替達矣其行似未易玆倩院人以告急速之意兄若不肯頷可則生亦更不言斯文事矣角峯亦助三百卷之紙所印幾至五六十件亦一幸也

答崔訒齋晛

頃承令惠書伏審冬寒令體順序萬安遠慰之悃無

任區區刊役初擬略聚錢手從容入梓以爲往來稟議之計工匠四集多至四十人不但供接之際酬應甚煩纔書旋校纔校旋刊勢多悤卒詩篇及年譜兩本今始謄呈不誠不敏慚恨交至凡具略有經紀而鄕中士子盡赴科場李泰始今又就職無可與相對校訂雖能刊出寧保其得爲完書乎是用煎慮爾

答張子裕以兪

玆承惠札穌瀉無已就審齋罷受釐萬重尤用慰滿僕自永陽迴泊後營窆亾妹日任憂遑私悶私悶文集校正之役前旣勤囑今又申申深歎左右爲斯文

誠意之至也詩附篇自朴子龍所時未還來豈渠偶置之度外必是欲與李以直兄相對評定而然然自此不可無一介專使以示勤望之意玆題數行冀尊傳致幸卽施如何且先印一二卷初雖唱准而寧保其必精乎近見蔡兄書則發揮第一張體姚之姚誤書以堯云本傳則雖未見而以文勢攷之則誤無疑矣每以發揮爲無可虞而第一張尙如此況文集之校未及發揮者乎此豈但爲衰老執事者之憂哉左右須以此意勉於席右諸君子竢全集印出而一番齊會各盡誠力至禱至禱下丁享祀後仍爲文會甚

善甚善紙地則不患一件之印而漦板之聚聚校之印或未及旋轉於旬望間是用憂悶耳無緣速圖商討臨書秖勤懸懸而已

與呂河東

天氣向熱伏惟雅履順時萬勝傾慰區區文集印須一向遷延悶歎何喩頃者圖得官印匠而入送武屹近當畢印印來後欲持往黌舍唱准而得其誤字則削改紙本而分送尊須以此意通諭于諸士友爲一旬許文會之地切仰切仰且院人持回文再來而虛返孤負下詢悚㞐無已道東實我先師竭誠營刱之地今若陞享豈不爲吾黨之大幸乎第先師於 賜額之院從祀重事切不許徑自擅擧語在答問中辭意甚嚴恐左右未及考閱耳酬應之際有所疑難先印校本付標送呈迹涉僭越轉增主臣

與李洛邨 道長

新春想惟雅履益珍傾慰區區生以久違芝宇爲尋常一恨今又承 名雖平素所期望而遠離黯然之懷有無以自任也朝野繫望固不淺尠未知左右將何以慰答耶際此艱虞之日焉有別般大段事業若擧措得宜論議公正則亦足以服人心而愜時望矣

此實左右餘事而敢以爲規祝者莫是相愛之過耶自餘更祝鞍馬有相以副老悃

與郭德懋 以昌

連審起居有相吉禮孔嘉區區慰滿之私倍百平日生寒疾支離昏仆有日今是先祖諱日也曉頭暫起看審豆品便覺添傷悶苦無已惠寄梅叢最久置之生死中今則白者益白青者益青全活可期豈老拙能有花分而然實荷情念之勤尤感尤感其幽貞之操疎雅之韻雖不敢儼然相對薰襲萬一而一時愛玩撫悅寄與暮年蒼茫之懷則甚不淺鮮也兄家婚娶

五九

未久將畢而生則渺無畔岸不能不關於老病之懷所望不出來歷之全家訓之美而亦不易兄可想我情事矣萬萬幽悃臥呼不宣

與都諧仲

玆惟峭寒雅履順時益勝傾遡倍品僕衰日益甚困日益增殊無新歲興況樂齋上先師書柬一幅得見於武屹書龕中珍藏者久矣意欲賢收聚遺藁敢用封上耳辭意非尋常問候之帖可弁元集之首深幸深幸緣何對書打遣隔濶老懷耶臨書倍切依悵

與朴德後慶應德餘善應德一吉應

德後南來之日相去纔一息程而未能謀拜迨切鈹悒德餘江墅之況春返益佳否德一近供何省耶並惟諱辰臨近哭對齋居遠慕之悃自別於平日僕老病彌甚憂患日增有何向道於相愛間乎姪兒今旣成人而尚未參謁情事未安玆仍祭日敢令進拜而猶未必其得達是慮是慮長養於死亡之餘唯以喘息之延軀殼之壯爲幸其不幾於襟裾於馬牛乎次兒前冬亦得成立而未得騈進深用爲恨耳

答朴德後

曾荷眷問辭意懇摯書無餘蘊而繼之以詩滿紙情款感人肺腑仰惟厚誼欲謝無言玆想靜履若時增勝尤勤懸遡德一令公重臥海邑令伯胤採訪湖郵次胤聯翩騰騫無非老兄善慶之致每爲老兄獻賀無已僕衰謝已深疾病相仍近又畏忌痘疾挈眷僑寓艱楚萬狀任之而已吟詠高韻悤欲趁次以謝而詩思渴涸苦索未果古人所謂在世不敏當謝於地下者誠爲我道也然有時浪吟情與韻會不覺此身遠隔千里蒙賜豈啻百朋耶

答朴德一

八帶魚帶千里書而至備荷眷誼蘇感無已就悉年

來宦遊益勝尤切慰滿僕年望九十癃癖已甚柰何金剛常在眼中令公與經叔令公鱗次一路而不得致此身於其間以償宿願吾衰此可知矣千萬只冀珍衛倍百

答朴德一

釋褐後迨未伸一紙之賀雖當困楚之際每切恨鈹之私玆承遠惠書就審起居順時萬勝傾慰區區生亡弟再朞盡於前月追念悲悼甚苦在世之久也兩姪兒獲保形骸倘得教育可替肴目而衰病日甚專廢養正是可慮也唯祝早按嶺路臨見於未死之前

與沈參議 演

春寒尚峭伏惟令侯順時萬福瞻戀之悃無任區區尚龍衰𤸃已甚疾病相仍絶無人世興況百念俱灰之中猶能想起援濟於死生之際追陪於危急之地耿耿心上宛如隔晨始覺人情經了極處雖片時事而抵死猶未忘也未知餘日更遭擁節南來俾得瞻拜也耶適仍阿姪覲其外舅奉伸起居(死生之際辛未先生被誣入京時沈公以推官伸救危急之地丙丁亂沈公以嶺伯留鎭閫慶以軍書辟公共議戎事)

與鄭示顔 四勿

頃於玉山僉會中有秀才斂衽端坐居無何辭去僕初未知其爲誰乃後始悉鄭山長之胤而金上舍之婿也隔濶之餘不得問諸友動息不得付抵兄一札鼓悒老懷迨無以狀喩玆者春寒想護持菴中衆芳坐臥閒適竹韻梅香耿耿生目僕衰𤸃憊敗僅存喘息耳此去鄭君乃先師之孫隨後者則賤息也爲捕亾行指貴境仍爲歷拜討兄必曲爲之顧念矣落落相望縮地無術此生餘日更得靜對於立巖避世臺共挹遺馥耶否

答許𥇥叟 穆

垂死中百念俱灰而猶以隔斷尊邊消息爲尋常一恨滿紙情貺傳自無何如得世外信蘇濩無已仍審年來動息有相尤切慰滿僕衰敗已甚僅延喘息頃又墜馬重傷自任痛楚追不分死生耳次面之承今且六年每謂左右棲息於畿輔萬不料來住數息程也跛躄痼廢尺地不能自致倘非左右作意一訪何可冀攄盡萬重積鬱耶玆荷眷示不任瞻企文集印紙十卷足矣五服圖則十張足矣而紙之容入何須言只緣音耗不相續尚未付呈當以此意通于同事諸益兩件冊子一時印送如其不爾自賤所措送是計萬萬惘然不盡唯祝海岸殘年况味益勝

與許𥇥叟

玆惟峭寒寓居有相趣味增勝隔濶瞻戀之悃春返益苦僕齒與病添僅遣朝夕耳趙參奉德勇甫前冬委賜迂訪信宿開晤仍以重會於開津上爲約日期卽三月十七也耶時左右如無大段牽掣之勢未可偕趙兄惠然以做一場同人之歡耶不任預企之至抵趙參奉書亦望傳致此去李秀才乃僕戚而親者也聞其赤脚亾在昌原地今作捕行路必由寓下敢令拜候爾

與許𥇥叟

謂可獲拜於今日之會衆魔並掣尊不果來莫非一奉有數而然悵觖無已傳聞閤中事多關心轉切馳慮之悃僕宿痾沈痼綿喘僅存而專欠靜處調息只自憐歎而已德勇老不忘年前一諾抽身遠來相對於漠漠暮江頭喜不可言此地士友謂是盛事爭來勞苦許辨二夜良晤亦浮世不易事也固知吾左右有一造參謁淵院之計計若得成於賤躬未就木前庶幾一覿瞻企可喻先師文集通于同事諸益謹呈一帙分離已久心緒脈脈只此掛漏唯祝草暖江浦自珍萬萬

答許脩叟

嘗眼逢別還又渺然意謂乘日候溫暖式遄奉還頃見令孽弟外族之居邑里者而問尊一行過宿與否亦云未知一味傾戀茲者專价衝冒雪寒遠致手札驚喜靡定仍審近得賢從之南轅歡侍之餘樂裕塤篪遠想佳趣令人發省第次胤遠在嬰疾尊行在所疾驅轉切馳慮所患未知何證耶頗恨不爲歷訪季老於龍宮而迂向金海也示來印冊切欲速圖以待行旆之過而板在山齋雪塞未通當隨後鋟副是計十八帖易圖謹用先送生入冬來累患疝癨證甚危苦似不久於地上亦且柰何唯以更接淸晤爲痛楚中一望耳

與許脩叟

病伏中竊聞尊左右不果忘世洛音茫茫未的疑信而猶以恰副曩時期望爲深幸耳茲想秋凉尊履復增勝二蘭並安順慰遡區區僕日事衰病無一刻少安愛悅之悰有不淺鮮而重對芝宇杳如望海倍切愴莫唯祝爲時珍嗇

與李益之 道輔

積年阻濶尊邊杳如世外數月前迷兒得接玉胤於

道上頗傳邇間動息迨不任穌瀉之至歲且晏而陽復矣不審此時雅履如何懸遡彌勤僕夏初緣落傷蹁跛痛楚頹仆送日耳先師遺墨之聚多賴先大夫用意之勤而入梓後尚未印送常如中鉤魚也茲仍迷兒之進一帙封上想披玩之餘興一場悲感矣因念此地溪山無非先大夫遺躅之留而恨不得一與吾左右追賞也迷兒爲求得材料委赴尊所不遠地茲令歷拜而替陳老懷耳尊從伯暨僉從季揔是廿年前交遊而到此濱死之日一面無路每切愴莫而已自餘都付兒口不盡紙面 從伯李復齋道孜

與李益之

萬不意第五令胤來過靜對眉宇接其辭氣如承數十年前風範欣瀉之餘愴懷不淺仍審邇間况味珍勝尤慰尤慰僕衰替已甚添傷瘀血坐臥沈痛朝夕待盡而已曾與趙友約會於開津江上雖未能與左右預期而猶切萬一之幸竟孤賤望得非一覿有數而然耶垂死中每願抽身勇往參拜於檜山院因與其地諸益跌宕於仙區勝境此計倘遂對靑可期而杳如墊陷穽望蓬瀛何可必也時聞軒駕經過不遠地若取路高陽歷謁淵院仍抵賤庄昔時陳迹一鞭可遍左右烏得無此意思耶

與趙澗松 任道

連宵打話誠非偶然而別後黯黯之懷迨不自克入春來眠食如何漠不嗣音瞻遡尤切僕宿痾沈痼近又患外感昏悴如不支呻痛中屈指計日暮春良會只隔月再觳預切勸企海曲諸友離索殊甚倘得共帆而來爲幸實深而亦恐物兒戲劇好事只付聞風而會不須强起也相對不遠書不盡縷縷

與趙澗松

隔江瞻望行旆漸遠愴黯老懷迨無以喩也玆想稅駕逾時起居閒適傾遡悠悠僕勉起於積病之餘人頗危之別無添傷得非相念之勤耶曾倩神筆略記遊衍之迹想文已破體而不得相對點玩殊可恨也默數道里一宿可達非若古人千里之遠而我在牀席兄又非壯年一場重晤非天與則實難柰何檜山仙景每每生目倘被有物助之安知靜對風範或在其行耶

答趙澗松

歲行盡矣蒼茫遠懷益不自勝玆荷眷問如親對風範欣瀉無已仍審天寒靜履有相尤慰尤慰僕素患之外客證層疊方多治風諸宂瘡未盡合精神昏瞀不得爲收拾計蓋已死而未死耳開津聚散賴尊健筆不至湮沒深幸深幸第見變太過措語之間未免失實浚不可承當而負於玩復留置案上有若安心者然慚謝慚謝餘日無多縮地無術南望馳情與病竝苦始知千里神交之說出於無柰何也 千里神交出趙公開津錄

與蔡從姪 元徵

天日洞照冤枉快釋在遠忻抃之至無以形言第當偏塞之日未得寄一書相問骨肉之情其若是耶慚

負追湙方鐫參軍白參軍曾祖墓碣初欲以今月念時
運去矣緣道路瘟染之熾諸具略備而未免姑停湙
恨初計未遂而與君一面之差了也外門不幸參軍
曾祖以振世威望寄後事於孱孽追遠之誠自無內
外豈非君與老物之所當惻念處也

答李誠伯

春返傾遡益勤茲荷眷問就審華旆入院動止有常
感慰交茲校與川院久曠管攝不能無慮來示及此
湙幸湙幸吾兄爲長於院中院中凡事措處在手似
不必廣詢外人如或博採羣議兩老必有所見生何

敢容喙第惟吾黨中應爲首任者無幾而都與上之
間又有區別玆豈非可怪事耶兄須毋論生進與幼
學一以維持疲弊學宮爲重是望旣辱勤問不敢容
默可蒙恕諒耶

與李泰有 道昌

竊聞令胤移寓之後調況頗佳慰滿之私無任區區
仍想雅履增勝尤勤傾遡僕日以沈痛爲事春將盡
而無一分好況悶歎柰何陶隱先生遺集重刊之舉
雖出於鄉居雲仍之誠願而於斯文豈得專不相關
乎亾友子會曾以此意發文通告於校院今其已矣

文之遍告又何可必也執事諸君已於昨日名集鋟
手約給糧料因分板子事幾就緖而此後未準者唯
一束木耳左右倘以此舉謂不可不成幸通諭各所
使之隨力顧助如何

答金益仲 以謙

聞有臨訪之意方向南寒眼底嗣來致次面語意懇
至亦足以慰病裏壹鬱之懷良幸良幸第審北堂時
有不安侯望八之年固不得常寧唯極盡誠孝速收
痊安是祝是祝僕入春來客證層生元氣日敗精神
氣力頓不收拾似不能久延視息柰何子會眞醇之

質人莫不悼惜而僕尤有所不能忘者尊可想得耶
陶隱先生遺集之刊役不可以尊與我一時病憂作
輟於垂成之際僶勉竣事歸報亾友得非古人風耶
左右若云吾不可獨當焉則縷命未絶之前誓不敢
推諉也尊未聞古來血戰者乎前者亾而後者繼戰
無不捷今玆刊役士厚每一念及言淚並作士厚亾
而子會繼子會逝而吾請代之雖不自量不害爲敢
死矣區區危迫之悃可蒙恕察否

答沈秀才 昌徵

玆承尊惠札就審稅駕有日歡侍萬勝且感且慰無

任區區僕近患感傷喘息急促悶苦度日耳地雷已復梅意且動滿枝苔蕾政堪對玩倘蒙作意枉臨相向玉立荷幸當如何

答許遯溪 厚

尋常嚮仰積有年紀玆忽擎得次函辭意勤款玩復再三不覺芝眉遠隔數百里也德星躔南惠連聯牀竊想湛樂怡愉勝槩不一欽豔無已仍來使聞尊啚待春暖浩然賦歸攜羣從氏陪大夫人而俱西云此際若不得攀拜其不爲入地之一恨也耶幸惠許暫時之奉於今行千萬專望

與朴畸翁 致徽

曾聞兄久困沈痾一者致問計非不切而終莫之果莫非情淺而然一味慚負玆聞差可有日動止有相穌慰之至良不自堪僕營遷先墓日任憂遑渺無畔岸不得爲貼席調病計私悶私悶此中許友穆氏數日前自漣川奔哭于窆寧其友聲聞兄必槩知而於我先師血誠追慕者也每當往來爲展謁廟宇不計迂途必致祇肅爲吾黨者雖在平時不可泛視況當此大故其忍恝然耶彛烈炎衝霧露千里號慟安保其得延綿喘乎賤意自院略備賻儀專人致慰則其於事理豈不恰當乎且其行經過本院前路尤不可不爲之動念也幸賁雅量至祝至祝病患層生憂慮日增未知餘生克卒情事從兄牽被同訪李兄於江墅也耶

答都寧海 愼修

尚龍稔積無藝移禍於亾弟之子使不得繼其父之志食其父之報摧痛酸苦不自堪忍無主之喪不得久置淺土不計渴葬四月晦時已入地中尚何言尚何言哉伏蒙尊慈遠賜慰問仰惟舊誼益切沈痛第審蘭蓀遽爾殤折悼惜罔已生綿喘苦頑對食能

飽逢人笑談未知造物有何意而久留地上也亾弟從遊之人非止一二而左右眷念之情彌久彌深坐想風致老懷自別末由面訴臨紙哽咽不知所喻唯祝海府炎熱仁撫益珍

答黃運威 得中

絶不嗣音今垂二十載瞻戀之悃與日俱積萬不意獲奉緘書如得世外信驚喜玆如仍對羅生開晤數日細聞尊邊動靜不覺此身遠在千里外也尚龍閱盡人世患難尚全地上形影自不知有何戀著而至此苟活也庶母曾於壬午春棄背庶弟則先庶母九

年而逝唯庶姪生二子保存矣至於尊庶弟兄弟則兄有兩男之繼弟則率諸子而無恙雖未免食貧亦不知飢困耳每念吾丈契德慶厚積榮享顯於世爲之欽歎已不淺鮮今又聞寢食興居一如昔時其爲知舊者之慰賀當復如何萬萬羅生領略而去必能細達茲不疊說

答閔方伯 寅甫

擁節南來幸及縷命未絶之前似是造物許令一覿穌倒已不淺茲承令惠書就審凝冱令體順序珍嗇尤勤慰仰尚龍老病衰敗已到十分地頭而姪兒之

婦視我猶舅而寧親咸陽未返而遽逝又有姊兄六十年相依爲命而月初奄忽悲楚酸苦不自堪任早晩臨見之示預切瞻企之至未前政履增重以副區區之祝

答閔方伯

前冬連承再次令惠書如拜舊儀忻瀉無已 鄭國不幸三宰大爺遽爾捐館聞訃痛悼之懷豈但爲哭私而已耶卽日春和伏惟令體順序珍嗇似聞特蒙殊恩璧拜亞尹爲時欣慰有不自任生衰謝已甚疾病相仍殊無地上興況每於來便必惠德音滿紙勤眷令人不敢當第緣摧頹縮伏人事廢絶一書奉謝亦不以時區區悵恨令豈盡想耶韓彦直甫 休 今已下鄕耶有歸路再訪之約而尚未對靑殊可歎也千萬何能悉唯祝令起居倍加珍棐

答金善山 頊

茲荷專价惠札就審佳辰五馬來寧歡侍萬福區區慰謝有不自任僕纔哭先諱僅支遣耳一封四種藥巡相送而明府傳殊非賤分所可當不知攸謝自餘不宣

答金善山

臨訪之勤已切感荷茲又貺問就審侍奉起居萬福

傾慰區區僕露處山次艱楚百狀唯日悶苦而已示來易解親自開龜則散帙埋塵不忍目覩茲以賤藏替上而題末寫手未觸想愛護而遄還矣

與李別坐 德圭

卽惟高秋尊起居順序珍嗇瞻戀之悃每不自任令胤巍占蓮榜長途驥步自是餘事而靑氊三世人世所罕慰悅倍品僕食息依舊非遠賜耶攀拜無緣臨書自爾依愴唯冀以時倍萬珍衛

與張聽天堂 應一

夜來想起居增勝昨拜謝帖而老懷菀然何銜見名何日渡江俱未聞知達曙耿耿來臨近地尚不得攀晤況江左數舍之地耶況日下千里之敻耶此中愴莫之私無以盡喻痛飲取快乃忘世自遣者之爲左右輿望何如庭規又何如耶親厚不凡敢用爲臚

答張聽天堂

尋常瞻戀換歲益苦意外得荷專价既問如親對舊儀驚喜靡定仍審歸休有日動止增勝尤勤慰瀉僕衰病日益滚痼柰何不耐幽悃曾與蔡子厚有待風日和暖騈到巖齋之約而猶不料令公之下鄉又値

那時也念時臨訪雖不敢望而攀晤之期似將先後連仍尤幸尤幸

答蔡大憲百昌

邈不嗣音瞻慕日切前冬地倅之行令惠書付至如得海外信驚喜靡定玆者春和伏惟令體若序萬福尤勤慰仰尚龍年望九十衰謝已甚昏瞀困瘁僅延朝夕耳此生餘日無計更接耿光唯祝爲時自愛珍棐倍萬

答金明府宗一

伏承惠問書謹審攝養氣體倍百神相區區感慰不任賤誠民戀著兒輩同在寓中而方所寓處房舍狹隘又多難便擬將移泊於卿山下自此城府信息益似渺然悵黯無已左邊厚重之候今尚未快耶偶爾感傷與血衰痼閉不同用藥取汗趁時痊安伏望仍伏念下車以後連有大舉措而闢衙日少未能親民凡百政令徒尚一切下情阻隔不無嗟怨伏望公自力視事以不忍人之心行不得已之政如何如何不瑕添傷乃民深慮而敢陳賤見轉增惶悚

答金明府

連伏承專价下問備荷眷誼惶恐無已就審政履有

相尤切蘇瀉不啻執熱而逝濯也旱暵比甚伏想祈雨之舉曾已例行而未得回天竊恐公未免圭璧之歎也先師官居祈雨而未獲則不敢遑寧再行復行必雨下而乃止今以此望於鈴下耳

與檜淵文會僉賢

即日霜寒伏惟僉尊齋臨淵上刪定遺文瞻想高躅有不自抑生頃於重九遊陟卿山乘快觸風重得感冒歸家數日求汗不得喘急頭痛苦惱度晷玆未果趨造席末得聞餘論不但孤負素計先師寵賜之書不知幾許仍存幾許刪削此間鋟悒之私尤無以容

喩因來往晉陽人聞石手鐫刻之才頗工云須於會中謀所以致之之策如何如何此等事不得親承僉敎尤切鬱鬱唯祝僉起居倍加珍衛

與文節度 希聖

玆惟秋陽仁穐順時萬勝統治雄藩榮養便近愛悅之慰可勝區區生衰瘁日甚無可道者爲師營立墓道之石未得工人之良者延時者殆數年矣玆聞治下居石手頗工儕輩欲仰控於左右而旋慮凡儒之未易呈書生敢倩貴星之居此地者而以致儕輩之懇倘荷勉副爲幸何喩舍弟落拓耐苦泮宮離索壹

鬱不自聊賴何緣得近風儀攄露底蘊耶臨紙茲眹不盡縷縷

與蔡柏浦 楙

窮塞想雅穐順時萬勝漠不嗣音者涉夏而徂秋冬盡而歲闌矣傾戀之悃靡日不切僕素患之外又有風痺之漸方灸治風諸穴效之有無時未可必而瘖瘂作痛悶苦度日耳先師年譜方擬期會李泰始相對修潤倘又與吾左右同事則爲幸尤如何

答沈明府 大孚

蟄伏中竊聞衙內不得寧靜至有移避之擧殊切一書問候之忱而方隨病兒於窮峽之中未遑人事只自瞻慕而已玆承下札伏審體中有相感慰交切勤雨之餘霈澤遍洽百物皆有再生之幸而民則兒病日深一味憂煎自憐柰何餘萬伏祝爲吾民起居珍嗇

答睦方伯 性之

牙纛南來欣幸已切臨營未逾旬邑吏傳致惠問書副以各種珍貺情眷備至感拜無已第審體中不得全安目今已得調攝之效耶轉切貢慮尚龍稔積猶未艾又遭慘喪痛楚度日耳書中示以彌節華門宿

願可遂於未死之前瞻企當如何適憑官便姑伸仰謝仍候起居

與鄭別坐 憲世

士友不幸令季上舍強壯之年奄棄人世爲之驚慘迨不自勝吾左右今日之痛乃老物素所親當追念平昔和樂之湛形影之隨其何以堪過耶遠惟至情如割在己惟幸定力出凡在天脩短必能達觀另加節抑以副賤悰千萬血祝

答權明府 士和

伏承專价下問書滿紙辭意固非賤分所可堪當惶

感交至憑審體中若時萬福尤切慰仰之忱民僅保衰喘而次子世綿自五月中得危證鍼藥無效日漸沉重伏悶新刊遺稾習齋詩集之惠實出意外蒙賜之幸奚啻百朋耶況此瓊什民先祖父居常口誦而稱道矣玆見全篇益增悲感自餘伏祝政履倍加珍嗇

與朴甥震耆

邇來哀況支順否吾營竪先碣寢食頗不寧鍊磨已畢鐫刻當次而元文中減八九十字間有妄增已見文體烏得不爲之破碎乎曾見蔡老有此作爲吾甚

病之到今自未免親當豈不以入石之文一字與千金並直乎其中撫之感之兩之字相襯而改下字未易仍置亦不妨耶既有新刻字則上之字易以緝字似矣而兩之又文法也元文一一付鐵汝須十分著精累次參考略加添刪如吾之增減如何

與金甥是瑩

春事向暮懷思尤倍近日履況連勝所業漸至高明日新又新否人誰不知聖學之可著力而舉汨私已甘自暴棄或廢中途終至無成可勝惜哉唯君素有家庭之見又有好學之誠吾知他日之必不小就也

吾自度氣力雖不甚昏耄而心氣漸衰有志而無勇從今以往只依此樣死歎咄無益嚮與龍華趙兄及許和父約遊開津此會甚盛舉也念二三當抵君所與吾偕往淡望淡望仁汝還來否同往似好此等遊賞非直爲偸閒浪敖因以發舒湮鬱消却塵念之一關也雩壇沂水之樂豈獨曾狂猖之專餉者耶

答金甥

頃自武屹歸情緘留在塵案矣細擬近日秋寒學況益致精密諸甥輩皆好在否朱書果得洽讀透解耶自吾退陶老先師曁我夫子無不酷愛此書非但文

章之可法其立言命義緊緊條列故性命義理處分界如毫分縷析無一句泛下無一字加減政如金中之金不容一銖查礦豈非吾家之指南耶吾衰憊轉深頹慵奈何院事首席力辭終當一番會議然後可以區剜水下僉議果何如也先府君碑銘製來於李台云甚盛甚盛

與弟季章

頃於官便得見長書黃君又傳片札雖皆同時出慰則倍也備悉客況尚未全安旅泊亦甚撓攘益切虞慮食息靡間吾久在稠擾中倦疲如不支而金吏部

昨已入州喜溢儒林殆忘酬應之勞也兩家兒輩俱免疾恙是幸是幸君之重負時尚未脫方擬勤囑于諸丈老而未知傾耳否也鱗奴果赴關北耶因吏部聞邊聲無警奇得安意仍留以待鱗奴之還然後庶有進退耶紙地時未就緖匪久當發苦待此行耳金吏部卽荷潭金時讓以寒岡先生宣謚事到本州

答兒世維

白足來致平安書深慰深慰汝之習性本不能勤業若一朝急迫之馳驟之必生疾恙比諸友減半誦讀不亦愈於在家作輟時乎西厓先生寄諸胤書云進

銳則退速不如從容不廢之爲有益亦以此警汝耳昨因朴通彥書憑悉先生證候尚未復常切欲躬候而病不能踐誠悶悶俗節前夕當送奴馬暫來參祭爲可臘片送去鬻而啗之亦可也

答兒世維

得書知安兒好保殊慰懸懸之懷吾初欲今日歸見汝輩刊役方張勢難捨去玆未果耳每以安兒之或致添傷爲客中一慮汝須善爲調護又勸其或讀或題使不至專廢課程是望童奴輩各有所事不可任其悠泛讀書之暇亦須留念看檢焉凡事必量度於心上從其最先務而致力可也

答兒世維 時在安東疏會

書來知羣居持況無恙爲慰疏文從何手出耶想已僉議而潤色之耶拜疏應不至旬月之延頃企日苦吾旣粗遣此外諸餘不須爲客中之慮唯動作言笑務自持重雖在末席得免爲浮薄之歸是所望也

答兒世維 時先生攜姪世安療病于咸昌地醫家

不知汝等眠食今且半月客中耿耿之懷有不自勝書來備悉保存深慰深慰兩才子來會尤可幸矣而第未知因此居接耶又等閒聚散耶雖不能製須溫

繹前所誦諸書爲可吾來時旣經霑濡又處冷濕仍患草痁賴鍼藥一痛而止是可幸也兒證下鍼三次時未有顯效又不至加痛耳暑濕漸苦受鍼非時當以用藥爲重而諸材不備上洛之奴又未還當待其迴泊貿遷有無然後始可下去未前更加保護諸兒以副至望

藤庵先生文集卷之二

藤庵先生文集卷之三

墓表

祖考行通訓大夫司宰監正 贈嘉善大夫戶曹參判兼同知義禁府春秋館事 世子左副賓客府君墓表

我先祖考府君諱德文字叔晦星州本貫也系始於封三韓壁上功臣諱位俊自羅而麗益繁益顯爲玆土著姓麗末有諱俔德位俱盛再世而諱絺八、本朝官至都萬戶是生萬戶諱胤厚於府君爲高祖妣新及陳氏曾祖諱仲孫妣金陵鄭氏祖諱孟成妣仁

州李氏考參奉諱綢妣隴西李氏陶隱先生玄孫世茂之女以嘉靖乙酉生府君端雅出凡稍長就外傳才華日就未冠累捷巍科聲名藉甚癸丑釋褐署成均學諭庚申以假注書入 筵席記事詳敏將遷直爲養轉參上辛酉拜彥陽縣監有政績自此內除秋官地部郎漢城庶尹外補盈德蔚山古阜壬申被人擠陷落職連遭攜揘居閒迨二十年無復有入世意壬辰之亂有功勞遷秩司宰監正癸卯考終享年七十有九葬于萬戶公塋西坤向之原追錄宣武原從府君溫柔慈惠眞率無矯飾誠孝懇至左右無違貞夫人善山白氏參軍亘鰍之女進士士元之孫先府君歿葬于參奉公兆下推長男水使我先君諱楔原從一等之 恩府君夫人并加榮 贈子男二次男楗女一適生員朴混水使男二長尚龍次尚虎進士女三適生員朴明胤參奉宋光憲幼學金織次男二女適忠義蔡得瀜幼學呂嗣音生員一女適判官韓欽曾孫男女若干人側室子三季櫟有子嗚呼幽堂無表懼無以示後泣書梗槩于石以圖永久崇禎戊寅十二月丙辰孫尚龍敬表

叔考處士裵公孺人商山金氏合祔墓表

公諱楗字守夫司宰正 贈戶參副賓客諱德文次子參奉諱綢之孫參軍白亘鰍外孫端重文雅有孝行遊槐市再中再屈世居星州歲壬辰孺人寧親于金山猝值倭亂遇賊抗節而死就孺人先墓下葬焉未久公又遇害年三十以參判公命穿孺人壙左而窆爲同穴也生二女長女適仁川蔡得瀜有后香火是依從子尚龍悲墓無碣刻石泣表

外曾祖考訓鍊參軍白府君墓表

公諱亘鰍字可化善山人有戶曹判書諱仁寬家于大丘生奉事諱偉於公爲高祖曾祖諱正和禦侮祖

諱津參軍考諱士元進士妣晉州姜氏府使李孫之
女公生而魁偉勇略超絶有萬夫不敵之威弱冠登
虎榜咸期以遠大爲權相所陷連遭竄謫編管西北
絶塞殆四十年所在胡人讐伏邊圉賴之世稱爲白
將軍而不敢名平日壯迹爲邨野相傳之談者迨百
歲而如昨公之間世英特可想矣娶縣監全義李景
濂之女生二女長歸星山裵氏我大父諱德文文科監
正　贈參判次無後側室男潔奉公祀有子孫女適
趙潛亦有後大父生一女二男長卽我先君諱楔節
度使　贈參判墓在判書公兆次後遷于慶山兄弟

峯卯向之原先君傷公生不得展布歿又無嫡嗣思
倚大家筆垂示永久未果有不肖子尚龍懼不克奉
承先志略擧梗槩刻石以表

外祖考忠順衛宋府君外祖妣孺人咸陽朴氏合祔墓表

宋氏系自冶爐爲東土著姓遠矣入　本朝諱濂官
至左議政閱三世縣監諱自啓於公爲曾祖妣金海
宋氏祖諱琳虞候妣文化柳氏考諱世仁妣昌寧張
氏進士諶之女嘉靖壬辰生公諱源字景淸天資純
眞不失赤子心喜讀書終日展卷玩索經義年三十
一而終孺人咸陽朴氏功臣冲武之後聞人弘之女
永嘉權世傑外孫生於嘉靖甲午二十一而笄二十
九而寡九十而歿寡居六十年貞德如一日合祔于
先塋兆次生二女一男公偏憐愛長女孺人怪問之
公不應餘果不育唯長女歸星山裵氏我先君官水
使　贈參判諱楔封貞夫人女三長朴明胤生員次
宋光憲參奉次金樴男二長尚龍次尚虎進士曾孫
男女若干人公旣無嗣孺人以公意歸承重于次宗
後事托我先妣而乳養尚龍使之次及尚龍深懼不
克體念先妣終天追慕以傷公前知倚重之意屬次
子世綿奉祀事因述梗槩刻石敬表

內從叔處士宋公孺人順天朴氏合祔墓表

公諱後昌字仲裕系出冶爐自羅而麗式繁且顯爲
東土著姓入　本朝有諱濂官至左議政子諱齊民
左議政子諱希美府使子諱保司直始家于八莒道
邨子諱自啓縣監是生虞候諱琳於公爲曾祖妣文
化柳氏祖諱世仁妣昌寧張氏考諱淨連世有西衛
妣淸州郭氏以嘉靖癸亥生公忠厚公直淳古疎曠
無一點俗子態友愛出天在亂離危迫時益驗受業
於東岡金先生史學尤爲人所推重累選高解不成

一名輩流莫不嗟惜孺人順天朴氏平陽府院君天祥七世孫進士雲驥女母儀有稱女二張奉一李廷郁男一暹張二女李道隆都翰國一男鎮李一女李亨百一男櫟暹三女李亨禧曹悌昌一未笄四男文徵獻徵有徵禮徵公以萬曆辛丑年三十九而終葬于道邨坎谷縣監公兆次而稍西後四十六年丙戌孺人歿得壽八十祔于公墓左越明年丁亥營竪墓表屬公之從甥星山裵尚龍識其陰以從公遊久也不敢辭撫實以書卽五月朔日甲子也銘曰

未定而不壽已定而有後仁賢食報在公罙效謂天

難必視此石刻

祝文

告南海神文 乙未倭亂先生陪先府君在右水營臨戰時作

青丘火維是神攸宅天限南北地分區域孰以木道敢掀鯨鬣神羞藏疾士死傳箭伏波爲臣南服是殿六月興師一心洗湔千艘駕浪冀神陰騭飛廉是戢陽侯使挾虔恭肅禱擊檝當日謹告

祖考行通訓大夫司宰監正 贈嘉善大夫戶曹參判兼同知義禁府春秋館事 世子左副賓客府君墓告辭

今日將有修封改砌竪碣安床等事慮有震驚謹以酒果敢先虔告謹告

考行折衝將軍慶尚右道水軍節度使 贈嘉善大夫戶曹參判兼同知義禁府事府君妣貞夫人冶爐宋氏合祔墓告辭

略敍顯考行蹟始末顯妣淑愼之德書石鐫刻以表墓道以圖永久不勝悲慕謹以淸酌庶羞敢伸虔告謹告

外曾祖考訓鍊參軍白府君墓告辭 墓在慶山

唯我府君間世英雋出羣膽量展布未究聲聞愈彰

慶澤未艾追慕曷已爰表墓道用期千禩謹以淸酌庶羞敢伸虔告因薦精禋謹告

外祖考忠順衛宋府君外祖妣孺人咸陽朴氏合祔墓告辭 墓在柰谷

今以吉辰修理封塋因安片石永期無窮謹以淸酌庶羞敢伸虔告謹告

告慕谷新基土地神文

伏以尚龍不安於舊業蕩析離居靡有處所家廟陽遠闔眷露處慽慽焉無所歸者殆十年矣幸賴神惠卜基于茲土將以今日先建祠宇次營居室爲綿歷

悠久計伏願土地之神諒我困苦感我誠悃從今保佑神人相賴永世維持勿替緒業則其爲靈德之闡不其盛矣乎玆薦菲薄用冀降歆謹告

家廟告辭

頃承啓敗渾舍離析久違告面情事罔極玆於所寓略搆新廟涓吉奉遷敢告

家廟移安文

累歲離違今始移安接連世業密邇墓山丘原舊識風土相習肆庶玆臨享以綿以續謹以清酌庶羞祇伸慰安敢告

家廟告辭

祠宇欹傾久事支撑拘忌年月食息靡寧玆値吉辰工材幾聚敢伸奉遷益增悲慕敢告

家廟還安文

廟宇欹傾心常不寧事重修改久移匪所式遵舊制諸務就緒涓吉奉安悲切如存謹以清酌庶羞祇伸慰安敢告

川谷配位位次遷改時告程朱二先生文

廟内配位序次差誤玆因享事遷改敢告

告旅軒張先生文

位次違序誠敬莫伸玆循士論林卓移陳義正禮明廟儀增輝敢伸虔告永妥是祈敢告

祭文

祭寒岡先生文 庚申

嗚呼我家愛悅先生尋常言語間日稱道先生盛德懿行小子自有知覺已知誦先生矣乙酉冬先生來過大父小子趨而拜之先生問名與歲命隅以坐有是以來欣欣焉如有得雖童騃穉弱不敢輒造門牆而秉彝好德之衷則有不容已焉者矣庚寅孟春小子年十七矣始隨姊兄賀正于百梅園上仍備應唯而方程句讀於家庭亦不得朝夕在門以時間見也

亂離南北星霜屢換洛下南中獲侍者纔一二矣壬寅春先生自忠原來省松楸于時小子新經家患摧折陷抑不敢自齒於儕輩歡迎之列先生因往來士人致問于大父兼惠之德音小子乃敢趨造拜于道左先生嗟矜慰撫至動言色危衷懷感殆若肉骨而生死焉後一年先生解暫還鄕奬進後學小子自念遭家不造假息天地欲忠無路爲孝莫及若又自絕於先生之門則生三大義更無所施敢忘孤陋刻意殫誠折旋於几席之下奔走於將命之末先生不以

七四

爲僭反加優容曰以道之見於萬事者服使而裁制焉遲鈍而不逮則策勉而進之礙滯而不通則曉喩而達之無非隨處設敎因病施藥警其昏庸而礪其粗率也晴囱操几穩襲春風夜帳挑燈昵近耿光從容誘掖親切開示聖賢謨訓古今事變直窮底蘊商確得失巨細精粗竭盡兩端皆所以啓發其志慮增益其見聞也小子承家於蕩覆之後行身於孤苦之餘居室之行處鄕之道雖天顯之親有所難言而先生傾倒悃愊歷陳無隱使之痛自修飭庶免忝辱愚下無狀不敢奉行其萬一而銜恩感德之私又焉有

紀極乎由來十有八年之間收拾身心參聞緖餘粗知所向之方獲免禽獸之歸者絲毫皆先生賜也先生久患風痺起居須人而顏皃如常寢食無減間有沈痛之苦而不廢裒集之工簡編浩汗領量無遺疑問輳集酬應不留如燭之照如響之答精神氣力小不見耗損意謂神明所扶壽考維祺日覩其頹虹橋忽斷斯文淪喪邦國殄瘁時使然耶運所關耶先生資稟之秀造詣之深師友淵源之正纂述繼開之功能言君子咸得形容而誄之遭遇之盛進退之節創瀝封章之懇維持世道之重秉筆史氏必有張大而

傳之軒乎天地炳如日星薈學小子測之以蠡窺之以管非唯不敢言蓋亦不必言也第惟先生存歿吾道興衰宗匠奄失士林靡依遠邇之人雖未嘗及門而擧皆驚悼自相弔語矧余小子久叨薰炙偏蒙昫翼親之如父戴之如天一朝棄捐其何忍自抑耶鳶飛魚躍是先生之體認光風霽月是先生之襟韻梅園竹塢素賞宛然晴川白石芳躅猶存儀形在眼如有見而不見謦欬盈耳如有聞而不聞悠悠蒼昊曷有其極自今以往無復有意於人世矣當滅迹於屛庵洞府以畢餘生而一區雲山摠是陪賞之陳迹則

羹牆追慕又無時不切矣遠日在近幽宅將閟號絶莫及五內如沸薄奠菲詞詎盡心曲嗚呼哀哉

祭寒岡先生文 辛酉○武屹山長時

惟我先生築室山中地名武屹巖有卧龍今焉響輟小子安仰澗蔬溪蔌用薦素賞嗚呼哀哉

祭旅軒先生文

嗚呼先生早有令聞爲士類稱道小子自在弱齡已能聞先生之名而誦之矣辛卯春先生再聘我外家時小子鞠於外家外家以得先生爲榮童心益覺親切焉十載喪亂頑喘僅存中年供將命於我寒岡先

師之門先生來造先師歲且不一每於稠廣之中招
使之前歷問一家安否時賜慰諭至動顏色感結危
衷迨若陽晨也庚申春鑾輟於泗濱先生詩以輓之
文以祭之又爲狀以記其行蹟諸院奉安之文多從
先生手中出每有稟達小子輒以儕輩之意請於席
下先生曾不留難任爲己責使先師盛德懿行不至
湮沒自關斯文有不得辭焉者而其爲儕輩之感何
如而小子之幸又何如也小子庸瑣孤陋於人事無
所曉得而尊賢尚德之誠則彝性猶存親戴先師如
家人父子焉先師棄背無所依仰則敢以事先師者

事先生雖衰敗遲暮不能朝夕在庭而區區寸心則
有不在人後矣每叨丈席猥荷優容剖析事理引古
援今以質疑難以開昏惑雍容辭氣悃愊意味如醇
酒浹肥如香蘭薰心藹然於言外而有不可捨者煦
濡之親撫摩之切激勵啓發之勤亦足以變化移易
而土牆無施圬之地朽木非受刻之材終不能服膺
萬一而銜恩感德之私又焉有紀極哉上年亂初適
因牽掣不及趨省只將狂率之見投進危迫之際稍
後從嶺底軍前直造席下中路誤聞軒駕已動旋從
徑路悵惘而還家疾病死亾涉春彌夏至秋初始得

寸進展拜於立巖精廬亂離隔濶之餘有無以爲懷
者矣中元之夕親擧藍輿陪遊於避世臺上顧眄指
點移時而罷豈料一場勝賞爲平生永訣乎神色言
動似異昔日而神明所扶謂保無虞喜懼一念耿耿
心上月末再穀德節之音傳自路上晨夜疾驅纔隔
數十里而訃至未承啓予之命莫效禱爾之誠彼蒼
者天曷有其極嗚呼先生資質之美造詣之精管窺
蠡測有不可以形容一斑而以曩時觀感者今日追
慕者而言之日長山林玩心高明眞知眞得實踐實
驗用力積久充養該盡發於外者則渾然和順凝然

重厚地位尊顯天庭古朴眉睫之間留得三代上氣
像蘊諸中者則本體融活弘毅宏達卓如秉劒之玉
炯若當臺之鏡裁制萬事而有餘酬應萬變而無窮
措諸施設見諸事業則闢闔轉移之功有未暇易以
涯測而卷舒行尼氣數所關時不得自擅命不得與
謀使弸鬱戀闕之誠有若果於忘世者噫理勢到此
其孰使之然哉嗚呼吾道之南久矣羣賢輩出興起
斯文有以接前轍有以啓後學自先師歿先生獨任
斯道之重年彌高而德彌邵世愈降而道愈亨道之率
儒林扶植彝敎障塞橫流援濟昏墊以至趣向一而

士習美名撿尊而俗尚正維持世道撑柱宇宙大川喬嶽有未足以喩先生之功用也虹橋一摧長夜昏黑人各異心士各異論是非何從而定臧否誰得以別爲善而無所奬進爲惡而不知忌憚貿貿蠢蠢靡有畔岸如有爲斯世長慮者恐不暇哭其私也先生裁作積在巾箧無非載道之書明理之籍可以爲斯文準的可以爲後學指南而未知斯世復有闡揚先生之道如先生之闡揚先師否也先師遺稾遵先生之命釐正編次鋟刻垂畢先生草序恢張以攄餘蘊時値絶筆章不克成則猶擬以未就之意爲一語以

識之亦未果焉豈非吾黨之遺恨而來今之欠事耶嗚呼陋巷簞瓢人不堪其苦而古人猶羡其得聖師依歸小子爲學不誠信道不篤固不敢取以自居而愛悅之深倚信之至心有所拂鬱則思就以開達事有所迍邅則思就以分解至於憂患困窮之苦殆非陋巷簞瓢之比而亦能有所恃而聊賴若遇遨蕩流離之際則將以百口歸仰而死生以之其所以自多於古人者有不淺淺焉萬事已矣尚何言哉幽宅旣營遠日在近衣冠將閟生死永隔想像疇昔依然僾然耳如有所聞目如有所覩汗漫靡定冥漠靡接攀號莫逮五內如割單盃之奠一聲之痛焉得以盡小子之情也哉嗚呼哀哉

祭李新寧心一文

惟靈廣陵隆緒簪組華冑英邁氣岸俊秀眉宇橫槊逸才汰舟餘事百中早捷三郡歷試輿望方隆奇數見惜丘園十載沈痼一疾六旬浮世半枕黃粱繼志雙鳳門業季方昔我先人早從風下藝以相尚氣以相駕禹門同孌桂影交蔭遼海驚飛蕙歎偏深綿難哭臨白馬墓東追惟厚意古人之風拜候牀下旣負平昔銜哀致辭再朞前夕媿負之至悲感之切不昧

如存幸領心曲嗚呼哀哉

祭鄭晩悟樟文

惟靈西原大姓東里名家曠世風調冠羣才華踐歷明駁堂搆可期操履淸儉詩禮不墮湖海倦遊水丘尋盟寓興圖籍毓慶蘭萌天乎不弔壽仁理昧冉牛斯疾伯魚早死黃口雛鳳紅顏隻鸞浮生到此春夢驚寒顧兹孤苦猥蒙矜憐每承顏色不施畦畛落花淵舍暮雨沙汀一盃相屬萬事忘情歸依無分得御不卒菀菀斯世而背殊色赤子純心於何更接太古淳風於何更襲驚號冥漠有懷難任一奠永訣靈其

屑歔嗚呼哀哉

祭宋尚之 時準 文

已焉哉尚之之强健凝靜而年不過三十尚之之溫醇端雅而學不充其志上不得盡溫凊之孝下不得終好合之樂使未死老物痛惜而不自寬彼蒼者天其是之忍耶始吾兩家情分素厚不但連派而已及阿妹歸尚之之從叔未逾年寡而無嗣孑孑靡托唯尚之是依尚之亦早失所恃從阿妹取養十餘年後尚之之伯氏夭逝尚之之宗祀無主尚之勢不敢爲後於人而恩義之篤則自如也尚之省宇淸朗稟性

明秀與吾穉弟爲葱竹之戲余新經家患孤苦索居內無唱和外斷來往晝則與尚之對案而食夜則與尚之共被而寢以至飢寒疾病得喪悲歡夏潦冬雪之賞採山釣水之遊亦莫不與之同焉每見余歔欷壹鬱不自聊賴輒寬譬而慰喩之使不至滅性至今頑息之存殆尚之之力也尚之有尚德之誠有樂善之心追陪函丈講誦記傳早知爲士之方立跟之地長而室於商山之金氏商乃文獻之邦而金固詩禮之家交遊熏炙益自修飭折旋舉止雍容可觀風調才華圓轉俱宜每逢尚之塊對於風朝月夕啓發其志慮傾倒其底蘊令人目揩而心降亦可謂吾一益也來過頻頻間不逾時輕裘肥馬呼擁到門不設先容徑造寢所渾舍妻孥感君誠悃糲飯蔬羹務盡歡心去年冬余在憂中穉弟病重幾至危域尚之連日診視不忍捨去歸後月餘聞尚之暫患微恙忽余一見而出入非時遣孽弟致候而已未久歲換余亦服闋殆欲致身以敘旋聞尚之沈痾快痊作商山賀歲之行余甚喜焉謂其來歸卽我相見屈指計日翹首以待星使曉至疾革以報蒼黃顚倒著鞭馳赴則尚之已歿矣呼之而不應叩之而不聞怳惚冥漠如夢

如癡是何人生如是之草草耶女在負抱男戲庭除閨香未沫鶴髮靡依尚之而有知則應不瞑於地下矣浮囂斯世尚之所嘗皷況余奇隻贅在人間涼涼踽踽事之難處將誰與議心之不平將誰與說自今以後雖或苟延歲月亦有何意味也卽遠在明樑月已傾一聲長慟言不盡意單盃之奠幸領心曲嗚呼哀哉

祭李陽得文

維星大姓曰維李氏不替前緒公家最美公是述焉早有令譽其資端方其志果銳溫醇言論凜截風致

可爲之才適用之器逮遊槐市屢蜚英聲靑冥咫尺
幾振鴻翮升沈有數時命各異干戈十年負米百里
孜孜供旨備經艱辛殫誠竭力罔敢舍勤諒與衆殊
宜速羣訝公不顧焉益篤在我養而無違葬而自盡
卒隨而定人不間閱公行務本公姿凝靜理固仁壽
謂享遐齡如何一疾遽爾就閒韶顔未換鬢毛纔斑
塋側數椽庭規是遵靑氈一片稱家蘭蓀昔公春府
於我王父三歲之長再從之義呼兄曰弟八袠鄕閭
德星屢聚元方御車中堂罇俎歲時伏臘壽觴載擧
蒼顔晉悅公歌琅琅公舞蹲蹲趨呼答問擧止閒安

追惟至今忽忽如昨單形隻影尙全頑息顚沛誰仰
疾病誰尋久覩人間亦獨何心公訃之至余在纍棘
病未覩藥爻未臨穴薄奠之薦再朞前夕怳惚音容
宛接耳目冥漠靡定有淚難禁一聲長慟庶賜降臨
嗚呼哀哉

祭宋啞軒遠器文

鄃水之淸鄃山之秀淑氣鍾毓昔賢有後謝家書劒
蘭室麗澤稟受之純踐履之篤淳謹儉素終始自守
樂易和平酬應萬事姜生共被居室之美絳帳擁衣
尙德之至遊戲翰墨擅名一時妙齡蓮榜一折兩枝

凌雲高步璧水多年宿儒豪士莫敢或先此皃好猜
大才晩成事多蹉跌時際搶攘十載亂離保全一家
誰云經亂百口無瘥誠深忝室志存桂厲或募傾粟
或園鄕旅十條陳弊投進體慕相公心降徐榻爲設
梅南郵塢鷗鴣灘上誅茅築室往來徜徉蘭蓀成列
可傳詩囊玉立諸郞盡是時望家塾一闢襟佩于于
置師琢磨君璉若瑚藏書千軸塊對一室左右搜剔
採剟華實發爲文詞斧鑿無痕隻字點墨曾不放下
晩而尙友西山學士端平疏劄大學衍義淺體默會
理通心契擧而措之其具自在桑楡奮翼聊賞素志

婆娑桂影輝暎鄕里立跟有定操意甚確嘗冒難溪
威禍難怵典冊之施聲詩之薦涵蓄底蘊縱莫之展
文苑體製賴而一變草野封章屢徹 九殿奴隷聞
聲草木知名若論得失必有辨者憐才天意蓋未涯
也年齡漸高顔皃益丹寢食無減起居常安斯文有
賴吾儕所仰如何微恙一月未央溘然朝露遽爾乘
箕邨春輟杵行路涕洟淸冰白雪標致宛然玉佩瓊
琚盈耳徽絃顧我一家辱知三世雖經大故情意不
替撫摩遺孤卯而翼之廿載門牆迹及朝夕山中川
上月榻風爐從容承誨最近耿光溫溫德宇懇懇衷

曲谿露傾倒靡設表櫐蘭薰滿襟醇酒浹肥追惟今
日一夢依依澆漓世道日降時異背向翻手楚雲峽
水贅寄孤蹤奄失依歸窮猿絶援風舟無維一丘松
楸適近路左百年經過可堪淚墮再朞在明册儔咸
至如聆謦咳如覿風儀汗漫靡定冥漠靡接一聲驚
號五內如割荒辭薄奠詎盡微忱不昧如存幸賜降
歆嗚呼哀哉

祭鄭休庵 維熙 文

亾友鄭景緝入地前夕藤庵散人裵尚龍謹以酒果
致哀乎柩前嗚呼景緝爲我先生孫執先生之喪哀
慕撕毁終至不救先生其有孫而我輩不能諭之以

禮感之以誠如景緝英秀高邁宜可以業先生之家
而使不得終孝景緝可謂無朋矣驚號痛惜詎能盡
其情而抒其悲耶嗚呼哀哉

祭李新之 濯 文

李大夫新之之櫬還向舊原友人星山裵尚龍哭之
于丹旌之下而與訣曰貞醇坦率不立崖岸公之雅
趣凝重堅確無敢撓奪公之素守世莫知公之蘊公
不願世之知百里膏澤不爲泥矣三品踐歷不爲汙
矣爲明時猶可爲惜況百年纔半之壽乎於乎彼蒼
吾何足恃單盃之奠一聲之慟詎能抒余悲而盡余
意也耶嗚呼哀哉

祭李士潤文

至德之緖正壹之隆簪組世業詩禮家風四鳳齊聲
公即其亞質稟淸淑性全溫和樞衣絳帳早被提撕
共被姜家迭唱塤篪貞醇操履儕輩莫及直截言論
鄕黨取式顧余愚庸投分伯仲文席比肩文堂追踵
披判拶院六載淵上公彌至誠我效寸長大度休休
容我逕庭卒安先師是誰經營晴溪沙汀共抽銀鱗
密葉林亭同掛角巾優遊終老兩忘所之豈意微痾

而不可爲尚德之誠好禮之志交遊之孚友愛之美
歷數吾黨亦有其幾一聲長慟豈但爲私佳城載卜
遠日在邇鶴立癯瘦天然意味想來平素有懷如噎
單盃示訣詎知余臆嗚呼哀哉

祭裵漢龍文

君年先我二十其兹在君盛年即我少時君有詩聲
同事藜榻君有風情共醉佳節歡情幾時亂離中途
初憐棘人飄泊東西豈知奇禍偏鍾我家世惡衰歇
門可張羅亟來忘歸窮簷日斜念我壹鬱寬譬慇懃
悶我糊塗諷諭溫醇晴囱月高小軒風朗秀句淸絶

雅歌寥亮舊聞新得傾倒囷倉倡余起余每覺相長
聞人毁譽爲我欣慽我尚病君君不自抑從遊之久
情義之孚末路何論於古亦稀受氣堅凝韶顔敷腴
沈痾雖革恃此無虞不意臨老遽失相依陳編蠹簡
一牀舊居殘寒豐飢渾室遺孤我心匪石何待鄰笛
泫泫此世好尚翻覆當面背向太行巫峽一聲長慟
誰會余臆如有不昧領我衷曲嗚呼哀哉

祭黃昌原 敬中 文

嗚呼公少日嘗作哭嚴僕射歸櫬詩以敍老杜爲時
之慟哭私之情一時人藉藉傳誦以爲曲盡詩史所

未盡之蘊龍輀此日歸自海府吾敢以哭僕射者哭
公公其以敍老杜者敍我也耶嗚呼蒼生繫望之重
白首托契之密殆有古今輕重之別千載之下倘復
有能詩者安知不爲歷指而嗟惜也吾何必縷縷乎
嗚呼雪山未平巴流咽冤宇宙歸來此恨復幾一聲
長慟唯公我悲嗚呼哀哉

祭李國寶 得龜 文

大姓隆緖高節奕葉世襲詩禮公乃是述其姿英銳
其氣果决誠淡尚德從事函丈志存風裁推重鄉黨
九曲名區一味天放邨塢事罕棊局消長田家酒熟

壺榼相將閒中身世醉裏羲皇庭列寶樹膝抱蘭蓀
謂享清福毓慶于門一枕春夢仁壽誰論昔我大父
若公王考弟兄相對德星屢聚兩家幼孫已覺情事
遭時板蕩居巷南北飢寒疾病死葬得失半生何事
不與憂樂每恨頹齡簪盍漸稀豈意奇隻又失相依
公訃之至余方在慽不憑不臨再朞仍迫單盃一慟
詎盡心曲靈如不昧庶幾歆格嗚呼哀哉

祭李白川文

惟靈璆璞情英蘭雪神精迭唱塤篪克纘家聲早定
趣向我師門庭折旋言動養自齠齡詩禮蘊義進修

工程敏悟之質奬掖以成鳳觜麟角合爲時禎槐市
斐英璧水雄驚咫尺雲衢庶展鴻翮名場餘事實地
專精依歸有所焉慕浮榮簞食瓢飮可樂幽貞泗陽
春半梅園雪晴雍容函丈講究誠明周情孔思地緯
天經奉持心胸燦若日星七十誠服未爲過評虹樑
一摧慕切羹牆竪石表封建院妥靈雖仍士論實藉
公誠遺風餘敎倡勵鄉生凡有文會一遵典刑羣議
允叶莫或紛更吾儕有聞蓋以公名珠藏氣升時際
濯纓雖膺爵命不負初盟顧余孤陋久襲淸馨公憐
舊要我事大兄每說先師勤誨丁寧春冰若履盤水

嘗擘畵不相勗日邁月征昏庸難砭縱未服行警頑
涘切若寐而醒斯文有事淸議崢嶸愚見何裨謂保
必聽推許誠悃視損猶贏竹潭新野檜淵風欞蒼顔
白髮兩忘畦町玉壺淸氷肝膽相傾以余比年禍故
疊丁引經據禮寬譬縱橫前後之喪誄與賻並芳鄰
願卜欣我谷鷽力疾晨起親自經營擬築鳩巢同樂
柴衡鄒知凶訃起居迴伻儒林氣塞鄉黨涕零乖慵
贅世迹影伶仃忍將心顔開向淺輕牙絃凄斷水咽
山鳴樑月分明雅儀端形一聲號慟詎盡生平薄奠
菲辭惟監之淸嗚呼哀哉

祭李石潭文

國朝人物曰維廣李克昌于是世有聞士公焉挺生
昔賢有嗣金玉貞姿蘭雪標致早事翰墨貫通經史
麻衣端拱體段已備下帷沈潛幾穿烏几豈宜匏繫
播芬執贄風雲蔚望朝端羽儀秉筆藝閣衮鉞隻字
沙吹傍伺北塞千里返我初服專精實地一意依歸
軒冕弊屣博究遺經探賾妙旨不講何禮不窮何理
勤於難問驗之踐履滋益德性洞澈無滓隆師一念
老而益深禮說刊布實由勤貴晩復際遇歷踐密邇
旣典綸綍亦供論思十年靑瑣未爲偶爾然公所蘊

豈如斯止端方正直可振頹紀凝靜堅貞可集臯事
雅量之宏學力之歛揣其素養綽乎博施世莫知公
公不自異心丹髮白二豎爲祟茂陵秋雨牀席歲累
幸公未耄庶幾復起豈謂於世無復有意蒼生失望
士林呑氣聽於命耶關於數耶靑氊緖業詩禮有自
碧梧文彩鸞鵠停峙公未展盡食報於此天其已定
理可足恃丱角從遊五十餘禩中年絳帳兄唱弟唯
衆視蠢質公許狂斐殘燈雨夜冷齋寒被開懷晤語
吐露肝脾溫溫辭氣懇懇意味增我知識啓我心志
淸芬滿襟醇酒浹髓片夢依然可堪淚墜公在沈痾

余罹憂痒耿耿瞻望未親藥餌瞽眼投俟脈脈相視
丁寧片言晩叟聯比淸歡難再痛懷曷已浮世澆薄
向背皆是乖慵焉仰奇隻誰庇殆將漏船漂寄峽水
言何情盡賤不貴誄一團心香屑歆是賜嗚呼哀哉

祭李心遠堂文

嗚呼兄之世德之懿師友之隆學問之該博行義之
迥出寂寥短章略陳其槩矣而至於平生相知之
密相許之重則唯兄我識取而世無有知者單盃永
訣之際寧可無一語以抒此生餘日無涯之悲也哉
始我與兄居在一水上下生爲三歲先後其勢似可

自少遊處也而各有嚴父兄在堂勸勉工程不許交
遊兄又早登龍門處家常少我遭憫凶離羣索居其
間或有山堂之棲槐市之遊暫相然諾而亦未之親
也殆夫先生謝事南來獎進後學若干前輩先我升
堂兄與兄之姻兄鄭君平甫及余孤陋年相似地相
參聯踞而坐接武而行先生有名齊聲而應先生有
事共趨而進食必連牀寢必共被先生又揣量人情
各盡衷曲煦濡撫摩戛去畦畛使之齊其趣向一其
歸宿向之參差而異序者無不混合而齊整自是兄
我身二而心一聲殊而韻同以至飢飽寒暑得喪悲

歡良辰美景之會勝水佳山之賞未嘗不與之偕焉
風蘭之臭斷金之利有未足以喻兄我之相得也每
念先生愛兄敏於使筆往復書札多使兄題語纔出
口字已在紙有時先生欲試兄能言不分明而兄輒
韻會筆不暫停先生每稱直夫之名與兄之字曰某
與某把筆吾呼常窘蓋獘之也方先生在朝未還時
一邊形迹未盡彰露南中士類遠邇麕集兄則同居
鄉麓素相往來兄又娶室於其鄰兄所親信皆彼黨
類而彼之援儒入墨之計又無所不至牽連之勢不
啻沐桼而兄能惕悟不遠而復一定依歸堅著脚跟

雖陷之以利達脅之以威禍兄不撓惑終始凝然非
兄識鑑之明果決之勇有得於爵祿可辭白刃可蹈
則其能若是乎兄我皆有兄弟之樂而我之羣弟皆
少於我二十年早失所怙取養於我我常嚴臨不少
假借雖至於有室有子而不敢舉頭抗顏一以將順
爲心我之爲兄甚易而兄之仲季同時而長同門而
學英達夙成難弟難兄居室之間式好無猶遇事論
難各盡所見語多直截而兄輒包容曾不違忤每從
兄累日而還未嘗不惘然自失也平甫先先生逝自
是斯文有事事之前輩所憚勞後輩所難能兄實任

之而我或佐焉感兄誠悃矜我愚庸相與彌縫得免
愆尤噫古人以知我比生我誠有以也晚年以我女
息室兄胄胤莫非情誼之篤而示以爲好也每到兄
所兒孫戲前我常愛兄之賢而兄輒勉我之敎一場
笑破實出肝膈到今追想愴懷益切兄受氣凝靜不
甚虛弱眼彩不衰眷毫有異常謂耄期之年可驗仁
壽傷時之痛終至滅性分義當然在兄何憾兄之才
德終不見施親愛之情不得無恨而兄既得先師依
歸士友推重又有林泉之勝書籍之娛兄弟子孫之
慶皆足以供兄淸福之享生順死安少無遺憾而顧

我不天老益奇薄苻遭酷禍飄泊靡定唯兄是仗兄
今棄我不如弊屣拂鬱煩冤誰與開斂顚沛困窮誰
因拯濟漏船遇風而無檝窮猿攀高而絶援死若如
生不待我悲兄之死而反被兄悶我之生也遠日在
近存亡永隔哭不可以盡哀言不可以盡情萬萬忍
緖唯兄是領嗚呼哀哉

祭蔡投巖文

恭惟我公吾黨先輩早歲登門奉承訓誨謙恭著外
堅固植內期以遠大始自應對行必務實學必切己
終日端坐俯讀仰思飢飽寒暑罔或敢怠一時諸子

誰敢不畏時丁板蕩負衰飄轉欒欒棘人寔扶彜典
報本追遠誠意備至內外先塋建石琢辭親舊流落
死而未還公必營護得返故山貧不敢撓困不知疲
吾道之南絳帳重下公年六旬公居數舍往來追陪
風雨無間弟子之職親執周旋山頹一夕響輟襟佩
三年心制公獨不懈慕德誠切尙賢義起士論攸同
吾儕多事單童羸馬涉遠兼程席右片言聳動人聽
編年作譜殫竭誠力除拜次序出處事蹟廣詢博攷
刪煩摭實條例機軸燦然可述神道之作筆從大手
句奇語重孰敢容議公爰展讀指罅剔僞逐行付紙

甲覆不置相公心降優答虛受仍加點綴首尾完備
寧料物兒善戲好巧石刻未報草藁先布事理舛錯
浮議紛拏在公血誠斷斷無他求全有毁公且柰何
若干長老零落殆盡遺藁之刋次及不敏不我慵陋
謂可共理窮簷晴晝靜對小几攷校訛舛點墨隻字
公務至精我主傳疑商確是非露出肝脾中元翌朝
曉越重關訪我不遇尋我溪灣相逢路左先念或傷
同歸華門暑濕如湯畏日未昃歸意旋忙拂袖飄然
企予瞻望曾未浹旬凶訃忽至芳塵在席笑語盈耳
驚號莫逮如夢如寐重惟雅範稟受超異柔而難犯

峻而行易旋轉之局綽乎餘裕凜截之致有不可奪
尋常操履動遵繩墨就其所造積累之得殉身以歿
彼蒼難詰菑畬有望懿行可傳鸞鵠停峙淸福可綿
殆其已定有未易槩鄙俚之文素不許可聊自記實
用贊誌碣如其分好稱道則淺一聲長慟老懷難盡
嗚呼哀哉

祭崔竹軒文

公生季世天篤其畀氣淸而完資厚而秀寬而能整
坦而不弛長者風度君子意味一接符彩孰不心醉
咸期瑞世公不屑意國庠之陞乃其餘事絳帳高懸

熏德有所盡就而正滋益之利誠心衛道夷險不二
山頹一夕淵院伊始多士屬望公主其議終能妥靈
誠力之備戶庭旣飭福祿來綏聯芳寶樹接武而起
青氈白牌世三居四博陵之盛其有是耶九曲名區
十二勝地優遊偃息八旬仁壽樂裕壺觴興濃雲水
不聞理亂寧恤非是九淵深藏千仞高致追惟雅量
莫窺涯涘愚蒙得御白虎槐市幸同趣向頻接青眥
逮當捌院忝在副貳蓮藍朝暮六載對几倚公包容
彈我率爾每有興作儕輩咸萃各執己見論議聒耳
公輒凝重不動聲氣徐爲一言剖析事理衆情咸服

莫或同異有時想來老懷無比聞公葬期新卜兆次
一掬哀淚擬披宿草魔病並掣情莫之遂薄奠蕪詞
又憑替侑感念平昔悲婉交至不昧應存眉歆是賜
嗚呼哀哉

祭徐遵道文

唯靈判山蘊玉草澤遺蘭尚質而粹處恭而端純一
無僞赤子之心朴素去飾太古之襟鄉賴以淳門仰
而睦生質之美豈云未學辱居姻婭自髫而耋不我
無似雙鳳見屬伏雛何成眷望徒勤得喪悲歡情倒
嵩崙時丁孫棘殯後訃至謂可臨穴以訣生死洛水

伊阻盡日躑躅終莫奮飛誠意之薄重惟笑語宛如
隔晨悃愊之款肝膈之眞世間何地夏軒黃眉再暮
云迫悲慕增冞茲遣迷兒用薦卑忱不昧如存幸賜
眉歆嗚呼哀哉

祭金松庵文

公有眞性太古之淳公有雅操赤子之純神情脫俗
才調出羣人謂昔賢乃有是孫宅處仁里門對梅園
折旋函丈靡有朝昏何書不講何理不原志專向學
誠篤尚賢一時名流莫之或先想來陳迹片夢依然
顧惟高情不外愚庸一水上下漁樵興濃同門出入

偲切情到忍將往事說向末路公有文華未繼青氈
公有懿行未嗣嫡傳吾儕咸惜莫由究詰公能達觀
曾不屑屑淸高之韻坦率之姿薄俗何論求古亦稀
暮年離索地非伊阻落落相望未展幽抱莫非誠淺
敢言衰病追念分好悲與愧並寒阡素秋替伸一哭
不昧如存幸頒賤臆嗚呼哀哉

祭李秀才顯一文

惟靈資稟之良遠紹宗徽孝行之美近述庭規行身
淳謹動遵事宜未路好議莫或敢疵善慶厚積遐福
咸期彼蒼殲人大癘徧彌君家酷禍行路尚涕運數

所關君獨何爲幸保二郞可傳弓箕亦有季難可奉
嚴慈指點此世似君尙稀已定之天其幾何時君能
達識應不嬰患顧我衰喘世荷情知君不替舊眷厚
益采聞疾來問有疑見諮鄕閭倚重急難相持今焉
追想老淚交頤風儀將閟替人敍悲莫非情薄敢言
吾衰不昧如存幸領微私嗚呼哀哉

祭李進士重亨文

惟靈資稟重厚質任和順遇事能敬接物以信柔而
難犯堅而不滯可鎭浮薄可幹事務以余槩論長者
風度君生不遇善慶遺澤賢舅酷似宗匠是則假以

耄期究其所造儒林不孤鄕黨有賴松未晩翠驥未
遠致何豐其畀何嗇其施顧我亾弟藝苑相長甲乙
之生生進聯榜忩年情好初不待此別般愴懷有難
自已同門蔡老譜我先師竆搜博究一生精思屬纊
當夕折簡見屬衰頹廢絶追未廣布篋笥多年如背
有負殆將奉贈相與守之得君以授謂可下報今焉
已矣彼蒼何意安詳言論直截氣味屈指斯世似君
有幾幽宅不遠庶可臨穴猶未自力已死未絶代奠
菲薄用寓一恫唯靈不昧尙克鑑饗嗚呼哀哉

祭金安峽文

嗚呼令公世德之懿家聲之美羽儀於朝端師範於
儒林輝暎史冊昭回草木吾何敢爲令公歷擧爲今
日致哀之辭也令公夙承庭訓才學俱優有足以追
蹤前武蜚英藝苑而地望早著供勞夙夜歷踐序次
佩符專城暮年又以 恩典進秩崇班孰不曰令公
之能纘緖業而此是令公餘事亦不欲爲令公稱道
也令公達觀時勢弊屣浮榮一謝簪笏專事沈冥不
爲高越特立之行以自異不爲柔巽野俗之言以自
卑行已於淸濁之間處身於是非之外佳蔬滿園邨
興方濃美酒盈罇幽居不薄優遊閒適遐享九十年

華雖以薄俗好尙議論而不敢置令公於脣頰上然
後始信昔賢能有堂搆之託而令公之始終安順又
何如耶顧我家世投分於高門者非日月矣道義之
深情好之密豈可以言語形容哉不肖無似夤緣往
來猥荷許可恩款備至披露悃愊靡有表襮閒有失
攝從外問候則必使引入臥內擁衾相對雖在骨肉
無以喩其情到也南北危疑巷曲騷屑人各有求生
之計則入山浮海期以百口同歸蓋於板蕩之際有
可以相賴也二年前賤家暫設東西席新舊咸集而
猥不敢仰伸邀請及期令公錦衣玉飾徑到華門榮

臨首席一座喜溢更進稱壽令公顏色敷腴酬酢不倦清歡未闌西日易傾返駕旋路飄然若九霄仙鶴衆賓莫不慰令公之康強而亦賀無似能不外於長者也嗚呼餘生斯世更叨如令公之盛眷也哉老敗衰瘁人事廢絶疾病而未謁藥餌斂殯而未親執事至於新阡稍近弊居而亦不得爲臨穴永訣之計令公之待無似何如而無似之負令公至此哉他年泉下復有何面目也一盃替哭幸領微悃嗚呼哀哉

祭李洛郘文

山河鍾英璆璞孕精昔賢必後公爰挺生眉宇秀朗

神骨清洞幼率庭訓式端蒙養旋御龍門細承蘭言敏悟之姿熏炙之親見聞該博德性滋益一時輩流莫或幾及豈有文麟久於泥塵長翮一擊禹門祥鱗堂後秉筆轉入芸閣前後哀餞父子翰墨狂虜猝至公在近侍多中機宜白面言事日馭親扶滿目艱虞執羈周旋東土再穌公還省覲我卽趨問淚眦霣瑩春宵苦短　賡眷方隆時譽僉同謂可展武何疾嬰躳藥棘纏經搶攘又丁積傷爲祟孰醫膏肓音容杳菸寒月滿樑想像平素俾也可忘虛明襟調揚銅塵掃英邁才華越砥刃照鳳質龍章玉潤蘭馨偉度宏規坦豁平正倘卒歸向極其限量所造益邃所就益盛松未晚翠驥未遠致莫非關數豈止私喟同門髦士在世無幾晚輩羹牆唯公最宗釐譜取衷補遺推重蓋許誠篤奚啻文工摭實語俚誄貴禮忌用冀亘手參攷之備破琴之哀誰識老懷無寧隱默說向泉臺嗚呼哀哉

祭鄭參奉惟熟文

君資凝凝君量恢恢宅心以直處事不回眞醇操履軒豁襟懷禮以奉先克遵庭規誠以致孝左右無違典刑宛然家聲不墮遠邇同辭稱家之兒迴脫俗尚

眇視浮榮古朴之韻山野之情溪秋亭嵓嚴勝日泗水一命何有千仞風味神明所扶壽考可冀如何大夢倏爾隕駟橋林遺恨後事淒涼善慶理爽誰詰彼蒼顧我衰喘夙昔將命不替分好久能愛敬剖劘務繁攷訂事大君實主之我或佐焉卒闡遺教庶免湮沒非君誠悃誰集此臯追隨之款談笑之歡無端想起有淚潸潸八旬斯世向誰開顏喪制既盡素幔將撤聊憑替哭用伸老臆嗚呼哀哉

祭朴査翁明胤文

唯公住世八十有四耿介之資凝靜之氣彌久彌新

始終一致地上風韻九霄棲峙仁壽無疆謂可足恃如何一朝遽爾脫屣天所奪耶運所使耶唯公資稟端雅精粹溫和而方平易而邃安詳器度儉約操履才優利物行裕守己淑氣所鍾夫豈偶爾唯公先考行源是事孜孜供旨寒暑不避公是述焉勝衣伊始左右無違愛敬兩至中遭板蕩倫彝掃地血誠殫盡所有隻手兵交三國負米百里餓殍相連菽水無匱孰非人子公獨能此唯公尚德麗澤早被折旋函丈講磨道理契誼之深輩流罕比怪鬼叫嘯威脅利誘孤立孑孑堅著跟趾惡聲之至死生以之士類所賴

邪說所熄唯公摛藻來據有自經書子集左傳馬史涉獵馳騁咀嚼膏味發爲詞章條暢贍麗尤工雜作辭理兼備爭發奇歎孰敢輕易逮遊槐市揶揄見戲桑榆所就一命之士唯公誨人親疎不異展卷對案各因才器典故浩汗史學蘊義開豁蒙昧限量成就唯公世居郿山郿水仙子窟宅隱者處所桃花泛浪錦繡粧嵒奇觀勝賞寓目成趣中闢小堂景致咸萃圖書滿揷花竹雜蒔風流蕭灑迴脫塵累壺榼相將郵釀浮蟻磯頭舉網銀尺成縷蘭蓀滿前世所爭指寶樹成列堂搆可冀似公淸福人世誰擬唯公聘我

六十二禩我以兄事公以弟視神氣交凝骨肉奚啻奇禍當年焦髮濡首忍說往事重灑血淚線喘苦頑延影如寄公又憫惻念念不置九年草土據禮曉諭半生憂慽以理寬譬尋常勸勉緖業不墜至今苟延絲毫皆賜暮年鄉曲追隨杖屨先師門士存者無幾唯有李兄與公竝軌我於其間僭不自揣水郵齋會淵上淸議參聞緖餘累日忘疲人或指謂德星之聚今焉已矣吾安仰止車失一輪鳥折一翅設或緩死有何意思儀形入眼談笑在耳想像平素五內如沸聞公幽宅先妣兆次曾我從公指點方位卜云其吉

亦公素志永安體魄永錫福履鄙俚之文不足爲誄聊攄實蹟以替碑誌此外琅琅佇竢泉裏嗚呼哀哉

祭宋汝達文

唯公家世世有碩士洎于令尊才德兼備公爰繼起資稟眞醇信實器度溫雅風神安詳自守悃愊接物柔而難犯直而不許以公品賦薰襲翰墨倘加收拾進進不已翺翔藝苑乃其餘事公不屑意有若自畫是公高處吾實深服孰非人父孰如令尊育公伯府成就辛勤玉樹纔挺狂飈忽折令尊自謂緣我分薄我又勉汝不幾逆天寧爲樗櫟以終汝年公誠達孝

左右無違所樂自在焉務外馳從吾性分盡心實地
處身操行恰副倫理遠邇稱道名家有子令尊愛士
四郎是迎風流文彩盡是時英眼空一世少所許可
於公行義莫敢少覬心降誠悅待以禮讓先生長者
益加歎賞六年在慽兩盡情文揣公存主專務行源
顧余孤苦影隻形單非公一家何處開顏分義相將
豈但居鄰漁部勝景仙洞佳辰或樵沙渚或抽銀鱗
兩忘形骸萬事遷篠今焉想來片夢玆如莒庄豐饒
樂裕公俟戀著山水久此淹留謂可相隨以畢餘齡
如何臨死遽爾分形一 江東西幾傷盈盈疾病喪葬

行路相視敢云癃瘁專廢人事再碁臨迫替伸一哭
薄奠荒辭詎盡老臆嗚呼哀哉

祭李祥老汝蓂文

公我情分之篤以心不以兒也居相近也而未能往
來參尋年相若也而罕與遊從嬉笑以常情觀之則
與衆人無以異焉眷勤契誼到老彌潑疾病憂患
有以分焉得喪悲歡患有以共焉以至處鄉黨同出
入未嘗不相依爲重與今世詡詡強言笑向背翻覆
者有不可同日而語此實有由來矣非公我自得而
然也吾公王父與我祖考親爲再從而分同一體呼

兄曰弟八衰相從公春府以至誠純孝喜兩老之相
得中堂罇俎務盡歡心蹲蹲而舞琅琅而歌竟夕忘
疲公我皆以冑孫侍側而目覩到今想來宛然如隔
晨雖欲相忘其敢忍耶此公我所以平生追感而相
勉以不替者也嗚呼倜儻之姿強直之性廬墓善居
喪之行居鄉能取信之義已矣吾不得再見於斯世
也嗚呼公之寢疾也思欲昇往握手而詵如公王父
之臨見我祖考而賤疾亦痼終未免孤負至於撫棺
臨穴之哭皆有意而莫仰焉則他日地下可能歷數
而枚謝也耶日月飈忽再碁已迫一聲之慟又不以

躬萬萬老懷唯公領得嗚呼哀哉

祭金監察孝可文

唯公世德著聞入耳逮我先生益大以肆羽儀朝端
表率士類公焉是述詩禮有自習熟道義滋益德器
端雅資稟溫醇操履直而平淡簡而樂易國有恩例
不仕無義早供執事民社暫試言旋故園祗奉甘旨
唯孝唯友至樂在此淸貧自頤恬靜自守雜蒔花草
交暎紅紫沈冥閒適不慕榮利識者咸謂大賢有子
蓄德毓慶天定是誒駟馬于門三槐王氏桂籍蓮榜
鸞停鵠峙望重鵷列名高璧水食報于天孰如公比

仁者必壽謂享遐祺一朝厭世遽爾脫屣儒林嗟惜朋儕涕泗重惟雅量善處鄉里不談毁譽誰敢非是不以賢智於人自異是公高處莫窺涯涘地不相遠年又相似逢場談謔幾輸意氣往事如夢可禁老淚公有勝情泉石凝思擬趁佳辰奉邀烏几或叉銀鱗或採芳芷辦得淸歡以償宿志今焉已矣我心如燬遠日在明新阡孔邇病未臨穴孤負情事替伸一哭詎盡微意不昧如存肩歆是賜嗚呼哀哉

祭李東湖文

泗陽輟饗卅年于今同門碩士香絕薰沈唯我大兄

年德俱彌斯文有賴後輩仰庇在我欣慕骨肉焉比形影相資謂保永久一朝長逝曾不我顧有定命耶自闕數耶緬惟世德積累唯舊挺出英豪一家三秀孝友行義矜式遠邇公爰繼起資稟偉異習熟見聞養自齠齡旋被提撕叔姪師生煦濡撫摩滋益德性風流凝重器局宏整彩鳳祥麟端合時禎豈宜匏繫留意程文雷雨飛騰指期禹門兵戈一起十載搶攘倦遊名場秪陞上庠返我初服依歸有所絕意浮榮專精實地舊聞新得體驗一心所知益精所造益深雅望傾時珠藏澤媚 恩除屢降不仕無義海汀驛

路洛中執事踰梁當日變起倉卒千里客宦迹甚單隻茇舍護蹕還守本司周旋其間萬狀艱危臨亂不避死生以之時事旣定浩然拂袖或採或釣某山某水千仞翺翔九霄風味唯彼自好初若行行纔得一命魄馳魂喪塵埃滿面筆硯交絕援公槩論霄壤懸隔有時展拜湖上晩築庭梅園竹碩人之軸至輒忘歸累日塊對神氣交凝兩忘形骸庚寅仲冬告別前夕去留關情至動辭色謂當春日江流發醅泛舟波心引縴泝洄暢叙幽情豈不樂哉在席少長齊聲應唯還家耿耿計日待時究魔好戲事故相仍佳辰易

邁罇酒空凝秋間微恙暑濕致傷勿藥之慶佇俟晩凉以病憐病所恃穹蒼一疾彌留竟至不淑長江嗚咽行路嗟惜先師遺敎有誰保守後輩趣向有誰指示痛念斯道暇哭吾私重惟雅範珉玉之良氣溫而肅行安而方言不直截物莫違越心常樂易人莫褻狎坦率寬平不設畦町所以賢愚各盡其情邪時橫議乘勢作氣最忌吾黨百般詆訾於公盛德評論不到比之林宗莫或敢撓其見景慕蓋如此也玆非學力有以致耶萬事已矣我安適從忠厚之風信實之容追遊之久契誼之隆想像平素老懷如嗇衰瘁已

甚人事廢絶喪未撫棺葬不臨穴媿負冞深悲悼益
切唯吾大兄鑑諒衷曲嗚呼哀哉

又

日月飈忽初朞臨迫氣序重廻無往不復莉秀其芳
鴈南其翔公何長往杳杳茫茫公語在耳有聞無聲
公儀在目宛接還冥已矣公我永隔幽明泠泠古調
欲奏誰聆采采湘蘭願寄誰馨舉目人間形單影隻
忍將末契託向輕薄公歸卽安我生堪慽亦知飛沈
會合有時不任臨老遽失相依衰瘵已甚莫伸親哭
一團心香唯公是肎嗚呼哀哉

祭李秀才坤亨文

君性敦厚君資穎悟律身儉約立心堅固溫和而方
疎暢而介接物謙虛臨事慊慨愛親之誠自有知覺
向學之勤不待勸讀挾冊郵閭寧有定師自爾透徹
芽茇逢時我時遊陟遇君蕭寺閱君書篋驪珠滿紙
心語于口我友有子早哭春闈伯府是依形影相從
菽水相歡怡愉唯諾居室可觀陶翁洪緖堂搆中微
刻意發憤鞭策騑騑養釣可試北海何睽空疎兒輩
謂可講磨共事鉛槧飽經寒酸辭華圓轉百步可穿
我嘉篤志不啻已有開懷討論評品隻字事物之來
理有未瑩有問必陳時或採聽秖緣相信焉有所裨
念我窮寂亟來忌歸良宵月軒暑夕風欞淸歡相賴
擬畢餘生如何脩短不繫老少微痾未旬遽驚凶報
隙駟人生一何草草別語在耳想起悽惋來路縈山
向誰寒眼元方幹事家道可扶三亂繼志緖業無虞
君能達觀吾又何傷情當扶病相送南陽人事廢絶
媿負生平替人奠盃幸領心馨嗚呼哀哉

祭亾弟尙虎文

亾弟季章入地前夕兄子章酹以酒果號絶而與訣
曰嗚呼爾我兄弟之情唯爾我識得爾今有知吾不
須言如其無知吾誰與說焉地不盡天不窮嗚呼慟

哉

祭亾姪世安文

嗚呼汝其忍捨我而逝耶捨我而欲何之乎汝平日
不欲遠離我側又不欲違忤我意一以將順爲心今
何呼之而不應叩之而不聞號哭而又莫之動耶脩
短有數聖哲所不能免寬抑我心不欲爲無益之悲
而顧有數段事嬰我心曲終不能理遣今當永訣寧
不欲開說乎汝父臨歿精神全不錯亂身後凡事靡
不歷說而至於汝兄弟片言不及余怪而問之則汝

父微笑而答曰兄侍在吾復何言余益悲汝父見託之專息有以塞其厚望年前斗同殀今汝遘疾十餘年調護之方醫藥之用雖未全廢而誠意淺薄終不能感動神明以至於不可爲使汝英粹之質端雅之姿不得繼汝父之志食汝父之報凡人受人付託猶不欲立而視其死況於弟兄之間死生之際至情所在而欺負至此我朝夕入地將何面見汝父於泉下乎汝襟韻疎而處事不甚迂遠器局整而應接頗能和順雖當板蕩之際危急之日庶可以保全一家兼濟羣從我嘗目汝爲鴈奴汝初未曉其意我解釋而

詳告之則汝謙若不敢當而皃甚慽焉我深冀汝之不負吾所望今焉已矣尚復何言昔遭鞠凶絕無生意於人世而汝父跟蹈在傍形影相隨言笑動作皆足以慰我之壹鬱寬我之煩冤賴以得全頑命矣中年汝父見背而汝兄弟尚在汝之眉宇克肖擧目相對有如昔年之賴汝父也今汝且死更無血嗣如汝之繼汝父之後我將何所繫望而遣抑此懷乎嗚呼天之生汝於衰門實非偶然而緣我爲汝伯父任汝保育而稔積無藝見絕於天天不剿絕我命而移禍於所依重而爲賴者使汝年不過廿五學不充限量

有親而不得盡溫凊之道有室而不得終好合之樂指點人間寧復有似汝之身世者乎汝弟有孩提之童爲汝嗣無疑初欲題其名於汝主之傍旋念穉昧之兒擬之成人之事情有所未忍姑使汝弟攝之汝其知之乎其不知之乎言有盡而意不窮嗚呼慟哉

藤庵先生文集卷之三

藤庵先生文集卷之四

雜著

寒岡先生言行錄

先生在武屹尙龍侍夕供後先生整襟危坐瞑目不言肩背竦直氣像雍容儼然如泥塑人恰至夜分乃擧目視左右時月星明槩山川靜寂先生闢戶而出散步中堂陶陶然有自樂之趣尙龍問曰先生今夜莫是曾點風浴灑翁光霽底氣像乎先生曰吾嘗學焉而未能君言無乃太過乎

先生癸卯還鄕時年六十有一終日看書繼之以夜孜孜乾惕常如少壯刻勵者然

鄕人之來謁者日且十許人迎接坐語略敘寒暄則目常在冊子上

每閱諸書一瞥數行而至義理喫緊處則必參攷互訂以極其歸趣

武屹非但洞壑之幽泉石之勝賓客罕至應接頗歇搜閱書籍一意專精以是辛亥以前七八年在武屹時多山泉庵在武屹溪東數十步房廳各一間有泉瀉出巖罅取以名庵終日危坐俯讀仰思常以育德果行自期由庵沿澗行數百步有巖偃伏溪心若臥龍狀遂名臥龍巖因纂臥龍誌半歲而書成序文跋語攄盡底蘊

武屹絶頂有數椽草庵依負蒼巖巖高數丈面如削成逶迤若屛命其庵爲屛庵雲雨嵐瘴無時不作信非神全氣完者則不能久留欲傍置藥圃山檻以寓遐思竟不就

山中景致名稱彷彿乎古昔者則必倣而爲號非以古人自居顧名思義親切想像益篤體驗之實有非他人所能窺測也

自百梅園至武屹幾六十里石路崎嶇人馬難行從行之士莫不困悴而先生每當憇息之地必端坐石上啓冊看書

宋正字 遠器 徐樂齋郭稺靜 趪 丈頡來候省來輒久留樂齋少先生七歲每到山中晝對一案夜聯枕席而晨起盥櫛入拜案前先生但憑案以答

先生久在山中齋僧單薄不遑供給親舊餽獻輒爲祭需不許常用朝暮盤羞唯山蔬數莖而已衣服垢膩亦不得澣濯雖年少猶不堪艱楚尙龍嘗以體候致傷爲言先生曰君相從有日而反以口體憂我耶

士之志於道者憂不在是也
尚龍嘗侍坐家僮來報失鷹尚龍欲偕僮返棲料理搜覓先生問何以遽歸尚龍對之以實先生正色曰使君求放心之誠常如求放鷹之切則何患不如古之學者乎
尚龍嘗率舍弟及孽弟等拜先生於山中先生問曰孽弟稍長有以相樂否尚龍俯伏不敢對先生曰有兄弟而相愛固是樂愛兄弟而善教尤可樂
先生嘗在檜淵尚龍與諸友約以某日齊會漁釣及期雨下如注川流漲溢尚龍意諸友不來待晴乃往

先生問曰某日聞諸君期會而何以不赴尚龍對以雨先生曰與朋友有約不廢風雨可也
多士文會每朝行相揖禮畢或設小酌先生中坐長老在近行爲有司者別行諸生列侍左右以次傳飲卑幼之供應唯者亦皆使之執爵仰敬獻酬升降條理纖悉雍容永夕和樂肅整節文威儀有足可尚
每歲晬日先生不許入行酒蓋追慕劬勞之日不敢宴樂也翌日親舊門生始設壽筵雖卑幼詣俎獻爵則先生必兩手迎受旣飮獻者趨進執爵則先生必回顧左右而授爵未嘗以退爵還授獻者酒半先生

言笑和暢藹藹若祥風慶雲在座老少各盡歡情而禮數素定不嚴而整
先生每謂朋友酬酢但令稱量而已可也若強勸過飮虧損禮法則是罔之也非所以相愛之道也
尚龍嘗問高風正脈乃後學指南而必於東岡挽章發之者何也先生曰此乃平日相對論辨者故於其哀詞及之
一邊人嘗先生以不尊尚南冥至以背師目之先生聞之曰莫如我敬先生
尚龍嘗問曹先生以南冥自號其他齋號亦多有未

曉處取何義也先生不答久之乃正色曰君執此議先生耶先生高致有非後學所得瑕玼也
尚龍嘗遊湖西過無量寺見梅月堂行狀還白先生曰金時習勁節高標似不讓於一時忠臣義士而南秋江撰六臣傳而不及梅月堂後人作元生夢遊錄添入南秋江而亦不及梅月堂豈非欠事乎今若擬張中丞傳後敍別作一傳何如先生曰梅月堂節則高矣然其行蹟似不得爲後世法且秋江錄其首末頗詳特君未及見之耳
出入從遊之士有父兄則語之以孝敬有官職則語

之以忠勤志學問則語之以道理至於庸瑣鄙夫亦莫不勉之以當務從容開導親切婉曲巨細精粗皆出至誠此賢不肖之所以各盡其心也

先生還鄉以後絶意仕宦丙午朝廷連拜巨邑丁未春又有安東之 命先生初欲詣 闕謝 恩而還比到洛中廷臣頗欲 啓請留先生先生聞其議卽日拜辭疾馳出城爲到府呈告計赴任初有西厓之喪繼有 宣廟不豫之音牽仍半歲久於任非先生之志

戊午夏 大妃之論極盛先生時在沈痼中仰屋嗟

咄坐臥不安尚能伏於牀下曰外人謂先生今復進劄先生方隱几看書覽畢呼左右扶起正冠而謂曰人臣事君有禮存焉我方席藁不暇何敢冒法陳劄乎

己未春兩元帥敗沒和戎之議始倡先生聞之憤惋不已

先生嘗謂人臣諫疏豈徒尚直截過激而已剴切懇惻開悟上心使國賴其慶民蒙其澤此又尤難

先生纂集諸書盡入於灰燼存者無幾禮說亦被殘破幸賴題目之存得以重撰

問國舅金悌男推戴之說先生曰此實出於逆竪誣誕之告何足取信吾未見其形安能察其影乎

先生重纂禮說極盡精力至易簀時猶然其所採摭羣書多至七百餘卷而瞭然常在心 上每諸生傳寫校正疑問叢集而先生酬應如響未嘗留難

先生最惜聖賢風範其書凡九冊上自唐虞下逮閩閩尤詳於孔門諸子尚龍問爲書役之繁而不得重述歟先生笑曰我數十年前博採羣書隨得隨記積歲而成到今患之宛如隔世事何能生意重修乎

尚龍自庚寅備將命之末癸卯後益多追陪之日

日日見聞無非格言懿行而志氣昏庸不能記其萬一況敢望深體而力行之哉略述平日耳目所得庶得爲後人之楷範焉爾

敬齋箴圖

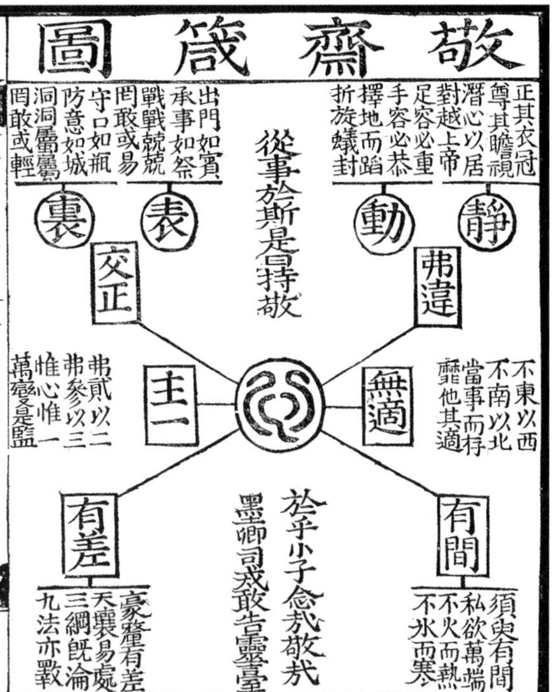

敬齋箴圖者金華魯齋王先生之所作也先生爲學專主乎敬其於是箴眞知實得故其所以排列地頭開示用工者明白整齊皆有下落學者誠能體玩警省於日用之際心目之間而有得焉則爲聖爲賢之功端在於此所謂敬者一心之主宰萬事之根本而爲聖學始終之要也者豈不信哉○謹按此箴與夙興夜寐箴相對蓋夙夜箴固學者用工時分此箴實學者用工地頭須是隨其時分地頭無相偏廢無所間斷然後其於聖學庶幾有得學者宜加勉焉

藤庵先生文集卷之四　七

敬齋箴解

敬齋箴者晦庵朱夫子之所作也夫子自敘曰讀張敬夫主一箴掇其遺作敬齋箴書齋壁以自警又曰此是敬之目說有許多地頭去處李氏曰地頭之說於做工好有據依◑謹按敬齋即紫陽書堂東齋也

正其衣冠尊其瞻視潛心以居對越上帝

正整齊也尊尊嚴也潛沈潛也居處也對猶配也越於也上帝天之主宰也

右第一章言學者於靜時當整齊其衣冠尊嚴其瞻視而沈潛其心無所偏倚至虛至靜鑑空衡平有以配對乎上帝也程子曰靜中須有物始得這裏便是難處◑吳氏曰此章言靜無違

藤庵先生文集卷之四　八

◑謹按此一章圖屬靜

足容必重手容必恭擇地而蹈折旋蟻封

重不輕舉也恭無慢弛也必者期必之辭蓋足容易輕手容易慢故言必以警之也擇揀也地處所也蹈猶行也折旋橫轉也蟻封蟻垤也朱子曰折旋中矩其橫轉處欲其方如矩也古語云乘馬折旋於蟻封之間言蟻封之間巷路屈曲狹小而能乘馬折旋於其間不失其馳驟之節也

右第二章言學者於動時必足重不敢輕手恭不敢慢擇其所蹈行必以正如值巷路委曲之處則當折旋如矩不枉跬步也○吳氏曰此章言動無違○謹按此章圖屬動

出門如賓承事如祭戰戰兢兢罔敢或易

出門猶言出外也如賓謂恭謹如見賓也承事猶言執事也如祭謂嚴肅如承祭也戰戰恐懼兢兢戒謹罔無也易輕也

右第三章言學者於出門之時其心竦然如見大賓而致其恭於執事之際其心肅然如承大祭而致其嚴有以戰兢自持動容周旋無不中

禮而罔敢或有輕易也○吳氏曰此章言表之正○謹按此章圖屬表

守口如瓶防意如城洞洞屬屬罔敢或輕

守口不妄出也如瓶如塞瓶也防意閑邪之入也如城如守城也洞洞表裏無間也屬屬誠實無僞也罔亦毋也輕亦易也

右第四章言學者於出言之際當謹守其口而不妄出必如塞瓶而毋使水漏於誠意之時當禁止外邪而不得入必若守城而毋使賊來有

如鏡明水止表裏精粗無不洞澈而罔敢或有易輕也○吳氏曰此章言裏之正○謹按此章圖屬裏

不東以西不南以北當事而存靡他其適

東西南北設言四方也當事言應事之際也存猶在也言心在事上也適往也言心不他往也

右第五章言學者於日用之間其心收斂湛然淵靜既之東矣又不之西既之南矣又不之北如有事至所當理會則唯是卽此一事存在這裏以了其事而毋敢走作也○吳氏曰此章言心之正而達於事○謹按此章圖屬無適

不貳以二不參以三唯心唯一萬變是監

貳貳之也二二其事也參參之也三三其事也唯一申言不貳不參也萬變猶言萬事也監視也程子曰敬只是主一也朱子曰敬須主一初來有一个事又添一个便是來貳他成兩个元有一个又添兩个便是來參他成三个

右第六章言學者於應接之際事物雖多方做這一事只做這一事不復以他个事貳參其心而二之三之唯當專一此心隨事精察使皆得宜而毋敢錯雜也○吳氏曰此章言事之主一

而本於心○謹按此章圖屬主一
從事於斯是曰持敬動靜弗違表裏交正
從猶服也事如事事之事斯指上文六章而言也
靜指第一章動指第二章是由靜而至動也表指
第三章裏指第四章是由表而入裏也
右第七章言學者於上文六章之事有以專心
從事實下工夫則是乃所謂持敬之事而可以
貫動靜一表裏無所違而得其正矣黃氏曰動
靜不違表裏交正是一篇綱領○吳氏曰此章
總前六章○謹按此章圖屬前六章

須臾有間私欲萬端不火而熱不冰而寒
須臾暫時也間間斷也私欲物欲也萬端言多也
熱如熱中之熱寒猶凜冽之意
右第八章言學者於時習之功暫有間斷則私
欲汩之或熱中而有若焦火焉或寒凜而有若
凝冰焉此君子之所以常存敬畏而猶恐其有
間也朱子曰須臾之間以時言○吳氏曰此章
言心不能無適之病○謹按此章圖屬有間
毫釐有差天壤易處三綱既淪九法亦斁
十忽爲毫十毫爲釐毫釐言至小也差失也天喻

至高壤地也喻至卑易處猶言易位蓋甚言其倫
紀倒置也三綱君爲臣綱父爲子綱夫爲妻綱三
者人倫之大綱也淪沒也言其淪沒而不振也九
法九疇之法禹治洪水天乃錫之其後箕子所推
衍成疇以陳於周武王者也斁敗也言其敗壞而
不敘也陳氏曰毫釐有差天壤易處非謂些少事
不敬便能做大病是言大病痛只在微細處失起
故千里之謬差之毫釐然亦當思微細處差失似
甚小可何故便到天地變亂三綱淪九法斁須多
歷人情事變之熟乃知此不敬之爲害端的處凜

乎其可畏而非理明義精亦不能發到此眞可謂
切已箴之救人免陷於夷狄禽獸之歸也
右第九章言學者於自修之事少有差失則所
謂毫釐之間千里之謬直至於天地易位三綱
九疇淪沒斁壞中國變爲夷狄人類化爲禽獸
矣此君子之所以尤加謹獨而愈懼其有失也
朱子曰毫釐之差以事言之○吳氏曰此章言
事不能主一之病○謹按此章圖屬有差
於乎小子念哉敬哉墨卿司戒敢告靈臺
於乎歎辭小子猶言弟子指學者也念思念也敬

敬聽也墨卿墨也謂之卿者如稱管城子蓋亦尊之也司猶主也戒警戒謂此箴也靈神明也臺猶舍也靈臺如言神明舍也

右第十章蓋爲嗟歎之辭以起學者之聽而述其所以作箴之意以警敎之此誠爲學者喫緊處也讀者其致思焉○吳氏曰此章摠結一篇其言持敬工夫周且悉矣○謹按此章圖摠屬一篇

黃氏曰此箴是從粗說入精從淺入深○眞氏曰敬之爲義至是無復餘蘊有志於聖學者宜熟復之○問敬齋箴後面少些從容不迫意欲

先生添數語朱子曰如何解迫切今未曾下手便要從容不迫却無此理除非那人做工夫大段迫切然後勸他勿迫如人相戰未曾交鋒便要引退今未曾做工夫便要開後門然亦不解迫切只是不曾做做著時不患其迫切某常覺得寬緩底意思多耳○朱子曰敬者一心之主宰萬事之本根而聖學之所以成始成終者也爲小學者不由乎此固無以涵養本源而謹夫灑掃應對進退之節與夫六藝之敎爲大學者不由乎此亦無以開發聰明進德修業而致夫

明德新民之功也不幸過時而後學者誠能用力於此以進乎大而不害兼補乎其小則其所以進者將不患於無本而不能以自達矣曰然則所謂敬者又若何而用力耶曰程子於此嘗以主一無適言之矣嘗以整齊嚴肅言之矣至其門人謝氏之說則又有所謂常惺惺法者焉尹氏之說則又有所謂其心收斂不容一物者焉觀是數說足以見其用力之方矣知其所以用力之方則知小學之不能無賴於此以爲始知小學之賴此以始則夫大學之不能無賴於

此以爲終者可以一以貫之而無疑矣蓋此心旣立由是格物致知以盡事物之理則所謂尊德性而道問學由是誠意正心以修其身則所謂先立其大者而小者不能奪由是齊家治國以及乎天下則所謂修己以安百姓篤恭而天下平是皆未始一日而離乎敬也然則敬之一字豈非聖學始終之要也哉○黃氏曰敬者主一無適之謂程子語也然師說又以敬字唯畏爲近之蓋敬者此心肅然有所畏之名畏則心主於一如入宗廟見君父之時自無雜念閒居

放肆之際則念慮紛擾而不主於一矣二說蓋相表裏學者體之則可見矣◐蔡氏曰敬字之義甚大先師朱子裒集程門論敬要語詳且密矣黃氏又述先師敬字之義唯畏爲近之尤精切蓋人之一心虛靈知覺常肅然而不亂炯然而不昏則寂而理之體無不存感而理之用無不行唯夫虛靈知覺旣不能不囿於氣又不能不動於欲則此心之體用亦將隨之而昏且亂矣此所以不可不敬也苟能惕然悚然常若鬼神父師之臨其上深淵薄氷之處其下則虛靈

知覺者自不容於昏且亂矣此敬字之義所以唯畏爲近之其說不可易矣嘗卽其本源而深思之敬該動靜主一亦該動靜無事時此心湛然常存此靜而主一也有事時心應此事更不雜以他事此動而主一也靜而主一卽中者天下之大本動而主一卽和者天下之達道若玩周子一者無欲之一程子涵養吾一之一朱子一者其心湛然只在這裏之一則知靜之主一其太極之境界與學者誠能盡取而融會精思其實體則庶乎得之矣○謹按二氏之說其於敬畏之義發明親切最宜潛玩

書敬齋箴解後

余於少時從遊函下受讀是箴愛其簡切恐或遺忘每於講罷輒錄其說庶幾末死有以從事惜其中廢老大無聞枯落窮廬恒切悲歎也今幸兒孫乃敢請學徒以言傳不能使知遂將舊錄逐節分疏又取元圖冠於篇首參互考證資其講習極知僭踰無所逃罪雖然其所輯錄者皆本師說與經解不敢有一字一義刱立者蓋欲兒孫因是訓詁窺闖其萬一也初非敢杜撰而自以爲箴解也嗟

爾兒孫毋忘遺敎以爲私覽而非其人勿傳也崇禎紀元十月朔朝愚妄謹書

號名使通諭文 丁卯亂時先生以參謀代製

嗚呼十年伺釁之賊豕突於今日龍灣安市高壘函矣府尹巡邊烈士殤矣關東諸藩已成望風之勢箕封以西方作豺虎之場旄倪何罪血濺鋒刃子女爲俘盡入陰山寇勢日深而人心日撓遷國圖存誠出廟謨之不得已也嗚呼倉皇海門 三宮播遷二百年宗社托在孤島之中京城波蕩士女魚肉誰無父母扶擕道路誰無夫婦逃竄岩谷俱悲傳癈全家世無處

求生言念國家之艱危稅駕何所今日國事蓋不待智士而痛哭矣嗚呼惟我東方地雖褊小而衣冠文物之盛禮樂敎化之懿稱譽小中華於天下者千百年于玆矣豈有一朝爲狂寇所蹙縮頭斂手一向隱伏置 君父於相忘之域哉氣數所關雖不能免而天之助順理必伸矣況我嶺南人才之府庫國家之根本 列聖之所培養先賢之所敎訓戶有節義之風家傳忠孝之俗義聲旣著於壬辰忠憤豈泯於今日朝廷所期待於本道者不淺鮮矣嗚呼當職本以無似竊位于朝久積輕浮之譏旣不能格 君匡時

以救危亡之禍又不能投筆請纓以效敵愾之忱獲罪於鄒魯諸君子固已久矣自知不足以激動人心號名義旅而受 命於危亂之際義不敢辭飮冰而南日夕焦煎唯不克效力是懼所恃者秉彝同得之天自我發之而諸公所學之得力正在此日耳嗚呼諸君子平日讀聖賢書所學何事當國勢贅旒之日若不能慷慨奮發忘身衛國但向草間求活則其於名義何若使鐵騎充斥八路糜爛則諸君子之身之家若妻若子果能獨保於乾淨天地乎義理如此利害如此捐生死國猶愈於束手就屠況以義不以力

終未必死者乎嗚呼若士大夫暨父老民庶 至尊泥露其忍聞乎 廟社蒙塵其忍視乎累 朝恩澤其忍忘乎冠裳左袵其忍恝乎當職陛辭之日 玉音琅然屬望於本道多士者不啻丁寧譬則父母在水火之中而望救於子也於此不灑淚投袂而起者則亦無復人理爲矣元冲甲一書生耳能以鄕兵大挫紅巾之賊師直爲壯寧有古今之殊也凡有血氣者各奮見義之勇且效同聲之應招集鄕里糾合徒衆協同官軍以竢規畫或遮絶嶺路或捍衛分朝倘有委靡退縮不肯應募者務加曉喩至再至三猶不

聽信則是甘心被髮而自入於後君之罪也大義所在自有常刑然本道寧有如是之人乎凡我同志之人咸聽用亶之誥戀 行在而揮涕有死之心齎爾衆而同仇所重在義宜審熊魚之取舍以破犬羊之心膽言所不陳開列于後各宜照詳施行故諭

呈監司文

伏以生等爲先師鄭先生營建院宇於先生舊居講道之基而役巨力綿勢將中止生等聚首咸嗟無以爲計何幸昨日幨帷暫駐許納士子開示誠款旣題三斛之租繼有鹽米之賜閣下尊賢愛士之誠出尋

常萬萬非生等隕首所能報而又有所懇仰干嚴威唐突之罪烏可免乎本州有屬公奴婢五六口此乃閤下之所嘗許也事關名教冀蒙聽施冒昧申稟惶悚實深

通尙州鄕校文 時适變

臣民不幸逆豎肆毒 廟社蒙塵 乘輿南幸當此之日凡我道內士民莫不忘身奮義思死國難耿耿血誠天日所鑑而監司閔聖徽至以本道觀望向背發兵勢難爲辭啓云噫雖在髦蠻蠢動之鄕尙不忍加此等語況嶺南乎平日忠國愛君以道義激勸者至此而掃地矣若隕淵谷心骨俱痛齊起纍白一日爲急第以弊邑距 日下稍遠道路之傳不得詳知想貴州不但監司久駐星使絡繹朝報不絶若聞搆誣之言必不容受倘其不虛幸示以同憤之義幸甚

通本邑諸學宮文

竊惟我先師考槃之所非武屹乎在後學仰止之地非武屹乎架插書籍奚但如李氏山房藏書杖屨宛然若武夷精舍淸芬可範遺躅可尋其爲有關於靑襟豈尋常齋舍之比乎第以地僻路窮生徒罕至守護之事任之緇髡上雨旁風禦不以時書舍滲漏齋

室傾頹藏修重地將未免廢棄寧不爲吾黨之所可悶念者也方勸起僧輩期以修理而燔瓦營繕工役甚繁決不可專委疲殘責其成就助力之擧在所罔已玆與入齋諸友分定各所願須僉尊依所錄備給俾免中止之患幸甚

通本邑鄕校文

武屹僻在窮谷生徒罕至不能有無於諸學舍之數而第惟先師冥棲巖壑畜德凝道巖名齋號寓意深遠遺馥宛然淸芬未沫滿架圖書兼以杖屨爲吾徒者其忍任其頹廢而不爲之致念耶谷邃峽束雲霧侵蒸或瓦或板俱不過數十年而壞漏今夏雨潦屋無乾處至於書冊亦未免沾濕居僧不堪其苦方謀改椽易瓦匠人糧價之出不啻量殺而山長地嫌勢乏容默不言生半生出入之餘不敢越視玆當各所首任暨僉士友入齋之日敢用通告願須惕念商議隨力顧助使藏修重地不至墜廢幸甚

呈地倅文

伏以民外曾祖白參軍墳墓在慶山地嫡嗣無傳樵火莫禁荒廢湮沒將不識處所民竊念外曾祖位雖未顯威名著聞爲一世稱道而身後寂寞至不能保

護丘壠追慕之懷寧有內外之間哉爲表墓道鐫刻數百字于片石置民常處之所者今垂二載而此去慶山百有餘里民實貧薄運致無路常恐情事未遂一朝溘然日夜焦思不知爲計伏惟城主臨莅一邑以孝爲理民何敢畏避僭越不爲陳達乎本邑境土至東安津頭而止境內則資籍親舊或可寸進而一渡東安便是他鄉絕無可仰又有峻嶺當前險阻傾側尤難用力誠得船載自東安津浮于洛江達于琴湖泝泊于泗水之前則前路平坦更無所礙矣目今江灘通濟揭厲利涉如沙門津船則盡日閒繫伏願

城主俯察切迫之悃特命沙門津卒二人曳船載石同力運去使瀕死老民得遂追遠之誠

藤庵先生文集卷之四

藤庵先生文集卷之五

附錄

崇禎處士藤庵裵公墓碣銘 并序

萬曆末穆從先人累官大嶺之南初識公於居陀客館公自守嚴取與正樂稱君子之風穆心敬之其後寒岡鄭先生歿相吊於加麻之列後相阻十餘年因南中士求見前賢遺籍時有上變者連累善類公以縲絏入京持五先生禮說授之曰吾死不負矣後數年穆避亂嶺外從長者益聞所不聞每過公以老德事之頃年聞公之喪哭於寢門之外其葬也爲之作

哀詞今遺有二孤旣三年喪畢將表其先君之墓問銘於穆穆以慕德之誠不讓論撰公善行表著者書諸石公少才識過人有文章累選公車不幸遭先將軍非命不復求擧歿命不出力作以養母有一弟幼孤公心愈苦病絶割指出血以救教訓以禮有過則涕泣而撻之學日就名聞南州此裵尙虎李章也陞太學無命早夭公哭之傷心益無意人事或薦其賢公不肯顧以沒其身早登鄭先生門受義理之學平生好善無窮亦耻人之惡未嘗一言假借峻潔如此親親仁愛推及疎遠一門皆勸教子弟嚴而有恩所重冠婚喪祭編刊鄭先生文集竪碑建院有功於斯文亦大矣晦迹之初築室武屹下從泉石以自老別號曰藤庵諱尙龍字子章姓裵氏星州人大父司宰監正諱德文考嶺南水軍節度使諱楔二世皆　贈戶曹參判妣貞夫人宋氏籍冶城忠順衞源之女公明萬曆二年我　宣祖七年甲戌十月六日生　孝宗六年乙未八月廿八日歿年八十二孺人居昌愼氏軍資監正仁恕之女貞淑溫仁先公廿三年癸酉七月初三歿年五十一合葬之墓在州西厚理洞有二男二女男世維世綿壻李惟銓金是燧皆士人公

旣歿其遺風餘教亦在子孫可觀銘曰

嗚呼懷寶遁世不見知而不悔確而和忠懇而不侉鄕人畏服尙有懿德大匡輔國崇祿大夫議政府右議政兼領　經筵春秋館觀象監事許穆撰仍篆

故處士藤庵裵公墓誌銘 并序

裵氏系出星州其最先而著者曰三韓壁上功臣諱位俊有諱晉孫判工部有諱絺水軍摠兵仕我　朝以淸白名於公爲七世祖曾王父諱綢參奉妣隴西李氏陶隱先生五世孫王父諱德文文科通訓司宰監正　贈嘉善大夫戶曹參判兼同知義禁府春秋

館事　世子左副賓客妣貞夫人善山白氏參軍巨
鰍之女參軍公膽勇聞一時遂稱白將軍公世有將
家風實自此云考諱楔折衝僉尚右水軍節度使
贈嘉善大夫戶曹參判兼同知義禁府事妣貞夫人
冶城宋氏左議政濂之六世孫忠順衛源之女以萬
曆甲戌十月六日生公公諱尚龍字子章自少時沈
凝厚重早績文攻藝累捷試圍中罹家禍不復爲擧
子業終身不出自號爲藤庵居士公既不得終事參
判公其奉養大夫人也愛敬備至大夫人之所欲爲
而事之無害於義者則必委曲承順若其滫瀡之供

可推而知也追寢疾而侍藥也終年不解帶嘗旲審
證無所不極既至大故終三年執禮不變士之稱行
誼者歸之公有弟進士公一人生六歲持喪疾不可
爲公斷指出血以全之懷抱撫摩如保嬰兒課讀習
敎不以愛弛時復相對涕泣曰遭天降割先君早世
吾又與世相違異日門戶之望唯在汝汝何放過爲
乎既授室公自管其生産不令與知蓋其意不欲以
家累關心而專意於學也進士公遂發憤力學知名
士友豈非人樂有賢父兄者耶不幸臥篤疾公至誠
憂勞每夜沐浴泣禱家廟請以身代其歿也自小斂

至于大斂比及葬靡不身親理之情文備具其友于
出於天性者然也曾王父參奉公墓道舊有徵文乃
公王父參判公自撰寫者也曾罹傷於兵火中公改
伐石臨刻舊文一畫不差誤祖若考兩世墓碣文公
皆自敍外曾祖墓若從父墓若外祖墓俱無嗣以主
者公恐久而不識也並營立短表且奉外祖母歸生
事死葬無憾屬獨次子以祀其於奉先之禮尤致謹焉
雖隆冬必澡浴齋心潔精祭需省先墓無道里遠近
每春秋必躬瞻掃至老而猶不廢焉鞠兩姪以其早
孤也眷愛加於已子疾病死亡必盡心力遇庶母羣

孼務得心無間言仲妹早寡無兒子依夫族公倡議
優給臧獲使得以資之其待諸姊妹皆此類也公早
登寒岡鄭先生門執爲弟子禮先生特仗之凡有事
屬公公又從吾先子遊出入兩門事之如一逮丁卯
冦亂吾先子膺號名義旅之　命公追隨戎幕參湲
軍政公於師門凡可以致力者無不殫竭其誠鄭先
生文集之刊也書院之設也神道碑之竪也公實多
所規畫焉公嘗以人鮮順天知命爲言疾革進藥物
公揮手不許其不動於死生之際而自守達見有如
此者公以生質之美而盡孝友之實則儘篤矣如待

族黨處鄉黨善行之可稱者皆無所推而其得於師
友觀感之間者亦豈少哉其局量類可以當大事其
識能類可以剸盤錯者而公自不求於世卒老於丘
園水石之間亦可謂之命歟公以乙未八月二十八
日終用明年丙申二月十七日葬于州治西厚理洞
巳向之原享年八十二孺人居昌愼氏軍資監正仁
恕之女判書仁道之七世孫縣監柳誠其外祖也溫
惠淑愼處兄弟娣姒睦如也先公歿享年五十一初
窆于公王考參判公兆右公葬遷祔焉男女各二人
男長曰世維娶參奉淸州郭以昌女次曰世綿娶生

員坡平尹英男女女一適士人李惟銓一適士人金
是燧內外孫男女若干人公既葬孤世維等以家狀
來泣且謂曰先君平日屬不肖等吾死而求銘必於
子今也罔極而先君棄諸孤謹以請焉噫此死生之
託也且公於吾外氏戚而親者豈可以蕪拙辭以負
公見許之志以傷孝子之心哉謹敘其世系行略如
右納之窆銘曰
裵氏爰初有德有位于後垂裕克世不墜乃有藤庵
實其賢嗣既碩既凝亦文亦史遭罹家禍杜門屛事
終身痛慕人苦其志孝奉偏堂奚啻甘旨天殛荐酷

哀禮自持弱弟嬰疾指血淋漓誰無兄弟友愛因心
相彼先山珉碣森森奉祭誠慤至老彌篤恩施無斁
姊妹若孼早就有道寒岡大老亦復師事于我先子
幾年坐春薰襲身親師門致誠無憾平生病揮眼眩
達去如斯其畜既厚將若以爲其窮不贏吾爲之悲
厚理洞原有崇四尺欒欒孝子泣請先託我按其狀
用爲銘章匪媚于辭實闡幽光月日通政大夫前成
均館大司成張應一謹誌

處士藤庵裵公行錄

公諱尚龍字子章星州本貫也三韓壁上功臣諱位

俊之後入我 朝有諱絺爲水軍摠兵以淸白名於
公爲七世祖高祖諱孟成妣仁州李氏曾祖諱緝參
奉妣隴西李氏陶隱先生五世孫祖諱德文通訓大
夫司宰監正 贈嘉善大夫戶曹參判兼同知義禁
府春秋館事 世子左副賓客司宰公受業于七峯
金先生希參之門號書巖才德日就聲名藉甚癸丑
登文科內踐地部郞漢城庶尹外補彥陽盈德蔚山
古阜壬辰之亂本州赤山寺僧贊熙交通倭奴引入
州城公率家僮數十擊斬之時招諭使報聞 行在
所 宣廟教諭本道士民 旨曰聞提督裵德文又

殺賊僧贊熙云予信本道忠義在今日猶未艾也事載州志妣善山白氏世稱白將軍參軍巨鰍之女考諱楔折衝將軍慶尙右道水軍節度使　贈嘉善大夫戶曹參判兼同知義禁府事節度公英毅明秀投筆登癸卯虎榜再調邊堡皆有聲績壬辰之亂從防禦使趙儆南征倭賊儆敗倡率鄉兵衝冒鋒刃奇功冠一時招諭使金誠一以公爲假將公領兵鎭于扶桑以遏截往來之賊星州屯倭與開寧屯倭約爲七夕會繞到洞口揭竿大呼諸賊背走公鳴弓趕逐十里平郊僵屍相枕倭將黑甸句帶箭墜馬之際見灑

金尾扇飄落取而視之則題一絶于扇面云夢裏分明歸故鄉雙親迎我問扶桑可憐七月初三夜竹露眞珠月似玆其敗死扶桑之兆見於此詩矣事載州志乙未陞本道右水使俄徙善山築金烏城丁酉復拜水使士卒相慶(所獲倭將之寶釰傳于本孫家)妣冶城宋氏忠順衛源之女左議政瀁六世孫從夫職封貞夫人

公以萬曆甲戌十月六日生于道邨外家乙未八月二十八日考終于桑梓故里享年八十二丙申二月十七日葬于州西亭理谷巳向之原

公天資厚重至性純美自幼已有異衆之行及長孝友彌篤且局量弘廣儀表方嚴凝然有法度

公志氣遠大才識過人學業早成詞藻高潔妙年累中發解人皆以大有爲期之己亥遭家禍絶意榮進秘迹丘園自號藤庵居士終身不出以成其志

奉母貞夫人務盡愛敬雖窮居草野甘旨之養不讓專城恐一事或傷其志事之無害於義者必委曲順從一以無違爲念

母貞夫人患宿疾公經年侍湯衣不解帶嘗矢甜苦察病歇劇至於叩地之日已迫遲暮之年而理喪持服一遵禮制血泣三年未嘗少懈

奉先之禮尤致誠謹雖在隆冬必裸身浴灌著明衣終日端坐不以他事交於心目祭需之供親自省視以致精潔先世墳塋不計道里之遠近每歲春秋躬行瞻掃七旬之後猶不廢焉

外祖宋府君無嗣早歿公奉外祖母朴氏養于家生事死葬愛敬備至別設祠廟以奉祀事因屬次子世綿以爲永世不墜之計

曾祖參奉公墓道徵文乃王考參判公自製自書而破折於兵火中埋置墓側幾累十年公改備新石即刻舊文一字一畫少不差誤父祖兩世墓碣文皆親

述焉外曾祖白參軍墓山在於慶山外祖宋府君墓山在於柰谷從父處士府君墓山在於金山而俱無似續公恐久而湮沒竭盡心力並立墓表

弟進士公生六歲遭天喪執喪之節一以公爲則感傷榮衞疾病危苦公斷指出血以續垂絶之命

公愛進士公出於至情食必同案寢必共被撫摩煦濡如保嬰兒尤勤於教誨或闕課程則嚴加警責小不假貸旣施鞭扑之後又憐其痛楚必相對涕泣

進士公少時氣宇豪邁怠於肄業公嘗垂涕而言曰遭家不造先君早世吾又與世相違門戶之望唯在

於汝而汝今放過吾將何恃進士公遂發憤力學竟至成就進士公有室之後凡干產業公躬自管攝使進士公不得與知而專意于學

進士公登司馬榜到門之日公欲依父母生存例別給田民而祖業尠貴特以妻邊來奴一口給之

進士公得終身之疾沈綿累歲漸至危域公食不咽寢不貼席奔走醫藥之外未嘗少離其傍每夜雞鳴沐浴入家廟泣禱于考妣神位前請以身代及其歿也哀慟過度治喪營葬情文俱備

孺人愼氏貞淑溫仁事姑承祀一遵婦道公深敬重之未嘗以疾言遽色加之而其於待進士之際或有一事不如意則以正色峻辭自咎自責孺人盡心承順遇進士過於公待其娣如同氣

公之子二人進士公之子亦二人公以兩子兩姪鞠於膝下而以其幼孤尤加鍾愛對食則置之坐側當寢則懷之左右得一美味必先兩姪而次及其子恩遽之際亦不少變

長姪世安沈疾彌年公衰老之年攜往醫家躬執藥物竭誠救療

公有二庶母二庶弟三庶叔一以誠意待之雖諸母

羣孽出入家內一家安和少無違言

公親愛姊妹諸兄至誠無間敎養諸甥無異己出恤窮賙急常若不及

仲妹早寡無子託於夫族公尤不勝悲戀通議一家優給臧獲俾得爲生死依賴之地

待內外族屬不論親疎唯務敦睦在先行則尊敬之爲弟姪則愛恤之救其窮乏濟其阨難其有才氣稍優者則必置之牀下訓誨不倦

公早歲納贄寒岡鄭先生門服膺義理之訓克盡事一之道先生深加器重凡有事必屬之於公先生易

嘗後又遊旅軒張先生門以事先師之禮事之尚德
之誠終始如一
公尋常言語間必稱道兩先生使子弟有所矜式至
於祭祀之儀婚喪之禮皆倣而行之
公拳拳一念常在衛道凡所以爲斯文致力者無不
曲盡其誠鄭先生遺集之刊道碑之竪皆從公手中
出
壬戌公與院長崔恒慶進士李爵生員李天封及地
主康復誠刱建祠宇于百梅園乃先生平日講道之
址也時當晦昧士氣摧折而公確然不爲動躬自董

役至六年丁卯始克揭虔焉堂室門廡井井有序垣
牆階級矗矗不錯凡片石一磚無非公點撿指揮云
武屹乃先生冥棲考槃之所公爲山長齋室傾頹則
稍廣舊制而增築焉書舍滲漏則通于士林而重修
焉至於一草一木無非公栽培沾溉云
公杜門屛事若將無意於世而國有變亂則不勝桼
室之憂或驅馳戎馬贊畫機宜或倡義鼓勇激勵士
氣親上死長之志前後不衰
甲子适變監司閔聖徽以本道觀望向背發兵勢難
密啓公移檄道內諭以聲罪籲 闕之義遠近聞之

莫不同憤剋期齊會商山以抗章刷恥回答 命公追陪
丁卯寇亂時旅軒先生膺號召義旅之
幕下參決軍政代製通諭文
丙子亂初前承旨李彦英推公爲州義將公倡勵鄉
士糾合義旅兵糧器械幾至就緒會有媢嫉者沮焉
公棄之將竄入伽倻俄應軍書催名卽赴元帥幕府
時沈監司演留鎭于境上以公爲謀主共議戎政其
後公輓李知禮坱詩曰談兵戎幕聽危論曹使君挺
融哭公詩曰聞喜軍中獲拜公皆言其會同嶺底時
事也

辛未年中公遭搆揑之變被逮多賴廷臣仰理蒙釋
崔監司睍亦同時就拿許蒼叟穆撰公墓碣文時有
上變者連累善類公以縲絏入京是也
公之一時其先輩則有徐樂齋宋後邨潛溪薰陶之
力居多故一生尊慕亞於函丈其儕輩則如李石潭
李德耀李叔發朴子龍李誠伯諸公皆道義交也
趙澗松任道以儒雅稱公晚契於旅軒門下託爲知
己友尺牘來往多有推重其取善如此
許和父穆早負重名公遇於客館知其遠到器授以
圖書期待不淺其藻鑑如此

庚戌聞朝廷有先將軍伸冤之議卽赴京洛祇受贈牒

公於西厓完平兩相公均被覆盆之澤含恩感德沒齒親戴

公於交際之間取必以端接必以禮有所謀議則倒廩傾囷誠心開導有所顧護則不辭劇易極力周旋信義昭著款厚兼至一門儕輩莫不愛悅傾嚮託以心期遠方賢士亦皆聞風而樂與之爲友

其在鄕黨謙以處己誠以待人溫醇之德溢於色辭未嘗有一毫表襮之心人無老幼貴賤率皆輸心慕

望而亦有不惡而嚴底氣像故娼嫉者時或有之

每遇親舊喪必爲文以祭之致賻以助之聞人凶訃雖非相厚之間如有一面之分則悼惜行素到老猶然

公居家寬而且嚴敎子弟必以軌儀御奴隷並施恩威內外上下咸得其宜

自遭蓼莪之痛愈不喜紛華凡所服用皆尙朴素奢麗之物未嘗近身

公自守堅貞不以毁譽之自外至者有所動其中凡遇阨窮患難以理自遣

公識慮深遠料事過人且臨事果決不疑

公旣以生質之美又有踐履之篤平生云爲率循道義

公酷好書籍架插萬軸靜坐一室手不停披知古今事蹟甚詳悉焉且性癖山水築室溪上泉石自娛常往來徜徉於立巖武屹之間想像先生遺風若遇佳賓韻士則躡芒扶藜攜手而行跌宕嘯傲樂而忘歸

公遺戒以銘旌只書居士勿以郞階加諸及終依命弔者悅服

公嘗以順天知命爲言足疾革子弟請進藥餌則揮手

不許蓋自知天命之已定而安於順受也

銓曹因一鄕薦聞注擬累次末年蔭補宣敎郞

公平日所著詩若文與師友間往復書札藏置亂槖中

孺人居昌愼氏行通訓大夫軍資監正仁恕之女判書仁道七世孫縣監柳誠其外祖也淑愼之德克合其配入門之日一家相慶先公二十三年而歿享年五十一初窆于王考參判公兆右公之葬也遷祔焉男女各二人男長世維娶參奉清州郭以昌之女次世綿娶生員坡平尹英男之女女一適士人李惟銓

一適士人金是燧皆有子女略述世系言行如右以竢夫立言之君子云丁酉三月日甥姪進士凝川朴震蕎謹狀

藤庵先生文集卷之五

藤庵先生文集卷之六

附錄

祭文　　川谷院生朴震耉

嗚呼鄕運不幸斯文長老零落已盡惟我尊靈頎然獨存年彌高德彌邵爲一鄕蓍龜爲士林準的鄕風有所賴而不偸學者有所恃而不迷人莫不瞻慕愛悅以祈其眉壽無疆今又不幸天莫之遺已矣此世無復有宿德耉儒鄕人將何所依仰而後生於何所考德耶遠邇聞之莫不曰哲人其萎鄕黨悲之亦惟曰士失良師齎咨焉涕洟焉感懷百身之願鄕先生

沒而可祭於社其不在我公耶謹替多士之誠用伸蕉黃之薦不昧如存庶幾歆格嗚呼哀哉

又　　檜淵院生呂孝曾

嗚呼世間有有子女有官爵而無壽耉者有有子女有壽耉而無官爵者有有壽耉有官爵而無子女者三者不可得兼壽耉爲上子女次之官爵又次之公則有子女有壽耉而無官爵官爵何與於公哉嗚呼公自妙齡有出天之資超常之器將承先業而大其門不幸遭家酷禍坐不西向空抛遠大之志甘同草木之腐其視忘廉隅喪心德汨汨名利中者爲如何

哉元季之二難齊聲姜肱之一衾同樂休休焉坦坦焉未嘗須臾一離以至疾病之際斷指以療之其足於聽聞此非處家友于之篤乎昔在我先師門執經而趍左右者幾人公特爲所愛悅凡所指爲區畫皆屬之於公其見重於儕流蓋不足以論也嗚呼琴臺之暮雲傷心鴒原之隻影疚懷而待孀嫂得其歡愛猶子明其敎使兩家無間言是良難也嗚呼八袠之年非不足矣而大憂一驚彭殤同歸溪山無主鄕黨蕭條卽遠在明夏拜何年痛哉痛哉公之長此院費心力最於諸丈亦可見不忘先師於愈久之意今其

已矣奈何乎公敬奠單盃冀歆卑誠

又葬時　　侍小生光山李斗樞

維乙未八月己酉藤庵先生喪公以疾終于正寢越明年二月丙寅葬于厚理谷巳向之原發引前一日侍小生光山李斗樞病不能自詣使弟斗南含哀致誠敬薦菲薄于靈筵之下再拜而哭曰嗚呼惟公忠厚之質溫醇之德愷悌之資孝友之行不多讓乎古人信寡儔於今世早登龍門滋益其德性晚築藤庵涵養乎義理抱偉元之淚痛絶榮華於心上永謝名繮考槃在阿學力深造年德俱邵後學仰庇斯文有

一一二

賴云胡不淑一夢長辭士林失其依歸鄕黨喪其蓍龜有定命耶自闕數耶吾欲問神神何茫茫吾欲詰天天但蒼蒼嗚呼念我王父爰曁先生金蘭之契膠桼之情泗陽昔年薰陶焉同之樑推當日出處焉共之其所以陶陶焉款款焉切切焉偲偲焉者實非末路之心期何待後生之容議不天孤露奄遭愍凶公常念我眷愛愈篤時垂尺牘勉以從制賴公指敎送終無憾感德之忱此生可已嗚呼先祖視公骨肉情均小子仰公怙恃義同公以不忘乎先祖者移愛於我我以追慕乎先祖者致敬於公有時承晤如見祖

父第於年來憂患縱橫喫痘縮伏與世相忘方公之病也旣未能奔走而診候及公之喪也又不得匍匐而往哭自訟慚疚我卽匪人環顧分義罪安可逃嗚呼人生一死如晝必夜畢竟同歸脩短一致悠悠宇宙此理難誣生而聞道死而得正公歸卽安我又何悲靈辰不留象設將撤而適有採薪之憂又負臨穴之痛一酌之奠尚倩迷弟千古之訣只憑荒辭生也有涯慟矣曷極薦雖代手哭不借聲靈如不昧庶賜降格嗚呼哀哉

又　　侍敎生宋世弼

恭惟河嶽孕精篤生先生器局峻整襟量淵冲早承庭訓文行夙著及登師門優蒙許與誠深立雪志篤承風資禀旣純德造愈崇孝思出天友愛由衷泣廢蓼莪歌樂常棣終身隱淪夫豈忘世至情分痛感應瘳疾平生懿行孰不心服尊師悃愊至老彌篤斷堅貞珉編刋文集衣鉢有托吾道益彰鄕閭矜式士林推仰云胡不淑遽至於斯全而歸之公實奚悲嗚呼曰余後生晚襲春風叨奉誨諭竊幸顓蒙亂離將覓迷不知方指敎避地許同死生偏蒙眷恤戴德何忘去歲初夏祗謁寓棲笑語怡愉神氣和舒逍遙溪曲

竟夕陪晤那知數月奄成千古儀形永隔後期何緣潛思至此五內如煎日月有時卽遠在明來陳薄具詎盡哀情靈其顧我歆此微誠

又　　戚從弟宋暹

嗚呼惟公淚灑樹枯偉元至行連被共枕姜氏此令三韓國士兩賢門人善慶雙珠仁壽八旬宏才偉器允矣國楨金璞留礦奈何蒼生念我及門今五十禩親爲拜從恩若怙恃程纔百里趁未翩翩每於拜辭惜別悁悁愷悌神勞謂享期頤忽騎箕尾小子疇依徽原一坏埋却人豪風月無主伽倻寂寥言雖有盡

情不可極單盃痛哭萬古永訣嗚呼哀哉

又　侍敎生李爾銓

嗚呼昔我先君取友必端一世交遊固非一二而至於至誠相愛要以信義相規者惟我先生而已居相近年相似槐市之遊山堂之棲自少日已然而旋又依歸函門共袯提撕之敎齊聲而對聯袂而進進退折旋於函丈之間而未嘗須臾暫離者殆二十餘年矣於其時也又有如石潭之剛毅德耀之謹厚白川之溫雅槎翁之端正皆一時道義之交也偲偲焉切切焉永擬此樂無窮期矣庚申易簀之後先君暨諸

丈老相繼下世惟先生年彌高德彌邵斯文有所賴而不墜學者有所恃而不迷今又不幸哲人其萎追惟往事已成陳迹痛矣痛矣奈何乎天嗚呼先生家世吾星望族世有偉人盛德毓慶式至先生資稟超常氣宇嚴毅有傑魁不羈之志器局宏深抱君民經世之策操守堅確富貴不淫識慮深遠人莫窺測闊步長趍悠然自得以余觀之實近代所未有之人豪也遭罹家禍痛切蓼莪奉侍慈闈養順其旨至於葬祭一遵古禮又有一弟稚年疾劇幾至難救之域公斷指和藥而以療之雖至有其室有其子而同居共

閨庭無間言撫養諸侄恩義兩盡此非先生孝友之實德而人所難及者耶噫人孰無父母而盡孝思之道者有幾人哉人孰無兄弟而盡友于之情者亦幾人哉雖於世間或有其人而假名蔑實厚誣人目則非所謂孝友也公則孝於親而盡其實友於弟而盡其實一事一行無非發於眞情之極故親戚稱之曰孝友鄉黨稱之曰孝友以至於遠邇親疎貴賤而無二辭行著郡志矜式來世則先生之有補於世敎者吁其至矣嗚呼以先生之宏才碩德有何事不可做了而縮手袖裏舟藏空谷斯豈非關時運之衰否乎

絶意名利棲身窮谷優遊徜徉惟意卷舒採山釣水忘世味於平生左圖右書尋古人之遺跡踐履篤實自多深造之妙窮不離道可見益堅之節聞之者起慕對之者縮頸高風隱德聳動一世斯文倚重士林推仰夫如是則豈可以一時之窮較得失於先生哉嗚呼公之享於世八十有二年而精神益爽氣力愈健意謂神明扶持壽耉無疆而吾黨不淑天不慭遺世失良師南無耆英瞻聆所及孰不霑襟人生百年誰得無死死生一致消長一理則全而歸之在公何憾第惟先師門下今已盡矣先君同志亦已盡矣先

師道德之懿其孰從而聞之小子追感之懷其孰從
而訢之斯文有事於何稟焉後學有疑於何質焉爲
公爲私懷痛曷極尤可慟者昔在庚午先君携余不
肖托置門下者豈但爲文詞之末而已哉蓋欲襲餘
光而變氣質也先生耳提之勤面命之眷無異已出
而才旣魯莽終未遵飭背汗面靦瞿然實潑第中年
以後汩於塵冗未得以先生視小子之意事先生每
負負師之重罪自恨酬恩之無路有時拜謁未嘗不
感愧而戰兢也況公之病也未承開衾之敎遲遲一
哭亦在啓殯之後雖緣六朔危疾不能自力而此豈

小子之所忍爲者乎言念及此節節慙痛將何辭說
以達遡前靈如有知幸垂矜恕嗚呼哀哉

又　甥侄朴震耉

嗚呼天之生我舅氏豈偶然哉鍾之以純剛正直之
氣畀之以豪邁英特之質材可以擔當世務文足以
賁飾治道天之生我舅氏其非有期於下土也耶天
乎天乎生我舅氏旣不偶爾則何不厚其福遐其祿
俾得展布其所學而懷奇蘊寶終不能有爲於斯世
耶所謂天者誠難明而所謂理者不可推矣然而古
人有云太上立德其次立功其次立名蓋謂仕宦而

立功名不如修身而著其德也惟我舅氏生於匠石
之園長於鄒魯之鄉耳目之所濡染無非義理之學
心肯之所佩服惟是詩禮之訓謂百行莫先於孝而
息孝之心一如孺子知有親不知有身而蓼莪之痛
老而彌篤絶意榮進秘跡丘園終身永慕竆餓不悔
奉侍萱闈就養無方生事葬祭必誠必信而自先世
以至於傍親墳墓之在於遠邇者竭盡心力旣爲之
省掃又爲之封表使不至泯沒其誠孝之出天有如
是者矣撫摩同氣曰心則友憂其疾病也則寸膚不
惜而救療之恍不啻分痛冀其成立也則期以斯征

而誨諭之勤過於嚴父入必對案而共被出必連駕
而比軒有憂同憂有喜同喜不足以喻其情而追其
棣枯沒齒疚懷鞠育諸孤有逾己出其友愛之隆深
有如是者矣以觀其陰師則摳衣當日克盡事一之
誠築場以來益功羹牆之慕竪碑裒集使道德得以
顯揚建院揭虔使後學有所依歸其有功於斯文大
矣以言其親友則服先聖輔仁之辭而取必以端法
晏子善交之道而接必以禮有所謀議則倒廩傾囷
誠心開導有所顧護則不辭劇易極力周旋高風厚
義能使人感發而興起其有關於風教偉矣而待衆

人寛而有容敎子弟嚴而有度處於鄕而一鄕愛敬
在於家而一家肅雍此乃舅氏德行之大畧而余小
子學焉而未能者也舅氏旣有此懿德又有此善行
名聲彰徹而大行登於薦書載於郡誌其將百世不
磨而爲後人所矜式雖不策名當世建功一時而其
所樹立亦已盛矣豈可以舅氏之不得其位謂舅氏
無所成就而謂皇天無所報施也哉此小子之所以
自慰於深悲大慽之中而一念痛切尤有所不能自
已者尊靈其知也耶嗚呼昔我先君授室以戊子之
年維時先君二十有三歲而舅氏十有五歲矣年以

之相近志以之相孚出入鄕閭必與之偕焉翺翔藝
苑必與之共焉相得之樂相好之情自少日已然而
以其相從於患難之中情義之篤愈出於尋常萬萬
暫時相阻不堪離思小車匹馬往來翩翩若遇春風
佳節秋月良辰則或山而樵或水而漁優哉遊哉其
樂陶陶相期百年永以爲好不幸先君先已下世良
晤未接八年于玆而舅氏遐逝今又六月若使幽明
之間亦有相從之理則想已追隨於冥漠之中而續
舊日不盡之餘歡春到南園新艾已抽角鷹樽酒會
於何地鄎山之下歟伽水之邊歟疇昔之日小子未

嘗不陪遊今也何不命之以所之耶皇皇焉望望焉
如癡如狂此懷何極况余小子最被憐愛恤我孤苦
而撫之如赤子念我飢寒而賙之若不及外有舅甥
之名內結父子之恩未嘗有有所爲而不以問不肖
亦未有有所懷而不以語無似眷戀之情愈往愈深
今余小子之移家新卜實由於舅氏所命蓋欲所居
稍近以得源源之見也所當體念至意仰副其萬一
而惟其昏庸之習旣不能自克偷惰之病又痼而畱
之至未得朝夕在傍以貽愚望之切企待之苦小子
誠薄之罪已不爲淺淺而至於易簀之日遭罹意外

之患未承開衾之敎小子罔極之痛固不可忍言而
舅氏不昧之靈應亦茹恨而飮泣矣天其使歟地其
致歟抱此深痛誰詰誰訴一聲長痛五內如割尊靈
其亦領我之誠而有以來格也哉嗚呼哀哉

又　　女壻李惟銓

嗚呼惟公與我先君年相近道相似志相符而依歸
岡門趣向旣同一水上下所居又邇出則並轡坐則
聯榻有事相議有懷必陳塤篪之和膠桼之密猶不
足以喩其相得之樂也小子之趍隅感悅其何可紀
極哉竟醮不肖又結姻婭之好于時兩家鴈行俱存

一一六

追隨文園翺翔藝苑到今追想亦云盛事而豈料彼蒼不吊于賢以公友愛之篤奄遭鴒原之痛乎公能寬抑以保餘齡克畢子侄之婚媾竟致家業之不墜公之濟艱之才扶持之功其非凡人所難及者耶嗚呼粤在丁丑先君下世不肖無狀有何經事而惟公盡心敎導極力救恤葬之以禮俾無遺憾固知公之於先君情義旣孚幽明無間而爲人子者之含恩感激當如何哉仰公如星斗恃公如慈父有急何慮有難何懼將擬永侍函丈此樂無窮矣天不慭遺公又棄余而歸罕獨餘生叓將疇托噫公於疾劇之際子

弟之請試藥餌者乃是罔極之至情而公揮手退却視死如歸豈非知天命之已定悟死生之有數而厭此世之溷濁潔余身而長往者乎公則生而順也死而安也我又何悲第惟宿德老儒零落盡矣後生末學於何考德而質疑焉靜言思之我懷靡極嗚呼昔我老先生門下惟公特爲所愛悅山頹之後益切追慕凡所以律己而行事無非所受於先生者至於訓子弟奬後學又必以聞見於先生者傳說而誨諭之雖以小子之不敏亦且熟聞而慣聽有若親炙而薰陶今其已矣奈何乎天嗚呼公之資禀之超倫孝友之出天學行之醇篤文章之高潔尊師之深誠尙德之至意持身之凝重治家之嚴毅待人之款款處鄕之恂恂走卒皆知遠邇咸稱名登薦書行載郡志非如我旣親且厚者之所當言也我何必縷縷乎存亾殊制卽遠在明單盃永訣五內如劉靈如不昧庶賜歆格嗚呼哀哉

又 大祥時　　侍生裵紹華

嗚呼惟我先生詩禮有傳孝友出天兮和氣藹然兼之以方剛早從函文執經而受業兮得聞大道之方投之所向無不可濟兮感歎器局之恢廓然其志不

求聞達惟恐入山之不深兮每歎時事之艱危左右經傳對越千古之聖賢兮自專田園之逸樂優遊婆娑蘭在谷而已播香息交絶遊關戶忘言兮元亮之五柳三徑留賓待月承露迎風兮邵子之一身四事閒中日月別區天地春花成錦秋魚正肥兮有時匹馬溪山豪興自發開心見誠待人接物兮鄕黨皆服如吾小子早歲登門兮恰陪座上春風旣勉之以爲學工程又展之以吾道竆通余生也後縱未及於寒岡大先生之門兮遺風餘旨幸余承於公之諄諄之中蕭寺良夜之燈下西溪皓月之罇前兮幾陪歡於

一筵南來故園樂在先拜于先生兮將謂百年永保
此樂豈料斯文之不幸乃在乙未之八月亂氏遽傳
輓幅兮始承凶音悵悵失吾賢師兮南望慟泣裂我
心第余淚寓太白山中兮廢却人事者四年于茲今
來一哭幸及再朞昔時承誨之堂上忍見素帷之凄
其嗚呼奠一盃而傴僂復演詞而長辭仰惟公之高
義處今世而誰同志經綸而未施甘隱淪而長終心
無愧於俯仰操益確於困窮豈無由而乃著敎夙承
於儒宗嗟吾黨之不淑抱此日之淚恫顧於何而依
歸徒有怨於蒼穹披余情而痛哭對蕭瑟之秋風嗚

呼哀哉

又 侍生李綸

嗚呼惟我先生屹然挺生于將門兮早薰陶於先哲
平生制行以孝友兮至老而彌篤肆先子之所畏兮
分義不啻乎膠桼伊不肖景慕而愛悅兮時往拜乎
軒屛岑巾欣然而延接兮惜易頹之西陽披悃愊而
誨諭兮謂來訪之頻頻逮舊居之離析兮結幽榭於
洛濱致地步之脩遠兮歎時月之荏苒恃精力之康
健兮謂享百之惟懃何吾黨之不淑兮南極晦而奄
忽疾病世故之纏身兮恨未伸微悃於執紼遲遲一
哭至於再朞兮淚迸泉而悲塡臆荒辭蕪文以情難
盡兮冀不昧之來格嗚呼哀哉

又 侍教生宋時哲

嗚呼惟公壽至頤期則非不永矣蘭玉蒲堂則非不
足矣而人之所以望之者我之所以惜之者豈但爲
是而止哉公禀江河之德量又多才而多藝正合一
代之公輔其於從政乎何有而惟公之心則不然甘
心遯世長往不顧公之所以自居者必有意於其間
則其義正其事美世之人孰不高公之行義也哉第
以超倫之器局間世之人豪虛抛在山之棟樑終與

凡卉而同朽此小子之咨歎焉慨惜焉志士之搤擘
而鼓望而嘖嘖不容已者矣嗚呼公之休休之量款
款之誠孝友之行敦睦之義其可得以復見於斯世
也耶念余小生世居于伽川卜鄰于仁里自先代而
相厚至于今而不替或承淸誨於竹塢松軒或陪杖
屨於佳山勝水出入于門下者殆三十年于玆則分
義之淚情好之至豈襄世下泛然之比哉三霜已迫
一奠始伸事雖相掣罪安可逃不昧如存庶幾降格
嗚呼哀哉

又 侍教生宋時綱

嗚呼難諶者天莫究者理也天旣賦公以沈毅碩大之德則人皆以致用期之天又稟公以奇傑超越之才則人皆以遠大望之而竟至虛抛在山之棟樑天之所以生公者有何意耶人之所以廢公者亦何意耶其豊於公嗇於公之理吾欲詰於天而不可得焉則抑有人事之存乎其間者歟文能鉛槧可拾靑紫而灰心場屋眇視浮榮藝能從政庶致爵位而跡謝朝市長往不顧藏蹤於泉石之間俯仰於衰世之下永矢漁樵自以爲樂混跡下流不以爲卑甘與草木而同腐者乃吾公深意之所在則吾何敢開喙於今

日也哉然則天之生公於斯世者將以爲用而公不爲用公之廢置於草莽者世不棄公而公乃棄世也公之所以自處者盡矣而人之所以慨惜者爲如何耶昔我王父愛公行義之超常惜公抱才而沈屈許以襟期余時幼少雖不及聞知而惟公在世之日亹亹乎稱道則惠好之義從可想矣世世敦睦有交莫逆顧我小生夤緣出入于門下者殆三十餘載覸公之行審公之事則尤有以大警於斯世者友愛之隆人莫敢間尊賢之誠衆所共推至於處事要當其理而遊刃恢恢待人必去毛皮而情義款款人或言人過惡則必揮手而止之論人長短則必掉首而不聽此乃公志行之大畧而小子之所以傾心尊慕恃之以無憂倚之以不懼以爲平生依歸之地者也及我東渡雖不得源源執事於軒屛之下而有時展拜歲或一造則顚倒歡迎笑語雍容退辭之際惜別悁悁餘生斯世夏叨如我公之盛眷也哉況公之病也未承啓余之敎及公之葬也又未伸執紼之願單盃之奠始伸於再朞之辰不誠不忠孰有如小子者乎情不極而言有盡嗚呼哀哉

又　　戚下侍敎生宋世彬

嗚呼公有蓍龜之智而處之若愚公有河漢之辯而守之若訥胷有雲夢之富而不以自多文有驚世之華而不易其出固非如吾末學所可窺測而薰芟襲輝受知最深玆抽寸情文以告哀嗚呼惟公妙齡文苑擅步騰譽德宇寬洪識量閎廓天之生公實非偶然而斂跡韜光終老林泉似有深意於其間則敘述至行流詔來代者世必有其人何待小子之評品哉嗚呼公之友愛出於天賦李氏進士公弱年罹疾幾至不救公刃指出血幾死回甦導迪不倦期以立揚產業是同而俾不至窮窘之旣翕之樂終始彌篤則其

於孔懷之道可謂無媿而實倍於古人數等也撫養兩侄加於己子一置膝下敎誨勤至不知者不知某爲親子而某爲猶子也惟其如是故雖平日不悅者至於公之制行之高斷無異辭矣至於摳衣㒺門早得依歸先生奬許門徒推重先生在世之時不懈立雪之誠先生易簀之後益切羹墻之慕營建院宇乃公之力梓傳文稿亦公之謀則其於事一之誠可謂無憾而足爲後學之矜式也若乃接人之際誠意款款處事之時游刃恢恢綜錯肯綮判然於善惡之幾不動聲色怡然於毁譽之至千頃之量人莫窺測一

團之和人皆敬服故上自公卿下至韋布雖不識其面目而至於論人長處則咸曰星山裵某何令人景慕至於此也俯念衰世誠不易得而仰觀上古亦罕其匹則小子今日之恫豈但爲私鳴呼小子出入門下三十年於玆矣兩世受恩不啻丘山而所居稍間承拜稀濶時或展謁而忽去怱來每於辭退之際常有依黯之色我自年前舊疾還作一任沉痼死亾無日公累致伻書辭意懇倒心非木石寧不掩泣姑竢病間速圖承顔而那知別世之音遽承於垂死中也恃公如喬岳仰公如星斗凡有疾病死喪必訴於公

今其已矣小子安傚興言及此五內如割積年濱死精神昏憒把管兗澁辭不達意不昧尊靈亦念此否上以爲斯文慟而下以爲哭吾私鳴呼哀哉

又　侍生李元禎

鳴呼公病而我未候公窆而我不臨幽明之間負愧良多寒暑仮遷再朞忽迫而一酌之奠尚不得躬薦未知尊靈垂恕而肯歆耶鳴呼平生蓼莪之痛半世荆華之樂出於孝友之天賦而亦衆人之所共服則形容盛德以圖不朽者世必有其人何待小子之蕪詞哉惟其周詳經遠之智宏厚鎭物之量溥通不器

之才堅確難奪之操宜若有爲於世而遭家不造卒無所施則旣生之又廢之者是誠何心哉此實天道之不可知而人不能無憾者也鳴呼嶷嶷莊重之容恢恢坦蕩之度怡怡和悅之色款款接人之誠其可得以復見之耶公與王父妙歲投分周旋泗水共襄座間之風追隨鄉井相照歲寒之襟推硏契義施及先君交游父子之間不啻骨肉之情不肖險釁早遘大殃公所以矜恤余敎誨余蓋無所不用其極而我實無以念恩負義洛水容舠旣不能源源船造塵冗多掣又不能頻頻書候頃歲踵門實在久離之餘謂

我來遲苦道江渭之戀晤語終宵離懷猶惡孰謂此別奄成千古之訣耶嗚呼鄉黨老舊今也則無疑無所質固後宛之均痛過無我規卽小子之偏傷安得不爲潸慽也耶奠雖代手哭不借於人聲靈如有知庶昭格於心香嗚呼哀哉

又　甥侄金是瑩

嗚呼惟我舅氏平生不以甥爲無似敎導愛惜終始猶子而小子之事之不得猶父疾病之際旣不得侍湯永窆之日亦不能臨穴雖緣衰經之在身痘疾之爲阻而莫非小子誠薄之致也竟天之恨曷有其窮

於乎痛哉我舅氏孝友敦睦之行忠信謹厚之德在人耳目遠邇咸服則不必小子之縷縷稱道尊敬之地亦不敢加以形容而小子罔極情私豈不畧陳號籲於几筵將撤之日乎昔我先君早失怙恃零丁孤苦煢煢靡托幸賴舅氏友于之義住家一洞和樂是同小子生於外家長於外家偏被諸舅拊養之恩則小子之於舅氏豈若他人之爲舅甥間而已哉顧恤之恩依賴之情無異於父子之間也不幸中年慘遭喪慽則追思到今尚忍言哉惟幸舅氏與吾先妣壽考在世而友愛之情至老彌篤源源相對暮年不怠此實小子之一大幸也小子罪逆深重禍延先妣皇皇望望惟舅氏是仰先妣之掩土未乾公又遽至於斯豈意天不悔禍一至於此俾余小子無所依仰目枯口呴哽塞嗚咽於乎舅氏之拊恤小子小子之仰事舅氏今垂五十餘載侍側而同安樂者幾時奔走而共患難者幾多不計小子之鄙夷必於臨事而與議不遺之情恒切惓惓雖以小子之無知豈無感激之至情哉昔公之未歿也有事必稟有懷必達飢寒困窮有所號訴疾病憂患有所控告今公之歿也事有所可疑而從何所稟焉心有所不平於何所暴白

困窮疾患誰其顧恤思之到此不覺哽塞悠悠冥冥蒸蒸夢夢日月流邁大祥已隔感時悲慕益切惇惇鄙俚之文豈盡所懷長慟一聲焉旣悲哀萬斛愁情都付單觴靈其不昧庶幾歆格於乎痛哉

又　侍敎生鄭惟燾

嗚呼古語云天可必乎賢者不必貴天不可必乎仁者必得其壽必得其名誠哉是言惟我尊靈以間世英特之資鍾純剛正直之氣才超古人行出一世在於家而人不間乎父母昆弟之言處於鄉而衆皆薰乎溫良謹厚之德世之望我公者莫不以大有爲期

之而不幸遭罹慘禍與世相違懷奇蘊寶終不能展布其所學高蹈深藏甘心窮餓而不悔天之不可必有如是夫然而公漁樵生涯書史事業頤養林泉八十有餘年行義修著於內名聲彰徹於外坐深鄉黨望重嶠岳天之果可必不其信歟嗚呼公之向學出於天性公之好賢稜乎其華從游王父之門作爲依歸之地專精乎琢磨之功服膺乎義理之訓尊尚一念皓首彌篤摳衣函丈之日克盡事一之道及塲築室之後益切羹牆之慕建院揭虔使斯文得有所寓裒集遺稿使道德得以發揮令我王父之光輝闡揚

實我公至誠是賴雖曰儒林公共之事而區區感幸之私烏得不自別於其間哉況我先君子年與之相近志與之相孚金蘭半世膠柒莫逆撫摩之恩逈及小子誨之以不逮戒之以迷方俾余不肖不爲面牆之歸以小子之昏庸亦不能知所敬而知所感矣自幸秘紹之不孤遂以慕先君者慕之擬余百年永侍春風之座而吾黨不淑天莫之遺未死殘喘其將何所恃而何所依耶當南極晦彩之時余小子斬焉在衰絰之中歛不得執紼以盡哀窆不得臨穴以永訣匍匐一哭又此遲遲山仰徽忱一無所施此小子之所以銜哀茹痛愈久愈深而不能已者也敬奠菲薄以紓悲懷靈如不昧庶幾歆格嗚呼痛哉

又　　甥侄金是榮

嗚呼公之才藝文章乃其餘事孝友忠信人所師法而是皆鄉人之所稱道國人之所共知則非小子所敢稱述之者也請舍是而畧陳一家之情私曰惟我舅氏與吾先妣共丁亂離罔極之日痛切蓼莪合恤靡至則豈望生全復見天日而終能雪寃泉下扶持世業和樂兄弟垂裕後昆倘非舅氏孝誠之篤憂勤之至則其何能得此乎嗚呼中年喪敗慘不可言而

惟幸舅氏與吾先妣壽考在世友愛之情老而彌篤源源相問暮年不怠此實人世間一大幸也小子等罪逆深重甲午之冬遽失所恃皇皇有求慨然不及悠悠我思惟托渭陽今其已矣吾將安仰單盃哭辭五內分崩嗚呼哀哉

又　　尹衡寬

沉埋身世痛深非命忍割肢體情篤恙病猥以無似邑符是佩逖仰遺風可詔來代恭將牲酒式展遙拜庶幾來格惟忱之在辛丑年主倅尹公素無一面之分而下車初使儒生致祭于墳墓

一二三

附錄

挽　趙任道

聞說藤庵入地忪斯文一脉墜茲茲隆師至敬銘多口備道純誠播遠方每惜賢才違世用長嗟宿德老村庄吾衰又抱晨星慟遙望新阡涕自滂

又　許穆

嗚呼大賢已遠門人弟子諸老德皆亾惟藤庵叟年八十餘強康在世穆嘗過賢鄉得侍杖屨叟欣然悅之具言古事授以圖書穆心竊歎君子之邦遺書餘教尚在而不曰長者何以得此曰追感前古如承函

丈親受口指常恨隔遠戀德無窮吾徒不幸遽失長老衰老迷途無所考德而問疑嗚呼已矣先輩盡矣作哀詞以寓永訣其詞曰

確而和善守而不移見其行不磷不緇舉世混濁埋歿者命歟吾非斯人之為哭而誰哭諸

又　朴羾衢

德輝推先進知音荷季眞鱣堂攻苦蘗鶴苑舞焦薪
魯衛言無間金蘭契有鄰何論觀水智永願卜居仁
鵷鷺諸公問龍蛇大耋呻幽蘭終不馥宿草更誰春
武峽芸籤冷文園藻負曰驅詩相哀挽涕盡暮江濱

又　朴慶應

憶昔初相見已過數十年東郊新寓中款接窮歡妍
其時賢季至同坐兩人前良話未終夕別恨還相纏
去去千里路幾度隔山川未幾賢季化聞訃淚如泉
所賴吾兄在孝友出天然孤姪與孀妹俱蒙恩愛專
交情不尋常蓋曰媾婚連每年往來便書札何翩翩
尺牘倒陳遵無人不稱焉昔與柳德甫同遊金剛邊
言子書辭好超出人萬千語約意頗厚無人角文篇
其人詞壇老推許實有緣向與許重卿洛下同一筵
從容言語間嶺南稱子先宿儒已陳迹生存無比肩

其人篤學者推許豈徒宣吾不待人言景慕尤為全
前年寄一詩不憚道里綿今夏得復書文字尤清鮮
當謝地下說逾今五內煎此是公絕筆雙涕流潺湲
嗚呼長逝時不知何日捐杳杳南天遠凶聞無人傳
但見輓幅來豈忍寫此牋享年逾八旬壽可稱上仙
身後有兩兒餘慶固無愆然念報施道何能不尤天
大才優世用高行出古賢不得一命爵此理何玄玄
道遠病亦多何緣哭新阡永別間黃泉淚誠白日懸
悲風攪短日暮景暗雲烟嗟我年過稀餘生亦可憐
縷命其能久死則同蹁躚冥冥不昧存庶可鑑幽悁

又　閔馨男

曾莅星山日交親却怱年邇間音信阻嶺外望悤懸卽看一封至開來老淚先呑聲無限慟安得盡哀篇

又　李尚逸

明哲由來重保身風流儒雅自殊倫漢庭未見徵韓福谷口終聞老子眞曾許故情陪丈席比敎鄰好躡芳塵交遊多少存亡痛淚灑寒山月色晨

又　李淀

杖屨曾隨泗水邊優游雲壑送餘年男兒落地非徒耳鳥獸同羣豈偶然八袠光陰容易過一時風彩若

爲傳雪山何處埋良友寄語寧馨性命全

又　閔汝鎭

世間疎懶少交親心裏惟存嶺外人寥弟劉膚偏友愛有才無命竟沉淪靑巖舊迹徒憑夢白首相思幾送春千里凶音傳一幅不堪驚慟淚盈巾

又　金宗一

相逢謂解長相憶豈意翻成永別離脉脉無言當日恨提毫不忍寫哀詞

又　李元圭

三十年前乙未冬立巖游賞獲登龍法門早服詩書禮家道常持孝友恭至寶忍看埋白璧淸名猶識重黃琮夜臺莫說仙蹤閟知在伽倻第一峯

又　鄭憲世

儒行人推重如公復有誰抱才終不展爲學亦無施先輩凋零盡新安氣數衰德容難再覿垂淚寫哀詞

又　李德圭

康成賓客幾人存斯老於今藍德尊久識乃家敦孝悌從來所學富淵源跡如管氏浮東海名重林宗在太原哭望新安耆舊盡此生無復謁龍門

又　李道昌

一代論人物風流孰似公胸襟四海濶標格九華嵩筆陣驚神妙詞鋒弄化工褞衣夙夜月負笈泗陽風

孝友眞天性寬仁乃素衷操心端且正養氣直而雄鯫生元無識吾丈累開蒙叨倍門庭下追拚伯李中躡塵迎鳳裏隨後百梅叢勝迹浮雲散歡悰一夢空丹旐殘月映素紼曉烟籠寂寂松楸路悽悽朝旭紅無竆甲戌淚今日灑幽宮先人棄背於甲戌故末句及之

又　鄭道應

岡門立雪揔賢流確實如公夏出儔晦迹丘園應有志潛心書史自無憂三尊欠爵仁何驗五福嫌貧命

亦仇誰作新安高士傳盛名千載詔南州

又　曺挺融

聞喜軍中獲拜公毅然之氣偉然容兠梧誰識塵埃裏器度惟觀語默中杞梓不収尤匠石蔡㕘得力訪喬松平生孝友由天性至行何人繼是翁

又　崔東集

嶷嶷風儀古稹稹濁世超襟懷照日月氣槩上雲霄早托金蘭契慙非道義交空將題柱節虛老　聖明朝白雪誰相和孤琴自古調只緣時不遇奚但命無聊湛樂岦兄弟堅持未動搖鄉邦稱長老鄰社仰高標白首心猶壯青雲路漸遙霜風吹忽急秋桂已摧

凋八十無多日消沈隔一宵儀刑何處覓樽酒孰相邀寂寞流川咽凄凉落葉飄交情隨薄俗人事劇紛囂獨立乾坤窄誰言富貴驕蕙幃悲孝子叩地極心燋箕業猶能繼家聲庶不銷老夫增感慨末契更誰要沉痾違臨穴含情倍悵恨幽明今永隔西望淚如濤

又　鄭克後

卿山西峙洛波東生長多賢淑氣融函丈早聞持敬命林泉晚作樂天翁一家仁裕知垂後五福全膺竟考終欲往伸哀吾老矣潸然秖自遡悲風

又　曺挺立

岡門遠繼退門開鄉士多稱國士才自擬長風破濤浪誰憐短褐卽泉臺行間晚結新知樂節下尋思舊把杯寒歲忽驚催遠日朔飆吹送淚詞哀（丙丁亂始相見於嶺下軍中及忝州牧幸一重對故及之）

又　孫處愼

何忍題哀輓追思摻手辰纔從六歲過已隔百年身孝友家聲舊琳琅瑞彩新德容難再覿回首淚沾巾

又　李道章

羨玉加磨琢人稱席上珍安貧由學力誠孝自天眞

涵泳南山月薰陶泗水春卽今俱寂寞悲淚却沾巾

又　李緇

岡下羣英最牆東避世倫卜商尊有子吾黨敬斯人水石多閒地優遊送老身奈何天不憖驚報小微淪事有難言者惟應質鬼神秖看函丈士皆廢蓼莪人畢竟求伸志沉埋異晦身誰操太史筆書孝詔千春

又　張以兪

嗚呼哀哉吾之生也六十載於人間閱世不爲不多而如公之才之兼德之厚者則世罕其儔矣友

愛之篤到老不替尊賢之誠自必超羣藹然誠款
洋溢於接人之際巍然氣度發越於當事之時其
本源不濬固而能然乎遇文人則論文其文也非
尋章摘句之文也遇詩人則言詩其詩也非雕蟲
詠月之詩也其仁也可優於澤民其智也有裕於
籌邊至於醫藥也卜筮也亦無不曲暢而旁通焉
以如是之才之德可以大用之則爲大小用之則
爲小庶幾展布所蘊而世不我知懷寶遯世未免
虛老於塵埃之中而今將與草木同腐則慟悼嗟
惜之懷豈止爲吾私而發耶嗚呼哀哉顧余謭劣

早承不遐蓋爲與李章同隊而最荷恩假也進退
蘆谷出入泗上莫不追隨後塵而碑役之董刋局
之幹並皆一聽指揮長幼之序雖相懸越而推許
誠悃視損猶贏以余比年在疚氣煢引經據禮寬
譬縱橫追惟往事高義難忘去歲八月之中元來
自廟村之役所歷拜寓舍崇朝承誨如何凶訃遽
承涉旬九衰光陰半杺黃梁吾儕氣索鄉黨涕零
頃遭一家之喪匍匐凍雪之中身疾轉劇救死不
贍莫執永征之紼紆孤負幽明之情義罪恨交極
無以爲懷謹將短詞而爲之輓其輓曰

哭送靈輀向九泉爲陳何説几筵前文章空老誰知
我才德虛抛不怨天三達尊中雖欠一二蘭裕後必
延千哀亡實係斯文喪豈但吾私涕淚漣

又　李蘭羨

樞衣早歲趍岡上晩節端居雲水鄉疑重德儀敦薄
俗宏深談論擅文堂全歸地下公何憾死別人間我
獨傷衰病無緣親執紼謾揮悲涕寫哀章

又　李在容

通德門前客康寧喜有公山凝瞻偉器玉槩挹清風
早得薰陶力仍加造詣功窮修知抱負靜閑守謙冲

白雪翻琴裏黃琮在璞中遐年膺鶴算積慶茁蘭叢
水石仙居勝簪纓世念空方看神見佑不料訃傳凶
零落者英盡嗟悲遠邇同當今高士傳叙述示無窮

又　金世翼

八衰康寧道義肥士林常喜有依歸一時厚德鄉邦
慕千載高名汗冊輝南極忽驚收瑞彩新安誰復續
餘徽嗚呼我亦登門客慟爲公私涕更揮

又　蔡棶

蘊義懷奇未化鯤從容岡上聽嘉論林泉虛擲瑚璉
器鄉黨皆稱孝友敦先子每欽師業就後生常畏德

言溢年年來挹芳塵下今日題哀一幅旛

又　　李碩苾

南極星躔晦林泉處士亾從師聞大道懷寶謝名場
斷指逾分痛傳家尚播芳平生山仰意無復拜牀

又　　都愼衡

斯人又寔漢前輩巳蕭然身世林泉逸家聲孝友全
衣冠雖化土名德不爲捐杖屨追陪地回頭涕淚漣

又　　都愼中

地上猉獜行幾年韜光一世老林泉可憐萬丈凌雲
氣化作丹旐帶暮烟

又　　鄭峑

曾不求聞達山林任自然至誠尊大老富學慕羣賢
狹世安天爵遐齡作地仙一朝乘化盡何必淚懸泉

又　　裵幼華

圭璋之質氣氤氳函丈從容泗水濱閒以詩書明以
禮友於兄弟孝於親居今世上誰同況求古人中亦
罕倫爲把平生宗仰志淚交殘墨倍沾巾

又　　裵幼章

髫齔依歸得泗陽天資況復出尋常平生高臥丘園
靜一味優遊道義方長擬東都扶士氣那知南極閟
星芒麗公不枉吾安放他日無由獨拜牀

又　　金以謙

先子交遊分義全叨陪杖屨夏多年才兼文武空棲
隱志抱經綸謾棄捐荊樹花殘悲半世蓼莪篇廢痛
終天薰陶樂在春風裏列侍心齋立雪前喫緊巳從
觀省得工程應自講思研忘機好侶蘇磯鷺覺客常
淹鄭驛鸛淵上魚游還似多人間鶴髮政如仙丹誠
每篤先師事素意恆深續集編自恨數年違紫宇那
知一別間黃泉遂聲悽斷山陽暮哭送靈輀倍愴然

又　　呂孝曾

薄俗人中見老成大賢門下早揚名平生泣栢終天
地半世同衾孰弟兄鄉黨毀譽無動色溪山風味有
閒情遐齡八袠知餘慶寶樹傳家不墜聲

又　　鄭弘錫

孝友脩名夙著聞世人交口說金昆坐深鄉黨年穪
壽迹謝科場望亦尊銀管何須摹行該鐫碑元不待
能言九原他日登臨地文子應招武子魂

又　　宋世弼

星山欝律東南碧洛水淵深宇宙澄蔚起諸賢皆稟
毓扶輿間氣此停凝夫公嶷嶷形神秀氣味溫溫德

宇弘檜水淸風欽道懿杏壇函丈早趍承尊師懇懇
誠彌篤受業孜孜學益能花紫田荊湛且樂血斑王
栢孝俱稱藏蹤不是息淸潔沒齒何嘗慕顯升接物
眞醇無表襮處身謙謹絶廉稜才能本合巖廊貯山
野空敎鬢膚髮鬢人世耆容鸞鶴質暮年心事玉壺氷
念機放散親魚鳥投轄慇懃向友朋每獲歡顏終日
款自詑虛榻幾年登那知星彩淪南極遽見仙翁葬
北陵蒲院風花當日杏一庵煙月舊時藤薤歌唱斷
斜陽外回首伽倻淚滿膺

又　李斗樞

碩人盎粹挹春和侍立鱣堂雪正斜先祖溪交同管

鮑後生高仰比嵩華灰心名利才非少守道林泉樂
自多作記天樓催鶴駕水光山色摠悲嗟

又　宋時哲

世世相居地一方惟余自幼陞鱣堂同衾和樂雙荊
樹負笈歸依數仞牆大度冲融包浩汗雄才濩落老
滄浪却思昔日陪遊處溪水潺湲夜月凉

又　李益銓

落落休休君子人靑年才藝逈超倫依歸函丈傳心
學晦迹林泉保席珍孝友家聲播遠邇眞醇德宇聳

鄕鄰星沉南極嗟何及回首淵庭倍愴神

又　李壽星

樞衣親炙大賢門德邵年高二達尊友愛平生人不
間應知餘慶及雲孫

又　宋世隆

倻溪駃駃瀉凝淸星嶽鬱鬱凌崢嶸蜿蜒磅礴鍾間
氣停蓄乃出多豪英生斯長斯問是誰藤庵丈人專
輝晶洪鍾大韻閟希調玉樹淸標眞國楨血泣痕斑
塚邊栢湛樂花紫庭前荊雪月梅園侍絳帳春風泗
水聯諸生西山甘隱到沒齒不向東華求寵榮閒中

歲月記寒暄世上是非如聾瞽荷潭賓主襯白鷗杏
園歌曲聞黃鸝無爲無累度一世此翁此樂誰能爭
年高九袠享遐祉地仙何啻人公卿靑羊告災寢門
閉赤虬歸御芙蓉城山林終棄活國手空使寒原埋
楚珩踈慵得御最見親此日那堪哀涕傾溪山寂寞
草萋萋腸斷悲風薤露聲

又　宋時綱

出入門牆自少時惟公高行我能知孝親友弟人無
間宏量雄才衆所推迹謝荊圍甘送老樞衣丈席幾
承規林泉此日生涯盡一哭新阡萬古辭

又 呂孝孟

一拜辭歸日千秋永訣辰初來疑未信稍後認爲眞
謹愼持身德溫恭待物仁卽今俱已矣烏得不沾巾
平生氣槩絶圓方孝友誠心質彼蒼未信神明扶愷
悌老人南極已無光

又 朴震昌

輟響庚申泗水濱師門何幸有斯人鳩材裒集多區
畫建院鐫碑最費神論議文章餘事業溫恭孝友自
天眞少微星霣東南極考德於何淚滿巾

又 李亨千

岡下當年最有賢公於是日幾聯翩忠誠兩盡安敦
俗孝友俱全可質天晦迹生平安素履乘箕今夕輟
徽絃鄕無楷範吾安放題罷誄詞涕自泫

又 呂孝源

嗚呼藤老至於斯碩德吾鄕更問誰詩禮早從師友
得文章端自琢磨奇先君托契曾輸款末學趨塵亦
受知此日題詞哀豈盡割肢還慰作人規

又 呂孝閔

曠蕩之襟突兀資早登岡席奉弘規含章我欽文居
內隱德人稱行不虧前輩漸看零落盡後生誰與典
刑爲應將在世怡怡樂佇得壎篪地下隨

又 宋周賓

早立程門雪藏修問幾春風裁由氣岸孝友自天眞
黃卷明牕下烏紗暮澗濱閒中綿歲月靜裏足淸貧
庭樹方畱慶遐齡又驗仁可憐天下士今作地中人
言笑如聞昨儀刑宛隔辰哀詞情豈盡回首涕沾巾

又 呂孝恩

鄕老皆淪沒如何又到公風儀流輩準文雅古人同
色粹言彌勁心和氣益冲孝彝元賦性友愛實由衷
論議緣裁判學優賴琢礱世情誰厚薄天道自聰通

手把鳩頭杖身成鶴髮翁精神猶曩昔歡樂任兒童
尙意餘齡遠那知舊夢空凄凉朝露曲寂寞夜臺宮
痛劇鄰舂輟悲深士誄崇傳家雙玉在佇看詔遺風

又 李元祿

寒岡門下接淵源韜養年來學業醇已遣州閭稱孝
友更敎經傳發精神人間八袠終無憾身後雙珠足
可珍三世通家情不淺哀詞題罷淚沾巾

又 李碩堅

早奉弘規禮大賢襲薰馨德幾周旋通神孝友人無
間接物純誠世共傳商老有芝輕漢祿草翁知命樂

夫天全歸此日公何憾祇爲斯文倍愴然

又　李斗晶

一生潛德至亂盍終老林泉八十春至樂惟求黃卷富閒情時與白鷗親詩書道重人爲式蘭蕙霜摧歲至辰悵望藤庵餘故宅半山風月助悲辛

又　李昌鎭

文穆門多俊公能孝友全歌傳常棣曲詩廢蓼莪篇冀北瘦天馬江南失地仙先君交契盡題幅淚如泉

又　朴翊

言談擧止見周旋不問知其長者賢分痛自全常棣

樂讀詩人廢蓼莪篇由來最荷推吾恕此後誰能捨我慈多少潸然雙袖淚爲哀無處質經權

宗仰斯文迹已陳大賢門下更何人立巖溪畔寒松竹盡是先儒去後春

又　呂東韶

久知天未欲平治虛老東方間世資旣抱經綸伊呂志使生全盛漢唐時聲名王佐丹靑煥事業儒先竹帛垂不是惟吾臨穴語此邦千載實同辭

又　金坙

有義生南紀璆琳間玉瓚謙恭令德備文武偉才全氣宇芝蘭秀家聲孝友傳樂湛常棣什哀廢蓼莪篇泗水趍函丈晴川侍禮筵尊師殫悃愊遺簡賴修編迹晦非忘世遙窮不怨天風塵辭鞶蹟泉石任蹁躚教子親經篋課兒種藥田心遊黃卷上身在白鷗邊水竹山陽僻烟霞錦里偏鶴棲閒日月龜筭伴神仙托契雙肝露交遊累世聯承顔情款曲話舊意團圓許與平交等尊嚴大父然每投陳井轄常滯鄭門轅一別何三歲千秋隔九原簡書時點檢腸肺日熬煎樑月依離夢瑤琴斷古絃述懷長惻惻揮涕自漣漣

又　李光獻

早登鱣席檢身心却淑諸人長士林一室圖書安素履百年眞樂付絃琴笑捐名利塵容絶穿臥林泉道味深忽報天涯來吊鶴傷心南極老星沉

又　李爾銓

儲精鄒岳降英神磊落襟懷君子人著書文章餘事業處家懿行本天眞尊師衛道誠愈篤慕古親仁得日新一老罔門今又逝百梅園草漸荒蓁

師友淵源知有自一生勤業在斯文居閒歲暮憂中樂矜式吾南百世薰

修道山中有草堂烟雲深處幾翺翔高人一去還寂

寞風月空餘萬古凉

又　　　　都韓國

淵然深識大男兒抱負平生遠到期窮達在天安素履毁譽由外任他爲不撓靜裏心常泰無競那邊物自怡南極老人星忽晦後生何地尚風儀

又　　　　鄭弘鉉

罷脫科名上師門立雪年鄉邦常屈指雄遠果無肩至行家庭內誠心接遇邊悲深常棣咏痛切蓼莪篇世味人間少幽情物外全朱門無夢到白鳥有盟堅八袠爲塵客三淸遠上仙巖崖餘雪月松竹帶林泉

負笈承淸誨銜恩扺白顚半曇無根淚空灑萬化前

又　　　　宋文徵

八袠人間修養久二賢門下炙薰深出天孝友稀終古特地文章尠當今淚灑蓼莪悲罔極花摧常棣痛難任齋心皎皎羞操琴樂道囂囂浪撫琴世上功名輕一芥林中聲價重千金貧衰自倚庭蘭遠福慶還從積善諶不佞平生承教誨家君髫齔被規箴情同父子恩同海望若星雲仰若岑長擬百年瞻德宇何圖一夕聞哀音攀輀永訣心如割落日荒原淚滿襟

又　　　　蔡得濂

巍巍風節孰與埒山有伽倻水洛東身炙寒岡先正下心灰桂魄月宮中家庭毅行由天畀磊落文章特地雄若使彙征施所蘊斯入斯世豈昏聾

又　　　　金膺澤

文武家聲世世揚其間公有蔚然章孔門孝友惟稱閔程座薰陶最許楊滄海臥龍雷未起暮山飢豹霧空藏由來報施儘如此餘慶他年屬二郎

又　　　　朴以爀

亶得伽倻淑氣專樞衣聞道自初年家庭制行人無間函丈深誠衆所賢半世雲林甘晦迹一朝仙鶴遽

昇天從前厚義難忘處忍寫哀詞送九泉

又　　　　姜文載

我見儒林長者眞堂堂氣宇可書紳望雲幾侍春風座夙夜曾爲立雪人爭惜東山安石老豈料南極壽星淪天乎已矣吾誰仰哭向伽倻淚滿巾

又　　　　盧灦

資禀眞醇義氣尊妙齡親炙大賢門謙恭懿行人皆仰孝友家聲世共聞懷寶不施天莫問有才無命理難原從今未得重承誨痛矣誰能啓我昏

又　　　　尹瑀

幾年忘世臥林泉親炙先師養浩然要把文章開後學好將談論揖前賢阻陪鳩杖曾逾紀趁謁鱣堂幸去年永閉蓬科猶有慶雙秡蘭玉繼青氊

又　金應礪

先生門弟幾公獨得其宗價待方彫玉聲藏未撞鍾氷壺秋月色沂水春風容此日長爲別何時更與從

附開津期會錄

昭陽協洽之歲姑洗之月十有七日余與藤庵裵丈會于高陽之開津步踐宿約也蓋於去年冬余省墓於一善歷宿藤庵草廬于時主人方苦落傷瘀血坐

臥起居須人扶策而力疾追別於檜淵書院再做一夜同人之款解攜之朝尤纏綣不能爲情握手歎曰君垂耳順我迫從心寄迹人間能復幾何何以則更圖罄盡於就木之前乎余曰老境遠涉誠難期矣無已則有一焉開山渡口在道東下流而有松林沙水之勝此去彼來道里均而勞費等若欲謀會盍於此焉相要藤庵曰諾遂定日子還棲數閱月許和父追庵公傳致裵丈書蒲紙脊脊無非誠悃而其大要則開津佳會只隔月再斅屈指遣日云云辭意堅確不可撓旼余於是益自刻厲忘衰疾擺塵冗理裝啓行朝發夕至行具則匹馬雙僮一壺五笥也曾與李叅奉道輔韓察訪夢參趙景閔諸賢約爲同行而三友皆被魔障獨有曹生碩護行是日午前藤庵先到待之隔江相望望眼方寒矣從而來者裵秀才元明孟明金秀才王汝鄭秀才景覆三裵一金藤庵之子姪及甥姪而鄭即文穆先生之孫也迎笑沙頭喜氣溢面矣藤庵先酌行中一樽慰我遠來各巡一盃而止余亦欲把一盃相酬而日暮未果俄而雲陰四合小雨點滴僉曰津頭斗屋僅得容膝而天又欲雨無乃造物戲我勝會敗我佳趣耶盍圖取便移占道東國

庠咸華一齋室而休憩焉是夜雨下翌日曉頭金察訪來見金之年七十三鬚鬢皓白骨相清癯肩背竦直步履輕健強壯者殆莫能及是乃文敬公奉祀孫而居在院側者也余於食前爲諸賢行酒五巡而罷藤庵徑醉倒臥蓋盃酌非其所長故也娥林進士徐君鳩擧適爾過去暫敘而別本邑士友來會者郭主簿子固郭叅奉德懋郭上舍子厚子厚方爲山長於院中云此外諸年少聞而至者亦十許員不可悉記初意欲散於今日而雨未快晴且被主人援而止之察訪與院長相繼設酌打話終晷厥明用時服謁廟

庭步出江滸與諸友別我與襄丈一行乘舟直下抵開津初會之所乃各分路金察訪有惜別餘情登舟回棹郭子固以醬醪一壺亂酌舟上藤庵又命子姪盡其餘盃余亦不堪離索之惱心緒脉脉勉循其意隨量而飲不覺微醺客散江頭回首茫然獨與子固踽踽而歸共宿其家遲明乃還追思曩遊良不可忘而不忘之中有所感者存焉年前期會之說初出於偶然而畢竟誠約之成若合符節無輕諾失信之悔有久要不忘之義求之衰世亦不易得藤庵寒岡鄭先生晚年高弟也其宏材偉器足以有爲於世而不

幸盛年抱王裒之痛廢擧杜門而終其身敀不出孝友澤不被生民識者惜之公嘗執經岡門聞心學之要講禮之目先生愛重之余雖獲拜先生於少年之日頹惰慵拙終不得侍函丈而先生已下世矣以欽慕景仰之勤而見當時及門之士則能不傾心愛悅以求聞其緒言乎況藤庵之於先生非只見伊川面者比也親炙觀感之得出尋常萬萬感知已之恩殫象賢之誠修先生文稿立先生祠廟凡所以發揮先生事業者皆無所不用其極每遇公如在先生之側公許忘年之交我托道義之契玆又踐遂誠約於經

歲之久白髮蒼顏相與婆娑偃息於寂寞之濱而不憚其勞苦雖古人千里命駕蔑以過矣且余聞諸玉汝今此開津之行也纏經危症氣未充子弟僕妾交謁更諫咸以爲不當出而公毅然不動奮然勇斷期於必遂云此亦流輩之所難及處其視翻雲覆雨於瞬息俄頃之間者一何遠哉自非信義誠款之至何能有此聚散之際得無愴黯而疚懷也哉臨別藤庵屬余作文以記事又於夏四月馳書勉之曰曾倩神筆畧記遊衍之迹想文已破體而不得相對點竄殊可恨也丈人之懇至此吾雖不文其敢不承以孤勤

厚之敎乎抑又有一說焉吾儕年皆六七旬路隔二百里會合之難此後益甚若必以相追逐同笑語爲親厚也則論交之道顧不淺淺乎哉古之人有曠百世而相感者焉有隔千里而神交者焉是在心期與氣槩相近似如何耳曹子建有詩曰恩義苟不虧在遠分日親何必同衾裯然後展慇懃顧以此相勗焉

月日龍華山人趙任道德勇書于臥雲軒

開津期會錄跋

十六年春穆居海上藤庵丈人寄書數百里約與龍華趙德勇丈共爲江上之期穆相別二十年得書甚

喜又樂江上之游卽復書許諾及期穆病不偕而趙
丈果與藤庵翁泛舟開山渡口相樂數日而歸八月
穆乘舟訪趙丈於龍華山中趙丈出三月開津期會
錄示之穿潑松出沙岸泛春江擧觴相屬相與懽甚
冒雨上金山曰共留書院閱先師遺籍講說禮義於
是士大夫諸生學子相從而至者又十餘人其姓名
字俱記之詳矣穆私竊歎老先生旣歿門生弟子親
炙其訓者於今世無幾而唯爽趙二丈又皆老白穆
流落南陬近十年愈孤陋且多病不得從二丈得聞
餘論良爲可恨又不但喜負佳期心追春渚之勝而

已曰書所感以爲開津期會錄跋
崇禎十六年仲秋下澣陽川許穆和父跋

附眉翁書

頃年江上之游穆喜負厚約追記數語附呈趙德勇
兄矣想旣登照否穆春前往故山留滯累月今始還
向海寓此行從入山路者本欲歷拜吾丈備叙積阻
慕用之抱而人事巧違適値駕出慭留空舍嘗覷庭
冉殊增悵恨奈何此路將歷謁先生祠宇而去矣山
川依舊滿目皆是感懷乙酉三月日侍生許穆再拜

文集跋

先生自羈貫游吾先祖文穆公門仰之若神明信
之如四時五十年薰陶之力濬造乎成德君子之
域而晚又從事於張文康先生退與愧齋翁金昆
玉友講劘成就古所稱碧梧鸞鵠未知能類是否
乎先生孝於親而伸其寃忠於國而倡其義遂於
學而披其蘊含弘光大之德淳謹退讓之風一遵
師門之矜式而平生不以著述自居晚年敬蔵解
一部足爲斯文之眼藏密付而亦以聞諸先師結
語則苟非眞知實踐於爲己爲人之分而體驗得
精密之地烏能如是哉惜其遺文散逸斷爛所存

不過十之一二然就讀其若干篇則淡而和溫而
厲圓活平正實有道之言而寸莛知洪鍾之響何
用多爲剞劂之役閱數百年未遑合是吾林之責
而鄭重未之倡先今若爾孱孫奮拔氣力用克繡
木先生之文之一廢一興亦豈不關數日傷裔錫
一甫款扉而語曰吾藤庵翁於老先生若家人父
子然庚申易簀之後桑梓之院宇隧逵之貞珉遺
書之鋟刊屹齋之藏修無一不擔夯而力主之則
子以文穆之孫今於是役雖欲無言已乎撟感其
言而不敢以不文辭妄贅貂狗之續惡可免曲阜

家奴之誚覽者其恕之後學西原鄭墧謹跋

敬書藤庵裵先生敬齋箴解後

比裵斯文錫一甫奉其從先祖藤庵先生集四冊訪不佞於山居見屬以跋語不佞盥手發其籍至哉有德之言也疇睦誠死肖非知言者懼非其任先進又已寘言則何敢以不腆之詞重冒疊床之譏也謹逡巡辭謝而顧惟集中所載敬齋箴解一篇卽先生晩年所手輯而其逐段分註以其所聞於師說及經旨與宋儒之書者耳伏而讀之屢日而不厭益覺其言之有味而推之又無往而不通

信乎其言近而指遠也信乎其朱子所竢後世者也仍竊伏念敬者則一心之主宰萬事之根本而爲聖學終始之要道也故朱夫子嘗掇張敬夫主一箴之遺作爲是箴書齋壁以自警焉蓋孔孟程張之道在天壤者得朱子而其言悉著豁然大明作聖作賢之基在人心者至朱子而其義畢出無復遺蘊而其最切於學者地頭時分之工而所以爲維持防範之道者則不越乎敬之一箴耳特其言句簡嚴義理渾全說其目而不及其所以名舉其一而以例其所未言學者於此不能究其規模之大旨意之奧而推類以上之曲暢旁通則亦何以盡其精義妙用之所極哉此解之所以作而俾作後出晩進專精一意之所資也嗚呼盛矣先生眞所謂善學師道者也退陶老先生嘗論穌齋先生夙興夜寐箴箋疏曰斯道不亾於吾東則此解必傳於後惜乎此解不及就正於武屹論道之日得蒙其一言品下也疇睦自外於持敬之工者而敢有所穿鑿於所未逮之知以輕犯不韙之罪也特以私自講明之計密與同志者相告故請致區區於斯文如此云後學豐山柳疇睦端拜謹書

己未三月道川書院開刊

藤庵先生文集卷之六終

藤庵集